U0801291

天
Borderless
下

民法总则专题讲义

LECTURE ON GENERAL PRINCIPLES OF CIVIL LAW

《民法总则专题讲义》编审组 / 编著
张鸣起 / 主编　王利明 / 副主编

法律出版社
LAW PRESS · CHINA

《民法总则专题讲义》编审组

主　编：张鸣起

副主编：王利明

成　员（按姓氏笔画排序）：

马新彦	王卫国	王　轶	尹　田
刘士国	李仕春	李永军	杨立新
杨　震	张新宝	陈小君	赵旭东
夏吟兰	郭明瑞	温世扬	谭启平

编写说明

2014年10月23日，党的十八届四中全会通过了《中共中央关于全面推进依法治国若干重大问题的决定》。编纂民法典是以习近平同志为核心的党中央作出的重大决策，也是该决定确定的推进全面依法治国的重大举措。2017年3月15日，十二届全国人大五次会议通过《中华人民共和国民法总则》(以下简称《民法总则》)。根据中央的部署，在2020年之前，国家还将制定民法典分则各编，最终完成《中华人民共和国民法典》的编纂工作。

中国法学会作为党领导的人民团体、法学法律界的全国性群众团体和学术团体，是中央确定的民法典编纂这一重大项目的重要参与单位(还有最高人民法院、最高人民检察院、国务院法制办、中国社科院，共五家)。2015年3月，为完成好这一任务，配合好全国人大常委会法工委的工作，中国法学会党组成立了以党组成员、副会长、时任全国人大法律委员会副主任张鸣起为组长，副会长、民法学研究会会长、中国人民大学常务副校长王利明为副组长，以民法学研究会为依托的民法典编纂项目领导小组(以下简称编纂项目领导小组)。5月，该小组向全国人大常委会法工委提交了

《中华人民共和国民法总则(草案建议稿)》。此后,编纂项目领导小组组织召开了10多场涉及不同专题、不同学科的专家研讨会,积极参加全国人大常委会法工委组织的讨论活动,对全国人大发布的征求意见稿提出咨询意见,较为全面、深度地参与《民法总则》的起草过程,较好地发挥了参与单位的作用,得到了全国人大法律委员会、全国人大常委会法工委有关领导的高度评价。

《民法总则》通过之后,全国人大常委会法工委编写了《中华人民共和国民法总则释义》,为准确解读民法总则提供了范本。不少民法学者也组织编写了同类的读物,对民法总则的条文释义进行阐述。从目前已经出版发行的相关图书来看,绝大多数都属于释义类读物。这些读物既具有释义类读物的鲜明优点,比如按照章节编排逐条讲解,针对性强,也具有释义类读物难以避免的局限,就是理论性、体系性、教材性不足。因此,编写一本集释义性、理论性、体系性、教材性于一体的书籍,是一项很有意义的工作。

2017年9月,编纂项目领导小组在京开会,研究《民法总则专题讲义》撰写事宜。会议讨论了书籍的名称、功能和读者定位、专题设置、体例、执笔分工等事项,并形成了一致意见。会议决定,全书分为23讲,分别由编纂项目领导小组成员担任执笔人。2018年2月底,全部初稿撰写工作完成。统稿工作由张新宝教授、谭启平教授负责,5月底完成。审定工作由张鸣起副会长、王利明教授承担,6月底完成。

本书努力体现以下几个特点:**一是体系性**,努力克服释义类读物法律各章节不同条文之间存在的体系性不足问题。**二是理论性**,努力克服释义类读物重在条文字面理解而导致的理论性不足问题,适当体现民法理论博大精深的特点。**三是释义性**,立足于释义但高于释义,把条文释义融于理论性、体系性的阐述之中,专题设置以《民法总则》的章节展开。**四是教材性**,对基本概念、基本理论、制度变迁等进行阐释,使之可用于高校法学教学。

在编写体例方面,主要按照民法总则的章节顺序分为不同的专题。内容少且单纯的章单独成为一个专题;内容多的章,有些节可以单独作为一个专题。每一专题都作为完整的内容展开，适度增强逻辑性、体系性和理论性。每一专题的开头部分有总的叙述，涉及整个专题的基本概念、基本制度、基本理论及其意义。讲到每一条时，要讲概念，讲基本含义、立法理由，讲起草或前后变动的过程及其原因、不同的主张、背后蕴含的法理，民事活动和司法适用中需要注意的事项等。以必要性为前提，适当结合《民法通则》和其他民事法律、行政法规和司法解释有关条文展开。在写作风格方面，尽量深入浅出，通俗易懂，穿插一些日常生活或实践中比较典型的例子，把复杂的问题简单化，体现“讲义”的特点。

在本书编写过程中，中国法学会会长王乐泉，党组书记、常务副会长陈冀平，党组成员、副会长、学术委员会主任张文显都给予了大力支持和指导。中国政法大学民商经济法学院王雷副教授、中国法学会会员部杜林处长、中国法学会法治研究所刘金瑞副研究员、中国法学学术交流中心刘锐承担了具体服务工作。

中国法学会党组成员、副会长
十二届全国人大常委会委员、法律委员会副主任委员
中国法学会民法典编纂项目领导小组组长
张鸣起
2018 年 5 月 28 日

目 录

第一讲　民法总则的制定及其立法精神

张鸣起*

党的十八大以来，我国加快全面依法治国进程。尤其是统筹推进“五位一体”总体布局，协调推进“四个全面”战略布局，全面开创了中国特色社会主义新局面。与此相应，我国法治建设进入了完善法律体系、构建法治体系、建设法治中国的历史新时期。在这一时代背景下，党的十八届四中全会提出编纂民法典这一重大立法任务。

编纂民法典的指导思想是，高举中国特色社会主义伟大旗帜，全面贯彻党的十八大和十八届三中、四中、五中、六中全会精神，以马克思列宁主义、毛泽东思想、邓小平理论、“三个代表”重要思想、科学发展观为指导，深入贯彻习近平新时代中国特色社会主义思想，贯彻统筹推进“五位一体”总体布局和协调推进“四个全面”战略布局要求，贯彻新发展理念，编纂一部具有中国特色、体现时代精神的民法典。[1]

---

* 第十二届全国人大常委会委员、法律委员会副主任委员，中国法学会党组成员、副会长，中国社会法学研究会会长。

〔1〕 参见李建国：《关于〈中华人民共和国民法总则（草案）〉的说明——2017 年 3 月 8 日在第十二届全国人民代表大会第五次会议上》，载《人民日报》2017 年 3 月 9 日，第 5 版。

一、民法典编纂和《民法总则》制定的重大历史意义

在建设中国特色社会主义法治体系、建设社会主义法治国家进程中，党的十八届四中全会通过的《关于全面推进依法治国若干重大问题的决定》中提出编纂民法典，意义十分重大。这是完善和发展中国特色社会主义法治体系、构建完备的法律规范体系的重大任务，是全面深化改革、全面建成小康社会的重要战略举措。由于民法典内容浩繁、体系庞大，涵盖社会生活的方方面面，因此，制定民法典首先需要制定一部能够统领各个民商事法律的总则。《民法总则》的制定不仅实质性地开启了民法典的制定步伐，并成为民法典的核心组成部分，而且有力助推了法律体系的完善，是我国全面推进依法治国、建设社会主义法治国家总体战略的重要组成部分。这部法律的制定和颁行，意味着中国民法典编纂迈出了最关键、最重要的一步，预示着数代国人的“民法典梦”即将成真。

（一）编纂民法典是体现党执政为民的根本宗旨、维护最广大人民根本利益的客观需要

尊重和保障人民群众的合法权益，是建设中国特色社会主义法治体系、建设社会主义法治国家的基本原则。党的十八届四中全会进一步提出要实现公民权利保障的法治化，这是总结我国民主法治建设经验教训而得出的重要结论，是中国共产党根本宗旨的内在要求。我国宪法确立了保障公民人身权利和财产权利的原则。宪法的精神和原则必须在民事法律中予以体现和落实。通过编纂民法典，健全民事法律秩序，可以有力加强对民事主体合法权益的保护，更好地维护人民群众的切身利益。[1]

（二）编纂民法典是全面推进依法治国、实现国家治理体系和治理能力现代化的重大举措

党的十八届三中全会提出完善和发展中国特色社会主义制度，推

---

〔1〕 参见李建国：《关于〈中华人民共和国民法总则（草案）〉的说明——2017年3月8日在第十二届全国人民代表大会第五次会议上》，载《人民日报》2017年3月9日，第5版。

进国家治理体系和治理能力现代化。党的十八届四中全会进一步指出,依法治国是实现国家治理体系和治理能力现代化的必然要求。民法作为中国特色社会主义法律体系的重要组成部分,是民事领域的基础性、综合性法律,被称为社会生活的百科全书,它规范人们的人身关系和财产关系,涉及社会和经济生活的方方面面,同每个民事主体都密切相关。民法与国家其他领域的法律规范一起,支撑着国家治理体系。通过编纂民法典,完善民事法律规范,可以有效构建民事领域的治理规则,提高国家治理能力。[1]

(三)编纂民法典是健全社会主义市场经济制度、完善中国特色社会主义法律体系的必然要求

社会主义市场经济本质上是法治经济。完善社会主义市场经济法律制度,是社会主义市场经济运行规律的客观要求,也是保障经济持续健康发展的现实需要。党的十八届四中全会提出,使市场在资源配置中起决定性作用,必须以保护产权、维护契约、统一市场、平等交换、公平竞争为基本导向。我国民事立法秉持民商合一的传统,通过编纂民法典,完善我国民商事领域的基本规则,为民商事活动提供基本遵循,可以有效健全市场秩序,维护交易安全,促进社会主义市场经济健康发展。[2]

正因为如此重要,编纂民法典工作遵循了以下基本原则:一是坚持正确的政治方向。坚持党的领导这一社会主义法治的最根本保证,确保党的领导、人民当家作主、依法治国有机统一,坚定不移走中国特色社会主义法治道路。二是坚持人民主体地位。坚持人民立场这一党的根本政治立场,恪守以民为本、立法为民理念,保证人民依法享有广泛的权利和自由、承担应尽的义务,实现好、维护好、发展好最广大人民根本利益。三是坚持社会主义核心价值观。将社会主义核心价值观融入

---

〔1〕 参见李建国:《关于〈中华人民共和国民法总则(草案)〉的说明——2017 年 3 月 8 日在第十二届全国人民代表大会第五次会议上》,载《人民日报》2017 年 3 月 9 日,第 5 版。

〔2〕 参见李建国:《关于〈中华人民共和国民法总则(草案)〉的说明——2017 年 3 月 8 日在第十二届全国人民代表大会第五次会议上》,载《人民日报》2017 年 3 月 9 日,第 5 版。

编纂全过程，弘扬中华民族传统美德，强化规则意识，增强道德约束，倡导契约精神，弘扬公序良俗。四是坚持立法的引领和推动作用。以法典化方式巩固和确认新中国成立以来特别是改革开放以来的，经实践证明是正确的民事立法成果，同时与时俱进，完善和发展我国民事法律规范，引领经济社会发展，更好地平衡社会利益、调节社会关系、规范社会行为。

二、我国《民法总则》的制定过程

制定一部民法典，对于每一个国家来说都是一个大事件。[1] 尤其是对中国这样一个有着14亿人口、幅员辽阔的大国来说，制定一部进步且有持久生命力的民法典，更是一个攸关人民福祉、社会和谐、国家强盛的大事件。我国民法典的编纂，离不开最高决策层的政治决定与政治推动、立法起草部门的细致工作、专家学者和广大人民群众的广泛参与。

（一）政治决定与政治推动

一部民法典最终是否能顺利地制定出台，与最高决策层的政治决心有密切的关系。[2] 与以往中外任何一次民法典制定活动相比，我国这一次民法典的编纂活动认真贯彻了党中央的指示精神，以求取最大公约数等方式，征求、听取意见，很好地体现了最广大人民群众的政治意志。这也是确保本次民法典编纂工作最终能够顺利完成的重要政治前提和基础。2014年10月23日，中国共产党第十八届中央委员会第四次全体会议通过了《中共中央关于全面推进依法治国若干重大问题的决定》，明确提出了“编纂民法典”的任务要求。2016年6月14日，

---

〔1〕 从历史上看，无论是《法国民法典》《德国民法典》，还是《日本民法典》，都起着确定和巩固该国社会变革、民族统一和经济发展进步成果的重大作用。参见张新宝等：《中国民法百年变迁》，载《中国社会科学》2011年第6期。

〔2〕 以《法国民法典》为例，“以往的国王和大革命都没能做到的事，拿破仑凭着他的执着在不到四年的时间里就实现了”。参见 J.-L. HALPéRIN：《无法实现的民法典》，P. Chaunu 作序，PUF，1992。转引自［法］雅克·盖斯坦、［法］吉勒·古博：《法国民法总论》，陈鹏等译，谢汉琪审校，法律出版社2004年版，第95页。

习近平总书记主持召开中央政治局常委会会议，听取了全国人大常委会党组《关于民法典编纂工作和民法总则（草案）几个主要问题的请示》的汇报，原则同意请示，并就做好民法典编纂和民法总则草案审议修改工作作出重要指示。

按照党中央编纂民法典的要求，十二届全国人大常委会将“编纂民法典”列入了调整后的立法规划中。其中，制定《民法总则》（即民法典总则编）列入了2016年立法工作计划。至此，民法典的编纂工作正式启动。按照党中央的要求和全国人大常委会的工作部署，2015年3月开始，全国人大常委会法制工作委员会（法工委）牵头成立了由最高人民法院、最高人民检察院、国务院法制办、中国社会科学院、中国法学会五家单位参加的民法典编纂工作协调小组，并组织了专门的工作班子开展民法典的编纂工作，最终于2016年年初形成了《民法总则（草案）》（征求意见稿）。

在《民法总则》的审议过程中，全国人大常委会于2016年10月和11月在北京、四川、宁夏和上海召开4次座谈会，分别由张德江委员长和李建国副委员长主持，直接听取中央有关部门以及各省、自治区、直辖市人大常委会和部分全国人大代表、基层立法联系点代表、法律实务工作者和专家学者等各方面的意见，并到基层进行实地调研。[1]

（二）立法进程

2016年6月27日，《民法总则（草案）》首次提请十二届全国人大常委会审议。提请审议的《民法总则（草案）》（一审稿）共11章186个条文。2016年6月28日下午，十二届全国人大常委会第二十一次会议对《民法总则（草案）》（一审稿）进行了初次审议。常委会组成人员和列席人员普遍认为，《民法总则（草案）》（一审稿）主旨明确、体系完备、结构严谨、行文规范，既有较强的针对性，又有一定的创新性和前瞻性，符合中国国情，体现中国特色，是一部很好的草案。就草案的具体

---

〔1〕 参见李建国：《关于〈中华人民共和国民法总则（草案）〉的说明——2017年3月8日在第十二届全国人民代表大会第五次会议上》，载《人民日报》2017年3月9日，第5版。

问题，常委会组成人员和列席人员还提出了十分详细的意见和建议。

2016年11月2日下午，十二届全国人大常委会第二十四次会议对《民法总则（草案）》进行了二次审议。提请审议的《民法总则（草案）》（二审稿）共11章202个条文。常委会组成人员和列席人员普遍认为，《民法总则（草案）》（二审稿）积极回应各方面对民法典和民法总则的关切，充分考虑和研究一审时各方面提出的意见，作了多处修改，使草案更加完善，内容更加丰富、完整、严谨，更具有针对性、可操作性，趋于成熟。

2016年12月20日上午，十二届全国人大常委会第二十五次会议对《民法总则（草案）》进行了三次审议。提请审议的《民法总则（草案）》（三审稿）共11章210个条文。常委会组成人员和列席人员普遍认为，《民法总则（草案）》（三审稿）在广泛征求社会各界的意见和前两次审议的意见和建议的基础上，作了很好的修改。《民法总则（草案）》（三审稿）总体上已经比较成熟，赞成在进一步修改完善后，提请第十二届全国人民代表大会第五次会议审议。

全国人大法律委员会和法工委做了大量的工作。法律委员会多次逐条审议提交常委会和大会审议的草案。法工委作为民法典起草的牵头单位，协调各参与单位为《民法总则（草案）》的起草做了十分细致的工作。在审议过程中，法工委十分重视人大常委会委员、代表和列席人员、社会各界提出的意见，进行了整理汇编。同时，法工委还通过深入各地进行调研、召开不同形式的座谈会、在互联网上公开征询意见等方式，听取各界的意见和建议，对草案进行反复斟酌和修改。

（三）法学学者与广大人民群众的积极参与

编纂民法典是一项技术性非常强的立法活动，专家学者的积极参与不可或缺。这一方面体现在我国学者长期以来对于民法典编纂展开的深入研究，积累了一定的理论准备；另一方面也体现在这次民法总则的立法过程中，专家学者、人民群众以各种方式广泛地直接或间接地积极参与，建言献策，参与面之广，召开的各类座谈会、研讨会、论坛之多，收到的修改建议内容之繁杂，为我国立法史上所罕见。中国法学会专门组织全国民商法和相关学科专家学者代表先行草拟《民法总则(草案)》(专家意见稿),并报送全国人大常委会法工委及民法总则起草工作专门班子供作参考。中国社会科学院、中国政法大学、北京航空航天大学等相关单位也组织专家学者草拟了《民法总则(草案)》(专家建议稿),还有部分学者以个人名义撰写了相关的专家建议稿,分别上报,以供立法机关参考。

1. 理论准备

新中国成立后,党和国家曾于1954年、1962年、1979年和2001年先后四次启动民法制定工作。虽然这四次民法制定活动最终并未形成完整的民法典,但是这四次“法典化”的努力都为以后的起草编纂积累了重要的经验教训,尤其是在第四次民法典的起草过程中,我国民法学者对民法典编纂展开了较为深入的调查研究。而且,改革开放以来,《婚姻法》《继承法》《民法通则》《担保法》《合同法》《物权法》《侵权责任法》《涉外民事关系法律适用法》等民事单行法相继制定,我国民法典编纂的基本研究素材大大丰富,学者们对于民法典编纂的研究也有了新的发展。除学术论文外,民法学界还出版了大量研究民法典和民法总则立法问题的著作。以下是一些具有代表性的研究成果的简要介绍。

张新宝教授等在《中国民法百年变迁》一文中通过考察中国民法的百年历史,认为我国在改革开放几十年经济社会高速发展的基础上,从多个方面看,制定民法典的基础都日趋成熟,民法典的轮廓初显;而且指出,民法典的出台需要全民族法治共识的形成和政治家的坚定决心。[1] 魏振瀛教授在《〈民法通则〉规定的民事责任——从物权法到民法典的规定》中主张我国未来民法典应该延续《民法通则》权利、义务、责任的体例结构,并借鉴《德国民法典》和我国民国时期的民法典,规定物权编和债权编,但是不必规定物权请求权,而应将物权请求权转

〔1〕 参见张新宝等:《中国民法百年变迁》,载《中国社会科学》2011年第6期。

变为侵权责任，规定在民法典的侵权责任编中。[1] 王利明教授在《民法的人文关怀》中指出，与近代民法以财产法为中心不同，现代民法强化了人文关怀。因此，我国未来的民法典应当以人文关怀构建价值理念，注重对人的自由和尊严的充分保障以及对弱势群体的特殊关爱。[2] 杨立新教授在《编纂民法典必须肃清前苏联民法的影响》中呼吁在当前编纂民法典的过程中，应当将历史形成的我国民法中受苏联民法的不良影响予以彻底清理，将不符合我国社会主义市场经济和精神文明建设需要的苏联民法糟粕予以剔除。[3] 崔建远教授在《编纂民法典必须摆正几对关系》中研究了民法典与哲学、民法与商法、民法原则与民法规则、主张与举证责任的分配、民法总则与民法分则、规则内容与立法技术等六对关系。[4]

吕忠梅教授在《绿色民法典：环境问题的应对之路》中提出民法典应当对环境问题作出积极回应，在民法典中引入可持续发展的理念，承认环境资源的生态价值、人格利益属性，确立特殊环境侵权的特殊规则。[5] 赵旭东教授在《民法典的编纂与商事立法》中深入分析了民法与商法的关系，认为民商合一既无必要也无可能，民商分立也并不可取，真正符合我国国情的科学做法是民法法典化与商法单行法并行的折中体例。此外，应当在民法典之外制定商法通则。[6] 吴汉东教授在《知识产权立法体例与民法典编纂》中指出，近代民法典主要是基于对罗马法的改造而形成的，与知识产权法几乎没有联系；现代民法典尝试接纳知识产权制度，但尚无成功的立法例。当代知识产权法是一个综合性、开放性且最具创新活力的法律规范体系，不宜将其全部植入民法

---

〔1〕 参见魏振瀛：《〈民法通则〉规定的民事责任——从物权法到民法典的规定》，载《现代法学》2006年第3期。

〔2〕 参见王利明：《民法的人文关怀》，载《中国社会科学》2011年第4期。

〔3〕 参见杨立新：《编纂民法典必须肃清前苏联民法的影响》，载《法制与社会发展》2016年第2期。

〔4〕 参见崔建远：《编纂民法典必须摆正几对关系》，载《清华法学》2014年第6期。

〔5〕 参见吕忠梅：《绿色民法典：环境问题的应对之路》，载《法商研究》2003年第6期。

〔6〕 参见赵旭东：《民法典的编纂与商事立法》，载《中国法学》2016年第4期。

典。因此我国知识产权制度宜在民法典中作原则性规定，但同时保留知识产权法作为民事特别法的体例。[1] 夏吟兰在《论婚姻家庭法在民法典体系中的相对独立性》中认为，基于民法的调整对象、基本原则、一般性规范等宏观抽象的立法理念和价值取向，婚姻家庭法应当作为民法体系的有机组成部分。但是，由于婚姻家庭法调整对象的伦理性、亲属身份法的特殊属性以及婚姻家庭法所兼具的公法属性，也决定了婚姻家庭法的相对独立性。[2]

2. 立法咨询与讨论

在《民法总则（草案）》的起草过程中，民商法专家学者广泛参与到立法咨询与讨论中。作为民法典起草参与单位的中国法学会和中国社会科学院分别向立法工作部门提交了《民法总则（草案）》（建议稿）。法工委民法室2015年9月14日至16日在北京召开座谈会，听取民法典编纂参与单位和专家学者对《民法总则（草案）》（民法室稿）的意见和建议，研究有关问题。为期三天的会议集中讨论了民法总则起草中的主要疑难问题，并对《民法总则（草案）》（民法室稿）进行了逐章、逐节和逐条的讨论和推敲。[3]

在《民法总则（草案）》审议的过程中，民法典起草参与单位也多次委派专家学者作为"工作人员"参加全国人大常委会、全国人大法律委员会的审议会议，提供必要的资料支持和咨询意见。中国法学会召开立法专题咨询会议，对每次提交全国人大常委会的审议稿都组织全国知名专家学者进行讨论，提出咨询报告，送全国人大法律委和常委会法工委作参考。2017年2月中旬，法工委召集立法专家对已经三审的草案进行逐条的研讨，提出立法技术、文字修改方面的建议，对《民法总则（草案）》的最后修改起到了很大的帮助作用。

---

〔1〕 参见吴汉东：《知识产权立法体例与民法典编纂》，载《中国法学》2003年第1期。

〔2〕 参见夏吟兰：《论婚姻家庭法在民法典体系中的相对独立性》，载《法学论坛》2014年第4期。

〔3〕 参见中国法学会会员部：《中国法学会派代表参加民法总则立法座谈会》，载http://www.mzyfz.com/cms/xuehuigongzuo/html/1535/2015-09-23/content-1149968.html，最后访问时间：2017年3月7日。

在《民法总则》起草过程中，中国法学会、中国社会科学院、各政法院校组织了大量研讨会、座谈会、论证会，讨论民法总则的立法问题，提出了大量具体的修改完善意见和建议，这些意见和建议都汇报到了立法机关的工作部门。

3. 公开征求意见与广大人民群众的参与

《民法总则(草案)》经全国人大常委会先后三次审议，每次审议后都将草案审议稿在中国人大网公布并征求社会公众意见。2016 年 7 月 5 日，《民法总则(草案)》(一审稿)在中国人大网公布并向社会公开征求意见，为期一个月，共有 13,802 人参与，提出 65,093 条修改意见。2016 年 11 月 18 日至 12 月 17 日，《民法总则(草案)》(二审稿)公布并向社会公开征求意见，共有 960 人参与，提出 3038 条修改意见。2016 年 12 月 27 日至 2017 年 1 月 26 日，《民法总则(草案)》(三审稿)公布并向社会公开征求意见，共有 660 人参与，提出 2096 条修改意见。[1]

在《民法总则(草案)》提交十二届全国人大第五次会议审议后，各代表团对草案进行了热烈的讨论，提出许多有价值的修改意见。全国人大法律委员会根据各代表团审议意见以及政协委员和有关方面的意见，于 2017 年 3 月 11 日和 13 日召开两次会议，对《民法总则(草案)》又作了 120 多处修改。[2] 其中较为重要的是增加英雄烈士等人格权益保护的条文(第 185 条)。这些都充分体现了《民法总则》制定过程中的民主立法精神。2017 年 3 月 15 日，十二届全国人民代表大会第五次会议以 2782 票赞成、30 票反对、21 票弃权高票通过这部重要法

---

〔1〕 参见沈娟:《民法典编纂时间表与民法总则大事记》，载《光明日报》2017 年 3 月 9 日，第 7 版，并参见中国人大网，http://www.npc.gov.cn/npc/lfzt/rlyw/2017-03/09/content_2013895.htm，最后访问时间:2017 年 3 月 11 日。

〔2〕 参见钱中兵:《民法总则草案作 126 处修改　拟将限制民事行为能力人年龄下限改为八岁》，载新华网，http://news.xinhuanet.com/politics/2017-03/12/c_1120614360.htm；中国人大网，http://www.npc.gov.cn/npc/xinwen/lfgz/lfdt/2017-03/13/content_2017000.htm，最后访问时间:2017 年 3 月 20 日。这里的 126 处修改是指 3 月 12 日十二届全国人大五次会议主席团第二次会议表决通过的、决定提请各代表团审议的《民法总则(草案)》(修改稿)对于初次提交大会审议的《民法总则(草案)》的修改。最后通过的《民法总则》在 3 月 12 日修改稿的基础上又进行了略微修改。

律。同日,国家主席习近平以第六十六号中华人民共和国主席令公布这一法律。

三、《民法总则》强化了中国特色的民法立法模式

作为《民法通则》的升级版,《民法总则》进一步强化了民法立法模式上的中国特色。

(一)从《德国民法典》《苏俄民法典》的影响到有中国特色的立法道路

一方面,我国是大陆法系国家,从清末变法开始就一直深受大陆法系立法例与民法学说的影响;另一方面,我国是社会主义国家,而且在特定历史时期内受到苏联民法思想的深刻影响。因此,不论是《民法通则》还是《民法总则》,在一定程度上都烙上了《德国民法典》和《苏俄民法典》的印记。

新中国成立之前,自清末变法开始,我国民法走过了一条从"对德意志民法学说完全彻底的继受",到对其去粗取精"既保持了德国民法概念精确、体系完整的优点,同时也避免了德国民法的语言和技术过分强调法律专家的专业化而忽视民众的缺陷"的道路。但是总的来说,新中国成立之前制定的民法以及相应的学说"不但继受了德意志法学的外观体系,而且继受了支持这种法典编纂模式的理论,即潘德克顿法学"。[1] 这一影响一直持续至今。

新中国成立之后,由于我国是社会主义国家,我国民事立法自然而然地受到了苏联民法的深刻影响。通过考证可以发现,从新中国第一次民法典草案开始,新中国民法的一些重要原则和制度就受到了苏联民法立法和理论的深刻影响,例如"民法主要调整财产关系、规定公民为民事主体、强调国家财产的不可流转性、注重保障国家财产所有权、计划合同占据重要地位、强调债的实际履行原则"等。[2]

---

〔1〕 参见孙宪忠:《中国民法继受潘德克顿法学:引进、衰落和复兴》,载《中国社会科学》2008 年第 2 期。

〔2〕 参见李秀清:《中国移植苏联民法模式考》,载《中国社会科学》2002 年第 5 期。

改革开放以来,随着我国社会主义市场经济的逐步建立、对外开放程度的不断提高以及制度自信的不断提升,包括民法在内的我国立法以及法学理论的发展,早已经不再仅仅局限在德国法、苏联法的条条框框之内了,而是放眼全球,积极广泛借鉴人类法学的所有智慧成果,[1]同时立足我国具体国情,探索出一条具有中国特色的法学道路。

(二)《民法通则》探索的中国特色

1986 年 4 月 12 日通过的《民法通则》共 9 章 156 个条文,体现了较为鲜明的中国特色:第一,明确规定了民法的调整对象是平等主体的公民、法人的财产关系和人身关系。不论是《德国民法典》还是《苏俄民法典》,对此都没有明确规定。[2] 而这一规定对于整个民法来说恰恰是至关重要的,起着提纲挈领的作用。第二,较为系统地规定了民法的基本原则。《民法通则》第 3 ~7 条分别规定了民法的平等、自愿、公平、等价有偿、诚实信用、民事权益受法律保护、遵守法律和国家政策、禁止权利滥用原则。从世界各国的立法例来看,对民法基本原则的规定大多是零星的,[3]像《民法通则》这样系统、完整地予以规定的并不多见。但是随着经济社会的迅猛发展,法律原则的价值越来越受到重视,因此我国《民法通则》的这一体例已经得到一些国家的效仿,实现了中国法的"溢出"效应。[4] 第三,在民事主体上,《民法通则》基于我国具体国情作出了具有中国特色的规定。将"法人"划分为企业法人、机关法人、事业单位法人、社会团体法人,同时还对个体工商户、农村承包经营户进行了规定。第四,《民法通则》对知识产权进行了原则性的规定,使知识产权得以纳入民法的体系中。这一民法典原则规定与特

---

[1] 例如,我国《合同法》的制定就是一个很好的例子。

[2] 《苏俄民法典》仅在第 3 条规定:"土地关系、由雇佣劳动所产生的关系、家庭关系,都由专门法典调整。"参见李秀清:《中国移植苏联民法模式考》,载《中国社会科学》2002 年第 5 期。

[3] 例如,《瑞士民法典》第 2 条、《日本民法典》第 1 条、《韩国民法典》第 2 条。

[4] 例如,2005 年通过的《越南社会主义共和国民法典》就在第二章"基本原则"以 10 个条文系统规定了民法的基本原则。

别民法具体规定相结合的立法模式，是符合现代民法发展趋势的。[1] 第五，《民法通则》第六章以专章的形式系统规定了“民事责任”，从而实现了民事义务与民事责任的区分，应当说是我国民事立法的一大创新，[2] 而且受到了境外学者的好评，被认为是“体例上具创见而合理”[3]。

（三）《民法总则》是对《民法通则》的升级

自1986年《民法通则》颁布至2016年，已经过去了整整30年的时间。这30年里，我国经济社会持续高速发展，如今的经济社会条件与当年已经有非常大的不同，立法的社会经济基础发生了重大的变化。而且，“民法通则还不是民法典”，《民法通则》当年在起草时“对比较成熟或者比较有把握的问题作出规定，一些还不成熟、把握不大的问题，可以暂不规定”。[4] 因此，本着民法总则草案起草过程中“既尊重民事立法的历史延续性，又适应当前经济社会发展的客观要求”的工作要求，[5] 作为未来民法典总则编的《民法总则》需要在《民法通则》的基础上进行升级，以反映我国30多年来经济社会发展的最新状况与民法研究的最新成果。只有这样，才能够继往开来，更好地“调整民事关系，维护社会和经济秩序，适应中国特色社会主义发展要求，弘扬社会主义核心价值观”。

---

〔1〕 例如，1994年通过的《俄罗斯联邦民法典（第一部分）》第8条、第138条就分别规定了智力活动可以成为民事权利产生的依据以及知识产权的权利客体。这是对知识产权的原则性规定。后来，在2006年通过的《俄罗斯联邦民法典（第四部分）》就详细规定了“智力活动成果和个别化手段的权利”。

〔2〕 参见魏振瀛：《论债与责任的融合与分离——兼论民法典体系之革新》，载《中国法学》1998年第1期。

〔3〕 曾世雄：《民法总则之现在与未来》，台湾瑞明彩色印刷有限公司承印，1993年版，第264页。转引自魏振瀛：《论债与责任的融合与分离——兼论民法典体系之革新》，载《中国法学》1998年第1期。

〔4〕 王汉斌：《关于〈中华人民共和国民法通则（草案）〉的说明——1986年4月2日在第六届全国人民代表大会第四次会议上》，载《国务院公报》1986年第12期。

〔5〕 参见李建国：《关于〈中华人民共和国民法总则（草案）〉的说明——2017年3月8日在第十二届全国人民代表大会第五次会议上》，载《人民日报》2017年3月9日，第5版。

（四）《民法总则》在立法模式上体现的中国特色

从具体规定看，《民法总则》的立法模式具有明显的中国特色：

1. 设立基本规定一章

《民法总则》继承了《民法通则》的做法，在第一章集中规定了民法的平等、自愿、公平、诚信守法、绿色等基本原则，并对《民法通则》的规定进行了改进，删去了不合理的部分，增加了一些新内容。一方面，《民法总则》删去了民事活动应当遵循等价有偿原则的规定，而且不再对“应当遵守国家政策”、不得“破坏国家经济计划”作出规定。等价有偿原则仅仅体现在商品交换领域，是市场经济（商品经济）所应遵循的基本原则，但并不是整个民法所一体遵循的基本原则。《民法通则》当时规定等价有偿原则，是基于立法时将商品经济关系（财产关系）置于人身关系之前、之上的思想而产生的立法结果。[1] 但是随着经济社会的发展，民法越来越注重人的价值，民法调整人身关系的重要性越来越受到关注。[2] 因此，等价有偿原则已经不再适合作为民法的基本原则了。此外，随着法制的完善，国家政策作为裁判规则和行为规范逐步退出了民事领域；而且在市场经济不断发展的情况下，国家经济计划大量萎缩并较少以“指令性计划”的形式存在，因而可以不再是民事主体进行民事活动必须遵循的依据。

另一方面，《民法总则》增加了绿色原则。一部先进的民法典，已经不再将目光局限在人与人之间，而是扩展到人与自然之间。将绿色原则确立为基本原则，规定民事主体从事民事活动，应当有利于节约资源、保护生态环境，这样的规定，既传承了天地人和、人与自然和谐共生的我国优秀传统文化理念，又体现了党的十八大以来的新发展理念，与

---

〔1〕 例如，在关于《民法通则（草案）》的说明中，明确表示“民法有很大一部分是以法律形式反映商品经济关系的”，“民法主要调整平等主体间的财产关系”，“民法还要调整属于民事范围内的人身关系”。参见王汉斌：《关于〈中华人民共和国民法通则（草案）〉的说明——1986 年 4 月 2 日在第六届全国人民代表大会第四次会议上》，载《国务院公报》1986 年第 12 期。

〔2〕 在《民法通则》第 2 条的规定中，表述为“财产关系和人身关系”，但是在《民法总则》第 2 条中则对此顺序进行了调换，表述为“人身关系和财产关系”。

我国是人口大国、需要长期处理好人与资源生态之间的矛盾等具体国情相适应。[1]

2. 法人分类上采取功能标准，营利法人和非营利法人作为主要的法人类型，辅之以“特别法人”

在传统大陆法系的民法典中，一般将“法人”划分为财团法人与社团法人。但是，这样的法人分类并不适合我国的具体国情。随着我国经济社会的发展，新的组织形式不断出现，法人形态发生了较大变化，《民法通则》关于企业法人、机关法人、事业单位法人和社会团体法人的分类已难以适应新的情况，有必要进行调整和完善。《民法总则》遵循《民法通则》关于法人分类的基本思路，适应社会组织改革发展要求，按照法人的设立目的和功能等方面的不同，将法人分为营利法人、非营利法人和特别法人三类。[2] 对营利法人和非营利法人，《民法总则》只列举了几种比较典型的具体类型，对现实生活中已经存在或者可能出现的其他法人组织，可以按照其特征，分别归入营利法人或者非营利法人。对特别法人，《民法总则》规定了以下几种情况：一是机关法人。机关设立的目的是履行公共管理等职能，这与其他法人组织存在明显差别。二是农村集体经济组织法人。农村集体经济组织具有鲜明的中国特色，赋予其法人地位符合党中央关于全面深化改革的有关精神，有利于完善农村集体经济的实现形式和运行机制，增强农村集体经济的发展活力。三是基层群众性自治组织法人。村民委员会、居民委员会等基层群众性自治组织在设立、变更和终止以及行使职能和责任承担上都有其特殊性。四是城镇、农村的合作经济组织。这类合作

〔1〕 参见李建国：《关于〈中华人民共和国民法总则（草案）〉的说明——2017年3月8日在第十二届全国人民代表大会第五次会议上》，载《人民日报》2017年3月9日，第5版。

〔2〕 根据党中央、国务院的相关意见，对于现有事业单位应当按照社会功能划分为承担行政职能、从事生产经营活动和从事公益服务三个类别。对于第一类事业单位，应当逐步将行政职能划归行政机构或转为行政机构；对于第二类事业单位，应当逐步转为企业或撤销。对于这两类事业单位，今后都不再批准设立。参见《中共中央国务院〈关于分类推进事业单位改革的指导意见〉》（中发〔2011〕5号）；《国务院办公厅关于印发分类推进事业单位改革配套文件的通知》（国办发〔2011〕37号）。

经济组织对内具有共益性或者互益性，对外也可以从事经营活动，依照法律的规定取得法人资格后，作为特别法人。[1]

3. 正式确定“非法人组织”作为第三类民事主体

《民法通则》没有对自然人、法人以外的民事主体作出直接规定，其后的一些民事法律和行政法规则以“其他组织”为名，在一定程度上规定了这类组织的民事主体地位。《民法总则》正式确定这类组织为自然人、法人之外的第三类民事主体，并冠以“非法人组织”以区别于以往的“其他组织”，以凸显其作为第三类民事主体与法人组织的联系和区别。合伙类的组织体是否能成为自然人、法人之外的第三类民事主体，各国立法例和民法理论上均存在争议。在民法典中承认合伙类组织体享有民事主体资格的较少，而在商法典中承认合伙为“商人”的较多。《民法通则》第二章“公民（自然人）”中规定了个人合伙（第五节），在第三章“法人”中规定了“联营”（第四节），是在一定程度上承认了合伙性质的经营组织的民事主体地位。《个人独资企业法》和《合伙企业法》分别确认了个人独资企业和合伙企业的民事主体资格。《民法总则》设专章以民事基本法确认此类组织体的民事主体资格，承认自然人、法人之外的第三类民事主体，在民事立法和民法理论上都是一个较重大的突破。

4. 设“民事权利”一章，列举民事主体享有的各种民事权利

《民法总则》在第五章以专章的形式对民事主体享有的各种权利进行了十分详细的列举，并以“等”字作兜底，尽可能涵盖更多权利内容。在民法典的总则部分对民事权利进行集中列举是我国民事立法的一大特色。之所以以专章列举规定民事权利，是为了贯彻落实党中央关于实现公民权利保障法治化和完善产权保护制度的要求，凸显对民事权利的尊重，加强对民事权利的保护，为民法典各分编和民商事特别

---

〔1〕 参见李建国：《关于〈中华人民共和国民法总则（草案）〉的说明——2017年3月8日在第十二届全国人民代表大会第五次会议上》，载《人民日报》2017年3月9日，第5版。

法律具体规定民事权利提供依据。[1] 需要注意的是,这种列举式的法律规定并不仅仅具有宣示意义,在其他法律尚未进行详细规定的情况下,“民事权利”一章中的部分条文可以直接作为裁判的依据。

5. 将“代理”作为独立的一章加以规定而不是将其作为法律行为的附属制度

经典的大陆法系民法典通常是将代理制度规定在“法律行为”一章中,在法律逻辑上认为代理即为代理人代理他人进行民事法律行为。我国自《民法通则》以来,就将代理作为与民事法律行为相对独立的一章加以规定:我国的代理制度不仅调整基于委托产生的代理,也调整基于监护产生的法定代理。这是我国代理制度的一个重要特点。《民法通则》仅承认直接代理(显名代理)而不承认间接代理(隐名代理),但是1999年颁布的《合同法》中的代理包括了间接代理(隐名代理),致使我国的代理制度出现了内部的体系性冲突。民法典编纂应当解决这一问题。《民法总则》第169条原则上否定了隐名代理行为对本人的法律效力,只是在第三人知道代理人与被代理人之间的代理关系的情况下,该民事法律行为才直接约束被代理人和第三人。对于《合同法》第403条规定的第三人不知道存在代理关系情形下的委托人的介入权以及第三人对相对人的选择权,《民法总则》并未予以规定。

《民法总则》在代理部分的另一个变化是改变了《民法通则》中关于代理的分类,规定“代理包括委托代理和法定代理”,《民法通则》中规定的“指定代理”不再作为一种独立的代理类型。这主要是因为从理论逻辑上来看,指定代理仅仅是法定代理的一种特殊类型,难以成为独立的代理类型。

6. 设“民事责任”一章规定民事责任的一般事项并兼及债法总则的部分内容

《民法总则》延续了《民法通则》的立法体例,在第八章专章规定了

---

〔1〕 参见李建国:《关于〈中华人民共和国民法总则(草案)〉的说明——2017年3月8日在第十二届全国人民代表大会第五次会议上》,载《人民日报》2017年3月9日,第5版。

“民事责任”。由于我国民法典在整体设计上没有关于债法总则的章节,《民法总则》第五章关于债权的若干条文以及其他章节的多数规定,实际上也起到了债法总则的作用。比如,第 177 条和第 178 条关于按份责任和连带责任的规定,换个角度看也可以理解为“按份债务”和“连带债务”。

四、《民法总则》规定的时代精神和价值取向

《民法总则》贯彻落实了党中央的要求,突出和弘扬了社会主义核心价值观,把维护最广大人民的根本利益作为出发点和落脚点,根据当前我国社会出现的新问题、新变化进行了新调整,具有鲜明的价值取向和时代精神。

(一)强化各种民事权利保护,特别是人身权地位的提升和全面列举

《民法总则》第五章首先对于人身权利进行了更全面的列举,这是相较于《民法通则》的一大进步,也是我国民事立法的一大特色。在《民法通则》中,人身权规定在第五章“民事权利”的第四节,位于财产所有权和与财产所有权有关的财产权、债权、知识产权之后,而且仅规定了生命健康权、姓名权、名称权、肖像权、名誉权、荣誉权、婚姻自主权,没有规定隐私权等权利。

第一,《民法总则》首先对于人身权利进行全面列举,位于物权、债权、知识产权等其他所有财产权利之前。这表明我国民事立法越来越重视对民事主体人身权利的保护。第二,《民法总则》首次规定自然人的人身自由和人格尊严受法律保护。这是我国民事立法中第一次作出类似明确规定。而且从条文的位置看,位于所有人身权利规定之首,可谓意义重大。这也是弘扬社会主义核心价值观在民事立法中的具体体现。第三,《民法总则》明确规定了自然人享有隐私权。虽然《侵权责任法》第 2 条已经首次以法律条文的形式规定了隐私权作为侵权责任法保护的民事权益之一,但是《民法总则》(作为未来的民法典总则编)从正面明确规定隐私权是自然人享有的重要民事权利,显然具有更为

重要的意义。第四,《民法总则》规定自然人的个人信息受法律保护。在信息社会条件下,重视对于个人信息的保护,体现了我国民事立法的与时俱进和时代特色。第五,《民法总则》首次完整规定了"自然人因婚姻、家庭关系等产生的人身权利受法律保护"。一直以来,我国在立法和学术研究上对于身份权都有一定程度的忽视。《民法总则》的这一规定是一个较大的进步。

（二）维护公有制的经济基础与财产权平等保护

《宪法》第6条规定:"生产资料的社会主义公有制是我国社会主义经济制度的基础。"作为"根据宪法"制定的《民法总则》自然需要维护社会主义公有制这一经济基础。但是,与此同时,民法典也是保障民事主体依法享有民事权利的大宪章,包括自然人、法人和非法人组织在内的所有民事主体的财产权利,都需要进行保护,而且是平等的保护。《民法总则》第113条明确规定:"民事主体的财产权利受法律平等保护。"这是我国民事立法史上第一次对于"平等保护"作出明确规定。相较于《物权法》第4条的规定,[1]《民法总则》的这一规定不仅表述更为明确,而且将平等保护的范围及于包括物权在内的所有财产权利。这也是党的十八届三中全会提出的"完善产权保护制度"[2]在民事立法中的具体体现。

《民法总则》第113条规定的是对民事主体财产权利的平等保护,而不仅仅是物权或者所有权的平等保护,并且将这个条文规定在物权、债权、知识产权等权利之前。从立法技术的角度看,至少有两点可圈可点:其一,一个整体的或者概括的财产权利概念在本法中得到确认,这个"财产权利"包括物权,也包括债权、知识产权和其他具有财产性质的权利。其二,突破《物权法》的规定:将平等保护扩展到所有财产权利领域。不

---

〔1〕《物权法》第4条规定:"国家、集体、私人的物权和其他权利人的物权受法律保护,任何单位和个人不得侵犯。"

〔2〕党的十八届三中全会通过的《中共中央关于全面深化改革若干重大问题的决定》提出,"公有制经济财产权不可侵犯,非公有制经济财产权同样不可侵犯。国家保护各种所有制经济产权和合法利益,保证各种所有制经济依法平等适用生产要素、公开公平公正参与市场竞争、同等受到法律保护,依法监管各种所有制经济"。

仅不同所有制性质的物权受到平等保护，而且不同所有制性质的债权、知识产权等财产权利也受到平等保护。这样的规定既体现了保护社会主义公有制经济基础的要求，也体现了市场经济规律的要求。

（三）注重解决民生现实问题，促进社会和谐发展

《民法总则》坚持问题导向，根据当前我国社会出现的新问题、新变化进行新调整，解决人民社会生活实际问题，促进社会和谐与发展。比如，《民法总则》第 185 条规定："侵害英雄烈士等的姓名、肖像、名誉、荣誉，损害社会公共利益的，应当承担民事责任。"这是因为近一个时期以来，侵害英雄烈士人格权益的案件时有发生，诋毁革命领袖的思潮有所抬头，在全社会造成了极为恶劣的影响。在本法出台前，我国保护革命英烈人格的专门法律尚属空白，仅在司法解释中对于死者人格利益保护有零星规定，而且这些零星规定也有一定缺陷，将起诉的主体限定为死者的近亲属。鉴于此，《民法总则》对保护英烈的人格作出规定，为人民法院审判此类案件提供更为直接、有力、明确的裁判依据。这一规定充分体现了《民法总则》鲜明的政治导向、问题导向，更是弘扬社会主义核心价值观的具体体现。

再如，进一步完善了诉讼时效制度。《民法总则》第 188 条将现行《民法通则》规定的诉讼时效期间从两年延长为三年，对保护债权人的合法权益，促进社会诚信建设具有积极意义和作用，能更好地适应社会生活中新情况不断出现、交易方式与类型不断创新、权利义务关系更趋复杂的现实情况与司法实践需求。同时，增加了未成年人遭受性侵害后诉讼时效的特殊起算点，给遭受性侵害的未成年人成年后提供寻求法律救济的机会，能够更好地保护未成年人的权益。此外，明确了不适用诉讼时效的情形，包括请求停止侵害、排除妨碍、消除危险，不动产物权和登记的动产物权的权利人请求返还财产，请求支付抚养费、赡养费或者扶养费，以及依法不适用诉讼时效的其他请求权。

（四）适应信息化社会的要求，确认与保护个人信息、数据、网络虚拟财产等相关的新型人身和财产权益

人类进入 21 世纪以来，信息化是一个重要特点也是必然趋势。

“在信息化社会，自然人的个人信息保护尤为重要”，[1]《民法总则》对此作出了积极的回应，进行了较具时代特征与前瞻性的规定。《民法总则》第111条明确了自然人的个人信息受法律保护。而且不同于其他人身权益简单的列举性规定，第111条还具体规定了“任何组织和个人需要获取他人个人信息的，应当依法取得并确保信息安全，不得非法收集、使用、加工、传输个人信息，不得非法买卖、提供或者公开个人信息”。由此可见，《民法总则》对于保护个人信息的重视程度。此外，“为了适应互联网和大数据时代发展的需要”，[2]《民法总则》还在第127条对数据、网络虚拟财产的保护进行了原则性规定。这条规定较为原则，主要是考虑到数据、网络虚拟财产的种类的复杂性和不断发展变化的特征。其可贵之处是将数据、网络虚拟财产纳入了民法的保护范围，并且给它单列了户头。

可以说，《民法总则》对于个人信息、数据、网络虚拟财产的规定已经走在了世界的前列，充分体现了未来的民法典将是一部面向未来、与时俱进的民法典。

（五）既传承我国优秀的法律文化传统，又借鉴外国立法的有益经验

中华优秀传统文化的思想精华，包括讲仁爱、重民本、守诚信、崇正义、尚和合、求大同等核心思想理念，与民法的理念和原则是相通的。因此，《民法总则》在制定的过程中，始终将弘扬社会主义核心价值观作为立法目的的重要内容之一，始终坚持“四个自信”，深入挖掘和传承包括中华法律文化在内的中华优秀传统文化的时代价值，使《民法总则》体现了鲜明的民族性。传承我国的优秀文化传统既反映在《民法总则》的立法目的中，也体现在民事活动的基本原则以及相关的制度和规范中。可以说这是一部具有鲜明中国特色、蕴含众多“中国元

---

〔1〕 李建国：《关于〈中华人民共和国民法总则（草案）〉的说明——2017年3月8日在第十二届全国人民代表大会第五次会议上》，载《人民日报》2017年3月9日，第5版。

〔2〕 李建国：《关于〈中华人民共和国民法总则（草案）〉的说明——2017年3月8日在第十二届全国人民代表大会第五次会议上》，载《人民日报》2017年3月9日，第5版。

素”的民事基本法。

同时,制定一部先进的民法典,也必须要有世界眼光,善于学习外国的立法经验,借鉴人类法治文明成果,但绝不照搬外国法治理念和模式。[1] “对外国法的借鉴可能是一种通盘借鉴”“也可能仅是对个别制度的有选择性的吸收”。[2] 前一种借鉴是一种懒惰,后一种借鉴才是一种智慧。《民法总则》善于吸收国际和其他国家的立法经验,比如有关民事法律行为的规定较多吸取了德国等大陆法系民法典的立法成果,有关“好人条款”的规定则吸收了英美等普通法系的经验,有关诉讼时效的规定吸收了苏俄民法典的立法经验。

五、《民法总则》颁行与民法典下一步的编纂

《民法总则》是《民法典》的开篇之作,在《民法典》中起统领性作用。《民法总则》规定了民事活动必须遵循的基本原则和一般性规则,既构建了我国民事法律制度的基本框架,也为各分编的制定提供了依据。按照民法典编纂工作“两步走”的思路,在民法总则的制定完成后,即行编纂《民法典》各分编,并最终形成统一的民法典。[3] 关于民法典的编数,法学界一直有不同意见,主张“五编”并留“接口”制定特别法的较多,也有很多专家学者和相关部门主张“六编”或“八编”。《民法总则》在这方面做了灵活处理,留下了充分空间。当前仍按“六编”进行编纂准备。按照立法计划,《民法典》分则六编包括物权编、合同编、侵权责任编、亲属编、继承编和人格权编,草案将于2018年提交全国人大常委会审议,到2020年全部通过,整部《民法典》的立法工作

---

〔1〕 参见李建国:《关于〈中华人民共和国民法总则(草案)〉的说明——2017年3月8日在第十二届全国人民代表大会第五次会议上》,载《人民日报》2017年3月9日,第5版。

〔2〕 [意]罗道尔夫·萨科:《比较法导论》,费安玲等译,商务印书馆2014年版,第24页。

〔3〕 2016年7月,中国法学会作为民法典起草参与单位,已经部署各分编草案建议稿的起草工作。由王利明教授领导的团队负责合同编,崔建远教授领导的团队负责物权编,张新宝教授领导的团队负责侵权责任编,杨立新教授领导的团队负责继承编,夏吟兰教授领导的团队负责亲属编。民法典分则五编的建议草案已于2017年2月提交全国人大法工委的相关立法工作机构。

完成。

《民法总则》对整部民法典以及各分编所起到的作用十分重要。《民法总则》所表明的立法目的、确立的调整范围、认可的基本原则、规定的一般规则,对于整个民法典的基调,都具有决定性的作用。《民法总则》规定民事活动必须遵循的基本原则和一般性规则有待于贯彻和体现在民法典各分编之中,由各分编在总则的基础上对各项民事制度作出具体规定。另外,在《民法总则》中所使用的一些术语也将会在各分编中得以坚持和沿用。在某种意义上,《民法总则》内容的确定其实就确定了民法典的立法体例和编排体例。(当然,也不排除民法典各分编审议通过时再对《民法总则》相关规定作些许修订。)

法的效力在于其有效实施。保障《民法总则》得到良好实施,需要做好两方面的工作。第一,与《民法通则》的衔接协调工作。在《民法总则》通过和生效后,《民法通则》将继续保留一段时间。其与《民法总则》不一致的,将按照"新法优于旧法"的原则适用。第二,扩大对《民法总则》的正面宣传。通过召开立法咨询会、专题研讨会,举办论坛、开展双百法治宣讲活动、"青年普法志愿者法治文化基层行"等方式予以大力宣传。让人民、社会充分感知《民法总则》乃至民法典与我们的切身关系,共同关注社会建设与社会和谐,促进我国的社会文明进步。

可以预见的是,编纂一部具有中国特色、体现时代精神的民法典,一定能够正确调整民事关系,更好地保护民事主体合法权益,维护社会经济秩序,为实现"两个一百年"奋斗目标、实现中华民族伟大复兴中国梦提供有力法治保障。[1]

---

〔1〕 参见李建国:《关于〈中华人民共和国民法总则(草案)〉的说明——2017 年 3 月 8 日在第十二届全国人民代表大会第五次会议上》,载《人民日报》2017 年 3 月 9 日,第 5 版。

第二讲 民法的调整对象与保护范围

王利明[*]

《民法总则》第 2 条规定："民法调整平等主体的自然人、法人和非法人组织之间的人身关系和财产关系。"

一、我国民法的调整对象

每一个独立的法律部门，都有自己特定的调整对象，解决特定的社会矛盾，从而与其他法律部门相区别。由于我国民法调整平等主体之间的人身关系和财产关系，因而使我国民法具有其他法律部门所不具有的内容和特点。

民法的调整对象就是民法规范所调整的各种社会关系。根据《民法总则》第 2 条的规定，我国民法调整平等主体之间的人身关系和财产关系。民法调整的社会关系的本质特点在于其为平等主体之间的关系。所谓平等主体，是指主体以平等的身份参与具体的社会关系，而不是在一般意义上判断主体间的平等性。例如，政府和公民虽然在一般意义上不是平等关系，但只要在其相互间发生买卖、租赁、承揽等关系，其法律地

---

* 中国法学会副会长，中国法学会民法学研究会会长，中国人民大学常务副校长、一级教授、博士生导师，教育部长江学者特聘教授。

位就是平等的,并应受民法调整。

民法调整对象的平等性主要表现在:第一,当事人参与法律关系时,其地位是平等的,任何一方都不具有凌驾或优越于另一方的法律地位。正是法律地位的平等,决定了当事人必须平等协商,不得对另一方发出强制性的命令或指示。第二,适用规则平等。任何民事主体参与民事活动都要平等地受到民事法律的拘束,不享有法外的特权,不能凌驾于法律之上,即"法律面前人人平等"。第三,权利保护平等。在任何一方的权利受到侵害之后,他们都应当平等地受到民法的保护和救济。

(一)民法调整平等主体之间的人身关系

所谓人身关系,是指没有直接的财产内容但有人身属性的社会关系。人身关系包括两类:

1. 基于自然人、法人和非法人组织的人格产生的人身关系。这些关系在民法上表现为自然人和法人的人格权,包括自然人的生命权、身体权、健康权、姓名权、肖像权、名誉权、荣誉权、隐私权、婚姻自主权等权利,以及法人、非法人组织的名称权、名誉权、荣誉权等权利。此外,凡是属于《民法总则》第109条所规定的自然人的人身自由、人格尊严范畴的人格权益,都属于因人格而产生的人身关系。

2. 基于自然人、法人和非法人组织的一定身份产生的人身关系。身份关系是人们基于彼此间的身份而形成的相互关系。本书认为,可以将身份界定为民事主体在特定的社会关系中所具有的地位,具体包括:一是在亲属关系中的地位。这类关系在民法上表现为公民的身份权,包括夫妻之间、父母子女之间、有扶养关系的祖父母与孙子女或外祖父母与外孙子女之间依法相互享有的身份权,以及因监护关系产生的监护权等。二是基于知识产权获得的地位。如自然人、法人和非法人组织通过智力创作活动取得著作权、专利权、商标权而享有的人身权,以及公民享有的在发现权和发明权中的人身权。

民法调整的人身关系具有如下特点:一是非财产性。人身关系不能直接表现为一种财产利益,它体现的是人们在精神上和道德上的利益。尽管在市场经济条件下,某些人身关系也可以转化为财产利益,或者在受到侵害时可以采用财产补偿的方式,但是人身关系本身不以财产为客体,也不以财产为内容。二是专属性。人身关系中所体现的利益与人身是很难分离的。尽管有一些人身权的内容可以由权利主体转让,但与财产权相比较,人身权的专属性更为突出。总体上说,人身权作为一种整体性的权利是不能转让的。[1] 三是人格关系的固有性。人格关系中的利益大多是民事主体必需的利益,例如,生命、健康是民事主体与生俱来、终身享有的,否则,民事主体就很难享有人格独立与自由,甚至难以作为主体而存在。当然,身份关系不一定具有固有性。

民法对人身关系的调整在价值上具有优先性,贯彻人本主义精神,其基本理念就是关爱人、尊重人,维护个人的人身自由和人格尊严。因此,《民法总则》第 2 条在规定民法的调整对象时,将人身关系置于财产关系之前,这也体现了对人身关系的重视。

(二)民法调整平等主体之间的财产关系

所谓财产关系,是指人们在产品的生产、分配、交换和消费过程中形成的具有经济内容的关系。财产关系是以社会生产关系为基础的,涉及生产和再生产的各个环节,包括各类性质不同的关系。民法所调整的财产关系只是发生在平等的民事主体之间的财产关系。民法调整的财产关系具有如下特点:

第一,包括财产归属关系和财产流转关系。财产归属关系是指财产所有人和其他权利人因占有、使用、收益、处分财产而发生的社会关系。财产流转关系是指因财产的交换而发生的社会关系。财产归属关系往往是发生财产流转关系的前提条件,财产流转关系通常又是实现财产归属关系的方法。

第二,民法调整的财产关系的重心是交易关系。所谓交易,是指独立的、平等的市场主体就其所有的财产或利益进行的交换。在民法上,交易的表现形式多种多样,其普通形式是合同,其特殊形式是侵权损害

---

〔1〕 参见张俊浩主编:《民法学原理》,中国政法大学出版社 1991 年版,第 138 页。

赔偿和不当得利返还等。为了适应交易关系调整的需要,产权的确认和保护十分必要。

第三,财产关系充分体现了主体的自由意志。主体享有对其财产的处分权,并有权依其意志移转财产所有权权能。财产关系的产生、变更和消灭体现了法律给予主体充分的自由空间,国家尽量不予干预。但在身份关系中,当事人的意思自由要受到一定的限制。例如,法律对结婚、离婚、收养都进行了比较严格的限制,亲属法上许多权利,如监护权、亲权等,都具有专属性,不得随意抛弃和转让。尤其在现代社会,为了保护婚姻家庭关系中的弱者利益,法律逐渐加大了对婚姻家庭关系的干预,因此婚姻家庭法具有私法公法化的趋势。[1]

第四,财产关系具有很强的变动性。尤其是在市场经济社会,财产往往只有通过流转才能实现资源的合理配置,充分实现其价值,因此,财产关系总是处于一种变化之中。而身份关系则具有极大的稳定性,通常不会发生变动,[2]也不宜发生变动,其具有很强的人身专属性。

第五,就救济方式而言,财产关系遭受侵害时是用损害赔偿等财产性的救济方法来解决的;而亲属、婚姻等身份关系在受侵害时较多使用非财产救济手段,当然,依据《侵权责任法》第20条的规定,在部分人身权益遭受侵害的情形下,受害人也有权主张财产损害赔偿责任。

二、民法与邻近法律部门的区别

(一)民法和宪法

宪法是国家根本大法,具有最高的法律效力。宪法与民法是不同的法律部门,但两者之间存在密切的联系:一方面,宪法作为国家根本法,是民法的制定依据,尤其是宪法关于公民基本权利的规定是民事权利的上位法依据。我国《民法总则》第1条明确规定,“依据宪法,制定本法”,这表明民事立法以宪法为指导。另一方面,宪法对于民法的解释和适用

---

[1] 参见夏吟兰:《论婚姻家庭法在民法典体系中的相对独立性》,载《法学论坛》2017年第4期。

[2] 参见谢怀栻:《外国民商法精要》(第3版),法律出版社2014年版,第138~139页。

也具有重要的指导意义。在一些国家,法官可以直接援引宪法的精神解释民法规则,借助"基本权利的第三人效力""基本权利对民法的辐射作用"等原理,直接以宪法规范来保护基本权利。在我国,虽然宪法尚不具有可司法性,法官也不能直接援引宪法裁判民事案件,但在司法实践中,法官仍然可以以宪法为价值指导,选择适用民法裁判规则,并对民法规范进行合宪性解释,也可以援引宪法作为论证依据。

但作为两个不同的法律部门,民法和宪法也存在较大的区别,宪法本质上是公法,主要调整国家和公民之间的关系;而民法属于私法,主要调整平等主体之间人身关系和财产关系。民法作为重要的法律部门,其具有贯彻宪法规则与原则的作用。宪法义务虽然对公民也有约束力,但宪法所设定的许多义务主要是针对国家的,并不能直接规制公民的行为,而是要求国家机关制定相关的法律法规,为公民的行为规范提供法律依据。而民法所设定的义务主要是针对民事主体,每个民事主体都负有遵守的义务。基于这一原因,民事主体违反民法义务时并不一定导致其违反宪法义务。

(二)民法和行政法

行政法就是国家通过各级行政机关管理国家政治、文化、教育、劳动人事、卫生等事务的法律规范的总和,是国家发挥其组织、指挥、监督和管理职能的法律形式。行政法是我国法律体系中的一个重要部门,它是规范和控制行政权的法律规范的总称。

尽管民法与行政法之间存在一定的交叉和融合,但两者之间存在明显的区别。从本质上说,行政法属于公法的范畴,民法属于私法的范畴,两者存在如下几个方面的区别:一是调整对象不同。行政法所调整的行政关系与民法所调整的一定范围的财产关系和人身关系是不同的,行政关系主要是根据国家意志产生的,国家对各个领域的组织、指挥、监督和管理都体现了国家权力的运用;而民事关系主要是基于民事主体的自主自愿而产生的,是平等主体间的关系,遵循平等、自愿、等价有偿的原则。二是行政法是控制和规范行政权的法。它是控制公权力行使的法,其产生是为了保障依法行政。而民法是保障私权的法,它通过确认保障自然人、法人等的财产权和人身权，来维护民事主体的合法权益，鼓励人们广泛从事民事行为，促进社会经济的发展。三是规范的性质不同。行政法大多是一些程序性的规定，主要是通过行政组织法来控制行政权的权源，通过行政程序法规范行政权行使的方式。[1] 但民法规范主要是实体规范，民法以规定民事主体的实体权利义务为主要内容。四是调整方法不同。民法具有任意性，由于民法以意思自治为原则，所以民法中的大多数规范，特别是债和合同法规范体现了较强的任意性特点，当事人的意思可在合法的前提下优先于任意法而适用。而行政法具有强制性，一般不允许当事人通过协商来改变法律的规定。

（三）民法与经济法

关于经济法的概念，学界众说纷纭，存在不同观点。我认为，经济法实际上就是经济行政法，它是国家权力作用于经济生活，由国家行政机关对经济实行组织、管理、监督、调控的法律规范的总称，它是实现国家宏观调控政策的工具。经济法在内容上主要包括预算法、价格法、中国人民银行法、反不正当竞争法、反垄断法、企业所得税法、个人所得税法、车船税法、税收征收管理法、农业法、农产品质量安全法等法律。

民法和经济法的根本区别在于，民法采取平等、自愿、公平、诚实信用、公序良俗的原则调整平等的民事主体之间的横向财产关系和人身关系。而经济法则采取国家干预经济的原则调整国家机关与企业事业单位和公民之间的纵向经济关系，其宗旨在于克服市场自身的弱点和消极作用，维护公平的竞争秩序，实现政府对经济的宏观调控。经济法主要调整经济管理关系，在性质上属于公法；民法不仅调整平等主体之间的财产关系，还调整平等主体之间的人身关系，其性质为私法。

（四）民法和社会法

社会法是调整个人基本生活权利保障而衍生的相关社会关系的法律规范的总称。社会法是近几十年发展起来的、跨越公法和私法的法律部门，其内容主要包括劳动法、社会保障法、社会救助法等法律。社

---

[1] 参见姜明安：《行政法》，北京大学出版社 2017 年版，第 37 页。

会法以保护社会大众和弱势群体为宗旨，在缓和社会矛盾、维护社会稳定方面发挥着重要的作用。

社会法和民法的主要区别在于，第一，从法律性质上说，民法是私法，以维护民事主体的私人利益为主要目标，尽管现代民法已经从个人本位向社会本位演进，也加强了对私人关系的干预，以维护社会公共利益，但毕竟民法维护的主要还是私人利益。而社会法作为以维护社会公共利益为主要目标的法律，在性质上并不是私法，它的目的在于建立较为完备的社会保障制度，维护社会全体成员的共同福利，谋求社会大众共同福利的增进，因此其与民法的性质不同。第二，民法以私法自治为原则，表现出较强的任意法的特性。而社会法主要是强行法，它不允许当事人之间自由设立权利义务。例如，就社会保险而言，尽管存在自愿险，但更多的是法定的强制险。当然，社会法中也有自治的内容，如劳动合同中部分内容也允许当事人自由约定。第三，民法注重维护形式正义，而社会法则注重维护实质正义。民法调整的是平等主体之间的关系，而社会法不以平等主体之间的社会关系为起点，而是以实质平等的价值理念来构建其规则体系的，尤其是注重保护弱势群体的权益。第四，民法的许多规则，如债与合同、物权制度、知识产权制度等，都具有创造财富的功能，而社会法主要体现满足社会成员的基本生活需要的财富分配功能。第五，社会法以保护公民的生存权为目标，即实现社会保障的根本目的就是使公民获得基本的生存条件。而民法不仅要保护民事主体的生存权，而且要保护民事主体参与市民生活所应当享有的各种权利。[1]

（五）民法与民事诉讼法

民事诉讼法是用来调整当事人、人民法院及其他诉讼参与人之间实施诉讼活动以及由此形成的诉讼关系的法律规范的总称。马克思曾经指出："诉讼和法二者之间的联系如此密切，就像植物外形和植物本

---

〔1〕 参见林嘉：《社会保障法的理念、实践与创新》，中国人民大学出版社 2002 年版，第 23 页。

身的联系,动物外形和动物血肉的联系一样。使诉讼和法律获得生命的应该是同一种精神,因为诉讼只不过是法律的生命形式,因而也是法律的内部生命的表现。"[1]可见,民法和民事诉讼法是相互依赖、密不可分的。一方面,民法所规定的实体规则在很大程度上决定了民事诉讼法的规则设计。例如,就侵权责任而言,民事诉讼法所规定的举证责任分配规则应当以侵权责任法的规定为基础。另一方面,民事诉讼法可以从程序上起到对民事权利的全面保障作用,为民事权利提供了规则化、体系化的程序保护规则。

当然,作为不同的法律部门,民法和民事诉讼法也存在如下区别:第一,性质不同。民事诉讼法是程序法,旨在规范民事主体实现其民事权利的民事诉讼程序;民法是实体法,旨在规范民事主体之间实体的民事权利义务关系。与此相应,民法属于私法,而民事诉讼法属于公法,因为后者以规范国家司法权的行使作为其重要内容。第二,调整对象不同。民法调整民事主体之间的人身关系和财产关系,而民事诉讼法是调整民事诉讼活动和民事诉讼关系的法律。民法主要调整实体权利义务关系,而民事诉讼法主要规范当事人、人民法院和诉讼关系人实施的民事诉讼法律关系。民法主要是任意法,以当事人意思自治为原则,而民事诉讼法为强行法,采取程序法定主义。第三,从立法目的来说,民事诉讼法以保护民法上的实体权利为目的。当事人在通过诉讼方式维护自身权利时,应当遵循民事诉讼法所规定的程序。

三、民法保护的民事权益范围

《民法总则》第126条规定:"民事主体享有法律规定的其他民事权利和利益。"

(一)《民法总则》第126条确立了由权利和利益构建的民事权益体系

所谓民事权利体系,是指民法所规定的、按照一定逻辑所建构起来

---

[1] 《马克思恩格斯全集》(第1卷),人民出版社1995年版,第287页。

的权利的有机整体。民事权利体系也称为私权体系,但严格地说,这两个概念之间有一定的区别,民事权利是私权的核心,但又不完全等同于私权,因为劳动权、环境权虽然是私权,但已经与民事权利相分离,所以,私权体系的概念更为宽泛。

民事权利体系是民法的核心,日本学者松尾弘指出,一部民法典实际上就是一部关于权利体系的法律。[1] 法治的基本精神就是规范公权、保障私权。民事权利是民事主体所享有的各种利益在民法上的体现,也是整个民法典所规范和保障的对象。正如德国学者冯·图尔所言:“权利是私法的核心概念,同时也是对法律生活多样性的最后抽象。”[2]权利构建了民法的核心内容,民法典体系特别是分则体系也要以民事权利来展开,而民法分则是民事权利的具体展开,并分别形成了物权、债权、人身权等权利体系。即使就侵权责任法而言,侵权责任法之所以可以独立成编,构成民法典中的一个独立的部门法,主要就是因为侵权法是整个民事权利的救济法,承担了民事权利保障的功能。

整个民法体系是围绕民事权利来构建的,这也是近现代以来权利本位思想的体现。自19世纪以来,以《法国民法典》和《德国民法典》为代表的近代民法虽然在个人本位和团体本位上有一定的差异,但其都主张权利本位,而非义务本位。虽然在不同历史时期,不同所有制社会的民法所保障的权利在性质上存在区别,但近现代社会的民法都坚持了一个共同的基本理念,即民法以民事权利为核心。我国社会长期以来漠视权利,权利观念淡薄,这也要求我们应当坚持以民事权利为中心构建民法典分则体系,从而充分、全面地保障私权。[3] 也正是在充分保障私权的基础上,才能真正地推进我国的法治建设进程。

---

〔1〕 参见[日]松尾弘:《民法的体系》(第4版),庆应义塾大学出版社2005年版,第15页。

〔2〕 转引自[德]迪特尔·梅迪库斯:《德国民法总论》,邵建东译,中国政法大学出版社2000年版,第62页。

〔3〕 参见孟勤国:《从民法与宪法关系的视角谈我国民法典制定的基本理念和制度架构》,载张礼洪等主编:《民法法典化、解法典化和反法典化》,中国政法大学出版社2008年版。

在我国,民事权利体系主要由两类基本权利构成:一是财产权。它是指以财产利益为直接内容的权利。财产权的主体限于现实地享有或可以取得财产的人,而不像人格权那样可以为一切人普遍地享有。[1]财产权不具有专属性,可以由主体转让、抛弃,也可以继承。财产权利主要包括两大类,即物权和债权。二是人身权。人身权是指以人身所体现的利益为内容的、与权利人的人身不可分的民事权利,包括人格权和身份权。人格权主要包括生命健康权、姓名权、名誉权、肖像权、隐私权、性自主权等。身份权是指基于权利人的特定身份产生的权利,包括亲属权、抚养权等。身份权须有一定的行为或资格等才能产生,如具有夫妻资格,才能享有配偶权。人身权的主要特点在于:其内容主要体现为人格和身份等精神利益。人身权一般都具有专属性,尽管个别人格权的权能,如肖像权的权能可以转让,但人身权作为整体是不能转让的,也不能抛弃和继承。在这两种权利发生综合的基础上还产生了一些综合性权利,如知识产权、股权等权利。它们既有人身权的属性,又有财产权的属性。

(二)权利外的利益

权利外的利益是指虽未被法律类型化为权利,但应当受到法律保护的合法利益,如死者的人格利益、占有利益、纯粹经济利益等。在现代社会中,民法对法益的保护范围具有明显的扩张趋势,这就是说,民法所保护的法益并不仅限于权利,其还保护权利外的各种合法利益。一方面,这是因为权利尚在发展过程中,就该利益的边界、效力等无法形成共识,因而立法者将其作为权利外的利益加以保护。例如,我国立法长期以来将隐私作为利益加以保护,立法文件中没有使用"隐私权",就是出于此种考虑。另一方面,这种做法也是为了维护法益的开放性。如果立法中将法律保护的利益限于权利,则无法适应社会发展的需要。从比较法来看,民法注重保护权利外的利益,也是一种发展趋势,一般人格权、纯粹经济损失等制度的产生都反映了这一发展趋势。

---

〔1〕 参见谢怀栻:《谢怀栻法学文选》,中国法制出版社2002年版,第354页。

从我国法律来看,我国《民法总则》第 126 条规定:“民事主体享有法律规定的其他民事权利和利益。”此处采用民事权利和利益的提法,就表明其所保护的对象,不仅包括民事权利,还包括权利外的合法利益。具体而言,民法所保护的权利外利益的典型情形主要有如下几种:

一是新型人格利益。人格权益体系是一个不断发展、变化的体系,具有开放性。[1] 我国《民法总则》第 111 条并没有将个人信息规定为一项具体人格权,而是将其规定为一项人格利益。因此,个人信息在性质上属于新型人格利益。除个人信息外,个人的声音、特有的肢体动作等,在性质上均属于人格利益。

二是死者人格利益。死者人格利益在性质上并不是权利,自然人死亡后,其不可能再享有实际权利中包含的个人利益,但由于权利中包含了社会利益的因素,因此,在公民死亡后,法律仍需要对这种利益进行保护。同时,侵害死者的人格利益还将导致死者的近亲属遭受财产与精神上的损害,因此对死者人格利益的保护并非对死者的保护,而只是对某些社会利益或个人利益的保护。

三是占有。在现实生活中,许多占有的状态尽管还没有形成权利,但法律从维护社会秩序和人对物的关系出发,需要对这些占有状态进行保护。例如,拾得遗失物和漂流物,发现埋藏物后,依据法律规定,占有人应及时返还失主或上交国家,而不能据为己有,占有人也不能因其占有而获得占有权并长期占有这些物。但占有一旦形成,便应当受到法律保护,假如对上述占有不予保护,任何人都可以凭借暴力从占有人手中侵夺其占有物,则社会经济秩序和财产秩序将遭到严重破坏,法律秩序也将荡然无存。

四是对新型智力成果享有的利益。对一些新型智力成果,其可能并未被确认为知识产权的类型,但仍然属于民事利益,应当受到法律保护,我国司法实践也采纳了此种立场。例如,在“莒县酒厂诉文登酿酒厂不正当竞争纠纷案”中,法院认为,被告文登酿酒厂违背诚信原则,

---

〔1〕 Jean-Christophe Saint-Pau (dir.), Droits de la personnalité, LexisNexis, 2013, p. 37.

以仿制瓶贴装潢及压价手段竞争，属不正当竞争行为，因此应停止侵害，赔偿损失。本案中，瓶贴装潢虽未形成权利，但原告的瓶贴装潢代表了原告的白酒信誉，并能给原告带来一定的经济利益，因此应受到侵权责任法的保护。[1]

---

〔1〕《最高人民法院公报》1990 年第 3 期。

第三讲　民法的基本原则

王　轶*

一、民法基本原则概述

从民法学界既有的讨论看，对于何谓民法基本原则学者意见不一。有学者主张民法基本原则是其效力贯穿民法始终的民法根本规则，是对立法者在民事领域所行政策的集中反映，是克服法律局限性的工具，我国民法有诚实信用原则、公序良俗原则和绿色原则。〔1〕有学者从区分民法理念、民法基本原则与民法规范的视角入手，主张民法理念是法的理念在民法领域的具体化、专门化，是关于民法的观念形态的终极的内在价值诉求；而民法基本原则则是民法理念内在价值的外化，各种具体类型的民法规范则是民法基本原则的展开，进而主张正面的民法基本原则包括主体平等原则、私法自治原则和私权保护原则，负面的民法基本原则包括诚实信用原则、公序良俗原则和权利滥用禁止原则。〔2〕不难看出，在从立法论角度出发进行的

---

* 中国法学会民法学研究会副会长兼秘书长，中国人民大学法学院院长、教授、博士生导师，教育部长江学者特聘教授。

〔1〕 参见徐国栋：《民法基本原则解释》，北京大学出版社 2013 年版，第 11 页。

〔2〕 参见董学立：《民法基本原则研究》，载《政法论丛》2011 年第 6 期。

讨论中,讨论者常常在不同的含义上使用民法基本原则一词,也常常赋予各项具体的民法基本原则不同的含义,对于何谓民法基本原则的回答自然也不会一样。就此而言,何谓民法基本原则的问题在大多数语境下属于民法问题中的解释选择问题。从解释论角度出发进行的讨论,即使讨论者面对相同的民法文本,由于对民法基本原则的界定不同,对民法基本原则的功能所赋予的期待不同,对何谓民法基本原则的回答也不一致。但这种不一致,并不会对民法规则的设计或适用产生实质影响。就此而言,何谓民法基本原则的问题在大多数语境下属于纯粹民法学问题中的解释选择问题。

在民法学界既有的讨论中,体现在民法总论教科书中的共识是:原则,即观察问题、处理问题的准绳。[1] 民法的基本原则,即观察、处理民法问题的准绳。它是民法的本质和特征的集中体现,反映了市民社会和市场经济的根本要求,表达了民法的基本价值取向,是高度抽象的、最一般的民事行为规范和价值判断准则。[2] 详言之:

民法的基本原则是民事立法的准则。民法的基本原则,蕴含着民法调控社会生活所欲实现的目标、所欲达致的理想。它一方面蕴含着包括民法在内所有部门法都应信奉的基本价值准则;另一方面集中体现了民法区别于其他法律,尤其是行政法和经济法的特征。它贯穿于整个民事立法,确定了民事立法的基本价值取向,是制定具体民法规范、设计具体民法制度的基础。在制定民事立法的过程中,立法者应遵循体系强制的要求,将各项民法的基本原则落实到相应的民法制度和规范中。在进行立法解释的过程中,民法的基本原则也是立法者解释的准则。唯有如此,才能实现民法体系化的要求,保持各项民法制度和规范在价值取向上的和谐,为类似问题类似处理的法治原则的实现开辟可能。

民法的基本原则是民事主体进行民事活动的基本准则。民事主体

---

〔1〕 参见王利明:《民法总论》,中国人民大学出版社 2009 年版,第 47 ~ 59 页;梁慧星:《民法总论》(第 2 版),法律出版社 2001 年版,第 41 ~ 48 页。

〔2〕 参见王利明主编:《民法》(第 7 版),中国人民大学出版社 2018 年版,第 23 页。

所进行的各项民事活动，不仅要遵循具体的民法规范，还要遵循民法的基本原则。在现行法上对于民事主体的民事活动欠缺相应的具体民法规范进行调整时，民事主体应依民法基本原则的要求进行民事活动。民事主体不得约定在民事活动中排除民法基本原则的适用，民事主体约定排除民法基本原则适用的条款属于违反效力性强制性规定的条款，应被认定为绝对无效。

民法的基本原则是裁判者对民事法律、法规进行解释的基本依据。民法的基本原则不直接涉及民事主体具体的权利和义务，具有高度的抽象性。“它不预先设定任何确定的、具体的事实状态，没有规定具体的权利和义务，更没有规定确定的法律后果”，[1]在未经足够的具体化以前不能作为裁判者的裁判规范。但裁判者在裁断民事案件时，须对所应适用的法律条文进行解释，以阐明法律规范的含义，确定特定法律规范的构成要件和法律效果，并辨别法律规范的类型。裁判者在对法律条文进行解释时，如有两种以上的解释结论，应采用其中符合民法基本原则的解释结论。无论采用何种解释方法，其解释结论均不能违反民法基本原则。另外，如果裁判者在裁断案件时，在现行法上未能获得据以作出裁判的依据，这就表明在现行法上存在法律漏洞。此时，裁判者应依据民法的基本原则来进行法律漏洞的补充，创制裁断纠纷的法律规范。

民法的基本原则，是民法学者讨论价值判断问题时应当权衡的主要因素。民法的诸项基本原则包含着民法上冲突的价值取向，如何经由学术的讨论，发现冲突所在，认识冲突的本质，提出协调冲突的可行办法并阐明其理由，是民法学者进行民法学研究的一项核心任务。

依据《民法总则》第 4 ~ 9 条，我国现行的民事立法承认了平等原则、自愿原则、公平原则、诚实信用原则、公序良俗原则以及绿色原则。

---

〔1〕［美］迈克尔·D. 贝勒斯：《法律的原则》，张文显等译，中国大百科全书出版社 1996 年版，第 468 页。

二、平等原则

所谓平等原则,也称为法律地位平等原则。我国《民法总则》第4条明文规定:“民事主体在民事活动中的法律地位一律平等。”

平等观念是民法得以产生和发展的思想前提。平等原则在不少国家的民事立法上未设有明文规定,学者称之为无须明文规定的公理性原则。我国民法明文规定这一原则,强调民事主体在民事活动中的法律地位一律平等,任何一方不得把自己的意志强加给对方,意在以我国特殊的历史条件为背景,突出强调民法应反映社会主义市场经济和民主政治的本质要求。

平等原则首先体现为一项民事立法和民事司法的准则,即立法者和裁判者对于民事主体应平等对待。这是分配正义的要求,因为正义一词的核心语义是公平,即一视同仁、平等对待。这其实也是所有部门法都应奉行的一项立法和司法的准则。作为一种组织社会的工具,民法是通过对民事主体间冲突的利益关系以及民事主体利益与公共利益之间的冲突关系进行协调,来实现其组织社会秩序的功能。“而在分配利益和负担的语境中可以有两种意义上的平等对待。一种是强式意义上的平等对待,它要求尽可能地避免对人群加以分类,从而使每一个人都被视为‘同样的人’,使每一个参与分配的人都能够在利益或负担方面分得平等的‘份额’。另一种是弱式意义上的平等对待,它要求按照一定的标准对人群进行分类,被归入同一类别或范畴的人才应当得到平等的‘份额’,因此,弱式意义上的平等对待既意味着平等对待,也意味着差别对待——同样的情况同样对待,不同的情况不同对待。”[1]

近代民法[2]相对比较重视强式意义上的平等对待。因此平等原

---

〔1〕 郑成良:《法律之内的正义》,法律出版社2002年版,第40页。

〔2〕 所谓近代民法,是指经过17、18世纪的发展,于19世纪欧洲各国编纂民法典而获得定型化的一整套民法概念、原则、制度、理论和思想的体系。在范围上包括德国、法国、瑞士、奥地利、日本以及旧中国民法等大陆法系民法,并且包括英美法系的私法。参见梁慧星:《从近代民法到现代民法》,载梁慧星主编:《民商法论丛》(第7卷),法律出版社1997年版。

则主要体现为民事主体民事权利能力的平等，即民事主体作为民法上的“人”的抽象的人格平等。民法上的“人”包括自然人、法人和非法人组织等。一切自然人，无论国籍、年龄、性别、职业；一切经济组织，无论中小企业还是大企业，都是民法上的“人”，都具有平等的权利能力。社会经济生活中的劳动者、雇主、消费者、经营者等具体类型，也都在民法上被抽象为“人”，同样具有民法上平等的人格。正是借助这一点，民事立法实现了从身份立法到行为立法的转变，即从按社会成员的不同身份赋予不同权利的立法，转变为不问社会成员的身份如何，对同样行为赋予同样法律效果的立法。〔1〕之所以如此，是因为近代民法建立在对当时社会生活所作出的两个基本判断之上。这两个基本判断是近代民法制度、理论的基石。第一个基本判断，是平等性。在当时不发达的市场经济条件下，从事民事活动的主体主要是农民、手工业者、小业主、小作坊主。而所有这些主体，在经济实力上相差无几，一般不具有显著的优越地位。因此立法者对当时的社会生活作出了民事主体具有平等性的基本判断。第二个基本判断，是互换性。所谓互换性，是指民事主体在民事活动中频繁地互换其位置，在此交易中作为出卖人与相对人发生交换关系，在彼交易中则作为买受人与相对人发生交换关系。这样，即使平等性的基本判断存有不足，也会因互换性的存在而得到弥补。〔2〕在这种意义上，互换性从属于平等性。〔3〕当然，近代民法上的平等原则也有限地包括弱式意义上的平等对待，主要体现为根据自然人的年龄、智力和精神健康状况，区分自然人的行为能力状况，并分别设置相应的法律规则等。

现代民法与近代民法不同。现代民法上的平等原则在侧重强式意义上的平等对待的同时，更加重视兼顾弱式意义上的平等对待。面对用人单位与劳动者、经营者与消费者之间的分化和对立，单纯强调抽象

---

〔1〕参见李开国：《民法总则研究》，法律出版社 2003 年版，第 70～71 页。

〔2〕参见梁慧星：《从近代民法到现代民法》，载梁慧星主编：《民商法论丛》（第 7 卷），法律出版社 1997 年版。

〔3〕参见李开国：《民法总则研究》，法律出版社 2003 年版，第 70～71 页。

的民法上人格的平等,只追求形式上的平等,忽视实质上的平等,已经无法维持社会的和平。弱式意义上的平等对待,日渐受到重视,具体表现为:在生活消费领域内,将民事主体区分为经营者和消费者;在生产经营领域内,将民事主体区分为用人单位和劳动者,分别设置相应的法律规则,侧重对消费者和劳动者利益的特殊保护。

我国现行民事立法中规定的平等原则,即属于现代民法上的平等原则:既强调民事主体抽象的人格平等,因此《民法总则》第14条确认,自然人的民事权利能力一律平等;又注重弱式意义上的平等对待,《民法总则》第128条规定:"法律对未成年人、老年人、残疾人、妇女、消费者等的民事权利保护有特别规定的,依照其规定。"在我国就有《未成年人保护法》《老年人权益保障法》《残疾人保障法》《妇女权益保障法》《消费者权益保护法》等着重保护未成年人、老年人、残疾人、妇女、消费者等的权益。这种意义上的平等原则,包含着民法上讨论价值判断问题的一项实体性论证规则,即:如果不存在足够充分且正当的理由要求弱式意义上的平等对待,就应当贯彻强式意义上的平等对待。

平等原则还体现为一项民事主体进行民事活动的行为准则,即要求民事主体之间应平等相待,这是民法上平等原则的核心和灵魂,也是民事法律关系区别于其他类型法律关系的根本所在。它是指民事主体在进行民事活动时应认识到彼此都享有独立、平等的法律人格,其中平等以独立为前提,独立以平等为归宿。在具体的民事法律关系中,民事主体互不隶属,各自能独立地表达自己的意志。离开了民事主体之间的平等相待,民法的基本理念就失去了生存的土壤,民法的其他各项基本原则以及各项民事法律制度也就丧失了存在的依据。

必须看到,民法可以确认平等原则,并通过兼顾弱式意义上的平等对待,在一定程度上推动实质平等的实现。但实现民事主体之间的实质平等,不是民法独力承担的使命。民法是以民事主体之间平等的假定作为前提和基础。实现民事主体之间的实质平等,还要借助民法以外的其他法律部门,如宪法相关法、行政法、经济法、社会法等。例如,被认为是经济法核心内容的反垄断法,其主要功能就体现为营造平等竞争的市场环境。[1]

三、自愿原则

自愿原则,又称意思自治原则,是指法律确认民事主体得自由地基于其意志去进行民事活动的基本准则。基于意思自治原则,法律制度赋予并且保障每个民事主体都具有在一定的范围内,通过民事法律行为,特别是合同行为来调整相互之间关系的可能性。我国《民法总则》第5条规定:"民事主体从事民事活动,应当遵循自愿原则,按照自己的意思设立、变更、终止民事法律关系。"

意思自治原则是市民社会自治在私法领域的体现。所谓市民社会自治,就是组成市民社会的主体,如自然人、法人或者非法人组织在处理私人事务时,可以按照自己的意愿或者彼此的共同意愿自主地行事,不受外在因素的干预,尤其是不受公权力的干预。因而,意思自治原则是民事主体根据他的意志自主形成法律关系的原则,是对通过表达意思产生或消灭法律后果这种可能性的法律承认。依此原则,"在私法自治范围内,法律对于民事主体的意思表示,即依其意思而赋予法律效果;依其表示而赋予拘束力;其意思表示之内容,遂成为规范民事主体行为之规范,相当于法律授权民事主体为自己制定的法律"。[2] 在深受大陆法系法律传统影响的中国,自由在民事立法中的实现,是自由能够在生活实践中实现的一项必要条件。确认意思自治原则为民法的基本原则,是在民法调整的社会生活领域内实现自由的第一步。意思自治原则不仅应当在民法中得到确认,更应当成为民法最重要、最有代表性的原则。就与其他几项民法基本原则的关系而言,平等原则是意思自治原则的逻辑前提,意思自治原则的存在和实现,以平等原则的存在和实现为基础,只有在民事主体地位独立、平等的基础上,才能保障当事人从事民事活动时的意志自由;交易领域中的公平原则是对意思自

---

〔1〕 参见王利明主编:《民法》(第7版),中国人民大学出版社2018年版,第26页。
〔2〕 梁慧星:《民法总论》(第2版),法律出版社2001年版,第175页。

治原则的补充;诚实信用原则、公序良俗原则以及绿色原则是对意思自治原则的必要限制。可见,就诸民法基本原则的关系而言,意思自治原则是处于核心地位的民法基本原则。

意思自治原则强调私人间的法律关系应取决于个人的自由意思,从而给民事主体提供了一种受法律保护的自由。这种自由,就是民事主体的个人自由。社会发展的历史告诉我们一个经验法则:保证个人自主决定实现的制度是符合人性的制度,也是最有生命力的制度。意思自治原则派生出了社团自治、私权神圣(核心是所有权神圣)、合同自由、婚姻自由、家庭自治、遗嘱自由以及自己责任、过错责任等民法的基本理念。这些理念是意思自治原则在民法不同领域的具体体现,也是民法对冲突的利益关系作出价值判断的基本依据。在一般的意义上,民法保证了意思自治原则,保证了上述民法理念的实现,就是保证了民法所追求的公平、正义的实现。因为民法上的公平、正义是建立在意思自愿的要素上,而非任何一种内容合理或正确性的要素上,所以法谚云“对心甘情愿者不存在不公正”。

意思自治原则的核心是合同自由原则。合同自由反映了市场经济的内在要求。在市场上,准入的当事人被假定为自身利益的最佳判断者,因此民事主体自愿进行的各项自由选择应当受到法律的保障,并排除国家和他人的非法干预。我国《合同法》第 4 条规定:“当事人依法享有自愿订立合同的权利,任何单位和个人不得非法干预。”这就是合同自由原则的法律体现。一般认为,合同自由原则包括以下内容:缔约自由,即当事人可以自由决定是否与他人缔结合同;选择相对人的自由,即当事人可以自由决定与何人缔结合同;内容自由,即双方当事人可以自由决定合同的内容;变更或解除的自由,即当事人可以经由自由协商变更或解除合同,或可自由决定是否行使约定的、法定的解除权解除合同;方式自由,即当事人有选择合同形式的自由;争议解决方式的自由,即当事人可以经由自由协商,以确定双方争议解决的具体方式。

当然,意思自治原则所保障的民事主体的自由从来都不是绝对的、无限制的自由。特别是 20 世纪以来,民事主体的自由开始受到多方面的限制,包括来自公法上的限制以及来自私法本身的限制。公法上的限制主要体现为出于推动特定公共政策实现的目的,对自由竞争进行的规制;私法上的限制主要体现为诚实信用和公序良俗原则限定了意思自治的外部边界。于是,"整个私法现在似乎超越了保障个人自决的目标,而要服务于社会正义的实现:'这样,对公民生存的确保、对弱者的保护,即使在私法中也获得了与追随个人利益同样的地位。'"〔1〕公法上的限制欲在民法领域内发挥作用,需要借助公序良俗原则的引致功能。

可见,自由及其限制问题属于民法上一个最为核心的问题。自由不能没有限制,否则自由本身就不可能实现或不可能很好地实现;但是又必须严格限制对自由的限制,应当强调只能在为了保证自由真正实现的情况下才能对自由加以限制。我国现行民事立法中,得以限制自由的足够充分且正当的理由就是公共利益,包括国家利益和社会公共利益。〔2〕所谓国家利益,不能作宽泛的理解,应仅限于国家在整体上具有的政治利益、经济利益以及安全利益等。〔3〕所谓社会公共利益,首先是指不特定第三人的利益;〔4〕其次是与基本的法律价值相联系的私人利益,如生命利益、健康利益等;〔5〕最后是弱势群体的利益。〔6〕

---

〔1〕[德]哈贝马斯:《在事实与规范之间》,童世骏译,三联书店2003年版,第495~496页。

〔2〕参见我国《民法总则》第117条、第132条、第143条、第153条等,《合同法》第52条以及《物权法》第42条第1款的规定。

〔3〕我国《国有土地上房屋征收与补偿条例》第8条第1项将为了国家利益的需要表述为"国防和外交的需要"。

〔4〕我国《合同法》第52条第2项所谓"第三人利益"应指不特定第三人的利益。我国《国有土地上房屋征收与补偿条例》第8条第2项、第3项、第4项、第5项确认的"由政府组织实施的能源、交通、水利等基础设施建设的需要""由政府组织实施的科技、教育、文化、卫生、体育、环境和资源保护、防灾减灾、文物保护、社会福利、市政公用等公共事业的需要""由政府组织实施的保障性安居工程建设的需要""由政府依照城乡规划法有关规定组织实施的对危房集中、基础设施落后等地段进行旧城区改建的需要"等都可归入为了社会公共利益的需要、为了不特定第三人利益的需要。

〔5〕我国《合同法》第53条第1项确认,合同中免除造成对方人身伤害责任的免责条款无效。

〔6〕认可弱势群体的利益为社会公共利益,有助于动用国家公权力对弱势群体进行倾斜保护。

必须指出，得以限制民事主体自由的国家利益和社会公共利益，必须最终能够落实为个人的利益。国家利益和社会公共利益，归根结底也只不过是以“国家”或“社会”名义表达的个人利益。确认某类个人利益为国家利益或社会公共利益，从而使其能够在冲突的利益关系中处于优先地位，并得到确认和保护，是民法协调利益冲突的重要策略。民法组织社会秩序的功能，很大程度上要借助这一策略才能实现。当然，确认何种类型的个人利益为国家利益或社会公共利益，需要经过法律所认可的表决程序。这里所谓的表决程序，最终都要借助裁判机关的表决规则体现出来。换言之，裁判机关应当实质上拥有何为公共利益的最终决定权。[1]

四、公平原则

公平原则是进步和正义的道德观在法律上的体现，对于弥补法律规定的不足和在交易领域保证意思自治原则的实现，具有重要意义。我国《民法总则》第 6 条规定：“民事主体从事民事活动，应当遵循公平原则，合理确定各方的权利和义务。”

公平原则包括两层含义：一是立法者和裁判者在民事立法和司法的过程中应维持民事主体之间的利益均衡；二是民事主体应依据社会公认的公平观念从事民事活动，以维持当事人之间的利益均衡。

公平原则的第一层含义是公平原则的核心，它包括两个方面的内容：其一，民法上凡涉及民事主体利益关系安排的法律规范，无论它是调整非交易领域利益冲突的简单规范，还是调整交易领域利益冲突的复杂规范，均应维持参与民事活动各方当事人之间的利益均衡。就调整非交易领域利益冲突的简单规范而言，我国《民法总则》第 182 条第 2 款、第 183 条等，《侵权责任法》第 23 条第 2 句、第 24 条、第 31 条第 2 句、第 32 条第 2 款第 1 句、第 33 条第 1 款后段、第 87 条确认的法定补

〔1〕 参见王利明主编：《民法》（第 7 版），中国人民大学出版社 2018 年版，第 27 ~ 28 页。

偿义务制度，就是公平原则的典型法律体现。[1] 其二，一旦交易领域内民事主体之间的利益关系非自愿地失去均衡时，应依据公平原则给予特定当事人调整利益关系的机会。使用“非自愿地失去均衡”这样的限定，意味着理解和适用公平原则不能仅着眼于利益衡量，还要考察导致利益关系失衡的原因。如《民法总则》第151条确认，一方利用对方处于危困状态、缺乏判断能力等情形，致使民事法律行为成立时显失公平的，受损害方有权请求人民法院或者仲裁机构予以撤销。在这种意义上，公平原则也是对意思自治原则的有益补充。我国现行民事立法中，有不少制度在这种意义上体现了公平原则。[2]

公平原则的第二层含义主要是对在民事活动中处于优势地位的民事主体提出的要求。这种含义的公平原则主要适用于交易领域，属于当事人缔结合同关系，尤其是确定合同内容时，所应遵循的指导性原则。它具体化为合同法上的基本原则就是合同正义原则。合同正义系属平均正义，要求维系合同双方当事人之间的利益均衡。如我国《合同法》第39条规定，采用格式条款订立合同的，提供格式条款的一方应当遵循公平原则确定当事人之间的权利和义务。在民法上就一方给付与对方的对待给付之间是否符合公平原则的要求，是否具有等值性，其判断依据一般采主观等值原则，即当事人主观上愿意以此给付换取对待给付，即为公平合理，至于客观上是否等值，在所不问。因为的确不存在真正令人信服而又实用的标准来确定客观上是否等值。

《民法通则》第4条在确认公平原则的同时，也规定民事活动应当遵循等价有偿原则。等价有偿原则同样要求保持当事人之间利益关系的均衡。那么该原则与公平原则之间是何关系？《民法通则》规定等价有偿原则是有其特殊的历史背景的。20世纪70年代末期，中国刚开始进行改革开放的时候，法学界就是否需要民法、需要什么样的民法，存在巨大的意见分歧。民法学者必须对这些问题作出明确的回答。

---

〔1〕 参见王轶：《作为债之独立类型的法定补偿义务》，载《法学研究》2014年第2期。

〔2〕 如我国《合同法》第54条第1款第2项、第114条第2款的规定以及最高人民法院《关于适用〈中华人民共和国合同法〉若干问题的解释（二）》第26条的规定等。

在学术争论的过程中,佟柔先生明确提出,商品经济是人类经济发展中不可逾越的阶段,而民法是调整社会商品经济关系的基本法律规范。[1] 民法是为特定历史时期的商品经济服务的,并且也必然受特定历史时期的商品经济范围的制约。[2] 《民法通则》接受了这一认识,将民法定位为调整商品经济关系的基本法。而商品经济关系的一个突出特征就是等价有偿。不难看出,《民法通则》规定等价有偿原则,强调"不允许巧取豪夺,不允许用超经济的办法取得利益,不允许无偿平调,不允许凭借优势地位强迫对方接受不等价的交换"。[3]

在当时的历史条件下,以上论述对于推动我国民事立法和民法学的发展居功至伟。但在今天看来,商品经济关系尽管是民法所调整的社会关系中非常重要的一部分内容,但毕竟只是一部分内容。而民法所调整的社会关系并非都要求等价有偿。因此从立法论的角度看,未来的民事立法不应再将等价有偿作为民法的一项基本原则加以规定。[4] 在解释论上,也应将等价有偿原则限定为属于民法所调整的商事活动应遵循的一项基本原则。以这种认识为前提,等价有偿原则是公平原则的重要组成部分,在商事交易中,等价有偿原则几乎就是公平原则的全部。但公平原则属于等价有偿原则的上位原则,存在并非等价有偿但却符合公平原则的情形。如赠与合同中仅赠与人负担给付义务,并不符合等价有偿原则的要求,但赠与人与受赠人利益关系的失衡建立在双方自愿的基础上,符合公平原则的要求。

五、诚实信用原则

诚实信用,要求处于法律上特殊联系的民事主体应忠诚、守信,做

---

〔1〕 参见王利明:《新中国民法学的奠基人》,载《佟柔文集》,中国政法大学出版社1996年版。

〔2〕 参见佟柔、王利明:《我国民法在经济体制改革中的发展与完善》,载《中国法学》1985年第1期。

〔3〕 王家福:《民法的基本原则》,载顾昂然等:《中华人民共和国民法通则讲座》,中国法制出版社2000年版。

〔4〕 同样的观点请参见郭明瑞主编:《民法》,高等教育出版社2003年版,第17页。

到谨慎维护对方的利益、满足对方的正当期待、给对方提供必要的信息等。民法上的诚实信用原则是最低限度的道德要求在法律上的体现。《民法总则》第 7 条规定："民事主体从事民事活动，应当遵循诚信原则，秉持诚实，恪守承诺。"该原则作为民法的一项基本原则，具有适用于全部民法领域的效力。

诚实信用原则作为一般条款，对当事人的民事活动起着指导作用，确立了当事人以善意方式行使权利、履行义务的行为规则，如果当事人行使权利违背诚实信用原则的要求，即构成权利的滥用。[1] 它要求当事人在进行民事活动时必须遵循基本的道德要求，以平衡当事人之间的利益冲突和矛盾，并通过这种平衡实现平衡当事人的利益与社会公共利益之间的冲突和矛盾的功能。诚实信用原则的这一作用，有助于增进人与人之间的信赖，营造和谐的社会关系；有助于培育良好的市场信用，维护交易安全，降低交易费用，从而推动市民社会的良性运转以及市场经济的良性发展。

诚实信用原则为不少民法规范提供了正当性依据，也是解释法律和民事法律行为的依据。此外，诚实信用原则尚有补充性功能，即诚实信用原则具有填补法律漏洞的功能。当裁判机关在司法审判或仲裁实践中遇到立法当时未预见的新情况、新问题时，可直接依据诚实信用原则行使公平裁量权，调整当事人之间的权利义务关系。因此，诚实信用原则意味着承认裁判活动的创造性与能动性。[2] 法官在适用诚实信用原则进行漏洞填补时，应当参考与本案类似的案例，借鉴民法学说中对判断本案具有重要意义的指导性观点。

诚实信用原则着力维护最低限度的道德要求，这里的道德要求主要体现为交易道德的要求，而最低限度的交易道德又是市场经济能够顺利运行的前提。因此诚实信用原则实际上承担着保护社会公共利益的使命，它对民事主体提出了积极的要求，在功能上限制了意思自治原

---

〔1〕 关于诚实信用原则与禁止权利滥用规则之间关系的论述，请参见林诚二：《民法理论与问题研究》，中国政法大学出版社 2000 年版，第 12 ~ 14 页。

〔2〕 参见彭万林主编：《民法学》，中国政法大学出版社 1994 年版，第 39 页。

则发挥作用的范围。

诚实信用原则是法律吸收最低限度道德要求的产物,但何为最低限度的道德要求,需要立足价值共识,借助特定国家和地区的民事立法,尤其是特定国家和地区的民事司法予以具体化。有学者尝言:“在一个具体情况下的权利行使究竟在什么条件下才是违反诚信原则,因而不被准许,是无法逐一列举的,因为‘诚实信用’是一个一般条款,它需要通过判例来进行补充和不断予以完善。”〔1〕因此民法学对于诚实信用原则的研究,应当采取面向司法的姿态,着力整理司法审判实践中已有的案例,将其类型化,以明确诚实信用原则的具体内容,借此梳理已有共识,凝聚新的共识,为在民事立法上实现诚实信用原则一定程度的具体化奠定基础。〔2〕

六、公序良俗原则

公序良俗是公共秩序和善良风俗的合称,包括两层含义:一是从国家的角度定义公共秩序,二是从社会的角度定义善良风俗。公序良俗原则是现代民法中一项重要的法律原则,是指一切民事活动应当遵守公共秩序及善良风俗。在现代市场经济社会,它有维护国家、社会一般利益及一般道德观念的重要功能。我国《民法总则》第 8 条规定:“民事主体从事民事活动,不得违反法律,不得违背公序良俗。”〔3〕

公序良俗原则中的公序,一般应当限定为经由法律、行政法规的强制性规定建构的秩序。这里所谓“法律、行政法规”不限于民事法律和民事法规,一切法律和行政法规中的强制性规范都可以通过公序原则

---

〔1〕 [德]卡尔·拉伦茨:《德国民法通论》(上册),王晓晔等译,法律出版社 2003 年版,第 308 页。

〔2〕 我国《合同法》即在总结审判实践经验的基础上,参考民法学说和域外的立法经验,对诚实信用原则进行了具体化,如第 42 条、第 60 条第 2 款、第 92 条等。

〔3〕 有学者将该项基本原则称为“合法和公序良俗原则”,参见王利明主编:《中华人民共和国民法总则详解》,中国法制出版社 2017 年版,第 38 页;也有学者将该项基本原则称为“守法原则”,参见张新宝:《〈中华人民共和国民法总则〉释义》,中国人民大学出版社 2017 年版,第 15 页。

在民法中发挥作用。在这种意义上,公序原则属于民法中的引致规范。它经历了一个发展的过程:起初公共秩序仅指政治的公序,包括与保卫社会主要组织即国家和家庭为目的的公共秩序。第二次世界大战以后,由于市场经济的发展以及国家经济政策的变化,在传统的政治公序之外,又认可了经济的公序。所谓经济的公序,是指为了调整当事人间的合同关系,而对经济自由予以限制的公序。经济的公序分为指导的公序和保护的公序两类。市场经济条件下,指导的公序地位趋微,保护的公序逐渐占据了重要位置。与保护劳动者、消费者、承租人和接受高利贷的债务人等现代市场经济中的弱者相关的保护性公序,成为目前各个国家和地区判例和学说上讨论、研究的焦点。〔1〕

良俗,即善良风俗,学界一般认为系指为社会、国家的存在和发展所必要的一般道德,是特定社会所尊重的起码的伦理要求。不难看出,善良风俗是以道德要求为核心的。但善良风俗原则与诚实信用原则不同。善良风俗原则并不强制民事主体在民事活动中积极地实现特定的道德要求,它只是消极地设定了民事主体进行民事活动不得逾越的道德底线。诚实信用原则强制民事主体在民事活动中积极地实现特定的道德要求,它设定了民事主体进行民事活动必须满足的道德标准。因此善良风俗原则通常派生禁止当事人采用特定行为模式的禁止性规范,诚实信用原则通常派生要求当事人必须采用特定行为模式的法律规范。〔2〕

公序良俗原则属于一般条款,与诚实信用原则一样,需要借助特定国家和地区的民事立法,尤其是特定国家和地区的民事司法予以具体化。因此民法学对于公序良俗原则的研究,同样应当立足价值共识,采取面向司法的姿态,着力整理司法审判实践中已有的案例,将其类型

〔1〕 参见梁慧星:《市场经济与公序良俗原则》,载《中国社会科学院研究生院学报》1993年第6期。

〔2〕 对于诚实信用原则和善良风俗原则之间的关系,学界一向存有争议,详细的讨论请参阅于飞:《论诚实信用原则与公序良俗原则的区别适用》,载《法商研究》2005年第2期。在笔者看来,不同的见解反映了讨论者对诚实信用原则和善良风俗原则不同的概念界定及功能期待,这一问题属于纯粹民法学问题中的解释选择问题。

化，以明确公序良俗原则的具体内容，借此梳理已有共识，凝聚新的共识，为在民事立法上实现公序良俗原则一定程度的具体化奠定基础。

与诚实信用原则相仿，公序良俗原则具有填补法律漏洞的功效。这是因为公序良俗原则包含了法官自由裁量的因素，具有极大的灵活性，其能处理现代市场经济中发生的各种新问题，在确保国家一般利益、社会道德秩序，以及协调各种利益冲突、保护弱者、维护社会正义等方面发挥极为重要的机能。

一旦人民法院在司法审判实践中，遇到立法当时未能预见到的一些扰乱社会秩序、有违社会公德的行为，而又缺乏相应的禁止性规定时，可通过适用公序良俗原则，认定该行为无效。必须指出的是，公序良俗原则判断的对象是民事法律行为本身。

公序良俗原则承担着维护国家利益和社会公共利益的使命，在功能上构成了对意思自治原则的限制。

七、绿色原则

绿色原则，是指民事主体从事民事活动，应当遵循的节约资源、保护生态环境的原则。《民法总则》第 9 条规定："民事主体从事民事活动，应当有利于节约资源、保护生态环境。"

绿色原则既传承了天地人和、人与自然和谐共生的传统文化理念，又与我国是人口大国，需要长期处理好人与资源生态的矛盾这样一个国情相适应。[1] 绿色原则首先要求在人与自然的关系上秉承一代人之内的分配正义，即代内正义；又要求在人与自然的关系上秉承不同代人之间的分配正义，即代际正义；还要求在人与自然的关系上秉承人与其他物种之间的分配正义，即种际正义，是三重正义观的体现。

绿色原则首先强调要有效率地利用资源。现代社会，资源的有限性与人类不断增长的需求形成尖锐的矛盾和冲突。解决这种矛盾和冲

〔1〕 参见李建国：《关于〈中华人民共和国民法总则（草案）〉的说明——2017 年 3 月 8 日在第十二届全国人民代表大会第五次会议上》，载《人民日报》2017 年 3 月 9 日，第 5 版。

突的有效办法之一就是有效率地利用资源。在我国资源严重短缺，生态严重恶化的背景下，更应当重视资源的有效利用。《物权法》第 1 条将明确物的归属，发挥物的效用确认为物权法的立法目的，实际上就是确认了物尽其用的立法宗旨，强调的就是要最大限度发挥资源的效用。绿色原则还强调保护生态和环境。保护生态环境当然是《环境保护法》等法律、法规的核心任务，但绝不意味着民法就不应承担环境保护的使命。实际上，现代民法的一个重要发展趋势就是保护环境、维护生态。如《侵权责任法》专设“环境污染责任”一章，对污染环境的侵权责任承担作出了明确规定。《民法总则》第 132 条确认的禁止权利滥用原则，也包含有保护环境、维护生态的内容。[1]

综上，就诸项民法基本原则而言，平等原则是民法的基础原则，它构成了自愿原则的逻辑前提。自愿原则是民法最重要、最有代表性的原则，是民法基本理念的体现。民法最重要的使命，就是确认并保障民事主体自由的实现；公平原则意在谋求当事人之间的利益衡平，在交易领域内，只有违背自愿原则的不公平安排，方会成为民法通过公平原则予以纠正的对象，因此在交易领域内公平原则是对自愿原则的有益补充；诚实信用原则将最低限度的道德要求上升为法律要求，以谋求个人利益与社会公共利益的和谐；公序良俗原则包括公共秩序和善良风俗两项内容，对个人利益与国家利益以及个人利益与社会公共利益之间的矛盾和冲突发挥双重调整功能。诚实信用原则和善良风俗原则都是以道德要求为核心的。但善良风俗原则与诚实信用原则不同。善良风俗原则并不强制民事主体在民事活动中积极地实现特定的道德要求，它只是消极地设定了民事主体进行民事活动不得逾越的道德底线。诚实信用原则则强制民事主体在民事活动中积极地实现特定的道德要求，它设定了民事主体进行民事活动必须满足的道德标准。诚实信用原则和公序良俗原则是对自愿原则的必要限制，力图谋求不同民事主

---

〔1〕 王利明：《民法总则》，中国人民大学出版社 2017 年版，第 71 ~ 72 页；吕忠梅：《绿色民法典：环境问题的应对之路》，载《法商研究》2003 年第 6 期。

体之间自由的和谐共存。绿色原则是代内正义、代际正义、种际正义三重正义观的体现,也是对自愿原则的必要限制,意在谋求人与自然的和谐共生关系。

由前述民法诸基本原则间的关系,我们可以推导出一项法治社会应当遵循的基本准则,也是民法的制定应遵循的立法原则,即:对于民事主体自由的确认和保护,既不需要理由也不需要设置明确的法律依据;但对民事主体自由的限制,则既需要有足够充分且正当的理由,又需要设置明确的法律依据。这里所谓足够充分且正当的理由,就包含在诚实信用原则、公序良俗原则和绿色原则之中,其实质就是维护国家利益和社会公共利益的需要。前述民法诸基本原则间的关系同时也对应着讨论民法价值判断问题的一项论证规则,即:在讨论民法上价值判断问题的过程中,做出的价值判断倾向于限制民事主体自由的一方,应承担论证自身价值判断结论正当性的责任。如果不能论证证明存在足够充分且正当的理由要求剥夺或限制民事主体的自由,就应当确认或保障民事主体的自由。

第四讲　民法的适用

王卫国*

民法是调整民事关系的法律，一切民事关系适用民法规定乃毋庸置疑，对此民法典似乎无需以明文宣示。但是，在民法的适用中不免有一些需要特别规定的问题。例如，在处理民事纠纷时，如果没有可适用的法律规定，法官应如何裁判？又如，对某一事项，民法之外的法律有特别规定时，这些规定是否适用？再如，民法作为国内法，对于本国居民与外国居民之间的民事关系，其适用效力应如何确定？诸如此类的问题不一而足。各国在制定民法典时，往往根据自己的需要，有选择地作出规定。在我国，《民法通则》第一章对民法的适用问题仅设有第 8 条关于民法效力范围的规定，此外有第八章关于涉外民事关系法律适用的若干规定。在《民法总则》中，第一章就民法的适用问题设有 3 个法条：第 10 条是关于法源的规定，主要聚焦于习惯的适用问题；第 11 条是关于民事法律体系内部关系的规定，旨在解决民事特别法的适用问题；第 12 条是关于民法的地域效力范围的规定，但仅限于民法的域内效力问题。由于我国在 2010 年颁布了《涉外民事

* 中国银行法学研究会会长，中国政法大学教授、博士生导师。

关系法律适用法》,《民法总则》没有对民法的域外效力作专门规定。

民法的适用与司法实践关系密切,需要掌握一些基本理论和技术知识。以下分四个部分讲解,一是民法适用的基本概念和方法,二是习惯在民法法源中的地位,三是民事特别法在民法适用中的定位,四是民法适用中的效力范围界定。

一、民法适用的基本概念和方法

(一)法的适用与民法的适用

1. 法的适用

法的适用是法理学上的概念。沈宗灵先生认为,法的实施方式可以分为三种:法的遵守、法的执行和法的适用。从狭义上讲,法的遵守是指公民、社会组织和国家机关以法律为自己的行为准则,依照法律行使权利、履行义务的活动。法的执行是指国家行政机关及其公职人员依法行使管理职权、履行职责、实施法律的活动。法的适用通常是指国家司法机关根据法定职权和法定程序,具体应用法律处理案件的专门活动。由于这种活动是以国家名义来行使,因此也称为“司法”。法的适用是实施法律的一种方式。法的适用发生的情形有两种:第一,当公民、社会组织和其他国家机关在相互关系中发生了自己无法解决的争议,致使法律规定的权利义务无法实现时,需要司法机关适用法律裁决纠纷,解决争端。第二,当公民、社会组织和其他国家机关在其活动中遇到违法、违约或侵权行为时,需要司法机关适用法律制裁违法、犯罪,恢复权利。〔1〕

2. 民法的适用

从理论上讲,民法的适用与刑法、行政法等法律的适用一样,是法的适用的一个类别。但是,民法的适用作为一种民法制度,有着自己的经验基础和特殊规律。首先,民法规则源自社会生活。民法是民事生活的法,而民事生活的主体是普罗大众。因此,民法制度源自民众的社

〔1〕 参见沈宗灵主编:《法理学》,北京大学出版社2001年版,第34页。

会活动。恩格斯指出:“在社会发展某个很早的阶段,产生了这样的一种需要:把每天重复着的生产、分配和交换产品的行为用一个共同规则概括起来,设法使个人服从生产和交换的一般条件。这个规则首先表现为习惯,后来便成了法律。随着法律的产生,就必然产生出以维护法律为职责的机关——公共权力,即国家。这种立法愈复杂,它的表现方式也就愈益不同于社会日常经济生活条件所借以表现的方式……随着立法发展为复杂和广泛的整体,出现了新的社会分工的必要性:一个职业法学者阶层形成起来了,同时也就产生了法学。”〔1〕法学的作用就是将社会中复杂而广泛的习惯和共识整理成理性化、条理化的规则,使之还原于社会,应用于生活。如果说民法规则在规范民事生活的同时具有裁判规则的功能与属性,那么,这些裁判规则就是人们在公平正义的价值追求下定分止争的经验积累和智慧结晶。因此,不能简单地将民法制度看成是立法活动的产物,也不能将民法的适用完全归结为法院的审判活动。

其次,民事活动中的争议解决并非完全依赖于司法裁判,这与刑法、行政法等公法的适用必须依托公权力的情形是不同的。在日常生活中,民事主体之间的纠纷解决往往是通过协商、调解和仲裁等非诉讼方式解决的。当然,司法判决以及司法解释对人们以非诉讼方式解决纠纷起着重要的指导作用。所以,我们要承认司法机关在民法适用中的重要地位,但不能简单地把民法的适用局限于司法的范畴。

最后,民法的适用与当事人的意思自治是对立统一的关系。一方面,民事法律为民事主体提供了意思自治的空间,意思自治也是民法适用的过程,而且,当事人之间的合同往往也是法官处理纠纷的重要依据。另一方面,民事纠纷的解决,无论是在法庭内还是法庭外,都为当事人在意思自治基础上的协商解决提供了制度支持,同时当事人的意思自治必须以不违反法律的强制性规定为条件。

---

〔1〕 恩格斯:《论住宅问题》,载《马克思恩格斯选集》(第2卷),第539页。

3. 民法典中的法律适用问题

尽管民法的适用问题十分重要,在现有的各国民法典中却并非都有关于民法适用的规定。从已有的立法成果看,民法典涉及的法律适用问题大体上可分为两类:一是民法的适用范围亦即效力范围,包括法律的时间效力(如法不溯及既往规则)、适用对象(如民法对域内外国人及其财产的适用)、与其他法律的关系(如其他法律对民事关系的适用)、与国际法的关系(民法的域外效力,国际法的域内效力),等等;二是民事裁判中的法律适用规则,包括法源问题、类推适用问题、法律解释问题、民法一般原则的适用问题,等等。各国民法典关于民法适用的规定存在较大的差异,这是各国立法者根据本国国情和经验的选择结果。

(二)民法适用的基本方法

近代以来,民法适用的基本模式是所谓司法三段论模式。尽管在以后的法律演进中,这种模式不断地受到质疑,但它至今仍然是司法实践中的主流方法。司法三段论的核心思想是维护成文法的稳定性。当然,过度强调依法条裁判有可能导致个别案件中公平正义的缺失。但对于一个依托成文法构建的法治秩序来说,法律的普遍而长久的权威性无疑是社会公平正义的最基本的保障。20 世纪以来的民法发展,对传统的裁判模式做出了适当的修正:一方面,承认公平、诚实信用、合理性等价值准则对司法实践中的法条适用具有指导、评价甚至规则创制的作用;另一方面,承认在一定情况下,特别是在处理复杂案件或新型案件时,法官在法律允许的范围内有一定的自由裁量权。

在审判实践中,按照司法三段论模式适用民法,大体要把握以下几个环节。

1. 确定事实

适用民法解决争议,无论是通过诉讼、仲裁还是调解,首先要依据一定的事实。例如,侵权责任纠纷要依据权利受侵害的事实,违约责任纠纷要依据合同不履行的事实,物权纠纷要依据财产归属发生争议的事实。争议中的权利主张、权利请求,都是以一定的事实为基础的。无事实依据的主张和请求,不能成立,不予支持。对存在争议的案件事实,法官要在当事人举证的基础上,根据证据规则进行认定,并提炼出关乎公平正义的争议焦点和审理要点。

2. 确定法律依据

要根据争议中提出的主张和请求及其所依据的事实,确定其法律关系的性质和适用法律的范围。例如,人身伤害赔偿诉讼属于侵权责任的范畴,而在《侵权责任法》中,因人身伤害的原因不同,又有一般侵权责任和特殊侵权责任之分。如果属于暴力侵害人身,则适用侵权责任的一般规定。如果是由于法律规定的特殊原因致人损害,例如动物致损、建筑物致损或者高度危险作业致损,则适用相应的法条。

依据法条裁判是成文法系司法裁判的基本守则。所谓法条,是指具有特定规范对象的法律条文,不包括关于立法宗旨、调整范围、基本原则和政策性宣示的法律条文。对同一规范对象,可能存在数个可适用的法条。这些法条可能来自同一法律,也可能来自不同的法律。对于这两种不同的情形,要注意以下要点:

(1)对于来自同一法律体系的法条,首先要注意区分法条的层级。民法的规则体系具有从一般到特殊的特点。例如,在审理买卖合同条款的效力争议时,既有《民法总则》关于民事法律行为的规定,也有《合同法》总则关于合同效力的规定,还有《合同法》分则第九章关于买卖合同的规定。寻找本案的法律依据,要按照"从特殊到一般"的顺序,先看《合同法》分则第九章的规定。[1] 如果该章找不到针对本案事实的法条,就从《合同法》总则中寻找规定。[2] 如果总则中还找不到可适用的法条,则可从《民法总则》中寻找。其次,要注意法条之间的组合。案件事实往往由多种行为、事件和客观因素以串联或并联的方式构成,

---

〔1〕 如果是特别法规定的特殊合同,则要首先从相应的特别法中寻找法条。例如,保险合同优先适用《保险法》、信托合同优先适用《信托法》、土地使用权转让合同优先适用《城市房地产管理法》、中外合资经营合同优先适用《中外合资经营企业法》。

〔2〕《合同法》第124条规定:"本法分则或者其他法律没有明文规定的合同,适用本法总则的规定,并可以参照本法分则或者其他法律最相类似的规定。"

它们可能需要适用不同的法条。有时候,争议的处理需要多焦点、多层次的法律判断,因而要分别适用相关的法条。例如,关于合同的约定解除权的争议,《合同法》第 95 条规定了约定解除权的效力,第 96 条规定了约定解除权的行使方式,第 97 条规定了合同解除的效果。因此,需要将不同的法条加以关联,形成法律依据的组合。

(2)对于来自不同法律的法条,首先需要注意普通法与特别法的区分。民法是调整民事关系的普通法,相对而言,商法、经济法、行政法等法律属于特别法。相对于民法典来说,民事单行法也属于特别法。对同一事实,如果普通法和特别法都有规定,应遵循"特别法优先于普通法"的原则,优先适用特别法的规定。例如,有关公司章程的争议,应首先适用《公司法》的规定;《公司法》没有规定的事项,《民法总则》第三章有规定的,适用该规定。其次,要注意前法与后法的区别。按照"后法优先于前法"的原则,如果对同一事项,制定在先的法律与制定在后的法律之间规定不一致的,应优先适用在后的法律。例如,关于普通诉讼时效的期间,《民法通则》规定为 2 年,《民法总则》规定为 3 年,应优先适用后者规定。又如,对于住宅用地使用权到期后的续期问题,1994 年《城市房地产管理法》第 22 条规定实行申请续期制,2007 年《物权法》第 149 条第 1 款规定实行自动续期制,按照后法优先原则,应当适用自动续期制。

关于类推适用,我国民法没有一般性规定,只允许在法有明文规定时的类推适用,即授权式类推适用,其常见形式有"参照适用"规定和"兜底条款"。"参照适用"是指在指定范围内的事项没有可直接适用的法律规定时,可根据指定范围内最相类似或近似的法律规范进行处理。例如,《民法总则》第 71 条:"法人的清算程序和清算组职权,依照有关法律的规定;没有规定的,参照适用公司法的有关规定。"《合同法》第 174 条:"法律对其他有偿合同有规定的,依照其规定;没有规定的,参照买卖合同的有关规定。"第 175 条:"当事人约定易货交易,转移标的物的所有权的,参照买卖合同的有关规定。"《物权法》第 105 条:"两个以上单位、个人共同享有用益物权、担保物权的,参照本章规定。”适应这些规定时，规范对象和规则来源都不能超出法条设定的范围。“兜底条款”是在列举式法条中，于若干列举事项之后，为避免遗漏而设定的诸如“……的其他情形”“其他……的情形”一类的概括性规定。例如，《民法总则》第39条中的“人民法院认定监护关系终止的其他情形”，《物权法》第180条中的“法律、行政法规未禁止抵押的其他财产”，《合同法》第68条中的“有丧失或者可能丧失履行债务能力的其他情形”，《婚姻法》第32条中的“其他导致夫妻感情破裂的情形”。适用这些规定时，选择的对象不能超出所在法条的规范目的和“兜底条款”的限定范围。

3. 解读法律依据

确定案件适用的法条后，需要对法条的内容进行正确解读。解读时需要注意以下问题。

（1）法条的类型辨别。法条可分为基础法条和说明性法条。首先，基础法条是审判中界定权利义务、评价行为、确定责任和提供救济的基本依据。基础法条一般采用“假定—处分”即“法律事实＋法律效果”的模式。例如，《侵权责任法》第6条第1款“行为人因过错侵害他人民事权益，应当承担侵权责任”的规定就属于基础法条。有时候，法律以不同的条文对法律事实和法律效果作分别的规定，它们结合在一起也构成完整的基础法条。规定权利义务和行为准则的法条，也属于基础法条。例如，《物权法》第71条规定：“业主对其建筑物专有部分享有占有、使用、收益和处分的权利。业主行使权利不得危及建筑物的安全，不得损害其他业主的合法权益。”其中的权利规定提供了业主物权保护的基本依据，义务规定则明确了业主权利行使的行为边界。其次，说明性法条具有宣示法律政策、定义重要概念和提供技术支持的功能，对基本法条的适用起着辅助和补充的作用。例如，《民法总则》第180条第2款关于不可抗力的定义、第十章关于期限计算的诸条规定，都属于说明性法条。一般来说，说明性法条不能脱离基础法条而单独成为裁判依据，除非案件的争议焦点属于说明性法条规定的事项。

（2）法条的结构分析。实践中主要是关于法律事实的要件分析。

例如,《侵权责任》第 6 条关于一般侵权行为的表述,包括了四个要件:行为、损害、行为与损害之间的因果关系、行为人的过错。对说明性法条也可以进行结构分析。例如,《民法总则》第 76 条将营利法人定义为“以取得利润并分配给股东等出资人为目的成立的法人”,其要件为:第一,须为法人,即符合《民法总则》第 58 条规定的条件;第二,须以营利为目的,而“营利目的”可进一步分解为分配来源(利润)和分配对象(出资人)两个要素。

(3)法律精神的领会。主要是把握规则范围和规则目的。例如,《合同法》关于要约与承诺的规则只适用于以对话方式缔结合同的情形。如果双方以合同书的方式缔结合同,则不能将要约承诺的规则用于双方签约前协商过程的效力判断。又如,《合同法》第 42 条规定的缔约过失规则,针对的是一方在无意与对方达成协议的情况下进行谈判,最终未达成协议而致对方受损失的情形。适用该规则要把握好尊重合同自由与遏制恶意谈判的界限,不能将该规则扩大适用到合同谈判中一般的保守秘密行为,也不能将缔约过失与基于欺诈的可撤销合同相混淆。在领会法律精神时,有时会应用到法律解释的一些方法,如文义解释、体系解释、立法解释、目的解释、比较法解释、社会学解释,等等。

(4)民法基本原则的应用。领会法律精神时,法律中的基本原则具有重要的指导作用。《民法总则》的平等原则、自愿原则、诚信原则、公序良俗原则和绿色原则(第 4 条至第 9 条)属于民法体系的总原则,对所有民事法律的适用都具有指导意义。民法分则的基本原则,如《合同法》的平等原则、自愿原则、公平原则和诚实信用原则(第 3 条至第 6 条),《物权法》的物权平等原则、物权法定原则、物权公示原则和禁止权利滥用原则(第 4 条至第 7 条),对其分则的适用具有指导作用。此外,有些具体制度也有基本原则的规定。例如,《物权法》第 84 条关于处理不动产相邻关系的有利生产、方便生活、团结互助、公平合理的原则,对适用相邻关系的各项规则具有指导作用。总的说来,法条的适用应当符合法律的基本原则。这不仅要求对法条内容的解释要符合基本原则，而且要求适用法条处理案件的实际效果要符合基本原则。但是，法官不得抛开法条而单独适用基本原则作出判决。

4. 法条与事实对应

法条与事实对应，是指以法条的要件为大前提，以查明的案件事实为小前提，将案件事实与法条要件一一比对，确认其是否全部符合，或者说法律要件是否全部具备的推论方法。一般地说，只有在要件齐备的情况下，当事人主张的权利或义务才能认定，相应的救济或责任才能成立。例如，在适用《侵权责任法》第 6 条第 1 款时，如果经过比对，虽有被告的行为和原告所受的损害，但二者之间没有因果关系，或者行为人没有过错，则侵权责任不能成立。当然，不能将要件比对的方法过于机械化。如果案件中存在关乎公平正义或者公共利益的特殊事实因素，也需要加以考虑。

在司法三段论中，解读法条的意义在于建立正确的大前提，这对结论和处理结果来说至关重要。在这一环节中，法官享有一定的自由裁量空间，但这种自由裁量必须建立在服从法律规则与追求公平正义协调统一的基础上。在事后对判决进行验证时，可以采取逆向推论的方法上溯到法官的裁判依据，对法条选择的适当性、规则解读的正确性以及应用推理的准确性进行评价。

实践中，司法三段论可以进一步细化为若干的三段论。例如，上面所说的侵权责任要件中，过错的判断也需要首先确定行为人在当时情况下应有的注意义务，然后证实行为人在当时违反了注意义务，进而得出其有过错的结论。

二、习惯在民法法源中的地位

（一）法源概说

法源，又称法律渊源，是指法律规范得以表现的基本形态。从法律适用的角度讲，民法的法源就是民事案件裁判依据的来源。在成文法系，民法渊源分为直接渊源和间接渊源。前者为成文法，后者可以是习惯、判例甚至法理。史尚宽先生将民法的法源分为制定法和非制定法，其中制定法包括法律、命令、自治法和条约,非制定法包括习惯、判例、法理。[1] 民国时期的中国民法典(目前适用于我国台湾地区)第1条规定:“民事,法律所未规定者,依习惯;无习惯者,依法理。”在清末民初,政府曾组织过大规模的民事习惯调查,形成了宝贵的文献资料。[2]

在国外规定民法适用问题的民法典中,大多数都有法源问题的规定。这说明法源规定的重要性。同时,在不同的民法典中,法源规定的差异性也比较明显。以下的立法例可以说明这一点。

1803年《法国民法典》总则“法律的公布、效力及其适用”以六个条文分别就时间效力、适用对象、裁判规则和民法基本原则约束力做出了规定。其中的裁判规则有两条规定。一是第4条关于法官不得以法律不明确或不完备而拒绝审理,违者按拒绝审判罪追究的规定。二是第5条关于法官不得以创立一般规则的方式进行判决的规定。前者要求有案必审,不得悬而不决;后者要求严格依据制定法,禁止法官造法。其根本出发点在于维护成文法的权威性,杜绝司法专横。但是,20世纪以后,随着民事生活的发展变化,习惯、判例和学说逐渐被承认为民法的间接渊源。

1912年《瑞士民法典》第1条“法律的适用”规定:“(1)凡依本法文字或释义有相应规定的任何法律问题,一律适用本法。(2)无法从本法得出相应规定时,法官应依据习惯法裁判;如无习惯法时,依据自己如作为立法者应提出的规则裁判。(3)在前一款的情况下,法官应依据公认的学理和惯例。”此规定在严格依法裁判的原则基础上,设置了一定的例外,一是法无明文时适用习惯法,二是在制定法和习惯法均无规定时承认法官以学理和惯例为依据的理性造法。这反映了瑞士法的开放性以及对司法的高度信任。

1942年《意大利民法典》第一章规定了四种法源:法律、条例、行业规则、惯例(第1条)。其中,对惯例的效力有如下规定:“在法律和条

---

〔1〕 参见史尚宽:《民法总论》,正大印书馆1980年版,第5页。

〔2〕 参见前南京国民政府司法行政部编:《民事习惯调查报告录》,中国政法大学出版社1998年版。

例调整的范围内,惯例只有被法律和条例确认才发生效力。即使被法律和条例援引,行业规则的效力亦优先于惯例,行业规则另有规定的除外。”(第8条)“未有相反证据的,推定机关和团体正式汇编中公布的惯例为已存惯例。”(第9条)对于行业规则有以下规定:“行业条例、集体经济协定、集体劳动契约和劳动法院作出的有关集体劳动争议的判决属于行业规则。”(第5条)“行业规则的制定及其效力,由本法典和特别法规定。”(第6条)“行业规则不得与法律和条例的强制性规范相抵触。”(第7条)这些规定体现了近代工业文明带来的社会变迁,并反映了习惯法成文化的趋势。

1992年《荷兰民法典》第六编第162条关于侵权行为的一般规定中,将“侵犯权利,违反法定义务或有关正当社会行为的不成文法规则的作为或不作为”定义为侵权行为,并且将“依法律或公认的准则应由其负责的原因”规定为行为人无过错情况下的归责事由。这说明,不成文法规则和社会公认的准则已被荷兰民法承认为成文法以外的法源。此外,《荷兰民法典》还以大量的条文承认了习惯的法源地位。

总的来说,在各国民法中,制定法都处于优先适用的地位。而制定法中,法律相对于行政机关的法规或条例,处于更高的层级。习惯等间接法源则往往处于补充或辅助的地位。至于判例,成文法国家一般在实践中承认其有法条解释的作用,但法典中很少有被列为法源者。

(二)我国民法的法源

我国民法中关于法源的立法规定有一个逐步演进的过程。这个过程可分为两个阶段。

1.《民法总则》以前的立法规定

1986年《民法通则》第6条规定:“民事活动必须遵守法律,法律没有规定的,应当遵守国家政策。”这反映了计划经济时期国家政策长期主导经济生活和其他民事生活的状况。随着法制建设的进步特别是依法治国方略的推行,民事生活中的国家政策逐渐被各种立法取代。因此,《民法总则》没有将国家政策列为法源。

在法制建设不断进步的同时,随着市场经济体制的建立,交易习惯在民事交往中的作用日益凸显。1999年《合同法》在许多条文中承认了交易习惯的法源地位,[1]例如,“当事人应当遵循诚实信用原则,根据合同的性质、目的和交易习惯履行通知、协助、保密等义务”。(第60条第2款)“合同的权利义务终止后,当事人应当遵循诚实信用原则,根据交易习惯履行通知、协助、保密等义务。”(第92条)“当事人对合同条款的理解有争议的,应当按照合同所使用的词句、合同的有关条款、合同的目的、交易习惯以及诚实信用原则,确定该条款的真实意思。”(第125条)2007年《物权法》也承认习惯的法源地位,例如,“法律、法规对处理相邻关系有规定的,依照其规定;法律、法规没有规定的,可以按照当地习惯”。(第85条)“法定孳息,当事人有约定的,按照约定取得;没有约定或者约定不明确的,按照交易习惯取得。”(第116条第2款)但是,在这一时期,习惯只能在法律明文规定的特定情况下适用。

2.《民法总则》的规定

《民法总则》第10条规定:“处理民事纠纷,应当依照法律;法律没有规定的,可以适用习惯,但是不得违背公序良俗。”由此,习惯被提升为具有一般可适用性的间接法源。理解这一规定,需要掌握以下要点。

(1)坚持制定法的优先地位。也就是说,在法律有规定的情况下,必须以法律为裁判依据。这里所说的法律,解释时应取广义,即包括全国人民代表大会及其常委会制定的法律和立法解释、国务院制定的行政法规、地方人民代表大会制定的地方性法规、民族自治地方的人民代表大会制定的自治条例和单行条例、国务院下属部门和地方政府制定的行政规章,以及可适用于涉外民事关系的国际条约和国际惯例。

(2)承认习惯的间接法源地位。习惯在法律适用中的应用,分为两种情况。一是法律明文规定可以适用习惯的情形,二是法律没有明文规定的情形。在法有明文的情况下适用习惯,本质上属于“依照法

---

〔1〕 参见《合同法》第22条、第26条、第60条、第61条、第92条、第125条、第136条、第293条、第368条。

律”。在法无明文的情况下可以适用习惯,但必须以不违背公序良俗为前提。习惯可以是不成文的,也可以是成文的。成文的习惯是对既成的规则或做法的文字整理和记载。民事审判中可适用的习惯主要有三大类:一是交易习惯,这是特定行业或者特定交易方式在实践中形成的、被长期重复运用并且被普遍认知的规则;二是地方习惯,这是特定地域的居民在长期共同生活中约定俗成的行为规范;三是民族习惯,这是特定民族基于长期的历史文化积淀或者宗教传承而被本民族普遍遵行的生活方式和关系准则。这些习惯中,有些规则已经得到国家、地方或者民族自治地区的立法承认,而有些则长期在民间实际应用。在司法实践中,那些没有得到立法承认但实际上仍被遵行的习惯中,可能存在与社会公共利益和公共道德相违背,或者与法律的基本制度相抵触的情形。例如,违反一夫一妻原则和男女平等原则的婚姻习惯,就属于违背公序良俗的陈规。对这样的习惯,法官不得引为裁判依据。

三、民事特别法在民法适用中的定位

民事法律体系包括了来自各种法律的调整民事关系的法律规定。它既包括民法典和各种民事、商事法律,也包括行政法、经济法、社会法等法律部门中规范民事关系的法律规范。例如,在竞争法、消费者法、环境法、土地法、自然资源法、金融法、劳动法、社会保障法中,有大量涉及市场秩序和公民权利的规范。虽然这些规范常常含有政府管理、社会服务等公法因素,但与民事主体的民事权利和民事法律行为密切相关,因而也可以成为处理民事纠纷的法律依据。例如,《物权法》第 114 条规定:“拾得漂流物、发现埋藏物或者隐藏物的,参照拾得遗失物的有关规定。文物保护法等法律另有规定的,依照其规定。”

《民法总则》第 11 条规定:“其他法律对民事关系有特别规定的,依照其规定。”在此之前的民事立法中,已经有大量关于适用“其他法律”的规定。这些规定可分为两种情况。第一种情况是将其他法律置于优先适用的地位,例如,《合同法》第 123 条规定:“其他法律对合同另有规定的,依照其规定。”《物权法》第 8 条规定:“其他相关法律对物权另有特别规定的,依照其规定。”《侵权责任法》第 5 条规定:“其他法律对侵权责任另有特别规定的,依照其规定。”这些是民事单行法一般性宣示特别法优先原则的规定。此外还有大量针对特定对象优先适用特别法的规定。例如,《民法总则》第 127 条规定:“法律对数据、网络虚拟财产的保护有规定的,依照其规定。”第 128 条规定:“法律对未成年人、老年人、残疾人、妇女、消费者等的民事权利保护有特别规定的,依照其规定。”《婚姻法》第 49 条规定:“其他法律对有关婚姻家庭的违法行为和法律责任另有规定的,依照其规定。”《合同法》第 2 条第 2 款规定:“婚姻、收养、监护等有关身份关系的协议,适用其他法律的规定。”第二种情况是将其他法律和本法并行适用,例如,《物权法》第 171 条规定:“债权人在借贷、买卖等民事活动中,为保障实现其债权,需要担保的,可以依照本法和其他法律的规定设立担保物权;第三人为债务人向债权人提供担保的,可以要求债务人提供反担保。反担保适用本法和其他法律的规定。”这主要指《物权法》与《担保法》之间的配合关系。由于《民法总则》第 11 条是涵盖各种民事法律制度的总括性规定,故该条在理解上应包括上述两种情况。

在民事立法中,还有“法律另有规定,依照其规定”或“法律另有规定的除外”这样的例外条款。这里的“法律”既包括民事法律,也包括商法、经济法等其他部门法。例如,《民法总则》第 188 条规定:“向人民法院请求保护民事权利的诉讼时效期间为三年。法律另有规定的,依照其规定。”这里的例外规定包括《合同法》《专利法》等民事法律和《海商法》《保险法》《产品质量法》《环境保护法》《劳动争议调解仲裁法》等法律中的特殊诉讼时效规定。[1] 有时候,法律的例外规定也存在于本法之中。例如,《物权法》第 9 条规定:“不动产物权的设立、变更、转让和消灭,经依法登记,发生效力;未经登记,不发生效力,但法律

---

〔1〕 参见《合同法》第 129 条、《专利法》第 68 条、《海商法》第 260 条、《保险法》第 26 条、《产品质量法》第 45 条、《环境保护法》第 42 条、《劳动争议调解仲裁法》第 27 条。

另有规定的除外。”这里的“另有规定”，主要指《物权法》对若干特殊情形实行登记对抗主义的规定。[1]

需要说明的是，《民法总则》第11条规定的“其他法律”不包括司法解释。但是，这并不意味着否定司法解释的法源地位。司法解释是最高人民法院对审理民事案件中的法律适用问题作出的解释。从理论上说，制定司法解释属于审判职权，而非立法权。但是，这种审判职权是以立法授权为依据的。《人民法院组织法》第32条规定：“最高人民法院对于在审判过程中如何具体应用法律、法令的问题，进行解释。”《立法法》第104条规定：“最高人民法院作出的属于审判工作中具体应用法律的解释，应当主要针对具体的法律条文，并符合立法的目的、原则和原意；司法解释应当自公布之日起30日内报全国人大常委会备案。”按照这些规定，司法解释的作用主要是以法律为依据，以问题为对象，实现法律规则在适用中的具体化。在现实生活中，司法解释作为民事审判的裁判依据，引导着人们对法律适用的预期，客观上也会对民事生活产生规范作用。根据《人民法院组织法》和《立法法》的规定，结合《民法总则》第11条的规定精神，我们有理由承认司法解释为民法之外的一种法源。当然，相对于法律来说，司法解释处于从属的地位。因此，司法解释的规定不得与法条相抵触，若有抵触必须以法条为准；法律修订后，与新法条不一致的司法解释规定不得继续适用。

四、民法适用中的效力范围界定

民法适用的效力范围，包括时间效力范围、空间效力范围和对人效力范围，试分述之。

（一）民法适用的时间效力范围

民法适用的时间效力，是指民事法律规范在时间上所具有的法律效力。其涉及的主要问题有二，一是法律的生效和失效，二是新法的溯

---

〔1〕 参见《物权法》第24条、第127条、第129条、第158条、第188条、第189条和第190条。

及力。一般来说,法律生效于实施之日,失效于废止之日。根据我国《立法法》的规定,新法的实施时间由该法规定,旧法的废止时间通常由新法规定。新法也可以规定旧法继续有效,或者不予规定;新法对旧法的废止不加规定的,旧法继续有效。《民法总则》公布后,由于没有对《民法通则》作出废止规定,故其继续有效。二者之间有不一致的,适用前者规定。

关于新法的溯及力问题,国际上普遍采用的原则是法不溯及既往。民法上的新法溯及力,是指新法实施后对之前发生的事件和行为是否适用的问题。如果适用,即具有溯及力;如果不适用,即不具有溯及力。如果采用溯及既往原则,则新法实施前形成的法律关系和权利状态就可能发生改变。法国大革命时期曾颁布过一些有溯及力的法律,其中关于继承的规定导致许多以前发生的继承必须重新分配,引起了极大的混乱和激烈的抗议。[1] 有鉴于此,《法国民法典》第 2 条规定:"法律仅适用于将来,无溯及力。"但是,民法毕竟与刑法、行政法不同。民法有许多保护性制度,法律的更新往往会带来制度的改进。无溯及力原则有利于巩固社会对法律稳定性的预期,而有溯及地适用新法则有利于社会成员的利益增进。因此,现代民法多采用附设例外的无溯及力原则。设立例外的方法,或依有利原则,或依公序良俗原则,[2]或依法律对特殊情形的特别规定。[3]

《立法法》第 93 条规定:"法律、行政法规、地方性法规、自治条例和单行条例、规章不溯及既往,但为了更好地保护公民、法人和其他组织的权利和利益而作的特别规定除外。"这就是"以无溯及力为原则,以有利溯及为例外"的模式。《刑法》第 12 条采用的就是这一模式:对

---

〔1〕 参见[法]雅克·盖斯坦、吉勒·古博:《法国民法总论》,陈鹏等译,谢汉琪审校,法律出版社 2004 年版,第 315 页。

〔2〕 例如,《瑞士民法典》尾章第 2 条规定:"原法的规定:依新法的观念与公共秩序及善良风俗矛盾的,自新法生效之日起,丧失效力。"

〔3〕 例如,《俄罗斯联邦民法典》第 4 条第 1 款规定:"民事立法文件没有溯及力,仅适用于在其生效之后产生的关系。法律的效力可扩大适用于在其生效之前产生的关系,但仅限于法律对此有明文规定的情况。"

新法实施前的行为,旧法不认为是犯罪的,适用旧法;旧法认为是犯罪并在新法规定的追诉时效期内的,适用旧法,但是新法不认为是犯罪或者处刑较轻的适用新法。然而,在《民法总则》中,并没有关于溯及力的规定。由此产生了一些疑问,例如,在《民法总则》实施以后,普通诉讼时效期间延长,对债权的保护力度加大。那么,新的时效期间能否适用于以前取得的债权?又如,土地承包经营权自20世纪80年代就已经存在,但直到2007年才被《物权法》正式承认为物权。那么,此前成立的承包经营权是否适用物权保护制度?同样地,2001年《婚姻法》修改前成立的婚姻关系,能否适用该法修改后的新规定?由此进一步引出的问题是,法官在审理民事案件时,是否要区分法律关系的成立时间,分别适用旧规定和新规定?

根据《立法法》第93条的规定精神,参照《刑法》第12条的立法范例,我国对新法生效前的民事关系的调整,应在坚持法不溯及既往原则(尤其是对民事活动的禁止性规定不得溯及既往)的同时,允许依据有利原则,在符合公序良俗和诚实信用原则的条件下,例外地适用新法规定。具体说:对权利效力和权利保护,适用有利于权利人的规定;对合同效力,适用有利于其有效的规定;对民事责任,在符合公平原则的情况下,适用有利于受害人救济的规定;对婚姻关系,适用有利于婚姻存续和保护无过错方的规定;对遗产继承,适用有利于稳定既有分配结果或分配预期的规定。但是,在新法生效后发生的引起原有法律关系变更、消灭的法律行为及其法律效果,原则上应适用新法的规定。目前,可以在司法实践中适用以上原则。在立法层面,则可以在制定民法典分则的时候,适当结合各分则的规范需求,分别制定溯及力规定。

(二)民法适用的空间效力范围

民法适用的空间效力,是指民事法律规范在地域上所具有的法律效力。主权、领土完整和法制统一的原则,是各国确定其法律的空间效力范围的基本依据。民法的空间效力可以分为域内效力和域外效力,兹分述之。

1. 我国民法的域内效力

所谓域内效力，就是指一国的法律在该国管辖领域的效力。根据主权原则，一国法律的效力应当及于该国管辖的全部领域，包括其领土、领空、领海、驻外使领馆和处于境外空域、海域的该国航空器和船舶。《民法总则》第 12 条规定："中华人民共和国领域内的民事活动，适用中华人民共和国法律。法律另有规定的，依照其规定。"这是关于民法的域内效力的原则性规定。在此之前，《民法通则》第 8 条第 1 款的规定与此相同。由此可见，我国民事法律规范的效力及于我国主权管辖的全部领域，但在确定某一具体民事法律法规的效力时，由于制定、颁布民事法规的机关不同，适用的空间范围也不相同。这大体上有两种情况：(1)凡属全国人民代表大会及其常务委员会，国务院及其所属各委、部、局、署、办等中央机关制定并颁布的民事法律法规，适用于我国管辖的全部领域。(2)凡属地方各级立法机关根据各自的权限颁布的民事法规，只在其各自的管辖区域内发生效力。

2. 我国民法的域外效力

所谓域外效力，就是指一国的法律在该国管辖领域以外的效力。在现代社会，法律一般不能当然地产生域外效力，但是随着国际交往的发展，为保护国家和公民、法人的利益，也可以在例外情况下规定域外效力。例如，我国《海洋环境保护法》第 2 条第 3 款规定："在中华人民共和国管辖海域以外，造成中华人民共和国管辖海域污染的，也适用本法。"

在学理上，民法的域外效力属于国际私法（亦称冲突法）的范畴。国际私法的法源除了国际公约、国际惯例等国际法外，也包括国内法。许多国家的民法典都有关于冲突法的规定，如 1978 年奥地利《关于国际私法的联邦法》、1982 年土耳其《国际私法和国际诉讼程序法》、1984 年《秘鲁民法典》第 10 编《国际私法》、1987 年瑞士《关于国际私法的联邦法》、1992 年《荷兰民法典》第 10 卷《国际私法》、2006 年日本《法律适用通则法》。目前，我国尚无全面完整的国际私法，但已经制定了

“国际私法最主要和最核心的一部分”[1]——涉外民事关系法律适用法。在这方面,早期的立法成果是《民法通则》第八章。2010 年,我国颁布《涉外民事关系法律适用法》,共 52 条,其效力优先于《民法通则》。该法规范的事项分为 6 类:民事主体、婚姻家庭、继承、物权、债权、知识产权。其中的债权包括合同之债和非合同之债(侵权责任、不当得利、无因管理)。

涉外民事关系,是指民事关系的主体、客体和权利义务据以发生、变更和消灭的法律事实中至少有一个外国因素的民事关系。对于涉外民事关系的法律适用问题,主要依据我国法律加以判断。《涉外民事关系法律适用法》第 2 条规定:“涉外民事关系适用的法律,依照本法确定。其他法律对涉外民事关系法律适用另有特别规定的,依照其规定。”“本法和其他法律对涉外民事关系法律适用没有规定的,适用与该涉外民事关系有最密切联系的法律。”总的来说,我国在关于涉外民事关系法律适用的法律渊源问题上,实行国内法规则为主体、外国法规则为补充的原则。其中,对补充适用外国法规则有两个限制性条件,一是不得违反我国对涉外民事关系的强制性规定,二是不得损害我国的社会公共利益。[2] 此外,在法律允许的情况下,当事人可以依意思自治原则约定其民事关系的法律适用。[3]

(三)民法适用的对人效力范围

民法适用的对人效力,是指民事法律规范在人的范围上具有的法律效力。这里的“人”,分为本国公民与外国人、无国籍人。民法作为国民生活的基本法,其适用于本国公民自不待论。对于域内的外国人、无国籍人,按照主权原则和国民待遇原则,本国民法也具有适用效力。例如,《民法通则》第 8 条第 2 款规定:“本法关于公民的规定:适用于在中华人民共和国领域内的外国人、无国籍人,法律另有规定的除外。”

---

〔1〕 黄进:《中国涉外民事关系法律适用法的制定与完善》,载《政法论坛》2011 年第 3 期。

〔2〕 《涉外民事关系法律适用法》第 4 条、第 5 条。

〔3〕 《涉外民事关系法律适用法》第 3 条规定:“当事人依照法律规定可以明示选择涉外民事关系适用的法律。”

总的来说,我国民法对人的适用范围主要有以下几种情况:(1)我国民法对居住在我国境内的中国公民或设立在我国境内的中国法人具有法律效力。外商在中国投资设立的中外合资企业、中外合作企业和外商独资企业,视为中国法人。(2)我国民法对居留在我国境内的外国人、无国籍人和经准许设立在中国境内的外国法人分支机构,原则上具有法律效力。(3)居留在外国的中国公民,应区别不同事项,依据《涉外民事关系法律适用法》的相关规定确定其适用的法律。例如,旅居国外的中国公民在居住国委托律师到中国办理法律事务的,根据第16条"代理适用代理行为地法律,但被代理人与代理人的民事关系,适用代理关系发生地法律"的规定,其委托合同适用居住国法律,律师在中国办理事务的行为适用中国法律。又如,出国旅游的中国公民之间发生致人损害的,根据第44条"侵权责任,适用侵权行为地法律,但当事人有共同经常居所地的,适用共同经常居所地法律"的规定,其侵权纠纷应适用中国法律。

第五讲　自然人的民事权利能力与民事行为能力

杨　震*

民事权利能力和民事行为能力是自然人参与到民事法律关系之中取得民事权利和履行民事义务的前提条件，是民法中的基础性概念，是民法主体制度中两大支柱。我国《民法总则》第二章"自然人"部分，共计用13个条文规定民事权利能力和民事行为能力制度。全面理解、准确把握与适用自然人的民事权利能力与民事行为能力制度，具有重要的理论意义与实践价值。

与1986年颁布实施的《民法通则》第二章"公民（自然人）"相比较，《民法总则》中使用"自然人"的表述具有历史进步性。自然人是基于自然规律出生的人，是人在私法领域的准确表达，其涵盖范围更广，既包括中华人民共和国公民，还包括外国人和无国籍人。公民是一个政治概念，是指具有某一国家国籍的人，是人在公法领域的称谓。更重要的是，自然人概念体现出"天赋人权""生而平等"等民法所蕴含的权利能力平等的价值内涵，同时也展现出我国立法的开

* 中国法学会民法学研究会副会长，黑龙江大学教授、博士生导师。

放与包容。

一、自然人的民事权利能力

(一)自然人民事权利能力的概念与特征

自然人的民事权利能力是自然人依法享有民事权利和承担民事义务的资格,是指每个自然人平等地享有民事权利、承担民事义务的可能性。[1] 民事权利能力和民事行为能力的概念一直为大陆法国家民事立法和学术理论所遵循。民事权利能力,在罗马法中称为"人格",第一次在法律上使用近代意义上的权利能力概念,据考证是学者泽勒所起草的《奥地利民法典》。[2]

自然人的民事权利能力具有三个特征:

1. 自然人的民事权利能力具有普适性。自然人的民事权利能力是与生俱来的被法律所赋予的享有民事权利和履行民事义务的资格,因此,任何自然人均享有民事权利能力,不存在不具有民事权利能力的自然人。外国人、无国籍人在中华人民共和国境内从事民事活动,同样依法具有民事权利能力,但是立法可以基于对等原则或其他特殊考量对外国人、无国籍人的民事权利能力作出必要的限制。例如,《俄罗斯联邦土地法典》第 15 条第 3 款规定:"外国人和无国籍人不能成为边境地区和其他特殊地区土地的所有权人。"

2. 自然人的民事权利能力具有平等性。我国《民法总则》第 14 条规定:"自然人的民事权利能力一律平等。"作为一种资格与可能性,民事权利能力并非当然地基于人出生这一自然现象而取得,而是来自法律的赋予。人生而平等。从民法视角来看,任何一名自然人的民事权利能力都是平等的,无差别的,没有高低、强弱、多寡之分,其与性别、种族、年龄、出身、信仰、健康状况、教育程度、职业、财富、住所等外在客观情形无关。在我国,不存在拥有特殊民事权利能力的自然人,也不存在

---

〔1〕 参见王利明:《民法总则研究》,中国人民大学出版社 2003 年版,第 333 页。

〔2〕 参见梁慧星:《民法总论》(第 4 版),法律出版社 2011 年版,第 56 页。

不享有民事权利能力的自然人,不存在拥有完全民事权利能力的自然人和拥有不完全民事权利能力自然人的区分。需要注意的是,自然人的民事权利能力一律平等,并不意味着每一名自然人民事权利能力的范围完全一致,因为,法律可以对自然人民事权利能力做出适当的限制。例如,我国《婚姻法》第6条规定:“男女双方结婚须达到法定婚龄,即男须年满二十二周岁,女须年满二十周岁。”未达到上述法定婚龄的自然人当然不具有结婚的资格,其缔结婚姻的民事权利能力受到限制。

3. 自然人的民事权利能力具有不可剥夺性。自然人的民事权利能力是法律所赋予的取得民事权利和承担民事义务的资格,是一种法律人格要素,其与自然人的生命存在密不可分、紧紧相依。因此,自然人的民事权利能力具有不可分割、不可转让、不可抛弃的属性。任何国家机关、其他组织和自然人不能剥夺、限制其他自然人的民事权利能力,自然人亦不能将自身的民事权利能力抛弃、让与。

民事权利能力与民事权利是两个不同的概念,两者既存在实质的不同,还有着密切的关联。民事权利能力是一种资格,是取得民事权利的前提与基础,是法律赋予民事主体的享有获取实际利益的可能性。质言之,拥有民事权利能力并不意味着事实上真正拥有某一项具体的民事权利。民事权利则是自然人在具体的民事法律关系中所实际享有的利益,是自然人民事权利能力实现的结果。民事权利能力是拥有权利的资格和承担义务的资格的统一体,而民事权利则是一种利益,通常不包含民事义务在内;民事权利能力与自然人的意志无关,不能由其自由转让、放弃,而民事权利的内容和范围则直接取决于民事主体的意志,权利人可以依法处分。例如,每名自然人均具备成为不动产所有人的资格,但并不是每名自然人都能够对某特定的不动产拥有所有权。

(二)自然人民事权利能力的取得

自然人的民事权利能力始于出生,终于死亡,民事权利能力伴随自然人终身。我国《民法总则》第13条规定:“自然人从出生时起到死亡时止,具有民事权利能力,依法享有民事权利,承担民事义务。”《德国民法典》第 1 条规定:“人的权利能力,始于出生的完成。”《意大利民法典》第 1 条规定:“人的权利能力始于出生。”《日本民法典》第 1 条之三规定:“私权的享有,始自出生。”《瑞士民法典》第 31 条第 1 款规定:“权利能力自出生开始,死亡终止。”《俄罗斯联邦民法典》第 17 条第 2 款规定:“公民的权利能力自其出生之时产生,因其死亡而终止。”我国台湾地区“民法典”第 9 条规定:“公民从出生时起到死亡时止,具有民事权利能力,依法享有民事权利,承担民事义务。”总体看来,多数国家的民事立法规定自然人的民事权利能力始于出生,即自然人一旦出生,就意味着具有民事主体资格,依法享有民事权利和承担民事义务。但也有个别国家规定自然人的民事权利能力开始于受孕时,即胎儿以活着出生为前提,也具有民事权利能力,例如《匈牙利民法典》。有关规定受孕时产生民事权利能力的立法规范,其实质在于解决胎儿利益保护问题,因此并无实质区别。

出生属于法律事实中的自然事件,其最直接的法律效果是新生儿取得民事权利能力,成为独立的民事主体。因此,出生时间点如何确定,既关系到新生儿获得民事权利能力的时间,有时还影响其他利害关系人的权利义务状态,例如在继承法律关系之中。因此,如何界定出生,就具有重要的法律意义。出生是一个医学概念,关于出生主要有三种学说:

一是阵痛说。阵痛说认为,从产妇开始阵痛,即意味着胎儿出生。通常,由于产妇阵痛与胎儿脱离母体存在时间差,况且脱离母体的胎儿未必一定是活体,因此,阵痛说不可采信。

二是露出说。即胎儿部分或全部露出母体为完成出生。该学说的问题是,仅关注胎儿与母体是否分离,没有考虑胎儿离开母体时是否存活。因此,露出说也不可采用。

三是独立呼吸说。该说认为,胎儿脱离母体并独立呼吸,为出生完成。后续胎儿是否继续存活,则在所不问。该学说不仅关注胎儿是否与母体分离,更为强调原来依附于母体存活的胎儿已转化为具有独立呼吸能力的生命个体,真正实现由“出”到“生”。目前该学说为学术界的通说。

通常认为,出生应当具备两个条件:一是"出";二是"生",两者缺一不可。"出"是指胎儿与母体相分离;"生"是指脱离母体的婴儿应为活体,而不论其生命能保持时间的长短。[1] 按照一般性操作标准来判断,出生就是指胎儿完全脱离母体,剪断脐带,并能够独立地呼吸。

关于出生时间的确定。自然人出生时间具有法律意义,其关系到自然人及其利害关系人的权益变动。我国《民法总则》第13条规定:"自然人的出生时间和死亡时间,以出生证明、死亡证明记载的时间为准;没有出生证明、死亡证明的,以户籍登记或者其他有效身份登记记载的时间为准。有其他证据足以推翻以上记载时间的,以该证据证明的时间为准。"因此,确定出生时间的顺序是,首先以出生证明为准;没有出生证明的,以户籍登记或者其他有效身份登记记载的时间为准,这里的其他有效身份登记,通常包括身份证、军官证、士官证、士兵证、护照等证件。需要注意的是,《民法总则》中的上述规定,预留了推翻出生证明和户籍登记或者其他有效身份登记所记载的出生时间的可能。如果有确定的证据足以表明真正的出生时间与出生证明和户籍登记或者其他有效身份登记不符,则以该确定证据证明的时间作为某自然人的出生时间,其从该时间起取得民事权利能力。

在《民法总则》颁布实施之前,最高人民法院《关于贯彻执行〈中华人民共和国民法通则〉若干问题的意见(试行)》(以下简称《民通意见》)第1条规定:"公民的民事权利能力自出生时开始。出生的时间以户籍为准;没有户籍证明的,以医院出具的出生证明为准,没有医院证明的,参照其他有关证明认定。"相比较而言,《民法总则》关于出生时间的规定更符合日常生活实际,可以更为灵活、更能精准地确定出生时间,继而判断自然人取得民事权利能力的时间点。

(三)胎儿利益的保护

《民法总则》第16条规定:"涉及遗产继承、接受赠与等胎儿利益

[1] 参见郑玉波:《民法总则》,三民书局1979年版,第68~69页。

保护的,胎儿视为具有民事权利能力。但是胎儿娩出时为死体的,其民事权利能力自始不存在。”通常情况下,自然人的民事权利能力自出生时开始。但是在胚胎孕育至出生期间,胎儿往往成为授予利益的潜在取得者,例如在遗产继承关系中,我国《继承法》第 28 条规定:“遗产分割时,应当保留胎儿的继承份额。胎儿出生时是死体的,保留的份额按法定继承办理。”与此同时,在某些特定情形中,胎儿可能是自身利益的潜在受害者,例如,甲违章驾驶车辆造成交通事故,致使一名孕妇受伤,在抢救过程中孕妇死亡,胎儿早产并因遭受车辆撞击而受伤。在这种情况下,胎儿视为具有民事权利能力,即可以自己的名义向肇事者主张损害赔偿。

因此,在类似特殊场合下如果不给予对胎儿权利能力的特殊关注,则其出生后有权益受损的可能。所以,世界各国立法通行的做法就是拟制胎儿具备民事权利能力,但这一拟制的前提条件就是胎儿出生时为活体。例如,《瑞士民法典》第 31 条第 2 款规定:“胎儿以将来非死产为限,关于其个人利益的保护,视为既已出生。”《法国民法典》第 906 条规定:“胎儿在赠与时已存在者,即有承受生前赠与的能力。胎儿在遗嘱人死亡时已存在者,即有受遗赠的能力,但赠与或遗赠仅对于婴儿出生时能生存者,发生效力。”《日本民法典》第 721 条规定:“胎儿就损害赔偿请求权,视为已出生。”第 886 条规定:“胎儿就继承视为已出生。前款规定,不适用于胎儿以死体出生情形。”应当说,胎儿的民事权利能力是法律拟制的产物,胎儿本不应有权利能力,仅为保护其利益而有条件地承认部分权利能力。因此,各国立法皆用“视为有权利能力”表明其拟制性。

对胎儿利益加以保护和胎儿是否具有民事权利能力,是两个有关联却不同的问题。围绕两者关系的不同理解,有两种不同的立法模式:一种是德国立法例,即列举模式。不认为胎儿具有民事权利能力,但对于胎儿之利益在多项具体的领域通过特别规定加以保护。另一种是瑞士立法例,即概括模式。作为一般性规定有条件地承认胎儿具有部分民事权利能力。我国《民法总则》关于胎儿利益保护的条文,属于概括模式。相对于自然人从出生时起承认民事主体地位的立法模式,该条对胎儿利益的保护属于例外规定,这表明我国采有条件地承认胎儿民事主体地位的立法模式,是一个立法进步。[1]

(四)自然人民事权利能力的终止

生老病死,人之常态。自然人的民事权利能力始于出生,终于死亡。死亡系导致民事法律关系变动的法律事实,是不以人的意志为转移的自然事件。自然人死亡后,作为一个生命个体告别人世,当然地退出民事法律关系,再无享有民事权利与承担民事义务的必要与可能,因此,从法律意义上民事权利能力应予终止。死亡分为生理死亡和宣告死亡。生理死亡也称作自然死亡,宣告死亡是一种法律拟制死亡,产生与生理死亡相同的法律后果。

因死亡关系到自然人权利义务关系终止和民事主体资格存废,准确判断自然人死亡时间就具有重要的法律价值。关于自然人生理死亡时间的判断,存在以下几种学说:

一是心脏停止跳动说。该学说认为,心脏停止跳动,由于心脏主要负责身体组织器官的供血、供氧等,心跳骤停后循环骤停,呼吸也就停止,即认为自然人已死亡。但是从医学角度观察,心脏停跳仅是身体停止血液流动,脑部还没有因血供缺氧而死亡。该学说不可采。

二是呼吸停止说。该学说认为,呼吸停止后,即判断人已死亡。医学实践表明,呼吸停止仅是呼吸肌停止工作,但脑、心脏等器官可能仍然处于工作状态。该学说亦不可采。

三是脑死亡说。该学说认为,只有脑死亡才是人的生命彻底、不可逆的终结。脑死亡,指原发于脑组织严重外伤或脑的原发性疾病,致使全脑的功能不可逆转地停止,最终导致人体死亡。脑死亡不仅在医学界得到公认,而且在许多国家已获得法律认可,例如芬兰、美国、德国、罗马尼亚、印度等10多个国家制定了有关脑死亡的法律,直接以立法形式承认脑死亡为宣布死亡的依据。部分国家虽没有制定正式的法律

---

[1] 杨震:《民法总则"自然人"立法研究》,载《法学家》2016年第5期。

条文承认脑死亡，但在临床实践中已承认脑死亡状态，并以之作为宣布死亡的依据，例如比利时、新西兰、韩国、泰国等数十个国家。[1]

相比较而言，脑死亡说更为科学，标准更为可靠。自然人一旦被宣布为脑死亡，直接表明其民事主体资格丧失，民事权利能力终止。自然人死亡后，由医疗机构或者司法部门出具《死亡医学证明书》或死亡证明。自然人死亡时间，以证明记载的时间为准，但如有足够的证据可以推翻证书所记载时间的除外。在我国脑死亡的概念已为医学界普遍接受，但还缺乏立法对脑死亡的承认。

对于宣告死亡中死亡日期的确定，我国《民法总则》第48条规定："被宣告死亡的人，人民法院宣告死亡的判决作出之日视为其死亡的日期；因意外事件下落不明宣告死亡的，意外事件发生之日视为其死亡的日期。"

数人在同一事件中死亡时间的推定。死亡时间在通常情况下是确定的事实，但是在某些特殊的意外事故中，死亡时间难以明确，尤其是存在相互继承关系的数人在同一事件中死亡，难以确定死亡先后的，就产生了推定死亡时间的必要性。最高人民法院《关于贯彻执行〈中华人民共和国继承法〉若干问题的意见》第2条规定："相互有继承关系的几个人在同一事件中死亡，如不能确定死亡先后时间的，推定没有继承人的人先死亡。死亡人各自都有继承人的，如几个死亡人辈分不同，推定长辈先死亡；几个死亡人辈分相同，推定同时死亡，彼此不发生继承，由他们各自的继承人分别继承。"在保险合同法律关系中也涉及死亡时间推定问题，我国《保险法》第42条第2款规定："受益人与被保险人在同一事件中死亡，且不能确定死亡先后顺序的，推定受益人死亡在先。"

死者人格利益的保护。自然人死亡后，民事权利能力终止，丧失民事主体资格，客观上亦无法再行使民事权利，履行民事义务。但是死者的人格利益并不会与生命一样戛然终止，例如死者的姓名、隐私、肖像、

---

[1] 参见陈名校、杜伯伦：《刍论中国脑死亡立法》，载《行政与法》2010年第4期。

荣誉、名誉等人格利益,还将在特定的时空内留存与展现。与此同时,这些死者的人格利益,往往与死者后代的人格利益和经济利益密切相关。由于死者已经不具备民事主体资格,因此,对于上述死者人格利益的保护,在立法上表现为对死者近亲属所受精神损害的保护。最高人民法院《关于确定民事侵权精神损害赔偿责任若干问题的解释》第3条规定:"自然人死亡后,其近亲属因下列侵权行为遭受精神痛苦,向人民法院起诉请求赔偿精神损害的,人民法院应当依法予以受理:(一)以侮辱、诽谤、贬损、丑化或者违反社会公共利益、社会公德的其他方式,侵害死者姓名、肖像、名誉、荣誉;(二)非法披露、利用死者隐私,或者以违反社会公共利益、社会公德的其他方式侵害死者隐私;(三)非法利用、损害遗体、遗骨,或者以违反社会公共利益、社会公德的其他方式侵害遗体、遗骨。"

二、自然人的民事行为能力

(一)自然人民事行为能力的概念

私人的法律行为(权利的取得与义务的负担)必须基于自己的意思作出。[1] 这是民法意思自治原则的基本体现。自然人应因自己行为而获得利益或者不利益,受自身行为后果的约束,民事法律行为制度解决的就是这一问题。自然人的民事行为能力是指,得以自己的意思表示,使其行为发生法律上效果的资格。[2] 简单地说,就是自然人能够以自己的行为取得民事权利和设定民事义务的能力。

自然人民事行为能力的制度价值在于:一是通过民事行为能力制度可以保护未成年人和心智不健全者的合法利益。因为,未成年人与心智不健全者不能够清晰地知道自己行为的后果,为避免其权益受到损害的风险,不赋予其民事行为能力或者限制其民事行为能力,将他们限定在一定民事活动范围之内或者排除在民事交易活动范围之外,继

---

〔1〕 参见[日]近江幸治:《民法总则》(第6版补订),渠涛等译,北京大学出版社2015年版,第33页。

〔2〕 参见王泽鉴:《民法总则》(增订版),中国政法大学出版社2001年版,第119页。

而达到保护的目的。二是通过民事行为能力制度来维护交易安全和提高交易效率。[1] 因此,在立法中设计民事法律行为制度,可以简单、明确地划清一条界线,即交易双方可以彼此判断出民事法律行为主体是否具备从事交易行为的能力,交易结果能否得到立法的承认。与此同时,通过法定代理人制度的设计,又充分保障无民事行为能力人和限制民事行为能力人可以有效地参与民事交往,达到取得民事权利和设定民事义务的目的。

民事行为能力具有不可剥夺性。民事行为能力是依照法律赋予自然人按照自己的意思取得权利和设定义务的资格,是自然人介入民事交往的前提,既关系到自然人自身权益,也关系到相对人利益,更关系社会交易安全与经济效率。因此,自然人不可自行放弃、抛弃民事行为能力,民事行为能力亦不可被他人非法剥夺与限制,法院依法定程序宣告的除外。

(二)自然人的民事权利能力、民事行为能力、民事责任能力的联系与区别

民事权利能力是取得权利和负担义务的资格,民事行为能力则是依照民事法律行为而取得民事权利和负担民事义务的资格。任何自然人均具有民事权利能力,但民事行为能力则不尽然,不是任何自然人都具有完全民事行为能力或限制民事行为能力。只有具备一定意思能力的自然人才被立法赋予民事行为能力,其通常以年龄和智识精神程度来作为划分标准,区分为完全民事行为能力人、限制民事行为能力人和无民事行为能力人。因此,民事权利能力是民事行为能力的前提,不存在有民事行为能力而无民事权利能力的主体。此外,自然人的民事权利能力通常无变动,而民事行为能力还存在变动的可能,例如已年满18周岁的成年人,后续可能会因精神疾患被法院宣告完全丧失或部分丧失行为能力,成为无民事行为能力人或限制民事行为人。

自然人的民事行为能力与民事责任能力的联系与区别。民事责任

---

〔1〕 参见崔建远等:《民法总论》(第2版),清华大学出版社2013年版,第104页。

能力是指，因违反法律规定而承担责任的资格，主要是指承担侵权责任的能力。两者的共同点在于，均要求自然人具备一定的意思能力，即判断自身行为后果的能力，就是指按照自己的意思发生权利义务变动，即自身行为承担相应的法律后果。两者的区别在于：

一是制度价值取向不同。民事行为能力制度旨在保护未成年人和智识精神不健全者的利益，兼顾社会交易安全与效率。民事责任能力则重在保护被侵害人的利益以及社会利益，兼顾未成年人和智识精神不健全者的利益。

二是对于意思能力的要求不同。民事行为能力旨在解决自然人是否可以基于自身合法行为取得民事权利和负担民事义务，是从理性层面和适法性角度来判断意思能力，其对自然人的意思能力要求较高，因此，通常以年龄为判断标准。相反，责任能力则是从承担法律责任的视角来考量意思能力，对意思能力的要求相对较低，因此相对比较抽象，应在具体情境中判断，不完全拘泥于年龄标准。例如，对于一个具有限制民事行为能力的 12 岁儿童，用石头砸损他人车辆，他对于自身行为所产生的后果是可以预知的，其具有责任能力，应当对自己的行为承担不利的法律后果。我国《侵权责任法》第 32 条规定："无民事行为能力人、限制民事行为能力人造成他人损害的，由监护人承担侵权责任。监护人尽到监护责任的，可以减轻其侵权责任。有财产的无民事行为能力人、限制民事行为能力人造成他人损害的，从本人财产中支付赔偿费用。不足部分，由监护人赔偿。"这是立法从另一个侧面来证明无民事行为能力人、限制民事行为能力人具备责任能力，应当对自己的侵权行为负责。反之，如果完全民事行为能力人实施的行为是在无意识下进行的，在这种情况下行为人可以不承担侵权责任。例如，一名司机在车辆行驶过程中突发脑溢血，导致车辆失控撞到路旁行人，因该司机于事故发生时处于无意识状态，丧失了意思能力，主观上没有过错，无需承担侵权责任，仅应根据行为人的经济状况，基于公平原则对受害人适当补偿。我国《侵权责任法》第 33 条规定："完全民事行为能力人对自己的行为暂时没有意识或者失去控制造成他人损害有过错的，应当承担侵权责任;没有过错的,根据行为人的经济状况对受害人适当补偿。完全民事行为能力人因醉酒、滥用麻醉药品或者精神药品对自己的行为暂时没有意识或者失去控制造成他人损害的,应当承担侵权责任。”总的来说,完全和限制民事行为能力人,通常具有民事责任能力,相反具有民事责任能力的人,不一定具备完全或限制民事行为能力。

(三)自然人的民事行为能力的区分

1. 完全民事行为能力

完全民事行为能力是指,自然人能够以自己的名义遵循自己的意思,独立地设定民事权利和负担民事义务的资格。“法律承认的行为能力只有在达到一个客观的、确定的生理年龄时才能开始拥有,而不必考虑这个成年人是否在任何情况下都能够真正理智地处理自己的各种事务。”[1]世界上各国法定成年年龄不等,低至18岁,高至25岁不等。例如,瑞士、日本、泰国民法典规定年龄满20周岁为成年人,奥地利民法典规定19周岁为成年人。丹麦、智利、西班牙法定成年年龄为25岁,阿根廷、意大利为22岁,哥伦比亚、法国、德国为21岁。[2]

我国《民法总则》第17条规定:“十八周岁以上的自然人为成年人。不满十八周岁的自然人为未成年人。”第18条第1款规定:“成年人为完全民事行为能力人,可以独立实施民事法律行为。”《民法总则》第18条第2款规定:“十六周岁以上的未成年人,以自己的劳动收入为主要生活来源的,视为完全民事行为能力人。”这一做法是沿袭了《民通意见》的做法,符合我国的社会生活实际。[3] 例如,张某17周岁,初中毕业后先后应聘在多家企业工作,月收入维持在1800元左右,以自己

---

〔1〕［德］康拉德·茨威格特、海因·克茨:《行为能力比较研究》,孙宪忠译,载《外国法译评》1998年第3期。

〔2〕参见唐利群、高菊珍:《各国民法关于公民民事行为能力规定之比较》,载《江汉大学学报》1998年第1期。

〔3〕1988年4月2日实施的最高人民法院《关于贯彻执行〈中华人民共和国民法通则〉若干问题的意见(试行)》第2条规定:十六周岁以上不满十八周岁的公民,能够以自己的劳动取得收入,并能维持当地群众一般生活水平的,可以认定为以自己的劳动收入为主要生活来源的完全民事行为能力人。

的收入满足自己的生活支出。张某工作半年后,用1500元为自己买了一辆高档山地自行车。在上述情况中,张某以自己的劳动收入为主要生活来源,视为完全民事行为能力人,其购买山地自行车的合同合法有效。

2. 限制民事行为能力

限制民事行为能力也称不完全民事行为能力,是指自然人以自己的行为在一定范围内设定民事权利和负担民事义务的资格。相比较完全民事行为能力而言,限制民事行为能力人仅能独立地实施与其智识程度相适应的民事法律行为。

世界各国和地区立法关于限制民事行为能力立法主要为两种模式:一是明确按照年龄标准界定限制民事行为能力。例如,《德国民法典》第106条规定:"已满7周岁的未成年人,其行为能力为限制行为能力。"《俄罗斯联邦民法典》第28条第2款规定:"年满6周岁不满14周岁的幼年人有权独立实施下列法律行为:(1)小额的日常生活性法律行为;(2)无须公证证明的或者无须进行任何国家登记的旨在无偿获利的法律行为;(3)为了一定的目的或者为了自由支配而处分由法定代理人提供的或者经法定代理人同意由第三人提供的资金的法律行为。"《越南民法典》第22条第1款规定:"年满6周岁不满18周岁的未成年人,设立、实施民事交易必须得到其法定代理人同意,但从事与其年龄相适应的为满足日常生活需要的交易者,不在此限。"我国台湾地区"民法典"第13条第2款规定:"满7岁以上之未成年人,有限制行为能力。"我国《民法总则》中关于限制民事行为能力的规定属于该模式。二是立法仅规定成年人年龄标准,不再细分限制行为能力年龄界限,所有未成年人均为限制民事行为能力人。例如,《法国民法典》第388条规定:"年龄未满18周岁的男或女是未成年人。"第389条第1款规定:"在所有民事行为中,法定代理人均代理未成年人,但法律或者习惯允许未成年人实施的民事行为除外。"《荷兰民法典》第233条规定:"未成年人是未满18周岁的人,不能登记结婚,也不能注册登记为合伙人。"第234条第1款规定:"未成年人经过法定代理人的许可,可以以自己的名义从事法律行为。"第3款规定:"未成年人所从事的法律行为，如果根据常例判断，被认为与其年龄相适应，视为经过法定代理人的许可。”《日本民法典》第 2 条规定：“满 20 为成年人”，第 4 条第 1 款规定：“未成年人实施法律行为，应经其法定代理人同意，但可以单纯取得权利和免除义务的行为除外。”《意大利民法典》《瑞士民法典》《韩国民法典》也属于该种模式。

我国《民法总则》第 19 条规定：“八周岁以上的未成年人为限制民事行为能力人，实施民事法律行为由其法定代理人代理或者经其法定代理人同意、追认，但是可以独立实施纯获利益的民事法律行为或者与其年龄、智力相适应的民事法律行为。”第 22 条规定：“不能完全辨认自己行为的成年人为限制民事行为能力人，实施民事法律行为由其法定代理人代理或者经其法定代理人同意、追认，但是可以独立实施纯获利益的民事法律行为或者与其智力、精神健康状况相适应的民事法律行为。”在我国《民法总则》制定过程中，立法草案审议稿曾规定 6 周岁为自然人民事行为能力的起点。但是在审议过程中，部分人大代表提出异议。有的认为，还应维持原有的 10 周岁标准，有的认为 6 周岁儿童认知和辨识能力还是很弱，不具备独立从事民事活动能力。最后，全国人大法工委本着积极稳妥的原则，将 8 周岁作为限制民事行为能力起始点列入草案之中，最终获得通过。[1]

总的来看，我国区分限制民事行为能力的标准有两条：一是年龄，已满 8 周岁、不满 18 周岁的未成年人为限制民事行为能力人，其中 16 周岁以上，以自己的劳动收入为主要生活来源的未成年人除外；二是智识精神程度，由于智力或者精神障碍不能完全辨识自身行为及其后果的成年人为限制民事行为能力人。何为不能完全辨认自己行为的标准可以参照《民通意见》第 4 条的规定，即“不能完全辨认自己行为的精神病人进行的民事活动，是否与其精神健康状态相适应，可以从行为与本人生活相关联的程度、本人的精神状态能否理解其行为，并预见相应

---

〔1〕 详见杨立新：《民法总则：条文背后的故事与难题》，法律出版社 2017 年版，第 71 ~ 76 页。

的行为后果,以及行为标的数额等方面认定”。第 5 条规定:“精神病人(包括痴呆症人)如果没有判断能力和自我保护能力,不知其行为后果的,可以认定为不能辨认自己行为的人;对于比较复杂的事物或者比较重大的行为缺乏判断能力和自我保护能力,并且不能预见其行为后果的,可以认定为不能完全辨认自己行为的人。对于比较复杂的事物或者比较重大的行为缺乏判断能力和自我保护能力,并且不能预见其行为后果的,可以认定为不能完全辨认自己行为的人。”

法定代理人的同意与追认。限制民事行为能力人独立实施的纯获利益的民事法律行为或者与其年龄、智力相适应的民事法律行为以外的民事法律行为应经法定代理人允许。行为之前的允许可称为同意,行为之后的允许可称为追认。事先的同意可以是针对某一具体行为事项,也可以针对一般性、概括性的行为事项,例如,15 岁学生经父亲同意,携带父亲给付的 1500 元人民币自行购买某品牌某型号手机,再如 16 岁学生在暑假经父母同意自助旅游,预订机票、购买船票、预订宾馆等行为。事后的追认,则是法定代理人在限制民事行为能力人做出超越其智识水平的行为后,对该行为予以认可。例如,9 岁儿童将家中的电动玩具车以 260 元价格出售给他人,如果父母对该行为后续追认后,此交易合法有效。如果该交易行为没有获得父母的追认,则该交易无效。为避免限制民事行为能力人实施的民事法律行为效力长期处于不确定状态,《民法总则》第 145 条第 2 款规定:“相对人可以催告法定代理人自收到通知之日起一个月内予以追认。法定代理人未作表示的,视为拒绝追认。民事法律行为被追认前,善意相对人有撤销的权利。撤销应当以通知的方式作出。”

限制民事行为能力人可以独立实施纯获利益的民事法律行为或者与其智力、精神健康状况相适应的民事法律行为。纯获利益的民事法律行为,通常是指接受奖励、赠与、债务免除、继承、遗赠等。判定纯获利益的民事法律行为的标准是,获得利益的同时无与之相对应的给付义务或者获得的利益要远大于所负担的给付义务。《民通意见》第 6 条规定:“无民事行为能力人、限制民事行为能力人接受奖励、赠与、报酬,他人不得以行为人无民事行为能力、限制民事行为能力为由，主张以上行为无效。”我国《合同法》第47条也规定：“限制民事行为能力人订立的合同，经法定代理人追认后，该合同有效，但纯获利益的合同或者与其年龄、智力、精神健康状况相适应而订立的合同，不必经法定代理人追认。”

对与其智力、精神健康状况相适应的民事法律行为的判定则具有一定的实践弹性。通常，我们所说的与其智力、精神健康状况相适应的民事法律行为应以日常生活需求为标尺，这种判定既要考虑到不同年龄阶段自然人意思能力的差异程度，还要考虑到行为人所成长生活环境的不同，并结合现代生活急速变化这一背景，于个案判定中实现公平与正义，从而在未成年利益维护与交易安全效率之间达成平衡。例如，在大城市10岁小学生购买文具盒、钢笔等学习用具，13岁初中学生在肯德基餐厅组织同学聚餐，16岁高中生网购运动鞋的行为，均可视作与其智力、精神健康状况相适应，认可其法律效力。

3. 无民事行为能力

无民事行为能力是指，没有以自己的行为取得民事权利和负担民事义务的资格。这意味着，无民事行为能力的自然人，其无资格独立地按照自己的意思参与民事活动，只能依靠法定代理人代理其实施民事法律行为。

与限制行为能力的区分标准一致，我国立法中根据年龄和智识精神程度将无民事行为能力人分为两类：一是不满8周岁的未成年人。《民法总则》第20条规定：“不满八周岁的未成年人为无民事行为能力人，由其法定代理人代理实施民事法律行为。”二是不能辨认自己行为的成年人和已满8周岁但未满18周岁的不能辨认自己行为的未成年人。《民法总则》第21条规定：“不能辨认自己行为的成年人为无民事行为能力人，由其法定代理人代理实施民事法律行为。八周岁以上的未成年人不能辨认自己行为的，适用前款规定。”

无民事行为能力人不能单独实施民事法律行为。《民法总则》第144条规定：“无民事行为能力人实施的民事法律行为无效。”鉴于无民事行为能力人不具备独立判断是非、利害的能力或者判断是非、利害的能力极弱，为保护他们的利益，立法强制性地剥夺了无民事行为能力人独立参与民事交往活动的机会与资格。需要注意的是，这一立法初衷是以维护无民事行为能力人的利益为基点，我们认为，如果某一民事法律行为是使无民事行为能力人纯获利益，或者是按照其年龄和智识程度能够做出合理判断的小额的生活性法律行为，不能僵化地完全否定上述行为的法律效力。例如，无民事行为能力的自然人接受赠与、获得奖励。再如，已满7岁的入学儿童购买书本等。但是，在判断无民事行为能力人所实施的纯获利益民事法律行为和按照其年龄和智识程度能够做出合理判断的小额的生活性法律行为效力时，如果存在无民事行为人利益保护和交易安全冲突情形时，应当秉承无民事行为人利益保护优先的原则，此时适当牺牲交易安全稳定是正义的，是符合立法价值取向的。

无民事行为能力人由法定代理人代理实施民事法律行为。《民法总则》第23条规定："无民事行为能力人、限制民事行为能力人的监护人是其法定代理人。"第27条规定："父母是未成年子女的监护人。未成年人的父母已经死亡或者没有监护能力的，由下列有监护能力的人按顺序担任监护人：(一)祖父母、外祖父母；(二)兄、姐；(三)其他愿意担任监护人的个人或者组织，但是须经未成年人住所地的居民委员会、村民委员会或者民政部门同意。"第28条规定："无民事行为能力或者限制民事行为能力的成年人，由下列有监护能力的人按顺序担任监护人：(一)配偶；(二)父母、子女；(三)其他近亲属；(四)其他愿意担任监护人的个人或者组织，但是须经被监护人住所地的居民委员会、村民委员会或者民政部门同意。"

(四)无民事行为能力与限制民事行为能力的宣告

通常情况，自然人的民事行为能力演变呈现出一定的规律性与稳定性。从出生到8周岁前，无民事行为能力，不能独立从事民事活动；年满8周岁至18周岁之前，具有限制民事行为能力，可以独立并受限制地从事民事活动；年满18周岁后取得完全民事行为能力，可以完全自主地实施民事法律行为。但世事无常，在漫长的人生路途中，自然人可能会因各种意外变故而出现智力水准与精神健康状况的波动，继而使其民事行为能力产生变化。因此，立法为应对这一可能的变化，保护所涉自然人以及相关利害关系人的合法权益，规定了无民事行为能力与限制民事行为能力宣告制度。

《民法总则》第 24 条规定："不能辨认或者不能完全辨认自己行为的成年人，其利害关系人或者有关组织，可以向人民法院申请认定该成年人为无民事行为能力人或者限制民事行为能力人。被人民法院认定为无民事行为能力人或者限制民事行为能力人的，经本人、利害关系人或者有关组织申请，人民法院可以根据其智力、精神健康恢复的状况，认定该成年人恢复为限制民事行为能力人或者完全民事行为能力人。本条规定的有关组织包括：居民委员会、村民委员会、学校、医疗机构、妇女联合会、残疾人联合会、依法设立的老年人组织、民政部门等。"该条确立了我国自然人民事行为能力与限制民事行为能力的宣告制度。

自然人的民事行为能力只有依据法定程序和法律依据才能被宣告限制、剥夺以及恢复。

1. 自然人民事行为能力的剥夺与限制以及恢复，只能由人民法院宣告。民事行为能力变动的认定，关系被认定人的行为自由与交易安全，除人民法院外，任何国家机关、社会组织和自然人无权认定自然人民事行为能力变动，无权做出限制、剥夺以及恢复自然人的民事行为能力的决定。人民法院认定自然人无民事行为能力和限制民事行为能力案件适用民事诉讼特别程序，我国《民事诉讼法》第 187 条至第 190 条对此作出了专门规定。需要注意的是，对于已被宣告为无民事行为能力的人，撤销原判决和做出新判决可以分为两种情形：一是撤销原判决，以新判决认定其为完全民事行为能力人；二是撤销原判决，以新判决认定其为限制民事行为能力人。

2. 自然人民事行为能力限制、剥夺与恢复程序的启动，须经利害关系人或有关组织提出申请。这里的利害关系人包括，被申请人的配偶、父母、子女、兄弟姐妹、祖父母、外祖父母、孙子女、外孙子女等近亲属，还包括居民委员会、村民委员会、学校、医疗机构、妇女联合会、残疾人联合会、依法设立的老年人组织、民政部门。最高人民法院《关于适用〈中华人民共和国民事诉讼法〉的解释》第349条规定:“在诉讼中,当事人的利害关系人提出该当事人患有精神病,要求宣告该当事人无民事行为能力或者限制民事行为能力的,应由利害关系人向人民法院提出申请,由受诉人民法院按照特别程序立案审理,原诉讼中止。”这可以理解为,申请人还可以是与被申请人存在民事法律关系的债权人、债务人等。

在宣告恢复自然人民事行为能力案件中,申请人可以是原被宣告为无民事行为能力或限制民事行为能力,但现已经恢复民事行为能力的本人。

3. 申请认定自然人无民事行为能力和限制民事行为能力的案件由被申请人住所地人民法院管辖。《民事诉讼法》第187条第1款规定:“申请认定公民无民事行为能力或者限制民事行为能力,由其近亲属或者其他利害关系人向该公民住所地基层人民法院提出。”《民法总则》第25条规定:“自然人以户籍登记或者其他有效身份登记记载的居所为住所;经常居所与住所不一致的,经常居所视为住所。”由住所地人民法院审理认定自然人无民事行为能力和限制民事行为能力的案件,可以较为便捷和真实地查明该自然人的生活情况,有利于及时做出公正的判决。申请人应当向被申请人户籍登记地基层人民法院提出申请,如果被申请人经常居住地与住所不一致,则应向被申请人经常居住地基层人民法院提出申请。[1]

4. 认定自然人无民事行为能力、限制民事行为能力应当注重保护被申请人的权益。认定自然人无民事行为能力、限制民事行为能力原则上应当依据鉴定意见做出。《民事诉讼法》第187条第2款规定:“申请书应当写明该公民无民事行为能力或者限制民事行为能力的事实和根据。”第188条规定:“人民法院受理申请后,必要时应当对被请

---

〔1〕 最高人民法院《关于适用〈中华人民共和国民事诉讼法〉的解释》第4条规定:“公民的经常居住地是指公民离开住所地至起诉时已连续居住一年以上的地方,但公民住院就医的地方除外。”

求认定为无民事行为能力或者限制民事行为能力的公民进行鉴定。申请人已提供鉴定意见的,应当对鉴定意见进行审查。”与此同时,《民事诉讼法》第189条规定:“人民法院审理认定公民无民事行为能力或者限制民事行为能力的案件,应当由该公民的近亲属为代理人,但申请人除外。近亲属互相推诿的,由人民法院指定其中一人为代理人。该公民健康情况许可的,还应当询问本人的意见。”人民法院经审理认定申请有事实根据的,判决该公民为无民事行为能力或者限制民事行为能力人;认定申请没有事实根据的,应当判决予以驳回。

(五)自然人民事行为能力的终止

自然人民事行为能力的终止是指,自然人民事行为能力的彻底消灭。自然人的民事行为能力因达到法定年龄而取得,因智识提高和精神状况好转而恢复,因死亡而终止。

自然人民事行为能力的终止,是彻底的不可逆的结束。这与自然人民事行为能力宣告制度不同,被宣告为无民事行为能力和限制民事行为能力的自然人仅是暂时地被剥夺、限制民事行为能力,这不代表该自然人民事行为能力的彻底终止,因为,导致该自然人被宣告为无民事行为能力和限制民事行为能力的原因消失后,其民事行为能力依法定程序可以恢复。从这一意义上,宣告自然人为无民事行为能力人,意味的是该自然人民事行为能力的“中止”,而不是“终止”。

需要注意的是,导致自然人民事行为能力终止的法律事实仅有一个,是死亡。这里的死亡,仅指生理死亡,不包括宣告死亡。宣告死亡制度目的在于终结以死者生前住所地为中心的法律关系。由于宣告死亡是一种拟制死亡,被宣告死亡的人还存在从事民事活动,取得民事权利和设定民事义务可能。因此,《民法总则》第49条规定:“自然人被宣告死亡但是并未死亡的,不影响该自然人在被宣告死亡期间实施的民事法律行为的效力。”

(六)自然人民事行为能力的法律适用

由于各国法律对自然人民事行为能力的区分标准以及制度设计存在差异,例如不同国家的法定成年年龄不同,在涉外民事法律关系中就出现了判定自然人民事行为能力的法律冲突问题。例如,某一自然人按照属人法,即依据该自然人所在国籍立法的规定具有完全民事行为能力,但依据行为地法,即该自然人实施民事法律行为的所在地法为限制民事行为能力人。就是说,在涉外民事法律关系中,确定自然人民事行为能力时,不仅可能会适用我国立法,还存在适用他国立法的可能。

我国《涉外民事关系法律适用法》第 12 条规定:“自然人的民事行为能力,适用经常居所地法律。自然人从事民事活动,依照经常居所地法律为无民事行为能力,依照行为地法律为有民事行为能力的,适用行为地法律,但涉及婚姻家庭、继承的除外。”关于自然人经常居所地的确定,最高人民法院《关于适用〈中华人民共和国涉外民事关系法律适用法〉若干问题的解释(一)》第 15 条规定:“自然人在涉外民事关系产生或者变更、终止时已经连续居住一年以上且作为其生活中心的地方,人民法院可以认定为涉外民事关系法律适用法规定的自然人的经常居所地,但就医、劳务派遣、公务等情形除外。”

三、自然人的住所

“住所,通常是指自然人长期居住的地方,或言之,是自然人所参与的各种法律关系发生的中心地域。”〔1〕自然人的住所地是指公民的户籍所在地。在我国,自然人的住所地具有唯一性,一个自然人只能在一个地方登记为常住户口,该常住户口登记地即为该人的住所地。

住所具有以下法律价值:〔2〕

一是判定自然人生存状态的空间标准。《民通意见》第 26 条规定:“下落不明是指公民离开最后居住地后没有音讯的状况。对于在台湾或者在国外,无法正常通讯联系的,不得以下落不明宣告死亡。”这里的“最后居住地”通常指的就是拟宣告失踪和宣告死亡人的住所地。

二是婚姻登记等身份事项的空间标准。《婚姻登记条例》第 4 条

---

〔1〕 杨立新:《民法总则:条文背后的故事与难题》,法律出版社 2017 年版,第 85 页。

〔2〕 参见张俊浩主编:《民法学原理》(修订第 3 版),中国政法大学出版社 2000 年版,第 127 ~ 129 页。

第1款规定:“内地居民结婚,男女双方应当共同到一方当事人常住户口所在地的婚姻登记机关办理结婚登记。”第10条第1款规定:“内地居民自愿离婚的,男女双方应当共同到一方当事人常住户口所在地的婚姻登记机关办理离婚登记。”无论是离婚还是结婚,均需到一方的住所地办理登记手续。

三是确定债务清偿地的空间标准。《合同法》第62条第3项规定:“履行地点不明确,给付货币的,在接受货币一方所在地履行;交付不动产的,在不动产所在地履行;其他标的,在履行义务一方所在地履行。”这里的“一方所在地”指的就是当事人的住所地。

四是确定案件管辖的空间标准。在民事诉讼中,自然人住所地是确定案件管辖的重要标准。例如,《民事诉讼法》第21条第1款和第3款规定:“对公民提起的民事诉讼,由被告住所地人民法院管辖;被告住所地与经常居住地不一致的,由经常居住地人民法院管辖……同一诉讼的几个被告住所地、经常居住地在两个以上人民法院辖区的,各该人民法院都有管辖权。”再如,最高人民法院《关于适用〈中华人民共和国民事诉讼法〉的解释》第9条规定:“追索赡养费、抚育费、扶养费案件的几个被告住所地不在同一辖区的,可以由原告住所地人民法院管辖。”第10条规定:“不服指定监护或者变更监护关系的案件,可以由被监护人住所地人民法院管辖。”第15条规定:“中国公民一方居住在国外,一方居住在国内,不论哪一方向人民法院提起离婚诉讼,国内一方住所地人民法院都有权管辖。国外一方在居住国法院起诉,国内一方向人民法院起诉的,受诉人民法院有权管辖。”

五是确定法律适用的空间标准。在涉外民事法律关系中,自然人住所地是确定法律适用的重要标准。最高人民法院《关于审理涉外民事或商事合同纠纷案件法律适用若干问题的规定》第5条规定:“当事人未选择合同争议应适用的法律的,适用与合同有最密切联系的国家或者地区的法律。(一)买卖合同,适用合同订立时卖方住所地法;如果合同是在买方住所地谈判并订立的,或者合同明确规定卖方须在买方住所地履行交货义务的,适用买方住所地法……”

第六讲　监护

夏吟兰*

《民法总则》贯彻落实了联合国《儿童权利公约》《残疾人权利公约》的原则和精神，在借鉴其他国家和地区的立法例，立足中国国情和实践的基础上，构建起以家庭监护为基础，社会监护为补充，国家监护为兜底的具有中国特色的监护制度。[1] 监护制度与民事主体制度、婚姻家庭制度等有着密切的联系，是民法典中不可或缺的重要制度，也是此次民法总则重点完善的制度之一。

《民法总则》第二章第二节用14个条文对监护的主体、监护的种类、职责以及监护撤销与终止等作出了比较全面具体的规定，完善了监护制度的基本框架，确定了监护制度的基本原则与基本内容。本讲将监护制度的内容分为五个方面进行介绍讲解，包括：监护的概念与立法理念的发展，监护的性质、职能及其类型，未成年人监护、成年监护以及监护的撤销与终止。

---

* 中国法学会婚姻家庭法学研究会会长，中国政法大学教授、博士生导师。

〔1〕 参见石宏主编：《〈中华人民共和国民法总则〉条文说明、立法理由及相关规定》，北京大学出版社2017年版，第58页。

一、监护的概念与立法理念的发展

(一)监护的概念及其发展

监护一词源于罗马法,在拉丁语中为"tutela",是指对那些由于年龄原因而不能自我保护的自由人给予保护的、由市民法所赋予的权力。监护人是指有着上述权力之人,监护人的含义来源于他们对被监护人的保护。他们犹如看守寺庙保护人一样。[1] 中国古代没有监护概念,也没有监护制度。监护的概念首次出现于1911年第一次《大清民律草案·亲属编》,并为第二次《大清民律草案》和《中华民国民法典》的亲属编相继使用[2],标志着在中国近代民法典中正式确立监护制度。新中国成立后颁布的《婚姻法》均未采纳监护制度,直至1986年《民法通则》在"公民(自然人)"一章中专门设立了"监护",2017年3月15日颁布的《民法总则》在《民法通则》的基础上又对监护制度作出了进一步的补充和完善。

早期的监护概念强调监护是一种权力,具有支配权的性质。近代以来,监护概念不断演进,监护不再是权力,监护人的权力渐次演变为权利与职责。监护人有权利、有责任照顾和保护被监护人的人身权益和财产权益。陈明侠教授认为:监护是指依照法律规定,对特定自然人的人身权益和财产权益进行监督和保护的法律制度。根据监护范围的宽窄,将监护分为广义监护与狭义监护。广义监护[3]是指对一切未成年人和限制民事行为能力人及无民事行为能力成年人的人身和财产权益进行监督和保护的法律规范之总和,包括亲权[4]。英美法系一直秉

---

〔1〕 参见[意]彼得罗·彭梵得:《罗马法教科书》,黄风译,中国政法大学出版社2005年版,第128页;[意]桑德罗·斯奇巴尼选编:《婚姻·家庭和遗产继承》,费安玲译,中国政法大学出版社2001年版,第151页。

〔2〕 参见胡长清:《中国民法总论》,中国政法大学出版社1997年版,第16~24页;《中华民国民法典》在书中被作者称为《新民法》。

〔3〕 参见杨大文主编:《亲属法》,法律出版社1997年版,第304页。

〔4〕 亲权是指父母对其未成年子女人身和财产权益的教育和保护。

持“大监护”〔1〕理念，未成年人与限制民事行为能力或无民事行为能力的成年人均统一由监护制度照顾保护。狭义监护是指对于不在父母亲权之下的未成年人和限制民事行为能力、无民事行为能力的成年人人身权益和财产权益的监督和保护。史尚宽先生将狭义监护定义为“保护不在亲权下的未成年人或禁治产人的身体和财产所设的私法上之制度”。〔2〕 我国《民法通则》未区分亲权与监护，为广义监护制度。根据《民法通则》的规定，有学者将我国的监护界定为：监护是对未成年人和限制民事行为能力、无民事行为能力成年人的人身和财产权益进行监督和保护的民事法律制度。履行监督和保护职责的人，称为监护人；被监督和保护的人，称为被监护人。〔3〕

20世纪末以来，监护的概念研究有重大突破。监护是照顾和保护无民事行为能力人、限制民事行为能力人的合法权益，弥补其民事行为能力不足，协助其通过民事法律行为实现自身利益的法律制度。被监护人从未成年人、无民事行为能力和限制民事行为能力的精神病人〔4〕拓展至具有完全民事行为能力的成年障碍者。具有完全行为能力的老年人以及存在某些心智、身体障碍的成年人可以通过意定监护的方式预先选任自己的监护人。例如，因患病或高龄等原因存在心智或身体障碍的成年人可以在意思能力健全时预先选定自己信任的监护人，监护人按照协议及法律规定在委托人丧失或部分丧失行为能力时担任监护职责。一些国家建立起以维护成年障碍者人格尊严和正常社会参与为宗旨的成年照顾制度。如德国民法典亲属编将传统的监护制度分为监护、保佐和法律上的照管。监护是针对未在亲权下的未成年人的照顾，法律上的照管是针对成年障碍者的照顾，保佐则是对上述主体有限范围内事务的照顾。

---

〔1〕 “大监护”即广义监护，监护与亲权不做区分。

〔2〕 史尚宽：《亲属法论》，中国政法大学出版社2000年版，第693页。

〔3〕 夏吟兰主编：《婚姻家庭法学》（第2版），中国政法大学出版社2017年版，第154页。

〔4〕 参见《民法通则》第12、13条之规定。

《民法总则》在第二章第二节规定了监护制度，在监护主体中取消了精神病人的表述，增加了有完全行为能力的成年人，建立起成年监护制度。我国《民法总则》确立的监护制度包括未成年人监护与成年人监护两大类型。第26条至第39条对法定监护人范围、顺序、指定监护、遗嘱监护、协议监护、意定监护、国家监护、监护争议解决程序、监护人的职责、监护人履行监护职责应遵循的原则、撤销监护人资格、恢复监护人资格等作出了明确的规定。《民法总则》对监护的规定在延续《民法通则》体例的同时，发展了监护理念，丰富了监护的具体措施，进一步完善了我国的监护制度。

（二）《民法总则》监护制度立法理念的发展

现代监护不仅要尊重监护人的意愿，更要尊重被监护人的意愿，要有利于被监护人的利益。监护已经从纯粹的私法规范向社会法、公法规范发展，公权力开始介入家庭领域，通过监护监督、剥夺监护权等措施对监护人的监护行为实施监督与干预，并通过社会监护、国家监护等方式对被监护人提供终极保护。《民法总则》在监护立法的理念上有三项突破：一是尊重被监护人真实意愿的原则；二是最有利于被监护人的原则；三是确立了公权力介入监护的路径。

《民法总则》确立了尊重被监护人真实意愿的原则。为被监护人指定或选任监护人应当充分考虑被监护人的真实意愿，监护人在执行监护事务中也应当尊重被监护人的真实意愿。尊重被监护人真实意愿是民法总则意思自治原则的具体体现。现代监护制度完全是为了被监护人的利益而设立的，确定监护人、执行监护事务均与被监护人利益攸关，被监护人本人对自身情况最为了解，尊重其意愿符合监护制度设立的初衷。尊重被监护人真实意愿的原则，既有利于选任出被监护人最信任且对其最有利的监护人，也弥补了《民法通则》及相关监护立法中的不足。尊重被监护人真实意愿的原则在法条中具体表现为：第一，协议监护人以尊重当事人的真实意愿为前提。《民法总则》第30条规定了协议确定监护人的方式，并强调“协议确定监护人应当尊重被监护人的真实意愿”。第二，指定监护应当尊重被监护人的真实意愿。《民法总则》第 31 条第 2 款规定了居民委员会、村民委员会、民政部门或者人民法院指定监护人应当尊重被监护人的真实意愿。第三，完全民事行为能力人可以通过书面协议确定监护人。《民法总则》第 33 条规定了成年意定监护，具有完全民事行为能力的成年人可以通过书面协议为自己预先选定监护人。第四，监护事务执行中尊重被监护人的真实意愿。《民法总则》第 35 条第 2 款和第 3 款强调未成年人和成年人的监护人在履行监护职责时应尊重被监护人的真实意愿，并强调尊重未成年人的意愿应基于被监护人的年龄和智力状况，对成年人监护应当“最大程度地”尊重被监护人的意愿，“对被监护人有能力独立处理的事务，监护人不得干涉”。这一规定考虑和区分了对不同类型被监护人的意愿的需求差异和特殊情形，“保障并协助被监护人实施与其智力、精神健康状况相适应的民事法律行为”。监护理念从《民法通则》的“他治”替代“自治”转变为《民法总则》的“他治”补充“自治”，从消极保护到促使被监护人自立，从隔绝于社会生活到正常参与融入社会生活。

《民法总则》确立了“最有利于被监护人”的原则。最有利于被监护人原则要求所有的监护措施的标准只能是被监护人的最大利益，监护人必须以符合被监护人最大利益的方式处理被监护人的事务，特别关注被监护人的愿望和对生活的想法，注重被监护人的自主决定因素。“最有利于被监护人”的原则既可以防止监护人侵害被监护人的人身或财产的行为，防止监护人怠于履行监护职责或者不履行监护职责；也可以防止被监护人做出不利于自身的决定。《民法总则》以最大限度保障被监护人的利益为核心，不再把欠缺行为能力的成年人当作消极被动的社会福利和救济对象，而是以人为本，把他们视为社会生活的平等参与者，“尊重其自我决定权”，“维持其生活正常化”。该原则在法条中具体表现为：第一，指定监护人应遵守最有利于被监护人的原则。《民法总则》第 31 条第 2 款指定监护人的规定和第 36 条重新指定监护人的规定均强调应按照最有利于被监护人的原则。第二，监护事务的执行应当以最有利于被监护人为原则。《民法总则》第 35 条第 1 款明确规定最有利于被监护人的原则是监护人履行监护职责的基本原则。“监护人除为被监护人利益外,不得处分被监护人的财产。”

《民法总则》确立了公权力介入监护关系的路径。为了保护被监护人的利益,现代监护制度是国家或在国家的监督之下,由特定的个人、社会组织、官方机构对特定个人的人身和财产实施保护、救助的制度。这种制度对国家来说有两种职责:一是在认为没有适当监护人的时候,由国家充当监护人;二是在有适当的监护人的时候,国家是最终的监护监督人。[1] 我国《民法总则》将父母及其他近亲属作为承担监护责任的主要人选,在父母或其他近亲属均不能担任或不适合担任监护人时,由社会和国家承担兜底责任。《民法总则》对公权力介入监护关系,保护被监护人利益的路径作出了明确的规定:第一,国家应当依法为被监护人指定监护人,对监护人的确定有争议的,由被监护人住所地的居民委员会、村民委员会或者民政部门指定监护人。第二,对于暂时处于无人保护状态的被监护人,国家应当承担临时监护的责任,由被监护人住所地的居民委员会、村民委员会、法律规定的有关组织或者民政部门担任临时监护人。第三,对于没有适格监护人的被监护人,由国家承担监护责任。第四,监护人不履行或怠于履行监护职责的,人民法院可以撤销监护人资格,安排临时监护措施。

二、监护的性质、职能及其类型

(一)监护的性质

关于监护的性质,从《民法通则》颁布开始就有诸多的讨论,我国学者主要有四种观点,即监护权利说、监护义务说、监护权利义务一体说以及监护人职责说。

1. 监护权利说

监护权利说认为,监护是一种基于身份关系而产生的权利。监护作为权利,性质上属于监护人对于被监护人而享有的身份权,表现为在

---

〔1〕 王竹青、杨科:《监护制度比较研究》,知识产权出版社2010年版,第17页。

监护人对于被监护人,就其身份利益和财产利益,具有身份上的支配关系,监护人可以保护其人身,处理其财产,代理其进行民事活动。亲属法上的身份权,在现代意义上就是以义务为中心的权利,如配偶权、亲权、亲属权。[1] 因此,应确认监护是一种权利,即监护权。

2. 监护义务说

监护义务说认为,监护是一种基于身份关系的义务。监护是一种义务性的职位,担任监护人,对于公民来说,对上是基于保障社会安定的需要而对国家承担的义务,对下则是基于一定的身份关系对被监护人承担的义务。[2] 我国《民法通则》及《民法总则》均未对监护报酬作出任何规定:担任监护人,承担监护职责是无偿的义务行为。

3. 监护权利义务一体说

监护权利义务一体说认为,监护既享有权利又承担义务,监护人依法对被监护人履行监护的各项职责就是他的权利。监护是指对于法律上那些由于年龄或精神健康原因而不能自我保护的人给予监督和保护的、由民法所赋予的必要的权利和义务。[3] 监护是权利,是就其履行责任是由监护人依自己的意思而作为或不作为而言的;监护是义务,则是就此制度之设立旨在为监护人提供一个基本约束而言的。因此,监护的权利义务两相结合具有一体性。[4]

4. 监护人职责说

监护人职责说认为,监护不是一种权利,而是一种职责,监护的内容在于保护被监护人的人身和财产,与身份权之内容在对人的支配上,绝无相同之处。[5] 现代监护的目的是保护被监护人的利益,监护人的职责是代理被监护人实施民事法律行为,保护被监护人的人身权利、财产权利以及其他合法权益等,不得以监护谋取其个人私利。《民法总

---

〔1〕 杨立新:《人身权法论》,中国检察出版社 1996 年版,第 121 页。

〔2〕 参见孟勤国、蒋慧、黄鹏:《试论监护的性质及监护人的权益》,载《法学》1996 年第 11 期。

〔3〕 龙卫球:《民法总论》,中国法制出版社 2001 年版,第 276 页。

〔4〕 参见李霞:《监护制度比较研究》,山东大学出版社 2004 年版,第 26～27 页。

〔5〕 梁慧星:《民法总论》,法律出版社 2001 年版,第 102 页。

则》修改了《民法通则》的规定：将“监护人依法履行监护的权利，受法律保护”改为“监护人依法履行监护职责产生的权利，受法律保护”。这一改动，强调了监护的性质是职责，而不是权利。监护人在履行监护职责的过程中，也会享有一定的权利，如对被监护人医疗方案的同意权、代理被监护人参加诉讼的权利，为了被监护人的利益，处理被监护人财产的权利等。但是，这些权利是为履行监护职责所必需的，是为了被监护人的利益而赋予监护人的。因此，“监护应是权利与义务紧密结合、不可分离，以义务为主要内容的一种社会职务”，[1]说到底是监护人的职责。

（二）监护的功能

监护制度发展至今，其功能也随之有了发展变化。根据《民法总则》的规定，我国的监护制度主要具有以下功能：

1. 弥补无民事行为能力人和限制民事行为能力人的能力瑕疵

对于未成年人和因年龄、精神健康方面的原因所导致的限制民事行为能力、无民事行为能力的成年人，可以通过监护制度，弥补他们的能力瑕疵，使其民事权利能力得到完满实现。如对精神病患者，可以为其设立监护人，代理其实施民事法律行为，对精神病患者的人身权利和财产权利以及其他权利进行监督和保护。除了未成年人或精神病人，对因疾病或精神耗弱而全部或部分不能处理自己事务的老人也可以通过设立监护保障其合法权益。

2. 为具有完全行为能力的成年障碍者提供权利保障的路径

对于那些具有完全民事行为能力的成年障碍者，可以通过设立意定监护制度，或持续性代理制度使逐渐丧失行为能力的老年人或其他智力或身体有一定障碍的成年人对自己未来的生活和财产提前做出安排，保障自己有尊严地度过晚年生活。21 世纪以来，一些国家通过新的立法或修正原来的监护法，建立了成年人的监护制度，如以日本为代表的大陆法系国家创设了意定监护制度，以美国为代表的英美法系国

〔1〕 杨大文主编：《亲属法》，法律出版社 1997 年版，第 305 页。

家创设了持续性代理制度,并确立了为成年人设置“保护”的必要性原则、尊重本人意思原则、补充性原则和防老授权限制原则。具体来说,老年人或其他成年障碍者可以在其有行为能力时预先选定自己信任的监护人,在该成年人丧失行为能力或部分丧失行为能力时,在其授权范围内保护被监护人的人身、财产及其他合法权益不受侵害,照顾被监护人的日常生活,保护、管理被监护人的财产,代理被监护人进行民事活动或诉讼活动。

3. 保护被监护人的合法权益,保障社会秩序稳定

通过监护制度、代理制度、民事责任制度,一方面,监护人可以保护被监护人,使他们免于遭受伤害,保障未成年人、限制民事行为能力和无民事行为能力成年人的合法权益;另一方面,监护人可以监督或防止无完全民事行为能力的人实施侵害他人合法权益的行为,从而维护正常的社会秩序;在未成年人和精神病人实施违法行为侵害他人利益时,对于因被监护人行为给他人造成损害的,监护人应当承担民事责任,对受害人所造成的损失可以通过停止侵害、恢复原状、赔偿损失等方式予以救济。

4. 提供替代性社会保障的功能

监护制度的设立,可以提供替代性社会保障的功能。我国的社会保障体系未臻完善健全,对未成年人、成年障碍者等弱势群体的福利公共化等措施尚未到位,因此,有相当一部分的社会保障性工作必须依靠家庭和亲属来承担。在今后相当长的时期内,家庭仍然承担着养老育幼、扶养看护患有疾病的家庭成员,为缺乏劳动能力、没有经济来源或独立生活能力的家庭成员提供供养和扶助的家庭职责。同时,《民法总则》明确规定:对于因种种原因不能设立或不适合设立监护的家庭,或者监护人被撤销监护资格的,由所在地的居民委员会、村民委员会或者民政部门承担监护责任。即通过建立以家庭监护为基础,社会监护为补充,国家监护为兜底的监护制度,保障未成年人、限制民事行为能力和无民事行为能力的成年人以及其他成年障碍者的合法权益。

(三)监护的类型

监护的类型,根据《民法总则》的规定,主要有两种划分方法。第

一,以被监护人为划分标准,可以将监护分为未成年人监护和成年人监护两大类型,本讲以下的内容就以此作为划分标准对监护的具体权利义务关系作出进一步的分析解释。第二,以产生监护法律关系的途径和方法为标准,可以将我国的监护分为法定监护、指定监护、遗嘱监护、意定监护和国家监护。

1. 法定监护

法定监护,是指按照法律规定的范围和顺序,直接产生的监护。法定监护在我国是最主要的监护方式。根据《民法总则》第 27 条的规定:未成年人的父母是未成年子女的法定监护人;如果未成年人的父母已经死亡或者没有监护能力的,则由其具有监护能力的祖父母、外祖父母、兄、姐按顺序担任监护人。在无以上法定监护人,或以上法定监护人均无监护能力时,其他愿意担任监护人的个人或者组织也可以担任监护人,但是须经未成年人住所地的居民委员会、村民委员会或者民政部门同意。无民事行为能力或者限制民事行为能力的成年人,由具有监护能力的配偶、父母、子女、其他近亲属按顺序担任监护人。在无以上近亲属担任法定监护人,或以上近亲属均无监护能力时,其他愿意担任监护人的个人或者组织也可以担任监护人,但是须经被监护人住所地的居民委员会、村民委员会或者民政部门同意。

2. 指定监护

指定监护,是指对监护人的确定有争议时,由民政部门、基层群众组织或者人民法院指定而产生的监护。根据《民法总则》第 31 条的规定,在具有法定监护人资格的人之间无法就担任监护人事宜达成一致协议时,可以由被监护人住所地的居民委员会、村民委员会或者民政部门指定监护人,有关当事人对指定不服的,可以向人民法院申请指定监护人;有关当事人也可以直接向人民法院申请指定监护人。人民法院对监护人的指定具有终局效力,被指定的监护人必须履行监护职责,不得推诿或擅自变更。

3. 遗嘱监护

遗嘱监护,是指按照父母订立的遗嘱产生的监护。《民法总则》第

29条规定:“被监护人的父母担任监护人的,可以通过遗嘱指定监护人。”监护遗嘱只能由担任监护人的父母作出,其他法定监护人不可以遗嘱指定监护人。父母与子女是血缘关系最近的直系血亲,是第一顺序抚养人和监护人,最关心子女的健康成长,与其他人或组织相比,父母为了子女的利益更愿意付出和奉献,更不计较个人利害得失。遗嘱监护是父母通过订立遗嘱的方式选择值得其信任并对保护被监护人最为有利的人担任监护人,允许父母通过遗嘱为其子女指定监护人,体现的正是子女最大利益原则,以达到最大限度地保护子女利益的目的。父母既可以以遗嘱为未成年子女指定监护人,也可以为限制行为能力或无行为能力的成年子女指定监护人。遗嘱监护所立遗嘱必须符合我国继承法规定的有关遗嘱生效的实质要件和形式要件。符合遗嘱生效要件的遗嘱监护具有优先效力,除非法定原因,经遗嘱指定的监护人较之于其他法定监护人具有担任监护人的优先地位。

4. 意定监护

意定监护,是指具有完全民事行为能力的成年人,根据自己的意愿选择监护人,并与其订立监护合同,将自己的监护事务部分或全部委托受任人,当监护原因发生时,由受任人依据合同约定担任监护责任的一种监护设立方式。[1]《民法总则》第33条规定:“具有完全民事行为能力的成年人,可以与其近亲属、其他愿意担任监护人的个人或者组织事先协商,以书面形式确定自己的监护人。协商确定的监护人在该成年人丧失或者部分丧失民事行为能力时,履行监护职责。”意定监护是《民法总则》自愿原则的具体体现,是对当事人的意思自治及自我决定权的尊重。成年人在其具有完全民事行为能力时,可以通过意定监护的方式,根据自身的情况以及与受托人的关系状况提前确定自己的监护人,以确保在自己丧失或部分丧失民事行为能力时获得更好的照顾,使自己的权益得到更为妥善的保护。意定监护的产生以监护合同的订立为前提,监护合同必须符合《合同法》规定的合同生效的实质要件与

[1] 参见李霞:《意定监护论纲》,载《法学》2011年第4期。

形式要件。符合合同生效要件的意定监护相对于法定监护在法律适用上处于优先的地位。

5. 国家监护

国家监护，是指公权力机构在法定条件下，以监护人的身份履行监护职责，承担监护责任。《民法总则》第 32 条规定："没有依法具有监护资格的人的，监护人由民政部门担任，也可以由具备履行监护职责条件的被监护人住所地的居民委员会、村民委员会担任。"第 31 条第 3 款规定："依据本条第一款规定指定监护人前，被监护人的人身权利、财产权利以及其他合法权益处于无人保护状态的，由被监护人住所地的居民委员会、村民委员会、法律规定的有关组织或者民政部门担任临时监护人。"国家监护是国家保障公民实现生存权和发展权所采取的具体措施。监护并不仅是家庭的责任，而是家庭、社会和国家三者共同承担的责任。公权力介入监护领域是各国监护制度改革的趋势，国家通过运用各种公权力手段和社会公共机制干预和介入监护领域，实践其保护弱势群体合法权益的职责。

三、未成年人监护

（一）未成年人法定监护人的范围与顺序

1. 未成年人法定监护人的范围

《民法总则》第 27 条以列举的方式确定了未成年人法定监护人的范围，包括：未成年人的父母，如果未成年人的父母已经死亡或者没有监护能力的，则由其具有监护能力的祖父母、外祖父母、兄、姐按顺序担任监护人。在无上述法定监护人，或以上法定监护人均无监护能力时，其他愿意担任监护人的个人或者组织也可以担任监护人，但是须经未成年人住所地的居民委员会、村民委员会或者民政部门同意。

（1）父母是未成年子女的监护人

父母抚养、教育、保护未成年子女的权利与义务，是由父母与子女之间的血缘亲情、伦理关系所决定的。自子女出生时起，父母在道义上就承担了抚养、教育、保护未成年子女的责任，这是父母的天职。这种伦理道德上的责任一旦上升为法律就成为法律上的权利义务，是不可推卸、不能免除也不可转让的。

大陆法系国家为了强调和突出父母抚养、教育和保护子女的重要性，凸显亲权（父母照顾）与监护在发生基础、性质以及权利义务内容上的不同，在民法典中大多采用狭义监护概念，将父母对未成年子女人身和财产上的权利义务视为亲权，规定于亲属编的亲权制度中；在没有行使亲权人或虽有行使亲权人但无管理财产能力的，才设立监护，监护作为对亲权制度的延长或补充，[1]规定于亲属编的监护制度中，担任未成年人监护人的只能是父母以外的其他人或组织。英美法系国家，大多采取广义监护概念，不区分亲权与监护，将父母与其他具有监护资格的人或组织对未成年子女的照管、教育、保护统称为监护，只是在担任监护人的顺位上，父母处于第一顺序的优先位置。

我国自 1950 年《婚姻法》颁布以来，父母对子女的抚养、教育和保护的权利义务就是《婚姻法》的重要内容。尽管《民法总则》沿用《民法通则》的规定采取"大监护"概念，将父母作为未成年子女的监护人，并在《民法总则》第 26 条规定："父母对未成年子女负有抚养、教育和保护的义务。"但鉴于《民法总则》的规定过于简略，在编纂民法典分则婚姻家庭编时，仍应当将亲子关系作为婚姻家庭关系的重要内容，作出专门明确具体的规定，并对监护制度做更进一步的细化完善。

（2）其他具有监护资格的个人或者组织

其他法定监护人分为两大类，一类是有权利义务关系的近亲属，另一类是愿意担任监护职责的其他个人或者组织。

有权利义务关系的近亲属包括：祖父母、外祖父母以及兄、姐。根据《婚姻法》第 29 条、第 30 条的规定，有负担能力的祖父母、外祖父母，对于父母已经死亡或父母无力抚养的未成年的孙子女、外孙子女，有抚养的义务。有负担能力的兄、姐，对于父母已经死亡或父母无力抚养的未成年的弟、妹，有扶养的义务。祖孙之间、兄弟姐妹之间是第二

---

[1] 马俊驹、余延满：《民法原论》（第 2 版），法律出版社 2005 年版，第 886 页。

顺序的抚(扶)养人,按照《民法总则》的规定,有抚(扶)养能力的祖父母、外祖父母与兄、姐在承担抚(扶)养义务的同时,如果有监护能力的,还应承担监护职责。

《民法总则》与《民法通则》相比,扩大了法定监护人的范围,将关系密切的其他亲属、朋友修改为其他愿意承担监护职责的个人或者有关组织。一方面,法定监护人不再局限于关系密切的其他亲属和朋友,而是扩大到所有愿意且有能力承担监护职责的人;另一方面,增加了其他社会组织可以担任未成年人监护人的规定。同时,考虑到在市场经济条件下,职工已经不再仅仅是单位人,单位也不再事无巨细地包揽职工的一切,故取消了未成年人父母所在单位对于其他愿意担任监护职责的个人或者有关组织的同意权,而将同意权赋予民政部门。其他愿意担任监护人的个人或者组织担任未成年人的监护人,必须经过被监护人住所地的居民委员会、村民委员会或者民政部门的同意。

其他具有监护资格的个人或者有关组织担任监护职责必须具有监护能力,对于如何判断监护能力,《民法总则》没有作出明确规定。最高人民法院《关于贯彻执行〈民法通则〉若干问题的意见(试行)》第11条规定:"认定监护人的监护能力,应当根据监护人的身体健康状况、经济条件,以及与被监护人在生活上的联系状况等因素确定。"据此,监护人应当身体良好、有完全行为能力、有劳动能力;有良好的道德品质以及有稳定的经济来源,同时有一定的照顾未成年人的经验或者曾与被监护人共同生活。对于有关组织担任监护人的,还应符合我国法律法规对社会组织资质的要求。

2. 未成年人法定监护人的顺序

法定监护顺序是指在多个法定监护人中由法律直接规定监护人的选任顺序。《民法总则》确定未成年人法定监护顺序是为了防止具有监护资格的法定监护人相互推卸监护责任,出现监护人缺位的情况,不利于保护未成年人的利益。依照《民法总则》第27条的规定,我国未成年人法定监护人的顺序为:

第一顺序:父母。父母是第一顺序法定监护人,父母对于未成年子女而言是首要的责任承担者，同时也享有作为父母的监护权利，父母有监护能力的，任何人非经法定程序不得剥夺或者限制父母对于子女的监护权。同时，父母为了未成年子女的利益，可以在其有行为能力时，通过遗嘱为未成年子女指定监护人，以确保将自己的子女托付给自己信任并有利于未成年子女健康成长的人。未成年人的父母死亡或者丧失监护能力时，遗嘱指定的监护人较之其他具有法定监护资格的人处于优先顺位，由遗嘱指定的具有监护能力的监护人担任未成年子女的监护人。

第二顺序：祖父母、外祖父母。未成年人的父母已经死亡或者没有监护能力且没有以遗嘱指定监护人的，由处于第二顺序的有监护能力的祖父母、外祖父母担任监护人。

第三顺序：兄、姐。祖父母、外祖父母已经死亡或者没有监护能力的，由处于第三顺序的有监护能力的兄、姐担任监护人。

第四顺序：其他个人或者组织。没有兄、姐或兄姐没有监护能力的，由处于第四顺序的其他愿意担任监护职责且经过被监护人住所地的居民委员会、村民委员会或者民政部门的同意的个人或者组织担任监护人。

3. 协议确定监护人

在法定监护中，数个具有法定监护资格的人之间可以以协议的方式确定监护人。《民法总则》第 30 条规定："依法具有监护资格的人之间可以协议确定监护人。协议确定监护人应当尊重被监护人的真实意愿。"具有监护资格的父母对子女的监护职责是因亲子身份关系而产生的法定义务，属于无条件履行的义务，在未发生监护权终止或被撤销的法定事由时，父母不得通过协议的方式转移、让与监护权利或者变更监护身份。

其他依法具有监护资格的人均为有条件承担监护职责的人，他们承担监护职责以自愿承担且具有监护能力为前提。因此，除父母外，其他具有监护资格的人之间，通常情况下，同一顺序有多个监护人时可通过订立监护协议确定监护人，特殊情况下，不同顺序的监护人可通过订立协议，根据各自与被监护人的生活联系状况、经济条件、能够提供的教育条件或者生活照料措施等，在尊重被监护人意愿的基础上，经过充分协商，选择合适的监护人。[1] 由于选任监护人对于确立监护关系，保障被监护人的利益具有重要意义，因此，协议确定监护人必须充分尊重被监护人的真实意愿，只要未成年人具有一定的判断能力和表达能力，就应当征求并尊重其意见。同时，协议确定监护人还应考虑儿童最大利益原则，最大限度地保护未成年人的利益，如果未成年人的意愿不符合其最大利益，不利于其健康成长的，确定监护人的协议应当以未成年人的最大利益作为最高原则。鉴于选任监护人的协议的重要性，应当采取书面形式，以确保协议得到认真执行。对于由数个具有监护资格的人共同承担监护责任的，应当在书面协议中确定各自承担的监护职责。具有法定监护资格的人之间一旦就选任监护人达成协议，确定了监护人，监护人就必须履行监护职责，不得擅自变更，否则将承担相应的法律责任。

（二）为未成年人指定监护人

在父母死亡或者没有监护能力，其他法定监护人也没有监护能力或者对承担监护职责有争议的，应当通过指定监护人的方式解决争议，保护未成年人的权益。《民法总则》第 31 条第 1 款规定："对监护人的确定有争议的，由被监护人住所地的居民委员会、村民委员会或者民政部门指定监护人，有关当事人对指定不服的，可以向人民法院申请指定监护人；有关当事人也可以直接向人民法院申请指定监护人。"

1. 指定监护人的事由及程序

具有监护资格的人之间如果就确立监护人事宜不能达成一致协议，必须通过指定监护人的程序解决争议。实践中，对监护人的确定有争议的事由，一是具有法定监护人资格的人对父母遗嘱指定的监护人资格有质疑，包括对遗嘱的真伪有质疑，对遗嘱指定的监护人的监护能

---

[1] 石宏主编：《〈中华人民共和国民法总则〉条文说明、立法理由及相关规定》，北京大学出版社 2017 年版，第 67 页。

力有质疑;二是具有法定监护人资格的近亲属以无监护能力为由对担任监护职责相互推诿,推卸责任,均不愿意担任监护人;三是具有法定监护人资格的近亲属,以他人无监护能力为由相互指责,相互争夺,均要求担任监护人。

根据《民法总则》第31条的规定,对于监护争议解决的程序有二:第一,有监护资格的人可以向被监护人住所地的居民委员会、村民委员会或者民政部门申请指定监护人。被监护人住所地的居民委员会、村民委员会或者民政部门应当接受指定监护人的申请,并在对监护能力或监护资质进行审查后指定监护人。指定监护的顺序在通常情况下,应与法定监护人的顺序相同,指定宜在同一顺序有多个监护人且有争议时指定其中一人为监护人。如果有争议的监护人处于不同顺序的,同等情况下,原则上应按顺序指定,有特殊情况的,指定的顺序可适当变化。《民法总则》对相关当事人申请指定监护的单位未作先后顺序的规定,当事人可以向住所地的居民委员会、村民委员会申请,也可向民政部门申请。如果数个当事人分别向不同单位申请的,应以先作出的指定为准。如对该项指定有争议,且后被指定者已实际履行了监护职责,则可以认定后者监护关系成立。[1] 有关当事人对于指定监护人不服的,还可以向人民法院起诉,申请人民法院指定监护人。第二,有监护资格的人可以不经过居民委员会、村民委员会、民政部门的指定,直接向人民法院起诉,申请指定监护人。人民法院的指定具有终局效力,被指定的监护人必须履行监护职责,不得推诿。对于符合监护人的条件,并被法院指定为监护人的,履行监护职责是其法定义务,否则将承担相应的法律后果。

2. 指定监护人的原则及考量因素

指定监护人应当综合考虑监护人的监护能力,被监护人的真实意愿,按照最有利于被监护人的原则在依法具有监护资格的人中指定监护人。

---

〔1〕 参见王洪:《婚姻家庭法》,法律出版社2003年版,第325页。

指定监护人应遵守两项重要原则。第一,尊重被监护人真实意愿的原则。居民委员会、村民委员会、民政部门或者人民法院在指定监护人时必须尊重被监护未成年人的真实意愿。涉及未成年人利益时应听取未成年人的意见,体现了《儿童权利公约》中儿童最大利益原则的精髓。儿童作为社会成员的重要组成部分,同成年人一样具有独立的权利主体地位。虽然未成年人由于年龄、能力的问题无法完全独立地行使权利,但这并不代表儿童不享有作为一个独立个体所应享有的权利。更何况,监护人的确立对于未成年的被监护人的未来生活有重大影响。居民委员会、村民委员会、民政部门或者人民法院在指定监护人时应当征求并考虑具有一定判断能力,有一定表达能力的未成年被监护人的意见。但是否以未成年人的意见为准,还要以最有利于被监护人为终极标准。第二,未成年人最大利益原则。确定监护人涉及未成年被监护人的重大利益,要以未成年人最大利益作为终极标准。为未成年人指定监护人既要征求并考虑未成年人的意见,也要根据他们的年龄、智力状况以及监护人的监护能力来确定未成年人的愿望与判断是否有利于他们的健康成长,是否与他们的最大利益相符。

在遵守基本原则的基础上,还要充分考虑监护人的监护能力。监护人应当有完全行为能力,身体良好,有劳动能力,有良好的道德品质以及有稳定的经济来源,同时有一定的照顾未成年人的经验或者曾经与被监护人共同生活、共同居住。只有在尊重被监护人的真实意愿,依照最有利于被监护人的原则并综合考量监护人的监护能力等多个因素之后才能最终选出被监护人最信任且对其最有利的监护人。

(三)未成年人监护的社会责任与国家责任

现代监护制度是为被监护人的利益而设立的,对未成年人通过设立监护以补足其行为能力,保障其基本人权,保护其法定权利,这不仅涉及未成年人的私权利,也需要国家公权力适当介入以确保监护功能的实现。《民法总则》设立的监护制度体现了监护制度发展的大趋势,构建起以家庭监护为基础,社会监护为补充,国家监护为兜底的具有中国特色的监护制度。未成年人监护是父母等近亲属的义务,也是国家的责任,涉及父母、近亲属、社会、国家等多个义务/责任主体。一般情况下,未成年子女随父母在家庭中生活,由父母或其他近亲属履行监护职责。在未成年人因多种原因处于困境时,国家应以监护人的身份及时介入行使监护职责,履行国家责任,成为未成年人的监护人。对未成年人实行国家监护也是履行联合国《儿童权利公约》第 20 条要求各国承担的给予暂时或永久脱离家庭环境的儿童,或为其最大利益不得在这种环境中继续生活的儿童给予特别保护和协助的义务。

国家监护不是要完全取代家庭监护,监护的主体依然以亲属关系为主,只是为了更好地保障未成年人的权益,弥补家庭监护的不足,强化了未成年人监护中的国家责任,加大对儿童监护的国家公权力干预力度,国家作为监护的监督者以及最后责任的承担者,应当确保未成年人在处于国家的严格保护之下能够得到不间断的照料和保护。

《民法总则》中涉及国家监护的相关规定共六条,分别是第 31 条第 3 款临时监护的情形及临时监护人,第 32 条没有具有监护资格的人时的国家监护,第 34 条监护人(包括国家监护人)的职责与权利,第 35 条监护人(包括国家监护人)履行职责的原则与要求,第 36 条撤销监护人资格的情形及申请主体,第 39 条监护关系终止的情形。条文涉及国家临时监护,监护人的担任、职责及其履行职责的原则,监护人资格的撤销,监护的终止等内容,涵盖未成年人国家监护的主要内容,这意味着我国已经从民事法律规范的层面确立了未成年人国家监护制度。与之前的《民法通则》相比,《民法总则》较全面地涵盖了国家监护的设立、职责、终止以及临时监护等内容,其中增设了国家临时监护、监护终止等内容,制度安排更周延全面,更具可操作性;对国家监护责任主体、撤销监护资格的规定也更科学合理明确。

为了体现未成年人监护的国家责任,《民法总则》第 31 条第 3 款以及第 32 条对民政部门和居民委员会、村民委员会担任监护人作出了明确规定。

1. 在未成年人暂时处于无人照顾的情形下,实施临时监护

《民法总则》第 31 条第 3 款规定:“依照本条第一款规定指定监护

人前,被监护人的人身权利、财产权利以及其他合法权益处于无人保护状态的,由被监护人住所地的居民委员会、村民委员会、法律规定的有关组织或者民政部门担任临时监护人。”

临时监护是保护未成年人的一项特别措施。在监护的原因已经发生,被监护人处于无人保护的情形下临时监护即时产生。实施临时监护的前提条件是有监护资格的人协议监护未果,指定监护人的程序正在进行中,被监护人的人身权利、财产权利以及其他合法权益处于需要保护的状态。实施临时监护的主体是被监护人住所地的居民委员会、村民委员会、法律规定的有关组织或者民政部门。当法定情形出现时,实施临时监护的主体应当依职权主动承担责任,无须当事人申请。而被监护人住所地的居民委员会、村民委员会,相对其他主体更了解被监护人的个人情况以及其家庭情况,易于及时发现问题,方便联系干预、及时介入、提供临时监护,保护被监护人的利益。居民委员会、村民委员会以及法律规定的有关组织履行的是社会组织的监护责任。居民委员会、村民委员会作为基层群众性自治组织,尽管目前不具有提供临时监护的财政支持,其监护能力难以得到保障,但考虑到我国的国情,在一些仍然保持熟人社会的基层社会环境中,居民委员会、村民委员会具有不可替代的作用。对于其他有关组织,按照《民法总则》第 24 条的规定,应当包括学校、医疗机构、妇女联合会、依法设立的保护儿童的组织等。居民委员会、村民委员会等有关组织可以对家庭监护、国家监护形成辅助和补充作用,在监护制度体系中是重要的一环。在其他组织均不具有监护能力,不能承担临时监护职责时,民政部门应当代表国家为未成年人提供临时监护。

2. 在监护人缺位的情形下,国家承担兜底的监护责任

《民法总则》第 32 条规定:“没有依法具有监护资格的人的,监护人由民政部门担任,也可以由具备履行监护职责条件的被监护人住所地的居民委员会、村民委员会担任。”与《民法通则》相比,本条取消了未成年人父母的单位担任监护人的规定,强化了民政部门的监护责任,增加了有监护能力作为居民委员会、村民委员会担任监护人的前提条件。

国家监护是兜底责任，以被监护的未成年人没有适格监护人为条件。未成年人有父母或者有其他具有法定资格的人担任监护人的，应由父母或其他监护人承担监护职责。只有在父母死亡或丧失监护能力或被撤销监护资格，同时，该未成年被监护人没有其他监护人或其他监护人没有监护能力时，国家作为社会救助和社会保障的最后一道防线，由国家承担未成年人监护的兜底责任。民政部门是承担国家监护的主要责任方，由民政部门承担国家监护的主要责任，是由民政部门作为政府主管儿童救助及福利事务的行政部门的性质所决定的。我国的民政部门是主管社会行政事务工作的政府职能部门（国家机关），其多项职能都与儿童监护事务密切相关，司法实践中也已经有法院选择民政部门作为未成年人监护人的案例，且效果良好。〔1〕 民政部门作为国家监护的主要责任承担者，应当为处于困境的未成年人创造更好的条件，提供更多的机会。

居民委员会、村民委员会担任监护人以有履行监护职责的条件为前提。所谓具备履行监护职责的条件，应当是居民委员会、村民委员会具有承担监护职责的场地、经费以及专业人员或者是具有抚养未成年人经验的工作人员。换言之，民政部门承担兜底监护的主要责任，居民委员会、村民委员会只有在具备条件时，才承担监护责任，对国家监护起到补充作用。

（四）监护职责

监护职责是指监护人依法承担的对被监护未成年人的责任与义务。被监护的未成年人由于不具有完全的民事行为能力，对自己的人身权利、财产权利以及其他合法权益，无法进行有效的保护。因此，需要监护人代理其实施民事法律行为，保护被监护未成年人的身体健康和人身安全，管理和保护被监护未成年人的财产，以及维护被监护未成年人的其他合法权益。《民法总则》第 34 条第 1 款规定：“监护人的职

〔1〕 最高人民法院公布 12 起侵害未成年人权益被撤销监护人资格典型案例，来源：最高人民法院官方微信，最后访问日期：2016 年 5 月 31 日。

责是代理被监护人实施民事法律行为,保护被监护人的人身权利、财产权利以及其他合法权益等。”《婚姻法》第 23 条规定:“父母有保护和教育未成年子女的权利和义务。在未成年子女对国家、集体或他人造成损害时,父母有承担民事责任的义务。”《未成年人保护法》第 11 条规定:“父母或者其他监护人应当关注未成年人的生理、心理状况和行为习惯,以健康的思想、良好的品行和适当的方法教育和影响未成年人,引导未成年人进行有益身心健康的活动,预防和制止未成年人吸烟、酗酒、流浪、沉迷网络以及赌博、吸毒、卖淫等行为。”第 12 条规定:“父母或者其他监护人应当学习家庭教育知识,正确履行监护职责,抚养教育未成年人。”父母与其他监护人在照顾、教育和保护未成年人人身权利、财产权利方面内容相似,但因父母与子女是最近的直系血亲,因此,各国的监护制度,特别是大陆法系的监护制度对父母行使亲权采取放任主义,而对监护人行使监护权采取限制主义,对监护人行使监护权有一定的限制性规定。

1. 法定代理权

未成年人的父母或者其他监护人是未成年人的法定代理人,有权代理被监护人进行民事活动和参加诉讼。代理被监护人进行民事活动,必须以被监护未成年人的名义进行,取得民事权利,履行民事义务。例如,父母可以代理未成年子女接受继承或赠与的财产,但所得财产属于未成年子女的个人财产。当未成年人的人身权利、财产权利和其他合法权益受到侵害时,监护人有权代理被监护人请求法院给予保护,代为参加诉讼活动。在未成年子女从事与其年龄不相称的民事活动时,应当由父母代理或取得父母同意,并对未成年人实施的超出其行为能力的法律行为,行使同意权和追认权。

2. 保护被监护人的人身权利

未成年人的父母或者其他监护人应当在日常生活方面关心、照料和保护被监护人,使其能够安全、健康地成长。父母或其他监护人应当对未成年人进行思想品德上的教育,并对其言行进行必要的约束。对未成年人身体、心理健康的关怀和培养以及对其言行进行必要的约束,是教育未成年人的积极性措施。父母或其他监护人应当对未成年人进行教育和保护,以便预防和排除来自外界的侵害和伤害,是教育未成年人的消极性措施。在未成年人被他人拐骗、拐卖、隐匿时,父母或其他监护人有要求交还被监护人的权利。在未成年人被他人伤害时,父母或其他监护人有要求侵权人停止侵害、恢复原状、赔偿损失的权利。在未成年人对国家、集体或他人造成损害时,父母或其他监护人应当承担民事责任,对他人的损害予以赔偿。但是,父母或其他监护人对未成年人的教育、约束不得通过实施殴打、谩骂、侮辱人格等暴力的方式进行,不得以教育为由对未成年人实施家庭暴力。《反家庭暴力法》明确规定禁止一切形式的家庭暴力。《未成年人保护法》第 10 条规定:"父母或者其他监护人应当创造良好、和睦的家庭环境,依法履行对未成年人的监护职责和抚养义务;禁止对未成年人实施家庭暴力。"

3. 保护被监护人的财产权利

被监护人财产方面的合法权益,主要是指被监护人依法享有个人的财产所有权、继承权和受赠权等。未成年人的财产主要是其因继承、受赠或其他无偿方式取得的财产,父母或其他监护人应当依法保护被监护人的财产权利。对被监护人的财产,监护人有保护和管理的义务。《民法总则》第 35 条第 1 款规定,监护人除为维护被监护人利益外,不得处分被监护人的财产。监护人应当妥善保管、合理使用和处置被监护人的财产,不得与监护人的本人发生利益冲突。只有为被监护人的利益,才可以处理被监护人的财产。如用于被监护人的生活费、教育费、医疗费,或支付因被监护人造成他人损害而予以赔偿的费用等。

4. 监护职责的履行

监护人应当履行监护职责,积极维护被监护人的利益,而不能做出有损于被监护人利益的行为。《民法总则》第 35 条规定了父母或其他监护人履行监护职责应当遵循的两项原则为:最有利于被监护人的利益以及尊重被监护人的真实意愿。监护人在履行监护职责作出与被监护人利益有关的决定时,首先应当以最有利于被监护人的利益为优先因素,尽可能为其提供最有利于未成年人生活及成长的环境及条件。

同时,还应当根据被监护人的年龄和智力状况,考虑他们的想法和感受,尊重被监护人的真实意愿。联合国《儿童权利公约》第12条规定:有主见能力的未成年人,有权对影响其本人的一切事项自由发表自己的意见,监护人应按照未成年人的年龄和成熟程度给予适当的看待。《民法总则》第35条第2款所规定的"未成年人的监护人履行监护职责,在作出与被监护人利益有关的决定时,应当根据被监护人的年龄和智力状况,尊重被监护人的真实意愿"体现的正是《儿童权利公约》确立的儿童自主决定权的精神。当然,未成年人有自主权不等于必须听从未成年人自己的意愿,监护人履行监护职责应当根据未成年人的年龄、判断能力、表达能力来决定在多大程度上影响其作出的与未成年人利益相关的决定,尊重被监护人的真实意愿还应当以未成年人利益最大化为最终标准。

监护人不履行监护职责或者侵害被监护人合法权益的,应当承担法律责任。《民法总则》不仅规定了监护人的职责,规定监护人因履行监护职责所产生的权利受法律保护,而且,还明确规定因监护人不履行监护职责或者侵害被监护人合法权益,给被监护人造成人身或者是财产损害的,应当承担相应的法律责任。

四、成年监护

成年监护制度是对欠缺民事行为能力成年人的监督保护制度,是一项重要的民事法律制度,是"两大法系中的基本制度"。[1]

(一)成年监护的概念

以监护对象的年龄为依据,监护可分为未成年人监护和成年监护,"成年监护"亦称"成年人监护",是"未成年人监护"的对称。成年监护是为保护成年人因全部或部分丧失民事行为能力致无法处理自身事务而设,以弥补无民事行为能力、限制民事行为能力成年人行为能力之

---

〔1〕 李霞:《成年监护制度研究——以人权的视角》,中国政法大学出版社2012年版,第2页。

不足,保护其身心健康和财产,代理其实施民事法律行为;同时约束其行为,预防对社会或他人造成损害。简言之,成年监护是对无民事行为能力、限制民事行为能力的成年人的人身、财产及其他合法权益进行监督和保护的法律制度。在成年监护制度中,“依法受监督、保护的人,是被监护人;依法监护被监护人的人,是监护人”。[1]

我国民事立法中,1986 年《民法通则》没有出现“成年监护”的术语,第 17 条规定了对无民事行为能力或限制民事行为能力的精神病人的监护,该规定指向的“成年精神病人的监护”实质上即成年监护。在《民法通则》中,成年监护对象仅限于无民事行为能力人或限制民事行为能力的精神病人,以精神能力是否健全作为判断行为能力的唯一标准,难以涵盖精神障碍之外因智力障碍或者身体障碍等原因导致部分丧失或全部丧失民事行为能力的成年人,无法满足老龄化背景下很多高龄者的人身、财产保护需求。2017 年颁行的《民法总则》第 28 条则明确规定了成年监护,扩大了成年监护对象的范围,不再以精神能力作为单一判断基准,除精神障碍,其他智力障碍(老年痴呆等)、身体障碍(植物人等)致全部或部分丧失民事行为能力者均在其列。《民法总则》第 28 条规定:“无民事行为能力或者限制民事行为能力的成年人,由下列有监护能力的人按顺序担任监护人:(一)配偶;(二)父母、子女;(三)其他近亲属;(四)其他愿意担任监护人的个人或者组织,但是须经被监护人住所地的居民委员会、村民委员会或者民政部门同意。”由此,成年监护的适用范围实现了重大突破,弥补了《民法通则》的局限性。

(二)成年法定监护

在成年监护内部,以监护设立的原因为标准,可将成年监护划分为成年法定监护、成年指定监护和成年意定监护。

成年法定监护是“成年监护的发生依据和内容都是由法律规定的制度”,[2]即按照法律规定的条件和程序确定监护人,《民法总则》第

---

[1] 薛宁兰、金玉珍主编:《亲属与继承法》,社会科学文献出版社 2009 年版,第 242 页。

[2] 李霞:《成年监护制度研究——以人权的视角》,中国政法大学出版社 2012 年版,第 9 页。

28条对成年法定监护作出了明确规定,“无民事行为能力或者限制民事行为能力的成年人,由下列有监护能力的人按顺序担任监护人:(一)配偶;(二)父母、子女;(三)其他近亲属;(四)其他愿意担任监护人的个人或者组织,但是须经被监护人住所地的居民委员会、村民委员会或者民政部门同意”。

1. 成年法定监护的设立

成年法定监护的设立,也称成年法定监护的开始,是指依法为监督和保护特定成年人的人身或财产利益而设立监护人所须具备的条件。

成年被监护人须具备的条件:《民法总则》以行为能力作为成年监护设立的基础,将欠缺行为能力的成年人区分为无民事行为能力人和限制民事行为能力人,预设了两类法定被监护人:一类是完全不能处理自身事务的无民事行为能力人,另一类是无法处理自身重大事务的限制民事行为能力人。无民事行为能力人完全不具有独立进行有效法律行为行使权利履行义务的能力,无法处理自身事务,无法进行自我保护、自我救济;限制民事行为能力人因精神障碍或心智缺陷等而致作出意思表示行使权利履行义务的能力显有不足,仅能在法律限定的范围内处理自身事务。无论是无民事行为能力的成年人还是限制民事行为能力的成年人,“在人身和财产方面都处于不能自我保护的状态”,“如人身照顾、财产照顾、生活照顾和受教育等”,[1]应该为其设置必要的监护人。

监护人须具备的条件:第一,监护能力。监护人乃为保护被监护人而设,只有具备监护被监护人的能力方能胜任监护事务,有效保护被监护人权益。至于如何判断监护能力,《民法总则》未明确规定。根据最高人民法院《民通意见》第11条的规定,应当根据监护人的身体健康状况、经济条件,以及与被监护人在生活上的联系状况等因素综合判断。第二,选任其他愿意担任监护人的个人或者组织担任监护人的,须经被监护人住所地的居民委员会、村民委员会或者民政部门同意。

---

[1] 蒋月主编:《婚姻家庭继承法》,厦门大学出版社2009年版,第210页。

2. 成年法定监护人的范围和顺序

第一，成年法定监护人的范围。根据《民法总则》第 28 条的规定，成年监护的法定监护人既可以是自然人，也可以是组织。具体包括配偶、父母子女、其他近亲属、其他愿意担任监护人的个人或者组织。但其他愿意担任监护人的个人或者组织担任监护人的，须经被监护人住所地的居民委员会、村民委员会或者民政部门同意。成年监护的法定监护人中，《民法总则》规定的"其他愿意担任监护人的个人或者组织"，与《民法通则》规定的"关系密切的其他亲属、朋友"相比，范围更为宽泛，愿意担任监护人的自然人，即使不属关系密切的亲属、朋友关系也可以。此外，《民法总则》还规定了其他社会组织可以担任法定监护人。

没有具有法定监护资格的人的，国家承担兜底监护责任。《民法总则》第 32 条规定，"没有依法具有监护资格的人的，监护人由民政部门担任，也可以由具备履行监护职责条件的被监护人住所地的居民委员会、村民委员会担任"。"没有依法具有监护资格的人的"主要指成年被监护人的配偶、父母、成年子女死亡或者没有监护能力，也没有其他近亲属或者其他近亲属都没有监护能力，又没有符合条件的其他愿意担任监护人的个人或者组织。如果具有监护资格的人拒绝担任监护人的，不适用本条规定。监护首先是家庭的责任，但对因各种原因处于监护困境的成年被监护人，国家应及时介入履行国家责任。这种国家监护不是家庭监护的完全取代，监护的主体依然以亲属关系为主，只是为了更好地保障被监护人权益，弥补家庭监护的不足，在家庭监护出现问题时，国家应提供不间断的监护照料。具体承担国家监护责任的主体，《民法总则》强化了民政部门的职责，由民政部门承担兜底责任担任监护人，并规定具备履行监护职责条件的居民委员会、村民委员会也可以担任监护人。

第二，成年法定监护人的顺序。《民法总则》为防止具有监护资格的监护人相互推诿导致监护人缺位，规定了监护人的顺序，依次由配偶、父母子女、其他近亲属、其他愿意担任监护人的个人或者组织"按顺序”担任监护人。确定顺序的主要考量因素在于“首先要考虑当事人之间在家庭共同生活中联系的疏密；其次要考虑血缘关系的远近”。[1]

第一顺序：配偶之间互负扶养义务，已婚成年人如被宣告为无民事行为能力人或限制民事行为能力人的，配偶为第一顺序的监护人。

第二顺序：父母、子女。被监护人没有第一顺序监护人或第一顺序监护人无监护能力的，父母、子女为第二顺序的监护人。成年子女负有赡养父母的法定义务，被监护人有成年子女的，应承担监护职责；父母作为被监护人最近的直系血亲，如具备监护能力，同样应承担监护职责。

第三顺序：其他近亲属。被监护人没有第一、第二顺序监护人或上述监护人没有监护能力的，由有监护能力的兄、姐、弟、妹等其他近亲属担任监护人。

第四顺序：其他愿意担任监护人的个人或者组织。被监护人没有上述监护人或上述监护人没有监护能力的，由其他愿意担任监护人的个人或者组织担任监护人。但选任其他愿意担任监护人的个人或者组织担任监护人的，须经被监护人住所地的居民委员会、村民委员会或者民政部门同意。

3. 协议确定监护人

在成年法定监护中，监护人的最终人选可以依法由具有监护资格的人协商确定。具有监护资格的人之间通过协议确定监护人选，既是对具有监护资格的人共同意愿的尊重，也有利于保护被监护人的合法权益。《民法总则》第30条规定：“依法具有监护资格的人之间可以协议确定监护人。协议确定监护人应当尊重被监护人的真实意愿。”但应特别说明，被监护人的配偶、成年子女、父母均属被监护人的法定扶养义务人，应依法履行对被监护人的法定扶养义务，不得通过协议方式变更法定义务。

---

〔1〕 杨遂全编著：《婚姻家庭亲属法学》，清华大学出版社2011年版，第192页。

根据《民法总则》,协议确定监护人须具备如下条件:其一,订立监护协议的主体须依法具有监护资格。通常情况下,同一顺序有多个监护人时可通过订立监护协议确定监护人,特殊情况下,不同顺序的监护人可通过订立协议,根据各自与被监护人的生活联系、感情状况,自身的经济条件、身体状况等,在尊重被监护人意愿的基础上,经过相互充分协商,确定合适的监护人。其二,协议监护既要尊重具有监护资格的人的意愿,同时,鉴于确定监护人选事关被监护人的重大利益,还应当充分尊重被监护人的真实意愿。

(三)成年指定监护

指定监护是多个有监护资格的人对监护人的确定发生争议的,由有关部门在依法具有监护资格的人中指定监护人。《民法总则》为充分保护被监护人的合法权益,避免多人争当监护人或推诿拒当监护人,第31条前三款规定:“对监护人的确定有争议的,由被监护人住所地的居民委员会、村民委员会或者民政部门指定监护人,有关当事人对指定不服的,可以向人民法院申请指定监护人;有关当事人也可以直接向人民法院申请指定监护人。居民委员会、村民委员会、民政部门或者人民法院应当尊重被监护人的真实意愿,按照最有利于被监护人的原则在依法具有监护资格的人中指定监护人。依照本条第一款规定指定监护人前,被监护人的人身权利、财产权利以及其他合法权益处于无人保护状态的,由被监护人住所地的居民委员会、村民委员会、法律规定的有关组织或者民政部门担任临时监护人。”

1. 有权指定的机关

根据《民法总则》,有权指定监护的机关包括两类:第一类是被监护人住所地的居民委员会、村民委员会、民政部门;第二类是人民法院。上述主体,没有先后顺序之分。有关当事人既可以向被监护人住所地的居民委员会、村民委员会申请指定监护人,也可以向被监护人住所地的民政部门申请指定监护人,还可以直接向人民法院申请指定监护人。有关当事人对居民委员会、村民委员会、民政部门的指定不服的,可以向人民法院申请指定监护人。人民法院的指定具有终局效力。

2. 指定监护人的范围

根据《民法总则》第 31 条的规定，指定监护人的范围，包括所有依法具有监护资格的人。具有监护资格的人为多人的，《民法总则》未明确规定指定的先后顺序，通常情况下，应理解为指定监护人的顺序与法定监护人的顺序相同。指定宜在同一顺序有多个监护人且有争议时指定其中一人为监护人。如果有争议的监护人处于不同顺序的，同等情况下，原则上应按顺序指定，有特殊情况的，指定的顺序可适当变化。

3. 指定的效力

有权指定的机关在指定监护人之后，被指定的监护人没有正当理由的，必须履行监护职责，不得拒绝担任监护人，也不得擅自变更；擅自变更的，不免除被指定的监护人的责任。在不同主体的指定中，人民法院的指定具有终局效力。

4. 指定前的临时监护

根据《民法总则》第 31 条第 3 款的规定，监护人出现争议的，在有关机关指定监护人之前，如果被监护人的人身权利、财产权利以及其他合法权益处于无人保护状态的，由被监护人住所地的居民委员会、村民委员会、法律规定的有关组织或者民政部门担任临时监护人。

负责实施临时监护责任的主体包括被监护人住所地的居民委员会、村民委员会、法律规定的有关组织或者民政部门。其中，居民委员会、村民委员会作为基层群众性自治组织，便于及时发现问题、及时介入；而民政部门是主管社会行政事务的政府职能部门，职能与监护事务密切相关，故规定为承担临时监护责任的责任主体。

（四）成年意定监护

成年人意定监护是成年人在意思能力健全时或间歇性精神病人在缓解时，预先选任信赖的人作为自己行为能力丧失或部分丧失时的监护人。与法定监护、指定监护所具有的法定性相比，意定监护最大限度地体现了成年人的自主决定权及意思自治。因为每个人对自身情况最为了解，自主选任监护人更符合本人利益。一般而言，意定监护优先于法定监护予以适用。

我国《民法通则》未规定意定监护制度,2012 年修订的《老年人权益保障法》在我国法律体系中首次规定意定监护,第 26 条规定:“具备完全民事行为能力的老年人,可以在近亲属或者其他与自己关系密切,愿意承担监护责任的个人、组织中协商确定自己的监护人。监护人在老年人丧失或者部分丧失民事行为能力时,依法承担监护责任。老年人事先未确定监护人的,其丧失或者部分丧失民事行为能力时,依照有关法律的规定确定监护人。”该规定是吸收借鉴英美法系持续性代理制度和大陆法系意定监护制度、适应我国人口老龄化现状的必然选择,体现了民事主体的意思自治及人权保障的理念。《民法总则》肯定并吸收了《老年人权益保障法》意定监护的规定,在第 33 条明确规定:“具有完全民事行为能力的成年人,可以与其近亲属、其他愿意担任监护人的个人或者组织事先协商,以书面形式确定自己的监护人。协商确定的监护人在该成年人丧失或者部分丧失民事行为能力时,履行监护职责。”

意定监护的适用条件。依照《民法总则》的规定,意定监护的适用须具备如下条件:其一,成年人采取意定监护方式确定监护人时,应当具有完全民事行为能力。意定监护是具有完全民事行为能力的成年人事先按照自己意愿对将来的监护事务所作的安排。其二,意定监护的监护人范围较宽,包括近亲属、其他愿意担任监护人的个人或者组织。其三,成年人确定自己丧失或者部分丧失民事行为能力时的监护人,应当事先与信赖的人进行协商,经协商一致,取得对方认同方可。其四,确定意定监护人应通过书面形式,意定监护对被监护人利益影响甚大,故采取要式主义,以书面方式为之。协议中应写明双方认可的内容,以确保协议真实性、合法性,减少意定监护纠纷。其五,意定监护人履行监护职责始于指定意定监护的成年人丧失或者部分丧失民事行为能力之时。

成年人监护的监护职责与未成年人监护的监护职责相同,请参见本讲第三部分(未成年人监护)第四小节(监护职责)。

五、监护的撤销、终止

（一）监护的撤销

监护的撤销又称监护人资格的撤销、监护权撤销、监护的剥夺。所谓监护资格撤销，是指若监护人不履行监护职责或者失职，经相关人员或者机构申请，由法院作出撤销其监护资格的制度。[1] 监护关系是一种法律关系，可以依法设立，也可以依法撤销和恢复。监护的设立是为监督和保护未成年人以及欠缺民事行为能力成年人的合法权益，但如果监护人非但不依法履行保护被监护人的义务，反而严重损害被监护人利益，则监护人就失去了继续监护被监护人的正当性、合法性。《民法总则》对《民法通则》规定的监护撤销制度作了进一步的补充和完善，明确规定了撤销监护的申请主体、撤销事由、撤销后的恢复等内容，以切实保护被监护人的合法权益。

1. 撤销监护的申请主体

《民法总则》第36条规定的申请撤销监护的主体较为宽泛，包括"其他依法具有监护资格的人，居民委员会、村民委员会、学校、医疗机构、妇女联合会、残疾人联合会、未成年人保护组织、依法设立的老年人组织、民政部门等。前款规定的个人和民政部门以外的组织未及时向人民法院申请撤销监护人资格的，民政部门应当向人民法院申请"。法律规定的申请撤销监护资格的主体包括如下两类：

第一，依法应被撤销监护资格的监护人以外的其他有监护资格的人，包括父母、子女、其他近亲属。这些人与被监护人关系相对密切，相对容易接触和及时知晓被监护人被侵害的事实，他们作为申请撤销监护资格的主体便于及时保护被监护人权益。

第二，有关组织。包括被监护人住所地的居民委员会、村民委员会、医疗机构、妇女联合会、残疾人联合会、依法设立的老年人组织、民

---

〔1〕 齐凯悦：《论〈民法总则（草案）〉监护资格恢复制度的完善》，载《中国青年社会科学》2017年第2期。

政部门等。如有关个人和民政部门以外的组织未及时向人民法院申请撤销监护人资格的,民政部门承担兜底责任。“国家不仅应成为未成年人保护的‘兜底’监护人,也应成为未成年人保护的‘兜底’申请人。”“民政部门作为一个为未成年人提供福利的政府部门,不应仅被赋予申请的权利,更应承担起申请的职责,以确保在监护侵害情形符合起诉条件时,一定有申请人启动诉讼程序。”[1]

2. 撤销监护的申请事由

《民法总则》第36条规定了两类撤销事由,分别是积极作为形式的严重侵害行为和消极不作为形式的失职行为。两类情形均属监护人违反法定监护义务,既存在主观过错,又有行为恶果,有必要及时阻止危害后果的发生,采取惩戒性措施,撤销监护人的监护资格。

第一,监护人实施严重损害被监护人身心健康行为的,包括暴力侵害、虐待等严重损害行为,是积极作为形式的侵害行为。《刑法》中将严重的暴力侵害、虐待等行为规定为犯罪,在民事立法上,则作为撤销监护人监护资格的重要事由。

第二,监护人“怠于履行监护职责,或者无法履行监护职责并且拒绝将监护职责部分或者全部委托给他人,导致被监护人处于危困状态的”,属于不作为形式的监护失职行为。具体应符合两个条件:一是监护人负有法定监护职责但怠于履行,或者在无法履行监护职责时拒绝将职责委托给他人,两者符合其一即可。二是监护人的行为导致被监护人陷入危困境地的,如遗弃被监护人,将被监护人置于无人照顾状态甚至利用被监护人乞讨等使被监护人生命健康受到威胁情形的。

父母、子女、配偶等负有法定义务的近亲属,被人民法院撤销监护资格后,仍然应当继续向被监护人履行支付抚养费、赡养费、扶养费的义务,对此,《民法总则》第37条作出了明确规定。

---

[1] 厦门大学法学院“未来海岸”课题组:《监护权撤销制度的实践与思考——基于福建仙游、江苏徐州的调研》,载《福建法学》2016年第4期。

3. 指定新监护人

监护人的监护权被撤销之后，为避免被监护人因缺乏应有监护而生活处于不稳定状态，合法权益遭受损害，一方面，《民法总则》为被监护人设置了临时监护措施，规定"人民法院根据有关个人或者组织的申请，撤销其监护人资格，安排必要的临时监护措施"；另一方面，明确规定按照最有利于被监护人的原则及时为被监护人指定监护人。指定监护人时，优先考虑有法定监护资格的人之间协商确定监护人；若具有法定监护资格的人之间协商不成，法院应及时为被监护人另行指定合适监护人；如果被监护人有识别能力的，法院应视情况征求被监护人的意见，保障其合法权益。

4. 监护资格的恢复

监护资格恢复制度指撤销监护人资格之后，符合法定条件者可以恢复原监护人的资格，该制度是对监护人资格撤销制度的补充。撤销监护人资格后，并非不可恢复，对于监护人在被撤销监护人资格后，确有悔改表现，且有继续担任监护人意愿的，经申请，法院在尊重被监护人真实意愿的前提下，出于照顾被监护人的生活考虑，可视情况恢复其监护人资格。《民法总则》对监护人资格恢复制度的适用范围和条件作出了严格限定，第38条规定："被监护人的父母或者子女被人民法院撤销监护人资格后，除对被监护人实施故意犯罪的外，确有悔改表现的，经其申请，人民法院可以在尊重被监护人真实意愿的前提下，视情况恢复其监护人资格，人民法院指定的监护人与被监护人的监护关系同时终止。"依此规定，恢复监护权必须符合法律规定的如下限定条件：

第一，恢复监护人资格的适用对象仅限于被监护人的父母或者子女。被监护人的父母与子女是被监护人的最近直系亲属，相互间有难以割舍的血缘亲情联系，父母或子女被撤销监护人资格后，确有悔改表现并且适宜担任监护人的，经调查、评估，可以恢复其监护人资格。而父母或子女之外的其他个人或者组织的监护人资格一旦被撤销，即不再恢复。

第二,被撤销的监护人没有对被监护人实施故意犯罪。为确保儿童最大利益,《民法总则》作出硬性规定:监护人具有主观故意且对被监护人实施故意犯罪,如性侵、虐待、遗弃等行为且构成犯罪的,不得恢复监护人资格。但监护人因过失犯罪导致被监护人受到伤害等被撤销监护人资格的,则可以根据具体情况来判断是否恢复监护人资格。

第三,被撤销监护资格的监护人确有悔改表现。确有悔改表现,不仅指被监护人的父母或子女有悔改意愿,还要有实际的悔改行动。至于确有悔改表现的判断标准,《民法总则》没有规定,在审判实践中,对原监护人是否有悔改表现,需要对被监护人的父母或子女进行调查、评估,由人民法院根据情形进行综合判断。

第四,要尊重被监护人的真实意愿,如果被监护人不同意恢复父母或者子女监护人资格的,则不得恢复。该限定条件体现了对被监护人意见的考量,在尊重被监护人意愿的前提下,视情况恢复原监护人的监护资格。

(二)监护关系的终止

1. 监护终止的概念

监护的终止是“设定监护的原因消灭而无须监护的情形”,[1]是指监护人与被监护人间的监护关系因设定监护的原因消灭而终止,或者因监护人不能继续履行监护职责,监护关系自动终止或经过法院宣告而终止。

监护的终止包括绝对终止与相对终止。绝对终止意味着失去监护存在的依据,监护关系终止后,再无必要为被监护人另行设立监护人;而监护的相对终止又称监护人的变更,是指目前监护人因出现特定原因不能继续履行监护职责,但被监护人尚需继续监护,故仍须为被监护人另行设置监护人。

2. 监护终止的法定情形

《民法总则》第39条列举了三种监护终止的事由:“有下列情形之

---

〔1〕 薛宁兰、金玉珍主编:《亲属与继承法》,社会科学文献出版社2009年版,第259页。

一的,监护关系终止:(一)被监护人取得或者恢复完全民事行为能力;(二)监护人丧失监护能力;(三)被监护人或者监护人死亡;(四)人民法院认定监护关系终止的其他情形。监护关系终止后,被监护人仍然需要监护的,应当依法另行确定监护人。”

第一,被监护人取得恢复完全民事行为能力。未成年人已达成年年龄,无民事行为能力或限制民事行为能力的成年被监护人恢复完全民事行为能力,即失去了设立监护的依据,故监护关系终止。被监护人恢复完全民事行为能力须经过法定的宣告程序,由人民法院依据《民法总则》第24条第2款依法认定被监护人恢复完全民事行为能力。

第二,监护人丧失监护能力。监护能力的判断,应依据最高人民法院《民通意见》第11条的规定:根据监护人的身体健康状况、经济条件,以及与被监护人在生活上的联系状况等因素综合判断。其中,监护人是否具有完全民事行为能力当属重要考量因素,如果监护人被宣告为无民事或限制民事行为能力的,应被理解为丧失监护能力,自然无法胜任监护事务,监护关系自应终止。

第三,被监护人或者监护人死亡。监护人死亡的,监护关系自然终止,被监护人仍需要监护的,则须依照法律规定通过法定监护、指定监护等形式重新确定监护人;当被监护人死亡时,被监护的对象不复存在,监护关系自然终止。

3. 监护终止的法律后果

《民法总则》对监护终止后法律后果没有明确规定。依学理解释,法律后果主要涉及两方面问题:一是被监护人有财产的,应对被监护人财产进行清算,“受监护人关系存续中无财产者,无为清算之必要”。[1]二是财产的交还,清算后,如被监护人有剩余财产的,应予交接或返还。当被监护的原因消灭时,原监护人应将被监护人的财产返还给被监护人;如被监护人死亡的,应返还给其继承人。

---

〔1〕 史尚宽:《亲属法》,中国政法大学出版社2000年版,第737页。

第七讲　宣告失踪和宣告死亡

李仕春*

《民法总则》中有三个关于自然人法律资格的宣告制度，分别是宣告失踪制度、宣告死亡制度和宣告无行为能力人制度。其中，宣告失踪制度和宣告死亡制度，是指根据法律规定的条件和程序，确认自然人下落不明的事实状态或者推定自然人死亡的法律制度。民法设立宣告失踪制度和宣告死亡制度，其目的在于消除因自然人下落不明所引起的与利害关系人的人身关系和财产关系的不确定状态，从而维护正常的社会经济秩序和社会生活的稳定。

世界各国对宣告失踪和宣告死亡的立法模式大致有四种情况：一种只规定宣告死亡，不规定宣告失踪；一种是只规定宣告失踪，宣告失踪就是宣告死亡；一种是规定了宣告失踪和宣告死亡，把宣告失踪作为宣告死亡的必经程序；还有一种虽然也规定了宣告失踪和宣告死亡，但两者之间没有必然的联系，也就是说宣告失踪不是宣告死亡的必经程序。我国采取的是第四种模式，即宣告失踪制度和宣告死亡制度并存，但宣告失踪不是宣告死亡的必经程序。

---

* 中国法学会研究部主任，教授、博士生导师。

一、宣告失踪

（一）宣告失踪的概念和制度价值

宣告失踪，是指自然人离开自己的住所，处于下落不明的状态持续达到法定期限，经利害关系人申请，由人民法院依法定程序宣告其为失踪人，并引起其财产管理和财产义务清偿效力的法律制度。

在现实社会生活中，经常因一定的重大事件的发生或者其他原因，会发生自然人离开自己的住所，长期处于下落不明的状态，从而使其为一方的民事社会生活关系长期处于不稳定状态，产生不利影响。例如，其财产长期无人管理；他所负有的财产义务长期不能清偿，债权人的权利长期得不到实现等。我国民法设立宣告失踪制度，旨在保护失踪人的利益和利害关系人的利益，结束失踪人财产无人管理以及其应当履行的义务不能得到及时履行的不确定状态，通过对自然人失踪的事实的法律确认，宣告其为失踪人，由他人对失踪人财产进行管理，并对其所负的财产义务进行清偿，以结束失踪人财产关系长期处于不稳定状态。这既是对失踪人利益的保护，同时也是对失踪人的债权人等利害关系人合法权益的保护。

（二）宣告失踪的条件和程序

宣告失踪不涉及权利能力问题，也不涉及行为能力的问题。与宣告死亡和宣告无行为能力人相比较，宣告失踪的意义最小，主要是为了保护财产、清偿债务和税款，但是它与权利能力仍然有关系，因为一个人不在了，对于他的财产权利也就不能直接行使了。[1] 因此，需要法律对宣告失踪的条件和程序作出规定：由法院作出宣告。《民法总则》第40条规定："自然人下落不明满二年的，利害关系人可以向人民法院申请宣告该自然人为失踪人。"根据该条规定，宣告失踪需要满足一定实体条件的要求和程序要求。

---

〔1〕 顾昂然等：《中华人民共和国民法通则讲座》，中国法制出版社2000年版，第87页。

1. 自然人下落不明达到法定期限

自然人失踪的事实的发生是宣告自然人失踪的前提条件。所谓自然人失踪的事实,是自然人下落不明的状态持续达到法定的期限。可见,这一事实包括两方面:第一,自然人处于下落不明状态。所谓下落不明也就是自然人持续不间断地没有音讯的状态。第二,自然人下落不明的状态持续达到法定的期限。根据《民法总则》第 40 条规定,自然人下落不明的法定期限为满 2 年。国外的立法一般也都将自然人下落不明作为法律上认定该自然人失踪的条件,但有的国家并未在法律中规定下落不明必须要达到多长时间,而是由法官根据实际情况掌握,来作出自然人失踪的推定。有的国家则对此作了明确规定,如《意大利民法典》也规定下落不明须满 2 年。

尽管我国民法规定宣告失踪制度,在相当大的程度上借鉴了苏俄民法典的立法例,但《民法总则》延续《民法通则》的规定,对下落不明的期限也规定为 2 年,并没有采纳苏俄民法典所规定的 1 年期限。这主要是考虑到我国幅员辽阔、人口众多,随着社会经济生活的日益发展和提升,大批人口在地域之间的流动激增,虽然交通、通信日益发达,但是由于各种原因与家人一时中断联系成为时常发生的事情。同时,根据我国家庭结构状况以及亲情关系,家庭成员偶尔有下落不明的,其财产也常常有人照管,短期内不会出现太大的影响,设置 2 年的期限符合我国的国情。[1]

关于 2 年时间的计算,《民法总则》第 41 条对此作了规定:"自然人下落不明的时间从其失去音讯之日起计算。战争期间下落不明的,下落不明的时间自战争结束之日或者有关机关确定的下落不明之日起计算。"根据该条规定,具体来讲,区分两种情形:

第一种情形,也是一般情形,自然人下落不明的起算,从失去音讯之日计算。这里的"失去音讯",是失去了与被宣告失踪者的一切联系。《民通意见》第 26 条在"失去音讯"之前有一个限制——"离开最

---

[1] 参见尹田:《论宣告失踪与宣告死亡》,载《法学研究》2001 年第 6 期。

后居住地后”。如何理解《民法总则》与《民通意见》这两个条文的区别，有学者认为，《民法总则》第41条是对《民通意见》规定的修正，不再把自然人最后离开“住所地”作为宣告失踪或宣告死亡程序的启动要素，而是以“自然人失去音讯”为判断标准，这一改变就使宣告失踪和宣告死亡与“住所”失去了制度衔接的关键性要素——住所地。[1]本书表示赞同。《民法总则》第41条在表述“失去音讯”之前删去“离开最后居住地后”，应该是因为在网络信息化时代，很多联系已经与住所、经常居所、最后居住地无关，可以通过通话或微信、QQ等即时聊天工具进行。只要可以通过通话、微信、QQ等方式进行联系，不管人在何处，就不能算作“失去音讯”。

第二种情形，也是特殊情形，自然人如果是战争期间下落不明的，下落不明的时间就应当从战争结束之日起算。战争期间下落不明的，由于战争状态不同于平时，兵荒马乱，失踪人的行踪难以确定，因此应从战争结束时开始计算下落不明的时间。“有关机关确定的下落不明之日”是在《民法总则》审议过程中增加的，原来的条文是“战争期间下落不明的，下落不明的时间自战争结束之日起计算”。有人大代表建议，将这一条中的“战争结束之日”修改为“军队组织确定的下落不明之日”。在讨论这条意见的过程中，有人提出，战争期间下落不明，如果是参加军事行动的人员，这个意见有合理之处，但本条规定的范围也包括战争期间的平民，就不能适用“军队组织确定的下落不明之日”。因此，最终通过的《民法总则》规定“战争期间下落不明的，下落不明的时间自战争结束之日或者有关机关确定的下落不明之日起计算”，[2]即战争时期，属于参加军事行动的人员下落不明的，自有关机关（往往是指军队组织）确定的下落不明之日起计算；平民下落不明的，自战争结束之日起计算。

关于如何确定2年时间的起算点。《民法通则》第154条第1、2款

---

〔1〕 参见杨震：《民法总则“自然人”立法研究》，载《法学家》2016年第5期。

〔2〕 石宏主编：《中华人民共和国民法总则条文说明、立法理由及相关规定》，北京大学出版社2017年版，第91页。

规定:“民法所称的期间按照公历年、月、日、小时计算。规定按照小时计算期间的,从规定时开始计算。规定按照日、月、年计算期间的,开始的当天不算入,从下一天开始计算。”《民法总则》第 201 条对此规定加以承继。《民法通则》第 20 条第 2 款规定:“战争期间下落不明的,下落不明的时间从战争结束之日起计算”,即战争结束的当日不算入,从下一日开始计算。《民法总则》第 41 条所规定的“自然人下落不明的时间从其失去音讯之日起计算”,失去音讯之日作为起算日不算入,从下一日开始计算。

需要说明的是,《民法总则》第 41 条关于下落不明的时间如何计算的规定,虽然规定在宣告失踪条件的规定之后,但不仅适用于宣告失踪的情形,也适用于宣告死亡的情形。

2. 利害关系人向人民法院提出申请

利害关系人的申请是启动失踪宣告程序的必要条件。没有利害关系人的申请,即使发生了自然人失踪的事实,人民法院也不得主动作出失踪宣告。所谓利害关系人,是指下落不明的自然人的近亲属或监护人以及与其有债权债务关系的人。《民通意见》第 24 条规定:“申请宣告失踪的利害关系人,包括被申请宣告失踪人的配偶、父母、子女、兄弟姐妹、祖父母、外祖父母、孙子女、外孙子女以及其他与被申请人有民事权利义务关系的人。”这一规定中的“包括”一词,是基于民事生活纷繁复杂,这样表述既明确了利害关系人的一般范围,也为特殊情况留有余地。有权申请宣告自然人为失踪人的利害关系人的申请资格没有先后顺序,只要是上述范围的近亲属或其他利害关系人都有权申请宣告。其他近亲属或利害关系人不申请或不同意宣告,均不影响人民法院对提出申请的受理与宣告。

有人主张将检察院作为申请宣告失踪的主体之一,其理由在于:第一,西方国家有把检察院作为宣告失踪申请主体的范例,我国台湾地区也把检察官增设为申请人,即检察官代表国家行使职权,无论有无利害关系人,均得单独申请。第二,就我国实际情况而言,检察院作为国家监督检察机关,维护国家利益、公共利益和他人合法权益,以及维护正常的民商事交往活动,因此检察院公权力的介入是十分必要的。[1] 但有更多的学者认为,宣告失踪主要涉及失踪人财产的管理以及对债权债务的清偿,其产生的后果仍然是民事法律后果,在绝大多数情况下不会涉及国家和社会公共利益,因此检察机关作为失踪宣告的申请人并不妥当。[2]《民法总则》并未将检察院纳入本条所指的申请人范畴。

依照《民事诉讼法》第 183 条和《民通意见》第 28 条的规定,公民下落不明满 2 年,利害关系人申请宣告其失踪的,向下落不明人住所地基层人民法院提出。住所地与居住地不一致的,由最后居住地基层人民法院管辖。申请书应当写明失踪的事实、时间和请求,并附有公安机关或者其他有关机关关于该公民下落不明的书面证明。

3. 人民法院依据法定程序进行受理和宣告

宣告失踪关系到被宣告失踪人的财产关系状态的变化,因此只能由人民法院依据严格程序作出判决,其他任何机关和个人无权作出宣告失踪的决定。人民法院依法受理宣告自然人失踪的申请后,依照《民事诉讼法》规定的特别程序审理。根据《民事诉讼法》第 185 条和最高人民法院《关于适用〈中华人民共和国民事诉讼法〉的解释》第 347 条的规定,人民法院受理宣告失踪案件后,应当发出寻找下落不明人的公告。寻找下落不明人的公告应当记载下列内容:(1)被申请人应当在规定期间内向受理法院申报其具体地址及其联系方式。否则,被申请人将被宣告失踪、宣告死亡。(2)凡知悉被申请人生存现状的人,应当在公告期间内将其所知道情况向受理法院报告。宣告失踪的公告期间为 3 个月。公告期间届满,人民法院应当根据被宣告失踪的事实是否得到确认,作出宣告失踪的判决或者驳回申请的判决。

(三)宣告失踪的法律后果

宣告失踪与宣告死亡不同,自然人被宣告为失踪人后,其民事主体

---

〔1〕 参见吴斌:《论自然人宣告制度的条件及其民事责任的承担》,载《河北法学》2003 年第 1 期。

〔2〕 参见王利明主编:《中国民法典学者建议稿及立法理由·总则编》,法律出版社 2005 年版,第 84 页。

资格仍然存在，尚存在重现的可能，因而不产生失踪人婚姻关系解除和对失踪人财产继承等与人身法律关系有关的法律后果，只是引起对失踪人财产的管理和财产义务的履行等法律后果，即法律后果主要包括两方面：一是为失踪人的财产设定财产代管人；二是失踪人所欠的税款、债务和应付的其他费用，由代管人从失踪人财产中支付。前者是保护失踪人的利益，后者是保护利害关系人的利益。

1. 财产代管人的范围和确定

宣告失踪人设置财产代管人的必要性在于，对宣告失踪人的财产进行照管，避免失于管理的不利和损失。这里面既有社会照顾的一面，又有社会经济考虑的一面。但是财产代管也可能带来意想不到的任意支配和处置，导致过度的干预和破坏。所以，对于财产代管人的设置非常需要合理规范。对宣告失踪的财产代管人的设置，需要注意财产代管人的身份性。[1]

首先需要明确失踪人的财产由谁来代管。《民法总则》第 42 条规定："失踪人的财产由其配偶、成年子女、父母或者其他愿意担任财产代管人的人代管。代管有争议，没有前款规定的人，或者前款规定的人无代管能力的，由人民法院指定的人代管。"本条主要调整的是宣告失踪人的财产代管人的设置，包括法定代管和指定代管两种情形。这一条的内容来源于《民法通则》第 21 条第 1 款，"失踪人的财产由他的配偶、父母、成年子女或者关系密切的其他亲属、朋友代管。代管有争议的，没有以上规定的人或者以上规定的人无能力代管的，由人民法院指定的人代管"。与之不同的是，《民法总则》扩大了财产代管人的范围，从原来的"亲属、朋友"扩大到了"其他愿意担任财产代管人的人"。失踪人配偶、成年子女、父母或者其他愿意担任财产代管人的人对失踪人财产代管没有先后顺序，也不存在谁申请宣告失踪由谁代管的问题，而是从有利于维护失踪人财产利益和利害关系人利益以及方便财产管理

---

[1] 龙卫球、刘保玉主编：《中华人民共和国民法总则释义与适用指导》，中国法制出版社 2017 年版，第 150 页。

考虑，确定财产代管人。《民法总则》第 42 条第 2 款的内容源于《民通意见》第 30 条“人民法院指定失踪人的财产代管人，应当根据有利于保护失踪人财产的原则指定。没有民法通则第二十一条规定的代管人，或者他们无能力作代管人，或者不宜作代管人的，人民法院可以指定公民或者有关组织为失踪人的财产代管人。无民事行为能力人、限制民事行为能力人失踪的，其监护人即为财产代管人”，但增加了“有争议”，去掉了“不宜作代管人的”。这样的调整实际上增加了人民法院指定代管人的范围。上述可以作为财产代管人的多个人之间就财产代管问题发生争议的，由人民法院从中确定财产代管人或者上述范围的人无能力代管的，或者没有上述范围的代管人的由人民法院依据上述原则指定其他人为失踪人财产代管人。

关于财产代管人是否应当有顺序，是否可以为组织，在《民法总则》制定的过程中曾经发生过变化。《民法总则（草案）》修改稿中，该条曾经表述为：“失踪人的财产由下列有代管能力的人按顺序担任财产代管人：（一）配偶；（二）父母、子女；（三）其他愿意担任财产代管人的个人或者有关组织。”较之《民法通则》，主要有两项变化。一项变化是在“其他愿意担任财产代管人”的民事主体中增加了“有关组织”。该规定源自《民通意见》第 30 条的解释，即“人民法院可以指定公民或者有关组织为失踪人的财产代管人”。在我国民法的相关制度中，居民委员会、村民委员会、民政部门等组织往往会被作为替补承担相关义务。与此相对应，在失踪人财产代管方面，这些组织也可以成为代管人。另一项变化，就是对财产代管人做了顺序排位的规定。但有的观点认为，法院在失踪人的近亲属中确定其财产代管人，不受列举的配偶、父母、成年子女、其他愿意担任财产代管人的人之顺序限制，即失踪人财产的代管人的确定，应当遵循有利于失踪人财产管理的原则。[1]在现实生活中，绝大多数情况的确是以此顺位确定代管人的。正因如

---

〔1〕 参见梁慧星主编：《中国民法典草案建议稿附理由 · 总则编》，法律出版社 2013 年版，第 87 页。

此,在本条起草过程中曾对财产代管人的顺位作出明确安排。但是,事实上的大概率并不排除在有些情况下顺位在前的民事主体在主观上不愿意承担此代管职责,或者因客观条件等因素由其作为代管人不利于失踪人财产的维护与管理。因此,在立法上对财产代管人的资格不做顺位安排,相关民事主体是否为失踪人适当的财产代管人,交由法官根据个案具体情势予以具体判定。[1] 在最后通过的《民法总则》中,上述两项改动又被删除,即不采纳《民通意见》的规定,不对代管人作顺序排位的要求。但需要说明的是,尽管删除了“有关组织”,但按照立法解释,“其他愿意担任财产代管人的人”,既包括《民法通则》第 21 条规定的“其他亲属、朋友”,也包括《民通意见》第 30 条规定的“有关组织”。[2] 有学者认为,“自愿申请成为财产代管人的仅限于有完全行为能力的自然人,而法院指定的财产代管人则可以包括组织”,这种观点似没有充足的理由支撑。[3]

关于代管人确定的方式和时间,依据《民法总则》第 42 条第 2 款之规定,似可理解为法律并不要求人民法院在宣告自然人失踪时即为其确定财产代管人,只是在代管人的确定发生争议或者无代管人的情形下,才由人民法院予以指定。但是,如果人民法院仅宣告自然人失踪而不为之确定财产代管人,则在自然人被法院宣告失踪后,其亲属之间因财产代管人的确定发生争议时,失踪人的财产难以得到妥善管理,对于失踪人财产的保护尤为不利。鉴于此,人民法院在宣告自然人失踪的同时应为其确定财产代管人,以避免因法院仅宣告失踪而不为失踪人指定财产代管人所导致的滋扰。[4] 根据最高人民法院《关于适用〈中华人民共和国民事诉讼法〉的解释》第 343 条的规定,宣告失踪或者宣告死亡案件,人民法院不仅在公告期满后,判决宣告失踪的,应当

---

〔1〕 陈甦主编:《民法总则评注》(上册),法律出版社 2017 年版,第 310 页。

〔2〕 李适时主编:《中华人民共和国民法总则释义》,法律出版社 2017 年版,第 122 页。

〔3〕 龙卫球:《民法总论》(第 2 版),中国法制出版社 2002 年版,第 209 页。

〔4〕 参见梁慧星主编:《中国民法典草案建议稿附理由 · 总则编》,法律出版社 2013 年版,第 88 页;王利明主编:《中国民法典学者建议稿及立法理由 · 总则编》,法律出版社 2005 年版,第 87 页。

同时依照《民法通则》第 21 条第 1 款的规定指定失踪人的财产代管人,而且在案件审理期间也可以根据申请人的请求,清理下落不明人的财产,并指定案件审理期间的财产管理人。在《民法总则》制定的过程中,有的意见提出,可以将最高人民法院这一司法解释的精神上升为法律,即在人民法院判决宣告失踪的同时就指定失踪人的财产代管人,理由在于:第一,可以在不影响"配偶、成年子女、父母或者其他愿意担任财产代管人的人"自愿协商的前提下,使财产代管人具体明确;第二,在逻辑上也与《民法总则》第 44 条相协调。该条规定:财产代管人不履行代管职责、侵害失踪人财产权益或者丧失代管能力的,失踪人的利害关系人可以向人民法院申请变更财产代管人。同时,财产代管人有正当理由的,也可以向人民法院申请变更财产代管人。如果事先未经过人民法院指定为失踪人的财产代管人,也无理由向人民法院申请变更。但这一意见未被采纳。[1]

对于财产代管人在法律上具有什么地位,多数学者认为类似于法定代理人。江平教授认为,财产代管人既不是监护人,也不是继承人或其他什么人,是否可以理解为代理人的地位?代管并非按被代管人的意志,而是按法律规定来代理,而且只是代管财产。财产本身既不能产生继承,代管人也不能随意处理这些财产。[2] 尹田教授认为,就失踪人的财产代管人的地位而言,其应当具有与法定代理人同等的法律地位,即财产代管人有权依其代管权,对失踪人财产的全部或者一部分进行管理。因为自然人被宣告失踪后,其权利能力并不丧失,只是其权利义务由财产管理人代为行使和履行。所以,财产管理人的法律地位与无行为能力人之法定代理人实质上并无区别。[3] 张新宝教授认为,财产代管人的法律地位与非完全民事行为能力人的法定代理人的法律地

---

〔1〕 参见张荣顺主编:《中华人民共和国民法总则解读》,中国法制出版社 2017 年版,第 129 页。

〔2〕 参见顾昂然等:《中华人民共和国民法通则讲座》,中国法制出版社 2000 年版,第 87 页。

〔3〕 参见尹田:《论宣告失踪与宣告死亡》,载《法学研究》2001 年第 6 期。

位实质上具有一定的相似性。财产代管人对失踪人财产进行管理时，法律对其职责有明确规定的，适用其规定；法律没有规定的，可以参照适用法律有关法定代理人的规定。[1] 龙卫球教授认为，失踪人的财产代管人是法定或由法院直接指定的，并不以失踪人的意愿为前提。因此，就失踪人财产代管人的地位而言，兼具有法定代理人、指定代理人类似的法律地位。[2] 因此，主流学说认为，财产代管人的法律地位接近于法定代理人。但不同于一般法定代理人的是，财产代管人在诉讼中具有当事人的法律地位。《民通意见》第32条规定："失踪人的财产代管人拒绝支付失踪人所欠的税款、债务和其他费用，债权人提起诉讼的，人民法院应当将代管人列为被告。失踪人的财产代管人向失踪人的债务人要求偿还债务的，可以作为原告提起诉讼。"之所以将财产代管人以当事人的身份参与诉讼，原因在于，在权利人被宣告失踪的情况下，客观上不可能参加诉讼活动，由于财产代管人负有管理失踪人财产的法定职责，是失踪人财产的实际管理者，围绕失踪财产发生的诉讼由其财产代管人作为当事人参与最为合理、最为方便，也最能保护失踪人的权益。此种制度安排属于民事诉讼法上的诉讼担当。诉讼担当是指原本不是权利人或民事法律关系主体的第三人，但对他人的权利或法律关系有管理权，以当事人的地位，就该法律关系所产生的纠纷而行使诉讼实施权，判决的效力及于原民事法律关系的主体。[3] 财产代管人正是依据诉讼担当理论成为诉讼法中的正当当事人。

2.财产代管人的管理权限和职责

各个国家及地区对代管人的管理权限或职责的规定都比较严格。《日本民法典》第28条规定："此权限应依法院的命令内容而定。当法院确定的管理权限不明时，对于失踪人的财产，管理人具有实施该法第

---

〔1〕 参见张新宝：《中华人民共和国民法总则释义》，中国人民大学出版社2017年版，第82页。

〔2〕 参见龙卫球、刘保玉主编：《中华人民共和国民法总则释义与适用指导》，中国法制出版社2017年版，第154页。

〔3〕 参见江伟主编：《民事诉讼法学原理》，中国人民大学出版社1999年版，第403页以下。

103 条所规定的‘管理行为’的权限；管理人需要实施超越此权限的行为（如给予失踪人之子教育资金和结婚资金的行为）时，须经法院许可……”我国台湾地区“非讼事件法”（2005 年修正）第 118 条规定，“财产管理人应以善良管理人之注意，保存财产，并得为有利于失踪人之利用或改良行为，但其利用或改良有变更财产性质之虞者，非经法院许可，不得为之”。由此可见，日本和我国台湾地区对于失踪人财产管理人的行为采取了比较严格的限制立场。但是，日本民法和我国台湾地区“民法典”仅设置了对失踪人的财产代管人制度，并未设置宣告失踪制度，故其对财产代管人权限的限制，自有其合理之处。[1] 相比而言，我国《民法总则》《民法通则》在设立宣告失踪制度的同时，对财产代管人的前提、条件以及程序的规定更为复杂，被宣告失踪的人下落不明状态更为稳定，因而赋予失踪人财产代管人以更大的管理权限是非常有必要的。所以，失踪人的财产代管人的管理权限除对财产的保管、维护、收益、改良等保存行为之外，还包括必要的经营行为和处分行为。[2] 当然，与代理人一样，财产代管人在对财产进行保管、维护、收益时，应当尽到与管理自己财产同样的注意义务，而在对财产进行必要的经营行为和处分行为时，应尽到善良管理人之注意义务。失踪人之财产代管人因自己的过错而导致失踪人财产损害时，应当承担赔偿责任。

《民法总则》第 43 条规定：“财产代管人应当妥善管理失踪人的财产，维护其财产权益。失踪人所欠税款、债务和应付的其他费用，由财产代管人从失踪人的财产中支付。财产代管人因故意或者重大过失造成失踪人财产损失的，应当承担赔偿责任。”《民法通则》只是在第 21 条第 2 款规定：“失踪人所欠税款、债务和应付的其他费用，由代管人从失踪人的财产中支付。”

（1）财产代管人维护失踪人权益的原则。法律设立财产代管人制

---

〔1〕 参见尹田：《论宣告失踪和宣告死亡》，载《法学研究》2001 年第 6 期。

〔2〕 陈甦主编：《民法总则评注》（上册），法律出版社 2017 年版，第 314 页。

度的目的之一就是保护失踪人在下落不明状态下的财产权益，因此财产代管人应当妥善保管失踪人的财产，维护失踪人的财产利益。财产代管人负有像对待自己的事务一样的注意义务，来管理失踪人的财产，既包括对失踪人财产的保管，也包括作为代理人收取失踪人的到期债权。与其他有偿的法律关系不同，财产代管人管理失踪人的财产并非合同约定的，而是直接来自法律的规定；代管财产的目的也不是从中获利，该种管理财产的行为通常是无偿的。[1] 依照《民法总则》第43条的规定，财产代管人管理失踪人的财产，只要尽到善良管理人的义务，即能够像管理自己的事务一样管理失踪人的财产，就满足了法律规定的要求。

(2)失踪人对他人承担的财产义务。失踪人对他人承担的财产义务因失踪人长期下落不明不能得到清偿，给他人造成极大不利。宣告失踪后，就要求失踪人财产代管人从失踪人财产中以支付财产的方式及时履行失踪人的财产义务。依照《民法总则》第43条的规定，从失踪人的财产中支付失踪人所欠税款、债务和应付的其他费用。最高人民法院对此处的“其他费用”作过司法解释。《民通意见》第31条规定，这里的“其他费用”，包括赡养费、扶养费、抚育费和因代管财产所需的管理费等必要的费用。

(3)财产代管人因故意或者重大过失造成失踪人财产损失的，应当承担赔偿责任。代管人应当根据有利于保护失踪人财产的原则管理好失踪人的财产，不得滥用代管权对失踪人的财产挥霍浪费、挪用谋利或者将失踪人的财产据为己有，侵犯失踪人的财产权益。财产代管人造成失踪人财产损失的，是否需要承担责任和如何承担赔偿责任，学者往往分为无偿代管和有偿代管两种情形进行分析，认为财产代管如果是无偿的，代管人因故意或者重大过失造成失踪人财产损失的，应当承担赔偿责任。如果代管是有偿的，则代管人需要尽到善良管理人的注意义务。财产代管人没有尽到善良管理人的注意义务，致使失踪人财

---

[1] 李适时主编：《中华人民共和国民法总则释义》，法律出版社2017年版，第122页。

产遭受损失的,应当承担赔偿责任。[1] 但《民法总则》第 43 条规定的只是,财产代管人因故意或者重大过失造成失踪人财产损失的,应当承担赔偿责任。有学者认为这条规定似乎将问题简单化了(不再区分为无偿代管和有偿代管),都以故意或重大过失为条件。[2] 其实不然,正如前述,《民法总则》的基本立场是,失踪人的财产代管人从事的代管行为通常是无偿的。是故,只有在代管人故意或重大过失造成失踪人的财产损害时,才应当承担赔偿责任,对于一般的过失造成的损害不承担赔偿责任。存在代管人因故意或者重大过失造成失踪人财产损失之情形的,在失踪人失踪期间,失踪人的利害关系人可以向人民法院请求财产代管人承担民事责任,并可以依照《民法总则》第 44 条的规定,向人民法院申请变更财产代管人。

3. 财产代管人的变更

财产代管人的代管职责履行情况以及代管能力大小直接关系到失踪人的财产利益是否得到充分的保护。如果确实出现财产代管人不尽职或者代管能力有瑕疵,而继续进行代管行为对于失踪人的财产利益可能会造成直接损害的情况,这就完全违背了法律设置财产代管人的目的。因此,《民法总则》确立了变更财产代管人制度。该制度是宣告失踪制度的重要组成部分,主要为了保护失踪人的财产利益,同时也兼顾了利害关系人以及财产代管人的利益保护。[3] 通过确立财产代管人的变更制度,有利于更加合理地监督财产代管人履行职责,为失踪人提供一种更加实际的保护机制,同时也为财产代管人提供一种合理更换的机制。[4]

---

〔1〕 参见张新宝:《中华人民共和国民法总则释义》,中国人民大学出版社 2017 年版,第 84 页。

〔2〕 参见龙卫球、刘保玉主编:《中华人民共和国民法总则释义与适用指导》,中国法制出版社 2017 年版,第 156 页。

〔3〕 参见张新宝:《中华人民共和国民法总则释义》,中国人民大学出版社 2017 年版,第 85 页以下。

〔4〕 参见龙卫球、刘保玉主编:《中华人民共和国民法总则释义与适用指导》,中国法制出版社 2017 年版,第 158 页。

《民法总则》第44条规定:“财产代管人不履行代管职责、侵害失踪人财产权益或者丧失代管能力的,失踪人的利害关系人可以向人民法院申请变更财产代管人。财产代管人有正当理由的,可以向人民法院申请变更财产代管人。人民法院变更财产代管人的,变更后的财产代管人有权要求原财产代管人及时移交有关财产并报告财产代管情况。”

(1)变更财产代管人的法定事由。依照《民法总则》第44条的规定,如果出现财产代管人不履行代管职责、侵害失踪人财产权益或者丧失代管能力等三种法定事由,表明该财产代管人已经不再适格,失踪人的利害关系人就可以向人民法院申请变更财产代管人。第一种法定事由是财产代管人不履行职责,既可以表现为不行使失踪人权利,比如不收取失踪人债权,也可以表现为不履行失踪人应当履行的义务,比如不清偿债务、不缴纳税款等。第二种法定事由是侵害失踪人财产权益,可以表现为不当处分失踪人的财产,滥用代管权对失踪人的财产挥霍浪费,与他人恶意串通侵夺失踪人的财产等。第三种法定事由是财产代管人丧失了代管能力,可以表现为财产代管人丧失了行为能力。出现上述三种法定事由,明显对失踪人不利,甚至会严重侵害失踪人的财产利益。因此,这时失踪人的利害关系人可以向人民法院申请变更财产代管人。这里的利害关系人既包括失踪人的近亲属,也包括其他利害关系人,如失踪人的债权人。

(2)财产代管人自己有正当理由的,可以向人民法院申请变更财产代管人。财产代管人自己可以向人民法院申请变更代管人,即变更为其他人,但须有“正当理由”。那么此处的正当理由应该如何认定?从财产代管人的客观状态来看,确实存在无法或不宜继续代管财产的,例如,变成非完全民事行为能力人、有重大疾病创伤、出国、外地求学等原因长时间离开失踪人财产所在地等,应该属于正当理由,人民法院可以变更财产代管人。从主观心态来说,如果代管人明确表示不愿代管失踪人财产,是否属于正当理由呢?笔者认为属于正当理由,原因有二:其一,强制一个主观已不愿管理失踪人财产的人继续进行管理,往往会导致其消极对待管理事务，故不如另行指定代管人，更有利于保护失踪人的财产权益；其二，失踪人财产代管人对失踪人财产的管理仅出于保护失踪人合法权益的需要，并非其法定义务，应最大程度尊重其意愿。

（3）人民法院变更代管人的程序。最高人民法院《关于适用〈中华人民共和国民事诉讼法〉的解释》第 344 条第 1 款规定："失踪人的财产代管人经人民法院指定后，代管人申请变更代管的，比照民事诉讼法特别程序的有关规定进行审理。申请理由成立的，裁定撤销申请人的代管人身份，同时另行指定财产代管人；申请理由不成立的，裁定驳回申请。"第 2 款规定："失踪人的其他利害关系人申请变更代管的，人民法院应当告知其以原指定的代管人为被告起诉，并按普通程序进行审理。"即，财产代管人自己向人民法院申请变更与其他利害关系人要求人民院变更，在性质上是有重大区别的。前者只有变更的申请而不存在争议，后者在申请变更人与财产代管人之间存在争议。[1] 因此，两者的变更程序是有区别的。

（4）人民法院变更财产代管人的，变更后的财产代管人有权要求原财产代管人及时移交有关财产并报告财产代管情况。这是为了更好地代管财产，维护失踪人利益的需要，是由财产代管制度的本质可以推出的要求；对于原财产代管人来说，既是一种法定义务，也是其原来既有的财产代管职责基于诚实信用可推知的隐含要求。如果原财产代管人不及时移交有关财产并报告财产代管情况，造成失踪人财产损失的，应当承担赔偿责任。

（四）失踪宣告的撤销

失踪宣告是依据自然人失踪的事实对自然人失踪状态依法作出的确认。如果自然人重现即其失踪的事实消除时，在法律上继续认定自然人为失踪人就失去了事实依据。因此，当失踪自然人重现时，应依法撤销对其失踪宣告。民法设置撤销失踪宣告制度的根本目的，在于保

---

〔1〕 姚红主编：《中华人民共和国民事诉讼法释义》，法律出版社 2007 年版，第 259 页。

护被宣告失踪人重新出现后的财产利益。由于宣告失踪制度本身不是宣告失踪人失去民事权利能力或者民事行为能力，失踪人的民事权利能力和民事行为能力不受宣告制度的影响，其作为财产权利的主体资格以及支配能力也没有受到影响。如果失踪人重新出现，就要恢复到失踪前的状态。因此，从这个意义上说，失踪宣告制度只是一个暂时性的过渡制度。撤销宣告制度对于失踪人本身而言在本质上也是恢复其正常行使财产权利的制度，毕竟，在法律上失踪人才是代管财产真正的所有权人。只有失踪人自己行使财产权利，才能最大限度地保护自己的财产权利。对于财产代管人而言，他毕竟不是代管财产的所有权人，只是出于保护失踪人的财产利益，由法律赋予他代管的权利，而且代管的权利也要受到相关利害关系人的限制，财产代管人并没有最终享有代管财产行为的利益，并不是真正意义上的权利，更多的属于职责。〔1〕

《民法总则》第 45 条规定："失踪人重新出现，经本人或者利害关系人申请，人民法院应当撤销失踪宣告。失踪人重新出现，有权要求财产代管人及时移交有关财产并报告财产代管情况。"

1. 失踪宣告撤销的条件

(1)失踪人重新出现。自然人因下落不明失去音讯的状态而被宣告失踪，失踪宣告的撤销就要以这种状态的消除为条件。《民法通则》规定的是"被宣告失踪的人重新出现或者确知他的下落"，有专家提出，确知失踪人的下落，也可以理解为失踪人重新出现。《民法总则》采纳了这种意见。〔2〕 因此，这里"失踪人重新出现"的含义，即是重新得到了失踪人的音讯，从而消除了其下落不明的状态。

(2)经本人或者利害关系人申请。这里利害关系人的范围应当与申请宣告失踪的利害关系人范围一致，包括被申请宣告失踪人的配偶、父母、子女、兄弟姐妹、祖父母、外祖父母、孙子女、外孙子女以及其他与

---

〔1〕 参见张新宝：《中华人民共和国民法总则释义》，中国人民大学出版社 2017 年版，第 87 页。

〔2〕 参见石宏主编：《中华人民共和国民法总则条文说明、立法理由及相关说明》，北京大学出版社 2017 年版，第 97 页。

失踪人有民事权利义务关系的人。申请也应当向下落不明人住所地基层人民法院提出。

(3)撤销失踪宣告应当由人民法院作出。自然人失踪只能由人民法院依据法定程序进行宣告,因此,该宣告的撤销也应当由人民法院通过法定程序来作出。

2. 宣告失踪撤销的法律效果

宣告失踪一经撤销,原被宣告失踪的自然人本人就应当恢复对自己财产的控制,财产代管人的代管职责应当相应结束,停止代管行为,移交代管的财产并向本人报告代管情况。撤销失踪宣告的法律后果,就是引起原失踪人财产代管关系的终止,代管人应当将其代管的财产及其收益交还本人,并告知其财产代管的具体情况。

(五)宣告失踪制度的存废之辩

在世界范围内,宣告失踪的立法模式有三种:第一种是直接设立财产代管(或者保佐制度),德国、瑞士、日本、我国台湾地区等普遍采用这一种立法模式;〔1〕第二种是直接规定宣告失踪,苏联和我国大陆采用该种立法模式;〔2〕第三种是直接设立财产代管人与宣告失踪并存,法国、葡萄牙、意大利等国家采用。〔3〕 对比三种制度,我们可以发现,它们都有一个共同的特点,无论是直接设立财产代管,还是直接规定宣告失踪,抑或是两者混合,这些制度与宣告死亡制度都是彼此独立的,也就是说,即便没有人申请成为失踪人的财产代管人,或者宣告该人失踪,经过一定期限后依旧可以宣告该人死亡。这三种制度的不同点,也是很明显的:一是是否要对失踪人进行失踪的宣告。二是宣告失踪与财产代管和宣告死亡的顺序,是宣告失踪在前,还是财产代管在前。以宣告失踪在前为立法模式的国家,更侧重考察失踪人资格,经过足够时

〔1〕 参见《德国民法典》第1911条,《瑞士民法典》第392、393条,《日本民法典》第25条,我国台湾地区"民法"第10条。

〔2〕 参见《苏俄民法典》第12条。

〔3〕 参见《法国民法典》第112、122条,《意大利民法典》第48、49条,《葡萄牙民法典》第91、99条,需要注意的是,《法国民法典》关于宣告失踪表述为推定失踪,宣告死亡表述为宣告失踪。

间的等待与公示,可以从法律上确定下落不明者为失踪人,以此为前提,"外人"才有接手失踪人财产的依据;财产代管在前为立法模式的国家,更注重保护失踪人财产利益,如果有人出现下落不明的情势,其利害关系人甚至检察院认为有必要管理其财产的都可以向法院申请,宣告失踪的制度设计则更像是法律上拟制死亡的序曲,一旦宣告自然人失踪,财产代管终止,继承人可以"临时占有"被继承人,也就是失踪人的财产,相对应地,这些国家对于宣告失踪或者宣告死亡的要求也要严于以宣告失踪在前的国家。[1]

我国《民法通则》借鉴苏俄民法典的做法,设立了宣告失踪制度。在这之前,在我国1982年《民事诉讼法(试行)》中没有作出规定。《民法总则》保留了宣告失踪制度。有学者认为,宣告失踪制度的规范目的在于为失踪人设立财产代管人,然而这一目的却无法全面实现,其理由在于:第一,宣告失踪属于授权性规范,并非强制性规范,即利害关系人可以选择是否宣告他人失踪,[2]如果利害关系人并不申请,该目的就会落空。第二,纵使利害关系人向法院提出申请,启动宣告失踪程序并且成功宣告,但到确定财产代管人起码已是被宣告人失踪2年3个月以后的事。此前的两年多时间,却无从依宣告失踪制度设立财产代管人,失踪人的财产仍属于不稳定状态。因此即足以说明宣告失踪制度弊大于利,不如直接设立财产代管人制度取代宣告失踪制度,更好地保护失踪人的财产。[3] 有学者对上述观点持不同意见,其理由在于:一方面通过考察直接设立财产代管人的国家的相关法律,可以发现,直接设立财产代管人的条件为:(1)失踪人财产确有保管的必要;(2)无法确定法定代理人或委托代理人;(3)需要利害关系人申请。[4] 因此,直接设立财产代管人也属于授权性规范,与宣告失踪无异。如果授权

[1] 参见龙卫球、刘保玉主编:《中华人民共和国民法总则释义与适用指导》,中国法制出版社2017年版,第145页以下。

[2] 参见罗玉珍:《民事主体论》,中国政法大学出版社1992年版,第88页。

[3] 参见罗玉珍:《民事主体论》,中国政法大学出版社1992年版,第89页。

[4] 参见尹田:《论宣告失踪与宣告死亡》,载《法学研究》2001年第6期。

性规范不利于保护失踪人的财产安全,那么直接设立财产代管人同样也不利于保护失踪人的财产安全。另一方面,根据我国的实际情况,家庭成员如有下落不明,其亲近的人(如配偶、父母、子女、兄弟姐妹等)就会对其财产进行生活上的“管理”,短时间内其财产仍处于相对稳定的状态,但是如果一出现下落不明的人,其利害关系人就可以申请成为下落不明者的财产代管人,一来容易出现家庭不睦,二来这一制度也极容易被恶意的当事人利用,反而不利于保护下落不明者的财产。综上所述,可以认为,直接设立财产代管人制度虽有种种优点但是与我国实际情况有所抵触,不宜采用。宣告失踪必须满足下落不明达一段时间并经严格法律程序方可实现,短期内不容易导致下落不明者财产不稳定,同时可以防止恶意当事人滥用资格,这一设置比较符合我国国情,不宜废除。对后种观点,本书予以赞同。

二、宣告死亡

(一)宣告死亡的概念和制度价值

宣告死亡,是指自然人下落不明的状态持续达到法定期限,经利害关系人申请,人民法院宣告其死亡,引起类似于自然人死亡后果的法律制度。宣告失踪纵然可以解决失踪人的财产代管及稳定一部分财产关系,但是,如果失踪这种状态长久地持续下去,则仍然不能从根本上消除因为当时长期下落不明而引起的财产关系和人身关系不稳定的状态,而且将会给其婚姻家庭关系带来严重影响。这对于保护利害关系人的合法权益和维护社会经济秩序仍然是不利的。因此,民法规定了宣告死亡制度。[1] 宣告死亡作为法律制度,其宗旨在于结束因自然人长期处于下落不明、生死不知状态而导致的以他为一方的民事生活关系的长期不稳定状态,保护利害关系人的利益。因此,它必然要引起相应的法律后果,这种法律后果类似于自然人死亡的法律后果。

宣告死亡是与自然死亡或生理死亡相对的概念。自然死亡,是人

---

〔1〕 杨振山、李静冰:《中国民法教程》,山西经济出版社 1991 年版,第 67 页。

的生命的自然终结，是自然的客观事实；宣告死亡，则是法律对自然人死亡的一种推定，即依据自然人下落不明已满法定期限的客观事实，推定出该自然人已经死亡的事实。但这种推定属于法律推定，具有可反驳性。法律赋予宣告死亡产生类似于自然死亡的法律后果，则属于法律拟制。宣告死亡与自然死亡比较，相同点是均有结束以死亡人原住所地为中心的民事法律关系的效力。不同点在于：(1)规范意旨不同。在自然死亡，自然人的民事权利能力归于消灭。而宣告死亡制度的目的，却不在于剥夺失踪人的民事权利能力，而仅在于结束以其原住所地为中心的民事法律关系而已，并且不及于其公法上的关系。(2)事实与拟制。在自然死亡，其死亡是真实的，而宣告死亡，其死亡是法律拟制的，当事人未必确已死亡。(3)要件不同。自然死亡是当然死亡，而宣告死亡却须充分其法律要件。(4)自然死亡的效力是绝对的，而宣告死亡的效力则可依撤销而被消灭。(5)死亡时点不同。在自然死亡，其死亡时间是真实的，而在宣告死亡，其死亡时间则是法律拟制的。[1]

（二）宣告死亡的条件和程序

《民法总则》第46条规定了宣告死亡的条件："自然人有下列情形之一的，利害关系人可以向人民法院申请宣告该自然人死亡：（一）下落不明满四年；（二）因意外事件，下落不明满二年。因意外事件下落不明，经有关机关证明该自然人不可能生存的，申请宣告死亡不受二年时间的限制。"依照本条规定，宣告死亡必须具备的条件如下：

1. 自然人下落不明的时间要达到法定期间

根据《民法总则》第46条的规定，自然人下落不明的时间具备三种情形之一的，利害关系人可以向法院申请宣告该自然人死亡：第一种情形是，一般情况下，下落不明的时间要满4年。《民法总则》第40条规定宣告失踪所要求的法定时间是自然人下落不明满2年。可见，法律规定的宣告死亡需要满足的下落不明的时间要长于宣告失踪所要求的时间，因为在宣告失踪的情况下，只产生失踪人的财产代管以及实现

---

〔1〕 参见张俊浩主编：《民法学原理》，中国政法大学出版社1991年版，第112页。

债权、偿还债务等法律后果，但宣告死亡以后，还会发生继承的开始、身份关系解除等。因此宣告死亡的条件应当比宣告失踪严格，下落不明的时间应当比宣告失踪时所要求的时间长。

第二种情形是，自然人因意外事件下落不明满 2 年。自然人因意外事件下落不明，其生存的可能性明显小于一般情况下的下落不明，因此这种情况下宣告死亡，法律要求的下落不明时间长度应当短于一般情况下宣告死亡的下落不明时间。《民法总则》用的是"意外事件"，而《民法通则》的表述是"意外事故"。立法过程中有的意见提出，意外事件比意外事故涵盖面更广，比如地震等天灾，一般语言习惯上不称为事故，另外，"意外事件"一词作为法律用语更加规范，且"意外"与"事故"在一定程度上存在语义重复，因此，《民法总则》采用"意外事件"的表述。还有的意见提出，有的意外事件过程并不止一天，可能在事件发生之日，当事人尚有音讯，之后才失去音讯，《民法通则》"事故发生之日"的规定并不妥当。因此，《民法总则》第 46 条表述为"因意外事件，下落不明满二年"。[1]

第三种情形是，对于因意外事件下落不明的自然人，如果与该意外事件有关的机关证明该自然人不可能生存的，利害关系人就可以据此申请宣告该自然人死亡，而不必等到下落不明满 2 年。《民法通则》没有这一规定。但《民事诉讼法》第 184 条第 1 款规定："公民下落不明满四年，或者因意外事故下落不明满二年，或者因意外事故下落不明，经有关机关证明该公民不可能生存，利害关系人申请宣告其死亡的，向下落不明人住所地基层人民法院提出。"这次《民法总则》采纳了《民事诉讼法》的规定，使得两法一致起来。

2. 必须要由利害关系人提出申请

此处所说的利害关系人，可以参考宣告失踪制度中的利害关系人范围。总的来说，这里的利害关系人应当是与被宣告人生存还是死亡

---

〔1〕 张荣顺主编：《中华人民共和国民法总则解读》，中国法制出版社 2017 年版，第 137 页。

的法律后果有利害关系的人。依照《民事诉讼法》第 184 条的规定:利害关系人申请宣告其死亡的,向下落不明人住所地基层人民法院提出。申请书应当写明下落不明的事实、时间和请求,并附有公安机关或者其他有关机关关于该公民下落不明的书面证明。

关于利害关系人的申请,有几个问题值得研究,第一,对于可以向人民法院申请宣告死亡的利害关系人,是否需要顺序上的限制?《民法通则》没有规定,但《民通意见》第 25 条第 1 款规定:"申请宣告死亡的利害关系人的顺序是:(一)配偶;(二)父母、子女;(三)兄弟姐妹、祖父母、外祖父母、孙子女、外孙子女;(四)其他有民事权利义务关系的人。"对于这一规定,学界历来有不同的声音。有学者认为,死亡宣告制度的立法目的在于保护被宣告人利害关系人的利益,而利害关系人在地位上一律平等,不应有先后之分。因此,在申请死亡宣告上不应有顺序限制,以免前一顺序的利害关系人基于感情或者其他不正当目的不提出申请,致使其他利害关系人的合法权益遭受损失。有人认为这一见解有道理,但同时指出,一概没有顺序限制也难谓妥当。宣告失踪与宣告死亡的最大区别在于,宣告失踪制度仅仅带来了失踪人财产管理上的变化,而宣告死亡制度则不仅带来了财产关系的变化,更使特定利害关系人的人身关系发生了变化。前列得以申请宣告死亡的利害关系人中,因被申请人的死亡宣告引起人身关系变化的,主要是被申请人的配偶。根据最高人民法院的司法解释,被宣告死亡的人与配偶的婚姻关系,自死亡宣告之日起消亡。死亡宣告被人民法院撤销,如果其配偶尚未再婚的,夫妻关系从撤销死亡宣告之日起自行恢复;如果其配偶再婚后又离婚或者再婚后配偶又死亡的,则不得认定夫妻关系自行恢复。以这些规定为前提,若不赋予被申请人夫妻关系的存续,这是明显不妥当的。因此,配偶应有优先序位。至于配偶出于不正当目的不申请宣告死亡的,构成优先序位的滥用,可在由其他利害关系人在举证证明这一情形的前提下,请求人民法院剥夺其优先序位。至于配偶之外的其他人,可以不规定前后顺序。[1] 在《民法总则》制定的过程中,反对利害关系有顺序限制的意见较为普遍。因此,《民法总则》最终没有规定利害关系人申请宣告死亡的顺序,包括没有赋予被申请人配偶的优先权。

第二,申请人是否仅限于自然人,法人和其他社会组织能否作为申请人?从其他国家或地区有关立法来看,对此未作明确限制。我国《民法通则》及其司法解释规定"其他有民事权利义务关系的人"也可以为申请人,显然持肯定态度。我国学者则对此认识不一。司法实践对此采取肯定态度,但下落不明的自然人所在单位为编制问题或者为停发工资等原因无权申请该自然人宣告死亡(最高人民法院 1986 年 2 月 18 日[1985]民他字第 28 号《关于失踪人的工作单位能否向人民法院申请宣告失踪人死亡的批复》)。从平等保护当事人的合法权益出发,只要法人和其他社会组织与被申请人之间存在民事权利义务关系,均可为申请人。但《民法总则》未明文规定利害关系人包括法人和其他社会组织。

3. 由人民法院经过法定程序,宣告自然人死亡

依照《民事诉讼法》的规定,人民法院审理宣告死亡案件,适用《民事诉讼法》关于特别程序的规定。人民法院受理宣告死亡案件后,应当发出寻找下落不明人的公告,公告期间为 1 年。因意外事故下落不明,经有关机关证明该公民不可能生存的,宣告死亡的公告期间为 3 个月。公告期间届满,人民法院应当根据被宣告死亡的事实是否得到确认,作出宣告死亡的判决或者驳回申请的判决。公告期间届满,人民法院仍不能确定失踪人尚生存的,即作出判决宣告其死亡。

被宣告死亡人的死亡时间应当如何确定,《民法通则》没有作出规定。宣告死亡是一种法律推定。其推定的一项重要内容,就是推定被宣告死亡人死亡的时间。被宣告死亡人的死亡时间,涉及继承的开始、身份关系解除等,比如遗产的具体范围、继承人的具体范围、遗嘱效力

---

〔1〕 参见王利明主编:《民法》,中国人民大学出版社 2006 年版,第 72 页以下。

之发生时间以及代位继承是否发生等与遗产继承有关的重大事项，因此具有重要的法律意义，应当由法律对此作出规定。关于宣告死亡时间的推定，世界各国和地区有不同的立法例。有的规定为申请宣告死亡所需的下落不明法定期间届满的时间，《日本民法典》、我国台湾地区“民法”属于这种情况；有的规定为死亡宣告作出的时间，如《西班牙民法典》规定：失踪者被宣告死亡则停止合法失踪的状态，但是推定失踪者存活至死亡宣告作出之时，除非有相反的调查结果。我国《民法总则》第 48 条规定：“被宣告死亡的人，人民法院宣告死亡的判决作出之日视为其死亡的日期；因意外事件下落不明宣告死亡的，意外事件发生之日视为其死亡的日期。”

《民法总则（草案）》（三次审议稿）规定的是：“被宣告死亡的人，人民法院判决确定的日期视为其死亡的日期；判决未确定死亡日期的，判决作出之日视为其死亡的日期。”代表审议过程中，有的提出，被宣告死亡的人死亡日期的推定事关重大，法律的规定应当具体明确，不应当赋予法院过大的自由裁量权，况且被申请宣告死亡的人生不见人、死不见尸，法院行使自由裁量权本身也缺乏说服力。在审议草案修改稿过程中，有的提出，对于因意外事件下落不明宣告死亡的情形，被申请宣告死亡的人真正死亡的概率很大，这一点大家是有共识的，有一些国外立法例也规定对于这种情形，法院可以联系意外事件的发生时间来作出死亡日期的推定。因此，草案建议表决稿就作出了本条的规定。审议过程中曾对是规定意外事件发生之日，还是规定意外事件结束之日有过讨论。有的提出，一些意外事件的过程并不止一日，应当规定意外事件结束之日。有的提出，意外事件发生之日与意外事件结束之日，被申请宣告死亡的人死亡概率差别并不大，如规定意外事件结束之日，对于类似马航事件这种难下结论的意外事件来说，会产生出何时作为意外事件结束之日的争论。因此，《民法总则》最终规定意外事件发生之日视为死亡的日期。[1]

(三)宣告死亡与宣告失踪的关系

宣告死亡和宣告失踪都是基于自然人下落不明,为了维护社会经济关系的稳定而设立的法律制度,二者都以被宣告人下落不明达到一定法定期间为前提,都需要利害关系人提出宣告申请,并且都由人民法院作出宣告的判决。但是,宣告死亡制度不同于宣告失踪制度。第一,这两种制度设计的目的不同。宣告失踪制度主要是为了保护失踪人的利益,而宣告死亡制度则主要是为了保护被宣告死亡人的利害关系人的利益。第二,宣告死亡和宣告失踪的条件、程序及其法律后果不同。(1)宣告死亡有保护失踪人配偶、近亲属人身、伦理和心理利益以及继承利益的规范目的,而宣告失踪没有。(2)宣告死亡的效果在于终止失踪人以其原住所地为中心的人身和财产关系,而宣告失踪仅在于为完全行为能力失踪人设立财产代管人。(3)宣告死亡的法定失踪期间一般为4年,特殊情况下为2年,而宣告失踪的法定失踪期间一律为2年。(4)宣告死亡的公告寻找期间为1年,而宣告失踪的期间为1年。(5)宣告死亡须拟制失踪人死亡,宣告失踪则没有。(6)宣告死亡被撤销,发生返还财产、恢复婚姻关系等效果,宣告失踪撤销则没有。在实践中,对同一自然人,有的利害关系人申请宣告死亡,有的利害关系人申请宣告失踪,应当如何处理?依照《民法总则》第47条的规定,符合宣告死亡法定条件的,人民法院应当宣告死亡,即宣告死亡并不以宣告失踪为前提,宣告失踪不是宣告死亡的必经程序。国外也有同样的立法例,如《意大利民法典》第58条第3款规定:“即使没有经过宣告失踪程序也可以进行死亡宣告。”

(四)宣告死亡的法律后果

自然人被宣告死亡发生类似于自然死亡的法律后果,其已经参加的民事法律关系消灭,其婚姻关系自然解除,财产作为遗产开始继承。

---

〔1〕 参见李适时主编:《中华人民共和国民法总则释义》,法律出版社2017年版,第134以下。

但是这里会出现两个问题:

第一个问题是,宣告死亡是否导致自然人的民事主体资格完全丧失、民事权利能力终止的法律后果?

关于宣告死亡是否能够引起民事权利能力的终止,各国或地区立法规定不一。第一种立法例明确规定宣告死亡视同死亡或者死亡包括宣告死亡,发生民事权利能力的终止,比如日本和前捷克斯洛伐克民法典。第二种立法例单独规定宣告死亡,并未明确说明民事权利能力是否因此终止,如我国台湾地区“民法典”。我国《民法通则》和《民法总则》都没有作出明确规定。《民法通则》第9条、《民法总则》第13条虽然规定自然人的民事权利能力因死亡而终止,然而该“死亡”是否包括宣告死亡,并未作出明确规定。理论界对此有两种截然不同的观点。一种观点认为,宣告死亡人同自然死亡一样,民事主体资格丧失,权利能力和行为能力终止。江平教授在“中华人民共和国民法通则讲座”中也是持这种观点:宣告死亡的法律后果和自然死亡的后果是一样的。宣告死亡是权利能力的问题。自然人被宣告死亡,就没有了权利能力,也没有了行为能力。马俊驹教授也认为,既然《民法通则》第9条规定自然人的民事权利能力因死亡而终止,而《民法通则》规定的死亡又包括自然死亡和宣告死亡,那么宣告死亡当然是自然人民事权利能力终止的原因。如果说宣告死亡制度的目的仅在于消灭被宣告死亡人以住所地为中心的民事法律关系,而非剥夺被宣告人的民事权利能力,那么宣告死亡制度就没有存在的必要。失踪既与离去住所居所无关,则死亡宣告所发生的效力不应强调以失踪人的住所地为中心。现代大城市中,失踪人匿居一方仍居市中者,事可常有。[1] 魏振瀛教授认为,宣告死亡制度系为了及时清理长期下落不明因而死亡可能性极大的自然人遗留的法律关系和维护生存者合理利益及正当社会秩序所设,故立法应采决然之立场,确定宣告死亡发生与自然死亡相同之民事法律效果,

---

〔1〕 曾世雄:《民法总则之现在与未来》,中国政法大学出版社2001年版,第100页。

即被宣告死亡的人丧失民事主体资格，其权利能力和行为能力终止。[1] 例如德国民法就认为，关于被宣告死亡的一般后果就是导致自然人权利能力全面地发生终止，并对被宣告死亡的自然人之一切法律关系均发生效力，但其可因被宣告死亡的人之生还而得以自始推翻。[2] 另一种观点则认为，《民法总则》第13条所规定的消灭民事权利能力的死亡为事实死亡，不包括自然宣告死亡。被宣告死亡的人如仍生存于他方，其民事权利能力及所为的民事法律行为不因原住所地被宣告死亡而受影响。[3] 人会因生理死亡而丧失民事权利能力，但是宣告死亡却不导致自然人权利能力的消灭。宣告死亡的目的并非绝对地消灭或者剥夺被宣告死亡人的主体资格，而在于结束以被宣告死亡人原住所地为中心的民事法律关系。[4] 张俊浩教授也持这种观点。他认为，宣告死亡的效力仅在于终止被宣告人所参加的以其住所地为中心的民事法律关系，在空间上，其效力限于以其原住所地为中心的区域。若受宣告人并未死亡，却在其他地区生存，那么在该地区，他不但仍然具有权利能力，而且其民事活动也不受影响。[5] 与之观点相同或相近的学者还有王泽鉴、谢怀栻、朱庆育等。[6] 本书认为，《民法总则》第13条所指的“死亡”仅指自然死亡。如果还包括宣告死亡，条文应当作出明确规定，因为对于一个自然人而言，没有比民事权利能力终止更大的事情。比如最高人民法院《关于贯彻执行〈中华人民共和国继承法〉若干问题的意见》第1条规定：“继承从被继承人生理死亡或被宣告死亡时开始”，就把宣告死亡与生理死亡（自然死亡）作出明文规

---

〔1〕 魏振瀛：《民法》，北京大学出版社2000年版，第61页。

〔2〕 [德]迪特尔·梅迪库斯：《德国民法总论》，邵建东译，中国政法大学出版社2001年版，第789页。

〔3〕 龙卫球、刘保玉主编：《中华人民共和国民法总则释义与适用指导》，中国法制出版社2017年版，第53页。

〔4〕 崔建远等：《民法总论》（第2版），清华大学出版社2010年版，第116页。

〔5〕 张俊浩主编：《民法学原理》，中国政法大学出版社1991年版，第110页。

〔6〕 参见王泽鉴：《民法总则》（最新版），北京大学出版社2014年版，第118页；谢怀栻：《民法总则讲要》，北京大学出版社2007年版，第91页；朱庆育：《民法总论》（第2版），北京大学出版社2016年版，第393页。

定。更为重要的是,民事权利能力是自然人主体地位的法律标志。人的民事权利能力是与生俱来的,具有先验性,而不是法律所赋予。他人既不得剥夺或限制某一自然人的权利能力,该自然人亦不得自己让与或抛弃,俾使切实维护自然人主体地位的绝对性。[1] 其实,民法设立宣告死亡制度,是为了保护利害关系人的利益和稳定经济社会生活秩序,而不是为了消灭被宣告人的民事权利能力,使其丧失民事主体资格。一个自然人如果事实上还处于生存状态,尽管长期失联,但按照《民法总则》第 13 条的规定,其民事权利能力当然存续,绝不会因为被宣告死亡而终止。但本书也不完全赞成宣告死亡的效力仅在于终止被宣告人所参加的以其原住所地为中心的民事法律关系。所谓"失踪人原住所或居所为中心",不具有确切的含义。何谓"中心"?倘失踪人于失踪前在距其原住所万里之遥的地方实施了法律行为,是否仍为"中心"所及?很显然,宣告死亡的效力及于其失踪前所涉之一切法律关系,其并无范围的任何限制。况且,在互联网时代,自然人的民事法律关系与住所地的关联性越来越弱。

第二个问题,自然人被宣告死亡但是并未死亡的,是否影响该自然人在被宣告死亡期间实施的民事法律行为的效力?

《民法通则》第 24 条第 2 款规定:有民事行为能力人在被宣告死亡期间实施的民事法律行为有效。对这一条有一些错误理解,大致有两种情况:一种认为,既然被宣告死亡,就没有了权利能力,也没有了行为能力,因此在被宣告死亡期间所实施的民事法律行为无效。这种理解会产生很大问题,扰乱社会经济秩序。所以大家可以看到宣告死亡和自然死亡唯一区别点就在这里。另一种错误理解就是认为被宣告死亡的人在被宣告死亡期间所实施的民事行为都有效,这也太绝对了。比如婚姻问题,在这个地方没有离婚到另一个地方又另外结婚,第二个婚姻是否有效呢?显然是不能有效的。[2] 本书认为,宣告死亡不完全

---

〔1〕 参见朱庆育:《民法总论》(第 2 版),北京大学出版社 2016 年版,第 382 页以下。

〔2〕 顾昂然等:《中华人民共和国民法通则讲座》,中国法制出版社 2000 年版,第 86 页。

等同于自然死亡,它只是对失踪自然人死亡的一种推定,有可能在事实上该失踪自然人还在某地生存,还可能仍在实施民事法律行为,如果因为他已经被宣告死亡了,就不承认他所从事的民事法律行为的效力,无疑是不合情理的,也不利于维护交易安全和社会经济秩序。因此,《民法总则》第 49 条规定:"自然人被宣告死亡但是并未死亡的,不影响该自然人在被宣告死亡期间实施的民事法律行为的效力。"《民通意见》第 36 条第 2 款规定:"被宣告死亡和自然死亡的时间不一致的,被宣告死亡所引起的民事法律后果仍然有效,但自然死亡前已实施的民事法律行为与被宣告死亡引起的民事法律后果相抵触的,则以其实施的民事法律行为为准。"

如果并未死亡的自然人从事的民事活动与被宣告死亡的法律后果不相关联,没有冲突的情况,则一般不会产生法律问题。比如,自然人被宣告死亡,其财产被依法继承,而该自然人并未死亡,生活在别处,购买食物,租住房屋,这些法律关系互不相干,皆属有效。但也有可能发生的情况是产生了冲突,相互抵触。比如在并未死亡的自然人被宣告死亡期间,其配偶和本人都将同一房屋或者其他财产出卖。对此,按照前述司法解释提出的办法,本人实施的民事法律行为与被宣告死亡引起的法律后果相抵触的,以其实施的民事法律行为为准。在《民法总则》制定过程中,在这个问题上存在争议,涉及各种情况和因素,比较复杂。单就本人实施的民事法律行为与被宣告死亡引起的民事法律行为相抵触的情况来说,两种民事法律行为是否都应当有效,如果都属有效,哪一个优先,等等。鉴于对此问题争议较大,《民法总则》第 49 条对此未作具体规定。[1]

(五)死亡宣告的撤销及其法律后果

死亡宣告的撤销,是被宣告死亡之本人事实上并未死亡,经其本人或者利害关系人申请,由法院撤销不真实死亡宣告判决,从而恢复原状

---

〔1〕 参见石宏主编:《中华人民共和国民法总则条文说明、立法理由及相关规定》,北京大学出版社 2017 年版,第 104 页以下。

的制度。死亡宣告撤销制度,目的在于保护受到不真实死亡宣告的人及其亲属的权益,同时也兼顾善意相对人的信赖利益。宣告死亡只是法律上对失踪自然人死亡的法律推定,是一种可反驳、可推翻的法律推定。当被宣告死亡的人重新出现或者确知其没有死亡的,经本人或者利害关系人申请,人民法院应当撤销对他的死亡宣告。

实际上死亡宣告人可能并没有死亡,在这种情况下事关重大。有两种方案处理:一种是宣告死亡得被相反证据自动推翻。因此,只要出现反证,宣告死亡所作出的失踪人已经死亡的推定即被否定,即使宣告死亡的判决尚未被撤销,有关死亡宣告所导致的法律效果也有可能受到影响。采此"事实主义"的,有德国、瑞士、土耳其、我国台湾地区等。[1] 另一种是必须经历一个撤销的程序,即要阻止死亡所带来的效果,就必须撤销死亡宣告,仅仅提出反证不能追溯否定死亡所带来的效果。依此撤销的"拟制主义",在宣告死亡之后,即使有确切证据证明失踪人并未死亡,甚至于被宣告死亡之本人已经出现,在未经法定程序撤销死亡宣告之前,有关死亡宣告所导致的一切法律效果,并不因此而发生任何影响。采"拟制主义"的,有日本、苏联、泰国等。[2] 我国大陆也是采取拟制主义。

《民法总则》第 50 条规定:"被宣告死亡的人重新出现,经本人或者利害关系人申请,人民法院应当撤销死亡宣告。"《民事诉讼法》第 186 条也规定:"被宣告死亡的公民重新出现,经本人或者利害关系人申请,人民法院应当作出新判决,撤销原判决。"宣告死亡是人民法院经过法定程序作出的,具有宣示性和公信力,发生相应的法律后果。即使被宣告人事实没有死亡,也不能在重新出现后当然使得与其相关的民事法律关系恢复到原来的状态,而必须经本人或者利害关系人申请,同样由人民法院通过法定程序,作出新判决,撤销原判决。

---

〔1〕 参见《德国民法典》原第 18 条,《瑞士民法典》第 38 条,《土耳其民法典》第 34 条,我国台湾地区"民法典"第 9 条第 1 项。

〔2〕 参见《日本民法典》第 31、32 条,《苏俄民法典》第 21、22 条,《泰国民法典》第 75 条。

根据《民法总则》第51条至第53条的规定，对死亡宣告的撤销在以下几个方面产生法律后果：

1. 被宣告死亡人与其配偶的婚姻关系

《民法总则》第51条规定："被宣告死亡的人的婚姻关系，自死亡宣告之日起消灭。死亡宣告被撤销的，婚姻关系自撤销死亡宣告之日起自行恢复，但是其配偶再婚或者向婚姻登记机关书面声明不愿意恢复的除外。"关于本条内容，《民法通则》未作规定。《民通意见》第37条规定："被宣告死亡的人与配偶的婚姻关系，自死亡宣告之日起消灭。死亡宣告被人民法院撤销，如果其配偶尚未再婚的，夫妻关系从撤销死亡宣告之日起自行恢复；如果其配偶再婚后又离婚或者再婚后配偶又死亡的，则不得认定夫妻关系自行恢复。"最高人民法院这一司法解释精神，与国外多数立法例一致，也符合情理。《民法总则》基本上采纳了司法解释的内容，增加了被宣告死亡人的配偶虽未再婚但不愿意恢复婚姻关系的可以向登记机关声明不愿意恢复婚姻关系的规定。

2. 被宣告死亡人子女被收养的处理

被宣告死亡人在被宣告死亡期间，其子女被他人依法收养，被宣告死亡人在死亡宣告被撤销后，仅以未经本人同意而主张收养关系无效的，应当如何处理？对此，《民法通则》未作出规定，但《民通意见》第38条规定，子女在死亡宣告期间，被他人合法收养的，该收养关系不受撤销宣告影响。《民法总则》第52条则进一步作出明确规定："被宣告死亡的人在被宣告死亡期间，其子女被他人依法收养的，在死亡宣告被撤销后，不得以未经本人同意为由主张收养关系无效。"我国《收养法》第23条规定："自收养关系成立之日起，养父母与养子女间的权利义务关系，适用法律关于父母子女关系的规定；养子女与生父母及其他近亲属间的权利义务关系，因收养关系的成立而消除。"依法产生的收养关系受法律承认和保护，没有法定事由不得主张无效或者擅自解除。父母可以未经本人同意为由主张收养关系无效，被宣告死亡的人在被宣告死亡期间，在法律上与子女的亲权关系已经消灭，已不存在经其同意的问题。

3. 被撤销宣告死亡人的财产的处理

《民法总则》第 53 条规定:“被撤销死亡宣告的人有权请求依照继承法取得其财产的民事主体返还财产。无法返还的,应当给予适当补偿。利害关系人隐瞒真实情况,致使他人被宣告死亡取得其财产的,除应当返还财产外,还应当对由此造成的损失承担赔偿责任。”

《民法通则》第 25 条规定:“被撤销死亡宣告的人有权请求返还财产。依照继承法取得他的财产的公民或者组织,应当返还原物;原物不存在的,给予适当补偿。”在《民法总则(草案)》审议过程中,关于在死亡宣告被撤销后,取得其财产的人是否应当返还财产,有的意见认为,撤销死亡宣告的法律后果当然包括财产关系应当恢复原状,无论是因为继承、受遗赠,还是其他原因取得的财产,都应当向被撤销死亡宣告的人返还财产。有的意见认为,因宣告死亡而取得财产的人并无过错,而是依照法律规定合法取得了被宣告死亡人的财产,原则上应当以不返还为原则。比如,《继承法》规定,继承遗产应当清偿被继承人依法应当缴纳的税款和债务,这种财产本应支付,即使死亡宣告被撤销也无返还之理。再如,从继承人那里合法取得原属被宣告死亡人所有的财产之人,从维护交易秩序的角度,也不应要求其返还。《民通意见》第 40 条就规定:“被撤销死亡宣告的人请求返还财产,其原物已被第三人合法取得的,第三人可不予返还。但依继承法取得原物的公民或者组织,应当返还原物或者给予适当补偿。”规定依继承法取得财产的人返还财产,主要是出于情理平衡双方的利益。一方面,被宣告死亡的人重新出现,财产可以继承的推定被推翻;另一方面,继承人乃是无偿取得财产,故而规定被撤销死亡宣告的人有权请求其返还财产。但是,进一步来说,继承人取得财产毕竟是因宣告死亡而起,属于合法取得,也自然将其作为自己的财产而使用、消费,乃至损毁,以致不能返还。如规定这种情况下继承人应当按原值折价补偿,于情理不合,甚至有的建议规定此时只应当返还财产的尚存利益。因此,《民法总则》第 53 条第 1 款规定,被撤销死亡宣告的人有权请求依照继承法取得其财产的民事主体返还财产。无法返还的，应当给予适当补偿。[1] 适当补偿不同于赔偿，并不需要完全按照财产的价值进行赔偿。如财产被出卖，应返还其价款。其价款已经部分或者全部用于家庭消费的，根据实际情况酌情补偿。

如果自然人被宣告死亡乃是利害关系人隐瞒真实情况所致，并且该利害关系人还因此获得利益，取得被宣告死亡人的财产，则该利害关系人存在过错，其取得财产带有非法性，不但不应受到利益上的保护，而且还应当承担相应的责任。因此，《民法总则》第 53 条第 2 款规定："利害关系人隐瞒真实情况，致使他人被宣告死亡而取得其财产的，除应当返还财产外，还应当对由此造成的损失承担赔偿责任。"

---

〔1〕 参见李适时主编：《中华人民共和国民法总则释义》，法律出版社 2017 年版，第 140 页以下。

第八讲　个体工商户和农村承包经营户

陈小君*

在《民法总则》的起草过程中，对是否继承《民法通则》第二章第四节关于个体工商户和农村承包经营户的内容，有不同意见。有的提出，个体工商户、农村承包经营户是历史的产物，是自然人以“户”的名义从事民事活动，将其作为单独的自然人主体类型没有必要，因此不应再规定“两户”的内容。但立法者坚持认为，个体工商户和农村承包经营户是具有中国特色的民事主体，从改革开放近40年的实践看，规定“两户”基本符合中国国情，个体工商户和农村承包经营户对解放生产力、促进我国经济社会发展及扩大就业发挥了重要作用。目前，我国登记的个体工商户数量庞大，其在社会经济生活中扮演着重要角色，已成为大众创业的重要主体。农村承包经营户是我国实行家庭承包经营为基础、统分结合的双层经营体制的重要载体之一，其民事主体资格问题直接涉及农户权益，且家庭承包经营是以家庭为生产经营单位，并不同于一般的自然人主体，保留农村承包经营户这一民事主体仍具有重要

* 中国法学会民法研究会副会长，广东外语外贸大学法学教授、博士生导师。

的制度价值和现实意义。据此,《民法总则》仍专节规定了个体工商户和农村承包经营户。[1]

一、个体工商户

自然人从事工商业经营,经依法登记,为个体工商户。2016 年年底,全国实有个体工商户 5929. 95 万户,其中本年新登记个体工商户 1068. 95 万户;全国实有个体工商户资金数额达 4. 44 万亿元;从业人数为 1. 28 亿人。2011 年以来,全国个体工商户实现了户数、从业人员和资金的持续增长。其中户数年平均增长率 9. 57% ,从业人员年平均增长率 10. 13% ,资金年平均增长率 22. 40% 。个体工商户户均从业人员基本稳定在每户 2 人;户均资本逐年增长,从 2011 年年末的每户 4. 3 万元增长到 2016 年年末的每户 7. 5 万元。

截止到 2016 年年底,全国共有 5355. 1 万户个体工商户集中于第三产业,占总体比重的 90. 31% 。个体工商户从业人员集中于第三产业,从业人员 1. 09 亿人。截止到 2016 年年底,全国共有 3743. 23 万户个体工商户集中在批发和零售业,占总体比重的 63. 12% ;654. 04 万户个体工商户分布在住宿和餐饮业,占总体比重的 11. 03% ;批发和零售业以及住宿和餐饮业这两个行业在个体工商户中行业集中度大。此外,在居民服务、修理和其他服务业,制造业,农、林、牧、渔业,交通运输、仓储和邮政业,租赁和商务服务业,信息传输、软件和信息技术服务业,文化、体育和娱乐业,科学研究和技术服务业,建筑业,卫生和社会工作,房地产业,教育,采矿业,金融业等行业中均有分布。从城乡分布来看,2016 年城镇个体工商户户数在总体中占比约为 67. 40% 。从吸纳就业情况来看,2016 年个体工商户从业人员 54. 29% 集中在批发和零售业,约 6982. 61 万人;其次是住宿和餐饮业,占比 14. 26% ,约

---

〔1〕 参见北大法宝"民法总则释义",http://www. pkulaw. cn. eresources. law. harvard. edu/CLink_form. aspx? Gid = 291593&Tiao = 54&km = siy&subkm = 0&db = siy。

1833.69 万人;最后是制造业,占比 10.69%,约 1375.41 万人。[1]

《民法总则》第二章"自然人"第四节共两个条文规定个体工商户的概念和责任承担方式。本讲主要介绍个体工商户的概念、特征、法律性质、组织化过程、经营关系和责任承担方式。[2]

(一)个体工商户的概念与特征

《民法总则》第54条规定:"自然人从事工商业经营,经依法登记,为个体工商户……"也即个体工商户是在法律允许的范围内,依法经核准登记,从事工商业经营的自然人。此时的自然人应扩大解释为个人或家庭。

个体工商户应具备如下特征:

1. 个体工商户是从事工商业经营的个人或家庭。自然人既可以个人为单位,也可以家庭为单位从事工商业经营,对外以"工商户"的名义独立进行民事活动。如果单个自然人进行个体经营,必须具有相应的民事行为能力。

2. 个体工商户必须依法核准登记。自然人或者家庭要从事工商业经营活动的,必须依法向工商行政管理部门提出申请,在核准登记后颁发个体经营的营业执照,取得个体工商户的营业资格。

(二)个体工商户的法律性质

1. 自然人说

《民法总则》将个体工商户归属于自然人,采自然人说。个体工商户作为自然人开展经营活动的一种特殊形式。个体工商户在本质上是自然人的营业,但自然人营业并不局限于个体工商户。自然人营业还包括小摊贩等一些不需要登记的营业活动。将个体工商户与自然人营业相关联,主要原因在于营业乃民事行为和商事行为划分的一项标准。营业具备显著的外观特征,克服了传统商主观主义和商客观主义辨识

---

〔1〕 参见北大法宝"民法总则释义",http://www.pkulaw.cn.eresources.law.harvard.edu/CLink_form.aspx?Gid=291593&Tiao=54&km=siy&subkm=0&db=siy。

〔2〕 该部分的具体内容,可参见我国《个体工商户名称登记管理办法》《个体工商户登记管理办法》《个体工商户条例》。

上的困难,并成为衔接商人制度与商行为制度的桥梁。不过,个体工商户仍然不同于纯粹的自然人。营改增全面推开后,对于个体工商户,增值税小规模纳税人销售货物,提供加工、修理修配劳务月销售额不超过3万元,销售服务、无形资产月销售额不超过3万元的,可分别享受小微企业暂免征收增值税优惠政策。同时,个体工商户并未纳入破产制度,与一般法人组织并不一样。而个体工商户如作为纯粹的自然人,一方面涉及纳税,另一方面在一些民事活动中被视为消费者,从而享有特殊的民事保护地位。

2. 非法人组织说

非法人组织说,即认为个体工商户属于营利性的非法人组织。该学说认为个体工商户具有组织体的属性,有独立的字号和经营场所,可以单独设立银行账户和拥有商号,并区别于单个的自然人。个体工商户可以在其经营范围内享有相应的民事权利能力和民事行为能力,以自己的名义从事经营活动。同时,个体工商户还具有独立的财产,其经营活动中的财产有别于个人财产。需要注意的是,个体工商户的组织性有别于法人的组织性,具有非组织性的特征,并体现在如下几个方面:(1)个体工商户在设立、字号和出资方面并无法定要求,其经营场所也不能重复设置。(2)个体工商户的经营形式包括个人经营和家庭经营。在家庭经营时,家庭并不是作为组织,而是在经营形式上体现出家庭的特征。

(三)个体工商户的组织化

1. 独立的民事主体地位

第一,个体工商户的字号。《民法总则》第54条规定个体工商户可以起字号,其字号应属于"法律规定的其他权利和利益"。《个体工商户名称登记管理办法》第2条对个体工商户的字号采申请主义,即可以使用名称,也可以不使用名称。第5条规定:"个体工商户决定使用名称的,应当向登记机关提出申请,经核准登记后方可使用。一户个体工商户只准使用一个名称。"起字号的形式应满足该管理办法第6条的规定,也即个体工商户名称由行政区划、字号、行业、组织形式依次组成。其中,个体工商户名称中的行政区划在《个体工商户名称登记管理办法》第7条中被特别说明,即指个体工商户所在县(市)和市辖区名称。行政区划之后可以缀以个体工商户经营场所所在地的乡镇、街道或者行政村、社区、市场名称。同时,经营者姓名可以作为个体工商户名称中的字号使用。县级以上行政区划不得用作字号,但行政区划的地名具有其他含义的除外。个体工商户名称中的行业应当反映其主要经营活动内容或者经营特点,其行业表述应当参照我国《国民经济行业分类》(2017年6月30日国家质量监督检验检疫总局、国家标准化管理委员会批准发布)的中类、小类行业类别名称或具体经营项目。

第二,个体工商户的诉讼主体地位。《民通意见》第41条规定:"起字号的个体工商户,在民事诉讼中应以营业执照登记的户主(业主)为诉讼当事人,在诉讼文书中注明系某字号的户主。"即作为实际经营者的自然人在民事诉讼中处于原告或者被告地位。不过,最高人民法院《关于适用〈中华人民共和国民事诉讼法〉的解释》第59条改变了这一诉讼主体地位的规定,将个体工商户以营业执照上登记的信息为诉讼当事人。有字号的以营业执照上登记的字号为当事人,但应同时注明该字号经营者的基本信息。营业执照上登记的经营者与实际经营者不一致的,以登记的经营者和实际经营者为共同诉讼人。个体工商户从民事主体拓展到民事诉讼主体范畴。

2. 个体工商户的登记

《个体工商户条例》(国务院令第666号)第8条规定,"申请登记为个体工商户,应当向经营场所所在地登记机关申请注册登记"。《个体工商户条例》废弃核准制,只要申请登记的经营范围不属于法律和行政法规禁止进入的行业,登记机关即应依法登记。就自然人而言,可登记为个体工商户,也可以以个人身份从事工商业经营活动。自然人从事商事活动,只要不违反法律和行政法规的禁止性规定即可,并不依赖法律的特殊许可。那么,《无证无照经营查处办法》(国务院令第684号)所处罚的无照经营行为,是针对需要办理营业执照而未办理的情形,并非强制要求自然人必须以个体工商户的形式从事工商业活动。也即,自然人不登记为个体工商户而从事工商业经营的,并不构成《无证无照经营查处办法》所称的无照经营行为。有经营能力的自然人,经工商行政部门登记取得个体工商户营业执照的,可以成为个体工商户。自然人以个体工商户的名义从事工商活动时,除取得营业执照外,还需取得经营许可,满足消防等其他经营条件。

有关个体工商户的登记问题,《个体工商户条例》和《个体工商户登记管理办法》均作出了具体规定。

(1)登记机关。《个体工商户登记管理办法》第 4 条第 1 ~ 3 款规定:"工商行政管理部门是个体工商户的登记管理机关。国家工商行政管理总局主管全国的个体工商户登记管理工作。省、自治区、直辖市工商行政管理局和设区的市(地区)工商行政管理局负责本辖区的个体工商户登记管理工作。"《个体工商户条例》第 3 条进一步规定:"县、自治县、不设区的市、市辖区工商行政管理部门为个体工商户的登记机关(以下简称登记机关)。登记机关按照国务院工商行政管理部门的规定,可以委托其下属工商行政管理所办理个体工商户登记。"

(2)登记事项。个体工商户登记事项包括经营者姓名和住所、组成形式、经营范围、经营场所。个体工商户使用名称的,名称作为登记事项。首先,个体工商户登记事项包括经营者姓名和住所、组成形式、经营范围、经营场所。个体工商户使用名称的,名称作为登记事项。其次,经营者姓名和住所,是指申请登记为个体工商户的公民姓名及其户籍所在地的详细住址。再次,登记的组成形式,包括个人经营和家庭经营。家庭经营的,参加经营的家庭成员姓名应当同时备案。复次,经营范围,是指个体工商户开展经营活动所属的行业类别。登记机关根据申请人申请,参照我国《国民经济行业分类》中的类别标准,登记个体工商户的经营范围。经营场所,是指个体工商户营业所在地的详细地址。个体工商户经登记机关登记的经营场所只能为一处。最后,申请注册登记或者变更登记的登记事项属于依法须取得行政许可的,应当向登记机关提交许可证明。个体工商户申请使用名称的,应当按照该

《个体工商户名称登记管理办法》办理。

(3)登记申请。申请登记为个体工商户,应当向经营场所所在地登记机关申请注册登记。申请人应当提交登记申请书、身份证明和经营场所证明。国家对个体工商户实行市场平等准入、公平待遇的原则。申请办理个体工商户登记,申请登记的经营范围不属于法律、行政法规禁止进入的行业的,登记机关应当依法予以登记。个人经营的,以经营者本人为申请人;家庭经营的,以家庭成员中主持经营者为申请人。委托代理人申请开业、变更、注销登记的,应当提交申请人的委托书和代理人的身份证明或者资格证明。申请个体工商户登记,申请人或者其委托的代理人可以直接到经营场所所在地登记机关登记;登记机关委托其下属工商所办理个体工商户登记的,到经营场所所在地工商所登记。申请人或者其委托的代理人可以通过邮寄、传真、电子数据交换、电子邮件等方式向经营场所所在地登记机关提交申请。申请开业、变更登记的经营范围涉及国家法律、行政法规或者国务院决定规定在登记前须经批准的项目的,应当在申请登记前报经国家有关部门批准,并向登记机关提交相关批准文件。

(4)受理审查。第一,登记机关收到申请人提交的登记申请后,对于申请材料齐全、符合法定形式的,应当受理。申请材料不齐全或者不符合法定形式,登记机关应当当场告知申请人需要补正的全部内容,申请人按照要求提交全部补正申请材料的,登记机关应当受理。申请材料存在可以当场更正的错误的,登记机关应当允许申请人当场更正。登记机关受理登记申请,除当场予以登记的外,应当发给申请人受理通知书。对于不符合受理条件的登记申请,登记机关不予受理,并发给申请人不予受理通知书。申请事项依法不属于个体工商户登记范畴的,登记机关应当即时决定不予受理,并向申请人说明理由。第二,申请人提交的申请材料齐全、符合法定形式的,登记机关应当当场予以登记,并发给申请人准予登记通知书。根据法定条件和程序,需要对申请材料的实质性内容进行核实的,登记机关应当指派两名以上工作人员进行核查,并填写申请材料核查情况报告书。登记机关应当自受理登记申请之日起15日内作出是否准予登记的决定。第三,登记机关作出准予登记决定的,应当发给申请人准予个体工商户登记通知书,并在10日内发给申请人个体工商户营业执照。不予登记的,应当发给申请人不予个体工商户登记通知书。

(四)个体工商户的经营

1. 经营能力和经营范围

《个体工商户条例》将申请设立工商户的人员范围扩大至“有经营能力的公民”,明确国家对个体工商户实行市场平等准入、公平待遇的原则。只要是不属于法律、行政法规禁止进入的行业,个体工商户均可进入并开展经营活动。个体工商户的经营能力主要从资质和技艺的角度考察,侧重经营主体的商事经营资格。实践中个体工商户从事经营的领域极为广泛,主要有批发和零售业,住宿和餐饮业,服务业,制造业,农、林、牧、渔业,交通运输、仓储和邮政业,文化、体育和娱乐业,科学研究和技术服务业,建筑业,卫生和社会工作,房地产业,教育,采矿业,电力、热力、燃气及水生产和供应业,水利、环境和公共设施管理业,金融业等行业。

2. 经营的内部关系和外部关系

个体工商户的经营存在内部关系和外部关系的区分。在内部关系中,个体工商户的组成形式决定了内部关系的结构。个体工商户的组成形式与组织形式相区别,前者确定个体工商户是家庭经营还是个人经营,并且在家庭经营情形下排除雇工和雇员的适用。在外部关系中,主要在于区分家庭财产和夫妻共同财产。就家庭财产的表述而言,《民法总则》第56条的规定,并未明确家庭财产是否包括子女财产,从该条文的文义内涵看,此家庭财产与其家庭经营相关。

(五)个体工商户的民事责任

按照《民法总则》第56条规定,个体工商户的债务,个人经营的,以个人财产承担;家庭经营的,以家庭财产承担;无法区分的,以家庭财产承担。个体工商户可以个人经营,也可以家庭经营。在实践中,如果无法区分是个人经营还是家庭经营,是个人投资还是家庭投资,是个人享用经营收益还是家庭共同享用经营收益，进而确定债务是以个人财产承担还是以家庭财产承担的，一般参照如下标准：其一，即便以个人名义申请登记的个体工商户，如果用家庭共用财产投资或者收益的主要部分供家庭成员享用的，其债务应以家庭共用财产清偿。其二，在夫妻关系存续期间，一方从事个体经营，其收入为夫妻共有财产的，债务也应以夫妻共有财产清偿。其三，如以家庭共有财产承担个体工商户的债务，应当保留家庭成员的生活必需品和必要的生产工具。

二、农村承包经营户

《民法总则》在《民法通则》的基础上，根据土地承包经营权由“合同性质及债权保护”向“物权性质及物权保护”的转化作了修改完善。家庭承包经营制、土地承包经营权与承包经营户紧密相连，分别从经济制度和法律制度两个层面保障了农户的权益。第一，以家庭承包经营为基础的土地承包经营制是我国农村的基本经营制度。实行家庭承包经营为基础、统分结合的双层经营体制，是宪法确立的一项基本制度，也是党在农村的一项基本政策。三十多年来的农村改革的实践证明，实行家庭承包经营，符合生产关系要适应生产力发展要求的规律。家庭承包经营制使农户获得了充分的经营自主权，调动了亿万农民的生产积极性，极大地解放和发展了农村生产力，实现了我国农业的巨大发展和农村经济的全面繁荣。第二，保障农户的土地承包经营权是民法典编纂的一项重要任务。稳定土地承包关系，赋予农民长久而有保障的土地承包经营权，关系到我国广大农民生存和发展的权利，关系到我国农业的持续发展、农村经济的繁荣和农村社会的和谐稳定。对于这样一个重大问题，无疑需要由法律制度加以保障；而保障农户这一民事主体的土地承包经营权，是民事法律的重要任务。[1]

（一）家庭联产承包制下的农村承包经营户

我国农业持续多年增收，以超过90%的粮食自给率，在不足世界

---

〔1〕 参见北大法宝“民法总则释义”，http://www.pkulaw.cn.eresources.law.harvard.edu/CLink_form.aspx? Gid=291593&Tiao=55&km=siy&subkm=0&db=siy。

7%耕地面积的土地上，为占世界1/5的人口提供农产品保障。在我国人多地少、农业人口无法在短时间大规模转移的背景下，家庭承包经营制极大地缓解了我国农地资源稀缺与人口众多之间的矛盾。农村集体土地采取家庭承包经营的形式，符合农业生产自身的规律。集体农用地发包到农户后，农民拥有经营自主权，激励了农户充分利用劳动和资源，从而提高了劳动生产率。家庭承包经营制的变革提高了资源的配置效率，优化了农业经济结构，促进了农业经济发展。同时，承包经营权是家庭承包经营制的重要法律保障，坚持家庭承包经营制就应当依法保护农民的承包经营权。而且，现代新型农业经营体制的建立、多种形式规模化经营的发展，也均以农民的承包经营权为基础。〔1〕

随着市场经济和城乡一体化的发展，尤其是随着农民权利意识的觉醒，赋予农村承包经营户享有主体地位的立法模式，符合农业、农民与农村发展的现实要求。换言之，在农村土地法律制度变革中必须坚持以人为本，尊重农民意愿，倾听来自农民集体和农民的声音，关注农民的主体意识，赋予农民更完整、更充分的权利。〔2〕

（二）农村承包经营户的概念和特征

自实施家庭联产承包责任制和统分结合的双层经营体制开始，我国就形成了农村承包经营户的经济概念，并将其作为农村集体经济经营体制的一项基本概念。农村承包经营户与农村土地承包制相衔接，是法律对农村经济制度的一种呼应，也是我国农地法律制度的核心。农村承包经营户是指村集体（农村集体经济组织）的成员，在法律允许的范围内，以家庭为单位，按照承包合同规定从事农业生产的社会组织体。但是，并非任何从事农业生产的民事主体都可以被称为农村承包经营户。例如，通过招标、拍卖、公开协商等方式承包农村四荒地而从事农业生产的村集体经济组织以外的单位或个人，就不具有农村承包

〔1〕　参见陈小君：《我国农村土地法律制度变革的思路与框架——十八届三中全会〈决定〉相关内容解读》，载《法学研究》2014年第4期。

〔2〕　参见陈小君：《我国农村土地法律制度变革的思路与框架——十八届三中全会〈决定〉相关内容解读》，载《法学研究》2014年第4期。

经营户的法律主体资格。《民法总则》第55条对农村承包经营户予以进一步确认,即农村集体经济组织的成员,依法取得农村土地承包经营权,从事家庭承包经营的,为农村承包经营户。

农村承包经营户具有下述特征:(1)农村承包经营户的资格由农村集体经济组织成员享有。只有是村集体成员,才能享有农村集体经济组织的成员权,才能取得农村承包经营户的资格;一旦该集体成员失去成员权,也就不再具有农村承包经营户的资格。(2)农村承包经营户所享有的承包经营权通过承包合同获得。农村集体经济组织作为发包人与村集体成员签订承包合同,后者依合同享有农村土地承包经营权。农村土地承包经营权作为一项用益物权,由承包合同所创设,并且不需要登记手续。(3)农村承包经营户具有开放性,组成人数并不确定,而且承包经营户不因承包合同的签订人死亡而消灭。也即,农村承包经营户个别成员的死亡或者宣告死亡,不会对农村承包经营户的存续产生影响。

(三)农户、农村承包经营户与集体成员

1.农户与承包经营户。农户是农村中以血缘和婚姻关系为基础组成的基层社会单位,依靠家庭成员的劳动进行农业生产与经营活动。在中国农村,集体土地实行家庭联产承包责任制和统分结合的双层经营体制后,农户成为农村集体经济中一个独立的经营体。由此,我国农村土地承包以"户"为单位,每一承包户的代表与作为发包方的村集体(集体经济组织)签订承包合同,并在土地确权后也以"户"为单位领取土地承包经营权证书。以"户"为经营单位实施土地经营活动极具中国特色,是落实社会主义集体所有制的重要组成部分。

农村土地家庭承包责任制的创设,旨在实现按均分配且人人享有承包。农地承包以"户"为基本单位,其承包对象主要是针对耕地、草地和林地等适宜家庭承包的土地。针对不宜采取家庭承包方式的"四荒地"等农村土地,村集体可以通过市场化方式发包给本村农户,也可发包给本集体经济组织成员之外的个人或单位。在同一承包经营户的框架下,单独成户的成员可以对原家庭承包的土地进行分别耕作,但初始享有的承包经营权仍然是一个整体,不得分割。

可见,"户""家户"与农村承包经营户并不能完全等同。在逻辑关系上,"户"是农村承包经营户的上位概念,而"家户"则为最小家庭组成单位。农村承包经营户必须是本集体经济组织成员组成,须以从事家庭承包经营为主要内容,但无需进行特殊登记和获得字号。也就是说,农村承包经营户以取得土地承包经营权为基本内容,将"户"的概念在法律上进一步具体化与限定。在民事领域中,农村承包经营户是一项特殊的自然人民事主体,并被《民法总则》所确定。

2. 集体成员及其享有的权利

村集体成员自身经营承包地,在承包期限届满后,无特殊情况时可自动延续。不具有村集体成员身份的一般经营者,其经营存续期仅以法定或约定的承包期为限,期限届满后不得当然享有新的承包权利。[1] 事实上,成员享有的承包权或承包资格应是成员权中的集体利益的分配请求权,即请求集体分配财产利益的权利。分配请求权是成员当然享有并能顺利行使的权利,其行使方式在于向集体经济组织为一定的表意行为,并不受客观因素影响,亦不能被剥夺,故与成员身份最密切相关。作为村集体成员,享有成员权,同时也就意味着享有承包经营权。

与传统民法中由社员自由结合组成的团体法人不同,在农民集体形态下,农民作为成员,与集体财产特别是集体土地有着更为直接、密切的联系。集体由全体成员构成,成员由特定主体构成,成员整体以统一身份享有的土地财产权利即为集体所有权。而在集体内部,通过利益转化机制使集体利益能为每个成员分享、归属于成员个体的权利,即为成员权。因此,集体所有权与农民成员权的关联度更高。这与公司法人财产与股东股份可以存在某种程度的分离和独立性不同。一方面,集体是所有权的权利主体,对外统一地享有并行使所有权;另一方

---

〔1〕 参见高飞:《农村土地"三权分置"的法理阐释与制度意蕴》,载《法学研究》2016 年第 3 期。

面,成员作为集体的组成分子,享有成员权。将上述两者的联系予以制度化,既能坚持和实现农民集体所有权,又能实现集体成员、个人成员的权益。[1]

(四)农村承包经营户的主体地位

农村承包经营户是自然人作为民事主体参与民事活动的特殊形式。作为一个相对独立的生产经营体,农村承包经营户也经常被视为一种经营性的非法人组织。(1)农村承包经营户是一项具有独立主体资格的组织体。农村承包经营户有明确的户主、成员和财产,并且可以自己的名义与村集体(农村集体经济组织)签订承包合同,具备组织体的属性。(2)农村承包经营户享有相应民事权利能力和民事行为能力。农村承包经营户享有土地承包经营权和其他财产所有权,并具有一定的民事权利能力和行为能力。

农村土地承包属于农村集体成员享有,并以家庭承包的方式进行,家庭承包中的承包人是农村集体经济组织中的农户。村集体作为发包人将土地发包给农户经营,在初始分配时实行按户承包、按人分地。家庭承包是农村经营体制的基本单位,是为我国广大农民提供生活保障的一项社会主义制度。承包经营权以户为生产经营单位行使,这与一般的自然人作为民事主体从事民事活动有所区别,也有别于非法人组织。因此,《民法总则》第55条所指的农村承包经营户,指的是农村集体经济组织内部成员,依人人有份、家庭承包的方式取得农村土地承包经营权的农户。

依照现行法律,不宜采取家庭承包方式的农村土地,可以采取招标、拍卖、公开协商等方式承包。这些承包方式不同于人人有份的家庭承包经营方式,而是按照市场规则进行承包的。承包方也不限于该村集体的内部成员,该集体经济组织成员以外的个人或组织等经营者均可依照法律规定和合同约定进行承包。承包人一般以有偿的方式取得承包经营权,从事农业生产经营。只不过,这类主体属于一般意义上的

---

〔1〕 参见陈小君:《我国农民集体成员权的立法抉择》,载《清华法学》2017年第2期。

民事主体，并不能被视为农村土地承包经营权意义上的民事主体。

当出现土地承包纠纷时，诉讼主体应以承包经营户的名义提起。尤其是土地承包经营权确权登记后，农村承包经营户可以作为民事诉讼的原告与被告参与诉讼活动。

（五）农村承包经营户的财产责任

关于农村承包经营户的债务，《民法总则》第 56 条第 1 款规定："个体工商户的债务，个人经营的，以个人财产承担；家庭经营的，以家庭财产承担；无法区分的，以家庭财产承担。"也即，在承包期内，无论承包户内人口是否增减，只要作为承包户的家庭还存在，承包户仍然是一个生产经营单位。那么，在承包经营活动中，无论是全体家庭成员还是部分家庭成员从事生产经营活动，"承包经营户"仍然是一个对外承担责任的主体。

不过，随着我国城乡经济的迅速发展，农村剩余劳动力也逐渐向城镇转移，对于进城务工就业且完全不参与家庭土地承包经营的，并且不分享承包收益的农户成员，可以不再承担原所在家庭承包经营产生的债务。借此，《民法总则》第 56 条第 2 款明确规定："……事实上由农户部分成员经营的，以该部分成员的财产承担。"

第九讲　法人制度的一般规定

谭启平*

法人是依法成立的，具有民事权利能力和民事行为能力，依法独立享有民事权利和承担民事义务的组织体。在社会生活中，法人是民事主体制度构造中除自然人之外的另一个重要范畴。民法不仅确立了自然人的民事主体资格，还确立了法人的民事主体资格。法人作为民事主体，在社会经济建设、科学研究、教育等方面都发挥着重要的作用。因此，建立完善合理的法人制度，对于深化改革、促进市场经济发展意义重大。〔1〕

《民法总则》第三章“法人”共 45 个条文，全面规定了法人制度的一般规定和具体类型，在数量上为各章之冠。本讲主要介绍第一节法人制度的“一般规定”(第 57 ~ 75 条)，即理论上法人通则部分的内容，重点讲解以下六个问题：第一，法人的概念与意义；第二，法人的本质；第三，法人的民事能力；第四，法人的设立、成立与变更；第五，法人的机关；第六，法人的终止。法

---

* 中国法学会民法学研究会副会长，西南政法大学教授、博士生导师。

〔1〕 参见李适时主编：《中华人民共和国民法总则释义》，法律出版社 2017 年版，第 157 页。

人的分类也是法人一般规定的重要内容,第十讲、第十一讲、第十二讲会有专题讲授,本讲不予讨论。

一、法人的概念与意义

(一)法人的概念

中国法学理论和立法中的“法人”一词是从德语 juristische Person 一词翻译而来,相应地,法人理论也主要继受于德国法。而德国法上的法人理论与罗马法又有直接的理论传承关系。早在罗马法时代,罗马法学家就已经注意到在民事活动中除了自然人外,还存在另一类民事主体,就是社团。虽然罗马法没有直接提出明确的法人概念,但已经提出了抽象人格的概念,为后来法人概念的提出奠定了基础。“法人”作为法学用语,是 12 世纪至 13 世纪意大利注释法学者创立的,但当时还仅仅用来说明团体的法律地位。真正赋予团体法律人格的是教会法学者。14 世纪罗马教皇英诺肯季四世提出了著名的法人拟制说,并为后来的萨维尼等人所发展和完善。

现代法人理论,学界一般认为始于 19 世纪。德国法学家胡果可能是最早将法人概念作为专门术语用于民法教学的学者,而赋予法人现代意义的学者是海泽,在首版于 1807 年的《供学说汇纂讲授之用的普遍民法体系纲要》一书中,海泽将法人作为民法的一个抽象概念使用,与“生物人”(physische Person)对称,并将其界定为:“法人是除了个人之外,所有在国家中被认可为独立的权利主体者”。而“法人”作为制定法上的概念,首次出现在 1794 年《普鲁士邦法》中,后来被 1900 年《德国民法典》采用。[1] 自《德国民法典》以来,自然人不再是民法上唯一的“人”,作为法律构造物的法人亦被纳入其中。

在我国的民事立法中,1986 年《民法通则》首次界定了法人的含义。《民法通则》第 36 条第 1 款规定:“法人是具有民事权利能力和民

---

〔1〕 参见王利明:《民法总则研究》(第 2 版),中国人民大学出版社 2012 年版,第 263 ~ 264 页。

事行为能力,依法独立享有民事权利和承担民事义务的组织。”2017 年颁行的《民法总则》第 57 条规定:“法人是具有民事权利能力和民事行为能力,依法独立享有民事权利和承担民事义务的组织。”这一立法定义一字不改地沿用了《民法通则》的规定。《民法总则》第 57 条对法人的定义是法人一般规定的立足点,是对所有法人提取“公因式”的结果,具有体系统摄功能。因此,该定义适用于法人一章规定的所有类型的法人。

(二)法人的意义与功能

在社会生活中,自然人受到生命、时间、精力的限制,所能涉猎的范围有限,因此借助他人之力拓展自身能力成为一种必需。除利用代理制度外,自然人还可以成立组织,形成团体,为共同目的合众人之力,超越时间、精力甚至生命的限制,成就恒久的事业。数人从事共同目的之事业必然面临应采用何种形式来组织的问题。历史上,最初也最为自然的选择是合伙。合伙具有团体性,存续期限无固定限制,大多无需履行法定手续,简单灵活,故被广泛采用,至今仍充满活力,不断翻新。但合伙存在的问题就是,合伙与成员的人格、信用与财产存在密切联系,未能实现完全的独立,尤其是责任的独立。例如,当合伙财产不足以清偿合伙债务时,各合伙人对于不足部分,负无限连带责任。这种风险使不少人踌躇,甚至望而却步。因此,为适应现代社会经济活动,就有必要进一步强化人的组织的团体性,使其能像自然人那样取得权利能力,享有权利承担义务,成为一个独立的法律人格。法人制度便应运而生。法人制度具有两方面的功能:

第一,节约交易成本,便利交易活动。法人是自然人借以实现意思自治的手段,是以团体构造的方式实现自然人某种目的追求的工具。法人制度方便了成员众多的组织参与交易活动,避免了缺乏统一单一法律关系载体而必须将权利义务落实到每个个体的昂贵交易成本;与此同时,还避免了因成员变动给交易和共同目的事业带来的不稳定。最后,法人制度还为法人成员通过诉讼维护权利提供了便利,避免了人数众多的组织维权时很难实现共同到场和共同行动的问题。

第二,限制责任,降低交易风险。组织体成为具有独立人格的法人,自然意味着其因独立承担行为的后果和责任,其成员责任则被限制在一定范围内,降低了成员参与市场活动的风险,有利于鼓励社会成员积极投资,参与经济活动,为经济与社会发展提供助力。从这个意义上讲,法人制度实有聚沙成塔、集腋成裘之功能。

二、法人的本质

(一)法人本质的几种学说

法人的本质,就是法人何以得与自然人同样具有民事权利能力,成为可以享有权利、承担义务的民事主体。关于法人本质的探讨,曾经是19世纪德国法学家激烈争论的问题。迄今为止,还是民法学说争论的焦点。关于法人本质的学说,概括而言,可以归纳为三种:法人拟制说、法人否定说和法人实在说。

1. 法人拟制说

法人拟制说萌芽于罗马法时期,初创于中世纪欧洲的教会法学,完善于近代,其代表人物是德国法学家萨维尼。该学说认为,民事主体必须有自由意志和意思表达能力,因而只有自然人才具有法律上的人格。而法人能够取得人格,只是法律将其拟制为自然人的结果。也就是说,法人不过是国家运用法律手段人为地拟制而成,仅是法律的虚构,或者说仅在观念上存在的一种民事主体。法人拟制说是与当时的法律理念相吻合的,遂成一时之通说。法人拟制说在论证法人的拟制民事主体资格时证明了法人与其成员在财产、人格和责任上的区分,为后来法人独立人格制、法人独立财产制和有限责任制提供了理论支持,为法人制度的确立与发展做出了重大的贡献。但法人拟制学说并没有真正地回答法人的本质是什么,以及法人在多大程度上和自然人存在区别。同时,该学说自身也存在矛盾,因为自然人取得民事主体资格同样也是法律赋予的,不存在法律特别拟制法人一说。

2. 法人否定说

法人否定说,即不承认法人存在的各种学说。该学说从实证角度论证了在国家和个人之间不应该存在一个“中介”——法人。因为法人仅仅是多个自然人或者财产的集合：社团法人作为人的集合，最终受益人是其成员；财团法人作为财产的集合，最终受益人是社会公众或财团所特指的对象。按照此说，权利的最终归属均为个人，法人本身不存在独立的利益，不能成为民事主体。具体而言，法人否认说可分为“目的财产说”“受益人主体说”“管理者主体说”三派。

“目的财产说”。该学说的主要代表人物是德国法学家布尔兹。该学说认为，法人只不过是为了一定的目的而存在的无主财产。法人本身不具有独立的人格，而是为了达到一定的目的而由多数人的财产集合而成的财产，它已经不属于单个自然人所有，法律便将它拟制为一个权利主体。

“受益人主体说”。该学说的主要代表人物是德国法学家耶林。他不赞同法人有拟制人格的看法，认为团体不具有权利能力，具有权利能力的是从中受益的自然人。因为权利的本质就是受法律保护的利益，谁享有利益，谁就是权利主体。法人作为人或财产的集合，其仅仅是形式上的权利义务主体，实际上的权利义务主体仍是享有法人财产利益的多数自然人。同时，他还认为，集合体的意思是不存在的，由集合体目的所决定的个人意思才是团体的意思。立法者所要保护的既不是存在于团体的集合意思，也不是团体的独立人格，而是团体成员所追求的目的。该学说强调自然人的本体地位，以利益归属于个人为由否定法人的团体意思。

“管理者主体说”。该学说的主要代表人物是德国学者赫尔德。该学说认为，权利主体必须具有意思表示能力，而法人不具有意思能力。法人财产并不属于法人本身所有，而属于管理财产的自然人，只有管理法人财产的自然人才是法律上的法人。

总而言之，法人否定说从法人是否具有意思能力以及财产归属等问题上探讨了法人的本质。相较于法人拟制说将法人仅视为观念上的产物的立场，该说具有进步性。但它却从根本上否定了法人作为民事主体的存在，与现实社会中社会组织客观存在的事实相违背。

3. 法人实在说

法人实在说认为,法人不是法律拟制出来的主体,更不是法律的虚构,而是一种客观存在的实体,和自然人一样有自己的意思能力,可以依法享有民事权利和承担民事义务,是一种独立的民事主体。这是法人实在说和法人拟制说、法人否定说的根本区别。法人实在说又可以具体分为:法人有机体说和法人组织体说。

"法人有机体说"。法人有机体说又称"团体人格说"或者"意思的实在说"。该学说的代表人物是德国学者基尔克。他认为,法人和自然人一样都有自己的机体和意思能力,主要表现在法人不仅有自己的意思机关,还有自己的名称与住所。法人的机关及其下属的各个单位就是法人机体的各种系统。该学说将民事主体资格与其意思能力联系在一起,认为法人是具有意思能力的团体,因而,法律就需要赋予这种实际存在的社会有机体独立的人格。

"法人组织体说"。该学说的主要代表人物是法国学者米休德等。该学说认为,法人的本质并不是作为社会的有机体,而是作为权利能力者的组织体。认为法人具有区别于其成员的团体利益,是具有表达和实现自己意志的组织机构。因此,法律就要赋予法人这种社会组织以法律人格,并承认其独立的民事主体地位。这一理论不仅为大多数大陆法系国家的民法学者所接受,也为多数国家的民事立法所采用。

法人实在说肯定了法人的客观存在,与法人这一社会组织在社会生活中客观存在的现实相契合,相较于法人拟制说和法人否定说具有很大进步。特别是,法人组织体说以法人的组织特征、法人与其机关以及其成员之间的关系为立足点来阐明法人的本质,为20世纪以来的民事立法所采纳。然而,该理论也并非尽善尽美,法人实在说没有说明社会组织成为法人的根据。

(二)比较法上对法人本质的规定

1. 采法人拟制说的立法

各国或地区法律对于法人本质一般未直接在条文中言明,理论上多是通过对各相关规定的体系解读得出结论。例如,《德国民法典》第

26 条第 1 款规定:“董事会在诉讼上和诉讼外代表社团;具有法定代理人身份。”[1]第 30 条规定:“可以通过章程规定:在董事会之外对某些事务选任特别的代理人。”[2]结合这两条规定可以认为,《德国民法典》采拟制说。又如,《日本民法典》虽然在第 53 条规定“理事就法人的一切事务代表法人”,[3]但第 44 条第 1 款规定:“法人对于理事及其他代理人因执行其职务给他人造成的损害,负赔偿责任。”[4]其《民事诉讼法》第 37 条明文规定,该法关于法定代理及法定代理人的规定,适用于法人代表人起诉或被诉的情形。[5] 这与认为法人为拟制并无意思能力和行为能力的学说基本吻合。

2. 采法人组织体说的立法

我国台湾地区“民法”关于法人的立法理由明确表示采法人组织体说,并在第 27 条第 2 款规定:“董事就法人一切事务,对外代表法人”,“民事诉讼法”进一步规定,本法关于法定代理之规定:于法人之代表人准用之。由此可见,其不采拟制说而采法人实在说中的组织体说。

3.《民法总则》关于法人本质的规定

《民法总则》关于法人本质采何种学说并未见立法理由予以明示,但其第 57 条规定:“法人是具有民事权利能力和民事行为能力,依法独立享有民事权利和承担民事义务的组织。”第 58 条第 1、2 款规定:“法人应当依法成立。法人应当有自己的名称、组织机构、住所、财产或者经费。”第 61 条第 2 款规定:“法定代表人以法人名义从事的民事活动,其法律后果由法人承受。”从这些法律条文以及我国学界历来的主流观点可以判定,我国《民法总则》关于法人本质,采用的是法人实在说中的组织体说。

---

[1] 《德国民法典》,杜景林、卢谌译,中国政法大学出版社 2014 年版,第 5 页。
[2] 《德国民法典》,杜景林、卢谌译,中国政法大学出版社 2014 年版,第 6 页。
[3] 《最新日本民法》,渠涛编译,法律出版社 2006 年版,第 16 页。
[4] 《最新日本民法》,渠涛编译,法律出版社 2006 年版,第 14 页。
[5] 参见《日本新民事诉讼法》,白绿铉编译,中国法制出版社 2000 年版,第 43 页。

三、法人的民事能力

《民法总则》第 57 条规定："法人是具有民事权利能力和民事行为能力，依法独立享有民事权利和承担民事义务的组织。"因此，在我国法上，法人作为民事主体，和自然人一样，具有民事权利能力和民事行为能力。

（一）法人的民事权利能力

1. 法人民事权利能力的概念

法人的民事权利能力，是指法律赋予法人享有民事权利和承担民事义务的资格。它是法人取得民事主体资格的标志，也是法人以自己的名义进行民事活动，享有民事权利，承担民事义务的依据、前提和基础，其目的在于使法人成为法律效果的归属载体。需要注意的是，此处所讲的法人的民事权利能力，是法人在参与市场经济活动中所应享有的能力，而不包括法人在公法领域中享受权利和承担义务的资格。从这个意义上说，法人的能力只限于民事活动的生活而不能及于政治国家的生活。[1]

2. 法人民事权利能力的特点

尽管法人和自然人一样具有民事权利能力，但是法人的民事权利能力与自然人的民事权利能力具有显著区别。法人的民事权利能力和自然人的民事权利能力相比较，具有以下特点：

第一，权利能力的开始与终止的时间不同。自然人的民事权利能力始于出生终于死亡，以自然人生命体的存续为其存在条件。需要注意的是，《民法总则》也在一定范围内保护胎儿的利益。同时，死者虽然不再具有民事权利能力，但法律对死者的利益应给予一定的保护。法人的民事权利能力和民事行为能力，从法人成立时产生，到法人终止时消灭，并且法人的设立与消灭要件也由法律加以规定，而非对自然事件的描述。因此，《民法总则》第 59 条规定："法人的民事权利能力和

---

〔1〕 参见江平主编：《法人制度论》，中国政法大学出版社 1994 年版，第 22 页。

民事行为能力,从法人成立时产生,到法人终止时消灭。”

第二,权利能力的范围不同。自然人享有的民事权利能力,法人并不全都享有。《瑞士民法典》第53条规定:“所有的权利和义务中,除以诸如性别、年龄或亲属关系等人类之自然属性为要件者外,法人对其均有权利能力。”[1]也就是说,法人不享有与自然人人身不可分离的权利。自然人作为一个生命体,依法享有的民事权利能力的范围较广,既包括财产方面的,也包括与自然人人身不可分的人身权,如生命权、健康权、肖像权等。而法人作为一个社会组织体,不是一个生命体,自然人基于自然属性所享有的生命权、身体权、健康权等权利,以性别、身份及亲属关系等为前提的权利义务,法人当然不享有。但是,根据《民法总则》第110条第2款的规定,法人可以享有名称权、名誉权、荣誉权等权利。

第三,差异性不同。自然人享有的民事权利能力由法律统一规定,具有普遍性和平等性,不因自然人的性别、年龄、智力、健康状况等不同而有所区别。而法人的民事权利能力具有差异性,不仅受到法律法规的限制,还受到设立人意志的约束,设立人在设立法人时确立的目的范围直接决定了法人的权利能力范围。不同的法人,因其目的范围不同,其民事权利能力的范围也不一样。需要说明的是,法人的民事权利能力的差异性并不影响法人在民事活动中的地位,各类法人在民事活动中依然享有平等的法律地位。

3. 法人民事权利能力的限制

尽管法人与自然人一样,具有民事权利能力,但法人的民事权利能力并不同于自然人的民事权利能力,而是要受到自然性质、法律规定以及其他各种条件的限制。因此法人的民事权利能力是不完全的,其仅具有部分权利能力,主要表现为财产权利能力以及在此领域参与法律交易之能力。

(1)自然性质的限制

法人作为一个社会组织体,不同于自然人的生命体。由法人自然

〔1〕《瑞士民法典》,魏永盛译,中国政法大学出版社2016年版,第25页。

性质的限制,法人不享有与自然人的人身不可分离的那些权利。就人格权而言,依康德哲学,人之尊严根植于人的自在目的性这一先验纯粹理性,以自然人的身体存在为前提的生命权、身体权等,法人不能享有。唯法人可以享有名称权、名誉权、荣誉权等权利,但其是否属于人格权之列存有争议。就身份权而言,以自然人的身份利益为内容的亲权、配偶权等,法人当然不能享有。

(2)法律规定的限制

法人的民事权利能力不具有自然人的民事权利能力那种普遍性和平等性,法人只能在法律规定的范围内享有民事权利能力,这是法人之权利能力系法律拟制的当然结果。如《公司法》第 15 条规定:“公司可以向其他企业投资;但是,除法律另有规定外,不得成为对所投资企业的债务承担连带责任的出资人。”《合伙企业法》第 3 条规定:“国有独资公司、国有企业、上市公司以及公益性的事业单位、社会团体不得成为合伙企业的普通合伙人。”而自然人则不因其种族、性别、年龄、健康状况等不同而在民事权利能力上存在差别,自然人之权利能力因人的出生而圆满获得,并无对自然人权利能力限制之说。

(3)法人目的的限制

法人的民事权利能力不仅受到法律法规的限制,还受到设立人意志的约束,设立人在设立法人时确立的目的范围直接决定了法人的权利能力范围。由于法人的目的范围不同,故其民事权利能力也存在差异。

以机关法人为例,其是依法享有国家赋予的各种权力,并因行使职权的需要而享有相应的民事权利能力和民事行为能力的国家机关,其设立的目的在于实现国家行政管理、司法、国防安全等职能。因此,法律对机关法人在其目的范围之外的行为给予一定的限制,如《担保法》第 8 条规定:“国家机关不得为保证人,但经国务院批准为使用外国政府或者国际经济组织贷款进行转贷的除外。”就此,德国通说认为,公法人仅具有部分权利能力,以实现法人目的之必要范围为限。如果超出目的范围,从事以营利为目的的生产经营活动,就超出了其权利能力的范围。正是因为目的范围是对机关法人的权利能力的限制,所以机关法人超越目的范围所从事的民事行为都应当是无效的。[1]

在此值得说明的是,法人的目的范围不同于法人的经营范围。法人的目的是指法人的社会作用,法人的目的范围是指法人为了实现其社会作用而需要的活动范围。法人的经营范围是指企业法人从事的经营活动范围。也就是说,任何法人都有其目的范围,法人是为了特定目的而存在的。但并非所有的法人都有经营范围,只有企业法人有其经营范围。[2]

我国的民事立法和司法曾长期将法人超越其经营范围的行为认定为无效。《民法通则》第42条规定:"企业法人应当在核准登记的经营范围内从事经营。"同时,第49条规定,如果法人超出核准登记的经营范围从事非法经营活动,除法人承担责任外,还可以对法定代表人依法追究行政责任或者刑事责任。各类法人应该在其核准登记的范围内从事活动,享有相应的民事权利能力。依法不需要登记的法人,应严格按照法人成立的宗旨、活动范围等享有相应的民事权利能力。

法人的民事权利能力之所以要受其目的范围的限制,其原因有三:一是法人在其目的范围内进行民事活动,有利于实现其在社会政治经济生活中的特定作用;二是法人在其目的范围内进行民事活动,有利于保护发起人或投资者的利益;三是基于法人的独立财产制,法人在其目的范围内进行民事活动,有利于保护与法人进行民事活动的当事人的利益,确保交易安全。随着市场经济体制的确立,一个日渐清晰的认识是:法人应当在其经营范围内从事经营活动,仅是法律对法人自身的约束,代表着法人对国家和社会的承诺,当法人违反时也仅产生公法上的责任,不应当否定其行为的私法效力。将法人超越核准登记的经营范围所实施的民事行为认定为无效的做法,是有计划的商品经济理论的产物,存在明显的缺陷。因此,我国《合同法》否定了超出经营范围的

---

〔1〕 参见王利明等:《民法学》(第3版),法律出版社2011年版,第66页。

〔2〕 参见杨立新:《民法总则》,法律出版社2013年版,第257页。

民事行为无效的法律规定，该法第50条规定："法人或者其他组织的法定代表人、负责人超越权限订立的合同，除相对人知道或者应当知道其超越权限的以外，该代表行为有效。"最高人民法院《关于适用〈中华人民共和国合同法〉若干问题的解释（一）》（法释〔1999〕19号）第10条规定："当事人超越经营范围订立合同，人民法院不因此认定合同无效。但违反国家限制经营、特许经营以及法律、行政法规禁止经营规定的除外。"

（二）法人的民事行为能力

1.法人民事行为能力的概念

法人的民事行为能力，是指法人作为民事主体，以自己的行为享有民事权利并承担民事义务的资格。

在比较法上，德国民法不承认法人具有行为能力，仅具有被代理能力，其活动依靠法人机关代理。〔1〕英美法也不承认法人具有行为能力，将法人机关看成是法人的代理人。〔2〕而瑞士民法承认法人具有行为能力。《瑞士民法典》第54条规定："法人依照法律和章程设立必要机关后，取得行为能力。"〔3〕

针对法人有无民事行为能力的问题，因对法人本质的不同认识而得出了不同的结论。法律拟制说认为，法人乃是法律拟制，是想象中的人格化的权利主体，自然不具有民事行为能力。法人否定说认为，任何社会组织都是个人的集合，社会组织的事务只是全体个人的事务，法人不具有民事权利能力和民事行为能力。而法人实在说认为，法人是社会的实在物，有意思能力，具有独立的意思，其意思由法人的意思表示机关向第三人表示，法定代表人作为法人机关成员，其行为就是法人本身的行为。我国《民法总则》第57条规定：法人是具有民事权利能力和民事行为能力，依法独立享有民事权利和承担民事义务的组织。另

---

〔1〕参见龙卫球：《民法总论》（第2版），中国法制出版社2002年版，第370页。

〔2〕参见曾世雄：《民法总则之现在与未来》，中国政法大学出版社2001年版，第161页。

〔3〕《瑞士民法典》，魏永盛译，中国政法大学出版社2016年版，第25页。

外该法第 61 条规定：法定代表人以法人的名义从事的民事活动，其法律后果由法人承担。

2. 法人民事行为能力的特征

与自然人的民事行为能力相比，法人的民事行为能力具有以下特征：

第一，法人享有民事行为能力的时间与享有民事权利能力的时间一致。法人的民事行为能力和民事权利能力的取得和消灭时间是一致的，始于法人的成立，终于法人的消灭。自然人虽然一出生就具有民事权利能力，但其民事行为能力受其年龄、智力或者精神健康状况等因素的影响，有民事权利能力不一定有民事行为能力，民事权利能力和民事行为能力的取得在时间上存在分离。

第二，法人的民事行为能力范围与其民事权利能力的范围一致。法人的民事行为能力范围与其民事权利能力的范围一致，即法人能够以自己的行为取得权利和承担义务的范围与其民事权利能力的范围是一致的。法人在其民事权利能力范围内，自成立之时起，即具有完全的民事行为能力，与此相对应，法人在身份权和大部分人格权领域没有民事行为能力。自然人的民事行为能力受其年龄、智力和精神健康状况因素的影响，有完全民事行为能力人、限制民事行为能力人和无民事行为能力人之分，而其民事权利能力不受影响，故其民事权利能力和民事行为能力的范围存在不一致。

第三，法人的民事行为能力由法人机关或代表人实现。民事行为能力的前提是有一定的意思能力，也因此，法律拟制说认为，无意思能力之法人无民事行为能力。法人实在说则认为，同每个自然人一样，法人是一个身体精神的单元，甚至还是高于自然人的生命单元。作为生命的有机体，法人各项机构有如人体各项器官，其机关行为如同人的嘴在说话或手脚在动。因此法人是一个具有意思能力和行为能力的“现实整体人”。自然人可以通过自己或代理人、监护人表示意思。与自然人不同，法人作为一个组织体，有自己的内部结构，可以通过其内部机构产生自身的团体意思，并通过法人的机关或者代表人来实现其意思。

(三)法人的民事责任能力

法人的民事责任能力,是指法人由于自己的行为而使他人的合法权益受到损害而独立承担民事责任的能力或资格。

法人作为独立的民事主体,具有自己独立的意思,享有民事权利能力和民事行为能力,以自己的名义从事民事活动并以自己的财产对外承担责任。具体而言,法人的民事责任是独立的自己责任,法人对因自己的行为而产生的合同责任和侵权责任,应以法人的全部财产负责清偿,而法人成员仅以其出资为限承担有限责任。《民法总则》第60条规定:"法人以其全部财产独立承担民事责任。"这是有关我国法人民事责任能力的基本规定,奠定了我国法人民事责任能力制度的基础。

四、法人的设立、成立与变更

(一)法人的设立原则

在不同的历史发展时期,法人的设立原则也不相同。法人设立原则大体上有以下几种:

1. 自由设立主义

自由设立主义,也称放任主义,即国家对法人的设立采取自由放任态度,不加任何干涉与限制。欧洲中世纪商事公司发展时期,此主义一度盛行。今天,仅瑞士民法对非营利性社团采自由主义立法例,其他国家已经鲜有采用。须予说明的是,有学者认为,将自由设立主义原则作为法人的设立原则是不符合历史事实的。其认为,任何一个国家的统治者对于团体均抱有警惕之心,法人本身即是法律之物而非自由产生之物,是国家将团体取得的人格纳入其统治与管辖领域的结果,而法人制度产生前的公司(或者称为团体)仅仅是一种事实而自然的存在,只有统治者意识到有必要对这些团体进行控制时,才可能产生法人这样一种主体。[1]

---

〔1〕 参见李永军:《民法总论》(第2版),法律出版社2009年版,第301页。

2. 特许设立主义

特许设立主义是指法人的设立须经特别立法或国家元首的许可。这一原则曾在中世纪及近代初期的英国采用,也曾盛行于法国。因其对法人设立的干涉、限制太多,目前极少有国家将之作为一般原则采用。特许设立主义原则在目前私法中已经少有使用,但在公法中仍然可以作为重要的原则。[1]

3. 许可设立主义

许可设立主义,又称核准主义,即法律规定法人的成立条件,但是否批准法人的设立,须经行政机关的许可,或者说政府有一定的自由裁量权,有时候具备了法律规定的条件,也不一定获得批准。德国民法对财团法人的设立采此主义,日本民法对公益法人的设立也采此立法模式。在我国,成立社会团体法人、基金会法人、社会服务机构法人等非营利法人以及其他特别规定中的公司的设立,采核准主义的立法模式。

4. 准则主义

准则主义,也称登记主义,即由法律规定法人的条件,法人设立时如具备法定要件,无须经过主管部门的批准,就可直接向登记机关登记,法人即告成立。从目前来看,准则主义是私法人成立的主要原则,为世界许多国家的立法所确认。如德国对于商法上的公司法人以及民法上的非经营性社团法人的设立采此原则,日本民法对营利法人的设立采此原则。我国《民法总则》对于一般营利法人的设立也采取这一原则。

5. 强制设立主义

强制设立主义是指以法律规定某种行业或者某种情况下必须设立一定的法人组织的原则。此种设立原则适用于特殊产业或特殊团体,如我国台湾地区有关法律规定:商业同业工会、工业同业工会、建筑师工会、律师工会等必须设立法人组织。

(二)法人成立的条件

《民法总则》第58条规定:"法人应当依法成立。法人应当有自己

---

〔1〕 参见李永军:《民法总论》(第2版),法律出版社2009年版,第302页。

的名称、组织机构、住所、财产或者经费。法人成立的具体条件和程序,依照法律、行政法规的规定。设立法人,法律、行政法规规定须经有关机关批准的,依照其规定。”因此,法人成立的条件包括:

1. 法人应当依法成立。《民法总则》不能穷尽规定任何一种法人的设立条件和程序,而只能诉诸其他法律、行政法规的规定。法人组织的设立必须符合法律的规定,包括它的组织机构、设立方式、经营范围和方式等必须合法;法人成立的审核和登记程序必须符合法律的规定,如《民办教育促进法》即规定了民办教育法人的申请筹设和正式设立的批准主体和具体程序要求。

2. 法人应当有自己的财产或者经费。这是法人开展民事活动的物质基础,也是法人承担民事责任的保障。一般而言,“财产”是对营利法人的要求,“经费”则是针对非营利法人或者特别法人而言的。[1]

3. 法人应当有自己的名称、组织机构、住所。法人的名称是其拥有独立人格的标志,也是区别于其他法人的标志。法人的组织机构是对内管理法人事务和对外代表法人进行民事活动的机构的总称,也包括法人的分支机构。不同类别的法人,其组织机构设置也不尽相同。法人的组织机构通常包括意思机构、执行机构和监督机构。法人的住所是法人的主要办事机构所在地。《民法总则》第 63 条规定:“法人以其主要办事机构所在地为住所。依法需要办理法人登记的,应当将主要办事机构所在地登记为住所。”

(三)法人的设立与成立

法人的产生需要经过设立和成立两个阶段。法人的设立和法人的成立是两个相互联系又相互区别的概念。法人的设立是指为创办法人组织,使其具有民事主体资格而进行的多种连续行为;法人的成立是指社会组织历经设立阶段,具备法人条件,进行成立登记,获得法人资格的行为。

---

〔1〕 参见张新宝:《〈中华人民共和国民法总则〉释义》,中国人民大学出版社 2017 年版,第 111 页。

可以说,法人的设立是法人成立的前提,法人的成立是法人设立行为的结果,法人的设立并不必然导致法人的成立,当设立行为无效时,法人就不能成立。法人的设立和法人的成立存在如下区别:

第一,性质不同。法人的设立是一种准备行为,属于法人产生的"准备阶段",因而这种准备行为既有法律性质的,也有非法律性质的。而法人的成立则是法人产生的"形成阶段",行为的性质属于具有法律意义的法律行为。

第二,要件不同。法人的设立一般要有合法的设立人、存在设立基础和设立行为合法等要件。而法人成立则一般应具备依法成立,有自己的财产或经费,有自己的名称、组织机构和住所等条件。正由于两者的要件不同,法人的设立并不能当然导致法人的成立,当设立无效时,法人就不能成立。

第三,效力不同。法人在设立阶段尚不具备法人主体资格,不能以法人名义开展民事活动。因法人设立行为所产生的债权债务,应由法人的设立人享有或承担。而法人成立后,法人即具备民事主体资格,可以以法人自己的名义对外进行民事活动,享有民事权利和承担民事义务,所发生的债权债务应由法人享有和承担。

(四)法人的登记

在比较法上,法人登记的效力有创设效力和宣示效力之分。如我国台湾地区"民法典"第30条规定:"法人非经向主管机关登记,不得成立。"相反,《瑞士民法典》第60条第1款则规定:非以经济为目的的社团,自设立该团体的意思明确表示于章程时,取得法人资格。[1]

在我国,原则上法人以登记为成立标志。《民法总则》第63条、第64条、第65条、第66条分别规定了法人住所的登记、法人变更登记、法人的实际情况与调减事项不一致的法律后果、登记机关公示法人登记信息义务等内容,对法人登记的基本制度进行了规定。《民法总则》第77条规定:"营利法人经依法登记设立。"在我国《民法总则》规定的

---

〔1〕 参见《瑞士民法典》,魏永盛译,中国政法大学出版社2016年版,第27页。

非营利法人中,事业单位法人依法登记而设立,但依法不需要办理登记的,从成立之日起具有相应法人资格(《民法总则》第 88 条);具备法人条件,基于会员共同意愿,为公益目的或者会员共同利益等非营利目的设立的社会团体,经依法登记成立,取得社会团体法人资格;依法不需要办理法人登记的,从成立之日起,具有社会团体法人资格(《民法总则》第 90 条);具备法人条件,为公益目的以捐助财产设立的基金会、社会服务机构等,经依法登记成立,取得捐助法人资格;依法设立的宗教活动场所,具备法人条件的,可以申请法人登记,取得捐助法人资格。法律、行政法规对宗教活动场所有规定的,依照其规定(《民法总则》第 92 条)。由上列我国《民法总则》的规定可以看出,我国对法人的设立原则上采登记创设主义。法人的成立不需要办理登记或登记仅起备案、宣告的作用的情形相对较少。

(五)法人的变更

法人的变更是指法人在存续期内,在组织上分立、合并以及在活动宗旨、业务范围上的变化。法人的变更包括经营范围、法定代表人、住所等登记事项的变化,也包括法人组织形式的变化,如从有限责任公司变为股份有限公司。《民法总则》第 64 条规定:“法人存续期间登记事项发生变化的,应当依法向登记机关申请变更登记。”在法人的变更中,最重要的是法人的合并与分立。

1. 法人的合并

法人的合并是指两个以上的法人,无须清算而归并为一个法人的法律行为。法人的合并分为吸收合并和新设合并。吸收合并是一个或多个法人合并到一个现存的法人中去,被合并法人的主体资格消灭,存续的法人主体资格仍然存在。新设合并是两个以上的法人合并为一个新法人,原有的法人消灭,新法人产生。如《公司法》第 172 条规定:“公司合并可以采取吸收合并或者新设合并。一个公司吸收其他公司为吸收合并,被吸收的公司解散。两个以上公司合并设立一个新的公司为新设合并,合并各方解散。”

法人合并通常包括以下几个阶段:(1)法人的意思机关作出与其

他法人合并的决议;(2)合并双方达成合并协议;(3)对债权人进行通知或公告,企业法人合并还应当经债权人同意或向债权人提供担保;(4)报各自的或共同的主管机关或政府授权部门审批;(5)制定章程,产生法人机关等;(6)在一定的期限内向登记机关申请变更登记或解散登记、设立登记。对此,《公司法》第173条规定:“公司合并,应当由合并各方签订合并协议,并编制资产负债表及财产清单。公司应当自作出合并决议之日起十日内通知债权人,并于三十日内在报纸上公告。债权人自接到通知书之日起三十日内,未接到通知书的自公告之日起四十五日内,可以要求公司清偿债务或者提供相应的担保。”

2. 法人的分立

法人的分立是指一个法人分成两个以上的法人。法人的分立有新设分立和派生分立。新设分立是指解散原法人,而分立为两个以上的新法人,如中国保险总公司分为中国财产保险总公司和中国人寿保险总公司就属此类。派生分立是指原有的法人继续存在,但分出一部分财产和人员设立新法人。法人分立时需要办理相关的登记,分立出来的法人需要办理设立登记,消灭的法人需要办理注销登记,存续的法人需要办理变更登记。

法人合并、分立后,其权利义务由变更后的法人享有和承担,法人合并后,因合并而消灭的法人,其权利义务均由合并后新设或存续的法人概括承受。因分立消灭的法人,其权利义务由分立后的法人概括承受。对此,《民法总则》第67条规定:“法人合并的,其权利和义务由合并后的法人享有和承担。法人分立的,其权利和义务由分立后的法人享有连带债权,承担连带债务,但是债权人和债务人另有约定的除外。”

3. 法人组织形式的变更

法人组织形式的变更,主要是指法人成立后组织类型发生变化,如从有限责任公司变为股份有限公司。由于法人组织形式是必须明确公示的事项,因此,其变更需要依照法律规定进行。如我国《公司法》第9条规定:“有限责任公司变更为股份有限公司,应当符合本法规定的股份有限公司的条件。股份有限公司变更为有限责任公司,应当符合本法规定的有限责任公司的条件。有限责任公司变更为股份有限公司的,或者股份有限公司变更为有限责任公司的,公司变更前的债权、债务由变更后的公司承继。”

4. 法人其他重要事项的变更

法人其他重要事项的变更是指法人的活动宗旨和业务范围等事项的变化。《民法总则》第 64 条规定:“法人存续期间登记事项发生变化的,应当依法向登记机关申请变更登记。”《企业法人登记管理条例》第 17 条规定:“企业法人改变名称、住所、经营场所、法定代表人、经济性质、经营范围、经营方式、注册资金、经营期限,以及增设或者撤销分支机构,应当申请办理变更登记。”

五、法人的机关

(一)法人机关概述

法人是法律的构造物,想要获得并维持法律上的生命,其内部结构就必须遵守设立人以及法律制度的安排,即法人必须有相应的“组织机构”。私法自治理念下,私法人的内部结构理应取决于设立人的意志,但实证法或基于维护交易安全的考虑,或旨在规范法人行为,甚或为了加强管制,常对法人的必设机关作出强制要求。法人机关是指根据法律、章程或条例的规定,于法人成立时产生,不需要特别委托授权就能够以法人的名义对内负责法人的生产经营或业务管理、对外代表法人进行民事活动的集体或个人。法人机关是法人的组成部分,法人机关本身并没有独立的人格,其行为即是法人的行为。法人因其机关而存在,因其机关的活动而有自己的活动。因此,机关之存在为法人维持其人格的条件。

法人机关具有以下特征:

第一,法人机关根据法律、章程或条例的规定而设立。

第二,法人机关是法人的有机组成部分。法人机关不是独立主体,不能独立于法人之外,而是作为法人的一个组成部分存在。设立自己的机关,是社会组织成为法人的一项条件,否则,法人就不能实现其民事权利能力和民事行为能力。故应将法人机关与担当法人机关之自然人,在法律上严加区别。例如,董事或董事会为法人机关,与担当董事或董事长的某人,截然不同。法人机关为法人组织之一部分,系与法人不可分离之抽象观念。法人机关之担当者或为一人或为数人,担当者时有变更,而法人机关本身并不因而变更。[1] 按照我国的法律规定,一般法人组织在成立之前必须首先确定自己的机关,并把法人机关作为法人设立登记的事项之一。如根据《公司法》第89、90条,股份有限公司发起人应当自股款缴足之日起30日内主持召开公司创立大会,选举董事会、监事会成员。

第三,法人机关是形成、表示和实现法人意志的机构。法律赋予法人独立的民事主体地位,意味着法人和自然人一样,有自己独立的意志。而法人作为一种社会组织,不同于自然人,其意志是通过机关形成、表示和实现的,法人机关的意志就是法人的意志,法人机关所为的民事行为即为法人的民事行为,其法律后果由法人承担。

第四,法人机关是法人的领导或代表机关。法人机关对内管理法人事务,通过对法人成员的有效调控贯彻自己的意图,促进法人活动走向有序化、高效化的轨道。法人机关对外代表法人为民事行为,在法律、章程规定的范围内,法人机关的行为即是法人的行为,无须法人的特别授权,即法人机关的任何章程范围内的活动都具有默示授权的效力。

第五,法人机关由单个的个人或集体组成。由单个人组成的法人机关称为独任制机关,如全民所有制企业的厂长;由两个以上的自然人组成的法人机关称为合议制机关,如股份有限公司的股东大会、董事会和监事会。

(二)法人机关的构成

社团需要必要的机关,因为只有通过机关,社团才能成为法律上的整体,形成统一的"总意思",并且进行活动,特别是参与法律交往。[2]

---

[1] 参见梁慧星:《民法总论》(第5版),法律出版社2017年版,第138页。

[2] 参见[德]卡尔·拉伦茨:《德国民法通论》,王晓晔等译,法律出版社2003年版,第209页。

一般来说,根据机关在法人活动中发挥作用的不同,一个法人应当具有以下三个机关:意思机构、执行机构与监督机构。

1. 意思机构。意思机构也称权力机构、决策机构,是形成法人意志的机构。意思机构的具体表现形式不一。在营利法人中,尤其是营利性社团法人,意思机构是社员大会,由全体社员组成。我国《公司法》称社员为"股东",因为公司社员资格之取得以出资入股为前提,相应地,公司的社员大会亦被称为股东(大)会,如有限责任公司的股东会和股份有限公司的股东大会。需要注意的是,对于非营利法人而言,尤其是其中的捐助法人,由于其并没有成员,因此无法像营利法人那样组建意思机构,因此更多地由理事会、民主管理组织充当决策机构。

2. 执行机构。执行机构是指执行法人意思机构所形成的决议或其他指定事项的机构。任何法人都有其执行机构,以对外表达法人的意思,否则法人目的无法实现。按照《民法总则》第 80、81 条规定,营利法人的执行机构由权力机构选举或者更换,行使召集权力机构会议,决定法人的经营计划和投资方案,决定法人内部管理机构的设置,以及法人章程规定的其他职权。非营利法人的执行机构,如捐助法人,则一般由捐助章程指定,通常是自然人团体。

3. 监督机构。监督机构是指监督执行机构的机构,如营利法人监事(会)。监事(会)乃是所有营利法人的必设监督机构。之所以如此,学者普遍归因于"权力监督"理念。我国《民法总则》第 82 条对监事会或监事等监督机构的职权作了明确的规定,监督机构依法行使检查法人财务,监督执行机构成员、高级管理人员执行法人职务的行为,以及法人章程规定的其他职权。

(三)法定代表人

1. 法定代表人的概念与特征

《民法总则》第 61 条规定:"依照法律或者法人章程的规定,代表法人从事民事活动的负责人,为法人的法定代表人。法定代表人以法人名义从事的民事活动,其法律后果由法人承受。法人章程或者法人权力机构对法定代表人代表权的限制,不得对抗善意相对人。"法定代表人没有独立的法律人格,其与法人共享一个法律人格,其行为就是法人的行为。第62条规定:“法定代表人因执行职务造成他人损害的,由法人承担民事责任。法人承担民事责任后,依照法律或者法人章程的规定,可以向有过错的法定代表人追偿。”法定代表人对外执行法人事务实际上就是法人执行法人的事务,其后果当由法人承担。

法定代表人具有以下特点:

第一,法定代表人的资格是法定的。如《全民所有制工业企业法》第45条第1款规定:“厂长是企业的法定代表人。”《公司法》第13条规定:董事长、执行董事或者经理可以担任公司的法定代表人。至于法定代表人的具体人选,可由任命、选举、招聘等方式产生。据此,公司虽然仍被要求须确定一人作为法定代表人,但何人充任之问题不再由法律强行规定,而成为公司章程自由决定事项。这意味着,以《公司法》为突破口,我国法定代表人制度的僵硬性开始走向缓和。

第二,法定代表人是代表法人行使职权的负责人。法定代表人一般是执行机关的负责人,其可以依照法律或者章程的规定,不需要法人机关的特别授权,就可以法人的名义代表法人对外为民事行为。

第三,法定代表人是代表法人从事业务活动的自然人。法定代表人只能是自然人,且该自然人只有代表法人从事民事活动和民事诉讼活动的时候才具有这种身份。当法定代表人从事法人的业务活动时,其不是独立的民事主体,仅仅是法人这一民事主体的代表。

2. 法定代表法人应具备的条件

(1)必须具有完全民事行为能力。

(2)必须具有一定管理能力和业务知识。

(3)须不存在不得担任法定代表人的情形。根据《企业法人法定代表人登记管理规定》第4条的规定:凡有下列情形之一的人员,不得担任法定代表人:①无民事行为能力或者限制民事行为能力的;②正在被执行刑罚或者正在被执行刑事强制措施的;③正在被公安机关或者国家安全机关通缉的;④因犯有贿赂罪、侵犯财产罪或者破坏社会主义市场经济秩序罪,被判处刑罚,执行期满未逾五年的;因犯有其他罪,被判处刑罚,执行期满未逾三年的,或者因犯罪被判处剥夺政治权利,执行期满未逾五年的;⑤担任因经营不善破产清算的企业的法定代表人或者董事、经理,并对该企业的破产负有个人责任,自该企业破产清算完结之日起未逾三年的;⑥担任因违法被吊销营业执照的企业的法定代表人,并对该企业违法行为负有个人责任,自该企业被吊销营业执照之日起未逾三年的;⑦个人负债额较大,到期未清偿的;⑧有法律和国务院规定不得担任法定代表人的其他情形的。

(四)法人的分支机构

《民法总则》第 74 条规定:“法人可以依法设立分支机构。法律、行政法规规定分支机构应当登记的,依照其规定。分支机构以自己的名义从事民事活动,产生的民事责任由法人承担;也可以先以该分支机构管理的财产承担,不足以承担的,由法人承担。”

法人的分支机构是指由法人为实现其职能而设立的一种可以其自己的名义进行民事活动但不能独立承担民事责任的独立机构。分支机构根据法人章程、决议的授权从事法人的部分经营业务。在一般情况下,法人的分支机构只是隶属于法人的机构,不能作为独立的民事主体。法人的分支机构可以设在法人的住所地,也可以设在法人的住所地以外的地方。

以是否领取营业执照为标准,法人的分支机构可以分为领取了营业执照和未领取营业执照的两种。两者具有明显区别:第一,未领取营业执照的分支机构,不得以自己的名义独立从事民事活动,而只能以法人的名义从事民事活动。领有营业执照的分支机构,可以对外从事经营活动。第二,在诉讼上,有营业执照的分支机构可以成为独立的诉讼主体,以自己的名义起诉、应诉,但无营业执照的分支机构只能以法人的名义起诉、应诉。最高人民法院《关于适用〈中华人民共和国民事诉讼法〉的解释》(法释〔2015〕5 号)第 53 条规定:“法人非依法设立的分支机构,或者虽依法设立,但没有领取营业执照的分支机构,以设立该分支机构的法人为当事人。”第三,在责任方面,有营业执照的分支机构可以先以自己的财产承担责任,无营业执照的分支机构应当由其所属法人承担责任。

六、法人的终止

(一)法人终止的意义

法人的终止又称法人消灭,是指法人丧失民事主体资格,其民事权利能力和民事行为能力终止。法人终止后,民事主体资格丧失,终止后的法人不能再以法人的名义对外从事民事活动。法人终止不同于法人解散,法人终止是指法人在实体意义上已经消灭,而法人解散是指法人将要终止,在清算完结并向登记机关办理注销登记与公告后,法人才消灭。可以说,法人解散是法人终止的活动过程,法人终止包括法人解散和清算。根据《民法总则》第 68 条规定,有下列原因之一并依法完成清算、注销登记的,法人终止:(1)法人解散;(2)法人被宣告破产;(3)法律规定的其他原因。法人终止,法律、行政法规规定须经有关机关批准的,依照其规定。

(二)法人的解散

《民法总则》第 69 条规定:"有下列情形之一的,法人解散:(一)法人章程规定的存续期间届满或者法人章程规定的其他解散事由出现;(二)法人的权力机构决议解散;(三)因法人合并或者分立需要解散;(四)法人依法被吊销营业执照、登记证书,被责令关闭或者被撤销;(五)法律规定的其他情形。"《公司法》第 180 条也具体规定了公司解散的情形:"公司因下列原因解散:(一)公司章程规定的营业期限届满或者公司章程规定的其他解散事由出现;(二)股东会或者股东大会决议解散;(三)因公司合并或者分立需要解散;(四)依法被吊销营业执照、责令关闭或者被撤销;(五)人民法院依照本法第一百八十三条的规定予以解散。"归纳而言,法人解散具体包括以下几种:

1. 法院或主管机关宣告法人解散或撤销许可

当法人的目的和行为违反法律、公共秩序或善良风俗时,可由法院依法宣告解散,或由主管机关撤销许可。例如,《瑞士民法典》第 78 条规定:"社团宗旨违背法律或者善良风俗者,法院得基于主管机关主或利害关系人的起诉，宣告社团解散。”[1]按照我国《民法总则》第 69 条的规定，法人依法被吊销营业执照、登记证书，被责令关闭或者被撤销的，法人解散。我国《企业法人登记管理条例》第 29 条规定，企业法人有登记中隐瞒真实情况、弄虚作假或者未经核准登记注册擅自开业的，擅自改变主要登记事项或者超出核准登记的经营范围从事经营活动的，不按照规定办理注销登记的，伪造、涂改、出租、出借、转让或者出卖《企业法人营业执照》《企业法人营业执照》副本的，抽逃、转移资金，隐匿财产逃避债务的，从事非法经营活动的，登记主管机关可以依法吊销《企业法人营业执照》，强令其解散。《社会团体登记管理条例》也作出了相应的规定。第 29 条规定：“社会团体在申请登记时弄虚作假，骗取登记的，或者自取得《社会团体法人登记证书》之日起 1 年未开展活动的，由登记管理机关予以撤销登记。”第 33 条规定，社会团体有下列情形之一且情节严重的，予以撤销登记：(1)涂改、出租、出借《社会团体法人登记证书》，或者出租、出借社会团体印章的；(2)超出章程规定的宗旨和业务范围进行活动的；(3)拒不接受或者不按照规定接受监督检查的；(4)不按照规定办理变更登记的；(5)违反规定设立分支机构、代表机构，或者对分支机构、代表机构疏于管理，造成严重后果的；(6)从事营利性的经营活动的；(7)侵占、私分、挪用社会团体资产或者所接受的捐赠、资助的；(8)违反国家有关规定收取费用、筹集资金或者接受、使用捐赠、资助的。

当法人内部治理出现僵局时，法院应法人成员的请求，可依法解散法人。《公司法》第 182 条规定：“公司经营管理发生严重困难，继续存续会使股东利益受到重大损失，通过其他途径不能解决的，持有公司全部股东表决权百分之十以上的股东，可以请求人民法院解散公司。”

2. 自行解散

自行解散的原因主要包括以下几种：

一是因法人设立的目的完成或无法完成而解散。例如，《日本民

---

[1] 《瑞士民法典》，魏永盛译，中国政法大学出版社 2016 年版，第 32 页。

法典》第68条第1款规定，作为法人的目的事业成功或不能成功，法人解散。[1] 我国《民法总则》对此虽无明文规定，但依法人本质，应作同样解释。

二是因法人机关的决议而解散。法人基于成员的共同意思而设立，当然可依成员的共同意思而解散。按照我国《民法总则》第69条的规定，法人的权力机构决议解散的，法人解散。

三是因章程规定的解散事由出现而解散。法人章程对解散事由设有规定的，当新规定的事由出现时，法人可因此解散。按照我国《民法总则》第69条的规定，法人章程规定的存续期间届满或者法人章程规定的其他解散事由出现，法人解散。

四是社团法人因不足法定人数而解散。社团法人为人合组织体，各国法律对社团最低人数都有强制性规定。因此，社团人数减至不足法定最低人数，为社团法人解散的当然事由。我国《社会团体登记管理条例》第10条规定：成立社会团体，应有50个以上的个人会员或者30个以上的单位会员；个人会员、单位会员混合组成的，会员总数不得少于50个。当社会团体会员人数减至不足法定最低人数时，构成该社会团体解散的事由。

3. 依法被宣告破产

当法人不能清偿到期债务且资不抵债时，人民法院可根据债权人或债务人的申请，依法宣告其破产。

4. 其他原因

如法人合并、分立，国家经济政策的调整和战争等原因。

（三）法人的清算

法人清算是指清理将终止的法人的财产，了结其作为当事人的法律关系，从而使法人归于消灭的必经程序。《民法总则》第70条第1款规定："法人解散的，除合并或者分立的情形外，清算义务人应当及时组成清算组进行清算。"

---

[1] 参见《最新日本民法》，渠涛编译，法律出版社2006年版，第19页。

1. 法人清算的分类

根据我国法律的规定,法人的清算可以分为破产清算和非破产清算两种程序。破产清算是指法人在宣告破产以后,由主管部门或人民法院组织有关人员成立清算组织,依照破产法规定的程序进行清算。非破产清算是指法人因破产以外的原因消灭时所进行的清算。但在清算时发现其具备破产原因的,即应申请破产,适用破产清算程序。

2. 清算期间的法人

《民法总则》第 72 条规定:“清算期间法人存续,但是不得从事与清算无关的活动。法人清算后的剩余财产,根据法人章程的规定或者法人权力机构的决议处理。法律另有规定的,依照其规定。清算结束并完成法人注销登记时,法人终止;依法不需要办理法人登记的,清算结束时,法人终止。”

清算期间的法人的法律人格依然存在,只是其民事活动的范围因清算程序的开始而受到限制,只能进行清算范围以内的活动,在清算完结并办理了注销登记之后,法人的资格才最终归于消灭。

法人在清算期间视为存续,是因为如果法人在清算期间内不具有主体资格,就难以处理法人与他人之间的法律关系。对于这一问题,《德国民法典》第 49 条第 2 款与我国台湾地区“民法典”第 40 条第 2 款的立场相似:在清算目的所需范围内,法人在清算结束之前视为继续存在。由是可知,清算中法人与清算前法人的主体资格具有同一性。唯其进入清算程序后,法律交往受到严格限制,清算中法人可能已无法完全满足法人要件,直接认定清算中法人的主体资格存在技术障碍,故民法采取拟制手段,将其“视为”清算前法人的存续。

在清算人的职责问题上,我国《公司法》立场颇为不同,《公司法》第 184 条第 7 项的规定是“代表公司参与民事诉讼活动”。最高人民法院《关于适用〈中华人民共和国公司法〉若干问题的规定(二)》(法释〔2014〕2 号)第 10 条第 1 款更是规定:“公司依法清算结束并办理注销登记前,有关公司的民事诉讼,应当以公司的名义进行。”这表示,公司仍然具有当事人能力。清算人不过是公司的代表人。虽然《公司法》未明确规定清算中法人的主体资格问题，但从法条的措辞很容易看到，清算中公司具有主体资格，并且该主体资格未与清算前公司区分，《公司法》将其二者一律以“公司”相称。换言之，《公司法》相关规范的设置，是以清算中公司与清算前公司具有同一性为前提的。

3. 清算义务人及清算组织

《民法总则》第 70 条规定：“法人解散的，除合并或者分立的情形外，清算义务人应当及时组成清算组进行清算。法人的董事、理事等执行机构或者决策机构的成员为清算义务人。法律、行政法规另有规定的，依照其规定。清算义务人未及时履行清算义务，造成损害的，应当承担民事责任；主管机关或者利害关系人可以申请人民法院指定有关人员组成清算组进行清算。”这是我国立法第一次对清算义务人制度加以规定。清算义务人，是指法人程序中依法负有启动清算程序的主体，其义务在于根据法律规定及时启动相应的清算程序以终止法人。清算义务人不同于《公司法》《合伙企业法》《个人独资企业法》规定的“清算组”或“清算人”。后者是具体负责清算事务的主体。如果法人解散程序中未进行清算，则不存在清算组或清算人，但始终存在清算义务人。特别的情形下，如清算义务人直接担任清算人进行清算时，则存在清算义务人与清算人主体竞合的情形。

法人董事、理事等执行机构或决策机构的成员，对法人负有忠实义务和善管义务，对法人的经营或管理状态是最为了解的。当法人解散事由出现时，董事、理事有义务及时依法启动清算程序，以保证法人财产不因无人管理而遭受损失。清算义务人不及时履行清算义务，即存在主观上的过错，如给债权人造成利益损害的，应当承担相应的民事责任。

清算组织是法人在清算过程中的意思机关和执行机关，对内执行清算事务，对外代表法人从事清算范围内的一切活动。法人自行解散的，由法人自行成立清算组织；法人被撤销、被宣告破产的，应当由主管机关或者人民法院组织有关机关或有关人员成立清算组织。《民法总则》第 71 条规定：“法人的清算程序和清算组职权，依照有关法律的规定;没有规定的,参照适用公司法的有关规定。”根据《公司法》第184条的规定,清算组在清算期间行使下列职权:清理公司财产,分别编制资产负债表和财产清单;通知、公告债权人;处理与清算有关的公司未了结的业务;清缴所欠税款以及清算过程中产生的税款;清理债权、债务;处理公司清偿债务后的剩余财产;代表公司参与民事诉讼活动。另外,根据《公司法》第187、188条,清算人还负有在公司支付不能时申请宣告破产,以及清算结束后申请注销登记之责。

4. 清算终结

清算终结后,由清算人向登记机关办理注销登记并予以公告。完成注销登记和公告之后,法人即告消灭。《民法总则》第72条第2、3款规定:“法人清算后的剩余财产,根据法人章程的规定或者法人权力机构的决议处理。法律另有规定的,依照其规定。清算结束并完成法人注销登记时,法人终止;依法不需要办理法人登记的,清算结束时,法人终止。”第73条规定:“法人被宣告破产的,依法进行破产清算并完成法人注销登记时,法人终止。”

第十讲　营利法人

赵旭东*

《民法总则》法人制度最重要的创新和特点是法人的分类概念和体系。[1] 我国原《民法通则》将法人分为企业法人和机关法人、事业单位法人与社会团体法人四类,后三类又统称为非企业法人。在传统民法上,西方国家民法典多采用社团法人与财团法人的基本分类,此次《民法总则》制定过程中,存在多种关于法人分类体系的主张,有的主张将法人分为社团法人与财团法人,有的主张分为营利法人、公益法人与中间法人,还有的主张采用公法人与私法人的分类。《民法总则》最终采取营利法人、非营利法人和特别法人的基本分类,并在非营利法人之下再分为事业单位法人、社会团体法人、捐助法人几种具体类型。

这一分类概念和体系体现了法典化立法应有的理性,直接反映了我国现实的国情,表现出鲜明的中国特色。既实现了对《民法通则》法人类型概念的突破和创新,又保持了我国法人制度立法的连续性和稳定性。

---

* 中国法学会商法学研究会会长,中国政法大学民商经济法学院副院长、教授、博士生导师,教育部长江学者特聘教授。

〔1〕 参见赵旭东:《民法总则草案中法人分类体系的突破与创新》,载《中国人大》2016 年第 14 期。

首先,法人的分类应以法人之间最具有法律意义的根本差异作为根据。在我国的法人组织中,是否具有营利性无疑是最具有法律意义的根本差异。营利性与否决定了法人完全不同的权利能力和行为能力,由此也决定了法人在各种法律关系中的地位和基本的权利义务与责任,其中特别是在税法上的不同地位和义务。而社团法人与财团法人的分类只反映其组成方式和内部关系的不同,并不具有在各个法律领域的特殊法律意义。

其次,不以社团法人与财团法人作为基本分类的重要原因是二者之间的区别日趋模糊,区分的法律意义日趋衰微。虽然在法律定义上,社团由社员组成,财团由财产组成,但现实中,以公司为主要形式的社团法人却往往拥有巨额的财产,因而在经济生活中常被称为大财团。而财团法人同样有人的参与,同样是由相应的人员组成机构进行管理的。因此,社团与财团的区分常常令人误解。而随着一人公司在各国的承认和发展,社团法人的联合性也在衰减,由人组成的法人和由财产组成的法人的界限日益模糊。

再次,财团法人的概念有些脱离我国现实。我国自新中国成立以来,虽然学理上介绍财团法人的原理,但在各种立法和法律实践中都无财团法人的概念和规定。我国立法和实践中所称的基金会法人,实质上与财团法人的含义基本等同。基于约定俗成和便于社会公众对法人制度的理解和适用,不用财团法人概念而继续使用基金会或捐助法人的概念,既符合中国国情,也是更为可取和现实的选择。

最后,营利法人与非营利法人的分类与我国现行《民法通则》的法人分类基本吻合,也保持了我国法人制度应有的连续性和稳定性。《民法通则》将法人分为企业法人和非企业法人(含机关法人、事业单位法人和社会团体法人),其中企业法人即为营利法人,非企业法人即为非营利法人。因此,这样的分类实质上是延续了《民法通则》的基本分类。不同的是,它是以营利的概念取代了原来的企业概念,而这种替代既更符合法律概念的组合逻辑,也能够更为直接、清晰地揭示法人的基本性质。

一、营利法人的概念与种类

（一）营利法人的概念与特征

根据《民法总则》第76条的规定，营利法人是指以取得利润并分配给股东等出资人为目的而成立的法人。营利法人的基本特征如下：

1. 营利法人主要从事经营活动

营利法人的首要特征是主要从事经营活动。经营活动是指民事主体以取得利润为目的而从事的经济活动，利润即为经营活动中收益与成本或投入之间的差额。由此可见，营利法人经营活动的宗旨就是以较少的投入获得较多的收益。

以活动内容作为区分标准，法人可分为三种类型，分别是主要从事经营活动的法人、附带从事经营活动的法人和完全不从事经营活动的法人。营利法人属于其中的主要从事营利活动的法人。根据这一标准可以将营利法人与附带从事和完全不从事经营活动的法人相区别。附带从事经营活动的法人包括科研机构和基金会等非营利法人，尽管它们会从事部分经营行为，如转让专利、进行商业投资等，但其主要活动内容仍是非经营性行为。完全不从事经营活动的法人包括部分社会服务机构、学术研究会等非营利法人，其活动形式为提供社区服务、开展理论交流等非经营活动。现实生活中，非营利法人主要是属于附带从事或者完全不从事经营活动的法人，但也有极少数的主要从事经营活动的非营利法人，如福利企业等。由此可见，该特征并不能根本区分营利法人和非营利法人。

2. 营利法人将利润分配给股东等出资人

营利法人的根本特征是将利润分配给股东等出资人，这是将非营利法人与营利法人区分开来的根本特征。这一特征是对主要从事经营活动和附带从事经营活动的法人的进一步分类。上述两种法人会在经营活动中获取利润，而根据是否会进行利润分配又可将其分为进行利润分配的法人和不进行利润分配的法人。营利法人是指进行利润分配的法人，如公司法人。对于营利法人自身而言，营利法人通过经营活动获取利润后,应当按照法律与章程的规定将该利润分配给出资人。对于出资人而言,其设立或是投资营利法人的根本目的亦在于获取利润。这就将营利法人与其他虽有利润但不进行利润分配的法人相区别。后者是指从事经营活动的非营利法人,他们的经营收益只能用作公益或者其他非营利目的而非进行分配。是否分配这一特征可将营利法人与非营利法人从根本上区别开来。

同时,由于营利法人设立的根本目的是将利润分配给出资人,出资人对营利法人享有与其出资相应的份额。当营利法人因经营失败、营业期限届满等终止事由出现时,出资人应当按照份额享有对剩余财产的分配请求权。

不仅如此,对营利法人概念的界定,有以下两个问题需要注意:

(1)营利是指成立时以营利为目的,并不要求成立后营利结果的发生。由于《民法总则》将营利法人分为有限责任公司、股份有限公司和其他企业法人等种类。若出资人选择以上法定类别设立营利法人,即可推定其具有获取营利的目的,而至于营利目的是否实现,属于成立之后的经营效果,并不影响营利法人的性质。

(2)《民法总则》虽然将取得利润并分配给出资人作为营利法人的成立目的,但并不表示营利法人必须以此作为分配利润的规范基础。《民法总则》第76条规定本身并不能单独作为当事人主张权利的依据。营利法人如何进行利润分配应属于营利法人自身决策的范畴,现实中某些营利法人出于自身发展的考虑,取得利润不立即分配的情形非常常见。此条的规范意义在于界定营利法人的概念,为其后的法律适用奠定基础,不在于对营利法人的利润分配提出强制的法律要求。

(二)营利法人的种类

《民法总则》第76条将营利法人分为有限责任公司、股份有限公司和其他企业法人,其中有限责任公司和股份有限公司作为《公司法》上规定的公司类型,可概括为公司法人,而其他企业法人属于非公司企业法人。虽然同属于营利法人,但公司法人和非公司企业法人仍然体现出不同的特征,在此对其种类进行分别说明。

1. 公司法人

公司法人受《公司法》调整，这也是公司法人区别于非公司企业法人最为显著的特征。根据《公司法》第 2 条，公司法人包括有限责任公司和股份有限公司。有限责任公司和股份有限公司作为两种独立的公司类型，具有不同的特征。

(1) 有限责任公司

有限责任公司亦称有限公司，是指由法律规定的一定人数的股东所组成，股东以其出资额为限对公司债务承担责任，公司以其全部资产对其债务承担责任的公司法人。结合《公司法》的规定和公司理论，有限责任公司具有以下特征：

第一，股东人数有法定限制。《公司法》第 24 条规定，有限责任公司由 50 个以下股东出资设立。第二，股东对公司债务承担有限责任，责任限额以其认缴的出资额为限。第三，公司设立程序简便，组织机构简单。[1] 根据我国《公司法》的规定，有限责任公司只有发起设立，没有募集设立方式，因而设立程序相对简单；同时，有限责任公司的机构设置较为灵活，股东人数较少或规模较小的公司，可以设置执行董事和一至两名监事代替董事会和监事会。

此外，《公司法》规定了一人有限公司和国有独资公司两类特殊的有限责任公司类型。一人有限公司和国有独资公司虽处于有限责任公司之列，但其股东人数、公司组织构造等都与一般的有限责任公司有较大的差别，因此，《公司法》对二者进行了特别的规定。

(2) 股份有限公司

股份有限公司又简称股份公司，是指公司全部资本分为等额股份，股东以其认购的股份对公司承担责任，公司以其全部资产对公司债务承担责任的公司法人。股份有限公司相较于有限责任公司具有如下特征：

第一，股东人数具有广泛性。《公司法》第 78 条规定，股份有限公

---

〔1〕 参见赵旭东主编：《公司法学》(第 4 版)，高等教育出版社 2015 年版，第 64 页。

司的股东人数应当为两人以上而没有上限，只是发起人的人数不得超过200人；第二，公司资本以股份作为最小单位，股东的出资具有股份性；第三，股东责任具有有限性，股东以其认购的股份对公司债务承担有限责任；第四，股份发行和转让具有公开性与自由性；第五，公司经营状况具有公开性。[1]

2. 非公司企业法人

所谓企业，是指主要从事经营活动的市场主体。企业是一个开放的、包容的概念，其范围比公司更广。[2] 正因如此，非公司企业法人在我国现行法上种类远比公司法人复杂，不同的非公司企业法人由不同的法律进行规定。国家统计局、国家工商行政管理局曾联合发布《关于划分企业登记注册类型的规定》，该规章对在工商行政管理机关登记注册的各类企业进行了梳理。结合该规章的规定和我国现实情况，我国非公司企业法人主要包括以下几种：

（1）非公司制的国有企业

自国有企业改革之后，许多的国有企业进行了公司化的改造，转变为有限责任公司或股份有限公司的形式，以公司的形式继续存续，该类企业由《公司法》调整。但也有部分国有企业仍然以非公司企业法人的法人形态留存至今，而对于这些企业而言，其不受《公司法》的调整，仍应适用《全民所有制工业企业法》，属于非公司企业法人的类别。

（2）集体企业

根据《关于划分企业登记注册类型的规定》第4条，集体企业是指企业资产归集体所有，并按《企业法人登记管理条例》规定登记注册的经济组织。我国的集体企业包括城镇集体所有制企业和乡村集体所有制企业，分别适用《城镇集体所有制企业条例》和《乡村集体所有制企业条例》。

---

〔1〕 参见赵旭东主编：《公司法学》（第4版），高等教育出版社2015年版，第66页。

〔2〕 参见陈甦主编：《民法总则评注》（上册），法律出版社2017年版，第513页。

(3)股份合作制企业

根据《关于划分企业登记注册类型的规定》第 5 条,股份合作制企业是指以合作制为基础,由企业职工共同出资入股,吸收一定比例的社会资产投资组建,实行自主经营、自负盈亏、共同劳动、民主管理、按劳分配与按股分红相结合的一种集体经济组织。股份合作制企业是股份制和合伙制结合的一种企业形态,其作为独立法人,以企业全部资产承担民事责任[1]。因此,股份合作制企业应当也属于非公司企业法人。在现实中,股份合作企业虽然已经有一定数量和规模,但却没有国家层面的法律法规对其进行规范,只有部分地方行政法规或政府规章对股份合作企业进行了规定[2]。

(4)乡镇企业

《乡镇企业法》第 2 条规定:"本法所称乡镇企业,是指农村集体经济组织或者农民投资为主,在乡镇(包括所辖村)举办的承担支援农业义务的各类企业。"乡镇企业在改革开放以来发展迅速,已经成为农村经济体最为重要的组成部分。乡镇企业虽承担一定的农业职能,但其经营仍是以营利为目的,符合法人条件的,取得企业法人资格。因此,其亦应当属于营利法人中的非公司企业法人。

(5)事业单位、社会团体设立的企业

虽然事业单位、社会团体都属于非营利法人,但在我国实践中,许多事业单位、科技性社会团体也会设立企业。这些企业并没有都采取公司法人的形态。这种做法也为现行法律所认可,根据《企业法人登记管理条例》第 26 条,事业单位、科技性的社会团体根据国家有关规定,设立具备法人条件的企业,由该企业申请登记,经登记主管机关核准,领取《企业法人营业执照》,方可从事经营活动。

---

〔1〕 1997 年国家体改委《关于发展城市股份合作制企业的指导意见》第 3 条、第 4 条,现已失效。

〔2〕 譬如《北京市城镇企业实行股份合作制办法》《上海市股份合作制企业暂行办法》等。

(6)非公司制的营利性民办学校、民营医院等法人

长期以来,我国实践中一直存在许多民办学校、民营医院等承担部分事业单位职能的民办机构,其法人性质一直存在争议。《民法总则》出台之后,在营利法人与非营利法人的构造之下,民办学校和民营医院等法人的定位应当更加明确。倘若该民办机构是营利性的,就应当被归类于营利法人,若其法人组织形式为公司,则应当属于公司法人的范畴,若不是公司,则属于非公司企业法人;若该民办机构是非营利性的,应当被归类于非营利法人。

以民办学校为例,《民办教育促进法》第 10 条与第 19 条规定,民办学校机构应当具有法人资格,民办学校的举办者可以自主选择设立非营利性或者营利性民办学校。故而营利性的民办学校应当被归于营利法人的范畴,而公司制的民办学校应被归类于公司法人,若没采用公司制则应属于非公司企业法人;另一方面,非营利性民办学校则应当被归于非营利法人体系之下。

3. 不同种类营利法人的法律适用

《民法总则》第三章第二节对营利法人的章程、决议、组织机构、关联交易等制度进行了规定,这些规定应适用于所有种类的营利法人。同时,《公司法》对公司法人有具体的规定,其他法律对不同种类的非公司企业法人有不同的规定。由此,需要明确不同种类营利法人的法律适用问题。

(1)公司法人的法律适用

《民法总则》颁布前,公司法人主要受《公司法》调整。虽然《民法总则》对营利法人的一般规范进行了规定,但《公司法》属于《民法总则》的特别法,在法律适用时应当优先适用。从整体上看,《民法总则》关于营利法人的一般规范与《公司法》的相关规范比较一致。因此,公司法人即使优先适用《公司法》,也不会在法律适用上和《民法总则》产生较大的冲突。

(2)非公司企业法人的法律适用

我国目前对非公司企业法人的法律规制都是依靠单行法,譬如集

体企业,由《城镇集体所有制企业条例》和《乡村集体所有制企业条例》予以规定。而对于非公司企业法人共性制度一直以来存在法律空白,《民法总则》通过设置营利法人的一般规则填补了这一空白。非公司企业法人作为营利法人的一种,自然应当适用《民法总则》对于营利法人规定的一般规则。

同时,《民法总则》的营利法人体系也让非公司法人有类推适用《公司法》的解释空间。我国现行的法律体系对公司法人的规范相较其他非公司企业法人更为完整和体系化,譬如《公司法》对公司法人的治理、股东权利等内容都有明确的规定,而非公司企业法人的法律体系没有如此系统的规定。《民法总则》将企业法人与公司法人一并设置在营利法人之下,鉴于营利法人在营利方面的共性,就给予了其他营利法人类推适用《公司法》的法律解释空间。[1] 同时需要注意,类推适用并非直接适用,类推适用不能违背单行法对非公司企业法人的规定,而是在单行法没有规定的情况下进行漏洞的填补。

(三)营利法人与相近概念的辨析

《民法总则》营利法人和非营利法人的分类模式是以法人的成立目的作为区分标准的,既没有完全沿用《民法通则》企业法人的概念,也没有采取大陆法系传统的社团法人与财团法人的概念。但这些概念之间存在内在的联系和区别,为进一步厘清营利法人,需要将营利法人的概念与企业法人和社团法人进行对比。

1. 营利法人与企业法人的联系与区别

《民法通则》根据法人类型是否为企业将法人分为企业法人和非企业法人,非企业法人中又包括机关法人、社会团体法人和事业单位法人。所谓企业法人,是指以营利为目的,从事市场经济活动的法人。

企业法人与营利法人在外延上是相同的。《民法总则》在营利法人的种类中,将营利法人分为有限责任公司、股份有限公司和其他企业

---

〔1〕 参见沈德咏主编:《〈中华人民共和国民法总则〉条文理解与适用》,人民法院出版社 2017 年版,第 567 页。

法人。“其他企业法人”也突出了“企业”二字，因此，营利法人在立法上被分为公司企业法人和非公司企业法人。而在企业法人中，也可以根据是否以公司法进行改制为标准，分为公司法人和非公司法人。[1]因此，企业法人和营利法人既都包括公司法人，也都包括诸如集体企业、股份合作企业这样的非公司的企业法人。二者从外延上应当是相同的。

企业法人与营利法人概念的内涵侧重有所不同。企业法人与非企业法人分类的立足点是法人是否为企业，而营利法人与非营利法人的分类依据是法人的成立是否以营利为目的。营利法人的概念侧重于强调法人的成立是为了获取利润并分配利润给出资人。企业法人的概念则是强调法人作为企业的组织特性和企业自身的营利性。

2. 营利法人与社团法人的联系与区别

传统法人分类中，根据法人成立基础将法人分为社团法人和财团法人。以人的集合为基础成立的法人为社团法人，以财产为基础成立的法人为财团法人。营利法人一定是社团法人。社团法人可以按照成立目的是否为营利被分为营利社团法人、公益社团法人和中间法人。而社团法人中的营利社团法人即为《民法总则》中的营利法人。营利法人的基本特征是将从事经营活动获得的利润分配给出资人，这就要求营利法人必须有成员，并以成员的集合作为成立的基础，否则无从分配利润，更不能分配剩余财产。而社团法人区别于财团法人最为显著的特征正是其是以成员作为成立基础的。因此，营利法人属于社团法人。

需要说明的是，营利法人中的一人有限责任公司。一人公司的股东系为一个自然人或是一个法人，与传统的社团法人存在一定的差异，但一人公司仍应属于社团法人的范畴。社团法人区别于财团法人，强调以人作为公司成立的基础，而一人公司作为有限责任公司的特殊形式，亦有一人股东作为成员，存在独立的意志并独立承担责任。因此，

---

〔1〕 参见江平主编：《民法学》，中国政法大学出版社2011年版，第76页。

一人公司虽然只有一个成员,也符合社团法人的本质。

社团法人不一定是营利法人。社团法人除了营利社团法人之外,也包括公益社团法人和中间法人。譬如社会团体法人依其成立的目的应当被归类于公益社团法人和中间社团法人,而在《民法总则》的体系中,因为社会团体法人的成立目的并非营利,其无疑属于非营利法人。

二、营利法人的成立与章程

(一)营利法人的成立

1. 营利法人成立的概述

营利法人的成立是指营利法人具备法律规定的实质要件,完成设立程序,经登记机关登记、签发营业执照,而取得民事权利能力和民事行为能力的法律事实。

《民法总则》第58条第2款规定:“法人应当有自己的名称、组织机构、住所、财产或者经费。法人成立的具体条件和程序,依照法律、行政法规的规定。”营利法人除应当具备一般法人成立的条件外,还需具备相应法律、行政法规规定的成立条件。不同营利法人的成立条件不同,比如我国《保险法》规定设立保险公司,主要股东具有持续盈利能力,信誉良好,最近三年内无重大违法违规记录,净资产不低于人民币二亿元。

营利法人从成立之时起取得法人人格,获得民事权利能力和民事行为能力,从而有权依据登记的经营范围和经营方式开展生产经营活动,并以法人的名义享有权利和承担义务。

2. 营利法人的设立

营利法人的设立是指设立人以成立营利法人为目的,依照法律规定进行的一系列筹建行为。我国营利法人的设立原则是准则主义和许可主义相结合。具体而言,设立一般的公司,适用准则主义;但涉及国家安全、公共利益和关系国计民生的特定行业和项目的公司的设立,适用许可主义,如证券公司的设立;其他企业法人适用许可主义,如设立中外合资经营企业应报国家对外经济贸易主管部门审查批准。自

2013年起,我国逐渐削减工商登记前置审批事项,根据2017年5月印发的《工商总局关于调整工商登记前置审批事项目录的通知》,我国全部226项工商登记前置审批事项中的87%改为后置审批或取消,至此有28项前置审批。其中,营利法人的设立由前置审批改为后置审批的,不再实行先由主管部门审批、再进行工商登记的制度,而是向工商部门申请登记、取得营业执照后即可从事一般生产经营活动,对从事需要许可的生产经营活动,持营业执照和有关材料向主管部门申请许可。由此实现了主体资格之取得与行政许可之审批的分离,此类营利法人的设立原则从许可主义变更为准则主义。

营利法人的设立是成立的必经程序,营利法人的成立是设立的法律后果或直接目的。营利法人在被核准登记、取得营业执照之前称为设立中的法人,此时不具备独立的主体资格,不能以营利法人的名义进行民事活动,在性质上属于无权利能力社团。[1]

营利法人设立行为并不必然导致营利法人的成立,其结果有三种:设立成功、设立失败和设立无效或被撤销。设立失败是登记机关以合法理由拒绝登记和签发营业执照,致使设立行为未能全部完成。设立无效或被撤销指营利法人虽然在形式上完成设立行为,且已取得营业执照,但有条件或程序上的缺陷,或者说设立有瑕疵,故法律上认为设立行为无效,该营利法人应当被撤销。各国家或地区的立法对设立瑕疵的规定差异甚大,理论界也存在争议,大致为瑕疵设立有效、瑕疵设立无效或可撤销两大类。在采纳瑕疵设立无效或可撤销观点的国家,相关人可以通过设立无效诉讼撤销已成立的公司,但多数国家或地区仍持较为慎重的司法态度,对原告范围予以限制。我国对营利法人设立无效制度的规定不甚明确,也未确立公司设立无效确认之诉。

(二)营利法人的登记

1. 营利法人登记的含义和性质

营利法人登记是为取得、变更或终止法人主体资格,依照法律法规

---

〔1〕 参见赵旭东主编:《公司法学》(第4版),高等教育出版社2015年版,第117页。

规定的程序,向主管机关提出申请,并由主管机关依法对申请事项审查、登记的一种法律行为,包括设立登记、变更登记和消灭登记。营利法人的设立登记是指营利法人的设立人按照法定程序向登记机关申请成立营利法人,登记机关审核通过并予以登记、公告的行为。《民法总则》第77条规定:"营利法人经依法登记成立。"指的就是设立登记,且由该条可知,设立登记是每一种营利法人成立的必经程序,营利法人以登记为成立标志。

关于我国营利法人设立登记行为的性质,学术界和理论界有三种观点。私法行为说认为"核准登记就如自然人的出生,旨在解决私法组织体的主体资格问题。虽然是否取得主体资格是公权力机关行使的,但是私法主体资格属于私法问题"。[1] 公法行为说主张设立登记是设立人提交申请后,国家登记机关行使审查核准权,对申报材料进行审查,进而决定核准与否的公法行为。复合行为说主张登记行为"既具有明显的私法意义上的功能,又具有强烈的公法意义上的功能"。[2] 我们倾向于复合行为说。一方面,设立登记行为是国家对营业主体进行监督管理的措施,是登记机关履行行政职能的行为,因而具有公法行为的性质;另一方面,营利法人设立登记行为是当事人为私人意志和利益而实施的法律行为,即为了营利法人的设立获得法人资格和经营资格,国家机关的参与是为了给当事人提供服务。

2. 营利法人登记的法律功能

任何一种营利法人都必须登记,以登记作为其成立要件的根据在于登记具有特殊的法律功能。首先,登记的首要功能和价值是赋予营利法人以法人资格,肯定其法律地位,确认其基本权利。营利法人获得与其登记的主体类型相应的法律人格时,也就获得了营利性活动的权利能力和行为能力,有权依法进行各种经营活动。其次,登记使得国家可以及时了解营利法人的重要信息和全面、准确的市场数据,有利于其

---

〔1〕 张新宝:《〈中华人民共和国民法总则〉释义》,中国人民大学出版社2017年版,第521页。

〔2〕 覃有土:《商法学》,中国政法大学出版社1999年版,第26页。

制定和实施宏观经济政策,合理适度干预市场经济,实现监督管理职能,也为国家依法对各类不同主体进行税收征纳、市场监管提供了主要的依据。再次,登记有公示信息、昭示信用的功能。营利法人的基本信息、经营状况和能力记载在商事登记簿上,便于他人了解并以此评估其资信,决定是否与其交易。营利法人也可以通过维护其在商事登记簿上的信息,确立和维持其商业信誉。最后,登记的公示功能允许交易相对人仅付出极少的成本即可通过法定形式获取营利法人的登记信息,这可以极大地降低交易成本,提高交易效率,增强交易安全。

3. 营利法人设立登记的法律效力

(1)生效效力。设立登记的法律效力有两种立法例:成立要件主义和对抗要件主义。设立登记的成立要件主义是营利法人完成设立登记,方可取得法人资格,未经登记的法人即使其他条件均具备,也只能认为是事实上的成立,而不具有法律人格。设立登记的对抗要件主义是营利法人的设立不以完成登记为要件,营利法人设立后,应登记的事项未经登记和公告的,不得对抗善意第三人。我国和多数国家、地区一样采取成立要件主义,也就是设立登记具有生效效力,像比利时等则采取对抗要件主义。

(2)公信力。营利法人设立登记的公信力表现为登记事项正确性推定效力和善意保护效力两个方面。登记事项正确性推定效力是指营利法人的设立登记乃至公告具有使社会一般人对登记事项的真实性和正确性产生合理信赖的效力;善意保护效力是指法律对第三人基于合理信赖而进行的交易行为予以强制保护的效力。关于登记的公信力,争议主要集中在第三人的范围。对此,我国有的法律比如《物权法》第24条规定仅善意第三人可以主张登记的公信力,有的法律比如《公司法》第33条第3款则未限定第三人的主观善意。鉴于登记公信力的基础在于第三人的正当信赖,因此应当明确规定仅善意第三人可以援引登记的公信力,如此方可既保护善意第三人的利益,又避免营利法人的合法利益被恶意侵犯。以代持股为例,善意第三人基于对工商登记的信赖与名义股东签订合同并受让股权,则该股权转让行为有效。

（三）营利法人的营业执照

1. 营业执照的概述

营业执照是登记机关对营利法人核准登记后，向其签发的资格证明文件。营业执照的格式由国家工商行政管理局统一规定，登记事项有名称、地址、负责人、资金数额、经济成分、经营范围、经营方式、从业人数、经营期限等。营业执照分正本和副本，二者具有相同的法律效力。《民法总则》第 78 条规定："依法设立的营利法人，由登记机关发给营利法人营业执照。营业执照签发日期为营利法人的成立日期。"本条所称营业执照准确地说是企业法人营业执照，是签发给有法人资格的企业的营业执照，此类营业执照是证明其法人资格，而一般的营业执照，如签发给法人的分支机构或者非法人组织的营业执照，尽管也有证明主体资格之作用，但该主体资格并非法人资格。

营利法人经登记机关核准登记是其取得法人资格的实质法律要件，登记机关签发营业执照是其获得核准登记的法律形式，也是证明营利法人取得法人资格的外在标志。登记机关的核准登记和签发营业执照在内容、时间和效力上具有同一性，营业执照的签发日期是营利法人的成立日期。

2. 营业执照的性质

营业执照具有双重性质，主体资格的凭证和经营资格的凭证。一方面，结合《民法总则》第 59 条"法人的民事权利能力和民事行为能力，从法人成立时产生"的规定和第 77、78 条关于营利法人经依法登记成立和登记机关签发营业执照的规定可知，营利法人经登记机关核准登记并向其签发营业执照时，才具有主体资格，可以营业执照对外证明其法人资格和民事权利能力、民事行为能力。比如，在诉讼活动中，营利法人需向法院提交营业执照以证明其主体资格。另一方面，营业执照可证明营利法人开展生产经营活动的资格。根据我国法律规定，营利法人的法人资格和经营资格是分离的，具有法人资格不一定有权开展特定的生产经营活动。比如，对于从事一般生产经营活动的营利法人，从核准登记、签发营业执照时起即同时具有法人资格和经营资格；

对于实行后置审批的营利法人，其取得营业执照后可从事一般生产经营活动，从事需要许可的生产经营活动的，还需持营业执照和有关材料向主管部门申请许可。再如被吊销营业执照的营利法人，虽然仍具有法人资格，但是不能从事经营活动。

（四）营利法人的章程

1. 营利法人章程的概述

营利法人的章程是营利法人的成员在设立过程中制定的，调整营利法人内部组织关系和经营行为的自治规则。《民法总则》第 79 条规定："设立营利法人应当依法制定法人章程。"因此，章程是营利法人成立的必备性文件。

关于章程的性质主要有两种观点，契约说和自治法说。英美法系国家多采纳契约说，认为章程是基于设立人的共同意思而制定的，只对设立人产生约束力，具有契约性质。大陆法系国家多采纳自治法说，认为章程不仅对营利法人的设立人有约束力，而且对营利法人的机关和成立后新加入的成员有约束力，具有自治法的性质。我国通说认为章程是营利法人自治性质的根本规则，无论契约说还是自治法说，都强调自治，设立人基于长远发展，在法律允许的范围内，根据自己的意思来规定营利法人的组织关系和经营行为。

营利法人的章程具有法定性、公开性和自治性的特征。营利法人章程的法定性表现为章程制定、必要记载事项、效力、修改权限和程序以及登记的法定性，这体现了国家对营利法人的组织和行为的干预，以保护法人成员、平衡各方利益、促进交易安全。营利法人章程的公开性是指章程要置备于营利法人的住所，登记于登记机关，使营利法人的成员、交易相对人和社会公众方便获知章程的内容。营利法人章程的自治性表现为不同的营利法人可以制定不同的章程，根据自己的意思对记载事项作出规定。章程是自治规则和自治手段，法律中的任意性规范越多，营利法人的自治空间就越宽广。

2. 营利法人章程的制定和内容

营利法人应根据相应法律、行政法规制定章程，因而制定主体和程序不尽相同。我国现行法中只有《公司法》的规定较为具体,一些部门规章和其他规范性文件也有所涉及。章程记载事项分为绝对必要记载事项、相对必要记载事项和任意记载事项。绝对必要记载事项是指法律规定的章程必须记载的事项,一般都是与营利法人设立或组织活动有重大关系的基础性事项,如营利法人的名称、住所、经营范围等。相对必要记载事项是指法律规定可以记载也可以不记载的事项,如分公司的设立、解散事由、股份有限公司特别股的种类等,这些事项一旦被记载就产生约束力。任意记载事项是指绝对必要记载事项、相对必要记载事项以外的,在不违反法律、行政法规强行性规定和社会公共利益的前提下,由章程制定主体同意并自愿记载于章程的事项。

关于制定主体,有限责任公司的章程由股东共同制定;国有独资公司的章程由国有资产监督管理机构制定,或者由董事会制定报国有资产监督管理机构批准。发起设立的股份有限公司的章程由发起人制定,发起人签字或盖章后章程制定完成;募集设立的股份有限公司的章程由发起人制定,经创立大会决议通过后章程制定完成。

3. 营利法人章程的效力

(1)营利法人章程的时间效力

营利法人章程的时间效力是指章程的生效时间和失效时间。学理上对于章程的生效时间有两种主要观点:一是自制定主体签字或制定机构通过时生效,二是自营利法人成立时生效。两种观点的分歧在于,在制定主体签字或制定机构通过至营利法人成立期间章程的效力,前者认为章程已生效,后者认为章程未生效。法律和学理对于章程的失效时间无争议,营利法人终止时章程失效。

(2)营利法人章程的对人效力

营利法人章程的对人效力是指章程对哪些主体有约束力,使其享有权利或承担义务。首先,根据章程的概念及其内容可知,章程对营利法人本身及其机关、内部关系人具有约束力,此处的内部关系人不仅指参与章程制定的股东,还包括未来新加入的股东、董事、监事、高级管理人员。其次,关于章程对于第三人的效力,学理上与法律上不甚统一和明确。学理上,有人认为章程具有推定第三人知晓的效力,在特定情况下,第三人应当对章程载明的事项负有注意义务。

(3)章程的无效与可撤销

章程的制定是多方法律行为,章程的效力与该法律行为的效力相同。结合《民法总则》第143条的规定,导致章程的无效与可撤销的原因可能是:章程制定者行为能力欠缺,或者制定机构(创立大会)通过章程的程序不合法;意思表示不真实,如基于重大误解或被欺诈、胁迫而在章程上签字;章程的内容违反法律、行政法规的强制性规定、违反公序良俗,如绝对必要记载事项未作规定或者规定的内容违法的章程无效。无效或者被撤销的章程或条款自始没有法律约束力。

三、营利法人的组织结构

(一)营利法人组织机构概述

营利法人作为法人的具体种类,其内部组织机构既符合法人机关构成的共性,也具有其自身的特殊性。法人需要必要的机关来构成法律意义上的整体,形成统一的意思表示,进行民事活动、参与法律交往。一般来说,法人应当具有以下三类机关:决策机关、执行机关与代表机关。[1]《民法总则》将营利法人的组织机构区分为权力机构、执行机构和监督机构三部分,并详细规定了各机构的职权范围。

(二)营利法人的权力机构

1. 营利法人权力机构概述

营利法人的权力机构,也称营利法人的意思机构,是营利法人内部生成意思表示的机构和最高权力机构。这一概念应从四方面加以理解:

(1)营利法人权力机构在各内部机构中具有最高地位。在法人中设置权力机构的立法与宪法制度中国家机关设置的原理相通。在营利法人中权力机构多表现为社员大会,例如股东会与股东大会。《公司

---

〔1〕 参见王利明:《民法总论》(第2版),中国人民大学出版社2015年版,第120页。

法》第 36 条规定:“有限责任公司股东会由全体股东组成,股东会是公司的权力机构,依照本法行使职权。”以及第 98 条规定:“股份有限公司由股东组成股东大会。股东大会是公司的权力机构,依照本法行使职权。”

(2)营利法人权力机构是形成法人意思的机关,在法人权利能力范围内,对法人的重大事务做出决策。法人本身不具有思维能力,决定营利法人存续目的以及形成法律交往意思的,是法人章程以及社员加诸法人的意志。[1] 权力机构在法律与章程的规制下,对营利法人的内部重大事务作出决策。

(3)营利法人权力机构是营利法人必设机关。根据《民法总则》第 80 条第 1 款的规定,营利法人应当设立权力机构。据此可以得知,设立权力机构是法律对所有营利性法人的强制性要求。

(4)营利法人权力机构是非常设机构。权力机构是由全体社员组成的会议,多为定期或在紧急情况下临时召开,不表现为一个常设组织。例如,我国《公司法》第 39 条规定:“股东会会议分为定期会议和临时会议。定期会议应当依照公司章程的规定按时召开。代表十分之一以上表决权的股东,三分之一以上的董事,监事会或者不设监事会的公司的监事提议召开临时会议的,应当召开临时会议。”

2. 不同种类营利法人权力机构的设置

不同种类的营利法人,其权力机构的设置也不同。《民法总则》第 76 条第 2 款将营利法人分为有限责任公司、股份有限公司和其他企业法人。可以将其概括为公司制法人和非公司制法人。

(1)公司制法人

公司制法人的权力机构为股东会或股东大会,《公司法》第 36、98 条对此有明确规定。股东会和股东大会由全体股东组成,股东会不应排除任何一个股东,哪怕是仅仅持有一股的股东。在理解股东会概念时要注意区分作为股东会议的股东会与作为公司机关的股东会:前者

---

[1] 参见朱庆育:《民法总论》(第 2 版),北京大学出版社 2016 年版,第 424 页。

是股东行使权力形成统一意志的方式，分为年会和临时会议，不要求全体股东必须出席；后者才是组织意义上的股东会，由全体股东组成，是公司法人的权力机关。[1]

值得注意的是，股东会作为营利法人权力机构，其设立受到法律强制性的约束。但是对于特殊形态的公司制法人，是否设置股东会等权力机构，《公司法》有不同的规定。例如：外商投资设立的有限责任公司只设立董事会，由董事会代行股东会的权力；国有独资公司不设立股东会，由国家授权投资的机构和部门授权董事会行使部分股东会职权。

(2)非公司制法人

我国目前的非公司制营利法人主要包括乡镇企业、集体企业、非公司制外商投资企业和国有企业。部分非公司制法人也设有权力机构，只是彼此之间差异较大，由商事单行法分别规定。例如，国有企业中由厂长(经理)作为法人的权力机关。

3. 营利法人权力机构职权

营利法人权力机构职权的设定，是法人内部治理的重要问题。一般认为，权力机构负责"重大事项"的决策。《民法总则》第 80 条第 2 款以列举的方式对重大事项的范围进行界定，具体包括：(1)修改法人章程；(2)选举、更换执行机构、监督机构成员；(3)章程规定的其他职权。《公司法》第 37 条对此作出的规定更为详尽，可以参照理解。

(1)修改法人章程

章程的修改是事关全体社员利益的重大事项。又因为章程的内容涉及执行机构、监督机构的权力分配及人员任免，不应由上述机构自己进行调整，所以民商法将修改章程的权力赋予由全体社员构成的法人权力机构。例如，我国《公司法》第 43 条规定："股东会会议作出修改公司章程、增加或者减少注册资本的决议，以及公司合并、分立、解散或者变更公司形式的决议，必须经代表三分之二以上表决权的股东通过。"第 103 条规定："股东大会作出修改公司章程、增加或者减少注册

---

〔1〕 参见赵旭东：《商法学》(第 3 版)，高等教育出版社 2015 年版，第 163 页。

资本的决议，以及公司合并、分立、解散或者变更公司形式的决议，必须经出席会议的股东所持表决权的三分之二以上通过。”

(2)选举或者更换执行机构、监督机构成员

营利法人权力机构作为非常设机构，主要职责在于作出法人的意思表示，但不能直接执行法人意志，也不能随时监督。因此，出于法人内部管理的需要，由权力机构设置执行机构用以执行法人决议，设置监督机构用以监督执行机构及其成员。执行机构和监察机构由权力机构产生，其人员的选举和更换自然也应由权力机构负责。

(3)法人章程规定的其他职权

本项属于兜底性条款。重点在于理解“法人章程规定的其他职权的范围”。《公司法》第37条列举出有限责任公司和股份有限公司权力机构的10项职权，前文已述，可以比照理解。

4. 营利法人权力机构行使职权的方式

《民法总则》并没有对营利法人权力机构行使权力的方式进行具体规定。结合《公司法》有关条文，权力机构行使职权主要涉及以下三个方面的法律问题：会议形式、会议的召集与决议方式。

(1)权力机构会议形式

有关会议形式的问题，以公司制法人为例，法人权力机构(股东会)的会议方式包括定期会议和临时会议两种。定期会议(也称普通会议、股东常会、股东年会)，是指依据法律和公司章程在一定时间内必须召开的股东会议，主要负责决定职权范围内的例行重大事项。定期会议的具体召开时间由公司章程进行规定。临时会议(也称特别会议)，是指在定期会议以外必要的时候，由于发生“法定事由”或者“根据法定人员、机构的提议”而召开的股东会议。

(2)权力机构会议的召集

会议召集权的归属是研究法人权力机构履职的重要问题。《公司法》在这一问题上对有限责任公司和股份有限公司分别作出规定。具体包括执行机构(董事会、执行董事)、监督机构(监事会或不设监事会公司法人的监事)和代表一定比例表决权的权力机构(股东会)成员。

(3)权力机构会议的决议方式

权力机构会议由包括通知、登记、提案的审议、投票、表决、签署等一系列程序组成。其中,表决是决议形成过程中最重要的程序。为了使权力机构形成公平、有效的决议,平衡具有不同表决权的成员之间的利益,营利法人权力机构的表决采用资本多数决方式,一个有效的表决决议必须是在法定比例的成员出席的前提下,通过法律规定的投票方式,达到符合法定比例要求的支持率的决议。

5. 营利法人权力机构设置的强制性问题

关于营利法人权力机构设置的法律规定属于强制性规范还是任意性规范的问题,学界一直存在争议,具体包括以下两项内容。其一,关于营利法人权力机构的设置问题,学界普遍认为有关规定属于强制性规范。其二,关于营利法人权力机构的职权划分问题,学界目前尚无定论,有些学者认为法条中已列举清楚,应当属于强制性规范,部分学者则认为组织机构的职权划分属于法人内部事项,应当交由法人以章程规定的方式实现自治,相关规定属于任意性规范。

(三)营利法人的执行机构以及法定代表人

1. 营利法人执行机构概述

营利法人的执行机构,是负责执行法人决议,进行日常管理的机构,例如有限责任公司和股份有限公司中的董事会。对这一概念要从两方面加以理解:

(1)执行机构是营利法人的必设机构。执行机构是具体执行法人决议的机构,其成员由权力机构选举产生。执行机构对权力机构负责,执行权力机构作出的决议。执行机构同时具有自己独立的职权,在法律和法人章程规定的范围内对法人的经营管理行使决策权力。

(2)执行机构是营利法人的常设机构。营利法人在进行日常生产经营活动中的大量具体事务,需要及时进行决策处理,不可能全部依赖权力机构决定。同时,随着社会分工日趋精细,营利法人的经营活动越发专业化,需要专门技能方可管理运营,出资人难以直接管理。因此,聘请具有专业知识的人员组成常设机构负责公司日常管理成为现代营利法人治理结构的重要特质。

2. 营利法人执行机构职权

如何界定营利法人执行机构的职权范围,对于法人内部治理具有重要意义。从宏观上讲,执行机构主要负责"执行公司决议"和"管理日常事务"。《民法总则》第81条第2款对此作出了具体规定,包括:(1)召集权力机构会议;(2)决定法人经营计划和投资方案;(3)决定法人内部管理机构的设置;(4)法人章程规定的其他职权。《公司法》第46条对此作出了更为详细的规定,可以参照理解。

(1)召集权力机构会议

在营利法人设立之后,权力机构会议便不再由发起人召集。考虑到执行机构的定位与职责,召集权力机构会议一般由执行机构负责。例如,我国《公司法》规定:"召集股东会会议,并向股东会报告工作是董事会的首要职责。"

(2)决定法人的经营计划和投资方案

"经营"和"投资"是营利法人具体运营过程中的重要事项。《民法总则》将经营与投资划分为宏观与微观两个层次,分别为决定法人的"经营方针"与"投资计划"和制定法人的"经营计划"与"投资方案"。综合考虑权力机构与执行机构之间的派生关系,《民法总则》将宏观的职权赋予权力机构,将较为微观的职权赋予执行机构。这种经营权的划分方式在《公司法》中又进一步细化为三个层次。权力机构宏观把控,决定法人的经营方针和投资计划;执行机构在此基础上进一步制订法人经营计划与投资方案;最后由经理和高级管理人员负责具体落实。

(3)决定法人内部管理机构的设置

营利法人内部管理机构的设置包含法人内部资源配置以及管理人员的人事安排,是营利法人运营过程中的重要事项。依照《公司法》规定,内部管理机构设置的决定应由董事会和经理合作完成。经理提出方案,董事会审议决定,形成类似于提案权与决定权的关系。《民法总则》对这一事项进行规制,是对《公司法》相关规定的吸纳。

(4)法人章程规定的其他职权

本项属于开放式的概括性规定。营利法人可以根据自身情况,通过章程限制或扩展执行机构的职权范围,体现出《民法总则》对营利法人章程自治的尊重与肯定。

3. 营利法人法定代表人的确定

不同种类法人法定代表人的确认有所不同,对于营利法人的法定代表人,《民法总则》作出了特别的具体规定。

(1)执行机构为董事会或执行董事

依照《民法总则》第 81 条规定,有资格担任营利法人法定代表人的包括董事长、执行董事和经理,至于具体由谁来担任法定代表人,由公司章程规定,这点与《公司法》的规定是一致的。

(2)未设置董事会或执行董事

依照《民法总则》第 81 条规定,未设董事会或者执行董事的,法人章程规定的主要负责人为其执行机构和法定代表人。本项规定主要适用于非公司法人。在我国,诸如非公司制国有企业、集体企业、乡镇企业等营利法人组织仍普遍存在,上述法人组织机构的设置与公司法人有很大的不同,通常没有董事会和执行董事,因此《民法总则》规定,由其主要负责人作为法人的执行机构和法定代表人。

4. 营利法人执行机构行使职权的方式

执行机构的职责是执行法人事务。《民法总则》中对执行机构职权的行使也没有具体规定。不同种类营利法人执行机构职权的行使会有很大的差异。《公司法》关于执行机构职权的行使有着详细的规定,对其他企业法人,法律的规定不甚统一和具体。依照《公司法》,可以将其总结为会议种类、会议召集与主持和决议程序三个法律问题。

(1)执行机构会议种类

以公司法人为例,执行机构(董事会)会议可以分为普通会议和临时会议两类:普通会议是在公司章程规定的固定时间召开的例会;临时会议是指,当公司经营中遇到需要董事会及时决策的必要事项时临时召开的会议。

(2)执行机构会议召集与主持

执行机构会议(董事会)由董事长负责召集和主持,董事长因特殊原因不能履职时,由副董事长召集和主持,副董事长不能履职或不履行职务时,由半数以上董事共同推举一名董事召集和主持。

(3)执行机构会议的决议程序

与权力机构的资本多数决不同,公司法人执行机构的表决方式采取"人头多数决"。[1] 这种决议机制的核心在于执行机构成员共同决定公司事务,避免权力机构的成员通过其多数表决权对公司法人事务的过度控制和干预。这是营利法人执行机构与权力机构决议机制的最大区别。

5. 经理的设置与职权

经理是公司的日常经营管理和行政事务的负责人,由董事会决定聘任或者解聘,对董事会负责。关于经理的设置与职权,《民法总则》对此没有作出明确的规定,只在第 81 条第 3 款规定其具有担任法人代表人的资格。关于经理的地位与职权,在《公司法》第 49 条有具体的规定,可以参照理解。

(四)营利法人的监督机构

1. 营利法人监督机构概述

营利法人的监督机构,是以监督执行机构及其成员为职责的法人内部机构,是所有权与经营权分离模式下的产物。其设立目的在于平衡法人内部机构的权力配置,防止经营者滥用权力,降低法人内部的代理成本,推动法人的良性发展。应当注意的是,《民法总则》没有明确规定监督机构是否为必设机构,对此只作出了一般性规定。

2. 营利法人监督机构职权

营利法人监督机构的职权范围,以检查法人财务和监督执行机构及其人员为主。根据《民法总则》第 82 条的规定,具体包括:(1)检查法人财务;(2)监督执行机构成员、高级管理人员执行法人职务的行

---

〔1〕 参见陈甦主编:《民法总则评注》(上册),法律出版社 2017 年版,第 566 页。

为;(3)法人章程规定的其他职权。

(1)检查法人财务

监督机构有权检查法人财务情况,具体包括审阅公司账簿及财务会计报告。营利法人的财务状况是法人运营和发展情况的综合反映,是权力机构需要及时掌控的信息。赋予监督机构财务检查权有利于其行使监督权。同时,通过检查法人的财务情况可以进一步了解执行机构及其成员有无违法违规行为,便于监督机构履行监督职能。

(2)监督执行机构成员、高级管理人员执行法人职务的行为

监督机构有权监察执行机构及其成员的职务行为。对职务行为的监督具体包含两个层次:一方面是违法性监察,监察执行机构及其成员的行为是否违反法律法规及公司章程;另一方面是履职性监察,监督执行机构成员是否履行职责,正确执行法人决议。

(3)法人章程规定的其他职权

《民法总则》中对监督机构的职权规定较为概括,可以比照《公司法》进行理解。在上述两种职权外,《公司法》还规定了提议召开临时股东会会议,对违反法律、行政法规、公司章程或者股东会决议的董事、高级管理人员提出罢免的建议等职权。

四、权利滥用与民事责任

(一)禁止权利滥用的概述

禁止权利滥用是指民事主体在行使法律赋予的民事权利时,不得损害他人和社会的利益,否则就要承担相应的民事责任。禁止权利滥用是权利行使的基本原则。我国《民法总则》第 132 条明确规定民事主体行使权利不得损害他人和社会利益。禁止权利滥用的法理起源于罗马法,罗马法谚有曰:“行使自己之权利,无论对于任何人,皆非不法。”对于权利滥用的概念,理论界存有争论,有恶意说、本旨说、界限说、界限与目的混合说等;权利滥用的认定标准也存有主观说、客观说的争论。在概念界定方面,本书持界限与目的混合说;在认定标准上,本书持主观说标准。

禁止权利滥用作为调整法律主体行使权利的基本原则，自然能够调整营利法人及相关当事人的行为。法人制度的创立，赋予营利法人独立人格，确认出资人有限责任，极大地刺激了投资者的积极性，对经济的发展起着巨大的推动作用。然而现实中经常出现营利法人及其出资人、实际控制人、董事、监事、高级管理人员为谋取不正当利益，滥用法人制度赋予的权利损害他人和社会的利益。《民法总则》主要规定了三种涉及营利法人的权利滥用行为：一是滥用出资人权利，二是滥用法人独立地位，三是滥用关联关系。当然，营利法人的权利滥用行为表现形式包括但不限于以上三种，这三种类型是营利法人在民商事活动中最普遍、最典型的权利滥用样态，也是对营利法人及相关当事人的利益损害最严重的情形，因此《民法总则》就此特别建立相应的追责机制。

（二）滥用出资人权利与民事责任

《民法总则》第83条第1款规定："营利法人的出资人不得滥用出资人权利损害法人或者其他出资人的利益。滥用出资人权利给法人或者其他出资人造成损失的，应当依法承担民事责任。"禁止滥用出资人权利原本是规定于《公司法》中的一项重要的法律制度。《民法总则》将其适用范围从公司扩展到所有的营利法人。

1. 滥用出资人权利的含义

滥用出资人权利，是指营利法人的出资人违反法律或章程规定不正当行使权利损害营利法人或者其他出资人的利益。滥用出资人权利所违反的规范类型表现为两种，一是违反法律或章程关于权利的实体性规定，如公司法人中股东出于不正当目的，为获取商业秘密而行使知情权。二是违反法律或章程关于权利的程序性规定，如公司法人中，关联股东违反表决权回避制度，强行参与表决。

2. 滥用出资人权利的危害与法律规范的必要性

出资人可以通过行使各种出资人权利，如对营利法人管理者的选择权和对重大问题的决策权等，为自己获取更多的经济利益。然而实践中，由于出资人之间存在利益冲突，有的出资人为追求自身利益的最大化,经常以损害法人和其他出资人利益为代价。主要表现为控股出资人基于其控制地位对其他出资人进行欺压或者利用营利法人获取不正当利益,如通过关联交易低价转让营利法人财产。当然,次要出资人同样可能发生滥用权利的情形,如个别次要出资人不正当行使表决权致使营利法人长期无法形成有效决议,严重降低营利法人作出经营决策的效率;次要出资人为了阻挠或影响营利法人的正常经营恶意提起申请法院解散营利法人的诉讼。

营利法人作为成员共同创造财富的实体,如果变异为侵蚀成员利益的工具,将瓦解法人制度的价值。为了遏制出资人滥用权利,维护出资人利益,协调出资人之间的利益冲突,进而维护营利法人的健康稳定发展,《民法总则》对滥用出资人权利及其民事责任的承担作出原则性规定。

3. 滥用出资人权利的认定

《民法总则》第 83 条第 1 款明确规定出资人权利滥用的责任追究制度,该制度在防范出资人滥用权利损害营利法人和其他出资人的利益方面发挥积极作用的同时,在实践中如果适用不当,反而会限制出资人权利的正当行使。根据法学理论和司法实践的积累,对滥用出资人权利,应当根据以下几方面的事实进行认定。

(1)从主体角度分析。滥用出资人权利的主体是出资人,包括主要出资人和次要出资人,在公司法人中是股东。因为控股出资人通过资本多数决原则更容易在营利法人中贯彻自己的意志,所以实践中控股出资人滥用出资人权利的情形更为常见,如控股出资人通过虚增营利法人利润进行盈利分配。

(2)从行为角度分析。根据司法实践中滥用出资人权利的情况,可以按照行为方式和行为类型进行归纳分类。首先,就行为方式而言,主要有三种:①通过持股、投资协议或者其他安排操纵股东会,做出有损公司和其他股东利益的决议;②通过操作管理层进而决定公司的日常经营战略;③股东独自或者与第三人合作从事有损公司或者其他股东利益的情形。[1] 其次,就具体行为类型而言,主要包括:①违反法律和营利法人章程的规定,擅自处分营利法人财产;②利用信息优势,篡夺营利法人商业机会;③违反法律和营利法人章程的规定,通过损害营利法人和其他出资人利益的决议;④与第三人恶意串通实施损害营利法人和其他出资人利益的行为,如低价转让营利法人资产;⑤其他行为,如出于干扰营利法人正常经营活动的目的,恶意行使查阅权或股东大会召集权和主持权。由于营利法人日常经营活动纷繁复杂,出资人滥用权利的行为表现多种多样,以上的罗列只是对现实情况的总结概括,并不能涵盖所有情形。在我国,目前刚刚开始实行这一制度,法律对此暂且只作了原则性规定,对滥用出资人权利的具体认定标准,有待对审判实践的情况作进一步的研究和提炼。

(3)从结果角度分析。滥用出资人权利造成营利法人和其他出资人利益受损的结果,而且这种损害结果的发生还必须与出资人滥用权利之间有因果关系。

(4)从主观方面分析。出资人行使权利如果损害营利法人和其他出资人的利益,就推定出资人存在滥用权利的主观过错。当然,出资人可举证证明其主观上没有过错,不构成对出资人权利的滥用。

4. 滥用出资人权利的民事责任

出资人滥用权利侵犯了法人和其他出资人的合法权益是一种民事侵权行为,应当符合侵权行为的构成要件,按照《侵权责任法》的具体规定认定和追究责任。《民法总则》将该种责任方式限定为损害赔偿责任。法人因出资人权利滥用受到损害的,法人是请求权人;其他出资人因出资人权利滥用受到损害的,受到损害的其他出资人是请求权人。

(三)滥用法人独立地位与民事责任

《民法总则》第83条第2款规定:“营利法人的出资人不得滥用法人独立地位和出资人有限责任损害法人的债权人利益。滥用法人独立地位和出资人有限责任,逃避债务,严重损害法人的债权人利益的,应

---

[1] 参见陈甦主编:《民法总则评注》(上册),法律出版社2017年版,第582页。

当对法人债务承担连带责任。”本款规定的是法人人格否认制度，该制度在公司法上称作公司法人人格否认制度。所谓公司法人人格否认制度，又称公司人格否认制度，美国称为“揭开公司面纱”，英国称“刺破公司面纱”，德国称“直索责任”，日本称“透视理论”，指为阻止公司独立人格的滥用，就具体法律关系中的特定事实，否认公司的独立人格和股东的有限责任，责令公司的股东对公司债权人或公共利益直接负责的一种法律制度。法人人格否认制度首创于英美法系国家的判例法，后被大陆法系国家所吸收。该制度具有以下特征：(1)营利法人必须具有独立法人人格；(2)只对特定个案中法人独立人格予以否认，而不是对法人人格的全面、彻底、永久的否认；(3)主要是为了保护债权人的利益，它在性质上属于民事责任追究的一种特殊规则。由此可见，法人人格否认不是对法人人格独立制度的否定，而是对法人人格制度的维护与完善，是对营利法人与债权人之间利益失衡的一种事后救济。〔1〕

1. 滥用法人独立地位和出资人有限责任的含义

法人制度的创立使营利法人获得了独立人格，并赋予出资人有限责任，从而极大地刺激了投资者的积极性，对经济的发展起着巨大的推动作用。依照法人制度的设计，法人独立地位主要表现在：法人拥有独立的财产，法人设有独立的组织机构，法人独立承担财产责任。但是在现实中，营利法人的成员会利用出资人有限责任制度损害法人的独立人格。有些法人的财产并未独立，如法人财产与出资人财产的混同。有些法人的组织机构并未独立，如法人与出资人的组织机构存在严重的交叉、重叠等。在这些情形中，出资人无限制地从营利法人获取利益，然而只承担有限责任，这就失去了合理性和正当性。此时就应该按照法律规定否认法人的独立地位和出资人有限责任，要求出资人对法人的债务承担连带责任。滥用法人独立地位和滥用出资人有限责任两者是一个问题的两个方面，出资人承担有限责任的前提是法人拥有独

〔1〕 参见赵旭东主编：《商法学》，高等教育出版社2015年版，第55页。

立人格，法人拥有独立人格的当然结果是出资人承担有限责任，当出资人滥用法人独立人格逃避责任，也就是滥用有限责任，反之，当出资人滥用有限责任，也就意味着侵害了法人独立地位。

2. 滥用法人独立地位和出资人有限责任的危害与法律规范的必要性

现实中，由于在观念上和制度上将营利法人独立人格和出资人有限责任绝对化，营利法人制度在充分发挥其经济价值的同时，也为各种滥用营利法人人格谋取不正当利益的行为提供了可乘之机，其中最明显且影响重大的就是出资人滥用法人独立地位和出资人有限责任，使法人制度本身所具有的社会伦理价值无法实现，导致本应平衡的法人人格制度的利益体系向出资人一方倾斜。[1]

法人型企业形态将出资人的投资风险限定在其认缴的出资额范围内，与合伙型企业形态相比，营利法人实际上是将其商事经营活动中可能无力承担的债务风险从出资人转移给债务人。因此，法律有必要规定法人人格否认制度对债权人利益和交易安全提供有效的保障。《民法总则》将法人人格否认制度规定在营利法人章节，适用范围拓展为所有的营利法人，作为民法的一项基本制度，其立法根据在于，既然公司法人的独立人格有被股东滥用的可能性，则其他营利法人的独立人格同样存在被出资人滥用的可能性，既然公司法人的独立人格被滥用，应当否定其独立人格追究股东责任，则其他营利法人的独立人格被滥用，也应遵循同样的法理，否定其独立人格追究出资人责任。

3. 滥用法人独立地位和出资人有限责任的认定

为准确适用法人人格否认制度，对这一制度的适用必须严格把握认定标准，结合学说和司法实践，适用法人人格否认通常应具备以下要件。

(1)主体要件。法人人格否认适用的对象是具体的双方当事人，即滥用法人独立人格的出资人和因法人独立人格的滥用而受到损害

---

〔1〕 参见赵旭东主编：《公司法学》，高等教育出版社2015年版，第9页。

的,并有权提起诉讼的债权人,包括法人的自愿债权人和非自愿债权人。

(2)行为要件。法人人格否认的基本条件是存在出资人滥用法人人格的事实和行为,从各国人格否认制度的理论和实践情况看,滥用法人独立地位和出资人有限责任的情形主要有以下几种:①营利法人资本显著不足,是指营利法人成立时股东实际投入营利法人的资本额与营利法人经营所隐含的风险相比明显不足,其判断的依据是经营的需求而非法律的具体规定。②滥用法人人格回避合同义务,主要包括:为逃避契约上的特定不作为义务而设立新营利法人从事相关活动,如竞业禁止义务等;将资产转移到新营利法人而逃避原营利法人的债务;利用营利法人对债权人进行欺诈以逃避合同义务。③滥用法人人格规避法律义务,如为逃税、洗钱等非法目的而成立营利法人等。④法人人格的形骸化,实质是营利法人与出资人完全混同,营利法人仅仅是出资人行为的工具,不具有独立存在的价值。[1]

(3)结果要件。没有损害结果,也就没有救济的必要,滥用营利法人独立地位和出资人有限责任必须造成债权人利益严重受损的后果,滥用行为与损害后果之间有因果关系。

(4)主观要件。权利滥用的行为人必须存在规避法定或者约定义务的主观故意。

总的来说,法人人格否认制度更多是体现英美法系衡平法正义观念,由于滥用行为多种多样,法律规定永远也不可能列举和涵盖所有的滥用行为或事实。在实证基础上对各种人格滥用行为或事实进行类型化的总结和分析是明确认定标准的主要方法,这也是公司法理和司法实践所做的重要工作。

4. 滥用法人独立地位和出资人有限责任的民事责任

滥用法人独立地位和出资人有限责任的后果是否定该营利法人的独立人格,法律不再承认营利法人以其自有财产独立承担责任,出资人

---

〔1〕 参见赵旭东主编:《公司法学》,高等教育出版社2015年版,第9页。

也不再以其出资额为限承担有限责任，而应当对法人债务承担连带责任。对出资人的连带责任需说明两点问题：首先，法人人格否认所追究的责任对象应限于实施滥用行为的出资人，而不应扩及其他出资人。其次，法人人格否认是对相关法律事实的实体认定，因此应当经过司法的诉讼审理程序加以认定。

（四）滥用关联交易与民事责任

《民法总则》第84条规定："营利法人的控股出资人、实际控制人、董事、监事、高级管理人员不得利用其关联关系损害法人的利益。利用关联关系给法人造成损失的，应当承担赔偿责任。"禁止滥用关联交易本是公司法上的一项重要制度，《民法总则》将其规定在营利法人部分中用以规范所有的营利法人。

1. 滥用关联交易的含义

关联交易，是指营利法人的控股出资人、实际控制人、董事、监事、高级管理人员利用与其直接或者间接控制的企业之间的关系，以及可能导致法人利益发生转移的其他关系，而进行的交易。参与关联交易的当事人之间具有关联关系。关联交易分为公允的关联交易与非公允的关联交易。公允的关联交易在一定情形下是营利法人经营所必需的，该种交易模式可以分散经营风险，促进营利法人的业务发展，降低交易成本，增加流动资金的周转率，如控股出资人利用其资金优势对其控股的子公司提供信息、业务和资金等方面的支持。非公允的关联交易是滥用关联关系进行交易的结果。所谓滥用关联关系，是指相互之间具有关联关系的关联方利用关联关系所实施的关联交易本质上是不公平的，损害了交易的相关权益人特别是交易所涉及的非关联方的利益。由此可见，关联交易本身是一种中性的经济行为，是营利法人日常经营活动中经常发生的交易模式，而法律需要禁止和遏制的是滥用关联关系损害他人利益的非公允的关联交易。

2. 滥用关联交易的危害与法律规范的必要性

滥用关联交易的行为类型纷繁复杂，现实中，营利法人的控股出资人、实际控制人、董事、监事、高级管理人员利用关联关系通过直接交易或者通过其他协议或安排对营利法人的利益进行不正当转移。这种滥用关联交易的行为不仅严重地损害营利法人的利益,在一定情形下也会损害其他出资人和债权人的利益,增加了营利法人的财务风险,而且扭曲市场配置资源的功能,误导投资者。

关联交易多发生在上市公司中,以往针对该种情形多从政府监管层面进行规制,如《上市公司信息披露管理办法》规定了大量的关联交易及时披露制度,该种行政控制手段有其特定价值,但现实中的非公开公司和非公司企业法人都存在滥用关联关系进行利益输送的情况,如城镇集体所有制企业的厂长(经理)利用职位权力将交易机会转移给其担任股东的有限责任公司。因此,《民法总则》将滥用关联交易作为营利法人的一般制度加以规定。

3. 滥用关联交易的认定

关联交易本身不是法律所禁止的,法律需要规范的是滥用关联交易进行不正当的利益输送,损害他人利益的行为。滥用关联关系的认定,应当综合考虑以下因素。

(1)从关联交易的主体看。实施关联交易的主体之间存在关联关系,《民法总则》明确列举五种关联关系主体,包括控股出资人、实际控制人、董事、监事以及高级管理人员。参考《公司法》关于控股股东和实际控制人的规定,所谓控股出资人,是指其出资额占营利法人的资本总额50%以上,或者虽然出资额不足50%,但依其出资额所享有的表决权已足以对营利法人的权力机构的决议产生重大影响的出资人。所谓实际控制人,是指虽不是营利法人的出资人,但通过投资关系、协议或者其他安排,能够实际支配营利法人行为的人。

(2)从关联交易的行为看。理论上,根据关联交易实施主体的不同,将上述五种人员所实施的关联交易分为经营者实施的关联交易和控制人实施的关联交易两种基本类型,不同的关联交易,其对营利法人和出资人及债权人的影响不同,对其正当性和合法性应根据具体情形加以认定。第一,经营者实施的关联交易行为,也称为自我交易,对自我交易,法律的态度从早先的绝对禁止发展为相对认可,因为在特定情况下，经营者本人可能是唯一愿意与营利法人交易的当事人，如法人因债务危机导致信用降低无法获得银行贷款，此时经营者出于救助的目的贷款给营利法人，这并非一定损害法人利益。第二，不同于经营者，控制人在营利法人的投资通常较多，对营利法人的经营业绩有较大的财产利益，同时基于资本多数决原则享有经营者选择权，从而控制着法人的经营权，此时常常存在“利用控制权追求自身利益最大化，转移营利法人资源，侵害次要出资人利益”的冲动，因此对控制人的利益冲突交易进行规范成为各国立法普遍面临的问题。[1]

(3)从关联交易的结果看。《民法总则》规定出资人滥用关联关系损害的对象是法人利益，但事实上关联方实施的非公允的关联交易在一定情形中不仅严重地损害法人利益，也会损害次要出资人和债权人的利益。

(4)从主观方面看。关联方之所以促成一项非公允的关联交易，一般认为其主观上是有输送不正当利益的过错。

4. 滥用关联交易的民事责任

《民法总则》规定关联关系主体滥用关联交易造成营利法人损失的，应当承担赔偿责任，该种责任的基本构造符合侵权责任的“四要件说”。司法实践中，很多法院将其界定为侵权责任，并采用过错归责原则。至于权利的具体行使方式，若营利法人本身能够通过诉讼方式获取赔偿，则营利法人为请求权人，若营利法人无法提起诉讼，参照公司法人中派生诉讼的规定，可由出资人代为提起诉讼。

五、营利法人决议的撤销

(一)营利法人决议撤销的概念和意义

营利法人决议撤销制度是指营利法人的权力机构或者执行机构作出的决议在内容上或程序上不符合法律或者章程的规定，根据出资人

〔1〕 参见沈德咏主编：《〈中华人民共和国民法总则〉条文理解与适用》，人民法院出版社2017年版，第607页。

的主张对该决议进行撤销的制度。可撤销的对象是有瑕疵的决议。根据《民法总则》第85条的规定,有瑕疵的决议是指召集程序、表决方式违反法律、行政法规、法人章程,或者内容违反法人章程的决议。由于《民法总则》规定决议行为属于法律行为,因此有瑕疵的决议也属于可撤销的法律行为的一种,只不过《民法总则》对其进行了特殊规定。如果可以适用特别法,应优先适用特别法的规定,如《公司法》第22条对于公司决议撤销的规定。

营利法人决议撤销制度的设立宗旨是保护出资人的合法权益。营利法人的决议多涉及公司的重大投资、经营方针和重要人员任命等重要事项,而且决议一旦生效就转变为营利法人的意志,对营利法人的出资人有法律上的约束力。因此营利法人的决议对其出资人的权益影响重大。一旦决议存在瑕疵,很有可能损害出资人的合法权益。建立决议的撤销制度,否定瑕疵决议的效力就是为了保护可能因瑕疵决议而利益受损的出资人。

营利法人决议撤销制度的价值在于"既要维护'股东多数决的原则',也要制止'股东多数人的暴政'"。[1] 营利法人一般由其权力机构或者执行机构通过召开会议的方式作出决议。在会议中,决议的作出并不以出资人的一致合意为前提,而是以多数决的方式生成团体的意志进而对所有出资人产生效力。正因如此,中小出资人的主张可能无从体现,更有甚者营利法人的控股股东或实际控制人常利用表决权上的优势,使用违反法律、章程规定的表决方式和程序的手段作出损害中小出资人利益的决议。因此需要法律通过决议的撤销制度对中小投资者进行保护和救济。

(二)决议无效和决议撤销

决议无效制度是当决议内容违反法律或行政法规的效力性强制规定时否认该决议效力的制度。《民法总则》并未直接规定决议无效制度。不过既然《民法总则》第134条将法人的决议行为归为法律行为

---

〔1〕 参见赵旭东主编:《公司法学》,高等教育出版社2015年版,第288页。

的一种,则当然可以适用《民法总则》第153条关于法律行为的无效制度。

决议的无效和可撤销制度都是对决议成立后的进一步的评价,但是两种决议有着本质的区别。(1)事由和对法益的损害不同。决议无效的事由限于决议内容违反法律强制性的规定,一般既损害当事人利益,又损害国家利益与公共利益。可撤销决议的事由是决议的程序违反法律或章程,或者内容违反章程,通常只损害当事人的利益。(2)法律效果不同。无效的法律效果是自始无效、绝对无效、确定无效,法律对其的否定性极强,无需当事人主张,也不容当事人选择;可撤销的法律效果是被撤销之前决议具有效力,而且经过除斥期间无人主张撤销的,同样转为有效决议,当且仅当出资人主张并得到法院支持之后才归于无效。对于可撤销的决议撤销,需要当事人自己主张,当事人也可选择是否主张撤销。

(三)法人决议撤销的事由

根据条文内容和民事法律行为制度的基本原理,营利法人权力机构、执行机构决议撤销有以下事由:

1. 程序存在瑕疵。程序瑕疵指召集程序或表决方式等决议程序违反法律、行政法规或法人章程的规定。召集程序上的瑕疵包括由没有召集权的人召集,未通知部分具有表决权的人,通知时间、通知方法不合法或通知内容不齐全等情况。表决方式上的瑕疵包括无表决权的人参与表决、没有主持权的人主持表决或有主持权的人不当主持、表决内容超出会议通知的议程内容、表决权计算违法、将特别决议事项以普通决议来表决等。

2. 内容存在瑕疵。内容瑕疵是指决议内容违反法人章程。章程是法人的"宪章",是法人出资人意思自治的最高表现,对权力机关和执行机关的表决人均发生效力。在根据法人章程判断决议效力时,章程实质上起到了准据法的作用。此种情况下,是决议的实际内容而非程序存在瑕疵。例如,有些关于利润分配、增减注册资本和公司合并分立等决议,尽管决议内容不违法,但是违反了章程规定的条件,因此构成了撤销事由。

(四)撤销权的行使

出资人的撤销权属于形成权的一种,而且属于形成权中的形成诉权。所谓形成权是指仅根据单方的意思表示就可产生相应法律效力的权利。根据是否需要经过诉讼或仲裁程序的确认,又可以将形成权分为单纯形成权和形成诉权。单纯形成权是指行使人将意思表示通知相对人即可产生相应法律效果的形成权。形成诉权是指必须经法院或者仲裁机构根据相应的法律程序进行判决、认可才可产生相应法律效果的形成权。对于可撤销的决议,虽然可以通过单方主张予以撤销,但是出资人只能以诉讼的方式向法院提出,通过法院裁判撤销决议,因此出资人的撤销权是形成诉权。

《公司法》第 22 条第 2 款特别对公司决议的撤销作了规定,该规定的原理与营利法人决议撤销的原理是相通的。因此,对于营利法人的决议撤销之诉可以在除斥期间、原告资格、适格被告、第三人等具体问题上类推适用《公司法》第 22 条及最高人民法院《关于适用〈中华人民共和国公司法〉若干问题的规定(四)》第 1 条至第 6 条的规定。

此外,拥有决议撤销权的主体不仅包括一般的出资人,还包括无表决权、缺席会议、瑕疵出资的出资人。虽然他们有着无权表决、没有参加会议和未全面履行出资义务等一系列事由,但并不影响其作为出资人提起撤销公司决议的权利。

(五)法人决议撤销的法律效果

被撤销后,决议自作出之时无效,但营利法人依据该决议与善意相对人形成的法律关系不受影响。此外,如果决议内容不具有可分性,部分决议事项被撤销当然导致整个决议自始无效;若决议各项内容具有可分性,则部分决议事项被撤销并不必然导致决议中的其他事项被撤销。换言之,股东提起股东会决议撤销之诉时,可以选择只申请撤销部分决议事项,而保留其他决议事项的效力。

对营利法人而言,决议被撤销后不再对法人产生约束力,依据决议作出的行为应当恢复原状,如分配的股息红利应当返还,进行变更登记的应当撤销变更登记等。

如果营利法人依据有瑕疵的决议,已经与相对人形成了民事法律关系的情况下,应当结合相对人的主观状态区分对待。在相对人为善意时,即相对人对法人决议瑕疵不知情且无过失的情况下,为保护善意相对人,维护相对人的合理期待和交易安全,决议效力不受决议被撤销的影响。如果法人的相对人对决议瑕疵知道或应当知道,仍与该法人发生民事法律关系的,由于交易相对人为恶意,因此并无保护交易安全与稳定之必要,此种情况下的民事法律关系才受到影响。营利法人可以主张与相对人基于决议形成的法律关系无效。

六、营利法人经营活动的法律原则

营利法人经营活动的基本原则是营利法人从事经营活动时应当遵守的基本行为准则。作为社会经济活动的基本成员,营利法人在从事经营活动、追求自身及其成员利润的同时,应当维护和兼顾与其经营活动相关的当事人和社会的利益,包括雇员利益、环境利益、消费者利益及社会公共利益等。因此,为约束营利法人的行为和保障上述外部社会利益,促使法人承担社会责任,《民法总则》规定了营利法人所应承担的与其法律性质相对应、与其他类型法人相区别的基本行为准则,这也是营利法人的法定义务。如果营利法人违反这些义务,就必须依据法律、行政法规承担相应的法律责任。具体而言,《民法总则》确立的营利法人经营活动的基本准则如下。

(一)遵守商业道德原则

商业道德指从事商业活动应当遵循的基本道德规范和行为准则,是在长久的商事往来中逐渐形成的商事行为的准则和规范的总和。商业道德的基本要求是营利法人在进行经营活动时应当遵纪守法、恪守诚信、维护公平交易。广义的商业道德还包括劳资双方互信尊重、和谐共处的劳资道德,以公平竞争、尊重商业秘密等为内容的企业道德,尊重营运、严格区分所有权和经营权的出资人道德以及立足社会、重视公益、谋求法人与社会平衡发展的社会道德。将商业道德纳入民法行为规范当中，不仅是因为商事交往需要商业道德的指引，也因为变化迅速的市场经济行为不可能全部交由法律进行规制，还需要商业道德的调整，以弥补法律的不足。

（二）维护交易安全

绝对的交易安全是不存在的，维护所有的交易安全也是不可能实现的。维护交易安全通常意味着动态利益优先于静态利益受保护，即指法律优先保护通过成立并生效的且具有交易性质的法律行为而取得新的利益，不使其归于无效。维护交易安全的目的是保护已形成的交易成果，使得因交易而发生、变动、消灭的民事法律关系趋于稳定，保护善意相对人对交易事项中不实情况（如权利、意思和主体能力等）的合理信赖与期待利益。维护交易安全的前提是相对人在交易中善意无过失，善意相对人的信赖利益承载了交易安全的价值取向，如果不保护市场主体的信赖利益，市场秩序就会受到严重的损害。因此，《民法总则》以及相关商法规范中多处体现出市场交易活动应符合公示主义、要式主义、外观主义和严格责任主义等要求，以保障和维护正常的交易秩序，保护善意误信，使已形成的交易成果得到法律保障，促进交易的有序、顺利进行。

（三）接受政府和社会监督

营利法人的经营活动是一种社会活动，必然会影响到他人、社会和国家的利益和生活。营利法人的经营活动是否能够严格遵守法律、行政法规的规定以及商业道德的要求，需要政府和社会的双重监督。政府监督营利法人的经营活动是政府的权力和义务，必要时可以行使公权力、使用强制手段，甚至对营利法人实施处罚，以纠正不法行为，这一种监督更具执行力和威慑力。社会的监督则更为广泛和深入，这种监督存在于社会的各种领域、各个角落。交易相对人和社会公众，尤其是消费者，可以对营利法人的经营行为进行更为普遍的监督，促使法人规范经营行为，重视商业信用，建立公平的竞争环境。

（四）承担其他社会责任

遵守商业道德、维护交易安全、接受政府和社会的监督不仅是一种法律引导,同时也是承担社会责任的表现形式。随着营利法人数量的增多,其社会影响力在逐渐扩大,企业不仅被视为资本所有者的私人财产,也是所有企业利益相关者的结合体。此外,各国在环境保护、消费者倾斜性保护、劳动者倾斜性保护及反垄断与反不正当竞争等领域制定了一系列敦促营利法人承担社会责任的法律,将营利法人应当承担的典型社会责任具化为法律义务。但是企业的社会责任并不只局限于法律规定的内容,其内涵是丰富的,外延是开放的,应当认为,凡是有利于建立公序良俗的社会环境和经济秩序的社会责任,营利法人都应有所响应,因此《民法总则》对此进行了概括性的规定,体现了社会责任内涵的包容性。

第十一讲　非营利法人

赵旭东

一、非营利法人的概念和种类

(一)非营利法人的概念与特征

1. 非营利法人的概念

非营利法人是指不以出资人、设立人或者会员获得经济利益为目的的法人。非营利法人是与营利法人相对应的法人形式,与营利法人在法律性质上有着根本区别。《民法总则》对非营利法人的法律属性进行了精准界定并明确其外延,其中第87条第1款规定:"为公益目的或者其他非营利目的成立,不向出资人、设立人或者会员分配所取得利润的法人,为非营利法人。"第2款规定非营利法人的类型包括"事业单位、社会团体、基金会、社会服务机构等"。

2. 非营利法人的特征

根据《民法总则》的规定,非营利法人有如下几个特征。

(1)出于非营利目的设立

非营利目的是指公益或其他非营利目的。公益是指社会公共利益，《公益事业捐赠法》第3条[1]所列举的类型都属于典型的公益事业。为社会公共利益成立的法人为公益法人，如中华慈善总会、中国红十字会、环境保护协会等。其他非营利目的主要指以实现特定群体的非经济利益为目的，出于此目的成立的法人为中间法人或称互益法人，如各类商会、协会、俱乐部等。随着实践的发展并不排除有其他非营利的目的出现。在非营利法人中，事业单位法人和捐助法人只能是公益法人，社会团体法人可以是公益法人或互益法人。

非营利目的并不代表没有利润，对于主要从事经营活动和附带从事经营活动的非营利法人而言，它们会通过经营活动获取利润。但是这种经营活动只是实现非营利法人本身目的的手段。这两种非营利法人成立的最终目的以及盈利的最终用途仍是实现公益目的和其他非营利目的。如足球协会，虽为非营利性社团法人，但也从事各种与足球赛事相关的经营活动并获得相应的收益，但是这并没有改变其推广和发展足球运动这一公益目的。

(2)不向出资人、设立人或者会员分配利润

虽然非营利法人可能从事经营活动，有的甚至有巨额营业收入，但其所得只能用于前述非营利目的，不得进行分配，这是非营利法人的本质特征。有教材将被分配主体界定为社员[2]，这是基于传统大陆法国家将社团法人分为营利法人与非营利法人，但由于《民法总则》明确将基金会纳入非营利法人的概念中去，继续使用社员的概念并不准确。《民法总则》中也没有再使用社员的概念，而是使用了更为通俗的出资人、设立人和会员等称呼。这三类主体是非营利法人设立和存续中发挥重要作用的主体，因此可以向其支付工资等劳动所得，但是法律要求不能基于投资关系或者成员资格进行利润分配，否则将根本违背非营

[1] 《公益事业捐赠法》第3条规定："本法所称公益事业是指非营利的下列事项：(一)救助灾害、救济贫困、扶助残疾人等困难的社会群体和个人的活动；(二)教育、科学、文化、卫生、体育事业；(三)环境保护、社会公共设施建设；(四)促进社会发展和进步的其他社会公共和福利事业。"

[2] 参见王利明：《民法总论》，中国人民大学出版社2015年版，第162页。

利法人的属性。

(3)终止后剩余财产分配方式特殊

出于公益目的成立的非营利法人在解散时不得向出资人、设立人或者会员分配财产。公益法人解散时并不意味着其所有财产都已经用尽,相反由于部分公益法人存续时间较长或者从事经营活动而累积了巨额的财富。但是公益法人总会因为各种原因解散,如果允许在解散时向出资人等主体分配剩余财产,相当于变相分配的一种途径,很有可能被不当利用。为彻底贯彻公益法人的性质和目的,《民法总则》第 95 条对剩余财产分配作出了特殊的规定。

分配剩余财产时应分两步走。第一步应尊重章程和权力机构的决定,这也是尊重私法人意思自治的体现。但是这种意思自治也受到一定的限制。非营利法人的剩余财产只能用于公益目的,其章程和权力机构只能选择用于何种公益目的或转让给哪个公益组织等。在章程没有规定或者权力机关无法形成决议的情况下才适用第二步,即遵循"近似原则",由主管机关主持转给宗旨相同或者相近的法人并公告。例如,主管机关可以在足球协会解散后将其剩余财产转让给足球学校。

需要进一步分析的是,该条只适用于公益法人。为社会公益设立的非营利法人财产具有公益性,不属于特定人,也不属于政府,因此在终止的时候不能进行分配。但是中间法人的财产本身是服务于特定主体的,并不具有公益性。诸如同学会等组织,其财产在法人终止时应当允许分配给个人。从文义解释的角度,《民法总则》第 95 条的用词只涉及"为公益目的成立的非营利法人",而《民法总则》第 87 条将非营利法人的目的界定为两个,即"为公益目的或者其他非营利目的成立"。由此可见,为其他非营利目的成立的非营利法人不应适用第 95 条的规定。

除了上述几项特征与营利法人相区别,营利法人和非营利法人的区别还体现在如下几个方面:

(1)设立原则不同。营利法人的设立一般采取准则主义,而非营利法人的设立大多采取许可主义。

(2)法律形式不同。由于营利法人是以向出资人分配利润为特征的法人,因此通常都是社团法人。而非营利法人可能是社团法人,也可能是财团法人。

(3)组织机构不同。营利法人必设有权力机构或执行机构,可设立监事机构。而部分非营利法人不设权力机构,只有决策机构。这也是因选取的法律形式不同所决定的。

(4)税收政策不同。出于公益目的设立的非营利法人有税收上的优惠。我国《慈善法》第79条规定:"慈善组织及其取得的收入依法享受税收优惠。"除此之外,《基金会管理条例》[1]《企业所得税法》[2]都对符合条件的非营利组织给予了税收上的优待。这一特征也是营利法人和非营利法人这一分类方式的实际意义所在。

实际上,营利法人与非营利法人的分类方法是国外一种比较普遍的分类模式。日本将法人分为营利法人和一般法人(非营利法人)。《俄罗斯民法典》也将法人分为"以获取利润为其活动之主要目的"的法人和"不以获取利益为其活动之主要目的,也不在其参加者中分配所获利润"的法人。《美国非营利法人示范法》也使用了非营利法人的概念。在我国《民办教育促进法》中,也参照上述立法思路将民办学校分为营利性和非营利性两种,可见该种分类模式在《民法总则》之前就已在使用。

非营利法人这一概念最早出现于1988年的《基金会管理办法》。[3] 此后1998年的《社会团体登记管理条例》和2003年的《民办教育促进法》均规定了非营利性质的法人,但是上述规定都将这种非

---

[1] 《基金会管理条例》第26条规定:"基金会及其捐助人、受益人依照法律、行政法规的规定享受税收优惠。"

[2] 《企业所得税法》第26条规定:"企业的下列收入为免税收入:(一)国债利息收入;(二)符合条件的居民企业之间的股息、红利等权益性投资收益;(三)在中国境内设立机构、场所的非居民企业从居民企业取得与该机构、场所有实际联系的股息、红利等权益性投资收益;(四)符合条件的非营利组织的收入。"

[3] 《基金会管理办法》(已失效)第2条第1款规定:"本办法所称的基金会,是指对国内外社会团体和其他组织以及个人自愿捐助资金进行管理的民间非营利性组织,是社会团体法人。"

营利组织定性为非营利的社会团体。到了2004年《基金会管理条例》出台，我国的法人分类中出现了不属于社会团体的非营利法人类型。随着实践的发展，《民法通则》中非企业法人的概念已经不能将上述出现的法人类型进行准确的界定，其内部的子分类差异巨大。因此《民法总则》使用"非营利法人"对上述概念进行了周延的界定。非营利法人涵盖了之前"非企业法人"中除机关法人之外的所有类型。

（二）非营利法人的种类

非营利法人基本涵盖所有非企业法人的种类。《民法总则》将原有的非营利法人的类型进行了系统的规定。《民法总则》第87条第2款规定："非营利法人包括事业单位、社会团体、基金会、社会服务机构等。"可见条文使用了非穷尽列举的办法规定了若干种非营利法人的类型。此处的"等"字说明，凡符合非营利法人概念和特征的组织都可以纳入非营利法人的范畴。目前我国《民法总则》规定的主要类型有如下四种：

1. 事业单位

根据《事业单位登记管理暂行条例》第2条第1款，事业单位是指国家为了社会公益目的，由国家机关举办或者其他组织利用国有资产举办的，从事教育、科技、文化、卫生等活动的社会服务组织。事业单位法人的成立基础是国有资金，属于财团法人。事业单位法人是在1986年的《民法通则》中就确立的法人类型。事业单位与其他三种非营利法人相比，带有更强的公法人色彩。一方面，其他三种法人主要由民间资金设立，而事业单位的设立资金来源于国家财政拨款；另一方面，许多事业单位被纳入行政序列，如国务院直属的事业单位。

2. 社会团体

根据《社会团体登记管理条例》第2条第1款，社会团体是指中国公民自愿组成，为实现会员共同意愿，按照其章程开展活动的非营利性社会组织。大部分的社会团体法人属于私法人中的社团法人，现实生活中的各种商会、协会等民间法人组织都属于社会团体法人，但除此之外也有共青团中央、全国妇联、全国总工会等履行一定公共管理职能的具有明显公法人色彩的组织。

3. 基金会

根据《基金会管理条例》第 2 条，基金会是指利用自然人、法人或者其他组织捐助的财产，以从事公益事业为目的，按照本条例的规定成立的非营利性法人。由此可见，基金会是民间力量兴办的财团法人性质的非营利性组织。

4. 社会服务机构

社会服务机构即之前的民办非企业单位，2016 年《慈善法》出台之后改变了先前名称。根据《民办非企业单位登记管理暂行条例》第 2 条，民办非企业单位是指企业事业单位、社会团体和其他社会力量以及公民个人利用非国有资产举办的，从事非营利性社会服务活动的社会组织。

二、事业单位法人

（一）事业单位法人的概念与特征

事业单位法人是指为适应经济社会发展需要，由国家机关或其他组织利用国有资产举办的、为提供公益服务、依照法定程序而设立的非营利法人。如国家举办的电视台、出版社、学校、医院等。根据《民法总则》第 88 条关于事业单位法人资格取得的规定，结合《事业单位登记管理暂行条例》第 2 条[1]对于事业单位的定义，事业单位法人具备以下法律特征：

1. 为提供公益服务而设立

公益服务一般表现为从事教育、科技、文化、卫生等领域的活动，但是《民法总则》并未将事业单位法人的活动限定于上述传统领域，因此特定领域和特定活动内容不构成事业单位取得法人资格的条件。只要以公益为目的，追求不特定多数人的非经济性利益，即可在任何领域从

---

〔1〕《事业单位登记管理暂行条例》第 2 条规定："本条例所称事业单位，是指国家为了社会公益目的，由国家机关举办或者其他组织利用国有资产举办的，从事教育、科技、文化、卫生等活动的社会服务组织。"

事公益服务。同时,随着社会生活的发展,即使在教育、科技、文化、卫生等传统公共服务领域,法律也完全允许设立以营利为目的的法人组织,比如营利性的教育机构等。因此,《事业单位登记管理暂行条例》第 2 条对事业单位活动领域的规定仅是对事业单位活动内容的事实情况进行列举,故不应将其作为事业单位法人的法律特征。

事业单位法人的基本性质属于公益法人,追求不特定多数人的非经济性利益。但这并不意味着事业单位法人不能从事任何营利活动,相反,这种营利活动是实现其最终公益目的的一种手段或必要途径。例如,公立医院可以收取医疗服务费,但其所获收入只能用于维持医院的日常运转或购置设备等促进医疗水平发展的事业,不得向其出资人或成员进行分配。此外,现实生活中,一些事业单位法人为了营利从事与其公益目的无关的活动,如学校开饭店,医院倒卖商品等,属于违反其事业目的、不符合其民事权利能力的行为。

2. 由国家机关举办或者其他组织利用国有资产举办

根据《事业单位登记管理暂行条例》第 2 条,事业单位由国家机关举办或者其他组织利用国有资产举办。事实上,由国家机关举办的事业单位当然是利用国有资产举办的,因此,该特征的核心在于利用国有资产举办事业单位。

虽然《民法总则》第 88 条未具体规定事业单位法人的财产来源,但第 92 条将同样从事公益服务的、利用捐助财产而设立的法人规定为捐助法人,将其作为与事业单位法人并立的一种非营利法人。从《民法总则》的体系来看,利用民间财产、集体财产举办的社会公益组织应归属于捐助法人,利用国有财产举办的社会公益组织则属于事业单位法人。这一点与《事业单位登记管理暂行条例》第 2 条关于事业单位的定义是一致的。

值得注意的是,在《民法总则》出台前,根据《民法通则》法人类型的划分,事业单位与其他法人类型的显著区别在于其从事公益活动。根据此标准,现实生活中的事业单位根据举办主体的不同又可细分为民办事业单位、集体事业单位、国有事业单位三种类型。与之相矛盾的是，集体事业单位、民办事业单位虽然在《民法通则》的划分中属于事业单位法人，但在实践中无法作为事业单位进行法人登记。根据《民办非企业单位登记管理暂行条例》，民办事业单位、集体事业单位作为民办非企业单位进行登记；根据《事业单位登记管理暂行条例》，只有国有事业单位可作为事业单位法人进行登记。而《民法总则》出台以后，上述有关规定相互脱节的情况将逐渐转变，之前的民办事业单位、集体事业单位应归属于捐助法人，按照捐助法人的相关规定从事民事活动，事业单位法人则仅包括国有事业单位。

3. 依照法定程序成立

我国目前对事业单位的设立采取许可主义，即事业单位法人的设立须经行政机关的许可。《事业单位登记管理暂行条例》第 3 条〔1〕将经县级以上各级人民政府及其有关主管部门的审批作为事业单位登记或备案的前置要件，第 6 条〔2〕将审批机关的批准成立作为事业单位法人登记的法定条件。可见，无论是否需要登记，事业单位的设立必须首先经过行政机关的审批。在行政机关批准之后，再根据《事业单位登记管理暂行条例》的相关规定对事业单位进行登记或备案。

(二) 事业单位法人的法律属性

事业单位法人属于非营利法人。在原来《民法通则》的法人类型划分中，事业单位法人属于非企业法人。《民法总则》出台后，在营利法人与非营利法人的新类型划分中，第 87 条明确将事业单位法人规定为非营利法人中的一种法定类型。因此，事业单位法人在利润分配、剩余财产清算等方面当然遵守非营利法人的一般规定：从事活动所产生的利润不得向出资人、设立人或者会员进行分配，只能用于维持或扩大

---

〔1〕《事业单位登记管理暂行条例》第 3 条规定："事业单位经县级以上各级人民政府及其有关主管部门（以下统称审批机关）批准成立后，应当依照本条例的规定登记或者备案。"

〔2〕《事业单位登记管理暂行条例》第 6 条规定："申请事业单位法人登记，应当具备下列条件：（一）经审批机关批准设立；（二）有自己的名称、组织机构和场所；（三）有与其业务活动相适应的从业人员；（四）有与其业务活动相适应的经费来源；（五）能够独立承担民事责任。"

公益服务;法人终止时的剩余财产也应当按照法律规定、章程规定、权力机构的决议或者主管机关的决定转给宗旨相同或相近的事业单位法人。同时,事业单位法人也当然享有非营利法人在税收政策等方面的权益。

事业单位法人基本属于财团法人。虽然《民法总则》未采取社团法人与财团法人的传统分类方法,但就事业单位的本质属性而言,其基本符合财团法人的法律属性。尽管与典型的财团法人不同,不少事业单位没有章程,但社团法人和财团法人最本质的区别在于其成立基础的不同。事业单位以国家财政拨款为基础设立,本质上是以财产为基础,事业单位的工作人员也并非其成员。因此,在社团法人和财团法人的传统法人类型划分上,事业单位法人基本属于财团法人。

(三)事业单位法人的演变

事业单位法人是我国特有的法人类型,但随着国家市场经济和社会生活的不断发展,事业单位法人在实践中产生了“政事不分、事企不分”等诸多问题。2011 年中共中央发布的《关于分类推进事业单位改革的指导意见》(中发〔2011〕5 号)以及国务院办公厅配套印发的《关于事业单位分类的意见》将目前我国的事业单位按照社会功能划分为承担行政职能、从事生产经营活动和从事公益服务三个类别。在事业单位分类改革中,对承担行政职能的,逐步将其行政职能划归行政机构或转为行政机构;对从事生产经营活动的,逐步将其转为企业;对从事公益服务的,继续将其保留在事业单位序列、强化其公益属性。今后,不再批准设立承担行政职能的事业单位和从事生产经营活动的事业单位。

同时,上述文件根据职责任务、服务对象和资源配置方式的不同将从事公益服务的事业单位进一步细分为两类:(1)公益一类:承担义务教育、基础性科研、公共文化、公共卫生及基层的基本医疗服务等基本公益服务,不能或不宜由市场配置资源的事业单位。该类事业单位不得从事经营活动,其宗旨、业务范围和服务规范由国家确定。(2)公益二类:承担高等教育、非营利医疗等公益服务,可部分由市场配置资源的事业单位。该类事业单位按照国家确定的公益目标和相关标准开展活动,在确保公益目标的前提下,可依据相关法律法规提供与主业相关的服务,按国家有关规定使用其收益。

出于历史原因,目前我国仍然存在大量具有行政管理职能或者从事生产经营活动的事业单位。但根据上述改革文件,未来我国将只保留从事公益服务的事业单位,从事行政管理职能的事业单位的行政职能将划归行政机构或转为行政机构,从事生产经营职能的事业单位将转为企业或予以撤销。因此,《民法总则》将提供公益服务作为事业单位取得法人资格的条件之一,符合事业单位分类改革方向,为事业单位的深入改革和长远发展提供了法律依据。

(四)事业单位法人的成立

事业单位法人依法成立。《民法总则》第 88 条并未对事业单位的成立作出统一规定,而是根据其他法律的具体规定将其分为两种情况:

1. 依法需要登记的,经登记成立,取得事业单位法人资格。《事业单位登记管理条例》并未对哪些事业单位需要登记作出具体规定,而是通过第 11 条对不需要登记的事业单位进行了排除性规定。因此,一般情况下,依法登记是事业单位取得法人资格的条件。如中国残疾人艺术团在登记后才依法成立,取得法人资格。

2. 依法不需要办理法人登记的,从主管机关批准成立之日起,即具有事业单位法人资格。如前所述,根据《事业单位登记管理暂行条例》第 11 条的规定,县级以上各级政府设立的直属单位以及经有关主管部门依法审核或者登记、已经取得相应的执业许可证书的事业单位,无须登记,向登记管理机关备案即可。此类事业单位法人资格的取得不以登记为要件,如国家部委所属高校,从审批机关批准成立之日起即依法成立,具有法人资格。

(五)事业单位法人的组织机构与法定代表人

事业单位法人,利用国有资产举办,为社会公益服务,有别于以行政管理为职能的行政机关法人,也不同于根据会员共同意愿而设立的社会团体法人,因此其治理结构与其他法人类型相比,具有一定的特殊性。同时,在事业单位治理结构的改革中,不同事业单位在活动内容、规模等各方面的差异也在客观上决定了对其组织机构的设置有不同要求。因此,《民法总则》未对事业单位的组织机构作出完全统一的、强制性规定,仅对组织机构中设置理事会的情况作出了特别规定。但法定代表人作为法人开展民事活动的必要条件,《民法总则》要求事业单位必须设立法定代表人。

1. 事业单位法人的理事会

设有理事会的事业单位法人,原则上理事会为其决策机构。《民法总则》第 89 条规定:“事业单位法人设理事会的,除法律另有规定外,理事会为其决策机构。”理事会按照法律、行政法规以及章程的规定作出决策。根据国务院办公厅印发的《关于建立和完善事业单位法人治理结构的意见》,理事会负责事业单位法人的发展规划、财务预决算、重大业务、章程拟订和修订等决策事项,按照有关规定履行人事管理方面的职责,并监督本单位的运行。在事业单位治理结构的改革中,坚持“管办分离”的改革方向,政府不再作为直接决策者和执行者,而是通过制定政策法规、行业规划、标准规范等履行监督指导的职责,保证事业单位法人治理的自主性以及公共服务的公益属性。

事业单位的理事会成员既应包括举办单位、监管部门、事业单位本身、行业专家等领域的代表,也要包括服务对象等利益相关者的代表。对于与人民群众切身利益密切相关的事业单位,通过设置一定比例的外部理事,防止少数内部人员利用事业单位牟取私利。

对于未设立或不适宜设立理事会为决策机构的事业单位,根据前述改革规划,可探索董事会、管委会等多种形式的治理结构,健全决策、执行和监督机制,提高运行效率,确保公益目标的实现。比如,实践中有医院设置管委会作为决策机构,管委会由一定比例的政府代表、社会代表、医院代表组成,拥有医院重大事项的自主决策权,对政府负责。

2. 事业单位法人的法定代表人

事业单位的法定代表人以事业单位法人的名义从事民事活动,其法律后果由法人承受。基于事业单位法人的复杂性,《民法总则》并未对此作出具体规定，而是规定其依照法律、行政法规或者章程产生。在法律、法规对某类事业单位作出专门性规定时，应当依照其规定，如《高等教育法》第13条明确规定："高等学校的校长为高等学校的法定代表人"；反之，该类事业单位法人则可以通过章程对法定代表人的产生作出自治性规定。同时，法定代表人的职权也应当依照法律、行政法规或者章程确定。

三、社会团体法人

（一）社会团体法人的概念与种类

1. 社会团体法人的概念与特征

所谓社会团体法人，是指基于会员共同意愿，为实现公益目的或者会员共同利益等非营利目的，按照其章程开展活动的非营利性法人。社会团体法人具有如下特征：

（1）社会团体法人必须基于非营利目的而设立。不同类型的社会团体法人各有其自身的设立目的，有公益性的社会团体法人，譬如红十字会、残疾人联合会等；亦有为会员的共同利益而设立的社会团体法人，譬如行业协会、同乡会、商会等。不同种类的社会团体法人的设立目的存在明显的差异，但都有非营利性的基本要求。这是社会团体法人被归类为非营利性法人的主要根据，亦是其区别于营利法人的最本质特征。

（2）社会团体法人属于社团法人。传统民法的法人分类中，根据组织基础将法人分为社团法人与财团法人，社团法人是以社员的集合为基础的法人。社会团体法人虽位于非营利法人之列，但却是以会员的集合作为组织基础的。社员的概念在社会团体法人中虽被称为会员，但二者并无本质的差异。正是由于社会团体法人的这一特性，社会团体法人具有人合性，成员的共同意愿是成立社会团体法人必不可少的要求。基于此，社会团体法人虽与事业单位、基金会同属非营利法人的类型，但在组织机构上具有不同的构造。需要注意的是，社会团体法人是社团法人的一个类型，社会团体法人一定是社团法人，而社团法人却并不一定是社会团体法人,二者是不同的概念。社团法人还包括营利性社团法人等其他类型,其概念的外延相较于社会团体法人更广。

(3)社会团体法人必须基于会员的共同意愿设立。社会团体法人以会员的集合作为基础,因此,会员的共同意愿是社会团体法人设立必不可少的要件。会员的共同意愿集中体现在社会团体法人的章程之中,社会团体法人的章程由会员共同制定,对社会团体法人及其会员都具有约束力。

(4)社会团体法人须经过法定程序成立。根据《民法总则》第 90 条的规定,社会团体法人必须经过法定的程序依法成立。依法需要登记的社会团体,经依法登记成立取得社会团体法人资格;依法不需要办理法人登记的,从成立之日起,具有社会团体法人资格。《社会团体登记管理条例》对社会团体法人的登记条件、管辖以及法定程序都进行了详细的规定,是社会团体依法登记的法规依据。

我国法律法规对社会团体法人的界定经历了历史的变化。1986 年《民法通则》中,第 50 条第 2 款虽然规定了社会团体的法人类型和法人地位,却没有界定社会团体法人的概念;1998 年《社会团体登记管理条例》确立了社会团体的定义,[1]但在其规定中,规定了"中国公民自愿组成"这一条件,从而外国人在中国境内成立的商会等团体不被认定为社会团体法人。[2] 2017 年颁布的《民法总则》第 90 条对社会团体法人做了新的系统的界定:基于会员共同意愿,为公益目的或者会员共同利益等非营利目的设立的社会团体,经依法登记成立,取得社会团体法人资格。根据这一规定,中国公民自愿组成不再作为社会团体法人成立的依据。

2. 社会团体法人的种类

根据社会团体法人设立的目的的不同,可以将社会团体法人分为基于公益目的设立的社会团体法人、基于会员共同利益设立的社会团

---

〔1〕《社会团体登记管理条例》第 2 条规定:"本条例所称社会团体,是指中国公民自愿组成,为实现会员共同意愿,按照其章程开展活动的非营利性社会组织。"

〔2〕参见陈甦主编:《民法总则评注》(上册),法律出版社 2017 年版,第 652 页。

体法人和基于其他非营利目的设立的社会团体法人。不同的设立目的将决定社会团体法人主要从事的活动内容,国家依据社会团体法人的设立目的实行不同的税收政策和不同的行政管理,因此,需要对不同种类的社会团体法人进行梳理。

(1)基于公益目的设立的社会团体法人。这里的公益目的应做广义解释,与社会公共利益有关的目的都应被认定为公益目的。其中,有政治性社会团体法人,譬如八大民主党派、共青团等;有基于保障弱势群体利益设立的社会团体法人,譬如残疾人联合会;有基于社会救助目的而设立的社会团体法人,譬如中国红十字总会。

(2)基于会员共同利益设立的社会团体法人。会员共同利益又被称为互益目的。其中,有基于行业合作和管理而设立的社会团体法人,譬如行业协会、律师协会等;基于共同爱好而设立的社会团体法人,譬如爱好者协会;基于会员共同的身份而设立的社会团体法人,譬如商会、同乡会等。

需要注意的是,某些社会团体法人兼具公益目的和互益目的。譬如中国文联,其组织目的既包括维护团体会员和文学艺术家的合法权益,亦包括致力于开展社会主义文学艺术活动。中国科协、中国法学会、中国作协等社会团体法人都属于兼具公益目的与互益目的的社会团体法人。

(3)基于其他非营利目的设立的社会团体法人。除公益目的与会员共同利益之外,《民法总则》还概括性地规定了基于其他非营利目的设立的社会团体法人。虽然《民法总则》没有对该种社会团体法人进行举例,但实践中亦有可能存在基于其他非营利目的设立的社会团体法人。

(二)社会团体法人的成立与章程

1. 社会团体法人的成立

《民法总则》第 90 条规定:"具备法人条件,基于会员共同意愿,为公益目的或为会员共同利益等非营利目的设立的社会团体,经依法登记成立,取得社会团体法人资格;依法不需要办理法人登记的,从成立之日起，具有社会团体法人资格。”由此，可以将社会团体法人的成立模式分为两种：

(1)通过设立行为，依法登记成立从而取得社会团体法人资格。这种设立模式主要针对一般的社会团体，例如爱好者协会、行业协会等社会自治性团体。

(2)依据法律的规定和政府命令或是基于特殊事件而成立的社会团体。其中，以全国总工会、全国妇联、共青团等三大人民团体最为典型，其分别通过《工会法》《妇女权益保障法》等法律成立。[1] 同时，《社会团体登记管理条例》第3条规定：“下列团体不属于本条例规定登记的范围：(一)参加中国人民政治协商会议的人民团体；(二)由国务院机构编制管理机关核定，并经国务院批准免于登记的团体；(三)机关、团体、企业事业单位内部经本单位批准成立、在本单位内部活动的团体。”基于此，八大民主党派、中国文联、中国法学会、中国作协等全国性社会团体属于依据法律的规定和政府命令或是基于特殊事件成立的社会团体，无须进行法人登记。

2. 社会团体法人的章程

社会团体法人的章程是社会团体从事相关活动的准则和基础。根据《民法总则》第91条第1款，设立社会团体法人应当依法制定法人章程。一方面，社会团体的人合性要求法人章程作为社会团体以及其社员的行为规则；另一方面，由于其非营利性，社会团体法人往往在税收和政策上享有更多的优惠，有些社会团体法人还承担一定的社会职能，因此，社会团体法人承担向社会公众公开并接受公众监督的义务，而这种外部责任反过来要求社会团体法人对其内部治理结构更加具有明确性和公开性[2]。由此，凸显社会团体法人的法人章程的重要性。

同时，《社会团体登记管理条例》第14条对社会团体的章程应当

---

[1] 参见王利明主编：《〈中华人民共和国民法总则〉条文释义》，人民法院出版社2017年版，第196页。

[2] 参见张新宝：《〈中华人民共和国民法总则〉释义》，中国人民大学出版社2017年版，第173页。

包括的事项进行了详细的列举:(1)名称、住所;(2)宗旨、业务范围和活动地域;(3)会员资格及其权利、义务;(4)民主的组织管理制度,执行机构的产生程序;(5)负责人的条件和产生、罢免的程序;(6)资产管理和使用的原则;(7)章程的修改程序;(8)终止程序和终止后资产的处理;(9)应当由章程规定的其他事项。

3. 社会团体法人的组织机构

《民法总则》第91条规定了社会团体法人的机构设置:社会团体法人应当设会员大会或者会员代表大会等权力机构;社会团体法人应当设理事会等执行机构,理事长或者会长等负责人按照法人章程的规定担任法定代表人。由此,社会团体法人的组织机构分为:

(1)权力机构。权力机构又称意思机构,如前文所述,社会团体法人作为会员的集合组成的社团法人,由其成员组成的会员大会自然便是社会团体法人的最高权力机关,可以对社会团体的重要事项做出决定。在一些大型的社会团体法人之中,由于会员人数过多,为更便捷地行使权力,会员大会可以选出会员代表大会,代表会员大会行使权力,会员代表大会对会员大会负责。

(2)执行机构。根据《民法总则》第89条的规定,理事会是社会团体法人的执行机构。这点与事业单位、基金会存在差异,在二者中,理事会往往是承担决策机构的职能。社会团体法人的理事会成员由会员(代表)大会选出,执行大会的决策,直接对会员(代表)大会负责。为理事会管理的需要,理事会设理事长一位,理事长由理事会选举产生。

(3)法定代表人。《民法总则》还规定,社会团体应当有法定代表人代表社会团体法人从事活动。社会团体法人的法定代表人由法人章程规定,并由理事长、会长等负责人担任。

(4)监督机构。对于监督机构的设置,区别于《公司法》上对公司法人组织结构的规定,[1]《民法总则》并没有对社会团体法人的监督机

---

[1] 《公司法》第51条规定:"有限责任公司设监事会,其成员不得少于三人。股东人数较少或者规模较小的有限责任公司,可以设一至二名监事,不设监事会。"第117条规定:"股份有限公司设监事会,其成员不得少于三人。"

构的设置提出强制性要求,是否设立监督机构,法人可依据章程自行决定。

四、捐助法人

(一)捐助法人的概念与特征

1. 捐助法人的概念

捐助法人是指为实现一定公益目的,以捐助财产为基础依法成立的非营利法人。对于捐助法人理论上一直有不同称呼。我国的捐助法人对应西方的财团法人,但是由于我国一直没有采用社团法人和财团法人的概念,从《民法通则》开始就创造性地采用企业法人和非企业法人的分类模式,因此使用“财团法人”的概念并不完全符合我国既往的立法规定。而“基金会法人”并不能有效涵盖以捐助财产为基础而成立的医院、救济院等机构。《民法总则》将其统一命名为“捐助法人”,可以说这一定义更为精准。

2. 捐助法人的特征

根据我国《民法总则》的规定,捐助法人的法律特征可以归纳如下:

(1)为公益目的设立

捐助法人只能为社会公益设立,为公益法人。《民法总则》第 92 条第 1 款强调,捐助法人是“为公益目的以捐助财产设立的”非营利法人。可见《民法总则》将互益法人排除出捐助法人的范畴。

(2)以捐助财产为基础

捐助法人的设立和存续基础为捐助财产。捐助财产来源于捐助行为。所谓捐助行为是指通过财物进行帮助的一切行为的总称。捐助行为与捐助合同相区别,捐助行为包括单方法律行为、双方法律行为,包括以设立捐助法人为目的的捐助、通过合同向成立后的捐助法人捐助以及一般的财产捐助等。而捐助合同属于双方法律行为,适用民法上赠与合同的规定。捐助行为可以是生前行为,也可以是死因行为,通过遗嘱的方式为之。捐助行为完成之后,捐助财产即成为捐助法人独立所有的财产,独立于捐助人。

(3)没有成员或会员

捐助法人本质上是财产的集合,因此没有成员。一旦完成捐助行为,捐助人不因捐助行为而对捐助法人享有支配权,其既不是捐助法人的成员,也不当然成为管理人员。但是没有成员并不意味着法人内部没有人员。事实上大型的捐助法人中有大量的管理人员和劳动人员,共同维护捐助法人的正常运转,只不过这些人员与营利法人成员的地位不同。因为没有成员,捐助法人在组织机构上也没有会员大会构成权力机构,只设立理事会和监事会,由专门的人员依照章程管理财产。

(4)必须许可、登记设立

捐助法人必须经登记方可设立,这就与其余两类非营利法人不同。事业单位法人和社会团体法人中都存在无须经登记的情况,但是捐助法人不存在例外情形。这也是为了进一步加强监督,规范捐助法人的运营。

登记制度与设立原则紧密相连。捐助法人的设立原则一般有两种,一种是准则主义,另一种是许可主义。前者指只要符合法定条件就可以登记设立,后者指在设立登记之前,必须得到主管机关的同意。我国对于捐助法人的设立皆采取许可主义。我国《基金会管理条例》第9条第5项规定:“申请设立基金会,申请人应当向登记管理机关提交业务主管单位同意设立的文件。”对于社会服务机构的规定见于《民办非企业单位登记管理暂行条例》,其中第3条规定:“成立民办非企业单位,应当经其业务主管单位审查同意,并依照本条例的规定登记。”对于宗教活动场所,我国《宗教事务条例》第21、22条也对批准和登记分别作出了规定。可见,登记之前主管机关的批准是必经程序,我国捐助法人的设立原则采取的是许可主义。

综上,捐助法人是非营利性的财团法人。需要特殊说明的是,《民法总则》将社会服务机构的性质特定化,将其定性为财团法人。而对于那些有社会服务职能的社团法人,只可以归为社会团体法人等范畴,不再属于社会服务机构。

(二)捐助法人的种类

我国捐助法人主要分为基金会、社会服务机构和宗教活动场所三种。《民法总则》第 92 条第 1 款规定捐助法人的类型为“公益目的以捐助财产设立的基金会、社会服务机构等”，可见不排除未来出现其他形式符合条件的捐助法人类型。

1. 基金会

基金会是捐助法人的最典型形式。我国的基金会分为公募基金会和私募基金会两种。公募基金会又可以按地域分为全国性公募基金会和地方性公募基金会。对于基金会的性质素有争议。1998 年的《基金会管理办法》将基金会归为社会团体法人范畴，主要受限于《民法通则》对于法人类型的规定。2004 年的《基金会管理条例》将基金会定义为非营利性法人，并在各方面规范基金会的运营。本次《民法总则》在第 92 条中规定，基金会属于捐助法人。基金会本质上是为捐助目的而存在的独立的财产集合，根据章程由基金会的管理人员运作。我国的典型基金会有茅盾文学奖基金会、宋庆龄儿童基金会等。

2. 社会服务机构

我国《慈善法》首次用“社会服务机构”代替“民办非企业单位”。民办非企业单位更早称“民办事业单位”，本质上是从事公益事业的事业单位，只不过主要由民间力量兴办。正是因为民间性的特征，《民办非企业单位登记管理暂行条例》才将民间力量兴办的事业单位与利用国有资产兴办的事业单位区分开来，单独对其进行规制。

在《慈善法》的立法中，对于名称问题有过争议，之所以不再沿用“民办非企业单位”这一名称，一是考虑用否定式的定义会造成内涵上的混乱。因为实践中民办非企业单位存在公益性和准公益性两种类型，但是同时受相同的制度规制不尽合理。而“社会服务机构”进一步明确了概念，将其中真正从事公益事业的组织区分出来。余下的部分则会通过民办非企业单位改革使其回归营利法人的范畴。二是实践中提供社会服务的服务型组织大量涌现，由于组织和活动形式的独特性，需要单独的配套法规。同时社会对养老、育幼、助残、扶贫等公共服务的需求也逐渐增大，需要制度层面的促进。因此《慈善法》规定了“社会服务机构”这一组织形式，为提供公益服务的组织赋予明确的法律身份,进而将其纳入《慈善法》的调整范围,通过配套的措施促进其发展。[1]《民法总则》沿用这一名称也是对这种做法的认可。

3. 宗教活动场所

宗教活动场所与宗教团体相区别,前者是指活动的场所,后者是指社会团体。我国1994年国家宗教事务局制定的《宗教活动场所登记办法》规定宗教活动场所适用法人登记的制度。随着该办法的废止,宗教活动场所的性质一度不能明确。由于主体地位不明导致了实践上的一系列问题。例如,进行民事活动受限,无法以法人地位独立订立合同、开设账户、进行财产登记等。又比如,没有独立的主体地位,部分地方政府将其作为国有资产进行管理。基于利益驱动,部分地方政府将宗教活动场所商业化,甚至传出少林寺上市的新闻。可见,赋予宗教活动场所以独立从事民事活动的主体地位和自主管理的权利已经成为亟待解决的问题。实际上,《宗教事务条例》中规定了宗教活动场所的设立制度和管理制度,体现了其组织体的特性,但是没有明确其法人地位。《民法总则》明确规定宗教活动场所属于捐助法人,肯定了宗教活动场所的法人地位。当然宗教活动场所要取得法人资格,应依照《民法总则》的规定。一是应具备法人形式,二是应履行登记手续。

(三)捐助法人的成立

捐助法人的成立需要满足一定条件,根据《民法总则》和相关规定总结起来有如下几点:

1. 具备一般法人的成立条件。捐助法人首先属于法人,需要具备法人成立的一般要件。根据《民法总则》第58条,法人成立的基本要件包括自己的名称、组织机构、住所、财产或者经费。

2. 具备相应法人类型的特殊成立要件。《民法总则》规定的三种捐助法人类型中,每一种类型都有相应的法规规定了特殊的成立要件,对资金总量等特殊成立要件进行了具体规定。具体言之,设立基金会

---

[1] 参见郑功成主编:《〈中华人民共和国慈善法〉解读与应用》,人民出版社2016年版,第48页。

要符合《基金会管理条例》的规定,设立宗教活动场所要符合《宗教事务条例》的规定。鉴于《社会服务机构登记管理条例》正在起草,设立社会服务机构目前应符合《民办非企业单位登记管理暂行条例》的规定,未来应依照《社会服务机构登记管理条例》的相关规定。

3. 经主管机关许可。我国捐助法人的设立采取许可主义,所以应分别向《基金会管理条例》、《民办非企业单位登记管理暂行条例》和《宗教事务条例》中规定的主管机关申请批准之后方可登记。

4. 经依法登记。若想获得捐助法人的资格必须经过法人登记。不同的组织需要根据各自的法定程序进行登记,完成相应登记之后获得捐助法人的资格。

(四)捐助法人的章程

章程规定了捐助法人的目的宗旨和一般的活动原则,对于捐助法人意义重大,章程草案也属于设立基金会和民办非企业单位在设立时应提交的文件之一。为此,《民法总则》第 93 条第 1 款规定:"捐助法人应当依法制定法人章程。"

捐助法人与营利法人等社团法人不同,这也决定了章程的地位不同。社团法人是人的集合,有社员大会作为权力机关形成自身的意思,因此社团法人可以制定并修改章程。然而捐助法人属于财团法人,没有成员,不能通过权力机关形成自己的意思。对于捐助法人而言,章程源于外部的意思他治,管理人员不得任意变更。

虽然捐助法人没有成员,不能形成自身意思,属于他律组织,但是并不代表其不能自行开展活动。捐助法人也有自身的管理组织进行决策管理,有自主决定的空间。为确保捐助法人的运营符合捐助人的意愿,章程会对捐赠法人的运营目的和行为规范进行明确规定。捐助法人应当按照章程开展活动,所从事的各类活动不得违反法律的规定。

(五)捐助法人的组织机构

捐助法人的组织机构包括决策机构、执行机构、监督机构和代表人。

决策机构包括理事会、民主管理组织等。此处的理事会对应着基金会、社会服务机构。民主管理组织对应着宗教活动场所,因为该类场所没有理事会,僧众进行民主管理的组织即为决策机构。决策机构有权依章程作出决议,但是还应有相应的执行机构具体落实。在实践中执行机构一般为捐助法人的总经理、执行委员会或常务理事会等。决策和执行机构同属管理机构。因为捐助法人属于财团法人,并没有成员大会作为意思机构。设立相应的管理执行机构是为保证章程的落实和机构的顺利运转。

法定代表人一般为理事长等负责人。考虑到捐助法人也有对外开展活动的需要,因此规定捐助法人应当有明确的法定代表人。同时《民法总则》第 93 条第 2 款表述为"依照法人章程的规定担任法定代表人",说明为法定代表人的选任留下了私法自治的空间。

监督机构属于捐助法人必须设立的机关。同公司等营利法人一样,捐助法人也需要一个监督机构作为一个常设机关对决策和执行机关进行监督,以保障捐助法人的运转符合章程,防止管理机关滥用权力。第 93 条第 3 款规定:"捐助法人应当设监事会等监督机构。"此处的"等"字也说明捐助法人可以根据章程设立监事会或监事。

(六)捐助人的权利

捐助人完成捐助行为之后,捐助财产即成为捐助法人独立的财产,捐助人随即丧失对相应财产的支配。而且捐助人一般也不会实际管理捐助法人的财产。但是这并不代表着捐助人不享有任何的后续权利。根据《民法总则》第 94 条规定,捐助人对捐助财产的使用、管理情况有知情权和建议权,捐助法人有义务答复。这一条在其他法律规定捐助法人的披露义务的同时赋予了捐助人以主动要求知晓相关情况的权利。这样一方面可以通过社会监督的方式进一步规范捐助法人的运营,另一方面可以通过知情权保证捐助人的参与热情。捐助人通过提出建议的方式可以间接地参与到捐助法人的运营管理之中,进一步提高捐助人的积极性和参与感。

捐赠人的知情权问题涉及很多具体细节,如查询的范围、频率、程序等。类比于《公司法》的股东查账权,还有很多细化的规定需要研究明确，以及这种具体限定的边界在哪也需要进一步的研究。但是可以肯定的是，捐助法人章程可以对相应的事项进行规定。

（七）捐助法人决定的撤销

对于内容和程序存在瑕疵的捐助法人决议，捐助人和主管机关享有撤销权。《民法总则》第 94 条第 2 款对撤销权进行了规定。相比于《公司法》第 22 条的规定，本条没有规定无效的情形。但是根据《民法总则》第 134 条，法人的决议也属于法律行为的一种。法律行为的无效事由可以作为评判捐助法人决定是否无效的依据。本条是在原有的法律行为可撤销的情况中又加入了其他情形，加强了对于捐助法人的监管。对于这一条可从如下几个方面理解：

1. 行使撤销权的主体广泛。与《公司法》中只有股东有权请求撤销不同，对于捐助法人的决定可以被捐助人和主管机关撤销。条文表述中还把“等利害关系人”纳入其中，说明捐助人的继承人、捐助财产的特定受益人应当享有同样的权利。

2. 撤销的对象是决定。此处的决定包括的范围较为广泛，包括法人管理机构作出的决议，同时也包括代表人对外作出的决定。

3. 撤销的事由明确。类似于公司决议的可撤销事由，捐赠法人决定的撤销事由包括程序或内容违反法人章程，或者程序违反法律、行政法规。

4. 撤销权必须以诉讼方式行使。对于有瑕疵的决议必须向人民法院请求撤销，这与一般的撤销权以及请求撤销公司决议的权利在行使程序上类似。

5. 与善意相对人的交易不受影响。这一项规定是为了确保交易安全，保护善意相对人的合理信赖。但是考虑到捐助法人的特殊性，为了避免善款的流失，对于善意相对人的界定应当从严把控。

第十二讲　特别法人

谭启平*

在前三讲中，我们专题讲授了“法人制度的一般规定”、“营利法人”与“非营利法人”，本讲介绍法人分类之“特别法人”。“特别法人”一节在《民法总则（草案）》（三次审议稿）中首次增设，此后内容未变，仅将合作经济组织的表达从“城镇、农村的合作经济组织”调整为“城镇农村的合作经济组织”。《民法总则》第三章“法人”第四节“特别法人”共6个条文（第96～101条），主要规定了特别法人的类型。本讲重点讲解以下五个问题：第一，特别法人的概念与类型；第二，机关法人；第三，农村集体经济组织法人；第四，城镇农村的合作经济组织法人；第五，基层群众性自治组织法人。

一、特别法人的概念与类型

（一）特别法人的概念与特征

特别法人，是我国《民法总则》的首创，是适应我国国情而构建的法人类型。在其他国家和地区的民法典

---

* 中国法学会民法学研究会副会长，西南政法大学教授、博士生导师。

中,未见相同或类似的表达。《民法总则》第 96 条规定:"本节规定的机关法人、农村集体经济组织法人、城镇农村的合作经济组织法人、基层群众性自治组织法人,为特别法人。"该条文对特别法人概念的界定,并没有从内涵的角度定义,而是从特别法人的外延进行的定义。[1]换言之,特别法人是指机关法人、农村集体经济组织法人、城镇农村的合作经济组织法人、基层群众性自治组织法人。

在《民法总则》中确立特别法人的法人类别,其意义主要在于:一方面,单独设立一种法人类别,就营利法人和非营利法人之外的重要法人类型作出规定,明确这些组织的民事主体地位,有利于其更好地参与民事生活,也有利于保护其成员和与其进行民事活动的相对人的合法权益。另一方面,通过特别法人的规定,使得民事主体与行政主体、基层自治组织等保持衔接,从而沟通了民法与行政法等特别法的关系。[2]

为什么要在"营利法人"和"非营利法人"这一法人基本分类基础上增加"特别法人"? 依立法机关的介绍,增加特别法人类别的原因在于:"实践中有的法人与营利法人和非营利法人在设立、终止等方面都有所不同,难以纳入这两类法人,建议增设一类特别法人。法律委员会经研究认为,根据我国社会生活实际,具有特殊性的法人组织主要有以下几种情况:一是机关法人,其在设立依据、目的、职能和责任最终承担上,均与其他法人存在较大差别;二是基层群众性自治组织和农村集体经济组织,其设立、变更和终止,管理的财产性质,成员的加入和退出,承担的职能等都有其特殊性;三是合作经济组织,既具有公益性或者互益性,又具有营利性。"[3]

可见,特别法人的特别性主要表现在,不能按照营利法人和非营利

---

〔1〕 参见杨立新主编:《中华人民共和国民法总则要义与案例解读》,中国法制出版社 2017 年版,第 357 页。

〔2〕 参见王利明等:《民法学》(第 5 版),法律出版社 2017 年版,第 110 页。

〔3〕 参见全国人大法律委员会副主任委员李适时于 2016 年 12 月 19 日上午在第十二届全国人大常委会第二十五次会议第一次全体会议上所作的《全国人民代表大会法律委员会关于〈中华人民共和国民法总则(草案)〉修改情况的汇报》。

法人的基本分类标准进行明确归类。例如,机关法人是传统大陆法系的公法人,明显不属于作为私法人的营利法人或非营利法人;农村集体经济组织作为经济组织当然具有经济活动的营利目的,但它又不是典型的以向成员分配利润为目的,而是在农村以一定社区为单位建立,管理集体资产、开发集体资源、发展集体经济和服务集体成员,同时承担一定的集体公共社会功能的经济组织,不能简单地归入营利法人或者非营利法人;城镇农村的合作经济组织作为经济组织同样要从事营利活动,并向成员分配利润,但其利润分配主要不是基于股份,而是按照惠顾额返还或交易量(额)比例返还,同时主要目的不是营利而是成员间的互助,亦不能简单归入营利法人或者非营利法人;基层群众性自治组织是居民(村民)自我管理、自我教育、自我服务的组织,负责办理本社区的公共事务和公益事业,同时担负一定的社会服务和联结人民政府与群众管理工作,也不能被营利法人或者非营利法人所包含。

(二)特别法人的类型

根据《民法总则》第96条的规定,特别法人包括四种类型:机关法人、农村集体经济组织法人、城镇农村的合作经济组织法人和基层群众性自治组织法人。据此,《民法总则》对特别法人的类型作了封闭列举式规定,并未如营利法人和非营利法人那样使用"等"字,是封闭式的结构。依立法机关的解释,之所以采取封闭式的特别法人类型结构,这主要是考虑到现实社会中的绝大多数法人都可以纳入营利法人和非营利法人的范围,营利法人和非营利法人作为法人的最基础分类是合适的,特别法人的范围很小,未来也不宜扩大,否则就会侵蚀和动摇营利法人和非营利法人作为法人分类基础的地位。[1]

二、机关法人

(一)机关法人的概念与特征

新中国法学理论和立法中的"机关法人",主要继受于苏联法。中

---

〔1〕 参见李适时主编:《中华人民共和国民法总则释义》,法律出版社2017年版,第301页。

国在20世纪50年代制定民法典时就借鉴和移植了1922年《苏俄民法典》第13条的规定,全面赋予了国家机关以法人资格。[1] 如《中华人民共和国民法总则草稿》(1955年10月5日)第19条规定"国家机关、群众团体、社会组织、合作社、企业、学校、医院等能以自己的名义取得民事权利和负担民事义务,并在法院起诉、应诉的公私组织都是法人"。[2] 此后,《中华人民共和国民法典草稿》(1955年10月24日)、《中华人民共和国民法(草稿)》(1963年7月9日)、《中华人民共和国民法草案(试拟稿)》(1964年11月1日)和《中华人民共和国民法草案(第四稿)》(1982年5月1日)均采纳了国家机关法人化的方略。在此基础上,《民法通则》第50条第1款规定:"有独立经费的机关从成立之日起,具有法人资格。"

自《民法通则》确立机关法人的民事主体地位以来,尽管对于机关法人的地位争论较大,我国主流理论对于国家机关成为民法上的法人还是完全认可的。[3] 因此,《民法总则》第97条再次规定:"有独立经费的机关和承担行政职能的法定机构从成立之日起,具有机关法人资格,可以从事为履行职能所需要的民事活动。"

所谓机关法人,是指依法享有国家赋予的各种权力,并因行使职权的需要而享有相应的民事权利能力和民事行为能力的组织。机关法人具有以下特征:

1. 设立的特别性。机关法人依照法律法规或行政命令成立,不需要进行核准登记程序,即可取得机关法人资格。这是机关法人区别于营利法人和非营利法人的一大区别。在我国,机关法人的设立采特许主义,其设立的直接依据就是《宪法》《全国人民代表大会组织法》《国务院组织法》《地方各级人民代表大会和地方各级人民政府组织法》《人民法院组织法》《人民检察院组织法》。这些机关一经成立,便具有

---

〔1〕 参见王春梅:《苏联法对中国民事主体制度之影响》,法律出版社2017年版,第74页。

〔2〕 何勤华等编:《新中国民法典草案总览》(上卷),法律出版社2003年版,第5页。

〔3〕 参见徐强胜:《正确理解机关法人制度》,载《人民法治》2017年第10期。

机关法人的民事主体地位。正因为如此,《民法总则》第97条就规定:有独立经费的机关和承担行政职能的法定机构从成立之日起,具有机关法人资格。

2. 经费来源的特别性。机关法人的独立经费是由国家或地方财政拨款而来,作为机关法人从事民事活动的物质保障。机关法人以自己的名义参加民事活动所产生的债务,应以它的独立经费予以偿还,若债务超过其经费而需要抵补的,应由国家有关立法加以保证。此外,机关法人因向社会提供服务或采取行政措施,可依据国家规定的收费标准取得一定的收入。如出租设备、房屋、场地的租金收入,海关、工商、政法等部门的罚没收入,登记费、公证费、检验费等规费收入等。机关法人按照上述形式获得的收入亦构成其独立经费的一部分。[1]

3. 民事行为能力的特别性。机关法人是享有公权力的各类国家机关,其从事民事活动的民事行为能力受到严格限制。机关依法享有国家赋予的公共管理职能,代表国家从事立法、行政、司法等活动。因此,机关从事各种管理工作时,它与有关社会组织或自然人之间是领导与被领导或监督与被监督的关系,不同于民事主体法律地位一律平等。当因行使职权的需要而涉及私法领域时,机关才会以法人的身份出现。只是,机关法人只能从事为履行职能所需要的民事活动,如购置办公用品、租用房屋或交通工具、签订劳动合同等,而不能从事广泛的经营性活动,如《担保法》第8条规定:"国家机关不得为保证人,但经国务院批准为使用外国政府或者国际经济组织贷款进行转贷的除外。"

(二)机关法人的类型

在立法沿革上,我国机关法人的类型经历了一个发展变化的过程。《民法通则》第50条第1款只规定了"有独立经费的机关"为机关法人,而根据《民法总则》第97条,机关法人包括两种类型,一是有独立经费的机关,二是有独立经费承担行政职能的法定机构。其中,前者与《民法通则》的规定是相同的,后者是《民法总则》新增的机关法人类型。

---

〔1〕 参见江平主编:《法人制度论》,中国政法大学出版社1994年版,第66页。

1. 有独立经费的机关。有独立经费的机关,包括国家机关和党的机关。其中,国家机关包括人民代表大会常委会等权力机关、国务院和各级地方政府等行政机关、法院和检察院等司法机关以及军事机关;党的机关,包括执政党的机关和民主党派的机关。这里需要强调一点,判断某个组织是否为机关法人除了主要看其是否依法律法规和行政决定直接成立,且从事公共管理职能外,还要看其是否有独立的经费。一个机关的内部职能部门虽说也是依据法律和行政命令直接成立的,也从事公共管理职能,但这些职能部门只是机关的组成部分,如某部委内部的一个司局,其没有独立的经费,所以机关内部的职能部门并不能成为机关法人,其从事民事活动所产生的法律后果应由该机关来承担。〔1〕

2. 有独立经费承担行政职能的法定机构。《民法总则》将承担行政职能的法定机构也纳入机关法人之中。无论是法制史考察,还是比较法分析,该项规定都是法治史上的创举。〔2〕 根据立法机关的解释,之所以增加这类机关法人,主要是为将来的行政机构改革留下空间。例如,根据2011年《中央关于推进事业单位分类改革决定》的精神和要求,未来承担行政职能的事业单位要脱离事业单位,转化为行政机关和承担行政职能的法定机构。〔3〕 具体而言,当前有独立经费承担行政职能的法定机构主要包括以下类型:(1)职权性事业单位,性质上应当属于行政机关但因编制所限,虽定名为事业单位但实际上行使行政管理职权,如银监会、证监会、保监会、知识产权局、城建规划局等;(2)根据授权行使行政处罚、行政强制、行政检查等执法类职能的事业单位,如动植物检验检疫所等;(3)根据授权行使行政许可、行政审批等管理类职能的事业单位,如公路管理局、航道局、流域管理局等。〔4〕

(三)机关法人终止及其权利义务承继

机关法人终止,是指机关法人丧失民事主体资格,其民事权利能力

〔1〕 参见李适时主编:《中华人民共和国民法总则释义》,法律出版社2017年版,第304页。

〔2〕 参见屈茂辉:《机关法人制度解释论》,载《清华法学》2017年第5期。

〔3〕 参见李适时主编:《中华人民共和国民法总则释义》,法律出版社2017年版,第304页。

〔4〕 参见屈茂辉:《机关法人制度解释论》,载《清华法学》2017年第5期。

和民事行为能力终止。《民法总则》第98条规定:“机关法人被撤销的,法人终止,其民事权利和义务由继任的机关法人享有和承担;没有继任的机关法人的,由作出撤销决定的机关法人享有和承担。”可见,机关法人终止具有特殊性。具体表现在以下三个方面:

首先,机关法人终止的原因是依法被撤销。营利法人和非营利法人可能因破产等原因被终止,而机关法人因其履行的是国家公共管理职能,不能因破产而终止。〔1〕在理论上,机关法人被撤销主要包含两种情形,一种是机关法人在存续期间,因目的或行为违反法律、公共秩序或善良风俗而被法院宣告解散;另一种是因机关法人的事业已经完成或者确定无法完成时,由机关法人的设立者依法决定撤销该机关法人。〔2〕在我国的法律实践中,机关法人被依法撤销主要是指第二种情形,而且多出于机构改革被合并或国家调整机关设置、编制的需要。例如,《国务院关于同意北京市调整部分行政区划的批复》(国函〔2010〕55号)批复如下:“一、同意撤销北京市东城区、崇文区,设立新的北京市东城区,以原东城区、崇文区的行政区域为东城区的行政区域。二、撤销北京市西城区、宣武区,设立新的北京市西城区,以原西城区、宣武区的行政区域为西城区的行政区域。三、尽快明确新设区政府驻地位置,并按程序报批。”

其次,机关法人被依法撤销后,无需经清算程序,其权利和义务原则上由继任的机关法人享有和承担。所谓继任的机关法人,是指承继被撤销的机关法人的职权的机关法人。例如,在上列批复中,东城区、崇文区和西城区、宣武区被撤销以后,新的北京市东城区和西城区分别承继了其职权,因此,新的北京市东城区和西城区就是继任的机关法人,原东城区、崇文区和西城区、宣武区的权利和义务就由新的北京市东城区和西城区享有和承担。

最后,机关法人被依法撤销后,如果没有继任的机关法人,由作出

---

〔1〕参见李适时主编:《中华人民共和国民法总则释义》,法律出版社2017年版,第305页。

〔2〕参见沈德咏主编:《〈中华人民共和国民法总则〉条文理解与适用》(上),人民法院出版社2017年版,第685页。

撤销决定的机关法人享有和承担。该规定来源于《国家赔偿法》。《国家赔偿法》第7条第5款规定："赔偿义务机关被撤销的，继续行使其职权的行政机关为赔偿义务机关；没有继续行使其职权的行政机关的，撤销该赔偿义务机关的行政机关为赔偿义务机关。"该规定旨在保证，在机关法人被撤销且没有继任机关法人的情况下，利益相关方的合法权益依然能够得到保障。这是传统民法上公法人的创立人对公法人的债务承担补充责任原则的体现。

三、农村集体经济组织法人

（一）农村集体经济组织法人的概念与意义

农村集体经济组织具有鲜明的中国特色，是为了适应我国的农村集体所有制经济而设立的经济组织形式。农村集体经济组织起源于20世纪50年代的初级农业生产合作社，此后经历了高级农业生产合作社、人民公社以及改革后农村集体经济组织（其间，农村集体经济组织的名称表达经历了地区性合作经济组织，乡、村合作组织，乡村集体经济组织和农村集体经济组织等变化）三个主要阶段。其中，人民公社"三级所有，队为基础"的结构形塑了当前我国农村集体经济组织的基本格局。因此，所谓农村集体经济组织，是指在乡镇人民政府管辖的区域，以村民小组、行政村、乡（镇）等社区为单位建立，管理集体资产、开发集体资源、发展集体经济和服务集体成员的经济组织。我们可以从以下几个方面来把握农村集体经济组织的法律含义：(1)农村集体经济组织是农村的经济组织，在乡镇人民政府管辖的区域内设立；(2)农村集体经济组织具有社区性，以村民小组、行政村、乡（镇）等社区为单位建立，以实现集体成员共同发展、共同受益为目的；(3)农村集体经济组织具有管理集体资产、开发集体资源、发展集体经济和服务集体成员等职能，同时承担一定的集体公共社会功能。

然而，虽然农村集体经济组织自1982年就得以进入《宪法》，成为宪法及其他法律中反复使用的重要主体概念，具有法律地位，但却一直没有明确的民事主体地位。《民法总则》第99条规定："农村集体经济组织依法取得法人资格。法律、行政法规对农村集体经济组织有规定的,依照其规定。”该条确认了农村集体经济组织的法人地位,符合中央有关改革的精神,符合《物权法》等法律的规定,有利于完善农村集体经济实现形式和运行机制,增强农村集体经济发展活力,从而保护农村集体经济组织及其成员的合法权益。当然,《民法总则》第 99 条第 2 款这一转引性条款对农村集体经济组织法人的法律适用转引至其他法律、行政法规,而现有的法律、行政法规中多是关于集体土地所有权行使的规定,多是针对农民集体、村民委员会,关于农村集体经济组织只有概念没有具体的内容规定,特别是缺少关于农村集体经济组织法人的组织法内容的规定。[1] 因此,农村集体经济组织法人的具体规定还有待立法完善。

(二)农村集体经济组织法人的特征

具体而言,农村集体经济组织法人具有如下特征:

1. 设立的特别性。农村集体经济组织法人设立的特殊性表现在两个方面。其一,在实体上,农村集体经济组织法人应当依据农村社区层级而相应设立,包括组集体经济组织、村集体经济组织和乡镇农村集体经济组织三个层级。其二,在程序上,农村集体经济组织法人是从人民公社转化而来的,是一种历史组织资源,因此其设立程序不同于一般营利法人和非营利法人通过“新组建”的方式设立,而主要是通过改划、改编、改革、改造、改组等方式设立。如《广东省农村集体经济组织管理规定》第 3 条就明确规定:“本规定所称农村集体经济组织,是指原人民公社、生产大队、生产队建制经过改革、改造、改组形成的合作经济组织,包括经济联合总社、经济联合社、经济合作社和股份合作经济联合总社、股份合作经济联合社、股份合作经济社等。”

2. 管理财产性质的特别性。农村集体经济组织管理的财产主要是本集体成员集体所有的财产(《物权法》第 59 条、第 60 条)。从这个意义上讲,农村集体经济组织主要是利用本集体成员集体所有的财产开

---

〔1〕 参见韩松编著:《民法总论》(第 3 版),法律出版社 2017 年版,第 195 页。

展农业生产经营活动的各类组织，并且当前呈现出向第一、第二、第三产业融合发展转变的趋势。与此同时，我国《宪法》第 8 条规定："农村集体经济组织实行家庭承包经营为基础、统分结合的双层经营体制。"《民法总则》第 55 条规定："农村集体经济组织的成员，依法取得农村土地承包经营权，从事家庭承包经营的，为农村承包经营户。"换言之，在双层经营体制下，对于集体所有的土地，农村承包经营户可以享有土地承包经营权，从事家庭承包经营。

3. 成员加入和退出的特别性。一般认为，农村集体经济组织成员与土地存在天然的依附关系，成员的加入和退出，都和身份是密切相关的。只有取得了特定的身份，才能成为农村集体经济组织的成员。[1] 换言之，成员的加入和退出，原则上具有法定性，与农民集体成员具有同质性。至于成员资格确定的具体标准，鉴于农村集体经济组织产权制度改革的不完全性，中央和地方均处于探索阶段。总体而言，《中共中央、国务院关于稳步推进农村集体产权制度改革的意见》提出的关于农村集体经济组织成员资格的原则性意见是值得重视的。该意见指出："依据有关法律法规，按照尊重历史、兼顾现实、程序规范、群众认可的原则，统筹考虑户籍关系、农村土地承包关系、对集体积累的贡献等因素，协调平衡各方利益，做好农村集体经济组织成员身份确认工作，解决成员边界不清的问题。改革试点中，要探索在群众民主协商基础上确认农村集体经济组织成员的具体程序、标准和管理办法，建立健全农村集体经济组织成员登记备案机制。成员身份的确认既要得到多数人认可，又要防止多数人侵犯少数人权益，切实保护妇女合法权益。提倡农村集体经济组织成员家庭今后的新增人口，通过分享家庭内拥有的集体资产权益的办法，按章程获得集体资产份额和集体成员身份。"

但与此同时，随着农村集体经济组织取得法人的民事主体地位，农村集体经济组织成员与农民集体成员在保持内部成员一致的同时，其

---

〔1〕 参见王利明等：《民法学》（第 5 版），法律出版社 2017 年版，第 113 页。

差异将会逐渐显性化。也就是说,农村集体经济组织成员构成将具有双层性。第一层次的农村集体经济组织成员与集体土地的所有权主体的成员相吻合,当它吸纳了本集体以外的人员及其相关生产要素的投入后,即可以组成第二层次的农村集体经济组织成员:一是集体内部成员,他们构成集体所有权主体的一分子,享有集体行使甚至处置土地所有权的权利;二是集体外部成员,他们仅享有对集体土地的经营管理权。[1]

4.承担职能的特定性。根据《物权法》《土地管理法》等相关法律的规定,农村集体经济组织是集体所有权的代表行使主体,是农村集体财产的经营、管理主体。农村集体经济组织应当在家庭承包经营的基础上,依法管理集体资产,为其成员提供生产、技术、信息等服务,组织合理开发、利用集体资源,壮大经济实力。农村集体经济组织也可以进行投资举办乡镇企业等经济活动。因此,农村集体经济组织的主要功能包括管理集体资产、开发集体资源、发展集体经济和服务集体成员。[2] 同时,农村集体经济组织也承担一定的集体社会公共职能,如基础设施建设、公益设施建设等。

5.组织的稳定性。如前所述,农村集体经济组织是为适应我国农村集体所有制经济而特别设立的经济组织形式,承担着特定的职能,因此,农村集体经济组织非经法律规定不能任意消灭,不能破产,也不能轻易地解散、清算。同时,农村集体经济组织在终止上还具有附属性,除非农村社区区划发生变化,否则农村集体经济组织不终止。

四、城镇农村的合作经济组织法人

(一)城镇农村的合作经济组织法人的概念与意义

在党和政府的鼓励、支持下,近年来供销合作社等城镇农村的合作经济组织取得了蓬勃的发展。据统计,截至2016年底,全国供销合作

---

〔1〕 参见马俊驹:《中国城市化与农村土地财产权结构的变革》,载《私法研究》2014年第1期。

〔2〕 参见李适时主编:《中华人民共和国民法总则释义》,法律出版社2017年版,第313页。

社系统有基层供销合作社 2.9 万个，覆盖全国 92.5% 的乡镇（涉农乡镇基本全覆盖）；除全国供销合作总社外，有 32 个省级联合社，335 个市地级联合社，2404 个县级联合社。[1] 然而长期以来，供销合作社等城镇农村的合作经济组织的民事主体地位一直是不明确的。无论是《乡村集体所有制企业条例》《城镇集体所有制企业条例》，还是《农民专业合作社法》，都没有将供销合作社等城镇农村的合作经济组织纳入调整范围。这不仅不利于保护供销合作社等城镇农村的合作经济组织及其成员的合法权益，也不利于其顺利地开展民事活动，制约了其健康规范发展。

对此，《民法总则（草案）》第三章“法人”第一节“一般规定”第 72 条规定：“法律对合作社法人有规定的，依照其规定。”《民法总则（草案）》（二次审议稿）第三章“法人”第一节“一般规定”第 75 条规定：“法律、行政法规对合作社法人有规定的，依照其规定。”草案和二次审议稿的规定考虑到了合作社法人的特殊性，将其置于法人的一般规定中。只是，两个草案均以“合作社”表达，难以涵盖以合作社为主体，但组织形式多样的城镇农村的合作经济组织。[2] 因此，《民法总则（草案）》（三次审议稿）使用了更具开放性和包容性的“城镇、农村的合作经济组织”。同时，考虑到城镇农村的合作经济组织，既具有公益性或者互益性，又具有营利性，因此将其归入第三章“法人”第四节“特别法人”进行调整。最终，《民法总则》第 100 条第 1 款规定：“城镇农村的合作经济组织依法取得法人资格。”这对于明确我国实践中大量存在的城镇农村的合作经济组织（尤其是供销合作社）的法人地位，具有重要意义。另外，这也是我国合作经济法律化的重要探索。[3]

因此，所谓城镇农村的合作经济组织，是一种包括但不限于合作社的组织形态，是指城镇农村的劳动者在互惠互利基础上，自愿联合，自

---

〔1〕 参见李适时主编：《中华人民共和国民法总则释义》，法律出版社 2017 年版，第 317 页。

〔2〕 参见陈甦主编：《民法总则评注》（上），法律出版社 2017 年版，第 704 页。

〔3〕 参见王利明等：《民法学》（第 5 版），法律出版社 2017 年版，第 114 页。

筹资金,共同经营管理并分享利益的经济组织。

需要说明的是,《民法总则》第 100 条第 1 款使用的是城镇农村的合作经济组织“依法”取得法人资格的表达,而非“依照法律”。一方面,这是在立法技术上为了适应城镇农村合作经济组织相关法律阙如的现实需要;另一方面,这也深刻地提醒我们,城镇农村的合作经济组织的类型多样、规模大小不一,在民事主体三元结构的体系下(自然人—法人—非法人组织),其主体地位,可由合作经济组织的发起人根据需要自行选择,既可以选择股份合作社、有限责任性质合作社等法人形式,也可选择合伙组织、合作社分社等其他组织形式。[1] 只有当城镇农村的合作经济组织符合法人的条件时,才依法取得法人资格。

与此同时,《民法总则》第 100 条第 2 款在第 1 款的基础上规定:“法律、行政法规对城镇农村的合作经济组织有规定的,依照其规定。”这是授权法律、行政法规可对城镇农村的合作经济组织法人作出特别规定,以具体落实《民法总则》的规定。

(二)城镇农村合作经济组织法人的特征

城镇农村的合作经济组织具有以下特征:

1. 运行结构的特别性。城镇农村的合作经济组织是人的联合、资金联合与交易联合的统一体,它最基础的首先是人的联合,其主体是成员,是自愿联合在一起的自然人、法人或者非法人组织。在人的联合的基础上,城镇农村的合作经济组织还汇集了成员以认购股金等方式缴纳的资金,并以成员同合作经济组织交易的方式实现了交易的联合。[2]

2. 法人目的的特别性。城镇农村的合作经济组织法人是成员基于自愿联合而形成的法人组织,虽然具有营利性,但其主要目的是成员之间的互益互助、互惠互利,旨在为成员服务,谋求经济利益和改善生活,而不是纯粹以营利为目的,也不是纯粹以公益为目的。

---

〔1〕 参见谭启平:《论合作社的法律地位》,载《现代法学》2005 年第 4 期。

〔2〕 参见张新宝:《〈中华人民共和国民法总则〉释义》,中国人民大学出版社 2017 年版,第 194 页。

3. 利益分配方式的特别性。城镇农村的合作经济组织作为经济组织要从事营利活动，并向成员分配利润。但是不同于一般营利法人按照出资比例分配利益，城镇农村合作经济组织的利益分配主要不是基于股份，而是按照惠顾额返还或者交易量(额)比例返还。

4. 经营管理方式的特别性。城镇农村的合作经济组织实行成员共同经营、民主管理的模式，在各项法人事业的经营管理决议中，实行一人一票制，成员各享有一票的基本表决权，以此保证组织的合作属性和成员之间的平等地位。需要注意的是，对于城镇农村的合作经济组织经营管理方式的特别性不能作绝对理解。其一，成员共同经营民主管理并不排除合作经济组织可以聘请职业经理人员经营管理本合作经济组织；其二，一人一票制也并不排除出资额或者交易量(额)较大的成员可以按照章程规定享有附加表决权。

五、基层群众性自治组织法人

(一)基层群众性自治组织法人的概念与特征

在我国立法史上，基层群众性自治组织这一概念，首见于 1982 年《宪法》，第 111 条规定："城市和农村按居民居住地区设立的居民委员会或者村民委员会是基层群众性自治组织。"因此，所谓基层群众性自治组织，是指由我国城市居民和农村村民依照宪法、法律赋予的权利，通过民主选举的方式，实现"自我管理、自我教育、自我服务"的基层的自治社会组织。[1] 它包括居民委员会和村民委员会两种类型，其中，居民委员会是居民自我管理、自我教育、自我服务的基层群众性自治组织(《城市居民委员会组织法》第 2 条第 1 款)；村民委员会是村民自我管理、自我教育、自我服务的基层群众性自治组织，实行民主选举、民主决策、民主管理、民主监督(《村民委员会组织法》第 2 条第 1 款)。

但是长期以来，虽然我国普遍建立了居民委员会和村民委员会，关

---

〔1〕 参见张新宝：《〈中华人民共和国民法总则〉释义》，中国人民大学出版社 2017 年版，第 198 页。

于居民委员会和村民委员会在民法上的地位并没有确定，当其进行民事活动时，究竟应该如何对待其主体地位，没有明确的意见，[1]致使其在一些情况下不能顺利从事民事活动。《民法总则》第 101 条规定："居民委员会、村民委员会具有基层群众性自治组织法人资格，可以从事为履行职能所需要的民事活动。"这是民法上关于基层群众性自治组织民事主体地位的首次规定，将其归入特别法人进行调整，其得在为履行职能所需要的范围内从事民事活动，具有民事权利能力和民事行为能力。从主体意义上讲，这有利于基层群众性自治组织更加高效、规范地发挥职能，为社区提供公益服务，从事社区建设，如建设社区公益设施，代表社区签订公益用品的买卖合同等。据报道，2017 年 11 月 3 日，北京市东城区东华门街道韶九社区居委会获得了民政部部长黄树贤颁发的全国首张《基层群众性自治组织特别法人统一社会信用代码证书》，未来全国 10 万多个居民委员会、55 万多个村民委员会都将获得这个特别法人"身份证"。[2]

如前所述，之所以将基层群众性自治组织归入特别法人进行调整，根本原因在于其无法为营利法人或者非营利法人所包含。基层群众性自治组织法人的特征主要在于：

1. 设立的特别性。居民委员会和村民委员会分别依据《城市居民委员会组织法》和《村民委员会组织法》的规定直接设立，不需要进行核准登记程序，一律取得基层群众性自治组织法人资格。如居民委员会根据居民居住状况，按照便于居民自治的原则，一般在一百户至七百户的范围内设立，由不设区的市、市辖区的人民政府决定（《城市居民委员会组织法》第 6 条）；村民委员会根据村民居住状况、人口多少，按照便于群众自治，有利于经济发展和社会管理的原则设立，由乡、民族乡、镇的人民政府提出，经村民会议讨论同意，报县级人民政府批准

---

〔1〕 参见杨立新主编：《中华人民共和国民法总则要义与案例解读》，中国法制出版社 2017 年版，第 376 页。

〔2〕 参见贺勇：《我国发出首张特别法人"身份证"，村（居）委会可独立承担相应民事责任》，载《人民日报》2017 年 11 月 14 日，第 11 版。

(《村民委员会组织法》第 3 条第 1、2 款)。正因如此,《民法总则》第 101 条直接规定:居民委员会、村民委员会具有基层群众性自治组织法人资格。

2. 承担职能的特定性。居民委员会和村民委员会承担的职能由法律直接规定。如《城市居民委员会组织法》第 3 条规定:“居民委员会的任务:(一)宣传宪法、法律、法规和国家的政策,维护居民的合法权益,教育居民履行依法应尽的义务,爱护公共财产,开展多种形式的社会主义精神文明建设活动;(二)办理本居住地区居民的公共事务的公益事业;(三)调解民间纠纷;(四)协助维护社会治安;(五)协助人民政府或者它的派出机关做好与居民利益有关的公共卫生、计划生育、优抚救济、青少年教育等项工作;(六)向人民政府或者它的派出机关反映居民的意见,要求和提出建议。”《村民委员会组织法》第 2 条第 2 款规定:“村民委员会办理本村的公共事务和公益事业,调解民间纠纷,协助维护社会治安,向人民政府反映村民的意见、要求和提出建议。”

3. 经费来源的特别性。居民委员会的工作经费和来源,由不设区的市、市辖区的人民政府或者上级人民政府规定并拨付;经居民会议同意,可以从居民委员会的经济收入中给予适当补助。同时,居民委员会办理本居住地区公益事业所需的费用,经居民会议讨论决定,可以根据自愿原则向居民筹集,也可以向本居住地区的受益单位筹集(《城市居民委员会组织法》第 16、17 条)。而村民委员会办理本村公益事业所需的经费,由村民会议通过筹资筹劳解决;经费确有困难的,由地方人民政府给予适当支持。同时,人民政府对村民委员会协助政府开展工作应当提供必要的条件;人民政府有关部门委托村民委员会开展工作需要经费的,由委托部门承担(《村民委员会组织法》第 37 条)。

4. 变更和终止的特别性。一般认为,基层群众性自治组织法人的变更和终止具有附属性,除非居民社区的区划发生变化或者村庄合并,否则居民委员会和村民委员会不发生变更或终止。需要说明的是,这种附属性在一定程度上也是相对的。以村庄合并为例,其有地理性合并与管理性合并之分,在管理性合并中并没有直接的村庄集中,因此被合并村庄的村民委员会就未必终止。

(二)未设立村集体经济组织时村民委员会的职能

从民事主体意义上讲,村民委员会和村集体经济组织是两个不同的法人组织。虽然村集体经济组织根据《民法总则》取得了特别法人的主体资格,然而当前在众多地方村集体经济组织却是普遍缺位的。在2010年《村民委员会组织法》修订时,农业部就曾介绍,全国有约60%的行政村的村委会和村集体经济组织是合一的,有近40%的行政村另有村集体经济组织。[1] 这就存在村集体经济组织法人的缺省主体问题,即当村集体经济组织未设立时,依法代行其职能的主体。对此,《民法总则》第101条第2款规定:"未设立农村集体经济组织的,村民委员会可以依法代行村集体经济组织的职能。"也就是说,如果设立村集体经济组织的,由村集体经济组织代表集体行使所有权,经营管理农村集体财产;如果未设立村集体经济组织的,则由村民委员会依法代行村集体经济组织的职能,即村集体经济组织法人的缺省主体是村民委员会,村民委员会在顺位上处于补充地位。虽然从"政经分开"的要求来看,这是违背农村改革趋势的,但是在我国农村村民委员会和村集体经济组织区分不普遍的情况下,则不宜将二者完全对立。从这个意义上讲,《民法总则》的这种规定无疑又是一种从实际出发、实事求是的做法,是符合我国目前农村改革的现状的,应当给予肯定。

---

〔1〕 参见全国人大法律委员会副主任委员刘锡荣于2010年6月22日在第十一届全国人民代表大会常务委员会第十五次会议上所作的《全国人民代表大会法律委员会关于〈中华人民共和国村民委员会组织法(修订草案)〉修改情况的汇报》。

第十三讲　非法人组织

郭明瑞*

非法人组织是不具有法人资格，但具有相应的民事权利能力和民事行为能力的社会组织。非法人组织既不同于自然人又不同于法人，是自然人与法人之外的第三类民事主体。《民法总则》第一次将非法人组织规定为独立的一类民事主体，既顺应了民事主体制度的发展趋势，更适应了现实社会生活的需要，为解决合伙等一类组织的法律地位提供了法律根据，具有十分重要的理论与实践意义。

《民法总则》第四章“非法人组织”共有7个条文，对非法人组织的概念、类型、成立、解散与清算及债务的责任承担、进行民事活动的规则等作了规定。本讲主要讲解以下五个问题：其一，非法人组织的概念和特征；其二，非法人组织的民事地位；其三，非法人组织的种类；其四，非法人组织的民事能力；其五，非法人组织的成立和消灭。

一、非法人组织的概念和特征

《民法总则》第102条第1款规定：“非法人组织是

* 中国法学会民法学研究会副会长，山东大学法学院教授、博士生导师。

不具有法人资格,但是能够依法以自己的名义从事民事活动的组织。”这是法律上对非法人组织的定义。

按照《民法总则》的规定,非法人组织是指具有一定的民事权利能力和民事行为能力但不具备法人资格的社会组织。非法人组织具有以下特征:

(一)非法人组织是依法成立的社会组织

非法人组织属于社会组织,因而其不同于自然人。自然人以其出生而立于世上,非法人组织则以其成立而立于世上。非法人组织作为一个组织,须依法成立。所谓“依法成立”,既包括依法律规定的条件成立,也包括依法律规定的程序成立。非法人组织如同法人一样也须依法成立,这是国家对社会组织予以管理和监督的需要。只有依法成立的组织才能得到法律的承认,非依法成立的组织不为法律上认可的组织,属于不法组织。在传统民法上,社会组织是由自然人或者财产集合而成的:由自然人集合而成立的,为社团;由财产集合而成立的,为财团。在现代社会,社团组织也可以是一个人兴办的,而并非必须由几个人联合兴办。但即使为一个人举办的社会组织,它也是以组织的名义存在,而非以个人的名义存在,尽管该组织也可以个人的姓名命名。非法人组织既为依法成立的组织,它就应有自己的名称(或字号),有一定的稳定性(较长期间存在),有特定的合法目的,并经法定程序设立。

非法人组织以其作为组织而不同于自然人,而与法人相似。因为法人也为不同于自然人的依法成立的社会组织。正因为非法人组织与法人同为依法成立的社会组织,二者具有社会组织的一些共同特性。所以,《民法总则》第108条规定:“非法人组织除适用本章规定外,参照适用本法第三章第一节的有关规定。”

(二)非法人组织是具有相应民事权利能力和民事行为能力的社会组织

非法人组织能够以自己的名义从事民事活动,因而也就可以以自己的名义实施民事法律行为,以自己的名义享受民事权利和负担民事义务,因此也就具有相应的民事权利能力和民事行为能力。非法人组织正是以其相应的民事行为能力和民事权利能力存在，以实现其设立的特定目的。

（三）非法人组织是不具有法人资格的社会组织

非法人组织虽然也如同法人一样能够以自己的名义从事民事活动，但其不同于法人，不具备法人资格。非法人组织，在以往有的法律（如《合同法》）中被称为“其他组织”，是指除法人以外的组织。在制定《民法总则》时对于是否采用“其他组织”的名称，有不同的观点。一种观点认为，“其他组织”已为现行法接受，应当继续采用。所谓其他组织之“其他”正是相对于法人而言的，没有必要采用一个新概念以代之。另一种观点主张，“其他组织”的概念不够准确，现行法中使用其他组织的概念，其内涵与外延并不相同，既包括公法上的其他组织，也包括私法上的其他组织，因此，应采用非法人组织这一概念。法人是社会组织，但社会组织不都是法人。不具有法人资格的社会组织即为非法人组织。可见，非法人组织的称谓更能直观地反映出其私法上特点。

《民法总则》第三章对法人作了规定。具备法人资格的社会组织必须具备法律规定的必要条件。尽管各类法人应具备的条件有所不同，但总的来说，法人是具有完全独立性的社会组织。这种完全的独立性表现在组织、财产和责任三个方面都是完全独立的。首先，法人须具有组织上的独立性。法人须有独立健全的组织机构，不会因成员个人的存在与否而影响其存续，不以他人（包括组织）的存在为依赖。而非法人组织虽也须有一定的组织机构，以能形成和实施组织的意思，但其组织机构并非如法人那样健全，其成员的存在与否对其有直接的影响。其次，法人须有财产上的独立性。法人的财产与其他人的财产是完全分开的，它既独立于法人的发起人及其成员的财产，也独立于其他法人的财产。因此，法人对其自主支配的财产享有的是法人财产所有权。非法人组织为实现其设立目的，从事民事活动，当然也须有自己的财产。但非法人组织的财产与其成员个人的财产并非是完全独立的，非法人组织的财产通常为兴办人或者成员共同享有。再次，法人须有责任上的独立性。法人责任上的独立性，是以其机构的独立和健全为前提,以其财产上的独立为基础的。而非法人组织因不具有健全独立的组织机构和独立财产,因而也就不具有责任上的独立性,非法人组织在自己的财产不足以清偿债务时,其成员还须以其个人出资外的其他财产承担清偿责任。非法人组织与法人的根本区别就在于非法人组织不能独立承担民事责任。可以说,能否独立承担民事责任是区别法人与非法人组织的一个根本标准。

二、非法人组织的民事地位

非法人组织,在我国台湾地区称为非法人团体,日本法上称为非法人社团和非法人财团,德国法上称为无权利能力社团。对于非法人组织的称谓尽管有所不同,但都强调其不属于法人,不具备法人资格。法人为自然人以外的民事主体,此在各国和地区的民法中没有例外。而非法人组织不具备法人资格,那么非法人组织是否为民事主体呢?其具有何种民事法律地位呢?这曾是一个有争议的问题。

传统民法理论认为,非法人团体是无权利能力的团体,而有无权利能力是决定是否成为民事主体的根本标准。非法人团体既然没有权利能力,当然也就不具备主体资格,不能成为民事权利义务主体。但是,现实生活中不是法人的组织又是大量存在的,且会与他人发生民事纠纷。因此,法律又不得不承认其具有一定的团体性,承认无权利能力社团具有诉讼能力,可以自己的名义提起诉讼。这一理论的基础在于认为民事权利主体只有自然人和法人,不具有法人资格的社团或组织既非自然人也不是法人,当然也就不是权利主体,自无权利能力。但是在不承认非法人组织为民事权利主体的条件下,又不得不认可这类组织可以提起诉讼而认可其有诉讼能力。这样一来,这一理论实际上也就处于一种矛盾的境地。因为就诉讼主体而言,只有可以自己的名义享有民事权利和负担民事义务者,才能成为适当合格的原被告。无权利能力社团既然无权利能力,也就不能以自己的名义享受权利或负担义务,它又如何能成为适当合格的诉讼主体呢?这种理论不能自圆其说,为重新认定非法人组织的民事地位提出了要求。

如何对非法人团体予以规范,这不仅仅是个理论问题,实为各国法所面临的现实问题。《德国民法典》第 54 条规定:“无权利能力社团,适用关于合伙之规定。以该社团之名义对于第三人所为之法律行为,由行为人个人负责,行为人为数人时,负连带责任。”[1]这一规定不仅受到学者的严厉批评,也不为法院完全认可。[2] 有的学者指出,民法典的制定者对这些社团持有不信任态度,现在它们已获得宪法上的承认。与此相联系,立法者在《德国民法典》第 54 条第 1 句中表现出来的对无权利能力社团的不信任态度,也让位于一种至少是中立的评价。虽然这一事实并没有导致对法律条文进行修订,但是学说和判例已在很大程度上将无权利能力社团视同于有权利能力的社团。[3] 我国台湾地区的一些学者认为,无权利能力“社团”既然具有组织体的构造,其实质同于社团,不论对内、对外关系,原则上应类推社团的规定。[4] 这表明,即使立法上未认可不具有法人资格的社会组织的权利能力,在理论和实务上也不得不承认其具有一定的主体性。

我国《民法通则》对于民事主体也是采两分法的,仅在第二章和第三章分别规定了自然人与法人两类主体。但是,在第二章自然人中规定了个人合伙以及个体工商户、农村承包经营户,在第三章法人中规定了合伙型的联营。因此,尽管在立法体例上,《民法通则》未承认第三类主体的存在,但在理论上对于合伙等组织是否具有民事主体资格仍然存在争议。从实务上看,现实生活中是存在大量的不具备法人资格的社会组织的,如合伙企业、个人独资企业等,这些组织也须以自己的名义进行民事活动。我国《合同法》第 2 条明确确认自然人、法人以外

---

〔1〕 参见台湾大学、法律学院、台大法学基金会编译:《德国民法典》,北京大学出版社 2017 年版,第 37 页。

〔2〕 参见[德]卡尔·拉伦茨:《德国民法通论》(上),王晓晔等译,法律出版社 2003 年版,第 236 页。

〔3〕 参见[德]迪特尔·梅迪库斯:《德国民法总论》,邵建东译,法律出版社 2013 年版,第 38 页。

〔4〕 参见王泽鉴:《民法总则》(增订版),中国政法大学出版社 2001 年版,第 195 ~ 196 页。

的其他组织也可为合同主体。而《合同法》所说的“其他组织”也就是指非法人组织。

在《民法总则》制定过程中,对于是否赋予非法人组织以民事主体地位,有以下三种不同的观点。

第一种观点认为,民事主体只有自然人和法人两类,确认非法人组织的民事主体地位,与传统的民法理论不符。尽管合伙等组织可以订立合同、参与诉讼,但不能独立地承担民事责任,而民事主体应能够独立承担民事责任。

第二种观点认为,不必规定非法人组织为独立的一类民事主体,而可以通过改造我国以往的法人制度将非法人组织纳入法人之中。从立法例上看,各国立法对于法人制度的规定大体也有两种立法例。一种立法例是认可自然人以外的社会组织均为法人,对于法人的条件无严格限制,而法人中又分为有民事责任能力和无民事责任能力两种不同的类型。依此种立法例,各类组织都为法人。另一种立法例是对法人规定了严格的条件,认为只有经过登记且具民事责任能力即能够独立承担民事责任的社会组织才为法人,未经登记、不能独立承担民事责任的组织不具备法人的资格。我们可以通过对法人制度采第一种立法例,从而也就不必规定第三类民事主体。

第三种观点认为,合伙等不具备法人资格的社会组织是大量存在的,在社会经济生活中有不可替代的作用,其参与民事活动的现象普遍存在,现行法上也认可其具有民事主体地位,因此,我们不应当拘泥于传统理论,而不认可其民事主体的地位。从法制史上看,民事主体也是从一元向多元发展的,最初仅承认自然人为主体,其后承认自然人和法人为主体,现在也多承认合伙为主体。法律是对现实生活的反映,确认非法人组织为不同于自然人、法人的第三类主体,正是对现实生活需要的回应。中国法学会提交的民法总则建议稿就持此观点,在自然人、法人之外,以专章规定了其他组织,确认其为第三类主体。民法总则草案中则以“非法人组织”取代“其他组织”的称谓。

《民法总则》在第四章对非法人组织作了专门规定。从体例上看,非法人组织是与自然人、法人并列的一类民事主体,也就是学者所言的第三类民事主体。由此可见,《民法总则》对民事主体采取了三分法,确认非法人组织为独立的一类民事主体。这既是对民事主体理论的发展,也是对现实客观需要的积极应对,具有十分重要的意义。

三、非法人组织的种类

《民法总则》第102条第2款规定:“非法人组织包括个人独资企业、合伙企业、不具有法人资格的专业服务机构等。”依此规定,非法人组织包括以下组织。

(一)个人独资企业

个人独资企业,是指由一个自然人投资,财产为投资人个人所有,投资人以其个人财产对企业承担无限责任的经营实体。个人独资企业有以下特点:

1. 个人独资企业是依照《个人独资企业法》设立的经营实体。自然人个人投资从事经营活动的,可以成立个体工商户,以个体工商户的名义从事经营活动;也可以成立个人独资企业,以独资企业的名义从事经营活动;还可以成立一人有限责任公司。只有自然人依《个人独资企业法》的规定设立的企业才为个人独资企业。个人独资企业作为一个企业,是以营利为目的的经营实体,有自己的名称、自己的财产、自己的住所。

2. 个人独资企业的财产为投资人个人所有。个人独资企业是由一个自然人单独投资举办的,企业的财产完全为投资人个人所有。投资人可以依法转让企业,企业财产也可为投资人的继承人继承。

3. 个人独资企业依法自主经营。个人独资企业经登记取得营业执照后,即可以企业的名义从事民事活动,可以依法申请贷款,可以取得土地使用权,享有法律、行政法规规定的各项权利。个人独资企业自主经营,投资人可以自行管理企业事务,也可以委托或者聘用其他有完全民事行为能力的人负责管理企业事务。个人独资企业的自主经营权受法律保护,任何人不得非法干涉。

4. 个人独资企业的投资人对企业债务负无限责任。个人独资企业不具有独立承担民事责任的能力,投资人不能仅以投入企业的财产承担清偿企业债务的责任,而是以自己的全部财产对企业债务承担责任。这也是个人独资企业与一人有限责任公司的根本区别。个人独资企业若在申请登记时明确以其家庭共有财产作为个人财产出资的,则应依法以其家庭共有财产对企业债务承担无限责任。

(二)合伙企业

合伙企业是自然人、法人和非法人组织依法设立的以营利为目的的经营实体。依《合伙企业法》规定,合伙企业包括普通合伙企业和有限合伙企业。普通合伙企业由普通合伙人组成,合伙人对合伙债务承担无限连带责任,法律对普通合伙人承担责任的形式有特别规定的,从其规定;有限合伙企业由普通合伙人和有限合伙人组成,普通合伙人对合伙企业债务承担无限连带责任,有限合伙人以其认缴的出资为限对合伙企业债务承担责任,国有独资公司、国有企业、上市公司以及公益性的事业单位、社会团体不得成为普通合伙人。

合伙企业具有以下特点:

1. 合伙企业是按照合伙协议设立的,以合伙协议为成立基础。设立合伙企业须订立合伙协议,没有经合伙人一致同意的合伙协议,合伙企业不能设立。合伙协议应采书面形式,并载明法律规定应载明的事项。

2. 合伙企业是由合伙人共同出资、共同经营的经营实体。作为非法人组织的合伙企业,除以合伙协议为成立条件以外,还须具备其他的条件。合伙企业是合伙人共同出资设立的、共同从事经营活动的联合体,须由两个以上的合伙人组成。合伙企业既是人的联合,又是财产的联合。作为合伙人必须出资,出资数额由其约定,出资形式可以为货币、实物、知识产权以及其他财产权利,也可以是劳务。但对于货币以外的财产的出资,当事人应协商确定评估办法,以便进行评估。

合伙企业的合伙人对合伙企业事务有平等的决策权、执行权和监督权。依《合伙企业法》第 26 条规定,普通合伙按照合伙协议的约定或者经全体合伙人决定,可以委托一个或者数个合伙人对外代表合伙企业,执行合伙事务。于此情形下,依第27条的规定,其他合伙人不再执行合伙事务,不执行合伙事务的合伙人有权监督执行合伙事务合伙人执行合伙事务的情况。依第28条的规定,执行合伙事务合伙人应当定期向其他合伙人报告事务执行情况以及合伙企业的经营和财务状况,其执行合伙事务所产生的收益归合伙企业,所产生的费用和亏损由合伙企业承担。合伙人了解合伙企业的经营状况和财务状况,有权查阅合伙企业会计账簿等财务资料。依第29条的规定,合伙人分别执行合伙事务的,执行事务合伙人可以对其他合伙人执行的事务提出异议,提出异议时,应当暂停该项事务的执行。依第30条的规定,如果发生争议,按照合伙协议约定的表决办法办理;合伙协议未约定或者约定不明确的,实行合伙人一人一票并经全体合伙人过半数通过的表决办法。依第29条的规定,受委托执行合伙事务的合伙人不按照合伙协议或者全体合伙人的决定执行事务的,其他合伙人可以决定撤销该委托。

依《合伙企业法》第67条的规定,有限合伙企业由普通合伙人执行合伙事务。依第68条规定,有限合伙人不执行合伙事务,不得对外代表有限合伙企业,有限合伙人的下列行为不视为执行合伙事务:(1)参与决定普通合伙人入伙、退伙;(2)对企业的经营管理提出建议;(3)参与选择承办有限合伙企业审计业务的会计师事务所;(4)获取经审计的有限合伙企业财务会计报告;(5)对涉及自身利益的情况,查阅有限合伙企业财务会计账簿等财务资料;(6)在有限合伙企业中的财产利益受到侵害时,向有责任的合伙人主张权利或者提起诉讼;(7)执行事务合伙人怠于行使权利时,督促其行使权利或者为了该企业的利益以自己的名义提起诉讼;(8)依法为该企业提供担保。依第76条的规定,第三人有理由相信有限合伙人为普通合伙人并与之交易的,该有限合伙人对该笔交易承担与普通合伙人同样的责任。有限合伙人未经授权以有限合伙企业名义与他人进行交易,给有限合伙企业或者其他合伙人造成损失的,该有限合伙人应当承担赔偿责任。

3. 合伙企业是独立从事经营活动的联合体,具有相对的独立性。

合伙企业的这种独立性表现为人格的相对独立,合伙企业与合伙人并非一体。合伙企业的独立性表现在:(1)营业的独立性。合伙有不同于合伙人的营业,一般来说,合伙人个人不能与合伙企业竞业。依《合伙企业法》第32条规定,合伙人不得自营或者同他人合作经营与本合伙企业相竞争的业务,除合伙协议另有约定或者经全体合伙人一致同意外,合伙人不得同本合伙企业进行交易。但除合伙协议另有约定外,有限合伙人不受上述限制。合伙企业设立后应经工商行政管理部门核准登记,自领取营业执照之日起才可以合伙企业的名义进行经营活动。(2)意志的独立性。合伙企业有与合伙人不同的意志,合伙的决议体现合伙企业的意志,而非合伙人的个人意志。(3)财产的独立性。合伙财产与合伙人的财产也是相对独立的,并非完全混在一起,合伙人的出资已不再由合伙人个人支配。(4)合伙利益的独立性。合伙人以合伙企业名义取得的利益,为合伙人全体享有。合伙企业的利益与合伙人的个人利益是有区别的。当然,合伙的独立性是相对的,并非完全的。

4. 合伙企业是合伙人之间共享收益、共担风险的经营体。合伙企业是合伙人为营利目的而成立的组织。合伙人之间也是一种合同关系,但当事人间的经济目的不是相反,而是相同的。所以,合伙合同为共同民事法律行为。合伙人之间对于合伙经营所得收益共享,对于合伙经营的亏损也应共担。《合伙企业法》第33条第2款中规定,“合伙协议不得约定将全部利润分配给部分合伙人或者由部分合伙人承担全部亏损”。即使是有限合伙企业,除合伙协议另有约定外,也不得将全部利润分配给部分合伙人。所以,普通合伙人对合伙的债务负无限连带责任。这是合伙企业与营利性法人的根本区别。正由于合伙人之间有共同的利益上的连带关系,所以它应建立在相互信任的基础上,合伙人一旦失去这种信任,就会发生退伙;第三人入伙必须经全体合伙人一致同意。

(三)不具有法人资格的专业服务机构

专业服务机构是为社会公众提供专业服务的社会组织。具备法人条件,取得法人资格的专业服务机构属于法人;不具备法人条件,未取得法人资格的专业服务机构,则属于非法人组织。不具有法人资格的专业服务机构主要包括不具有法人资格的律师事务所、会计师事务所等。

就律师事务所而言,《律师法》第 14 条规定:“律师事务所是律师的执业机构。设立律师事务所应当具备下列条件:(一)有自己的名称、住所和章程;(二)有符合本法规定的律师;(三)设立人应当是具有一定的执业经历,且三年内未受过停止执业处罚的律师;(四)有符合国务院司法行政部门规定数额的资产。”依该法第 15 条,设立合伙律师事务所,除应当符合第 14 条规定外,还应当有 3 名以上合伙人,设立人应当是具有 3 年以上执业经历的律师。合伙律师事务所可以采用普通合伙或者特殊的普通合伙形式设立,合伙律师事务所的合伙人按照合伙形式对律师事务所的债务依法承担责任。依该法第 16 条规定,设立个人律师事务所,除应当符合第 14 条规定的条件外,设立人还应当是具有 5 年以上执业经历的律师,设立人对律师事务所的债务承担无限责任。合伙律师事务所属于非法人组织,此无疑问。但对于个人律师事务所是否属于非法人组织,则有不同的观点。我们认为,个人律师事务所尽管由一人设立,但其不是以自然人的名义而是以律师事务所的名义从事民事活动、提供律师服务的,所以它应属于不同于自然人的非法人组织,其地位相当于个人独资企业。

就会计师事务所而言,依《会计师法》第 3 条的规定,会计师事务所是依法设立并承办注册会计师业务的机构。注册会计师执行业务,应当加入会计师事务所。依该法第 23 条规定,会计师事务所可以由注册会计师合伙设立。合伙设立的会计师事务所的债务,由合伙人按照出资比例或者协议的约定,以各自的财产承担责任。合伙人对会计师事务所的债务承担连带责任。依该法第 24 条规定,会计师事务所符合以下条件的,可以是负有限责任的法人:(1)不少于 30 万元的注册资本;(2)有一定数量的专职从业人员,其中至少有 5 名注册会计师;(3)国务院财政部门规定的业务范围和其他条件。负有限责任的会计师事务所以其全部资产对其债务承担责任。可见,只有不符合负有限责任条件、以合伙形式设立的会计师事务所,才属于非法人组织。

(四)其他非法人组织

从立法资料看,在《民法总则》制定中对于如何列举非法人组织的种类是有一个演变过程的。《民法总则(草案)》(一审稿)第 92 条规定:"非法人组织包括个人独资企业、合伙企业、营利性法人或者非营利性法人依法设立的分支机构等。"《民法总则(草案)》(二审稿)第 100 条规定:"非法人组织包括个人独资企业、合伙企业等。"《民法总则(草案)》(三审稿)第 101 条规定:"非法人组织包括个人独资企业、合伙企业、不具有法人资格的专业服务机构和其他组织。"最终,《民法总则》第 102 条规定:"非法人组织包括个人独资企业、合伙企业、不具有法人资格的专业服务机构等。"由此可得出结论:《民法总则》第 102 条第 2 款中的"等"字表示,除所列举的个人独资企业、合伙企业和不具有法人资格的专业服务机构外,还有其他非法人组织。

除法律列举之外,哪些组织属于非法人组织呢?对此有不同的看法。我们认为,凡不具备法人资格的其他组织都属于非法人组织。例如,业主委员会和业主大会。业主大会又称为所有权人大会,是由城镇居民小区(一般以物业管理的区域为准)内全体建筑物区分所有权人组成的机构。业主大会是代表和维护全体业主在物业管理活动中的合法权益,行使业主对物业管理自治权的业主自治机构。业主委员会是由业主大会选举产生的、由全体委员组成的业主大会的执行机构。业主大会、业主委员会负责向社会各方反映业主的意愿和要求,监督物业管理公司的物业管理运作,代表业主行使业主成员权。业主大会或业主委员会的决定对业主有约束力,业主大会或业主委员会的决定侵害业主合法权益的,受侵害的业主有权请求人民法院予以撤销。业主大会、业主委员会为履行其职能须以自己的名义从事必要的民事活动,因此不具备法人资格的业主大会、业主委员会也就被归为非法人组织这一类民事主体。

有争议的是,个体工商户、农村承包经营户、法人的分支机构和筹建中的法人是否为非法人组织呢?有的认为,《民法总则》在"自然人"

一章中规定了个体工商户和农村承包经营户，在“法人”一章中规定了法人分支机构和筹建中的法人，因此，个体工商户、农村承包经营户为自然人这一民事主体的表现形式，法人分支机构和筹建中的法人属于法人这一民事主体的表现形式，它们不属于非法人组织这一类主体。这种观点确有一定道理。但我们认为，判断一个主体属于何类主体，应以该类主体的根本特征为判断标准，而不能仅从法律将其规定在何处为标准。“两户”也好，法人的分支机构也好，筹备中的法人也好，它们均是以自己的名义而不是以自然人或者法人的名义进行民事活动的，其不具有自然人或法人的特征，而具备非法人组织的特征。因此，我们认为，无论是在《民法总则》“自然人”一章中规定的“两户”，还是在“法人”一章中规定的法人分支机构以及筹备中的法人，都应属于非法人组织。

四、非法人组织的民事能力

(一)非法人组织的民事权利能力

非法人组织作为民事主体，当然具有民事权利能力。因为具有民事权利能力是成为民事主体的必要条件。只有具有民事权利能力，才能以自己的名义享受民事权利和负担民事义务；不具有民事权利能力，也就不能以自己的名义享有民事权利和承担民事义务。非法人组织有自己的名称，可以有自己的字号，可以以自己的名义开设账号，可以以自己的名义进行不动产等产权登记，可以以自己的名义享受权利和负担义务。例如，非法人组织对自己的名称享有名称权，对自己在银行的存款享有取回的权利，对在银行的贷款负有偿还的义务，对自己的财产有自主支配的权利。

非法人组织的民事权利能力具有与同为社会组织的法人的民事权利能力相似的以下特点：

其一，非法人组织的民事权利能力始于非法人组织的成立，终于非法人组织的消灭。众所周知，自然人的民事权利能力始于出生终于死亡。非法人组织作为一个组织体，不能如同自然人一样有生与死，也就不能以生死为其民事权利能力有无的时间点。但非法人组织有成立与消灭。因此,非法人组织的民事权利能力不可能始于出生终于死亡,而只能始于该组织的成立,终于该组织的消灭。

其二,非法人组织民事权利能力的内容或范围受其自然属性的限制。非法人组织作为一个组织,当然不能享有自然人基于自然属性而享有的权利。例如,自然人享有的生命权、健康权、身体权等,非法人组织不能也不可能享有。当然,非法人组织基于组织体而享有的权利,自然人也不能享有,如自然人可享有姓名权但不能享有名称(字号)权。

其三,非法人组织的民事权利能力的内容和范围受其社会属性的限制。非法人组织是为实现特定的目的而设立的,因此,非法人组织的民事权利能力应受其设立宗旨的限制。凡与实现其宗旨相关的权利和义务,非法人组织都可享有和负担;而与实现其宗旨相背离的权利义务,非法人组织则不应享有和负担。例如,以从事公益事业为目的设立的非法人组织,不具有从事营利性经营活动的民事权利能力;以从事营利性经营活动为目的设立的非法人组织也不具有从事社会公益事务的民事权利能力。

(二)非法人组织的民事行为能力

民事行为能力是民事主体自己独立从事民事活动的资格。依《民法总则》第 102 条第 1 款的规定,非法人组织“是能够依法以自己的名义从事民事活动的组织”。法律规定非法人组织能够以自己的名义进行民事活动,也就赋予非法人组织以民事行为能力。

非法人组织具有民事行为能力,可以以自己的名义实施民事法律行为,可以以自己的行为实现其民事权利能力,从而使其成为具有充分主体资格的民事主体。因为非法人组织具有了民事权利能力,就可以以自己的名义享受民事权利和负担民事义务;具有了民事行为能力,就能够以自己的行为为自己设立民事权利和民事义务。法律之所以确认非法人组织具有民事行为能力,是因为非法人组织有以自己的名义从事民事活动的现实需要。非法人组织既然是为实现特定的目的而设立并存在于社会的组织,就必然要为实现其目的,以自己的名义进行必要的民事活动。法律若不赋予其民事行为能力,它也就难以通过自己的行为实现其特定的设立目的。

非法人组织的民事行为能力有与法人的民事行为能力相似的以下特点:

其一,非法人组织的民事行为能力与其民事权利能力同时产生,同时终止。

其二,非法人组织的民事行为能力与其民事权利能力在范围上具有一致性,即非法人组织只具有从事其可享有权利和负担义务范围内的民事活动的资格。

其三,非法人组织的民事行为能力是通过特定自然人来实现的。非法人组织的民事行为能力是非法人组织自己实施民事法律行为的能力。民事法律行为是以意思表示为要素的行为,受主体意志的支配。非法人组织作为社会组织,其实施民事法律行为所体现的意志只能是该组织以一定形式形成的意志,且只能由特定的自然人的行为来实现。这也就是说,非法人组织必须由特定的自然人来代表其实施民事法律行为,实现其民事行为能力。一般来说,非法人组织的成员都可代表非法人组织从事民事活动。《民法总则》第 105 条规定:“非法人组织可以确定一人或者数人代表该组织从事民事活动。”这也就是说,非法人组织也可以自行确定代表非法人组织实施民事法律行为的代表人。非法人组织一经确定一人或者数人代表组织从事民事活动的,依法应予以登记的非法人组织对其确定的代表人应予以登记,未被确定为代表该非法人组织从事民事活动的代表人的其他成员,不能代表该组织从事民事活动,但对代表人代表其组织从事的民事活动,有权予以监督并提出异议。

非法人组织的代表人在职权范围内以非法人组织名义从事的民事活动,也就是该组织的行为,其后果由非法人组织承担。但是非法人组织的代表人超越职权的行为和非确定的代表人以非法人组织的名义实施的行为,不能对抗善意第三人,以维护交易安全和善意第三人利益。

(三)非法人组织的民事责任能力

民事责任能力是民事主体以自己的财产对因自己发生的债务独立

承担民事责任的能力或资格。具有民事责任能力的民事主体仅以自己的财产为自己的债务承担责任,而不具有民事责任能力的民事主体,不仅需以其财产清偿其债务,还需由他人为其债务承担民事责任。作为一个社会组织,其是否具有民事责任能力,决定于该组织的成员或者举办人是否还须以其出资以外的财产为组织的债务承担民事责任。

《民法总则》第104条规定:“非法人组织的财产不足以清偿债务的,其出资人或者设立人承担无限责任。法律另有规定的,依照其规定。”这一规定表明,非法人组织不是仅以自己的财产为其债务承担责任的,因此,非法人组织不具有独立承担民事责任的能力。非法人组织在其财产不足以清偿债务时,除法律另有规定外,其出资人或者设立人还须以认缴的出资财产外自己的其他财产承担责任,而不是仅以其出资额为限对非法人组织的债务承担责任。法律之所以不认可非法人组织具有民事责任能力,是因为非法人组织仅具有相对独立性,而非与法人那样具有完全的独立性。当然,该条中规定“法律另有规定的,依照其规定”。也就是说,如果法律规定某出资人或者设立人对非法人组织的债务承担有限责任,则该出资人或者设立人依照法律的特别规定承担责任。例如,依《合伙企业法》规定,有限合伙中的有限合伙人仅以其出资额为限对合伙企业债务承担有限责任,普通合伙人对合伙企业债务承担无限责任。但是,在任何情形下,总有非法人组织的出资人或者设立人须对非法人组织的债务承担无限责任。

五、非法人组织的成立和消灭

(一)非法人组织的成立

非法人组织作为一个社会组织,应当依法成立。依法成立包括依照法律规定的条件和程序成立。

首先,非法人组织应依法设立。非法人组织须有设立人发起设立,制定组织章程、组织规章或者设立协议。如前所述,非法人组织还须具有一个组织存在的条件,例如须有自己的名称、一定的财产、住所等。《民法总则》第103条第2款规定:“设立非法人组织,法律、行政法规规定须经有关机关批准的，依照其规定。”依此规定，凡设立法律、行政法规规定须经有关机关批准的非法人组织，设立人应将设立非法人组织的事项报有关机关批准。例如，依照《律师法》的规定，设立律师事务所，须经省、自治区、直辖市人民政府司法行政部门批准。依照《注册会计师法》规定，设立会计师事务所，由国务院财政部门或者省、自治区、直辖市人民政府财政部门批准。法律、行政法规规定须经有关机关批准设立的非法人组织，未经批准而设立的，属于非法组织。

其次，法律规定应当登记的非法人组织应依法办理登记。对于非法人组织是否都须经登记才能成立呢？在立法中有不同的观点。一种观点主张，非法人组织都应登记，这样有助于维护交易安全。另一种观点则主张，对于非法人组织没有必要规定都须经登记才能成立，非法人组织无论登记与否，都须由出资人或者设立人承担无限责任，并不影响对善意相对人利益的保护。最终，《民法总则》第 103 条第 1 款规定：“非法人组织应当依照法律的规定登记。”依该条款规定，法律对非法人组织的成立规定应当登记的，非法人组织于设立后应依照法律的规定办理登记，自登记领取相关证照后，非法人组织方为成立，才可以以组织的名义进行民事活动。法律没有规定应当登记的非法人组织，则不需办理登记手续，自设立之日起即可成立。一般说来，对于从事经营活动的非法人组织，法律都规定应当登记。例如，个人独资企业、合伙企业都应登记方能成立。此类非法人组织若未经登记，则该组织被视为自始不成立，其即使以组织的名义从事民事活动，也只能完全由其成员承受行为后果。对于设立须经有关机关批准的非法人组织，法律一般不规定其应当登记。例如，律师事务所就不需要办理登记。

（二）非法人组织的消灭

非法人组织的消灭即非法人组织的终止，是指其不再作为民事主体而存在。作为社会组织，非法人组织虽不能如同自然人有出生与死亡，但却如同法人一样有成立和终止。非法人组织终止，也就是非法人组织的解体。因此，非法人组织因解散而消灭。

1. 非法人组织解散的事由

《民法总则》第106条规定："有下列情形之一的，非法人组织解散：（一）章程规定的存续期间届满或者章程规定的其他解散事由出现；（二）出资人或者设立人决定解散；（三）法律规定的其他情形。"

非法人组织解散的事由也就是非法人组织解散的原因。依照该条规定，非法人组织解散的事由包括以下三项：

（1）章程规定的存续期间届满或者章程规定的其他解散事由出现。非法人组织的章程（包括组织规章、合伙协议等，以下同）是非法人组织进行活动的合意规则，决定着非法人组织的命运。章程规定有非法人组织存续期间的，该存续期间届满，非法人组织也就解散。章程中未规定非法人组织的存续期间，但是规定了其他解散事由的，则于章程规定的解散事由出现时，非法人组织也解散。例如，章程规定非法人组织于特定目标实现时解散，该特定目标实现的，因章程规定的解散事由出现，该非法人组织也就解散。

（2）出资人或者设立人决定解散。非法人组织是由出资人或者设立人自愿设立的。出资人或者设立人可自愿设立非法人组织，也就可以自愿决定解散该非法人组织。需要指出，非法人组织的出资人或者设立人为数人的，非法人组织的解散须经全体出资人或者设立人一致同意。若出资人或者设立人有的同意解散，而其他人不同意解散的，同意解散的人可以退出该组织，该组织不解散。但是，若不同意解散的出资人或设立人仅剩一人，则该非法人组织解散。

（3）法律规定的其他情形。除上述两项事由外，出现法律规定的非法人组织解散的其他情形的，非法人组织也解散。例如，依《合伙企业法》第85条规定，合伙人已不具备法定人数满30天；依法被吊销营业执照、责令关闭或者被撤销等情形出现，合伙企业解散。

2. 非法人组织消灭的程序

《民法总则》第107条规定："非法人组织解散的，应当依法进行清算。"依此规定，清算是非法人组织消灭的必经程序。

非法人组织的清算，是清理要解散的非法人组织的财产，了结其参与的民事法律关系。非法人组织的清算，一般由其设立人或成员协商确定清算人，由清算人负责执行清算事务。例如，依《合伙企业法》规定，合伙企业的清算，由全体合伙人担任清算人；经全体合伙人的过半数同意，也可以自合伙企业解散事由出现后15日内指定1名或者数名合伙人，或者委托第三人，担任清算人。合伙企业自解散之日起15日内未确定清算人的，合伙人或者其他利害关系人可以申请由法院指定清算人。该法第88条规定，清算人自确定之日起10日内将合伙企业解散事项通知债权人，并于60日内在报纸上公告。债权人应当自接到通知书之日起30日内，未接到通知书的自公告之日起45日内，向清算人申报债权。债权人申报债权，应当说明债权的有关事项，并提供证明材料，清算人应当对债权进行登记。清算期间，合伙企业存续，但不得开展与清算无关的经营活动。该法第87条规定，清算人在清算期间执行下列事务：(1)清理合伙财产，分别编制资产负债表和财产清单；(2)处理与清算有关合伙企业未了结的事务；(3)清缴所欠税款；(4)清理债权、债务；(5)处理合伙企业清偿债务后的剩余财产；(6)代表合伙企业参加诉讼或者仲裁活动。

非法人组织依照法律规定登记的，于清算后还应依照法律规定办理注销登记，注销登记后，该非法人组织消灭。法律未规定应当登记的非法人组织，则清算后无须办理注销登记，于依法办理相关手续后消灭。例如，依《律师法》第22条规定，律师事务所终止的，由颁发执业证书的部门注销该事务所的执业证书。律师事务所的执业证书被颁发部门注销后，该律师事务所消灭。

非法人组织消灭后，除法律另有规定外，出资人或者设立人对于非法人组织在存续期间发生的债务仍应依照规定承担无限连带责任。

第十四讲　人身权利

杨立新*

《民法总则》第五章规定"民事权利",其中第 109 条至第 112 条规定的是人身权利,是民事主体享有的最重要的民事权利,引领人格权、身份权立法的具体内容、行使规则和保护措施,形成民法典有关人身权利的一般规则和具体权利相对应的完整体系。

人身权包括人格权和身份权,《民法总则》第 109 条至第 111 条规定的是人格权,第 112 条规定的是身份权。

一、人身权利的概念与体系

(一)人身权利的概念及特征

人身权利也简称为人身权,是人格权和身份权的总称。自 1986 年《民法通则》,我国民法正式使用了人身权的概念。

界定人身权的概念,首先,应当确认这一概念是民法学的基本范畴,尽量扩张其内在的容纳深度和广度。其次,应当确定人身权利包括自然人、法人以及非法人

---

* 中国法学会民法学研究会副会长,中国人民大学法学院教授、博士生导师。

组织所享有的人身权,不应当只界定为自然人的权利,法人和非法人组织也享有部分人格权,但是不享有身份权。

人身权是指自然人、法人和其他组织依法享有的,以在人格关系和身份关系上所体现的,与其自身不可分离的人身利益为内容的民事权利。

人身权具有以下法律特征:

1.人身权是民事主体专属民事权利

人身权都是民事主体专属的民事权利,具体表现是:

首先,人身权与民事主体存在的同期性。自然人、法人、非法人组织具有法律上的人格,自然人从出生,法人、非法人组织自成立时起,直至其死亡或消灭时止,自始至终享有人身权(就法人和非法人组织而言,只享有人格权),因而与其他民事权利形成鲜明对照。物权、债权、知识产权都不是自然人生来就享有的专属民事权利,也不是法人、非法人组织一经成立就享有的专属权利,而是在其享有民事权利能力以后,依据一定的民事法律行为或者依据一定的法律事实才取得的权利。

其次,民事主体的无意识性。人身权的存在与享有人身权的民事主体的意志无关,无论民事主体个人是否意识到自己的人身权的存在,人身权都是客观存在的。例如,无论自然人在智力、身份、地位、年龄、种族、宗教信仰等方面有何差异,无论自然人是否参与某种法律关系,法律都确认其平等的人身权,都依平等的地位确认其进入社会的资格。即使民事主体不知道自己享有某种人身权,但这种权利一经被侵害,法律都予以同样的保护。

最后,任何民事主体都不能将人身权让与他人,尤其是自然人放弃或者让与人身权,就是放弃或让与其人格,因而是绝不允许的,也是不可能的。在某些情况下,自然人、法人、非法人组织可以转让其具体人身权中的某一部分内容,但其权利本身不能被转让。如自然人的肖像权,权利人可以将其肖像的使用权部分地转让他人使用,但不仅肖像权本身不能转让,而且肖像使用权也不能“买断”,即全部转让他人。只有法人、非法人组织的名称权例外,可以部分转让其使用权,也可以将名称权全部转让。这只是人身权中的一种特例。

2. 人身权是没有直接财产内容的民事权利

人身权的客体,是在人格关系和身份关系上所体现的与民事主体不可分离的利益,与财产权的界限泾渭分明。无论是物权,还是债权、知识产权、继承权、股权,无一不以直接的财产利益为客体。人身权却恰恰相反,仅以民事主体自身的人格利益和身份利益为客体。当然,人身权是没有财产内容的权利,是说没有直接的财产利益,在诸种人身权中,只有个别的权利没有直接的财产内容或财产利益,如名誉权、人身自由权等;在有些具体人格权和身份权中,不仅有间接财产内容,而且有的还有比较明显的间接财产利益。例如,肖像权体现的基本利益是精神利益,是人之所以为人而存在的自然人人格利益。但是,其所具有的财产利益是一项重要内容,其财产利益来源于肖像的视觉艺术品的美学价值,而这种美学价值在商品经济社会中恰恰可以转化为财产上的利益。不过,这种财产利益不是直接的,而是肖像权精神利益转化、派生的间接的财产利益。

人身权没有直接财产利益的属性,决定了其不能用金钱来估算、衡量。其权利内容主要体现的是人格关系、身份关系中的精神利益,诸如情操、社会价值观、思想意识的纯正等。

3. 人身权是民事主体的必备权利

人身权不能离开民事主体而存在,同样,民事主体更不能离开人身权而存在。当然,财产权也不能离开民事主体而存在,但是,民事主体却可以离开财产权而存在。

人身权中的人格权与身份权这两种权利,在这一点上是相同的,但程度却有所不同。人格权是维护主体的独立人格所必须具备的权利,民事主体不享有人格权,就不可能维护其主体资格的完整性,不能实现人格的独立与自由,甚至根本不可能作为主体存在。不能想象一个人不具有生命、健康、身体、名誉、自由而能够存在于世。人格权也是民事主体进入社会,发挥其创造性进而改造世界的基础,民事主体没有人格权就无法实现人类生存、发展的目标。身份权虽然也具有必备权利的属性，但其重要性及程度显然不及人格权。配偶权、亲权、亲属权固然是自然人生而取得，但配偶权却须具备一定的行为能力以后才能取得，与亲权一样，也可以依据一定的条件而丧失。

人身权除具有以上三种基本的法律特征以外，从权利本身的角度分析，它还具有以下属性：一是人身权是绝对权，权利的法律效力及于任何人，即除了权利人之外的其他任何人，都负有不得侵犯权利人的人身权的义务。当人身权受到非法侵害时，权利主体依法享有请求权，可以诉请人民法院依法保护，制裁侵权人。[1] 人身权的行使无需由义务人实施一定的行为，无需借助他人的积极行为，只要义务人不加妨碍和侵犯就可以实现。所应注意者，身份权的某些派生权利，不完全属于绝对权的性质，如亲属权中的抚养请求权，就是具有相对性的请求权。二是人身权是支配权。权利主体可以直接支配权利客体而具有排他性。民事主体享有人身权就享有支配、管领其人格利益和身份利益的权利，排除其他任何人对其自身的人格利益和身份利益的干涉、阻碍乃至侵犯。

(二)人身权法律关系

人身权法律关系是一种以民事主体的人身利益为权利义务客体的民事法律关系，由主体、内容和客体三个要素构成。

1. 人身权法律关系主体

人身权的法律关系主体就是人身权的主体，是指在人身权民事法律关系中享有权利和承担义务的自然人、法人和非法人组织。

在人身权法律关系中，一方为权利主体，即人身权的权利人；另一方为义务主体，即人身权的义务人。由于人身权是绝对权、对世权，因而权利主体永远是特定的单个主体，即特定的自然人、法人或者非法人组织；义务主体是不特定的任何人，即不特定的自然人、法人或者非法人组织。作为一个自然人、法人或非法人组织，在以他自己为权利主体

---

〔1〕 参见佟柔主编：《中国民法学·民法总则》，中国人民公安大学出版社 1990 年版，第 107 页。

的人身权法律关系中,他永远是权利主体;而在其他任何人为权利主体的人身权法律关系中,则他永远是任何权利人的义务主体。

人身权的权利主体为全体具有民事权利能力的自然人、法人和非法人组织,任何自然人、法人、非法人组织只要具有民事权利能力,就是人身权的权利主体。无民事行为能力人、限制民事行为能力人是否具有人身权义务主体的资格,从承担民事责任的角度来看,责任人应当是具有完全民事行为能力的人。但是,不能依此推论承担人身权的义务的主体也必须具有完全民事行为能力。只不过在无民事行为能力人或者限制民事行为能力人违反义务造成他人人身权的损害时,由其法定代理人承担责任而已。

2. 人身权法律关系内容

人身权法律关系内容就是人身权的内容,是指人身权法律关系主体享有的权利和负有的义务。

民事权利是指民事主体为实现某种利益而依法为某种行为或不为某种行为的可能性。人身权的权利主体所享有的权利,是指在人身权法律关系中的权利主体根据法律规定,依据自己的意愿,为实现自己的人格利益和身份利益,为某种行为或不为某种行为的可能性。通过某种行为实现自己的人格利益或身份利益,就是行使人身权利。人身权包括三层意思:一是权利人有权在法律规定的范围内,根据自己的利益为一定行为或不为一定行为;二是权利人有权在法律规定范围内要求义务人不为一定行为;三是权利人有权在自己的人身权利遭到侵害或义务人不履行义务时,请求人民法院予以保护。[1]

人身权利的行使,受权利人意志的支配。但是,为维护社会公共利益,维护社会安定,协调个人权利与社会利益的冲突、个人权利之间的冲突,增强人与人之间的和睦友善关系,权利主体行使人身权应当受到适当限制。例如,为社会公共利益而使用肖像为合法使用,权利人不得主张肖像权。自然人享有健康权,可以通过诊治而使疾病痊愈,也可以

---

〔1〕 参见王利明主编:《人格权法新论》,吉林人民出版社1994年版,第22页。

放弃治疗而使健康恶化,但若其患有严重精神障碍或者恶性传染病,从公共利益角度考虑,则可以违背其不治疗的意愿而对其进行强制治疗。对于生命权,法律也禁止其自由放弃,因而自杀是违法的。行使人身权利的适当限制还表现在适当忍受来自他人的轻微妨害,以维护社会关系的和谐。不超过容忍界限的妨害,不构成侵害人身权利,不得主张侵权损害赔偿。例如,在公共汽车上被他人踩脚、挤撞,不得主张其身体权受到侵害;在旅店中住宿,不得以同室旅客的鼾声使其健康权受到侵害而提出侵权赔偿主张。

民事义务是指民事主体为满足其他民事主体的某种利益而依法为某种行为或不为某种行为的必要性。人身权的义务是人身权法律关系中的义务主体为了满足权利主体实现其人格利益和身份利益,而不为一定行为的必要性。由于人身权是绝对权,权利主体权利的实现不需要义务主体的积极行为予以协助,只要义务人不为一定行为即可,因而人身权法律关系中的义务是不作为义务。

人身权的义务包含三层意思:一是义务人必须根据法律的规定不为一定行为,以便实现权利主体的人格利益和身份利益;二是义务人负有的义务是在一定范围内不为一定行为,这个范围一般是由法律直接规定的;三是人身权关系中的义务是一种法定义务,受国家强制力的约束,义务人不履行自己的义务就要承担相应的民事责任。[1]

3. 人身权法律关系客体

人身权法律关系的客体,是指人身权法律关系中的权利、义务所共同指向的人身利益,即法定的人身利益为人身权的客体。

法定人格利益具有无形性的特点,即这些利益不能以其外在的实体形态而感知,不是以物、行为等方式表现出来,而是体现为与人格、身份有密切联系、没有实体形态的利益。人格利益中的身体、健康、生命的安全,精神活动的自由与完整,自然人作为人的尊严,身份利益中的父母子女关系中的亲情,配偶之间的相互尊重、依赖等,都属于无形的

---

〔1〕 参见王利明主编:《人格权法新论》,吉林人民出版社 1994 年版,第 20 页。

人身利益,不具有外在的实体形态。

法定人身利益的"法定",是指人身权的客体不是无限的。它表现在两个方面:其一,不属于人格利益和身份利益的无形利益,不是人身权的客体。例如,在团体、组织中的领导与被领导关系,团体、组织间的隶属与被隶属关系,都体现着一定的人身关系和利益,有的也具有某种身份上的意义,但是这种利益不属于民法上的人格利益和身份利益,因而不能成为人身权的客体。其二,人格利益和身份利益也不是完全都能成为人身权的客体,只有受法律保护的人格利益和身份利益,才是人身权的客体。例如,父母对子女享有亲权,可以进行教育或者适当的惩戒,但超出适当范围,法律即不予保护;自然人享有人身自由权,但其吸毒就要受到法律限制,人身自由权的客体中不包括吸毒的自由。

(三)人身权利的类型

人身权由人格权和身份权两种类型的民事权利构成。不过,也有学者否认身份权是人身权的组成部分,否认我国存在身份权制度,因而我国的人身权只由人格权一个系列的权利构成。[1]《民法总则》第112条明确规定:"自然人因婚姻、家庭关系等产生的人身权利受法律保护。"这就是对身份权的法律确认。

人格权分为一般人格权和具体人格权。《民法总则》第109条规定的人格尊严,集中地表现为一般人格权。具体人格权包括物质性人格权与精神性人格权,前者包括生命权、身体权和健康权,后者包括姓名权、名称权、肖像权、名誉权、荣誉权、人身自由权、隐私权、个人信息权和婚姻自主权等。

身份权包括配偶权、亲权、亲属权。这三种基本身份权包含的具体内容,通常称为派生身份权或者支分身份权。

---

〔1〕 参见梁慧星:《民法》,四川人民出版社1988年版,第343页;梁慧星:《中国民法经济法诸问题》,法律出版社1991年版,第59~67页。

二、人格权及其种类和内容

(一)人格权的概念和种类

1. 人格权的概念和特征

人格权是指民事主体专属享有,以人格利益为客体,为维护民事主体独立人格所必备的固有人身权利。

人格权与身份权的共性为两者都是专属权、必备权、绝对权,但是人格权具有以下独特的法律特征。

第一,人格权是民事主体的固有权利。人格权的固有性体现为:一是人格权的固有性是其与其他民事权利的基本区别之一。身份权与人格权一样,都是绝对权,但身份权不具有固有性,人格权的获得不是依一定的法律行为而是依人的出生,一旦自然人出生、法人或者非法人组织成立,就依法享有人格权。身份权通常是因一定的行为或者事实的发生而取得,而非生而固有。二是人格权与民事主体共始终,自然人、法人、非法人组织只要具有法律上的人格,只要还在社会上存在,就享有人格权,既不能因某种事实而丧失,也不能基于某种原因而被剥夺。例如,配偶权是身份权,但是未结婚的自然人就不享有配偶权。三是人格权脱离民事主体的个人意志而存在,不需要有独立意志的个人实际享有,不论个人是否实际意识到这些权利的存在,人格权都客观存在。[1] 四是所有的民事主体平等地享有人格权,没有任何差别,身份权则不同,相对的特定亲属不存在,则不享有该种身份权。

第二,人格权的权利主体具有单向性。身份权和人格权都是人身权,但是,身份权的权利主体是相对应的特定亲属,例如,丈夫和妻子,父母与未成年子女,祖父母、外祖父母与孙子女、外孙子女,特定的兄弟姐妹等,单一的自然人不构成身份权的主体,权利主体具有相对性。而人格权的权利主体就是单一的自然人以及单一的法人、非法人组织,人格权是他们自己享有的权利,并非基于人与人之间的关

〔1〕 参见王利明等:《人格权法新论》,吉林人民出版社 1994 年版,第 10 ~ 11 页。

系才享有人格权。

第三,人格权的权利主体不仅为自然人,而且包含法人和非法人组织。尽管自然人享有的很多人格权法人和非法人组织并不享有,但是,法人和非法人组织毕竟也享有一部分人格权,是人格权的主体。

第四,人格权是以人格利益为客体的民事权利。身份权与人格权同为人身权,但身份权是以身份利益为客体,而不是以人格利益为客体,为维持自然人的一定身份所必需,身份权的行使不仅是为了权利人的利益,也是为了相对人的利益,[1]使具有一定身份关系的自然人之间享有平等的权利义务,互相得到法定的利益。而人格权的客体是人格利益,保护的是人之所以为人的人格,而不是亲属之间的身份地位和利益。

2. 人格权的种类

《民法总则》第 109 条至第 111 条规定的人格权是:一般人格权(人格尊严),生命权、身体权、健康权、姓名权、名称权、肖像权、名誉权、荣誉权、隐私权、婚姻自主权和个人信息权等具体人格权。

(二)一般人格权

《民法总则》第 109 条规定:"自然人的人身自由、人格尊严受法律保护。"其中关于人格尊严的内容,规定的就是一般人格权。

一般人格权是指民事主体享有的,概括人格独立、人格自由、人格平等全部内容的一般人格利益,并由此产生和规定具体人格权,以及对具体人格权不能保护的人格利益进行保护的抽象人格权。

一般人格权与具体人格权相比较,具有以下法律特征:

一是权利客体具有高度概括性。一般人格权的客体是一般人格利益,这种一般人格利益具有高度的概括性,包括两个方面的意义:其一,一般人格利益本身的概括性,人格独立、人格自由、人格尊严都不能成为具体的人格利益,也不能成为具体人格权的客体。其二,一般人格利

---

[1] 参见佟柔主编:《中国民法学·民法总则》,中国人民公安大学出版社 1990 年版,第 111 页。

益是对所有具体人格权的客体的概括,任何一种具体人格权的客体,都可以概括在一般人格利益之中。因此,一般人格权才成为具体人格权的渊源,由此产生并规定具体人格权。

二是权利内容的广泛性。一般人格权具有概括的广泛性,在内容上是不可列举穷尽的。[1] 法官的任务只是依有关价值观念将一般人格权具体化并确定其界限,因为人格的本质不易明确划分界限,一般人格权作为概括性权利,在内容上是不易完全确定的。[2] 具体人格权所不能包含的人格利益,都包含在一般人格权之中,为补充和完善具体人格权立法不足提供法律依据。人们在自己不能为具体人格权所涵括的一般人格利益遭受损害时,可依据一般人格权的法律规定寻求法律上的救济。

三是一般人格权具有双重属性。一方面,一般人格权是基本权利,是抽象人格权,与具体人格权相对应,对具体人格权有概括和指导作用,决定和派生各种具体人格权;另一方面,它又有一定的具体保护功能,即对那些具体人格权无法保护的其他人格利益,提供法律保护依据,发挥人格权法对具体人格权立法不足的补充作用。在现实生活中,一般人格权的后一种作用更为具体。

一般人格权的范围极其广泛,在内容上不可能列举穷尽,因而需要采用高度概括的方式,阐释一般人格权的具体内容。一般人格权的内容尽管极其广泛,但其概括的内容是可得而知的,这就是人格独立、人格自由和人格平等,概括为人格尊严。一般人格权的这三项基本内容,也是一般人格权客体的三大法益,可以概括一般人格权的所有内容。

一般人格权的功能,是指一般人格权在人格权体系中所发挥的基本作用,包括解释功能、创造功能和补充功能。这些功能分为两种性质,一种是抽象功能,包括解释功能和创造功能,发挥的是一般人格权的母权利和渊源权的作用;另一种是具体功能即补充功能,对具体人格

---

[1] 转引自王利明主编:《人格权法新论》,吉林人民出版社 1994 年版,第 161 页。
[2] 参见施启扬:《从个别人格权到一般人格权》,载《台大法学论丛》1974 年第 1 期。

权无法提供保护的其他人格利益提供保护。

（三）生命权、身体权和健康权

1. 生命权

生命权是指自然人维持其生命存在，以保证其生命安全利益为基本内容的具体人格权。生命权是一项具有普世性的基本人权。生命利益是指自然人的人体维持其生存的基本的物质活动能力，是维持其民事主体地位的最高人格利益。人的生命是人的最高人格利益，具有至高无上的人格价值，是人的第一尊严。生命权的法律特征是：第一，生命权以自然人的生命安全为客体；第二，生命权以维护人的生命活动延续为其基本内容；第三，生命权的保护对象是人的生命活动能力；第四，生命权在人格权中的地位至高无上。生命权的内容包括生命享有权、生命利益的有限支配权和生命权请求权。

在现实生活中，凡是剥夺他人生命的行为，都是侵害生命权的侵权行为。

2. 身体权

身体权是自然人维护其身体完整、完全并支配其肢体、器官和其他组织的具体人格权。身体权的客体，专指自然人的身体，是指自然人的生理组织的整体，即躯体。身体包括两部分，一是主体部分，二是附属部分。身体虽然由头颅、肢体、器官、其他组织以及附属部分构成，但却是一个完整的整体。身体具有完整性和完全性的基本特征，破坏了身体的完整性和完全性，就破坏了身体的有机构成。身体权的内容包括保护身体完整权、身体利益支配权和身体权请求权。

在现实生活中，非法接触他人身体，非法破坏自然人身体组成的完整性，就构成侵害身体权。例如，强制他人捐献身体组成部分，是侵害身体权的侵权行为。

3. 健康权

健康权是指自然人以自己的机体生理机能正常运作和功能完善发挥，以维持人体生命活动的利益为内容的具体人格权。作为健康权客体的健康，是指维持人体生命活动的生理机能的正常运作和功能的完善发挥。健康有两个要素,一是生理机能的正常运作,二是生理功能的完善发挥。通过这两个要素的协调一致发挥作用,达到维持人体生命活动的最终目的。

在现实生活中,侵害健康权的行为就是破坏自然人身体功能完善发挥的侵权行为。例如,使用暴力造成他人残疾的行为,造成他人健康受损的其他行为等,都是侵害健康权的行为。

(四)姓名权、名称权、肖像权

1. 姓名权

姓名权是指自然人决定、使用和依照法律规定改变自己姓名,并维护其姓名利益的具体人格权。其客体姓名,是用以确定和代表个体自然人并与其他自然人相区别的文字符号和标识。姓名包括姓和名两部分,姓是一定血缘遗传关系的记号,标志着个体自然人从属于哪个家族的血缘系统;名则是特定的自然人区别于其他自然人的称谓。姓名的组合,构成一个自然人的完整的文字符号和标识,因而姓名是自然人的人身专用文字符号和标记,是自然人姓名权的客体。姓名权的内容包括命名权、使用权和改名权。

在现实生活中,冒用、盗用他人姓名,非法使用他人姓名,都是侵害自然人姓名权的侵权行为。不仅如此,对于具有一定知名度、为相关公众所知悉的自然人的笔名、艺名、网名等,被他人使用足以导致公众混淆的,同样构成姓名权。

2. 名称权

名称是指法人和非法人组织在社会活动中,用以确定和代表自身,并区别于他人的文字符号和标记。名称不是自然人的文字符号和标识,而是法人以及非法人组织的文字符号和标记。

与其他人格权不同的是,名称权可以部分转让甚至全部转让。例如,允许其他企业使用自己的名称进行经营活动,就是部分转让,如王府井大楼,在各地都有使用。将自己的名称全部转让,通常叫作“盘”或者“兑”,就是把名称权全部转让给另一个法人或者非法人组织。

在现实生活中,著名的老字号、有影响的企业名称等,都容易受到非法侵害。非法使用其他法人、非法人组织的名称,就构成侵害名称权的行为。

3. 肖像权

肖像权是自然人对在自己的肖像上所体现的精神利益和财产利益所享有的具体人格权。肖像权的客体即肖像,亦称写照、传神和写真,是指通过绘画、照相、雕塑、录像、电影等艺术形式使自然人的外貌在物质载体上再现的视觉形象。理解这一概念,应当区分肖像和肖像载体,[1]肖像权保护的客体是肖像,而不是肖像的载体。肖像权的内容包括制作专有权、使用专有权、使用转让权和肖像权请求权。

最典型的侵害肖像权的案例,是某人利用无偿拍摄写真照的方法,邀请某女拍摄一幅"美姿"的照片,未经本人同意,将该照片参加全国部分省区人体写真大赛,该女提出构成侵害肖像权,得到法律支持。

(五)名誉权和荣誉权

1. 名誉权

名誉权是指自然人、法人和非法人组织就其自身属性和价值所获得的社会评价,享有的保有和维护的具体人格权。其客体名誉,是指人们对自然人或法人的品德、才能及其他素质的社会综合评价。广义的名誉包括两个内容,即外部名誉和内部名誉。外部名誉是指对于人之属性,而由他人所为之评价,[2]因而是客观名誉,是他人的客观评价。内部名誉是指个人内在之价值,即人之内部的价值,是主观名誉,是对自我的价值评价,即名誉感。名誉权保护的客体是外部名誉,即客观名誉。

自然人、法人、非法人组织都享有名誉权,内容包括名誉利益保有权、名誉利益支配权、名誉利益维护权。

典型的侵害名誉权行为是诽谤,凡是捏造虚假事实,将其公布,具有故意或者过失,且没有免责事由的行为,都是诽谤,都构成侵权行为。

---

〔1〕 参见王利明:《人格权法论》,中国人民大学出版社2005年版,第446页。

〔2〕 参见龙显铭:《私法上人格权之保护》,中华书局1949年版,第70页。

例如，某媒体通过传统媒体和网络媒体两种形式，攻击某企业是某某行业的“癌症”，就构成侵害法人名誉权的行为。

2. 荣誉权

荣誉权是指自然人、法人、非法人组织对其获得的荣誉及其利益所享有的保持、支配的具体人格权。其客体荣誉，是指特定民事主体在社会生产、社会活动中有突出表现或突出贡献，政府、团体或其他组织所给予的积极的、肯定的正式评价。荣誉权的主体包括自然人、法人、非法人组织。荣誉权的内容包括荣誉保持权、荣誉利益支配权、物质利益获得权和物质利益支配权。

在现实生活中，诋毁、剥夺自然人、法人、非法人组织获得的荣誉，构成对荣誉权的侵害。

（六）人身自由权、隐私权、个人信息权和婚姻自主权

1. 人身自由权

人身自由作为严格的法律概念，是指在法律规定的范围内，自然人按照自己的意志和利益进行行动和思维，不受约束、不受控制、不受妨碍的状态。只要不违反任何法律禁令，不侵犯其他人的合法权利，那么，任何人可以说想说的任何话，做所想做的任何事。[1]

人身自由权是指自然人在法律规定的范围内，按照自己的意志和利益进行行动和思维，人身不受约束、控制或妨碍的权利。其客体人身自由，是指人的身体和思维的不受约束、不受控制和不受限制的状态，包括身体自由和思维自由。人身自由权的内容包括身体自由权和思维自由权。人身自由权之所以规定在第 109 条而未规定在第 110 条，原因是第 110 条规定的都是《宪法》规定的人格权。

在现实生活中，对不是精神病患者的人强制进行医疗，就是侵害身体自由权的行为。侵害意志自由权的行为，主要表现为以欺诈、胁迫方式，改变他人的意志，侵害自然人自由思维的行为。

---

〔1〕 参见《牛津法律大辞典》，光明日报出版社 1988 年版，第 554 页。

2. 隐私权

隐私权是自然人享有的对其个人与公共利益无关的私人信息、私人活动和私人空间等私生活安宁利益自主进行支配和控制，不受他人侵扰的具体人格权。其客体隐私，是指一种与公共利益、群体利益无关的，当事人不愿他人知道或他人不便知道的信息，当事人不愿他人干涉或他人不便干涉的个人私事和当事人不愿他人侵入或他人不便侵入的个人领域。构成隐私有两个要件，一为“私”，二为“隐”。前者指纯粹是个人的，与公共利益、群体利益无关的事情，是隐私的本质。后者指描述某个事情、某个信息不为人知的事实状态，包括：当事人不愿这种个人私事被他人知悉；按正常的心理和道德水准，这种个人隐私不便让他人知道，否则会对当事人产生不利的后果；这种个人私事当事人不愿或不便他人干涉；某些私人领域当事人不愿或不便他人侵入。隐私的内容包括私人活动、私人信息和私人空间。隐私权的内容包括隐私隐瞒权、隐私利用权、隐私支配权和隐私维护权。

典型的侵害隐私权的案例是，某公司老板为了监视员工是否偷懒，在男厕所安装摄像头进行监督，被员工发现，诉讼到法院，该老板被判决构成侵害隐私权。

3. 个人信息权

(1)个人信息权的概念界定和内容

《民法总则》在规定了上述人格权之后，特别规定了个人信息权。这是因为，在全国人大常委会制定了《关于加强网络信息保护的决定》以及在《消费者权益保护法》修订时增加了对消费者个人信息保护的规定之后，侵犯个人信息的违法行为并没有得到有效遏制，同时，有关侵害个人信息权的违法行为也没有引起司法机关特别的重视，法律适用存在诸多问题，因而引起了负面的社会后果，例如，由于个人信息泄露，贫困大学生徐某学费被他人诈骗，清华大学某教师被诈骗的金额高达 1700 多万元，这些都对被侵权人造成了极大损害。这样一些侵害个人信息权造成严重后果的违法犯罪行为数不胜数。面对这种迫切的社会需求，《民法总则》第 111 条规定：“自然人的个人信息受法律保护。

任何组织和个人需要获取他人个人信息的,应当依法取得并确保信息安全,不得非法收集、使用、加工、传输他人个人信息,不得非法买卖、提供或者公开他人个人信息。”目前,世界各国都保护个人信息权,已有50多个国家和地区制定了相关的法律。[1]

个人信息权,是指自然人依法对其本人的个人身份信息所享有的支配并排除他人侵害的人格权。个人信息权的特征是:第一,个人信息权是具体人格权,是以个人的信息资料作为人格要素设立的民事权利,既不是所有权,也不是所谓的复合权或隐私权,而是一个独立的具体人格权。第二,个人信息权的客体即个人的资料信息等人格要素,与隐私权客体中的私人信息的区别是,隐私权所保护的私人信息是指人的隐私信息。当把个人身份信息视为独立的人格要素而作为权利客体构建个人信息权时,所谓的个人资料信息就是原来隐私权所保护的个人信息中的个人身份信息,并不包括个人隐私信息。个人隐私信息仍然由隐私权保护,但是个人身份信息用个人信息权保护。第三,个人信息权的主体是自然人个人,不包括法人和非法人组织,因为法人和非法人组织很多信息是需要公开的,特别是上市公司企业信息必须公开披露,对于那些需要特别保护的商业秘密,则采用商业秘密的权利予以保护,而不是用个人信息权保护。第四,个人信息权要求以自我决定权作为其权利基础,自然人对于自己的个人信息,自我掌握、自我支配,他人不得非法干涉、非法侵害,因此是排他的自我支配权。

个人信息权的权利内容包括:一是占有权,即个人信息完全由权利人自己占有,他人不得非法占有;二是决定权,权利人对于个人信息是否使用,是否可以由他人收集、利用,都属于权利人自己的权利,他人无权决定;三是保护权,不仅是自己可以保护自己的个人信息,而且自己的个人信息被他人依法收集、掌握后,仍然依法享有受保护的权利,对于非法侵害自己个人信息的,仍然有权提出保护的请求;四是知情权,

---

〔1〕 参见谭剑等:《新华视点:公民个人信息安全保障问题追踪》,中央政府门户网站2012年4月28日报道,载http://www.gov.cn/jrzg/2012-04/28/content_2125976.htm,最后访问日期:2013年5月14日。

对于掌握自己个人信息的任何组织和个人,权利人有权查询个人信息以及有关的处理情况,并有要求答复的权利,查询内容主要是有哪些个人信息被收集处理与利用,以及在此过程中,信息是否被保持完整、正确,除非因公益或者保密的需要,任何机关不得任意剥夺权利人的知情权;五是更正权,权利人有权请求信息处理主体对所掌握的有关自己不正确、不全面、不时新的个人信息进行更正;六是锁定权,在必要时,权利人有权请求信息处理主体以一定的方式,暂停信息处理,在没有通知当事人并获得其书面同意之前,信息处理主体不可以将个人为某种目的收集的信息用于另一个目的;七是被遗忘权,对于权利人对已被发布在网络上的,有关自身的不恰当的、过时的、继续保留会导致其社会评价降低的信息,要求信息控制者予以删除的权利。[1]

信息权的义务人所承担的义务包括两部分:一是作为个人信息权的一般义务主体承担的一般义务,就是任何人对权利人享有的个人信息权的不可侵犯义务;二是个人信息权的特殊义务主体承担的特别义务,特殊义务主体是依法获得了他人个人信息的人,特别义务就是《民法总则》第 111 条后段规定的内容,即任何组织和个人需要获取他人个人信息的,应当依法取得并确保信息安全,不得非法收集、使用、加工、传输他人个人信息,不得非法买卖、提供或者公开他人个人信息。

(2)对依法取得个人信息的特别保护义务

徐某被诈骗案和清华大学某教师被诈骗案,都给我们提出了一个严肃的问题,就是怎样堵住电信诈骗的源头。堵住电信诈骗的源头、预防电信诈骗的一个重要方面就是保护好个人信息,惩治侵害个人信息的侵权行为。只有这样,才能封闭电信诈骗的信息渠道,堵住电信诈骗的源头。

负有保护自然人个人信息权的特别义务主体,按照《民法总则》第 111 条的规定,是依法取得个人信息的任何组织和个人。包括:

---

〔1〕 参见杨立新、韩煦:《被遗忘权的中国本土化及法律适用》,载《法律适用》2015 年第 2 期。

首先是依法取得个人信息的网络服务提供者。法律规定,任何组织和个人不得窃取或者以其他非法方式获取自然人个人信息,不得出售或者非法向他人提供自然人个人信息。对于有权收集自然人个人信息的网络服务提供者,如果对依法获得的自然人个人信息非法使用、非法出售、非法提供,以及泄露、毁损、丢失,都构成侵权行为。网络服务提供者应当加强防范,防止侵害个人信息权。

其次是其他企事业单位。其他企事业单位主要是指有权获取或者非法获取自然人个人信息的其他企业及事业单位。除了网络服务提供者,凡是有权收集自然人个人信息的企事业单位,或者非法获取自然人个人信息的企事业单位,都可以成为这种行为主体,其中前者最主要是指电信、医院、邮政、银行以及类似的其他企业及事业单位。

再次是国家机关及工作人员。国家机关及其工作人员在履行职责中知悉自然人的个人信息,应当善尽保密义务和谨慎注意义务,没有尽到这种义务,实施了泄露、篡改、毁损以及出售或者非法向他人提供的行为,国家机关及其工作人员构成侵权行为主体。

最后是任何组织或者个人。凡是依法取得自然人个人信息的任何自然人、法人和非法人组织,都负有确保自然人个人信息安全、防止信息泄露的义务,一旦发生或者可能发生信息泄露时,都必须立即采取补救措施,防止损害扩大,如果未尽此义务,则构成不作为的侵权行为。

(3)侵害个人信息权行为的具体表现

任何组织和个人违反保护个人信息权的上述义务,都构成侵权,应当承担损害赔偿责任。任何有权收集自然人个人信息的网络服务提供者、其他企事业单位,如果对依法获得的自然人个人信息非法使用、非法出售、非法提供,以及泄露、毁损、丢失,都认定为构成侵权行为。即使国家机关及其工作人员在履行职责中知悉的自然人个人信息,未尽保密职责,非法泄露、篡改、毁损或者出售以及向他人非法提供的,也构成侵权行为,应当予以制裁。

一是非法出售自然人个人信息。出售是有偿行为,行为人在出售行为中获取非法利益,情节更为恶劣。非法出售自然人个人信息的行为人,是网络服务提供者、其他企事业单位、国家机关工作人员以及其他任何组织和个人。这些单位的工作人员私自非法出售,获取私利。

二是非法向他人提供自然人个人信息。非法向他人提供自然人个人信息的,尽管没有获取非法利益,也构成侵权行为。非法向他人提供,是指违反法律规定,故意采取除出售以外的任何行为方式,将自然人个人信息提供给他人的行为,不论有偿还是无偿,均属之。

三是非法泄露自然人个人信息。网络服务提供者、其他企事业单位以及国家机关及其工作人员,都对其依法收集的个人信息负有保密义务。未尽保密义务,非法予以泄露,不论是故意所为还是过失所致,都构成侵权。例如,公安交警部门电子执法获取的驾驶员违章同时涉及行为人的不雅照,将其公布,就构成非法泄露自然人个人信息的侵权行为。

四是非法篡改自然人个人信息。网络服务提供者、其他企事业单位以及国家机关及其工作人员,违反法律规定,非法对自己掌握的自然人个人信息进行篡改的,构成侵权行为。非法篡改个人信息须故意而为,而不是无意中弄错。这种侵权行为应当造成相当的后果,即由于自然人个人信息被非法篡改而使其民事权益受到损害。对于未尽谨慎义务,无意中弄错自然人个人信息,如果造成了严重损害后果,也构成侵权行为。

五是非法毁损自然人个人信息。网络服务提供者、其他企事业单位以及国家机关及其工作人员违反法律规定,未尽谨慎注意义务,非法毁损自然人个人信息的,构成侵权责任。非法毁损包括故意和过失,是明知自然人个人信息而故意毁损,或因过失而毁损造成受害人的民事权益损害,应当承担侵权责任。

六是丢失自然人个人信息。网络服务提供者、其他企事业单位或者国家机关对于依法获得的自然人个人信息,必须妥善保管,善尽保管责任,如果不慎造成个人信息丢失,也构成侵权。丢失是过失所为,并非故意,造成了受害人权益损害的,也应当承担侵权责任。

七是泄露自然人个人信息未及时采取补救措施。权利人发现自己的个人信息被泄露,有权要求依法取得个人信息的单位和个人删除有关信息或者采取其他必要措施予以制止。如果没有及时采取必要措施,应当承担侵权责任。

对于上述侵害自然人个人信息权的侵权行为,应当依照《侵权责任法》的规定,承担侵权责任,保护自然人的个人信息权。

4. 婚姻自主权

婚姻自主权是自然人按照法律规定,自己作主决定其婚姻的缔结和解除,不受其他任何人强迫或干涉的具体人格权。其权利内容包括订婚自主权、结婚自主权和离婚自主权。

三、身份权及其种类和内容

(一)身份权的概念和特征

《民法总则》第112条规定:"自然人因婚姻、家庭关系等产生的人身权利受法律保护。"这一条文规定的就是身份权。

身份权是指自然人基于特定的身份关系产生并由其专属享有,以其体现的身份利益为客体,为维护该种关系所必需的人身权利。换言之,身份权就是由身份关系发生的权利。[1]

身份权具有以下法律特征:第一,身份权表达的是亲属之间的身份地位;第二,身份权是亲属之间的权利义务关系;第三,身份权的主体有范围的限制;第四,身份权的客体是身份利益;第五,身份权的本质以义务为中心。

(二)身份权的对内、对外法律关系

身份权的对外关系,表明身份权的绝对性,是一个绝对性的民事权利。它表明,享有身份权的权利主体享有这种权利,其他任何人都负有不得侵犯这种权利的义务。在目前我国一些学者对婚姻家庭法的研究中,多专注于对亲属之间的权利义务关系的研究,忽略甚至遗忘了对于身份权对世性的研究,不去研究身份权对外的权利义务关系,是不正

---

〔1〕 参见林菊枝:《亲属法新论》,五南图书出版股份有限公司2006年版,第16页。

确、不全面的。身份权作为对世性的权利,权利人是特定的相对应的亲属,权利人享有的权利,是表明特定亲属之间的特定身份地位,并通过这种亲属的身份地位使权利主体对特定亲属之间的身份利益的绝对占有和支配。身份权作为对世性的权利,义务人是特定亲属之外的其他任何人,负担的义务是对特定亲属身份地位的尊重,并对特定亲属之间的身份利益的不得侵犯。

身份权的对内关系来源于身份权的相对性。由于身份权总是存在于特定的、相对应的亲属之间,因此,身份权的主要内容是对内的权利义务关系。在研究身份权的各种具体权利时,主要关注的就是特定亲属之间的权利义务关系,就是这种对内关系。身份权对内关系,权利义务是平等的,权利人之间既是权利人,又是义务人,双方互为权利人和义务人。平等的权利义务关系,构成身份权对内关系的基本特点。任何一方亲属都不能对另一方取得身份地位上的优势,不得凌驾于另一方。身份权对内关系的另一个特点是以义务为中心,在身份权对内的权利义务中,以义务为重点,而不是以权利为中心。

(三)身份权的类型与内容

1. 配偶权

配偶是指男女双方因结婚而产生的亲属,即具有合法婚姻关系的夫妻相互间的统一称谓和地位。在婚姻关系存续期间,妻是夫的配偶,夫是妻的配偶,双方互为配偶。

配偶权有广义狭义之分,狭义的配偶权仅指夫妻之间在身份上的权利和义务,广义的配偶权不仅包括夫妻之间在身份上的权利义务,而且也包含在财产方面的权利义务。[1]

配偶权也叫作配偶身份权,[2]是指夫妻之间互为配偶的基本身份权,表明夫妻之间互为配偶的身份利益由权利人专属支配,其他任何人均负不得侵犯的义务。

---

〔1〕 参见杨大文主编:《婚姻家庭法学》,复旦大学出版社2002年版,第158页。

〔2〕 参见杨大文主编:《婚姻家庭法》(第5版),中国人民大学出版社2012年版,第106页。

配偶权的法律特征：一是配偶权的权利主体是配偶双方，因而配偶权是配偶双方的共同权利。二是配偶权的客体是配偶利益，不包括法律明定的财产权利，其基本利益是确定夫妻配偶关系所体现的身份利益。三是配偶权的性质是绝对权，配偶权的权利主体虽然为夫妻二人，但它的性质不是夫妻之间的相对权，而是配偶共同享有的对世权、绝对权，是表明该配偶之所以为配偶，其他任何人均不能与其成为配偶的法律地位。四是配偶权具有支配权的属性，其支配的是配偶之间的身份利益，而不是对方的人身。

配偶权的具体内容包括以下 8 项：(1)夫妻姓氏权；(2)住所决定权；(3)同居义务；(4)忠实义务；(5)职业、学习和社会活动自由权；(6)日常事务代理权；(7)相互扶养、扶助权；(8)生育权与计划生育的义务。

侵害配偶权的典型案例，如造成丈夫人身损害间接侵害妻子配偶权妨害婚姻关系案。南京市建邺区环境卫生管理所汽车驾驶员徐某，在工作时间驾驶东风牌自卸车倒车时，将正在卡车后面帮助关车门的张某撞伤，医院诊断为左骨盆骨折，后尿道损伤。经法医鉴定，结果为：因外伤致阴茎勃起功能障碍。张某的妻子王女士认为，自己作为张的合法妻子，丈夫因车祸丧失性功能，使自己的生理及心理健康受到了严重伤害，今后将陷入漫长的、不完整的夫妻生活。于是，夫妻二人共同以环境卫生管理所为被告起诉，要求赔偿各项损失 152,700 元，其中包括性权利损害的精神损害赔偿。

对这起案件有不同的看法。有的认为，本案被告的侵权行为所侵害的是受害人的健康权，行为人没有侵害其配偶权的过错，也没有侵害其配偶的行为，因此，受害人请求配偶的性权利受到侵害没有事实依据，不应当支持。但是对于直接受害人的赔偿可以考虑责令被告承担较重的赔偿责任。有的认为，被告的侵权行为虽然没有直接侵害受害人的配偶的故意或者过失，也没有直接的侵害行为，但是这种侵权行为是一种使间接受害人受到损害的侵权形式，是间接造成的损害事实，因此构成对间接受害人即配偶权利的损害，应当承担间接侵害配偶权的损害赔偿责任。

审理本案的法院认为,建邺区环卫所司机徐某在工作中倒车时疏于观察,将张某撞伤,环卫所应负全部责任。性权利是公民健康权的一个方面,正是由于徐某的侵害,使王某作为妻子的性权利受到了侵害。因此,判决建邺区环卫所赔偿张某医疗费、残疾生活补助费、残疾赔偿金等损失,赔偿王某精神损害抚慰金1万元。这是一个典型的间接侵害夫妻关系也就是配偶权的侵权案件。

2. 亲权

亲权是指父母对未成年子女在人身和财产方面的管教和保护的权利和义务。〔1〕 亲权与监护权虽然同为身份权,但二者在具体属性上有严格区别。亲权确定的是父母与未成年子女之间的身份权,属于亲属法上的身份权,规定在婚姻家庭法之中,是亲属法的具体内容。监护权是基于身份权而产生的权利,是民法关于民事主体制度的组成部分,它确定的是监护人与被监护人之间的权利义务关系。亲权是严格的身份权概念,监护权并不是严格的亲属法上的身份权概念,可以称之为准身份权。《民法总则》第26条第1款"父母对未成年子女负有抚养、教育和保护的义务",规定的就是亲权。

亲权的法律特征:一是亲权的性质是基本身份权,是由若干派生身份权构成的权利的集合体,因而不是单一的权利,是由若干具体权利构成的总的权利。二是亲权是权利义务的综合体,既为权利又为义务,是权利和义务的综合体。亲权作为父母与未成年子女之间的身份权,一方面是父母的权利,未成年子女必须服从父母的教养与保护;另一方面,亲权的行使又具有职责的性质,是法定的义务,父母基于这种法定义务,应对其未成年子女的养育和照顾尽全责。因而亲权不得被抛弃、非法转让或非法剥夺。三是亲权是父母对于未成年子女的权利义务。亲权的主体是父母和未成年子女,子女既已成年,即脱离父母亲权的保护,享有完全的民事行为能力,父母与成年子女

〔1〕 参见李志敏:《比较家庭法》,北京大学出版社1988年版,第227~228页。

之间的权利义务关系即成为亲属权。四是亲权为父母所专有,以教育、保护未成年子女为目的。无论生父母、养父母还是形成抚养关系的继父母,都享有亲权。亲权的目的在于教养、保护未成年子女,并对亲权利益进行支配。

共同亲权原则是当代亲属法规定的亲权基本原则,是指亲权的共同行使,即亲权内容的行使均应由父母共同的意思决定,并对外共同代理子女。〔1〕

亲权的主要内容包括身上照护权和财产照护权。身上照护权〔2〕的基本内容,是父母对未成年子女人身的教养、保护的权利和义务。亲权的财产照护权,〔3〕是亲权保护权的体现。对于未成年子女的财产,亲权人有保护义务。

例如,被告吴某的丈夫赵甲与第三者李某长期秘密非法同居,赵甲起诉要求与吴某离婚。一个月后,李某生一男婴,取名赵乙。吴某约十余人找到赵甲与李某租住的房子,采取殴打、威逼等方式,胁迫赵甲写下"同意吴某将赵乙抱走喂养,我到法院撤回离婚诉讼后再将孩子送回"的字据,吴某当日即从李某怀中强行将正在吃奶的婴儿抢走。赵甲、李某因担心吴某控告其犯重婚罪而不敢报案。吴某喂养赵乙50余日,直至案发由公安机关将婴儿解救。尽管赵甲和李某为非法姘居,但是他们对自己生育的孩子享有亲权,吴某采用强制手段抱走其亲子,属于侵害亲权的行为,父母作为亲权人享有子女交还请求权。

3. 亲属权

亲属权也叫作其他亲属权,〔4〕是指除配偶、未成年子女与父母以外的其他近亲属之间的基本身份权,表明这些亲属之间互为亲属的身份利益为其专属享有和支配,其他任何人均负不得侵犯的义务。《民

---

〔1〕 参见林菊枝:《亲属法专题研究》,五南图书出版股份有限公司1985年版,第143页。

〔2〕 参见陈棋炎、黄宗乐、郭振恭:《民法亲属新论》(第2版),三民书局2002年版,第385页。

〔3〕 参见陈棋炎、黄宗乐、郭振恭:《民法亲属新论》(第2版),三民书局2002年版,第391页。

〔4〕 参见官玉琴:《亲属身份权理论与实务》,厦门大学出版社2007年版,第214页。

法总则》第26条“成年子女对父母负有赡养、扶助和保护的义务”，就是规定了部分亲属权。

亲属权的法律特征是：一是亲属权为独立的身份权。亲属权具有身份权的一切法律性质，如绝对权、专属权、支配权的属性，均为亲属权的基本属性。二是亲属权的客体为亲属关系中特定的身份利益。其他一般亲属虽为亲属，但无明显的亲属身份利益，法律并未赋予其特定的权利义务关系。在近亲属中，配偶的身份利益由配偶权调整，未成年子女与父母的身份利益由亲权调整。除此之外的近亲属，包括父母与成年子女、祖父母外祖父母与孙子女外孙子女、兄弟姐妹之间的身份利益，就是亲属权的客体。三是亲属权具有绝对权和相对权的双重属性。亲属权首先是绝对权，表明亲属之间对亲属身份利益的独占权，除了特定身份关系的近亲属之外，其他任何人都不得侵害，都负有不作为的义务。亲属权又是相对权，其他近亲属之间的亲属身份利益，总是存在于相对的亲属之中，权利义务由相对的近亲属享有和承担。离开相对的其他近亲属，不存在亲属权。

对亲属权的具体内容即亲属权的派生身份权，我国婚姻法规定得比较简略，归纳起来均为扶养权，根据不同的亲属权主体，分为抚养权、赡养权和扶养权。除此之外，亲属权的内容还包括尊敬权、帮助谅解权和祭奠权。其中祭奠权的具体内容，是每一个近亲属对已故的近亲属（尤其是尊亲属）进行祭祀的权利，其共同的近亲属相互之间应当尊重对方的这一权利，相互通知，相互协助，使其真正享有权利内容并得以实现。例如，某兄弟二人闹矛盾，弟弟去外地居住，哥哥在北京与父亲同住。在其父亲去世时，哥哥未通知弟弟即处理了父亲的后事。数年后，弟弟回北京看望父亲，才知道父亲已故。弟弟起诉哥哥，认为哥哥侵害了他对其父的祭奠权。对此，哥哥应当对弟弟承担侵害祭奠权的侵权责任。其实，弟弟还可以主张哥哥侵害了其继承权。

第十五讲　财产权利

李永军*

一、财产权利概述

(一)财产权利的概念与特征

凡以财产利益为直接体现的权利,或者说以涉及财产利益的事物为标的的权利,称为财产权。法律保障的主体生存和发展需要的物质资料总和或经济利益,称财产或财产利益。

财产权是以财产为客体的权利。其特点包括:(1)权利直接体现经济价值;(2)权利可以转移。在传统民法中,财产权的主要形式是物权和债权。进入20世纪以后,知识产权中的财产权在民法财产权中越来越重要。

作为权利对象的财产,是一个动态与开放的范畴,因而财产及财产权在民法的发展过程中有着不同的制度安排。近代民法以降,人类社会生活发生了深刻的变化,作为民法主要调整对象的商品经济关系日趋发达,商品形态日益丰富多彩,从消费品、生产资料、房地产等有形商品,到技术、信息、商机、

---

* 中国法学会民法学研究会副会长,中国政法大学民商经济法学院副院长,民商经济法学院民法教研室主任,博士生导师。

产权等无形商品,市场的触角延伸到一切可以作为财产看待的物质与非物质的对象。众多法哲学家、民法学家,乃至知识产权专家为"新财产"出现作出新的理论阐述。理论创新服务于制度创新之需,使得财产概念具有不确定性和灵活性,从而将各种形态的资源囊括到财产权体系之中。新财产的出现是财产非物质化革命的经典场景。非物质性财产具有哪些类型,学者们从不同视角作出了不同的描述。在格雷的著述中,上述财产既有公司中的股票份额、债券、各种形式的商业票据、银行账户、保险单等,也包括一些难以确定的财产,如商标、专利、版权、特许权和商誉。[1] 施瓦茨将"具有重大价值的新型财产",归类为"商业信誉、商标、商业秘密、著作权、经营利益、特许权以及公平的便利权"。[2] 这表明,"物即财产"的理念被动摇,"财产与实物的联系被消除","支配物的权利"拓展到"有价值的权利"。

(二)财产权利的分类

财产权利因客体不同,分为物权、债权及知识产权中的财产权。(1)物权。物权是排除他人干预而对物进行直接支配的权利,包括所有权、用益物权和担保物权。(2)债权。债权是请求特定主体为或者不为一定行为的权利。(3)知识产权中的财产权。也有学者认为,随着科学技术与商品经济的发展,财产权领域发生了一系列的制度创新和法律变革,"物权—债权"二元财产权结构受到很大冲击,新的财产权类型不断涌现,传统的财产权分类标准不符合现实需要。历史变迁过程表明,财产权是一个开放的、动态的、不断发展的制度体系。(见图15-1)

---

〔1〕 参见[美]托马斯·C.格雷:《论财产权的解体》,载《社会经济体制比较》1995年第2期。

〔2〕 参见[美]肯尼斯·万德威尔德:《19世纪的新财产:现代财产权概念的发展》,载《社会经济体制比较研究》1995年第1期。

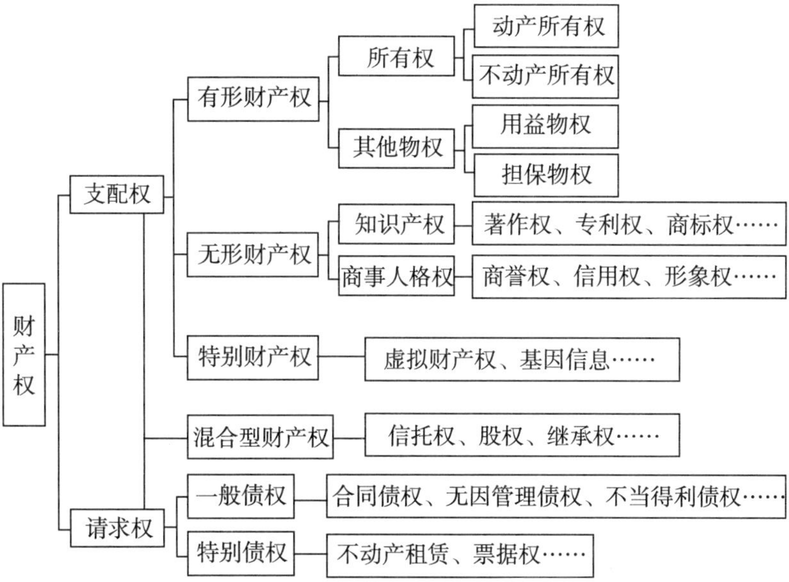

图 15－1

1. 从单一财产权到复合财产权

传统财产权为单一财产权模式，在此有两层含义：一是权利性质之单一性，或为绝对权，或为相对权；二是权利内容之类型化，其支配或请求的基本权能是相同的。后世的一些财产权则是一种“权利束”(aboudleofrights)，它不是单一的、整块的现象概念，而是一系列独立和特殊利益的组合，是一种“亦此亦彼”的新型财产权。例如，股权突破了传统财产权的单一形式与固有权能结构，其股东权包括所有权中的处分权和收益权以及债权中的请求权；信托权的法律构造不同于具有绝对主义与单一形式特点的所有权，实现了“权”与“利”的分离，即受托人享有名义上的所有权和完整的管理权，而委托人享有请求给付利益之债权与行使撤销、追及之物权。

2. 从知识产权到无形财产权

在商法学理论中，经营性资信权被称为商事人格权，包括商誉权、信用权、商品化形象权、特许经营权等。该类权利客体所涉及的资格、信誉、形象等，是一种财产化的人格利益，它具有明显的财产利益内容，但也有一些精神利益因素。资信类权利与知识财产权相异成趣，共同构成无形财产权的制度基础。这即是说，非物质性的财产权利，主要是知识产权，但又不限于知识产权。时至当代，“财产越来越多地变成无形的、非物质的”，[1]诸多资信类权利都是一种具有客体非物质属性但又不能归类为知识产权的财产权。

3. 从虚拟财产权到基因信息权

关于基因信息权或者说遗传资源权利的法律属性，国际上较为流行的观点是将其排斥在知识产权体系之外，也有人主张将其改造成为一种新型的知识产权。对于前者，遗传资源权利究竟是何种财产权，目前尚无确定的说法；对于后者，理论界则普遍认为难以接受。吴汉东教授认为，基因资源不适用传统所有权的保护。虚拟财产权与基因信息权的客体，概为独立存在（或虚拟生成，或自然生成）但又不能持有的客观财产，也是附载于一定物质之上具有经济价值（无论是数据信息还是遗传密码）的信息财产。在此之上的权利形态应为信息财产权，或者说信息财产专有权。

4. 从一般债权到特别债权

（1）租赁权物权化

一般而言，债权具有相对性，仅得约束债权行为的双方当事人，但租赁权物权化使得债权具有对抗任何人之效力。有人说这是绝对权与相对权的混合模式。相对权例外地具有对抗第三人的效力只是个别情况，是因为相对权与绝对权的划分出现严重不公平时，法律例外所作的纠正。但我们应该明白，租赁债权的物权化特征并不能改变其债权的性质，它仍然是债权。这种所谓的物权化特征仅仅是法律基于价值判断而给予租赁债权的一种对抗力而已，从根本上说并不是物权。从许多国家的立法体例上看，租赁权仍被放在合同之债中。另外，从制度设计上也能看出其与物权的明显差异：如果在土地上设定用益物权，则根据土地承包法，期限为30年，而土地租赁的最长时限为20年。

---

〔1〕 尹田：《法国物权法》，法律出版社1998年版，第19页。

(2)票据权利

一般而言,金钱债权的主张并不以书面凭证为必要,如有证据证明债的关系存在的,债权人仍有权要求债务人给付。但在"债权证券化"的条件下,债权与证券相结合,使得传统金钱债权在权项内容与履行请求权方面发生变化。票据权由形式所有权(即持券人对构成证券的物质享有所有权)与实体债权(即持券人凭借证券上记载内容得以主张付款的证券权利)构成。在请求权效力上,持券人可以行使付款请求权和追索权。[1] 可以认为,依票据所创设的权利是具有特别清偿效力的特殊债权。

二、物权

(一)物权的概念与特征

1.物权的概念

物权是民事主体依法享有的一项重要的财产权利。这种权利是权利人在法律规定的范围内对特定的物享有的直接支配和排他的权利。

"物权是直接支配特定物,而享受其利益的权利。"[2]因物权不具备特定的人身属性,因此我们将其置于财产权范畴。在此,有必要说明的是,物权的支配属性并不是指其具有具体的支配效力,因为有很多物权并不具有支配效力,物权的排他效力、优先效力和支配效力共同统一了物权法。针对物的利益而言,物一般意义上具有使用价值和交换价值。所有权人一般对物享有所有权益;用益物权人享有物的使用价值;而担保物权人一般使用的是物的交换价值。

2.物权的特征

(1)直接支配性。主要表现为权利人无须借助他人的意思,仅凭自己的意思就能享受特定物的利益,实现其目的和物的价值。支配性是物权的核心属性,在一定程度上反映了人们正当的财富需求以及对

---

[1] 参见王小能:《论票据权利义务》,载《中外法学》1999年第6期。

[2] 刘家安:《物权法论》(第2版),法律出版社2015年版,第26页。

财富的控制欲望。而且,权利人通过物权对特定物的直接支配所体现的利益,也具有最大的确定性。[1]

支配性作为物权的重要特征,一直以来已成共识,但物权的支配性在完全物权和定限物权上的体现完全是不同的。完全物权即所有权,它是对物进行全面支配的权利,因而其支配性表现得更为彻底;而定限物权是在他人之物上的权利,包括用益物权和担保物权,用益物权侧重于权利人对物的占有、使用与收益,担保物权的真正效力在于其排他性和优先性,并由此派生追及效力,因而定限物权的支配性是否真正存在,值得进一步商榷。

(2)排他性(绝对性)。物权并非总是通过权利人享有其利益的圆满方式得以实现。为了确保物权的安全,权利人依据物权能排除来自他人的妨害与干涉,这就是物权的排他性。即在确定某人对某物享有某种物权的同时,排除了其他任何人对该物享有同样的权利。表现为两方面:①物权关系的义务人是物权人以外的一切民事主体;②任何人对物权行使的不当妨碍,都将构成对物权的侵害,物权人可以对其主张物上请求权或其他请求权。

(二)物的概念

《民法总则》第 115 条规定:“物包括不动产和动产。法律规定权利作为物权客体的,依照其规定。”

本条源自《物权法》第 2 条第 2 款:“本法所称物,包括不动产和动产。法律规定权利作为物权客体的,依照其规定。”在《民法总则》的立法过程中,《民法总则(草案)》一审稿第 104 条、二审稿第 113 条、三审稿第 114 条和本条都沿袭了《物权法》第 2 条第 2 款,未作调整和修改。但是,《民法总则(草案)》一审稿第 104 条后半段还把“网络虚拟财产”作为物权客体,之后鉴于“网络虚拟财产”法律属性的模糊性,其后的审议稿都将其从物权客体范围中删除,并另行作了特别规定,即二审稿第 124 条、三审稿第 128 条以及《民法总则》第 127 条:“法律对数据、

[1] 参见陈甦主编:《民法总则评注》(下册),法律出版社 2017 年版,第 809 页。

网络虚拟财产的保护有规定的，依照其规定。”

本条旨在界定物权的客体，并由此界定物的形态。法律上所指的物，主要是不动产和动产。不动产和动产是物权法上对物的分类，之所以进行这样的分类，主要是便于根据不动产和动产各自的特点分别予以规范。

以物是否可以移动，或者移动是否会变更物的价值或者付出高昂的代价为标准，物可以分为动产和不动产。不动产是指不能移动，或者移动将改变其性能或者付出较大代价的物，包括土地、矿藏、水流、海域和土地上的建筑物。不动产之外的物即为动产，包括机器设备、产品、半产品和原材料等。

不动产和动产的区分具有以下几点意义：(1)公示方法不同。不动产一般以登记为公示方法；动产以占有为公示方法。(2)权利变动的依据不同。不动产的物权变动通常以登记为依据，动产通常以交付为物权变动的根据。(3)物权设定种类不同。如担保物权的质权只能设立在动产和权利上。虽然抵押物权可以设定在动产上，但较多设定在不动产上。(4)法律管辖不同。因不动产提起的诉讼，采取属地主义管辖；而动产采取属人主义管辖。

权利作为物权客体，立法并没有明确具体的范围。从实践上看，主要包括以下几类：(1)债权作为物权客体。如汇票、本票、支票、债券、存款单和应收账款的质押等，可以成为质权的客体。(2)股权与基金份额作为物权客体。如股票、基金份额等投资性收益，可以成为质权的客体。(3)知识产权作为物权客体。如注册商标专用权、专利权、著作权等知识产权中的财产权，可以成为质权的客体。(4)用益物权作为物权客体。如土地承包经营权、建设用地使用权可以成为抵押权的客体。

(三)物权法定

《民法总则》第116条规定：“物权的种类和内容，由法律规定。”

本条源自《物权法》第5条：“物权的种类和内容，由法律规定。”物权法定是指能设立哪些种类的物权，各种物权有哪些基本内容，只能由法律规定，而不能由当事人自由创设。它既是物权与债权区分的逻辑结果，也是物权和债权得以区分的规范支撑。在《民法总则》的立法过程中，《民法总则（草案）》一审稿和二审稿均没有物权法定原则的条文，三审稿第115条增设该原则，本条予以保留。从域外立法经验来看，物权法定是物权法的基本原则。

1. 物权法定主义的内涵

（1）物权类型法定。

类型法定意味着，在某一国法域内，凡称为物权的，必须由该国法律预先规定此权利类型；对于法律未规定的物权类型，当事人不得自由创设，如创设的，创设行为无效。例如，我国法律仅承认抵押权、动产质权、权利质权、留置权等几种担保物权，如果当事人自行创设所谓"不动产质权"（即约定以不动产的交付作为担保物权的设立方式），则该创设行为无效，在不动产上不产生质权。

（2）物权内容法定。

法律对各种物权类型作出规定时，会明确各种物权类型的基本要素，这些基本要素具有强制性，当事人不得创设与法定的物权内容相异的物权。物权内容法定实际上是类型法定要求的，因为如果当事人可以在某个法定的物权类型下任意变更其内容，那么法定的物权类型可能会变得面目全非、名实不符，类型法定主义也就要名存实亡了。

2. 物权法定主义的设立理由

（1）体现物权的绝对性，落实它与债权的区分。

相对性的权利，如债权，仅在特定当事人间具有效力，而对第三人和社会公众几乎不产生任何影响。相反，物权具有极强的效力，权利人可以以其权利对抗任何人。因此，如果允许当事人以合同或者其他方式任意创设具有对抗性的物权类型，而第三人甚至根本无从知晓该"物权"的存在与其基本内容，那么势必发生严重的利益冲突，第三人的利益可能会因此而受损。此"第三人"实际上是不特定的人，如果物权可以被任意创设，那么当事人的"自治"将以牺牲公众的利益作为代价。

(2)配合物权公示,确保交易安全与便捷。

物权所具有的对抗不特定第三人的绝对性,是以物权的公示为前提的,也就是说,只有在第三人能够方便地得知物权的存在与其具体内容之时,其受制于该种物权才具有合理的基础。有效的物权公示制度的建立,一方面使公众在交易中能够了解相关物上的物权归属状况,从而使交易当事人不因物权的对抗性而受到损害,交易安全也因此得以维护;另一方面,也使交易双方对于交易的对象,无需反复调查,即可借助公示手段了解物上的权利状况,大大节省了交易的成本,提高了交易的效率。

(3)保护所有权,防止过度限制。

所有权是物权体系的基础和根本,他物权基本上是限制或分离所有权部分权能的产物,为防止因设立他物权而不合理地限制所有权,法律应先划定合理界限,结果就是由法律规定各类物权及其内容。

3. 违反物权法定主义的效果

(1)违反种类法定。

物权法定原则为强制性规范,当事人不得以约定排除其适用。若当事人通过法律行为(合同或者遗嘱)创设法外物权类型(如设立居住权),该"权利"不是物权。但若无其他无效事由,可产生合同上的效力。

(2)违反内容法定。

分两种情况:①如果违反法律的"禁止性规定",既不能产生物权效力,合同亦属无效。例如,当事人约定流质契约,债务履行期满,债权人不能即时取得担保物的所有权(即不能产生物权效力);流质契约亦属无效(也不产生合同效力)。②如果违反的内容属于物权的"基本内容",不能发生物权法上的效果,但不妨碍在当事人之间发生债权法上的效果。例如,甲将某物出售给乙,双方约定,乙"不得"将该物出卖给他人。由于处分权是所有权的基本内容,甲、乙对乙的所有权所作的限制,在物权法上不能产生限制的效果,乙的处分权不受任何影响。如果乙将该物转让给第三人,即使第三人为恶意,第三人依然取得该物的所有权。但是,这并不妨害甲有权对乙主张违约责任。

(3)违反公示方法法定。

如果登记或交付为物权变动的"生效"要件,当事人违反法定的公示方法设立物权,则物权"未设立",但不影响合同的效力(区分原则)。例如,当事人约定无需办理登记手续的不动产抵押,则抵押权不能设立;当事人约定以占有改定设定动产质权,不能发生质权设立的效果。

(四)征收的概念与条件

《民法总则》第117条规定:"为了公共利益的需要,依照法律规定的权限和程序征收、征用不动产或者动产的,应当给予公平、合理的补偿。"

1. 发展沿革

本条是对征收、征用的原则性规定。在《民法总则》的立法过程中,《民法总则(草案)》一审稿、二审稿均没有该规范,三审稿第117条首次增设该规范,原因在于:经过两次审议后,有意见提出,应将民事权利的部分规定得更充实一些,建议对有关征收、征用而获得补偿的权利作出原则性规定,最高立法机关采纳了该意见。

本条与《宪法》第10条、第13条的精神保持一致。[1]

本条也源自《物权法》第42、44、121条。

《物权法》第42条规定:"为了公共利益的需要,依照法律规定的权限和程序可以征收集体所有的土地和单位、个人的房屋及其他不动产。征收集体所有的土地,应当依法足额支付土地补偿费、安置补助费、地上附着物和青苗的补偿费等费用,安排被征地农民的社会保障费用,保障被征地农民的生活,维护被征地农民的合法权益。征收单位、个人的房屋及其他不动产,应当依法给予拆迁补偿,维护被征收人的合法权益;征收个人住宅的,还应当保障被征收人的居住条件。"

《物权法》第44条规定:"因抢险、救灾等紧急需要,依照法律规定

[1] 《宪法》第10条第3款:"国家为了公共利益的需要,可以依照法律规定对土地实行征收或者征用并给予补偿。"第13条第3款:"国家为了公共利益的需要,可以依照法律规定对公民的私有财产实行征收或者征用并给予补偿。"

的权限和程序可以征用单位、个人的不动产或者动产。被征用的不动产或者动产使用后，应当返还被征用人。单位、个人的不动产或者动产被征用或者征用后毁损、灭失的，应当给予补偿。"

《物权法》第121条规定："因不动产或动产被征收、征用致使用益物权消灭或者影响用益物权行使的，用益物权人有权依照本法第42、44条的规定获得相应补偿。"

《民法总则》第117条即是在对上述法律条文进行归纳、总结、借鉴的基础上制定出来的。处理好被征收、征用人的利益保护问题，事关百姓健康福祉与社会和谐稳定以及国家经济健康发展。在《民法总则》第117条增加相关权利内容，既回应了对处于相对弱势群体保护的现实需求，也进一步丰富了我国的权利体系内容。

2. 规范目的

征收是国家以行政权取得集体、单位和个人的财产所有权的行为。征收的主体是国家，通常是政府以行政命令的方式从集体、单位和个人手中取得土地、房屋等财产。在物权法上，征收是物权变动的一种特殊情形，导致所有人的所有权丧失。

征用是国家为了抢险、救灾等公共利益的需要，在紧急情况下强制性地使用单位、个人的不动产或动产。征用的目的只在获得使用权，征用不导致所有权移转，被征用的不动产或动产使用后，应当返还被征用人。

征收、征用属于政府行使行政权，属于行政关系，不属于民事关系，但由于征收、征用是对所有权或使用权的限制，同时又是国家取得所有权或者使用权的一种方式，因此民法通常从这一民事角度对此作原则性的规定。

由于我国法治建设事业仍处于不断发展完善的阶段，因此在相当长的一段时间内，对于人民群众合法财产权的保护尚有欠缺，实践中不时发生行政机关通过征收、征用取得其他主体合法财产权的现象。为了强化合法财产权的保护力度，防止行政机关任意侵害其他主体财产权，本条规范再次明确征收、征用的限制条件。

3. 规范内涵

(1)区分征收、征用

①前提不同。前提虽都是公共利益需要,但征收的前提范围相对广泛,征用的前提范围主要限定在抢险、救灾等突发的紧急状况。

②对象不同。从理论上讲,其他主体的各类财产均能成为征收的对象,但因为土地等不动产之外的其他财产通常有可替代性,国家即便为了维护和实现公共利益,也完全可以在市场上购买,无需借助强制性的征收手段,故征收的客体主要是不动产。从我国征收实践来看,征收的不动产权利主要包括集体土地所有权、集体建设用地使用权及建筑物、构筑物所有权、宅基地使用权及房屋所有权、国有土地上的房屋所有权。征用有所不同,在紧急状况下,不动产和动产均属于征用对象。

③效果不同。征收导致所有权的变动,国家从财产所有人处直接取得所有权。征用的目的只在获得使用权,征用不导致所有权移转,被征用的不动产或动产使用后,应当返还被征用人。

④补偿不同。征收导致所有权的转移,被征收人因此丧失财产,国家必须给予与财产价值相当的补偿;而征用不导致财产所有权转移,只要征用的财产没有毁损灭失,国家给予的补偿限定为权利人因不能行使权利而导致的损失。

(2)征收、征用的相同之处

①实现手段的强制性:它们都是对原财产所有权人或者其他物权人有强制性,在国家有征收或者征用的指令时,权利人方面只能服从。[1]

②公共利益需要:无论是征收还是征用,都必须基于公共利益之需要。公共利益通常是指全体社会成员的共同利益和社会的整体利益。

③依法予以补偿:虽然征收、征用都是基于公共利益的考量,但也不能采取无偿剥夺的形式,而要依法给予补偿。

---

〔1〕 房绍坤、王洪平:《分立抑或再合一:“征收”与“征用”之概念关系辩正》,载《法学论坛》2009年第3期。

4. 适用条件

(1)必须为公共利益的需要。

公共利益通常是指全体社会成员的共同利益和社会的整体利益，是不特定多数人的利益。实践中判断是否是社会公共利益，分为以下两方面：①区别商业利益。商业利益是企业或个人获取利润的利益，商业利益直接服务于个人或企业，不能为了商业利益的需要而强行征收、征用他人的不动产或动产。②区别部门、单位和小集体的利益。部门、单位和小集体的利益，其受益人是特定的少数人，与公共利益有着本质的区别。为了谋求商业利益或者单位的利益而需要他人转让不动产或动产的，应当通过平等协商、公平买卖的办法解决，而不是借助国家强制力来实现。

公共利益的类型化列举，参照《国有土地上房屋征收与补偿条例》第 8 条："为了保障国家安全、促进国民经济和社会发展等公共利益的需要，有下列情形之一，确需征收房屋的，由市、县级人民政府作出房屋征收决定：(一)国防和外交的需要；(二)由政府组织实施的能源、交通、水利等基础设施建设的需要；(三)由政府组织实施的科技、教育、文化、卫生、体育、环境和资源保护、防灾减灾、文物保护、社会福利、市政公用等公共事业的需要；(四)由政府组织实施的保障性安居工程建设的需要；(五)由政府依照城乡规划法有关规定组织实施的对危房集中、基础设施落后等地段进行旧城区改建的需要；(六)法律、行政法规规定的其他公共利益的需要。"

(2)征收、征用必须严格依照法律规定的权限和程序。

对于征收、征用程序应当严格法定，限制征收的强制执行措施，保障公民的知情权、参与权、申请复议权和获得合理补偿的权利，并且基于司法最终救济的法治原则，赋予其诉权，请求司法审查。

(3)主体必须要有法定权限。

根据《土地管理法》第 45 条，代表国家行使土地征收权的主体是国务院或省级政府。

根据《国有土地上房屋征收与补偿条例》第 4 条第 1 款，代表国家行使国有土地上房屋征收权的主体是土地及房屋所在行政区域的市、县级政府。

(4)征收、征用必须予以公正补偿。

关于补偿的标准,理论上有两种:①完全补偿论。对成为征用对象的财产的客观价值,应按其市场价值全额予以补偿。②适当补偿论。对财产权限制,只需综合斟酌征收的目的及其必要程度等因素,并参照当时社会的观念,给予公正和恰当的合理金额,便足以视为正当补偿。最近,有经济学家认为,拆迁户不应按市场价格补偿,因为城市化是全民的成果,其利益不应该完全给房主,应建立基金将这些收益按照一定的规定来分配。此种观点即采适当补偿论。笔者认为,征收虽然具有强行性特征,但在市场经济条件之下,仍然属于一种商品交换关系,应当符合等价交换的规律。征收补偿目的在于填补被征收人财产所遭受的损失,以符合社会公平负担的原则,所以征收补偿的范围及标准应当限于被征收人所受到的财产损失。市场经济繁荣的基础是个人产权的明晰和保护,当产权初始配置之后,即便最终通过市场交易、竞争或者运气等偶然因素导致了结果的不平等,这种不平等也必须被容忍。

关于征收集体土地的补偿,需把握以下几点:

一是征地补偿和安置补助的原则是保证被征地农民的生活水平不因征收土地而降低。

二是按照被征收土地的原用途给予补偿。原来是耕地的按耕地的标准补偿,原来是林地的按林地标准补偿,原来是草地的按草地标准补偿。

三是征收耕地的补偿费用包括土地补偿费、安置补助费、地上附着物补偿费、青苗补偿费。土地补偿费是给予土地所有权和用益物权人(承包人)的投入及造成损失的补偿,应当归土地所有人和用益物权人所有。安置补助费用于被征地的农民的生活安置,如果农民自谋职业或者自行安置的,应当归农民个人所有。地上附着物补偿费、青苗补偿费归地上附着物、青苗的所有人(多为承包人)所有。

四是依据前述标准支付的土地补偿费和安置补助费不能保证被征

地农民的原有生活水平的,经省级人民政府批准,可以提高补偿标准。根据社会、经济发展水平,在特殊情况下,国务院也可以提高征收耕地的土地补偿费和安置补助费标准。

关于国有土地上房屋的征收的补偿,包括:被征收房屋价值的补偿;因征收房屋造成的搬迁、临时安置的补偿;因征收房屋造成的停产停业的损失的补偿。

三、债权

(一)债权的概念和产生根据

《民法总则》第118条规定:"民事主体依法享有债权。债权是因合同、侵权行为、无因管理、不当得利以及法律的其他规定,权利人请求特定义务人为或者不为一定行为的权利。"

1. 债权的概念

债权是在特定人之间存在,以受领他人给付的利益为内容的财产权。债权有以下特征:

(1)债权是在特定人之间存在的权利,债务人之外的任何人与债权人不存在权利义务关系。

(2)债权是以受领他人给付的利益为内容,即债务人依约定或法律的规定履行债务时,债权人有权予以接受,并保持所得利益。

(3)债权是财产权。债权作为财产权不但可以以金钱进行评价,而且在许多情况下具有很强的流通性。

(4)债权是期待权。债权并非是一种既得利益,而是一种期待利益。

2. 债权的产生依据

(1)合同。合同是指当事人之间设立、变更、终止债权债务关系的法律关系。《民法总则》第119条规定:依法成立的合同,对当事人双方具有法律约束力。其产生债的关系,称为合同之债。合同是产生债最常见也是最重要的方式。

(2)侵权行为。侵权行为是指不法侵害他人的合法权益,应承担民事责任的行为。《民法总则》第120条规定:民事权益受到损害的,被侵权人有权请求侵权人承担侵权责任。进而侵权行为便成为债产生的重要根据,我们通常将其称为侵权之债。

(3)无因管理。无因管理是指没有法定或约定的义务,为了避免他人利益受损失而进行管理的人,自愿为他人管理事物或提供服务的行为。《民法总则》第121条规定:没有法定的或者约定的义务,为避免他人利益受损失而进行管理的人,有权请求受益人偿还由此支出的必要费用。无因管理是法定之债,无因管理一经成立,管理人和本人之间便产生债权债务关系,我们通常将其称为无因管理之债。

(4)不当得利。不当得利是指没有法律上的根据,使他人受损而自己获得利益。《民法总则》第122条规定:因他人没有法律根据,取得不当利益,受损失的人有权请求其返还不当得利。由于受益人缺少法律的根据而获益,其负有将该利益返还给受害人的义务,因而形成以不当得利返还为内容的债的关系。

(5)单方行为。即有一方的意思表示就可以成立的民事法律行为,如遗赠行为。

(6)多方行为。如股东会、监事会、建筑物区分所有人决议、基金持有人决议等。

(7)救助行为。《侵权责任法》第23条规定:"因防止、制止他人民事权益被侵害而使自己受到损害的,由侵权人承担责任。侵权人逃逸或者无力承担责任,被侵权人请求补偿的,受益人应当给予适当补偿。"

(8)拾得遗失物。拾得人应当妥善保管遗失物。因故意或重大过失致使遗失物毁损、灭失的,应当承担民事责任。

(9)添附行为。添附是指不同所有人的物结合在一起而形成不可分离的物或具有新物性质的物。添附主要有混合、附合、加工三种模式。因添附行为,可能会在当事人之间产生利益归属和损害赔偿等纠纷,进而添附行为也就成为债产生的根据之一。

(10)其他法律规定。如《证券法》第47条第1款:"上市公司董事、监事、高级管理人员、持有上市公司股份百分之五以上的股东,将其持有的该公司的股票在买入后六个月内卖出,或者在卖出后六个月内又买入,由此所得收益归该公司所有,公司董事会应当收回其所得收益。但是,证券公司因包销购入售后剩余股票而持有百分之五以上股份的,卖出该股票不受六个月时间限制。”再如《婚姻法》第21条:“父母对子女有抚养教育的义务;子女对父母有赡养扶助的义务。父母不履行抚养义务时,未成年的或不能独立生活的子女,有要求父母付给抚养费的权利。子女不履行赡养义务时,无劳动能力的或生活困难的父母,有要求子女付给赡养费的权利。”

3. 第118条的立法目的及沿革

《民法通则》第84条[1]大致规划了债的模样。但该条未明确债的相对性,未明确债的标的是给付,未明确列举法律之债的类型。[2]

着眼于这些缺陷,《民法总则》第118条进行了必要的弥补。本条明确了侵权行为、无因管理、不当得利作为债的发生原因,取代了《民法通则》第84条“依照法律的规定”的概括表述。此外,本条明确了作为债之内容的“给付”的基本含义,即“权利人请求特定义务人为或者不为一定行为的权利”。从形式上看,本条的表述相较于《民法通则》第84条更为简洁清晰,是立法技术上的提高。

在《民法总则(草案)》一审稿中,尚有“单方允诺”这一债之产生方式。单方允诺是指行为人向相对人作出的为自己设定某种义务,使相对人取得某种权利的意思表示。单方允诺一般向社会上不特定的人发出,如悬赏广告。在征求意见过程中,有意见提出,对单方允诺的性质,理论上有“要约说”和“单方行为说”两种。“要约说”认为单方允诺是行为人以不特定多数人为对象发出完成某种行为即取得某种权利的要约,只要某个人完成了指定行为,即构成承诺,双方合同成立。完成指定行为的人享有单方允诺人履行承诺义务的请求权,行为人应按

---

〔1〕“债是按照合同的约定或者依照法律的规定,在当事人之间产生的特定的权利和义务关系。享有权利的人是债权人,负有义务的人是债务人。债权人有权要求债务人按照合同的约定或者依照法律的规定履行义务。”

〔2〕参见梁慧星:《中国民法典草案建议稿附理由:债权总则编》,法律出版社2006年版,第6页;王利明:《中国民法典学者建议稿及立法理由:债法总则编、合同编》,法律出版社2005年版,第12页。

照允诺履行义务。

单方行为说认为单方允诺是单方法律行为,行为人作出单方允诺,法律行为即生效,对完成特定行为的人负有履行允诺义务的义务。其他国家和地区对单方允诺的性质也有不同的规定。如德国、意大利采单方行为说,日本、瑞士采要约说,我国台湾地区“民法”1999 年债编修正时将单方允诺的性质从单方行为说改为要约说。最高人民法院合同法司法解释、民事案件案由规定以及最高人民法院公报对悬赏广告已采合同说,建议删除单方允诺。由于尚有争议,本条最终草案二次审议稿删除了单方允诺的规定。

(二)合同之债

《民法总则》第 119 条规定:“依法成立的合同,对当事人具有法律约束力。”

本条源自《合同法》第 8 条:“依法成立的合同,对当事人具有法律约束力。当事人应当按照约定履行自己的义务,不得擅自变更或者解除合同。依法成立的合同,受法律保护。”

从内容上看,本条与《合同法》第 8 条第 1 款第 1 句完全一致,并删除了第 8 条第 1 款第 2 句与第 2 款的内容,从而显得更为简洁。

本条旨在明确合同的约束力。在债权概念统领下,本条与第 120、121、122 条一起,对最常见且最重要的债权原因事实进行了界定,体现了规范框架的完整性。

1. 合同的概念

合同是平等主体的自然人、法人、其他组织之间设立、变更、终止民事权利义务关系的协议。

2. 合同的特征

第一,合同是一种民事法律行为。

第二,合同以产生、变更或终止民事权利义务关系为目的。

第三,合同是两个以上的当事人意思表示相一致的协议,即合同是当事人协商一致的产物。

第四,合同是当事人在平等自愿基础上作出的民事法律行为。

3. 合同的分类

(1)单务合同与双务合同

根据当事人双方是否互负义务,可以将合同分为单务合同与双务合同。单务合同是指一方当事人负担义务而他方当事人不负担义务的合同。双务合同则是指当事人双方互负相关义务的合同。单务合同和双务合同在合同的生效要件、合同的履行以及合同的变更和撤销方面均有所不同。

(2)有偿合同与无偿合同

根据当事人取得利益是否付出代价,可以将合同分为有偿合同与无偿合同。有偿合同是指当事人双方为取得利益而需支付对价的合同。无偿合同则是指当事人从对方取得利益而无需支付对价的合同。区分有偿和无偿合同的意义在于有利于明确适用法律、承担责任及限制行为能力人适用上的区别。

(3)有名合同与无名合同

根据法律上是否规定了一定合同的名称,可以将合同分为有名合同与无名合同。有名合同又称为典型合同,是指法律对这类合同的类型设有专门的规范规定并赋予一定的名称,如买卖合同;而无名合同又称为非典型合同,是指法律未对其类型特别加以规范规定,也未赋予其特定名称,而是由当事人自由创设的契约,如饮食合同。无名合同并非指没有自己的名称,而是法律对这类合同未明确规定。

(4)诺成合同与实践合同

根据合同成立是否须交付标的物为标准,可将合同分为诺成合同与实践合同。诺成合同是指当事人意思表示一致即告成立的合同,无须再为其他手续或为实务的交付。实践合同则是指除当事人意思表示一致外,尚需交付标的物的合同。二者在构成要件和成立时间上有所不同。

(5)要式合同与不要式合同

根据合同是否要以特定形式为要件,可将合同分为要式合同与不要式合同。法律要求必须具备一定的形式和手续的合同为要式合同;法律不要求必须具备一定的形式和手续的合同为不要式合同。我国规定的要式合同主要有:不动产买卖合同、非自然人之间的借款合同、租赁合同、建设工程合同等。

(6)主合同与从合同

根据合同相互间的主从关系,可以将合同分为主合同与从合同。能够独立存在或者说独立存在有价值的,为主合同,从属于主合同并为主合同服务的,为从合同。如担保合同即为从合同。对主合同的变动一般会影响从合同,主合同的消灭一般会导致从合同消灭。但是,法律另有规定的除外。

(7)为订约人自己的利益订立的合同与为第三人利益订立的合同

根据订约人订立合同是否为自己谋取利益,合同可以分为为订约人自己的利益订立的合同与为第三人利益订立的合同。为订约人自己的利益订立的合同,是指订约当事人订立合同是为自己设定权利,使自己直接取得和享有某种利益。为第三人利益订立的合同,是指订约当事人并非为了自己设定权利而是为第三人利益订立合同,合同将对第三人发生效力。

4.《民法总则》第119条的规范含义

(1)合同是债权行为

本条规定的合同与物权行为无关。也就是说,当债权创设源自当事人协商一致的自我决定时,这种合同行为就是债权行为。受制于此,第118、119条所称的合同专属于债法。

(2)合同"依法"成立

合同因当事人意思表示一致而成立,但并不因其成立就必然对当事人产生法律约束力,只有依法成立的合同才有这样的效果。在此所谓的"依法"无疑是一种限制,必须予以恰当理解,才能发挥其本有的规范功能,否则会过分干涉当事人的意思自治。

首先,"依法"指合同需符合法律的要求,如内容不违反法律、行政法规的强制性规定,否则合同自始无效,没有法律意义。

其次,"依法"不包括法律规定的特别生效要件。因为即便合同缺失这些特别要件,仍能在维持其已然成立的状态下,予以补救。如《合同法》第44条规定:“依法成立的合同,自成立时生效。法律、行政法规规定应当办理批准、登记等手续生效的,依照其规定。”据此,在法律、行政法规有特别规定的前提下,批准或登记属于合同的特别生效要件,没有办理这些手续的合同未生效(《合同法司法解释一》第9条第1款)。

(3)合同的法律约束力

依法成立的合同对当事人具有法律约束力,强调了合同效力的相对性,即其只及于合同当事人,对之外的第三人没有约束力。在此约束力下,当事人应当按照约定履行债务,否则就要承担相应的责任。不仅如此,合同在当事人之间有相当于法律的效力,是法院判断当事人有无相应权利的依据,并能优于狭义法律的任意规范而适用。

(三)侵权之债

1. 侵权民事责任的概念

公民、法人由于过错侵害国家的、集体的财产,侵害他人财产、人身的,应当承担民事责任。没有过错,但法律规定应当承担民事责任的,应当承担民事责任。

2. 侵权责任的特征

(1)侵权责任是法律责任,不是道义责任;

(2)侵权责任是民事法律责任,不是刑事、行政责任;

(3)承担侵权责任的方式主要是财产责任;

(4)责任承担以补偿性为主。

3. 侵权行为分类

(1)按构成要件,侵权行为可分为一般侵权行为和特殊侵权行为。

一般侵权行为指行为人基于过错直接致人损害,因而适用民法上一般责任条款的行为。

特殊侵权行为指行为人虽无过错,但依民法特别责任条款或民事特别法应承担责任的行为。

(2)按侵害对象,侵权行为可分为侵害财产权行为和侵害人身权行为。

侵害财产权行为,包括侵害物权及知识产权中的财产权行为。

侵害人身权行为,包括侵害他人身体和心理的行为。

(3)按致害人的人数,侵权行为可分为单独侵权行为和共同侵权行为。

单独侵权行为是指致害人仅为一人的侵权行为。

共同侵权行为是指致害人为二人以上的侵权行为,致害人应负连带的损害赔偿责任。

(4)按行为性质,侵权行为可分为积极侵权行为和消极侵权行为。

积极侵权行为,指致害人以积极作为的形式致人损害的行为。

消极侵权行为,指致害人以消极不作为的形式致人损害的行为。

4.《民法总则》第120条

《民法总则》第120条规定:"民事权益受到侵害的,被侵权人有权请求侵权人承担侵权责任。"

本条源自《侵权责任法》第2条与第3条,其中第2条第1款规定,"侵害民事权益,应当依照本法承担侵权责任";第3条规定,"被侵权人有权请求侵权人承担侵权责任"。本条实际是上述两条的整合,是对侵权请求权的一般规定。

在《民法总则》的立法过程中,草案一审稿没有相应的规定,二审稿第117条始有该规定,三审稿第120条和本条保留下来,未作出修改和调整。

本条旨在明确侵权行为的一般规范,与第118条第2款的"侵权行为"相对应,列明了实践中最常见的债权原因事实。本条内容极其抽象,无论是"侵害"还是"民事权益",内涵均相当不确定,且其未明确侵权责任的要件和形态,并非能作为请求权基础的完整法条,就此而言,本条完全出于框架规范完整性的考虑,在适用时必须与《侵权责任法》相结合。

本条阐明了侵权行为的基本构成:(1)有侵权行为;(2)他人民事权益遭受损害;(3)侵害行为与民事权益损害之间有因果关系。在满足了这些基本构成后,行为人和受害人就可称为侵权人和被侵权人,前者有权请求后者承担侵权责任。

需要说明的是,本条所谓"民事权益"与《侵权责任法》第2条第2

款的“民事权益”具有相同的内涵。根据《侵权责任法》第 2 条第 2 款规定，民事权益包括生命权、健康权、姓名权、名誉权、荣誉权、肖像权、隐私权、婚姻自主权、监护权、所有权、用益物权、担保物权、著作权、专利权、商标专用权、发现权、股权、继承权等人身、财产权益，还包括其他人身、财产权益，如死者名誉、胎儿人身利益。之所以采用这种宽泛的表述，是考虑到民事权益多种多样，立法难以穷尽，而且随着社会、经济的发展，还会不断有新的民事权益被纳入侵权法的调整范围。[1]

（四）无因管理之债

《民法总则》第 121 条规定：“没有法定的或者约定的义务，为避免他人利益受损失而进行管理的人，有权请求受益人偿还由此支出的必要费用。”

本条源自《民法通则》第 93 条：“没有法定的或者约定的义务，为避免他人利益受损失进行管理或者服务的，有权要求受益人偿付由此而支付的必要费用。”在《民法总则》的立法过程中，草案一审稿第 106 条、二审稿第 118 条、三审稿第 121 条均采取了相同的表述，本条未作实质修改和调整。

1. 无因管理的概念

无因管理是指未受他人委托，也无法律上的义务，为避免他人利益受损失而自愿为他人管理事务或提供服务的事实行为。无因管理是大陆法民法中债的发生根据之一。

（1）无因管理是合法行为。

原则上，对于私人事务，他人不得随意干涉，否则构成侵权。但在无因管理中，管理人是为了公共利益或者受益人的利益进行管理行为，是符合道德准则的有益行为。为平衡个人事务禁止他人任意干涉和人与人之间互助行为的关系，创设了无因管理制度，阻却管理人行为的侵权性，确认其合法性，倡导和弘扬了社会互助的道德追求，是公平正义

[1] 参见王胜明主编：《中华人民共和国侵权责任法释义》，法律出版社 2010 年版，第 23～26 页。

的法律精神的体现。

(2)无因管理是事实行为。

无因管理之债的发生不以当事人的意思表示为要素,管理人进行管理行为时虽然有管理他人事务之意思,但该意思无须表示于外让他人知晓,也不以发生无因管理之债为目的,只要客观上存在管理人的管理行为即可。因此,无因管理是一种事实行为而非法律行为,任何自然人、法人或者其他组织都可以成为无因管理的主体,且无须具备相应的民事行为能力。

2. 无因管理之债的构成要件

(1)管理人没有法定或约定的义务。

"没有法定或约定的义务"明确了构成无因管理的一个重要客观要件,就是管理人无法律上的义务。法律上的义务包括法定的义务和约定的义务。管理人依约对于本人负有义务时,不能成立无因管理,如管理人与他人签有代理、雇佣、承揽合同时,管理人与他人之间的法律关系,应依合同关系确定,管理人与他人不能构成无因管理关系。管理人对于本人依法负有义务时也不能成立无因管理,如消防队员的救火行为,父母对于未成年子女,监护人对于被监护人,虽然对财产和人身进行了管理义务,但这些义务是法定的义务,他们之间的法律关系不能成立无因管理。但是管理人虽负有法律上的义务,如超过其义务范围而处理事务时,就其超过部分,仍属于无义务,可构成无因管理。管理人是否有法律上的义务,应依客观情形判定。

(2)客观上实施了管理他人事务的行为。

有的学者认为,所谓管理,就是处理事务的行为。这种行为因为是为本人谋取利益,因此管理行为不仅包括保存、利用、改良等处分行为,而且包括为本人新取得权利或负担义务的行为。[1] 笔者认为,无因管理的管理行为仅限于保存、利用、改良等处分行为,而不应包括为本人新取得权利的管理行为。我国《民法通则》第93条规定"为避免他人的利

---

〔1〕 参见郑玉波:《民法债编总论》(第2版),中国政法大学出版社2004年版,第75页。

益受损失进行管理或者服务”一语,限定了管理行为的范围。管理行为仅仅是为避免他人的利益遭受损失,而不包括为本人新取得权利或负担义务。将管理行为范围扩大到为本人取得新权利,无限扩大了管理人的行为范围,干涉了本人的私人事务。管理人进行管理的事务须为满足他人生活需要的事项。事务应为积极的事务,单纯的不作为,则不能成为无因管理的事项。管理的事务,可以是经济的事务,也可以是非经济的事务,如我国台湾“民法典”第175条规定“管理人为免除本人之生命、身体或财产上之急迫危险而为事务之管理者”一段,即可明了。管理行为可以是法律行为,也可以是事实行为;可以是持续的行为,也可以是一时的行为。但宗教、道德或习俗的事项,如有的为病人祈祷、为朋友介绍恋人;违法行为,如为盗窃分子保存赃物;违背社会公序良俗的行为;须经本人授权方可实施的行为,不能作为无因管理的事项。

无因管理的事务必须是他人的事务,而非管理人的事务。依据事务的性质,有的学者将他人的事务分为三种:客观的他人事务、纯粹的自己事务和中性的事务,如我国台湾地区学者郑玉波。有的学者将他人的事务分为两种:客观的他人事务和主观的他人事务,如我国台湾地区学者王泽鉴、我国大陆学者洪学军。二者的区别在于,前者更加细化,将他人纯粹的自己的事务也纳入其中进行分析研究。中性的他人事务与主观的他人事务在内容上是一致的。

客观的他人事务,是指依事务的性质,当然属于他人的事务,如对他人所有的房屋予以修缮;对落水的人进行救助;对他人失火的房屋的抢救等。管理客观的他人事务足以成立无因管理。

主观的他人事务(亦称中性的他人事务),是指事务在性质上与特定人并无当然的结合关系,须依管理人的意思决定是否属于他人事务。如何判断为他人事务,我国台湾地区学者王泽鉴认为,对于中性事务,是否属于“他人事务”,客观上无从判断,应依管理人的主观意思定之,因管理人有为他人管理的意思,而成为他人事务。[1] 但管理人的主观

---

〔1〕 参见王泽鉴:《债法原理》(第1册),中国政法大学出版社2001年版,第337页。

意思是内在的,对于本人来说无从判断,在诉讼实践上无法操作。大陆学者洪学军认为,如何判定是否属于主观的他人事务,不能仅依管理人的主观意思,而须依其行为事实上或法律上的结果之归属,客观地加以决定。例如,购买物品系为他人利益之意思而为,则为他人事务,如为自己利益之意思而为,则为自己事务。[1] 后者的观点是务实的,便于实际操作。纯粹的自己事务,是指在性质上与他人没有任何关系的事务,如自己修理自己的房屋,清偿自己的债务。管理人管理自己的事务当然不能成立无因管理。管理人主观上认为其作出的管理行为是为他人的管理,为误信管理,因实际上最终利益的归属于管理人自己,管理人与本人主体的合一,也就没有了他人之存在。

(3)主观上为避免他人利益受到损失。

管理人须在主观上有为他人管理的意思。管理人为他人管理事务的意思即管理意思,是指以其管理行为所生的事实上的利益归属于他人的意思。这种管理意思,就是在管理人主观上,使管理或者服务行为所产生的利益,归属于本人。区别于代理行为,代理行为的法律行为效果,直接作用于本人。即使管理人以自己的名义而与第三人订立合同,如果所产生的事实上的利益归属于本人,也成立无因管理。如果管理人没有为他人管理的意思,管理人的管理行为则构成侵权行为。“为他人”的判断标准,是依社会通常客观标准,就是以本人事实上受益为准。同时,为他人管理的意思与为自己管理的意思可以并存。例如,修理邻居快要倒塌的房屋,既为邻居,也可以使自己免除危险,也可成立无因管理。管理人对于本人是谁,没有认识的必要,即使对于本人认识错误,对于真实的本人依然成立无因管理。

3. 无因管理之债的效力

(1)管理人的义务

①适当管理义务。第一,管理人不应违背本人的管理意思。管理人在进行事务管理时,不得违背本人明示的或可推知的管理意思。但

[1] 参见洪学军:《无因管理制度研究》,载《池州师专学报》2001年第1期。

管理人为本人尽公益上的义务或为其履行法定抚养义务时,尽管违反本人明示或可推知的意思,仍为适当管理。第二,管理人应依有利于本人的方法进行管理。

②通知义务。管理人应将管理事务的事实及时通知给本人,这是管理人的从属义务。管理开始时,除管理人确实无法通知本人之外,均应及时通知本人。通知后,除有紧迫情况外,应听候本人的指示。

③报告、计算义务。报告、计算义务主要包括以下内容:及时报告管理事务的进行状态,管理关系终止时,明确报告其始末;管理事务所取得的物品、钱款及孳息交付本人。

管理人违反上述管理义务时,应分不同情况处理:第一,无因管理成立,但管理人管理方法、措施不当,给本人造成损害的,若管理人有故意或重大过失的,应负赔偿责任;若管理人为一般过失,则应免除或减轻管理人的责任。第二,管理人有管理意思,但其管理事务却违反本人的管理要求或社会常识,使管理效果不利于本人,即不构成无因管理。管理人如有过错,应按侵权行为负赔偿责任。

(2)管理人的权利

在无因管理成立后,管理人不得向本人要求支付报酬,但有权要求本人承担下列费用:

①偿还管理人管理事务所支出的必要费用及其利息。主要表现为直接的支出费用。

②管理人为本人负担必要的债务时,本人应清偿该债务。

③管理人因管理事务而遭受损失时,本人负责赔偿,如在灭火过程中导致管理人的西服烧毁。

(五)不当得利之债

《民法总则》第122条规定:“因他人没有法律根据,取得不当利益,受损失的人有权请求其返还不当利益。”

本条源自《民法通则》第92条:“没有合法根据,取得不当利益,造成他人损失的,应当将取得的不当利益返还受损失的人。”本条的表述与《民法通则》第92条基本一致,只是将后半段“应当将取得的不当利益返还受损失的人”改为“受损失的人有权请求其返还不当利益”，从而与无因管理的条文表述方式相对应，突出不当得利请求权的法律属性。也就是说，就规范表达的逻辑构成而言，《民法通则》第 92 条属于义务规范，本条则为权利规范。

1. 不当得利的概念

不当得利，是指没有合法依据，有损于他人而取得利益。不当得利的法律事实发生以后，就在不当得利人与利益所有人（受害人）之间产生了一种权利义务关系，即利益所有人有权请求不当得利人返还不应得的利益，不当得利者有义务返还。这也就在双方之间产生一种债的关系。

不当得利旨在矫正欠缺法律关系的财产利益变动，平衡受害人与受益人之间的利益冲突，通过授予受害人不当得利返还请求权和要求受益人承担不当得利返还义务，确定利益的正确归属，维护正常的社会经济秩序。

2. 不当得利的类型

不当得利依据不同标准可以作不同划分，最基本的划分是依据不当得利是否基于给付行为而发生，将其分为给付不当得利与非给付不当得利。

（1）给付不当得利

给付不当得利，指受益人受领他人基于给付行为而移转的财产或利益，因欠缺给付目的而发生的不当得利。这种欠缺给付目的既可以是自始欠缺给付目的，也可以是给付目的嗣后不存在，或者是给付目的不达。这里的给付目的，即给付的原因。给付者给予财产总有一定目的或原因，或为债务的消灭，或为债权的发生，或为赠与，这里的目的或原因就成了受领给付者受有利益的法律上的根据。如果由于某种原因，给付目的（原因）不存在或不能达到，那么受领给付者的受有利益便会因为无法律上的根据而成为不当得利。

①自始欠缺给付目的。指给付之时即不具有给付的原因，其典型为非债清偿及作为给付的原因不成立、无效或被撤销。

在以下情形中，虽没有给付原因，但排除不当得利的成立：

a. 履行道德义务而为给付。基于道德上的义务为给付行为符合社会道德观念，一旦给付，即不得依不当得利请求返还，如对无抚养义务的亲属误以为有抚养义务而予以抚养。对被抚养的亲属不得依据不当得利要求返还支出的抚养费。是否为道德义务，应依一般社会观念及当事人之间的关系、给付标的物的价值等情况认定。

b. 为履行未到期债务而清偿。清偿期到来之前，债务人并无清偿义务，此时债务人的清偿应是非债清偿，但债权人的受领并非无合法原因，此时的清偿也发生债务消灭的效果，故不发生不当得利。

c. 明知无债务而为清偿。给付人明知无给付义务而任意为给付，不发生不当得利。但给付时作出保留如附有条件，或给付不以给付人意志为转移的，仍成立不当得利。

d. 因不法原因而为给付。不法原因是指给付原因违反国家的强行法规范以及违反社会公共利益，如为清偿赌债而为的给付。但不法原因仅存在于受领人一方时，不阻却不当得利的发生。

②给付目的嗣后不存在。是指给付时虽有法律上的原因，但其后该原因不存在，因一方的给付而发生不当得利。属于这种不当得利的主要有：附解除条件或终期的法律行为，条件成就或期限届满，当事人一方因该民事法律行为受有另一方的给付；依双务合同交付财产后，因不可归责于双方当事人的事由致一方不能为对待给付，该方所受的给付；合同解除后因先前生效合同而受领的给付。

③给付目的不达。为实现将来某种目的而为给付，但因种种障碍，给付目的不能按照给付意图实现的，受领给付欠缺保有给付利益的正当性，因而构成不当得利。如预期条件的成就而为附条件债务的履行，结果条件不成就，因而不达给付的目的。

(2)非给付不当得利

非给付不当得利，是指基于给付以外的事由而发生的不当得利，包括人的行为、自然事件以及法律规定。人的行为，又可分为受益人的行为、受损人的行为和第三人的行为。基于这些事由构成不当得利的原因,是受益者无受其利益的权利,所以,非给付不当得利的“无法律上的原因”即为受益者无权利而受有利益。

①基于受益人的行为。基于受益者的行为而发生的不当得利,主要指侵害他人权益而发生的不当得利,受益者的行为可以是事实行为,也可以是法律行为。前者如侵夺他人所有物或擅自占有、使用、消费他人之物;后者如无权处分人将他人之物对第三人为有效处分。在司法实践中,基于受益人的行为而发生的不当得利主要有:

a. 无权处分他人之物。

b. 无权使用或消费他人之物。如擅自在他人墙壁上张贴广告牌,未经他人同意使用他人的度假屋等。

c. 擅自出租或转租他人之物。如甲与乙签订的房屋租赁合同到期后,承租人甲未返还房屋给出租人乙,而是将其转租给丙,由此获得的租金构成不当得利,乙可以向其主张不当得利的返还。

d. 侵害他人知识产权或人格权。如无权使用他人知识产权,因使用而获得利益的,可以构成不当得利,权利人可以请求返还。再如未经他人同意擅自使用他人的姓名或名称而获得利益的,对权利人也构成不当得利。

受益者的上述行为在有故意或过失时通常也构成侵权行为,如未经他人同意使用他人的名称构成了对权利人人格权的侵犯,受损者也由此享有对受益者的侵权损害赔偿请求权,产生了不当得利请求权与侵权损害赔偿请求权的竞合,受损者可择一行使。

②基于受损者行为。这种不当得利以受损人为他人支出费用最为典型,如误将他人的家畜当作自己的家畜饲养,误以他人事务为自己的事务而管理。

③基于第三人行为。基于第三人行为的不当得利主要有:债务人对债权的准占有人(债权凭证持有人)清偿,使债权消灭,致真正的债权人受有损失;债权的让与人在让与通知前,债务人对让与人清偿,致债权的受让人受损害;第三人将甲的肥料施予乙的田地中等。

④基于法律规定。基于法律规定的不当得利,是指在一定事实或

行为发生时,法律不问当事人的意思,直接规定发生一定得利的效果。如在因附合、混合、加工而获取被添附物所有权时,允许被添附物原所有人向受益者依据不当得利请求权主张以被添附物价值相当的利益返还。

⑤基于事件。如甲池塘的鱼因天降暴雨冲入乙的池塘;甲饲养的家禽吃掉乙的饲料等,都是基于事件发生的不当得利。

四、知识产权

(一)知识产权的概念

知识产权是指民事主体直接支配其智力成果或商业标记并得排除他人干涉的一种垄断性民事财产权。

知识产权是支配权。知识产权的权利人可直接凭其单方意思实现其利益,而不需要义务人的积极行为。且知识产权的义务相对人负有消极的容忍或者不干涉之义务。

知识产权是绝对权。在某些方面类似于物权中的所有权,可以使用、收益、处分以及为他种支配,具有排他性和可转移性。

知识产权是对世权。知识产权相对于所有人均产生效力,可以对抗所有人的权利,因而是对世权。

知识产权原则上是财产权,只在著作权有所例外。

知识产权是支配权和对世权,这一点使得知识产权与物权相同,而与债权相区别。

(二)知识产权的特征

1. 知识产权的客体是不具有物质形态的智力成果和商业标记。这是知识产权区别于物权的原因所在。具体而言,著作权的客体是作品,专利权的客体是发明创造,而商标权的客体则是商标。

2. 专有性,又称为垄断性,即同一智力成果或者商业标记上只能有一个知识产权。例如,两个以上的人作出同一种发明只能授予一个人专利权;两个人就同一类产品就相同或类似的标志申请注册商标的,商标局只能为其中一个人注册而不能为两个人均进行注册。

3. 地域性。地域性的含义有二：其一，知识产权只在产生的特定国家或地区的地域范围内有效，这种地域性随着知识产权的国际保护而逐渐消失；其二，知识产权的授权和转让是与地域相联系的。即知识产权的授权和转让必须明确地域范围，仅授权某些地域范围内行使知识产权，那么被授权人超出此地域范围行使该项知识产权即为侵权行为。

4. 时间性。所有的知识产权都有一定的时间限制，过了这一时间，该知识产权保护的智力成果就进入公共领域由全人类共享，任何人都可以无偿地加以使用。不过商标权的时间性纯粹是基于管理上的需要而设，商标所有人可以不断地续展。

（三）知识产权的客体

《民法总则》第 123 条规定："民事主体依法享有知识产权。知识产权是权利人依法就下列客体享有的专有的权利：（一）作品；（二）发明、实用新型、外观设计；（三）商标；（四）地理标志；（五）商业秘密；（六）集成电路布图设计；（七）植物新品种；（八）法律规定的其他客体。"

该条对知识产权进行定义，并列举了知识产权的权利客体，目的在于明确知识产权的权利属性和具体权利类型。

在知识财产领域确认或者赋予知识创造者的产权，一方面是承认知识创造者专有的权利，另一方面是通过产权激励机制，鼓励民事主体从事知识创造，以促进社会福祉、人类文明与进步。诚然，各种不同类型的知识产权客体及其具体的权利类型设计，有着不同的具体的规范目的。按照学理上的分类，大致可分为三类：

（1）著作权及其相关权利（邻接权）、外观设计专利权等，旨在保护文艺创作；

（2）发明专利权、实用新型专利权、集成电路布图设计权、植物新品种权等，旨在保护科技创新；

（3）商标权、地理标志权、商业秘密权等，旨在维护市场竞争秩序。

五、继承权

（一）继承的概念

继承，是生者对死者生前权利和义务的承受。继承法所称的继承，专指继承人依法承受公民死亡时所遗留个人合法财产的法律制度。

继承权是自然人依其特定身份依法享有的，可以无偿取得其死亡近亲属遗产的权利。

（二）继承的特征

1. 继承以私有财产的存在为前提。

2. 继承的后果是发生财产主体的更替。

3. 继承法律制度的本质内容取决于一定的社会经济基础，同时又受该社会上层建筑其他组成部分的影响。

（三）继承权的特征

1. 享有继承权的主体只能是自然人。依照我国法律的规定，享有继承权的主体只能是自然人而不能是法人、其他的组织或国家。虽然法人、其他的组织或国家可以受遗赠，但不能以法定继承人或遗嘱继承人的身份取得遗产。

2. 继承权是财产权。继承权作为重要的民事权利，是一项财产权利。现代民法中的继承专指财产继承，古代继承制度中的身份继承和祭祀继承已经被我国的法律废止。继承人依法取得被继承人的财产是继承权的核心内容。继承权的基本功能，就是将死者遗留的其生前合法享有所有权的私人财产转归继承人所有。故其是自然人合法取得财产权利的重要根据，尤其应当注意的是：遗产主要是债权，债务不属于遗产。

3. 继承权的发生以特定的身份关系为根据。继承权虽然是财产权，却是以身份为根据而产生的。继承权的确定都要看相互之间是否存在婚姻、血缘或收养等特定的身份关系。

4. 继承权具有不可转让性。现代民法中不存在身份继承问题，继承权在本质上是一项财产权，其虽有一定的身份色彩，却具有不可转让性。继承人可以放弃自己的继承权,但却无权将其转让给他人享有。

5. 继承权发生的根据是法律的直接规定或合法有效的遗嘱。

(四)继承的客体

《民法总则》第124条规定:“自然人依法享有继承权。自然人合法的私有财产,可以依法继承。”

1. 法条由来

与《民法通则》第76条及《继承法》相比,《民法总则》第124条存在如下改变:

(1)将“公民”改为“自然人”。

《民法通则》《继承法》立法之时,我国民法研究尚处于起步阶段,且公私法的界限不甚明晰,因此在概念的选取上,存在一些不当之处,其中就有民事主体的称谓问题。公民是一个典型的政治学概念,带有很强的公法色彩,此种概念内涵与民法调整平等主体间的人身和财产关系的功能定位存在一定的矛盾。

(2)将“财产继承权”改为“继承权”。

虽然根据《继承法》及我国社会的继承观念,继承人所能继承的仅为被继承人死亡时遗留的个人合法财产,而不包括身份权益,但出于条文表述一致性的考虑,此处删除了“财产”二字,直接表述为“继承权”。

(3)增加了“自然人合法的私有财产,可以依法继承”的规定。

该规定是《民法总则》第3条保护民事主体财产权利基本原则在继承规则中的具体体现,其与第1款相结合,共同构成了继承法律关系的制度基础。

2. 可继承财产的范围

现行《继承法》第3条中,立法者采取概括加列举的立法模式,在概括规定被继承人死亡时遗留的个人合法财产均属遗产的同时,通过列举六种遗产类型和一个兜底条款，对遗产的范围进行解释。[1] 此正面规定遗产范围的模式，符合立法当时我国的法治环境，有利于自然人快速建立起对于遗产继承的概念和意识。但是，随着我国社会的不断发展以及法律制度的持续建构，该条的不足之处也逐渐显现，主要有以下问题：

(1)以财产外在特征为分类标准的列举方式，与我国现行民事法律规范以权利为中心构建起的自然人财产体系严重脱节，导致遗产的概念外延难以有效廓清。此外，对于某些特殊财产，如承包经营权、宅基地使用权等是否可以被纳入遗产范围，未作明确规定，引发在理论与实践中的争议。

(2)未明确排除被继承人的专属性财产。被继承人的专属性财产因具有较强的人身依附性，是不得作为可继承财产的。一般而言，这种专属性财产是指抚恤金、生活补助费、人身保险金等。这些财产具有对已死亡之被继承人的家属具有精神慰藉和物质帮助的作用，得由法律直接规定由某人直接享有，法律另有规定的除外。

(3)未明确将消极财产纳入遗产范围。根据财产对主体的积极效益和消极效益的不同，可将民事上的财产划分为积极财产和消极财产。消极财产一般是指债务，其对主体产生的是负面的收益。我国《继承法》未将消极财产纳入遗产范围，其当时的制定建立在我国居民财产的极其有限性之上。伴随着我国经济的高速发展，个人财产的急剧膨胀，个人财产关系也日趋复杂，在继承开始时，可能难以在短时间内计算出净遗产总额，如以房产设定抵押而该抵押尚未到期，或商业贷款购房于继承开始时远未到还贷期限等。[2] 可见，忽视消极财产的做法并不可行，有必要以概括继受的方式替代只继承积极财产的方式。

---

〔1〕 参见《继承法》第3条："遗产是公民死亡时遗留的个人合法财产，包括：(一)公民的收入；(二)公民的房屋、储蓄和生活用品；(三)公民的林木、牲畜和家禽；(四)公民的文物、图书资料；(五)法律允许公民所有的生产资料；(六)公民的著作权、专利权中的财产权利；(七)公民的其他合法财产。"

〔2〕 参见任江：《论我国〈继承法〉遗产范围的重构——兼评杨立新、杨震教授版〈《继承法》修正草案建议稿〉遗产范围规制》，载《河南财经政法大学学报》2013年第9期。

六、其他财产权利

(一)股权

《民法总则》第125条规定:“民事主体依法享有股权和其他投资性权利。”

《民法通则》制定于计划经济体制时期,当时私人投资缺乏,因此它未规定民事主体的股权或其他投资性权利。《民法总则》第125条源自《物权法》第65条第1款:“私人合法的储蓄、投资及其收益受法律保护。”此外,《侵权责任法》第2条第2款明确规定,股权是侵权法保护的客体;“其他投资性权利”也可能被纳入侵权法规定的“合法民事权益”的范畴中。

与《物权法》相比,本条表述为“股权和其他投资性权利”,原因是随着市场经济的发展,我国的资本市场逐步建立,私人投资方式日益增多,除了股权投资之外,还有债权投资和股权债权融合的投资方式。有关股权保护的法律,主要是《公司法》和《证券法》;有关投资性权利的保护,则基于投资类型的不同,散见于《证券投资基金法》《证券法》等特别法和金融业监管机构。

该条规定在《民法总则(草案)》一审稿、二审稿、三审稿中均被写入,且与本条完全相同。仅在一审稿中表述略有差异,后半段概括表述为“其他民事权利”。修改为“其他投资性权利”后,权利的类型更为明确,体系的安排也更加恰当。

1. 股权的性质

关于股权的性质,学界历来有所有权说、债权说、社员权说、独立的民事权利说。

(1)股权为物权说之质疑

①社会关系不同。物权主要体现个人法上的关系,即权利人对财产的排他性支配;股权主要体现团体法上的关系,即法人与其成员之间的内部关系。

②权利的实现方式不同。物权是一种支配权,权利人无须依赖他

人的意思表示或行为即可使用或处分其物;股权虽然也是支配权,但也有很多权能须依赖公司的意思表示才能实现,如分红权。

③义务主体不同。物权的义务主体是权利人以外的所有其他人,属于对世权;股权的义务主体还包括公司和其他股东。

④内容不同。物权仅包括财产利益,是一种财产权;股权兼具财产利益与人身利益。

⑤效力不同。物权具有优先效力,但股东的股利分配请求权与剩余财产分配请求权行使劣后于债权。

(2)股权为社员权说之醒思

社员权说是德国、日本学界通说。中国学界通说也认为,股权是一种社员权,是股东基于其社员资格而享有的权利,包括若干种财产性质的请求权和共同管理公司的若干种子权利。它是对股东权利义务的抽象概括,是基于股东地位产生的一系列权利义务的集合体。但股权究竟为单一权利还是集合权利,学说尚有争议。[1]

2. 股权的内容

(1)股利分配请求权。(《公司法》第34、166条)

(2)公司剩余财产分配请求权。(《公司法》第186条)

(3)优先购买权和新股认购权。(《公司法》第71、72条;第34条)

(4)出席股东会的权利和表决权。(《公司法》第36~43条;第98~107条)

(5)选举权与被选举权。(《公司法》第37、99条)

(6)知情权。(《公司法》第33、97条)

(7)质询权和建议权。(《公司法》第97条)

(8)与股东会程序和议事规则有关的权利,如提案权,(《公司法》第102条);临时股东会会议召集权。(《公司法》第100条)

(9)股东诉权包括股东直接诉讼、股东派生诉讼。

---

〔1〕 参见冯果:《公司法》,武汉大学出版社2007年版,第144页。

3. 股权权能的类型

(1)根据股东行使权利的目的,分为公益权、自益权。公益权是指股东为了自己的利益兼公司的利益而行使的权利。自益权则是指股东专为自己利益而行使的权利。

(2)根据股东行使权利的方法,分为单独股东权、少数股东权。单独股东权指可由股东一人单独行使的权利,而不问其持股比例的多少,如自益权、表决权等。少数股东权是指须单独或共同持有占股本总额一定比例以上股份方可行使的权利,如请求召开临时股东会或股东大会的权利等。

(3)根据股东权利能否被剥夺,分为固有权、非固有权。所谓固有权,又称法定股东权,是指股东依法享有而不得以公司章程或决议予以剥夺的权利。而非固有权则指可用公司章程或决议加以限制的股东权利。

(4)根据作为客体的股份类别,分为优先股权、劣后股权。优先股权又称为特别股权,是指特别股东享有的特别股权,如优先股、后配股股东所享有的权利。劣后股权则又可称为普通股权,是指普通股东所享有的权利。

(二)虚拟财产权

《民法总则》第127条规定:"法律对数据、网络虚拟财产的保护有规定的,依照其规定。"

受限于当时的立法技术和经济发展水平,包括《民法通则》《物权法》《知识产权法》等在内的现行法律法规,均未从财产权利客体的层面对数据和网络虚拟财产进行明确规定。但随着数字技术和网络技术的快速发展,数据和网络虚拟财产的经济价值正逐渐显现,并在全社会范围内得到愈发广泛的认同。在此背景下,《民法总则》明确赋予数据和网络虚拟财产民事权利客体的地位,无疑具有十分重要的制度创新意义,也是我国民法典时代特性的具体体现。虽然在现阶段,本条规定只是一个引致条款而并无实际规范内容,但却为后续制度的衔接奠定了坚实的制度基础,其具有的意义不容忽视。

1. 虚拟财产权的界定

虚拟财产权是“对特定的数字信息享有的权利”，其客体是“在网络环境下，模拟现实事物，以数字化形式存在，既相对独立又具排他性的信息资源”，[1]常见形态有游戏账号、游戏道具、QQ 号码、游戏币等。电子货币以现实货币为基础，不具有独立于现实货币的价值，不是此处讨论的虚拟财产。

2. 虚拟财产的法律性质

(1)无形财产说

该说回避网络虚拟财产的权利属性，认为尽管网络虚拟财产的存在形式是保存在服务器上的一些字符或数据，但和现实中的货币可以互相联系。有的职业玩家以网络游戏为生，付出劳动获取游戏装备，换取现实中的货币，其既有使用价值也有交换价值，具备商品的一般属性。由于网络虚拟财产最本质的特征是无形性，应作为无形财产受到法律的保护。

(2)知识产权说

知识产权说分为两种：一种观点认为虚拟财产是存在于网络设备中的电磁记录，是软件的一部分，应该由软件的开发商享有其著作权，并通过知识产权来保护；另一种观点认为虚拟财产是网络用户的智力成果，网络用户智力性的劳动投入才创造出网络虚拟财产，并搭配组合出独一无二的网络社区或者网络游戏中的角色，因此属于创造性的智力成果。它们具有新颖性、创造性、可复制性，并需要一定的载体，符合著作权的特点，因此将虚拟财产纳入著作权的范畴加以保护。

(3)物权说

物权说认为，物不局限于有形、有体的范围内，只要具有法律上的排他支配的可能性或管理的可能性，都可以认定为物。加之虚拟财产与民法上的物之间基本属性是相同的，所以在理论上应当把网络虚拟财产作为一种特殊物，适用现有法律对物权的有关规定。

---

[1] 林旭霞：《虚拟财产权性质论》，载《中国法学》2009 年第 1 期。

(4)债权说

债权说认为在网络环境中,网络用户和运营商之间是一种服务合同的关系。网络用户通过注册成为该运营商的用户,支付相应对价获取运营商提供的服务,而运营商则是按照服务合同提供相应的服务,网络用户和运营商之间是消费者与服务者的债权法律关系。虚拟财产只是用户得以请求运营商提供一定服务内容的债权凭证。债权说的重点不在于虚拟物品本身,而在于它所反映的服务合同关系。网络中的道具、货币、电子邮箱、宠物本身不是法律保护的客体。消费者要获得这些服务所使用的账号才是法律保护的客体。

(5)新型财产说

吴汉东教授认为,上述权利属性证成存有理论缺陷:虚拟财产作为无形之数据信息,不是物权客体意义上的物,且不具有支配、管领的权能和权利永续的效力;虚拟财产概为软件生成的信息资源,有别于受著作权保护的游戏软件本身。质言之,前者不具有智力成果的创造性特征;此外,虚拟财产虽存在并依赖于特定的网络空间,但其具有独立存在的价值,持有人享有转让、交易的权利。与上述理论不同,新型财产权说认为"虚拟财产是一种固化了的权利凭证""体现了物权与债权的结合"。[1] 吴汉东教授认为这一观点有可取之处。[2]

七、财产权利的保护、行使和限制

(一)财产权利的保护

《民法总则》第 113 条规定:"民事主体的财产权利受法律平等保护。"

本条源自《物权法》第 4 条,并对其作出一定的调整。

《物权法》第 4 条:"国家、集体、私人的物权和其他权利人的物权受法律保护,任何单位和个人不得侵犯。"

---

〔1〕 刘惠荣:《虚拟财产法律保护体系的构建》,法律出版社 2008 年版,第 84 页。

〔2〕 参见吴汉东:《财产权的类型化、体系化与法典化——以〈民法典(草案)〉为研究对象》,载《现代法学》2017 年第 3 期。

与《物权法》第4条相比，本条抛弃了以所有制为基础的民事主体类型划分，突出平等保护各类民事主体物权的立法意旨。之所以如此，在于《物权法》制定之时，关于国家、集体、个人物权的平等地位仍然存在争议，因而《物权法》在形式上采取了国家、集体、私人的“三分法”。这种分类方法带来很多问题：(1)国家、集体、私人的概念并不明确，作为所有制区分的标准与民法教义学概念亦无法统一；(2)“三分法”本身带有对私人物权的歧视色彩。[1] 随着社会发展和观念革新，物权平等原则越来越深入人心，并逐渐成为社会共识，为扭转公有制经济主体与非公有制主体财产权的实质不平等现状，因而《民法总则》制定了该条文。

《民法总则(草案)》一审稿未规定物权的平等保护；二审稿第114条予以增设；三审稿第116条予以保留。

(1)平等保护是指各类民事主体对相同或类似的财产权具有同等的权利，适用相同或类似的交易规则，承担相应的义务和责任；

(2)平等保护是指各类民事主体的财产权受到侵害时，侵权人应当承担同等的民事责任，法律对被侵权人应当提供平等的救济途径。

(二)财产权利的取得

《民法总则》第129条规定：“民事权利可以依据民事法律行为、事实行为、法律规定的事件或者法律规定的其他方式取得。”

在《民法总则》的立法过程中，《民法总则(草案)》一审稿、二审稿均没有民事权利取得规范，三审稿第130条首次增设了该规范，原因在于，在经过两次审议后，有意见提出应将民事权利的部分规定得更充实一些，建议对民事权利的取得作出原则性规定，最高立法机关采纳了该意见。本条概括列举法律行为、事实行为等法律事实，域外立法例并无这种规范，应属《民法总则》的独创。

---

[1] 参见孙宪忠：《再论我国物权法中的“一体承认、平等保护”原则》，载《法商研究》2014年第2期。

民事权利可以依据下列方式取得：

1. 民事法律行为

(1)概念

民事法律行为是指民事主体通过意思表示设立、变更、终止民事法律关系的行为。民事法律行为以设立、变更、终止民事权利和民事义务为目的，具有法律约束力，属于合法民事行为。“民事法律行为”为《民法总则》所采用，民事法律行为的上位概念是民事行为，具有表意性和目的性，排除了事实行为；同时民事法律行为是合法行为，以适法性为特征，不包括无效、可变更、可撤销民事行为以及效力未定民事行为。严格称谓是“法律行为”，中国民法称“民事法律行为”。

(2)分类

①根据民事法律行为的成立需要一方还是双方或者多方的意思表示，其可分为单方行为、双方行为和多方行为。

②根据其是否必须采取法律规定的形式，民事法律行为可以分为要式行为和不要式行为。

③根据其行为是否需要当事人支付对价（互为对价，但是非为要求等价性），民事法律行为可以分为有偿行为和无偿行为。

④依据其行为生效是否以标的物的交付为要件，民事法律行为可以分为诺成行为和实践行为。诺成行为自当事人达成合意时成立，当事人交付标的物为履行其义务；而实践行为自当事人交付标的物时成立，交付标的物为行为成立的要件。

⑤根据其相互间的关系，民事法律行为可以分为主行为和从行为。从行为依赖于主行为。

⑥根据行为人实施行为所要发生法律后果的性质，民事法律行为可以分为财产行为和人身行为。

此外还有一些学者主张的分类，包括负担行为和处分行为、双务行为和单务行为，等等。

(3)成立要件

①当事人。

②有意思表示。单方法律行为，当事人意思表示完成，法律行为即

告成立；双方法律行为，互相意思表示一致时法律行为方告成立。

③标的须确定并且可能。标的的确定，指关于标的表示须达到能被具体认定的程度。认定标的确定与否的时点，通常为行为成立时。标的可能，指标的在客观上须具有实现的现实性。

(4)生效要件

①行为人具有相应的民事行为能力；

②意思表示真实；

③不违反法律、行政法规的强制性规定，不违背公序良俗。

2. 事实行为

事实行为是指行为人主观上没有引起民事法律关系发生、变更或者消灭的意思，而依照法律的规定产生一定民事法律后果的行为。

(1)事实行为完全不以意思表示为其必备要素，而民事行为以意思表示为必备要素；

(2)事实行为依法律规定直接产生法律后果，民事行为依据行为人的意思表示的内容而发生效力；

(3)事实行为只有在行为人的客观行为符合法定构成要件时才发生法律规定的效果，民事行为的本质在于意思表示，而不在于事实构成；

(4)事实行为的构成不要求行为人具有相应的民事行为能力，而民事行为以行为人具有民事行为能力为生效条件。如先占、加工、无因管理行为、遗失物的拾得行为、埋藏物的发现行为以及债权标的物的给付行为等均属于事实行为。

3. 法律规定的事件

法律规定的事件，是指与人的意志无关而根据法律规定能引起民事法律关系变动的客观情况，如自然人的出生及死亡、自然灾害、生产事故、果实自落以及时间经过等。民事权利可以依据法律规定的事件取得，如民事主体因出生取得继承权等。

4. 法律规定的其他方式

(1)国家所有权(《物权法》第9条第2款)、集体所有权(《物权法》第58条)的取得；

(2)留置权(《物权法》第 230 条)的取得;

(3)法院的判决、调解书和仲裁机构的仲裁决定或政府的征收决定所取得的物权,从法律文书或者人民政府的征收决定生效时发生效力(《物权法》第 28 条);

(4)天然孳息的归属(《物权法》第 116 条第 1 款);

(5)拾得的遗失物、漂流物、埋藏物或隐藏物的归属(《物权法》第 113、114 条);

(6)从物、从权利的归属(《物权法》第 115、162、164、165、166 条)。

(三)财产权利的行使

《民法总则》第 130 条规定:"民事主体按照自己的意愿依法行使民事权利,不受干涉。"

在《民法总则》的立法过程中,《民法总则(草案)》一审稿和二审稿均没有自愿行使民事权利的规范,三审稿第 131 条首次增设该规范,原因在于,在经过两次审议后,有意见提出应将民事权利的部分规定得更充实一些,建议对权利人如何行使民事权利作出原则性规定,最高立法机关采纳了该意见。本条与自愿原则以及民事法律行为的意思自治相协调,强调民事权利应由权利人自愿行使,域外立法例并无这种规范,应属《民法总则》的独创。

本条是自愿原则在行使民事权利中的体现。民事主体按照自己的意愿依法行使民事权利,不受干涉。主要体现在:

(1)民事主体有权按照自己的意愿依法行使民事权利和不行使民事权利;

(2)民事主体有权按照自己的意愿选择依法行使的民事权利内容;

(3)民事主体有权按照自己的意愿选择依法行使民事权利的方式;

(4)民事主体按照自己的意愿行使权利,任何组织和个人不得非法干涉。

不过,民事主体行使权利,必须遵循相应的法律规范,如房屋承租人行使优先购买权时,必须遵循同等条件等要件,否则就不能产生相应的法律效果。

(四)财产权利的限制

《民法总则》第131条规定:“民事主体行使权利时,应当履行法律规定的和当事人约定的义务。”

在《民法总则》的立法过程中,《民法总则(草案)》一审稿第9条规定:“民事主体合法的人身、财产权益受法律保护,任何组织或者个人不得侵犯。民事主体行使权利的同时,应当履行法律规定或者当事人约定的义务,承担相应的责任。”二审稿第9条基本保持了上述规定内容。三审稿第8条第2款删除了“承担相应的责任”。本条承接了三审稿第8条第2款的规范内容,但将其独立出来,从第一章“基本规定”移至第五章“民事权利”部分,作为民事权利行使的基本规范之一。

民事主体依法享有相应的民事权利和承担的民事义务是民事法律关系的内容。民事权利和民事义务是相互对立、相互联系的。民事权利的内容要通过相应的民事义务实现,民事义务的内容由相应的民事权利限定。

《民法总则》第132条规定:“民事主体不得滥用民事权利损害国家利益、社会公共利益或者他人合法权益。”

《民法总则》第132条是对“权利不得滥用”的规定。在《民法总则》的立法过程中,《民法总则(草案)》一审稿和二审稿均没有该规范,三审稿第132条首次增设该规范,原因在于,在经过两次审议后,有意见提出应将民事权利的部分规定得更充实一些,建议对权利人如何行使民事权利作出原则性规定,最高立法机关采纳了该意见。本条在充分借鉴域外立法经验(《德国民法典》第326条、《瑞士民法典》第2条第2项、《日本民法典》第1条第3项)及我国台湾地区立法经验(台湾地区“民法”第148条第1项)的基础上,进一步延续和发展了《宪法》第51条、[1]《民法通则》第7条[2]的立法精神,对权利不得滥用作出

〔1〕《宪法》第51条规定:“中华人民共和国公民在行使自由和权利的时候,不得损害国家的、社会的、集体的利益和其他公民的合法的自由和权利。”

〔2〕《民法通则》第7条规定:“民事活动应当尊重社会公德,不得损害社会公共利益,破坏国家经济计划,扰乱社会经济秩序。”

了明确规定。

在学理中，权利不得滥用原则通常被认为是诚实信用原则的具体化表现之一，在衡量权利是否滥用时，应围绕诚实信用原则来展开。不过，诚实信用是内涵高度抽象的法律原则，在适用时需要法官根据具体情况加以判断。为了避免可能的恣意，本条将因权利行使损害国家利益、社会公共利益或他人合法权益当成权利滥用的标准。行使权利损害国家利益或社会公共利益的情形相对容易判断，而损害他人合法权益的情形较难判断，从实践情况和比较法的经验来看，以下情形属于权利滥用损害他人合法权益：

(1)行使权利对自己无实益，却给他人带来了不利益的；

(2)行使权利对自己有实益，但其远小于给他人带来的不利益的；

(3)权利行使违背权利人此前通过意思表示或其他行为而显示的意愿的；

(4)权利人在取得或行使权利时，以损害他人为主要目的的。

第十六讲　民事权利的取得、行使和保护

王卫国*

民事法律关系以主体、客体和内容为要素，其中的内容指权利义务。基于民法的“权利法”特性和“权利产生义务”的原理，在民事法律关系的规范构架中，权利是连接主体和客体的纽带，也是确定义务和责任的前提。权利在本质上以主体在客体上的利益为核心。无论是人身权还是财产权，都是权利主体在权利客体上的利益诉求和行为自由的依据，也是权利主体的相对人即义务人在权利客体上的行为约束的依据。因此，《民法总则》在第二章至第四章对民事主体作出规定后，设第五章对民事权利进行规定。该章的 24 个条文可分为两部分，前 20 个条文是关于各种民事权利的规定，后 4 个条文即第 129 条至第 132 条是关于民事权利取得和行使的规定。可以说，前部分为静态规范，展现了民事权利的基本布局，后部分为动态规范，显示了民法秩序的行为坐标。总的来说，以权利为中心的民法制度有三个重要支点：一是民事权利的变动规则，二是民事权利的行使规则，三是民事权利的保护规则。在此基础上，《民法总则》在第六章和第七章中，对引起

* 中国银行法学研究会会长，中国政法大学教授、博士生导师。

权利变动的法律事实中最为重要的法律行为作了专门规定，进而在第八章和第九章中，对权利保护的两个基本制度，即民事责任和诉讼时效作了专门规定，由此提供了民事关系的动态调整的规范框架。本讲就民事权利的取得、行使和保护的基本规定和原理进行介绍。

一、民事权利的取得

关于民事权利的变动，《民法总则》第129条设立了权利取得方式的规则，这些取得方式所指向的，实际上就是引起权利变动（即所谓“权利得丧变更”[1]）的法律事实。所以，在解读这些取得方式前，首先介绍几个基本概念。

（一）基本概念

《民法总则》第129条规定：“民事权利可以依据民事法律行为、事实行为、法律规定的事件或者法律规定的其他方式取得。”这里有两个关键词：一是民事权利的取得，二是民事权利的取得方式。把它们放在民法的理论体系中解读，有两个与之相关联的基本概念：一是民事权利的变动，二是法律事实。

1. 民事权利的变动

民事权利的变动，是指民事权利的取得、变更和消灭。民事权利的变动与民事法律关系的变动有所不同。后者还包括民事义务的发生、变更和消灭。例如，债务转由第三人承担，导致合同关系变更，但债权没有变更。此外，权利的变动与民事法律关系的变动也不一定同步，例如，附停止条件的合同成立时，权利尚未生效。又如，合同因一方违约而解除后，他方的违约金请求权仍然有效。

当然，并非所有的民事权利都能够发生变动。自然人的人身权利，如人身自由、人格尊严、生命权、身体权、健康权、姓名权、肖像权、名誉权、隐私权、婚姻自主权等权利，为其法律人格的组成部分，受宪法和民

---

[1] 参见王泽鉴：《民法总则》（增订版），中国政法大学出版社2001年版，第257～261页。

法的尊重和保障，属于当然享有、普遍享有和不可让渡的权利。作为例外，有些人身权利具有可变动性。例如，婚姻关系中的权利随结婚而发生，荣誉权由国家机关表彰而取得，但这些权利是不可让渡的。总的来说，除法律有特别限制外，债权、物权、股权、知识产权、继承权等财产权利都属于可变动的权利。

（1）权利的取得

权利的取得，也称权利的发生，指主体获得其未有的权利，或者说，权利基于一定原因发生主体上的归属。权利的取得可分为原始取得和继受取得。原始取得是指不以他人既存权利为前提而独立地取得权利的情形，如建造房屋而取得所有权，投资成立公司而取得股权，撰写论文而取得著作权。继受取得又称传来取得，是指基于他人既存权利而取得权利的情形，如通过买卖取得货物所有权。继受取得又可分为移转的继受取得与设定的继受取得。前者指权利主体变更而权利内容不变，如因继承房产而取得物权，因受让票据而取得债权。后者指权利人在保留权利的情况下，为他人在同一标的上设定新权利，如业主在自己的不动产上设定抵押权。

（2）权利的变更

权利的变更是指权利的主体、客体和效力的变更。权利的主体变更是原权利主体发生更替，如不动产的转让、债权的让与，这种情况也称为权利的转移。在权利转移的情况下，权利的受让即为权利的取得。权利的客体变更是指权利指向的对象在性质或范围方面发生了变化。如在质押法律关系中，质押物被部分损毁，从而导致质押权的客体范围缩小。民事法律关系的内容变更是指民事权利义务的条件或范围发生了变化，如将金钱债务的货币清偿变更为实物清偿（代物清偿）、将卖方送货变更为买方取货、增加或者减少交货数量、延长或缩短服务期限等。

（3）权利的消灭

权利的消灭是指主体失去其已有的权利。权利的消灭可分为绝对的消灭和相对的消灭。绝对的消灭是指权利不复存在，例如物权因标的物灭失而消灭，债权因清偿而消灭，股权因公司清算而消灭，继承权因放弃继承而消灭。相对的消灭是指权利的转移，此时一方的权利消灭伴随着另一方的权利取得。同一标的物上的法律关系性质改变，如债的更新，属于原有法律关系消灭和新的法律关系成立。例如，房屋租赁改为房屋买卖，属于租赁合同消灭和买卖合同成立。

2. 法律事实

民事法律关系的变动需要法律上的原因，这些原因称为民事法律事实，亦称法律事实。所谓民事权利的取得方式，就是取得权利所需具备的法律事实的成就。

(1)法律事实的概念

虽然民事法律关系是由民法调整而形成的，但民法本身并不能直接引起民事法律关系的发生、变更与消灭。现实社会中的各类民事法律关系都是以一定的行为或事件为原因的。例如，致人损害导致赔偿请求权发生，购买机票导致旅客运送合同成立，房屋倒塌导致租赁合同终止。这些能够引起权利义务变动的客观情况就是法律事实。但是，并非一切客观情况都能称为法律事实。作为法律事实的客观情况应该具备两个基本特征。一是客观性，即法律事实是客观的存在，而不是主观的想象。法律事实是能够用证据证明的，例如，以借据证明债务的存在，以公证文书证明遗嘱的真实性。二是法定性，即法律事实按照法律的规定产生法律效果。首先，法律事实必须符合法定要件，如合同成立要件、侵权行为构成要件等。其次，法律对不同的法律事实规定有不同的法律效果，例如，合同成立导致请求权和给付义务发生，构成侵权行为导致民事责任的承担。

(2)法律事实的分类

法律事实多种多样，理论上依其是否与民事主体的意志有关而分为以下两类：

一是事件或状态。事件和状态都是与民事主体的意志无关、能够引起民事法律关系变动的客观现象。事件是指某种客观现象的发生。事件本是自然现象，只是由于能引起民事法律关系变动，才被列为法律事实,如婴儿出生导致亲属权的产生,被继承人死亡导致继承的开始,地震导致合同因履行不能而终止。状态是指某种客观现象的持续,如自然人下落不明达到法定时间导致其被宣告死亡,权利不行使经过一定期间导致债权人丧失胜诉权。

二是人的行为。人的行为是指通过人的作为或不作为而形成的事实,是与人的意志有关的现象。根据该行为是否被法律禁止,可将人的行为分为适法行为和非法行为。适法行为是指受法律保护或法律不禁止的行为。根据是否以行为人的意思表示为要素,可以将适法行为分为表示行为和非表示行为。表示行为是指以行为人的意思表示为要素的适法行为,包括法律行为和准法律行为。非表示行为也称事实行为,是行为人主观上没有产生民事法律效果的意思,客观上却引起法律效果发生的行为,如无因管理、不当得利、拾得遗失物、紧急避险等。非法行为是指受到法律禁止的行为。根据行为人的主观意志状态,可以将非法行为分为故意行为和过失行为。

(3)法律事实的构成

法律事实构成,是指能够引起民事法律关系变动的若干事实的组合。引起民事法律关系的变动,有时只需要单个的法律事实,有时则需要两个甚至更多的法律事实。例如,男女双方合意加上婚姻登记才实现婚姻关系的缔结,买卖合同加上变更登记才能实现物权转移。明确法律事实构成的主要意义在于,当民事法律关系的变动需要法律事实构成时,如果所需民事法律事实未全部成就,则不能引起该民事法律关系变动的法律效果。

(二)民事权利取得的方式

根据《民法总则》第129条的规定,民事权利可以依据法律行为、事实行为、法定事件或者其他法定方式取得,试分述之。

1. 依法律行为取得权利

在民法上,法律行为是民事主体以达到一定法律效果为目的的行为。日常生活中绝大多数民事权利的产生、变更和终止都是通过法律行为实现的。无论是合同法调整的各种有名合同和无名合同,还是物权法调整的用益物权、担保物权的设定与变更，以及继承法调整的遗嘱和遗赠，婚姻家庭法调整的结婚、离婚和收养，企业法调整的公司、合伙企业的内部章程和协议，乃至金融法调整的信贷、证券、保险、信托以及中介市场的各种交易和产品，无不是通过法律行为实现权利的取得。法律尊重当事人自由选择的结果，并赋予其相应的法律效果，使法律规定的抽象的权利义务转变为现实中具体的权利义务，从而让社会中的创新活力得以发挥，使人民的福祉得以增进。正因为如此，《民法总则》第 5 条规定："民事主体从事民事活动，应当遵循自愿原则，按照自己的意思设立、变更、终止民事法律关系。"尊重意思自治，保护法律行为创设的权利，是民法适用中必须贯彻的基本指导思想。

《民法总则》第六章对法律行为的具体制度作了全面规定，本书后面将有详细介绍，兹不赘述。

2. 依事实行为取得权利

如上所述，事实行为不以意思表示为成立要件，只要事实上有符合法律规定的行为，无须当事人的效果意思或表示行为，即能产生权利取得的效果。例如，《物权法》第 30 条规定，因合法建造、拆除房屋等事实行为设立或者消灭物权的，自事实行为成就时发生效力。再如，根据《民法总则》第 121 条的规定，无因管理人的管理行为只要符合法定要件，无需有意思表示，即享有请求受益人偿还管理费用的权利。侵权行为、违约行为和其他违法行为，由于其法律效果不是出于行为人的意思表示，也属于事实行为。与适法行为不同的是，违法行为所创设的不是行为人的权利，而是受害人的权利。

在现代社会，随着知识经济的兴起和网络时代的到来，基于事实行为原始取得无形财产权的范围不断扩大。例如，在知识产权领域，根据《专利法》《著作权法》，发明者基于发明行为即可取得对发明成果的专利申请权，作者基于创作行为即可获得作品的著作权。在消费者保护领域，消费者只要有为生活需要购买、使用商品或者接受服务的事实行为，便享有《消费者权益保护法》规定的一系列消费者权益。网络虚拟财产如网址、数据、流量等，其财产权的原始取得也是基于控制、使用的事实行为。

3. 依法律规定的事件取得权利

民法上的事件是指民事主体的行为以外的因素导致的足以引起其权利义务变动的客观情况。事件可以是自然事件,也可以是社会事件。在实践中,由于民事关系的私法特性,自然事件和社会事件对民事权利的影响通常是消极的,最常见的现象就是不可抗力事件导致合同的终止或者侵权责任的免除。从权利取得的角度看,这些事件不过是赋予民事关系的义务方以主张免除责任的抗辩权。在继承法上,自然人死亡事件的法律效果是继承开始,即继承关系发生和继承权由期待权转变为既得权(至于继承权的取得原因,在法定继承为法律规定,在遗嘱继承则为遗嘱行为)。在侵权责任法上,事故致损的民事责任可以被理解为依事件产生损害赔偿请求权的情形。侵权法上的事故致损责任属于特殊侵权责任,如产品责任、环境污染责任、高度危险责任、饲养动物损害责任、物件损害责任、交通事故责任等,其种类和责任归属以法律的规定为限。这些事件虽然最终被归结为人的责任,但其致损原因属于人的因素与客观物质因素的结合,其归责的法理依据与一般的行为致损有所不同。公权行为介入民事关系通常被视作事件,如被列为不可抗力的政府管制。《物权法》第 28 条规定的政府征收决定,作为公法行为,属于导致物权消灭的法定事件。但是在《物权法》第 44 条规定的补偿关系中,双方属于平等主体,故受害方取得补偿请求权的原因属于行为致损。

4. 依法律规定的其他方式取得权利

民事主体除依以上三种方式取得权利外,还可以依据法律的规定,以其他方式取得民事权利。其中较典型的情形,一是经法定程序取得权利,例如,专利权和商标专用权需分别向国务院主管部门提出申请,经审查批准后方可取得,国有建设用地使用权的原始取得需要经过法律规定的出让程序和登记程序。二是依法定事实状态取得权利。例如,债务人不履行到期债务,债权人可以留置已经合法占有的债务人的动产,并有权就该动产优先受偿(留置权)。又如,在债务人怠于行使其到期债权,对债权人造成损害的情形下,债权人有权向人民法院请求以自己的名义代位行使债务人的债权的权利。三是特定法律关系主体的法定优先权,包括优先购买权和优先受偿权。前者如按份共有人转让其共有财产份额时其他共有人的优先购买权,出租人出卖租赁房屋时承租人的优先购买权和有限责任公司股东对外转让股权时其他股东的优先购买权,后者如建筑工程承包人在发包人拖欠价款的情况下,就该工程折价或者拍卖的价款享有的优先受偿权。

二、民事权利的行使

民事权利的行使是指权利人实现其权利内容以满足其需要的过程。关于民事权利的行使,《民法总则》第 130 条规定了权利行使自由原则,第 131 条规定了权利与义务相一致原则,第 132 条规定了禁止权利滥用原则,它们构成了权利行使的基本准则。

(一)权利行使自由原则

1. 权利行使自由的意义

民事权利的行使,是指权利的享有者为实现自己的权利而按照权利的内容和范围实施的一定行为。利益、意志和法律上之力(主要指相对人义务的约束力)是构成权利本质的基本要素。民法的自愿原则和自治原则决定了民事权利行使的意志自由。因此,《民法总则》第 130 条规定:"民事主体按照自己的意愿依法行使民事权利,不受干涉。"

权利行使自由的基本含义是行为自主,即权利人得通过一定行为实现权利,其他人不得干涉和妨碍。例如,居住自有房屋,即为以占有和使用方式行使不动产物权;接收快递包裹,即为以受领方式行使买方债权;购买股票,即为行使财产处分权和投资自由权。

权利行使的概念,与权利主张、权利实现、权利处分既有区别,又有联系。权利主张是在权利的存续或权利的行使受到妨碍时,对特定人提出的承认其权利存在或排除妨碍以保障权利行使的要求。权利实现是权利行使的目的,权利行使是权利实现的手段;权利实现的过程表现为权利行使,但并不是所有权利的行使均可走向权利的实现。当权利的实现受到妨害时,权利人有权寻求法律救济。权利处分也不同于权利行使。权利处分直接针对权利本身,处分的结果则是权利的变更或消灭,而权利行使则针对权利的内容。

权利行使自由也包括不行使的自由。民事权利的私权属性决定了民事权利主体享有依法处分自己权利的自由,即既可以积极地主张权利,从而获得法律上的利益,也可以不主张权利,甚至放弃全部或部分权利。例如,债权人基于同情,减免诚实而不幸的债务人所欠的债务。

2. 权利行使的方法

权利能否实现与权利行使的方法是否适当有密切关系。依权利行使行为的性质,可以将权利行使的方法分为事实行为方法与法律行为方法。事实行为方法是指以单纯的作为或者不作为,而不以意思表示为要素行使权利的方法。一般来说,不动产用益物权和动产所有权的行使多采用事实行为的方法,例如占有和使用不动产和消费有形动产。法律行为方法是指以意思表示为要素的行使权利的方法。债权的行使和财产权的处分多采用此方法,例如,债权人催告债务人履行债务,所有人出卖或出租其所有物。此外,法律对权利实现的方式有特别规定的,权利人只能依法定方式行使权利。例如,根据《物权法》的规定,担保物权的实现须采用与担保人协商折价或者拍卖、变卖担保物的方式,不得以事前约定直接以物抵债(禁止流押、流质)。

3. 权利行使的限制

权利往往对应义务,权利的实现过程不仅影响权利人的利益,而且会不同程度地影响义务人利益乃至社会利益。因此,法律在保护权利行使的同时,也常常对权利的行使施加一定的限制。权利的行使要遵守公平正义、公序良俗和诚实信用的原则。公平正义原则要求行使权利不得背离法律设立和保护权利的社会目的,也不得超越权利应有的边界。公序良俗原则要求行使权利应当顾及并且不违反公共秩序和善良风俗,尊重社会利益。诚实信用原则要求权利行使应当诚实守信,不损害他人,尊重社会公德。这些要求构成了权利行使的合法性边界。

权利人如果逾越这些边界,其行为不能得到法律的承认和保护,而且将依法承担相应的民事责任。

4. 相对人的义务

民法的自由理念是人人自由之并行,即每个人的自由都以尊重他人的自由为条件;只有尊重他人的自由,自己的自由才能实现。因此,民事主体在平等享受权利的同时,也要平等地承担义务。民事义务与民事权利相互依存又相互制约。民事权利的实现需要借助相对人的义务履行。人身权、物权、知识产权等权利(绝对权)的不特定相对人应当承担尊重权利的义务,债权(相对权)的特定相对人应当承担相应的给付义务。民事权利意味着权利人在法律规定范围内的意志自由,民事义务则意味着义务人的自由意志在法律规定范围内受到一定的约束。民法秩序中的义务具有强制性,违反义务的法律后果是承担民事责任。

民事义务是民事法律关系的当事人一方为了满足他方利益所应实施的行为限度,是要求民事主体为一定行为或不作为的法律约束。民事义务的法律特征主要可概括为:第一,强制性。民事义务的拘束力以法律的强制力为保障。法律为保护权利人的合法利益,要求义务人服从义务的约束。义务人违反义务的,法律除了强制其履行义务,还会强制其对受害人给予赔偿。第二,限定性。民事义务主体所负担的义务是在一定的范围内为一定的行为或者不为一定的行为,该义务来自法律的规定或者当事人的约定。义务主体的义务通常以法定或约定的内容为限,在特殊情况下法官可以依据公序良俗、诚实信用的原则和社会公认的规范,认定其应当承担的义务。当然,民事义务无论来源如何,都是以保障权利实现为主要目的。同时,民事义务的承担不能超出法律规定的合理限度。过度的义务强制意味着公平的缺失和权利的滥用。

(二)权利与义务相一致原则

《宪法》第33条第4款规定:"任何公民享有宪法和法律规定的权利,同时必须履行宪法和法律规定的义务。"这一原则也必须贯彻到民事生活中。为此,《民法总则》第131条规定:"民事主体行使权利时,应当履行法律规定的和当事人约定的义务。"目前,在我国的现实生活中,民事主体行使权利存在两种错误的倾向。一是权利的片面化,二是权利的绝对化。所谓片面化,就是将权利与义务割裂,只强调自己的权利,却无视别人的权利。例如,双务合同的一方要求对方履行合同,自己却拒不履行;相邻不动产的一方为了自己便利而不惜给邻居造成妨害,等等。所谓权利的绝对化,就是在行使权利时只求自己利益的最大化,无视公共利益和社会责任。例如,住宅小区的个别业主肆意侵占公共空间;个别患者及其家属无视医院管理秩序和其他患者就医权利的"医闹"现象;建筑商偷工减料造成"豆腐渣工程";企业超标排放导致环境污染,等等。因此,民法总则强调行使权利必须履行义务的原则,对于规范民事活动,建立公平、和谐的民事生活秩序是十分必要的。

《民法总则》第131条的规定既是民事主体的行为准则,也是司法机关的裁判依据和行政机关的执法依据。在理解和适用这条规定时,需要把握以下两点。

第一,享受权利的同时必须承担义务。这是处理个体之间"权利冲突"的基本准则。在当事人双方各自强调自己权利和对方责任时,法官不仅要界定各方的权利,而且要明确各方的义务,根据"义务制约权利"的原理,将权利保护与义务履行联系起来,分清是非,辨明责任,对片面强调权利而回避义务甚至违反义务的主张不予支持。在法律有规定的情况下,可以对违反义务的当事人适用权利减损或权利剥夺的规则。例如,在离婚分割财产时,对隐藏、转移、变卖、毁损夫妻共同财产或伪造债务的一方可以少分或不分;在分配遗产时,对有扶养能力和扶养条件而不尽扶养义务的继承人不分或少分,对无正当理由不履行遗嘱所附义务的继承人或受遗赠人取消其接受遗产的权利,对遗弃或者严重虐待被继承人的继承人剥夺其继承权。

第二,权利附带义务。这是处理个人与集体、个体与社会之间利益冲突的基本依据。在平衡个人福利诉求与公众安全关切、资源利用权利与环境生态保护、股东权与法人利益、企业利润追求与企业社会责任、市场竞争与商业道德、经营自由与消费者保护等之间的关系时,要通过明确权利边界和社会义务,准确地把握权利保护的尺度。在面临两难选择的情况下,可参照《民法总则》第132条以及第9、86条等相关法条的规定,按照“公共秩序优先”、“安全价值优先”、“多数人利益优先”和“弱者保护优先”等社会共识,作出符合法律和道德的抉择。

(三)禁止权利滥用原则

《宪法》第51条规定:“中华人民共和国公民在行使自由和权利的时候,不得损害国家的、社会的、集体的利益和其他公民的合法的自由和权利”。根据这一原则,《民法总则》第132条规定:“民事主体不得滥用民事权利损害国家利益、社会公共利益或者他人合法权益。”在此之前,我国《民法通则》第7条、《合同法》第7条和《物权法》第7条都宣示了这一原则。

禁止权利滥用所包含的规范命令是:当事人依据权利或自由所实施的行为,不得违反社会秩序和社会道德。禁止权利滥用的意义在于树立道德准则的规范价值,维护法律制度的终极目标。承认和保护权利是法律的宗旨,但是不受限制的绝对私权和权利放任不为法律所容。罗马法有一名言:“极端的权利,乃最大的非正义。”近代以来民法发展的一条经验,就是与权利滥用作斗争;禁止权利滥用是20世纪民法制度变革的一项重要成果。例如,《日本民法典》在1947年增设基本原则条款,规定“私权应服从公共福利”和“不许滥用权利”。又如,1992年实施的《荷兰民法典》第三编规定“权利人不得滥用其权利”“权利滥用是指行使权利完全出于损害他人利益的意图或为达到非设定该权利的目的,或者权利人未能合理地决定其权利的行使,致使其行使权利所生的利益和所致的损害失衡”“权利性质要求不得滥用”。

概而言之,权利滥用就是行使权利超出权利的边界。权利的边界包括两种:一是内在的限制,即权利的范围或目的。超出权利的范围或者违反权利的目的,致他人受损害的,构成权利滥用。二是外在的限制,即行使权利的行为不得违反公序良俗和诚实信用。以损害他人为目的的恶意地行使权利,或者在自己欠缺正当利益或获益极少而致人损失甚大的情况下任意地行使权利,或者以违反社会道德的方式不当行使权利的,均构成权利滥用。

权利滥用的法律后果，一言以蔽之，就是“权利止于滥用开始之处”。这句格言所表达的意思是，在违反公序良俗和诚实信用的情况下，行为人凭借权利实施的行为和提出的主张不受法律的承认和保护。具体来说，第一，构成权利滥用的请求，例如给付请求超出权利保护的合理范围的，不予支持。第二，滥用权利的胁迫行为，例如以债权追索诉讼相要挟迫使债务人违背意愿与之签订合同的，可予撤销。第三，违背权利授予目的的作为或不作为，例如土地使用权人违反规定用途使用土地或者为囤积倒卖而闲置土地的，可导致权利终止。第四，基于非法目的行使权利，例如为限制竞争达成的垄断协议，或为逃避税收达成的投资安排，应予以取缔。第五，恶意行使权利损害他人或公众利益，例如建造隐蔽排污工程污染河流的，应予以制止并责令赔偿。

三、民事权利的保护

民事权利的保护是民事权利实现的一个特殊环节，也称民事权利的救济。关于权利保护，《民法总则》第五章没有专条规定，但在本章的多个法条中有关于权利“受法律保护”的表述。例如，“自然人的人身自由、人格尊严受法律保护”（第 109 条）、“自然人的个人信息受法律保护”（第 111 条）、“自然人因婚姻、家庭关系等产生的人身权利受法律保护”（第 112 条）、“民事主体的财产权利受法律平等保护”（第 113 条）。更重要的是，《民法总则》开宗明义地将保护民事主体的合法权益列入立法宗旨（第 1 条），明确宣示民事主体的人身权利、财产权利以及其他合法权益受法律保护，任何组织或者个人不得侵犯（第 3 条）。其他的民事立法如《物权法》、《合同法》、《侵权责任法》、《婚姻法》和《继承法》的总则中，都有保护民事权益的宣示。

民事权利主体实现权利，往往需要义务主体履行义务。在现实生活中，义务主体不履行义务甚至侵犯他人权利的情形比较普遍，所以需要法律确立一定的制度来保护民事权利。所谓民事权利的保护，就是民事权利在行使过程中遇到障碍妨害其实现时，法律给予的各种强制性的救济措施，其目的在于恢复被侵害的民事权利的内容。

根据实施主体的不同，权利保护分为民事权利的自我保护与民事权利的国家保护。在现代法治国家，对民事权利的保护以国家保护为主，以自我保护为辅。前者称公力救济，后者称私力救济。此外，我国民法还提倡对他人扶危救险的救助行为，并在法律中予以规定。这种情况也可归入私力救济。

1. 公力救济

公力救济是指当义务主体不履行义务或者侵犯他人权利时，国家机关根据权利主体的请求，对受到侵害的权利予以救济的保护行为。在现代各国，国家保护已经成为民事权利最主要的保护方法。国家提供的民事权利保护方法主要是民事诉讼程序和仲裁程序。民事诉讼依当事人提出诉讼请求的目的和要求的不同，可以分为确认之诉、给付之诉和变更之诉。确认之诉是在权利的存在或归属发生争议时，请求人民法院予以确认而提起的诉讼。给付之诉是请求人民法院责令对方为一定行为，以实现民事权利的诉讼。变更之诉是请求人民法院对现有的民事权利义务关系予以变更的诉讼。

2. 私力救济

私力救济，又称自力救济，是指民事主体在法律允许的范围内，凭借自身的力量对自己或他人的权利实施保护的行为。在大陆法系的发展过程中，私力救济是欧洲近代化以前保护民事权利的主要方式，古代社会甚至有家族之间的复仇制度。私力救济主要体现的是私权利主体之间的直接对抗，通常表现为一定程度的侵害性行为。随着国家力量的强大以及国家职能的完备，公权力介入社会生活的范围得以扩大，国家以公权力实施的保护日益重要。因此，国家保护逐渐取代自我保护成为权利保护的主要方式。不过，在某些情况下，“鉴于公力救济之不及，如果不采取自力，权利永久或在一段时间里就不能实现了，为更好保护权利，不得不承认某种类型的自力救济”。[1] 另一方面，在一定范

〔1〕［德］迪特尔·梅迪库斯：《德国民法总论》，邵建东译，法律出版社2000年版，第122～123页。

围内赋予民事主体以私力救济权，有助于增强民事主体的权利意识。因此，国家允许权利人在一定范围内实施私力救济。目前，在我国民法领域，法律允许的私力救济方式主要为自卫行为、自助行为和救助行为。

(1)自卫行为。自卫行为是指行为人为了使自己或他人的财产或人身免受侵害，或遇到紧急危险时，防止损害的发生或扩大而采取的必要措施。依法实施的使他人利益受损的行为，包括正当防卫和紧急避险。对此，我国《民法总则》第181、182条分别作了规定。

正当防卫是指为了保护本人或他人的人身或财产免受正在进行的不法侵害，针对不法侵害人实施的自卫行为。《民法总则》第181条规定："因正当防卫造成损害的，不承担民事责任。正当防卫超过必要的限度，造成不应有的损害的，正当防卫人应当承担适当的民事责任。"根据这一规定，防卫行为只有属于正当防卫的范畴且不超过必要的限度，才不承担民事责任。

紧急避险，是指为了保护本人或他人的人身或财产免受正在发生的危险，不得已而采取的致人损害的行为。《民法总则》第182条规定："因紧急避险造成损害的，由引起险情发生的人承担民事责任。危险由自然原因引起的，紧急避险人不承担民事责任，可以给予适当补偿。紧急避险采取措施不当或者超过必要的限度，造成不应有的损害的，紧急避险人应当承担适当的民事责任。"根据这一规定，紧急避险的本意在于"两害相权取其轻"，故避险人损害的第三人利益应小于其保护的利益，否则紧急避险将失去其价值。因此，如果因紧急避险采取措施不当或者超过必要的限度，造成不应有的损害时，紧急避险人应当承担适当的民事责任。

(2)自助行为。自助行为是指民事主体为保护自身请求权的实现，在情势紧迫又不能及时请求国家公权力予以救济的情况下，实施的扣押他人财产、拘束他人自由的合法措施。自卫行为赋予权利人对积极侵害的抵御能力，而自助行为则为权利人提供了实现权利的机会。与自卫行为相较而言，自助行为保护的是财产利益而非人身利益，且针对的不仅可以是财产,也可以是人身自由,因而在法律上应受到更为严格的限制。目前,我国民法对自助行为尚无专门规定,但允许权利人依据法律授权采取适当的自力救济手段。例如,物权法领域的留置权和合同法领域的债权人代位权,都含有一定的自力救济因素。在民间的交易习惯中,自助行为也在一定范围内得到认可。例如,餐馆可以阻留用餐后不付账而欲离去的顾客,旅馆可以暂扣住宿后不付费而离去的顾客的行李物品等。一般来说,情势紧迫且国家保护不能及时发挥作用是实施自助行为的前提条件。需要注意的是,采取自助行为措施的目的只能是保护本人的合法权益,而保护社会公共利益或他人的合法权益均不构成自助行为。这是自助行为与自卫行为的重要区别之一。行为人实施自助行为应在必要限度内,即自助行为的方法和程度不得超出足以保障其请求权实现的限度。在实施自助行为后,行为人应及时请求国家机关予以处理,如请求迟延且无正当理由或者请求被驳回,行为人应承担相应的损害赔偿责任。

(3)救助行为。救助行为是指行为人在他人受到不法侵害或遭遇危险时主动给予的救护和援助。实施这种行为常常有自身和他人受到损害的风险。在中国历史上,见义勇为一向受到道德的赞誉和法律的肯定。在我国民法中,对见义勇为者的保护主要涉及两个方面。一是对救助人所受损害的救济。《民法通则》第 109 条和《侵权责任法》第 23 条都规定了对“因防止、制止他人民事权益被侵害而使自己受到损害的”救助人的保护规定,包括侵权人的民事责任和受益人的适当补偿义务。《民法总则》第 183 条再次重申了这一规定:“因保护他人民事权益使自己受到损害的,由侵权人承担民事责任,受益人可以给予适当补偿。没有侵权人、侵权人逃逸或者无力承担民事责任,受害人请求补偿的,受益人应当给予适当补偿。”与之前的规定不同的是,新法条不仅适用于保护他人权益免受人为侵害(有侵权人)的情形,而且适用于保护他人权益免受自然事件或事故危害(没有侵权人或者责任人不明,如抢险救灾、抢救落水者)的情形。二是对救助行为致他人损害的免责。如果救助行为致侵权人受损害,救助人可援引正当防卫抗辩主张免责;如果救助行为致第三人受损害,则救助人可援引紧急避险抗辩主张免责。如果在紧急情况下救助行为给受助人造成损害,则可援引《民法总则》第 184 条“因自愿实施紧急救助行为造成受助人损害的,救助人不承担民事责任”的规定获得免责。这是一条新规定。它进一步表明了我国民法强化保护救助行为、倡导见义勇为风尚的立法政策。

第十七讲　民事法律行为的一般规定

温世扬*

一、民事法律行为的概念

(一)民事法律行为的定义

《民法总则》第133条规定:"民事法律行为是民事主体通过意思表示设立、变更、终止民事法律关系的行为。"根据这一立法定义,民事法律行为概念有以下几层涵义:

1. 民事法律行为是一种法律事实。民法意义上的法律事实,是指依法能够引起民事权利义务产生、变更和消灭的客观现象。民事法律关系的产生、变更或消灭,是民法适用于一定事实的结果,如因缔约行为成立合同关系、因侵害他人身体发生损害赔偿关系、因被继承人死亡发生继承关系、因物的灭失导致所有权消灭等。法律事实,就是民事法律关系产生、变更或消灭的事实要件(民法规范是法律要件)。法律事实可区分为人的行为与行为以外的事实(后者包括事件和状态,前者如人的出生和死亡,后者如达到成年年龄、时间的经过);人的行为可分为适法行为与违法行为;适法行为

---

* 中国法学会民法学研究会副会长,中央财经政法大学法学院教授、博士生导师。

又可分为表示行为与非表示行为。表示行为是指表示某种心理状态或意愿的行为,如发布悬赏广告、订立遗嘱;非表示行为(事实行为)即无关行为人心理状态及其表示的行为,如拾得遗失物、加工(添附)等。民事法律行为属表示行为范畴,是一种普遍存在的、重要的法律事实。

2. 民事法律行为是一种表意行为,即以意思表示为要素的行为。意思表示,是指民事主体意欲发生一定法律效果的内心意愿(意思)的外在表达。民事法律行为是民事主体通过意思表示设立、变更、终止民事法律关系的行为,意思表示是民事法律行为的基本外观和核心要素,没有意思表示就没有民事法律行为。因此,意思表示规则是民事法律行为制度的基础,意思表示理论也是民事法律行为理论的核心内容,《民法总则》第六章第二节对意思表示作了专门规定(下文对此加以详述)。

3. 民事法律行为是一种设权行为,即以设立、变更、终止民事法律关系为目的的行为。行为是受人的意识支配的活动,民事法律行为则有其特定目的和效果,即设立、变更、终止民事法律关系,这也是民事法律行为区别于违法行为和事实行为的关键。有效的民事法律行为可以实现行为人的意愿(目的)与法律效果的统一,即根据行为人的意思表示产生特定的法律效果,如通过订立合同设立债的关系、通过修改遗嘱变更继承关系、通过解除协议终止合同关系等。无效的民事法律行为也具有这样的目的,只是由于其不具备法律规定的有效要件而不能达到行为人预期的效果而已。

(二)民事法律行为概念的渊源与沿革

1. 比较法上的“法律行为”

作为日本、中国等亚洲国家现代民法的渊薮,德国民法体系是潘德克顿法学的产物,而法律行为理论则是19世纪德国法律科学的绝对主题。[1] 作为法律概念,“法律行为”一词自18世纪起出现于一些德国法学家的著述中,19世纪后经萨维尼、普赫塔等法学家的阐述而成为

---

〔1〕 参见朱庆育:《民法总论》,北京大学出版社2013年版,第73页。

德国法学中的基本概念,其涵义为"根据行为人的意旨而发生法律效果的行为"。

法律行为概念进入法典,始于 1863 年《萨克森王国民法典》,1896 年公布、1900 年施行的《德国民法典》于第一编(民法总则)第三章对法律行为作了专门规定。《德国民法典》第一草案"立法理由"中指出,法律行为是"旨在引发法律效果的私人意思表示,法律效果之所以根据法律制度而产生,是因为行为人有此欲求。法律行为的本质在于,旨在引发法律效果之意志活动,以及通过此等意思而令欲求的法律结构在法律世界中实现之法制话语"。[1]

继《德国民法典》之后,继受潘德克顿法学的欧、亚各国都在民法典(总则)和民法教义中采用法律行为概念,并在民法总则中确立了法律行为制度。

2. 中国法上的"民事法律行为"

中华人民共和国成立前,《中华民国民法》采取了《德国民法典》的立法体例,于第一编(总则)第四章对法律行为作了规定(下设通则、行为能力、意思表示、条件及期限、代理、无效及撤销 6 节)。关于法律行为的涵义,虽法无明文规定,但学者所下定义基本一致,即法律行为是以意思表示为要素,因意思表示而发生一定私法效果的法律事实。[2]

作为中华人民共和国第一部民事基本法,《民法通则》第四章对"民事法律行为和代理"作了规定,在立法上首次采用了"民事法律行为"用语并作了定义。《民法通则》第 54 条规定:"民事法律行为是公民或者法人设立、变更、终止民事权利和民事义务的合法行为"。根据这一规定,民事法律行为与传统民法中的法律行为并非同一概念——除在"法律行为"之前冠以"民事"二字外,其内涵也被界定为"合法行为"。与此同时,《民法通则》创设了"民事行为"这一法律术语作为"民事法律行为"的上位概念,将不具备合法性要件的行为纳入"民事

[1] 朱庆育:《民法总论》,北京大学出版社 2013 年版,第 77 页。

[2] 参见王泽鉴:《民法总则》(增订版),中国政法大学出版社 2001 年版,第 250 页。

行为”范畴，包括“无效民事行为”和“可撤销民事行为”。对这一立法上的创新之举，我国学界虽不乏赞同意见，但多数学者持批评态度，在第四次、第五次民法典编纂过程中，各种版本的民法典和民法总则学者建议稿都弃之不用，而采用传统的“法律行为”用语。

在《民法总则》起草过程中，对于是否继续采用“民事法律行为”概念有不同意见。一种意见认为，应当将《民法通则》的“民事法律行为”改为“法律行为”，其主要理由包括：(1)“民事法律行为”和“民事行为”的概念不周延，“民事法律行为”限于合法行为，不能涵盖无效行为、可撤销行为和效力待定行为；虽然《民法通则》还创设了一个“民事行为”的概念涵盖无效和可撤销行为，但二者均不能涵盖效力待定的行为。(2)“民事法律行为”和“民事行为”的概念无法体现当事人意思自治的核心内涵，在实践中也无法判定无效和可撤销的民事行为能否适用意思表示的一系列规则。另一种意见认为，《民法通则》采用的“民事法律行为”和“民事行为”概念虽然存在不周延问题，但在实践中问题不大，且“民事法律行为”的用法已约定俗成，建议继续沿用。[1]

最终，《民法总则》仍保留了“民事法律行为”的表述，但对其内涵作了调整：一是摒弃了“合法性”这一定义用语，使其既包括有效的法律行为，又包括无效、可撤销和效力待定的法律行为（无效法律行为可能是不合法行为），进而废弃了“民事行为”这一内涵不清的立法用语；二是揭示了“意思表示”这一民事法律行为的核心要素，强调民事法律行为是民事主体通过意思表示设立、变更、终止民事法律关系的行为，从而恢复了法律行为的本来面目。

（三）民事法律行为与相关概念的辨析

1. 民事法律行为与法律行为

如上文所述，法律行为概念是潘德克顿法学的创造，并且是民法的专用术语，这一点在比较法上并无争议。但在我国，随着法学研究的发

---

[1] 参见李适时主编：《中华人民共和国民法总则释义》，法律出版社2017年版，第413~414页。

展,民法学以外的部分学科也借用了这一概念,用以描述相关法律部门中具有法律效果的行为,如行政法上的行政法律行为、诉讼法上的诉讼法律行为等。正如有学者指出的,由此“不难看出民法、民法学在整个法律文化的发展过程中所起的作用,不难看出其他法律部门、法理学科尤其是研究法的一般理论的学科,从民法和民法学中吸取了积极合理的成分”。〔1〕 有的法理学者甚至将法律行为视为“法学的基本范畴和重要论题”,试图通过系统研究“法律行为”,“为各部门法学研究具体法律领域的行为提供一般原理”。〔2〕 正是为了与其他学科的法律行为概念相区分,《民法通则》创造了“民事法律行为”这一概念,并为《民法总则》所沿用。但在内涵上,《民法总则》中的“民事法律行为”已不同于《民法通则》中的“民事法律行为”,而是与传统民法中的“法律行为”具有相同意蕴的概念。

2. 民事法律行为与事实行为

所谓事实行为,是指非通过意思表示而能产生一定法律效果(设立、变更、终止民事法律关系)的适法行为,〔3〕如无因管理、拾得遗失物、发现埋藏物等。民事法律行为与事实行为同属法律事实中的行为范畴,均能依法产生一定的法律效果,二者的根本区别在于法律效果产生的依据不同。民事法律行为(有效时)的法律效果根据行为人的意思表示而发生,事实行为的法律效果则与行为人的意志无关,系直接根据法律规定而产生。以无因管理为例,行为人只要实施了符合法律要件的无因管理行为,即依法在行为人(管理人)与受益人之间发生债权债务关系(管理人享有请求受益人偿付管理费用的权利,受益人负有相应的义务),无论其实施管理行为时是否抱有成立此等债权债务关系的目的。民事法律行为属于表意行为,受意思表示规则调整,行为人

〔1〕 佟柔:《中华人民共和国民法通则疑难问题解答》(第1辑),中国政法大学出版社1986年版,第29页。

〔2〕 张文显:《法学基本范畴研究》,中国政法大学出版社1993年版,第127页。

〔3〕 也有学者将违法行为(侵权行为)纳入事实行为范畴。参见王利明:《民法总论》,中国人民大学出版社2009年版,第88页。

的行为能力、意思表示的瑕疵等都对行为效力产生影响，因而存在无效、可撤销等问题；而事实行为则不然，行为一旦实施，无论行为人主观意愿如何及有无行为能力，均发生法律规定的效果，不存在行为效力瑕疵问题。

3. 民事法律行为与情谊行为

情谊行为，是指人际交往中那些不产生法律效果的行为，基于此类行为所形成的社会关系称情谊关系（也称好意施惠关系）。情谊行为主要发生于日常人际交往过程中，例如邀约聚会、结伴同行、投资建议、好意搭载等。情谊行为与民事法律行为的区别在于，它虽然也属于行为范畴，但不受民法调整，因而不产生法律效果。通说认为，判断情谊行为的标准，是行为人是否存在受法律拘束的意思（成立民事法律关系而使自己承担义务的意愿）。至于行为人有无受法律拘束的意思，则应根据交易中诚实信用的理性人标准、结合客观情势予以判定，其主要依据包括：有偿或无偿；是否产生值得信赖的法益风险；法律上或经济上的重要性等。[1] 一般而言，情谊行为并不产生法律上的义务，但在特定条件下可能基于侵权行为法的规定产生损害赔偿责任。例如，帮邻人无偿照看房屋一般不产生法律上的义务，但若是替邻人照看幼儿，则负有对该幼儿生命与健康安全的注意义务；友人相约聚餐本身不产生合同关系，但如果进餐时明知对方不胜酒力而力劝其饮酒，则应对因此造成的人身损害承担侵权责任；熟人之间的投资建议一般不承担法律后果，但专业机构的投资建议，如果涉及价值重大的投资决定，则可能被认定为负有法律上的注意义务并因此承担法律责任。

4. 民事法律行为与准法律行为

所谓准法律行为，是指无法效意思的表示行为，即虽有意思表达，但其法律效果并不取决于行为人的意思（法效意思），而是由法律直接规定的行为。由于此类行为与法律行为近似，故而可类推适用（准用）法律行为的某些规范（如行为能力、意思表达的真实性等）。准法律行

---

〔1〕 参见朱庆育：《民法总论》，北京大学出版社 2013 年版，第 79 ~ 80 页。

为可分为两类:[1]一是意思通知,即行为人将含有特定目的的意思(自然目的意思)向相对人表达并因此产生一定的法律效果(其效果并不是来自行为人的目的意思而是基于法律规定)。例如,《民法总则》第145条第2款、第171条第2款规定,限制民事行为能力人实施的需法定代理人追认的民事法律行为及无权代理行为的相对人可以催告法定代理人或"被代理人"自收到通知之日起一个月内予以追认,该催告行为即为意思通知,其目的是让法定代理人或"被代理人"予以追认,其法律效果是开始起算一个月的追认期。二是事实通知,即某一事实向相对人发出通知。事实通知的行为人既无自然目的意思,也无法效意思,但该通知根据法律规定产生一定的法律效果。例如,《合同法》第80条第1款规定,债权人转让债权应当通知债务人,未经通知,该转让对债务人不发生效力,该通知即为事实通知,其法律效果为债权转让对债务人发生效力。

5. 民事法律行为与民事行为

如上文所述,《民法通则》将民事法律行为界定为"合法行为",同时采用了"民事行为"这一法律术语作为"民事法律行为"的上位概念,将不具备合法性要件的行为纳入"民事行为"范畴,包括"无效民事行为"和"可撤销民事行为"。这一立法举措,源于《民法通则》起草前我国学者对苏联民法学者"法律行为是合法行为"理论的检讨。有学者指出:"用民事行为,可以避免法律行为理论上的缺陷。传统的民法理论将法律行为划归于合法行为一类,与违法行为相并列,同时又将法律行为分为有效的和无效的两种。这种传统的分类,其中有难以自圆其说之处:为什么法律行为属于合法行为又是无效的?我们用民事行为概念也是为了避免上述缺陷。"[2]《民法通则》采纳了这一观点,以"民事行为"一词涵摄"民事主体为达到一定法律后果的行为"(即表示行

〔1〕 有学者认为,宥恕行为(如被继承人对继承人的宥恕)也是一种事实行为。参见朱庆育:《民法总论》,北京大学出版社2013年版,第82~83页。

〔2〕 王作堂等:《民法教程》,北京大学出版社1983年版,第80页。

为)。[1] 由此可见,“民事行为”是《民法通则》基于对法律行为的传统定义加以改造(限定为合法行为)而创设的与传统“法律行为”概念具有同一含义的概念。随着《民法总则》对“民事法律行为”概念的“再定义”(与传统“法律行为”同义),“民事行为”概念在《民法通则》失效后将不再成为立法用语,在司法实践中也不宜继续使用。

(四)民事法律行为概念及制度的意义

民事法律行为概念及由此建构的民事法律行为制度,在现代民法上具有极为重要的地位。

1. 民事法律行为是民事主体自主进行民事活动、实现私法自治的工具。所谓私法自治,是指在私法调整(即民事关系)范围内,法律给予当事人广阔的行为自由空间,允许其依自己的意愿塑造与他人之间的法律关系。私法自治是近代以来各国法制的基本原则,我国《民法总则》也通过民法基本原则(自愿原则)体现了私法自治的立法理念。私法自治主要是通过民事法律行为制度来实现的,即当事人通过缔结合同、处分遗产等民事法律行为自主决定民事法律关系的内容,从事法律禁止事项以外的各种设权行为。可以说,离开法律行为,私法自治就无法实现。

2. 民事法律行为制度是民法调整民事关系的基本手段。民法是行为规范,在维护私法自治的前提下,需要对私法主体的民事活动进行识别,作出肯定或否定的评价。民事法律行为制度正是民法识别和评价民事活动、调整民事关系的基本手段。它通过意思表示规则对行为人的意思能力、意思状态进行规范,为民事法律关系的设立、变更和终止确立一般准则。

3. 民事法律行为制度是民法总则的核心制度之一,充分体现了民法总则的价值。民法总则的主要价值和功能在于,通过“提取公因式”的立法技术,为民法分则及其各项制度提供一般规则。我国《民法总则》关于民事主体、民事权利、民事责任、诉讼时效的规定,都具有这一

---

〔1〕 参见王作堂等:《民法教程》,北京大学出版社 1983 年版,第 78 页。

功能,而民事法律行为制度则尤为突出。民事法律行为制度通过确立民事法律行为及意思表示成立与生效、民事法律行为无效与撤销等方面的法律规则,为合同法上的缔约行为、物权法上的物权变动行为、继承法上的遗嘱行为甚至婚姻家庭法上的结婚、收养等行为提供了基础性规范,充分体现了民法总则的功能和价值。

二、民事法律行为的分类

民事法律行为作为民事主体从事民事活动的基本方式,在实践中呈现出不同的形态与类别。依不同标准对其进行立法或学理分类,有助于区分不同类型民事法律行为的成立与生效要件,作出科学的立法安排和准确的法律适用。

(一)单方行为、双方行为或多方行为

民事法律行为依其行为人数及意思表示形态的不同,分为单方行为、双方行为或多方行为。对此,《民法总则》从民事法律行为成立的角度分别作了规定(第 134 条)。

单方行为也称一方行为,是指基于一方的意思表示而成立的民事法律行为。订立遗嘱、抛弃继承权、委托授权、追认无权代理、悬赏广告、免除债务等行为,均属于单方行为。单方行为特点在于,只要行为人一方作出意思表示,民事法律行为即成立并发生效力。对单方行为,还可作如下分类:(1)有相对人的单方行为与无相对人的单方行为。前者必须向特定相对人作出意思表示方能发生效力,如债务免除行为;后者则无须向特定相对人作出意思表示,如订立遗嘱。当然,即使是有相对人的单方行为,相对人是否同意或接受行为人的意思表示,并不影响该单方行为本身发生效力。(2)可任意变更、撤销的单方行为与不可任意变更、撤销的单方行为。前者如订立遗嘱,后者如抛弃继承权行为。

双方行为或多方行为,是指基于双方或多方意思表示一致而成立的民事法律行为。其特点在于:其一,必须有双方或多方就某一事项(民事法律关系的设立、变更或终止)作出意思表示;其二,双方或多方

的意思表示必须达成一致,行为才能成立。对双方行为或多方行为,可以根据双方或多方意思表示的内容和目的的不同进一步分为合同行为与共同行为。[1] 合同行为是指双方或多方当事人不是因为共同的目标和方向,而是为了各自的目的对向作出意思表示(相向意思表示)并达成一致的行为,如买卖、借贷、租赁等。共同行为是指双方或多方当事人为了某一共同目标而作出方向一致的意思表示(同向意思表示)的行为,如订立公司章程、订立合伙协议、共同捐助、公司清算、遗产分割等,《民法总则》第 134 条第 2 款所称的"决议行为"也属多方民事法律行为。

民事法律行为中,有的只能是单方行为,如订立遗嘱、追认无权代理等;有的只能是双方行为,如买卖、租赁、借贷、委托等;有的行为既可以是单方行为,也可以是双方行为,如保证、授权、赠与、免除债务、解除合同等。[2]

(二)财产行为与身份行为

民事法律行为依其所产生法律效果的不同,分为财产行为与身份行为。

财产行为是指产生财产关系变动效果的民事法律行为。财产行为可进一步区分为负担行为与处分行为。负担行为是指产生某种请求权与法律上的负担(即债权债务关系)的行为,故也称债权行为。此类行为已经生效便产生债务人的给付义务,如买卖合同中买方支付价款的义务。负担行为既可以是单方行为(如捐助行为),也可以是合同行为,如买卖、租赁、借贷等。处分行为是指以变更或消灭既存权利为目的的行为,包括物权行为和准物权行为。物权行为,即变动物权关系的行为,如所有物的抛弃(单方行为)、抵押权的设定(合同行为)。准物权行为是指变动物权之外的其他财产权利的行为,如债权让与、债务承担、知识产权转让等。物权行为是德国民法学上的概念,我国立法并未

---

〔1〕 我国立法上的合同行为与传统民法理论中契约行为涵义相同。

〔2〕 参见刘凯湘:《民法总论》(第 3 版),北京大学出版社 2011 年版,第 265 ~ 266 页。

采用。

身份行为是指产生身份关系变动效果的民事法律行为。例如,婚姻法上的结婚、收养法上的收养、继承法上的继承人指定等,均属身份行为。

财产行为与身份行为涉及不同性质的法律关系,在法律调整模式和规则构造上也存在差异。例如,公平与等价有偿原则主要适用于财产关系,故财产关系可适用显失公平规则予以撤销,而婚姻、收养行为则不然;又如,身份行为因涉及人身自由和人格尊严,原则上只能由当事人亲自实施,而财产行为则既可亲自实施也可委托他人代理实施。

(三)有偿行为与无偿行为

民事法律行为(双方行为)依其所建立的给付关系有无对价,分为有偿行为与无偿行为。

有偿行为是指一方获得一定的经济利益,同时须向对方支付一定代价的行为,亦即双方互为给付、各因对方给付而取得经济利益的行为,如买卖、租赁、居间等。给付的方式可以是支付金钱,也可以是交付物品、提供劳务等。民法调整的财产关系主要是商品关系,这就决定了有偿行为是民事法律行为(尤其是财产行为)的主要形态。

无偿行为是指一方获得利益而无须支付代价的行为,如赠与、借用、无偿保管、无偿委托等。此类关系不具有商品关系性质,故无偿行为主要发生于具有特定关系(如亲友关系)的自然人之间,不是财产行为的主要形态。

民事法律行为中,有的只能是有偿行为,如买卖、租赁、仓储、行纪等;有的只能是无偿行为,如赠与、借用等;有的行为则既可以是有偿行为也可以是无偿行为,如保管、委托、民间借贷等。对后一类行为,如果行为人未作出有偿或无偿的明确约定,一般应推定为无偿。如《合同法》第211条规定:“自然人之间的借款合同对支付利息没有约定或者约定不明确的,视为不支付利息。”

有偿行为与无偿行为的区分不仅在于二者的不同内容,在既可以是有偿行为也可以是无偿行为的情形下,当事人的权利义务可能因其有偿或无偿而不同。例如,《合同法》第406条规定:"有偿的委托合同,因受托人的过错给委托人造成损失的,委托人可以要求赔偿损失。无偿的委托合同,因受托人的故意或者重大过失给委托人造成损失的,委托人可以要求赔偿损失。"可见,无偿委托合同中受托人对于因其一般过失造成的损失不承担赔偿责任。

(四)诺成行为与实践行为

民事法律行为(双方行为)依其生效要件的不同,分为诺成行为与实践行为。

诺成行为,是指仅以当事人意思表示一致为成立及生效要件的行为。基于意思自治原则,民事法律行为以诺成行为为常态,只要双方当事人意思表示一致,行为即告成立并生效,例如买卖、租赁、承揽、委托等。

实践行为又称要物行为,是指除当事人意思表示一致外,尚需一方交付标的物方可生效的行为。在实践行为中,标的物的交付是法律规定的该行为成立或生效的特殊要件,否则即使当事人意思表示一致,对双方也无法律约束力。一般认为,赠与、借用、自然人之间的借贷等行为属于实践行为。[1]

区分诺成行为与实践行为的主要意义,在于判断民事法律行为是否生效。例如,《合同法》第210条规定:"自然人之间的借款合同,自贷款人提供借款时生效。"据此,自然人之间的借款合同为实践行为,若双方当事人仅达成借款协议而未支付约定款项,则合同虽已成立但未生效,当事人不得主张违约责任。

(五)要式行为与不要式行为

民事法律行为依其是否必须采取一定的方式,分为要式行为与不要式行为。

要式行为,是指依据法律或行政法规的规定应当采取一定的方式

[1] 《合同法》第186条规定:"赠与人在赠与财产的权利转移之前可以撤销赠与。具有救灾、扶贫等社会公益、道德义务性质的赠与合同或者经过公证的赠与合同,不适用前款规定"。依文意解释,赠与合同属诺成行为。

才能生效的行为。所谓方式,包括意思表示的具体形式(如书面形式)以及程序性形式(如主管机关审批同意)。例如,《担保法》第38条规定:“抵押人与抵押权人应当以书面形式订立抵押合同”;《中外合资经营企业法》第3条规定:“合营各方签订的合营协议、合同、章程,应报国家对外经济贸易主管部门审查批准。”

不要式行为,是指法律和行政法规不要求采取特定方式,当事人可自由选择其形式的行为。现代民法奉行方式自由原则,法律一般不对民事法律行为的方式或形式作强制性规定,因此民事法律行为以不要式行为为常态。即使是要式行为,当事人未采取特定形式在特定条件下也不影响其成立和生效。如《合同法》第36条规定:“法律、行政法规规定或者当事人约定采用书面形式订立合同,当事人未采用书面形式但一方已经履行主要义务,对方接受的,该合同成立。”

(六)主行为与从行为

民事法律行为依其相互间的依从关系,分为主行为与从行为。

主行为是指在两个相互关联的民事法律行为中能够独立存在并居于主导地位的行为,从行为则是以其他行为的存在为前提、居于从属地位的行为。借贷行为与担保行为是主行为与从行为关系的典型,其中借款合同是主行为,担保合同(如保证合同、抵押合同)是从行为。从行为是相对于特定的主行为而言的,其本身也可以产生从行为,如保证合同是借款合同的从行为,反担保(保证、抵押等)则是保证合同的从行为。

区分主行为与从行为的主要意义在于判定两个相互关联且存在主从关系的民事法律行为的成立与效力。主行为是能够独立存在和生效的,而从行为的成立和效力则取决于主行为的成立和效力,如果主行为不成立或无效,从行为也不能单独成立或生效。当然,即使主行为有效,从行为也可能基于自身原因而无效,如借款合同有效而保证合同无效。

(七)独立行为与辅助行为

民事法律行为依其是否具有实质内容,分为独立行为与辅助行为。

独立行为是指具有实质内容、依行为人独立意思表示即可成立并生效的行为，这是民事法律行为的主要形态。辅助行为又称补足行为，是指不具有实质内容、仅辅助他人行为发生效力（作为其生效要件）的行为，如法定代理人对未成年人的意思表示所作的同意表示、被代理人对代理人超越代理权行为的追认等。

（八）生存行为与死因行为

民事法律行为依其效力是否于行为人生前发生，分为生存行为与死因行为。

生存行为又称生前行为，是指在行为人生前发生效力的行为，这是民事法律行为的主要形态，各种合同均属此类。死因行为是指以特定自然人的死亡为生效要件，即生前成立、死后生效的行为。遗嘱为典型的死因行为。

三、民事法律行为的成立和生效

（一）民事法律行为的成立

民事法律行为的成立，是指民事法律行为产生的客观状态，即某一行为因具备特定要件而成为民事法律行为的事实。民事法律行为的成立既是一种事实判断，也是一种法律判断，即需要满足一定的法律要件。

《民法总则》第134条规定："民事法律行为可以基于双方或者多方的意思表示一致成立，也可以基于单方的意思表示成立。法人、非法人组织依照法律或者章程规定的议事方式和表决程序作出决议的，该决议行为成立。"这一规定既揭示了民事法律行为的一般成立要件（基本要素），也明确了双方行为或多方行为及决议行为的特殊成立要件。

民事法律行为成立的基本要素有三：(1)主体要素。既是行为，必有主体，民事法律行为也不例外。民事法律行为的主体即民事主体，包括自然人、法人和非法人组织。民事法律行为的成立对民事主体的民事行为能力并无要求，无民事行为能力人、限制民事行为能力人也可实施民事法律行为。(2)标的要素。所谓标的，是指民事法律行为的具体内容,即行为人所追求的法律效果。任何民事法律行为都必须有明确的标的,如合同需明确是买卖、租赁还是承揽,遗嘱需指明遗产由何人继承,否则不能构成一个有法律效果的行为。(3)意思表示要素。意思表示是法律行为成立的核心要素,没有意思表示就没有法律行为。[1]《民法总则》第134条第1款也明确了意思表示对于民事法律行为成立的决定性意义。

某些民事法律行为的成立除应具备上述三个基本要素外,还须满足一定的特殊要件的要求。(1)双方或多方民事法律行为,须双方或多方意思表示达成一致方可成立(《民法总则》第134条第1款);(2)法人、非法人组织的决议行为,经由法人、非法人组织依照法律或者章程规定的议事方式和表决程序作出决议而成立(《民法总则》第134条第2款)。[2] 如《公司法》第103条第2款规定:"股东大会作出决议,必须经出席会议的股东所持表决权过半数通过。但是,股东大会作出修改公司章程、增加或者减少注册资本的决议,以及公司合并、分立、解散或者变更公司形式的决议,必须经出席会议的股东所持表决权的三分之二以上通过。"[3]

(二)民事法律行为的形式

民事法律行为的形式,是指行为人所作意思表示的外在表现形式。对于民事法律行为应当采取什么形式,古代法律采取严格的形式主义,要式行为普遍存在。随着资本主义私法自治、契约自由原则的确立,近代各国立法纷纷放松对法律行为形式的管制,形式自由主义取得了主导地位。对此,我国《合同法》第10条规定:"当事人订立合同,有书面

---

[1] 有学者认为民事法律行为的成立要件唯意思表示一项,主体、标的均在其中。参见朱庆育:《民法总论》,北京大学出版社2013年版,第118页。

[2] 决议行为在成立上与双方行为和一般多方行为的区别在于,其并不要求所有当事人的意思表示均达成一致,而是适用"多数决",多数人(如三分之二)意思表示一致即可成立。

[3] 有的著作中将实践行为中的交付、要式行为中的特定形式作为民法法律行为的特别成立要件,其实是指民事法律行为的生效要件,如《合同法》第210条规定:"自然人之间的借款合同,自贷款人提供借款时生效。"

形式、口头形式和其他形式。法律、行政法规规定采用书面形式的,应当采用书面形式。当事人约定采用书面形式的,应当采用书面形式。”《民法总则》第 135 条进一步规定:“民事法律行为可以采用书面形式、口头形式或者其他形式;法律、行政法规规定或者当事人约定采用特定形式的,应当采用特定形式。”上述规定也体现了以形式自由为原则、形式强制为例外的立法理念。

民事法律行为的形式可分为明示形式与默示形式,前者包括口头形式和书面形式,后者包括推定形式和沉默形式。

1. 口头形式

口头形式的民事法律行为,是指以口头语言方式进行意思表示的民事法律行为,如当面谈话、电话交谈、当众宣布自己的意思表示等。口头形式的特点是民事法律行为成立迅速简便但由于缺乏客观记载,一旦发生纠纷则举证困难,因此主要适用于日常生活中自然人之间及自然人与法人、非法人组织之间的及时清结类或小额交易,如商场购物(买卖)、公交搭乘(运输)、餐厅就餐(服务)等。正因如此,对于某些民事法律行为,法律或行政法规规定不能采取口头形式而应当采取书面形式,如《物权法》第 157 条第 1 款规定:“设立地役权,当事人应当采取书面形式订立地役权合同。”有的法律行为虽可采取口头形式,但必须符合一定的条件,如《继承法》第 17 条第 5 款规定:“遗嘱人在危急情况下,可以立口头遗嘱。口头遗嘱应当有两个以上见证人在场见证。危急情况解除后,遗嘱人能够用书面或者录音形式立遗嘱的,所立的口头遗嘱无效。”

2. 书面形式

书面形式的民事法律行为,是指以书面文字方式进行意思表示的民事法律行为,如书面合同、书面遗嘱、书面通知、书面委托、书面声明等。《合同法》第 11 条规定:“书面形式是指合同书、信件和数据电文(包括电报、电传、传真、电子数据交换和电子邮件)等可以有形地表现所载内容的形式。”在互联网时代,手机短信、微信等也属于数据电文类书面形式。与口头形式相比,书面形式具有表达准确、内容完整、权利义务关系明确、便于保存证据、利于预防和处理争议等优点，因此在民事活动中被广泛采用，甚至被法律、行政法规作为某些民事法律行为（如合同）的必要形式。为了交易的便捷，某些民事法律行为（主要存在于商事领域）采取了定型化的书面形式，如保险合同、航空运输合同、票据行为、证券交易行为等。

3. 推定形式

推定形式的民事法律行为，是指行为人既非通过口头语言，也非通过书面文字，仅通过某种有目的的积极行为将其内心意思表现于外部，他人根据生活常识、交易习惯或相互间的默契可推知其已作出某种意思表示的形式，也称为作为的默示或意思实现。如房屋租期届满后，承租人继续交纳房租，出租人予以受领，即可推知在双方之间成立了新的租赁行为；又如，驾驶人将汽车停放于收费停车场，也可推定其与停车场管理人之间成立了保管合同。推定形式的主要特点在于经由某一积极行为推定意思表示和法律行为的成立，并且这种推定必须具有充分的事实根据。

4. 沉默形式

沉默形式的民事法律行为，是指行为人既非通过口头语言或书面文字，也无积极行为可资推定，在特殊情况下根据法律规定视当事人的沉默为意思表示，由此使民事法律行为成立，也称不作为的默示。沉默形式并不是民事法律行为的普遍形式，只有在法律有明确规定或当事人有特别约定的情况下才能适用。如《民法通则》第 66 条规定："本人知道他人以本人名义实施民事法律行为而不作否认表示的，视为同意"；《继承法》第 25 条第 2 款规定："受遗赠人应当在知道受遗赠后两个月内，作出接受或者放弃受遗赠的表示。到期没有表示的，视为放弃受遗赠。"严格地说，在沉默形式中，当事人并未作出任何意思表示，只是法律推定其"作出了"某一意思表示从而直接赋予一定的法律后果。

（三）民事法律行为的约束力

民事法律行为的约束力，是指民事法律行为成立后对当事人产生的法律约束力（也称形式上的约束力），当事人应当尊重该民事法律行为并不得阻碍其生效,除非法律另有规定或者当事人另有约定,任何一方不得擅自变更或解除民事法律行为(法律关系)。对此,我国立法一贯设有明确规定。《民法通则》第 57 条规定:“民事法律行为从成立时起具有法律约束力。”《合同法》第 8 条第 1 款规定:“依法成立的合同,对当事人具有法律约束力。”《民法总则》对此并未作出明确规定,但其第 136 条第 2 款规定体现了这一立法意旨,“行为人非依法律规定或者未经对方同意,不得擅自变更或者解除民事法律行为”。例如,对于附延缓条件的民事法律行为(合同),在条件成就前行为虽未生效(债权人不能请求债务人履行给付义务),但任何一方均不得擅自解除合同,否则应赔偿对方期待利益的损失。

(四)民事法律行为的生效

民事法律行为的生效,是指民事法律行为效力或法律约束力(实质上的约束力)的实际发生,即民事法律关系因民事法律行为而设立、变更或终止。例如,合同生效意味着当事人应依合同约定履行各自的义务,遗嘱生效意味着继承人于继承开始后有权依遗嘱继承遗产。民事法律行为的生效与民事法律行为的成立是两个相互关联的概念,前者是指民事法律行为具有法律约束力的状态,后者是指民事法律行为形成并存在的状态(只具有形式上的约束力);生效以成立为前提,但并非成立的必然结果,成立后还可能未生效、不生效,甚至无效(不可能生效)。

民事法律行为的生效条件,可区分为内在条件与外在条件。内在条件是指民事法律行为自身构成方面的条件,即民事法律行为必须“有效”(依法可以产生法律约束力)。根据《民法总则》第 143 条的规定,法律行为有效的条件包括:当事人具有相应的民事行为能力;意思表示真实;不违反法律、行政法规的强制性规定;不违背公序良俗。外在条件是指民事法律行为除自身有效外,依据法律、行政法规规定或当事人约定尚需具备的其他生效条件。法律、行政法规规定的生效条件主要有行政审批(如主管部门对中外合资经营企业合同的审批)和登记(如注册商标转让合同登记)。当事人约定的生效条件(即延缓条件)内容多样,常见的有公证、鉴证、见证等。

关于民事法律行为的生效时间,《民法总则》第 136 条第 1 款作了规定:“民事法律行为自成立时生效,但是法律另有规定或者当事人另有约定的除外。”据此,民事法律行为的生效时间分为两种情形:一是成立时生效,即生效时间与成立时间一致,这是民事法律行为生效时间的一般规则,如《合同法》第 44 条第 1 款规定:“依法成立的合同,自成立时生效。”二是成立后生效,即生效时间与成立时间不一致,包括两种情形:(1)具备法律、行政法规规定的生效条件后生效,如合同经审批、经登记后生效,遗嘱于立嘱人死亡后生效;(2)当事人约定的延缓条件成就或延缓期限届至后生效,如买卖合同约定合同于卖方开业后生效,租赁合同约定于次年 1 月 1 日起生效。

四、意思表示

(一)意思表示的概念和类型

1. 意思表示的概念

意思表示,是指表意人将其达成一定民法上的法律效果的内心意思通过一定的方式表达于外部的行为。意思表示是法律行为的核心要素。18 世纪“法律行为”和“意思表示”的概念发轫于德国后,在德国法中就常将“法律行为”和“意思表示”作为同义词使用。如德国民法典第一草案的《立法理由书》所述:“一般而言,意思表示和法律行为这两个表述被作为同义词使用。”[1]可见其在民事法律行为制度中的重要地位。虽然如此,我们仍然不能将意思表示等同于民事法律行为,二者依然存在明显的区别。

一是民事法律行为可以仅由一个意思表示构成,如撤销权的行使等单方法律行为;也可以由多个意思表示构成,如双方法律行为和多方法律行为,合同和公司章程行为即为适例。而一个意思表示只能是一方的意思表示。

---

〔1〕[德]弗卢梅:《法律行为论》,迟颖译,法律出版社 2013 年版,第 29 页。

二是二者成立时间不同。意思表示一般完成即成立,民事法律行为则不同。单方法律行为一般于意思表示发出或到达时成立,双方或多方法律行为于意思表示一致时成立,除此之外,民事法律行为还可以有特别的成立要件。

三是二者生效时间不同。意思表示的生效区分有相对人和无相对人,且意思表示生效后并不一定产生民事法律行为的效力,还要看是否符合民事法律行为的生效要件。符合民事法律行为的生效要件的,意思表示发生与表意人的预期相符的法律效果,反之法律效果可能与其预期不符。

意思表示具有以下特征:

第一,意思表示的表意人具有使民事法律关系发生变动的意图。这是效果意思构成要素在意思表示特征中的具体体现。

第二,意思表示是一个将意思由内到外表示出来的过程。这是表示行为构成要素在意思表示特征中的具体体现。任何内部意思如果不通过一定的方式表达于外部世界,并能够让他人感知,便不具有任何的法律意义。

第三,意思表示可以产生一定的法律效果。意思表示生效是法律行为成立的前提条件。原则上,民事法律行为成立时即生效,我国《民法总则》第143条规定了民事法律行为的一般生效要件。意思表示符合法律规定的生效要件,可以产生与当事人预期相符的法律效果,否则可能产生与当事人预期不相符的法律效果,如无效、可撤销、效力待定等。

2. 意思表示的构成要素

所谓意思表示的构成要素,是指构成某项意思表示所必须具备的事实因素。

通常情况下,表意人的内心意思与客观表示是一致的,但意思和表示因为某种原因不一致的情况也时常发生。意思表示构成要素理论产生的目的,正是要解决“确定哪一意思要素实际上属于‘意思表示’的必备要素”,[1]以及在意思和表示不一致时如何评判意思表示效力的问题。

民法传统理论认为,意思表示由内部意思和外部表示行为构成。内在意思包括目的意思、效果意思、表示意思和行为意思四个主观构成要素;外在表示指表示行为这一客观构成要素。意思表示分为内在意思和外在表示两个阶段,这一点在理论上并无争议,有争议者在于主观构成要素中哪些是意思表示的必备事实要素。对此,各家观点分歧较大,有学者主张行为意思和表示行为二要素说。[2] 有学者主张三要素说。三要素说中又有不同观点。有的学者将意思表示的构成要素分为目的意思、效果意思和表示行为三要素。[3] 还有的学者将其分为效果意思、表示意思和表示行为三要素。[4]

目前学界以效果意思、表示意思和表示行为三要素说为通说。通说认为,从意思表示的心理过程来看,表意人首先产生动机,然后产生效果意思,随后产生欲将效果意思表示于外的意思,即表示意思,最后通过表示行为表达于外部。动机是产生目的意思的基础,但动机千变万化,不易察觉,且对相对人来说并非均具有重要意义,因此一般认为动机不具有法律上的意义,不是意思表示的构成要素。在意思表示错误理论中,动机错误原则上并不影响意思表示的效力。效果意思,是指行为人欲使其表示内容引起法律上效力的内在意思要素。德国学者弗卢梅认为,应将效果意思和表示行为的内容联系起来理解。例如,在买卖合同情形中,效果意思是买方以特定价格购买买卖物的意思。[5] 表示行为属客观要素范畴,指行为人将其内在意思通过一定的方式表现于外部,并能为外部所理解的行为。表示行为必须是有意识的行为,如人在睡眠中的行为或被人胁迫的行为不能成立意思表示。行为意思要

---

〔1〕 参见[德]弗卢梅:《法律行为论》,迟颖译,法律出版社 2013 年版,第 55 页。

〔2〕 参见王泽鉴:《民法总则》(修订本),北京大学出版社 2009 年版,第 266 ~ 267 页。

〔3〕 参见董安生:《民事法律行为》,中国人民大学出版社 1994 年版,第 165 页。

〔4〕 参见梁慧星:《民法总论》(第 2 版),法律出版社 2004 年版,第 168 ~ 169 页。

〔5〕 参见[德]弗卢梅:《法律行为论》,迟颖译,法律出版社 2013 年版,第 55 页。

素在此意义下可以被表示行为所涵盖,不作为独立的意思表示构成要素。

3. 意思表示的方式

如前述,表示行为是行为人将其内在意思通过一定方式表现于外部,并能被外部所理解的行为。此处的"一定方式"即表示行为的方式,也可称之为意思表示的方式。民法理论上,将意思表示的方式分为明示和默示两种。《民法总则》第140条规定:"行为人可以明示或者默示作出意思表示。沉默只有在有法律规定、当事人约定或者符合当事人之间的交易习惯时,才可以视为意思表示。"

比较法上,各国民法一般不直接规定意思表示的形式,但可从具体规定中推知。如《日本民法典》在租赁合同和雇佣合同的相关条文中,有默示的意思表示的规定;《德国民法典》在合伙和劳务合同的相关条文中,也有相似的规定。《民法总则》颁布之前,我国法律并未就意思表示的方式作出统一的规定,但从《民通意见》《合同法》《关于适用〈中华人民共和国合同法〉若干问题的解释(二)》(本讲以下简称《合同法司法解释(二)》)的相关规定中,仍然可以推知立法者(解释者)对于意思表示方式分类的态度。如《民通意见》第66条规定的"默示"和"不作为的默示",学理上即对应《民法总则》第140条所规定的"默示"和"沉默",《合同法》第22条规定的"通过行为作出承诺"可解释为"默示"。本条对意思表示的方式作出了一般性规定,增强了民法典的体系性。

(1)明示的意思表示

明示的意思表示,是行为人以口头或书面的方式明确向相对人作出的意思表示,如甲当面口头或传真致函向乙表示以5000元购买其手机。以明示方式作出的意思表示表达明确且不易产生歧义和纠纷,是最常见的意思表示方式。

(2)默示的意思表示

默示的意思表示,又称可推断的意思表示,是指行为人虽没有以口头或书面等明示方式作出意思表示,但从其行为可推知其意思表示。

这种方式虽不如明示方式那样直接、明确地表达出意思表示的内容,但通过其行为可以推断出行为人作出了一定的意思表示。[1] 例如,将汽车停在收费的停车场,在商场拿走商品于柜台出示并付款。

(3)沉默

无论是明示还是默示,均是通过作为的方式(或为口头、书面或为行为)作出意思表示。意思表示原则上也应以作为的方式为之。与此不同,沉默则表现为纯粹的缄默,即消极的不作为。沉默原则上并不构成意思表示,但不论是民法理论还是各国立法,均认可沉默在一定条件下具有表示价值。

《民法总则》颁布之前,《民通意见》第 66 条将"沉默"称为"不作为的默示"。但"不作为的默示"从语义上分析既属"默示",就仍是通过作为的方式作出意思表示之一种,与"沉默"的"不作为"内涵不相契合,故《民法总则》将其修改为"沉默",在术语运用上更为准确。《民法总则》第 140 条第 2 款规定沉默在一定条件下可以视为意思表示,具体情形如下:

①有法律规定的情形。学理上将此称为"规范化的沉默",即法律为尽早结束法律关系的不确定状态,将沉默者的沉默拟制为意思表示,而不顾及沉默者的真实意愿,也不需要沉默者具有表示意识。例如,《民法总则》第 145 条第 2 款、第 171 条第 2 款、《合同法》第 171 条和第 236 条、《继承法》第 25 条第 2 款的规定,均为规范化的沉默。

②当事人约定的情形。例如,买卖合同当事人之间预先约定,买方如在收到卖方发出的订立合同的要约 7 天内没有回复的,视为买方作出了承诺。需注意者,此种约定需当事人间对沉默的意义取得一致意见,上例中如卖方单方作出的要求未得到买方同意的,则不发生沉默作为意思表示的法律效果。

③符合当事人之间的交易习惯的情形。如果当事人之间存在某种

---

〔1〕 参见李适时主编:《中华人民共和国民法总则释义》,法律出版社 2017 年版,第 434 页。

交易习惯,这种交易习惯允许将沉默视为具有某种法律效果,则沉默具有意思表示的价值。例如,德国法院判决确认一条习惯法原则,即只要接收人并没有及时提出异议,商人之间的交易中对确认书缄默视为对它的内容的同意。[1]

4. 意思表示的类型

《民法总则》第137、138、139条主要是关于意思表示生效的规定,但从另一侧面也体现出立法者对意思表示类型区分的基本态度。

根据不同的标准,意思表示可以划分为不同的类型。《民法总则》以意思表示是否有相对人为标准,将意思表示分为有相对人的意思表示与无相对人的意思表示;沿袭《合同法》第23条第2款的规定,依是否以对话形式作出意思表示,将有相对人的意思表示进一步分为对话的意思表示与非对话的意思表示。以上两种区别标准的意义主要在于为不同的意思表示分别规定不同的生效时间。

(1)有相对人的意思表示与无相对人的意思表示

有相对人的意思表示,是指需向相对人作出的意思表示。有相对人的意思表示多存在于双方或多方法律行为的情形,如合同行为中的要约和承诺;也有可能存在于单方法律行为中,如撤销权或解除权的行使。撤销权或解除权作为形成权,其行使无需相对人的同意,但撤销或解除法律行为的意思表示必须向相对人作出并送达始能生效。除此之外,实践中还存在向不特定的相对人作出意思表示的情形,例如悬赏广告(也有学者认为悬赏广告属单方行为,其意思表示属无相对人的意思表示)。[2]《民法总则》第139条确立了以公告方式作出的意思表示的生效规则,该情形也属于向不特定的相对人作出的意思表示。

无相对人的意思表示,是指无需向相对人作出的意思表示。无相对人的意思表示多存在于单方法律行为,典型情形有遗嘱、动产所有权的抛弃等。从比较法上看,各国民法典一般不明文规定无相对人的意

---

〔1〕 参见陈甦主编:《民法总则评注》,法律出版社2017年版,第1005页。
〔2〕 参见朱庆育:《民法总论》,北京大学出版社2013年版,第196页。

思表示,但学说上是认可的。[1]《民法总则》第 138 条在我国民事立法历史上首次明确了无相对人意思表示的生效规则。

(2)以对话方式作出的意思表示与以非对话方式作出的意思表示

以对话方式作出的意思表示,是指采取使相对方可以同步受领的方式进行的意思表示,如面对面交谈、电话等方式。以非对话方式作出的意思表示,是表意人作出意思表示的时间与相对人受领意思表示的时间不同步,二者之间存在时间差,如传真、信函等。依据《民法总则》第 137 条的立法精神,对话方式与非对话方式的根本区别在于是否具备了解的同步性和即时性。依此,电话、视频通话中的对话人可能远隔千里,但因为能即时知道意思表示的内容而可归入以对话方式作出的意思表示之列;[2]又如,因会场或某些场合不适宜交谈,表意人和相对人通过传递纸条作出意思表示,虽未采取通常意义上的对话方式,但因能即时知道意思表示的内容,也可归入以对话方式作出的意思表示之列。[3]

《民法总则》第 137 条第 2 款第 2 句和第 3 句是对以非对话方式作出的、采用数据电文形式的意思表示的规定。之所以单独规定,是因为其生效规则与一般的以非对话方式作出的意思表示的生效规则有所不同。我国《电子签名法》借鉴联合国《电子商务示范法》第 2 条关于“数据电文”的定义,规定“数据电文”是指以电子、光学、磁或类似手段生成、发送、接收或储存的信息。《合同法》第 11 条列举了电报、电传、传真、电子数据交换和电子邮件的数据电文的具体形式。此外,例如QQ、微信等即时通信同样可以归入数据电文之列。《民法总则》第 137 条第 2 款第 2 句规定:“以非对话方式作出的采用数据电文形式的意思表示,相对人指定特定系统接收数据电文的,该数据电文进入该特定系统时生效;未指定特定系统的,相对人知道或应当知道该数据电文进入其系统时生效。”数据电文形式的意思表示在我国民法中属于以非对

[1] 参见陈甦主编:《民法总则评注》,法律出版社 2017 年版,第 996 页。

[2] 参见王泽鉴:《民法总则》(修订本),北京大学出版社 2009 年版,第 273 页。

[3] 参见朱庆育:《民法总论》,北京大学出版社 2013 年版,第 196 页。

话方式作出的意思表示。对此,也有学者将其归入以对话方式作出的意思表示之列。

除上述分类外,学理上还有一些分类。如依意思表示是否完整,可分为完整的意思表示与瑕疵的意思表示;依是否以具备法定形式为其特别生效要件,可分为要式的意思表示与不要式的意思表示等。

(二)意思表示的生效

如前文所述,意思表示是法律行为的核心要素,意思表示的生效将导致法律行为成立。我国《合同法》以要约和承诺为基本模型对意思表示的发出、送达和生效作出了较详尽的规定。《民法总则》总体上沿袭了《合同法》的规定,用三个条文(第137、138条和第139条)对意思表示的生效作了规定,总体上以到达主义为原则,发信主义为例外。

1. 意思表示生效的立法主义

学理上,依意思表示形成、传达和知悉的过程,相对应地形成了四种不同的评价意思表示生效的理论:作成主义、发出主义、到达主义和了解主义。作成主义以意思表示作出并完成为其生效时点,发出主义以意思表示的发出为其生效时点,到达主义以意思表示到达相对人可控制的领域、存在知悉的可能性时为其生效时点,了解主义以意思表示内容被相对人知悉时为其生效时点。其中,在作成主义下,意思表示的生效并非相对人所能控制,对相对人极为不利。在了解主义下,以相对人主观上是否知悉意思表示的内容作为判断时点,一则不易证明,二则如果相对人拒绝知悉,表意人也将承担极大的风险。相比之下,发出主义和到达主义更能平衡意思表示双方的利益,合理分担风险。基于此,世界各国立法例或采发出主义,或采到达主义。其中英美法国家多采发出主义,大陆法国家则以到达主义为主。[1]

2. 意思表示的发出

意思表示的发出是指表意人已作成使其内心意思表示明确地表示

〔1〕 参见韩世远:《合同法总论》,法律出版社2004年版,第94页。

于外的行为。[1] 在有相对人的情形下,意思表示的发出是意思表示生效的前提条件。意思表示发出的意义在于以下几个方面:一是判断作为意思表示有效性的表意人的权利能力和行为能力问题,以发出时为准;二是意思表示发出后表意人死亡或丧失行为能力的,对意思表示的效力没有影响;三是意思表示的错误以发出时间为准。[2]

意思表示的发出因有无相对人而有所不同。无相对人时,因无人需要受领意思表示,意思表示无需发出,如法律无特别规定的,完成时即生效。例如,抛弃动产所有权的,行为人完成抛弃的行为时意思表示即已生效;又如遗嘱,因《继承法》对其生效有特别规定,故遗嘱人立完遗嘱时,遗嘱行为成立,但要待遗嘱人死亡时方才生效。有相对人时,如是以口头方式发出的,表意人面对相对人说出意思表示的内容,使相对人能够听到,表示即告发出;如是以书面方式发出的,如信件,还需表意人具有将信件投递的行为,意思表示才算发出。以下事例被各类文献多次引用,应予注意:某人将一项意思表示以书信的方式书写完毕放入信封,填好地址置于桌面,由于犹豫不决,并未投递或告知他人代为投递,但其妻子在清理桌面时误以为是其忘了,于是代为投递。此种情况下,严格来说,表意人没有发出意思表示的意识,意思表示应不成立。但若相对人出于对意思表示的表象的信赖而产生了信赖利益,虽然表意人的意思表示因未发出,但其仍要承担对相对人信赖利益的损害赔偿责任。[3]

3. 意思表示的到达

意思表示的到达,指意思表示已进入相对人的支配范围,置于相对人可以了解的状态。[4] 例如,某项要约在通常时间内投入了相对人的信箱,则为送达,不问相对人是否亲自收到,也不问相对人是否已经阅

---

〔1〕 参见王泽鉴:《民法总则》(修订本),北京大学出版社 2009 年版,第 271 页。

〔2〕 参见[德]卡尔·拉伦茨:《德国民法通论》,王晓晔等译,法律出版社 2003 年版,第 569 ~ 570 页。

〔3〕 参见王泽鉴:《民法总则》(修订本),北京大学出版社 2009 年版,第 271 页;朱庆育:《民法总论》,北京大学出版社 2013 年版,第 198 页。

〔4〕 参见王泽鉴:《民法总则》(修订本),北京大学出版社 2009 年版,第 274 页。

知。《合同法》第16条和第26条规定,要约和承诺的生效采到达主义。《民法总则》在其基础上进行抽象,规定了以非对话方式作出的意思表示的生效采到达主义,并进一步细化了以对话方式作出的意思表示、数据电文方式作出的意思表示、无相对人的意思表示以及以公告方式作出的意思表示的生效规则。

4. 意思表示的生效

意思表示生效的时间可以与意思表示发出的时间相同,或者迟于发出的时间。也就是说,意思表示既可以于发出时生效,也可以于到达时生效,甚至于相对人了解时生效。意思表示何时生效,取决于法律如何分配表意人和相对人之间的风险。

(1)以对话方式作出的意思表示:了解生效

《民法总则(草案)》曾规定以对话方式作出的意思表示于"了解其内容时生效"。审议过程中有意见提出,以"了解其内容时生效"作为生效时点可能会增加意思表示发出人的风险和举证难度,建议修改为"能够合理期待相对人了解其内容时生效";鉴于"了解"语意不明确,后又修改为"知道",遂形成了现有条文(第137条第1款)。学理上,在了解主义下,"了解"的涵义通常指"实际知悉意思表示"。[1] 立法者虽然在条文中使用了"知道"而非"了解"的措辞,仍应将"知道其内容"按照"了解主义"通常的内涵,解释为"相对人实际知悉意思表示"为妥。因此可以认为,本规定采"了解主义"。

如果表意人已经表达得足够清楚,但相对人根本没有注意聆听,或是因听觉困难没有听清楚,此时意思表示是否生效?对此《民法总则》未作规定,学理上以"弱化的了解说"予以解决。原则上表意人应采取措施确保相对人能正确地听见,必要时要重复表示,对于相对人"不存有知悉的疑问或障碍"这一点表意人要负举证责任,否则表意人要承担意思表示不生效的法律后果。如果表意人采取了合理的方式表达意

〔1〕 参见[德]本德·吕特斯、[德]阿斯特丽德·施塔德勒:《德国民法总论》(第18版),于馨淼、张姝译,法律出版社2017年版,第193页。

思表示,且对相对人能正确、完整地了解其表示内容而不生疑虑,则可以认定意思表示生效,除非相对人即时表达并未听悉,或者相对人存在听力障碍而表意人置之不顾。[1]

(2)以非对话方式作出的意思表示:到达生效

《民法总则》第137条第2款沿袭了《合同法》的规定,采到达主义。在到达主义下,表意人应对意思表示的到达负举证责任,法律通过风险的分配促使表意人采用更恰当、更易证明的通知方式。

(3)以数据电文形式作出的意思表示:到达生效

《民法总则》第137条第2款第2句规定:"以非对话方式作出的采用数据电文形式的意思表示,相对人指定特定系统接收数据电文的,该数据电文进入该特定系统时生效;未指定特定系统的,相对人知道或者应当知道该数据电文进入其系统时生效。"该规定原则上仍应认为是采到达主义,只是《民法总则》根据数据电文的特殊性,借鉴国际立法,在《合同法》规定的基础上作了一定的修正。

对此《合同法》规定,信息首次进入收件人的任何系统的时间为生效时间。《民法总则》借鉴《联合国国际合同使用电子通信公约》(以下简称《公约》)作出上述规定。《公约》规定,此种情况下的意思表示的生效,以相对人了解到的信息进入其任何系统的时间为准。因此,该条中"知道或应当知道"的涵义应与上述《公约》中的"了解"作相同解释。所谓"进入"特定系统的时间,应为在该信息系统内可投入处理的时间,收件人是否能够识读或使用不影响意思表示的生效。[2]

《民法总则》第137条第2款第3句规定,允许当事人对数据电文形式意思表示的生效时间进行约定,体现了意思自治的原则。

(4)无相对人的意思表示:作成生效

《民法总则》第138条规定了无相对人的意思表示的生效时间为

---

〔1〕 参见朱庆育:《民法总论》,北京大学出版社2013年版,第200页;陈甦主编:《民法总则评注》,法律出版社2017年版,第991页。

〔2〕 参见李适时主编:《中华人民共和国民法总则释义》,法律出版社2017年版,第431页。

意思表示完成时。基于其特点，意思表示既无相对人，所以无需发出，更无需送达，意思表示一经完成便生效。《民法总则》第 138 条第 2 句“法律另有规定的，依照其规定”的立法目的在于为某些特殊情况预留立法空间。例如遗嘱，其属于无相对人的意思表示，但法律规定以遗嘱人死亡作为其法定生效要件。

(5)以公告方式作出的意思表示：发出生效

《民法总则》第 139 条规定以公告方式作出的意思表示的生效时间以公告发布时为准，理论上采发出主义。比较法上，以公告方式作出的意思表示称为“公示送达”，其或是须依民事诉讼法规定的程序进行(如《日本民法典》第 98 条第 3 款、我国台湾地区“民法典”第 97 条)，或是须经过法定的期间后(如《德国民法典》第 132 条第 2 款)方可生效。以公告方式作出的意思表示的适用范围限于非因表意人的过错而不知相对人下落或无法获知相对人地址的情况，如表意人知道相对人的下落或地址仍以公告方式作出意思表示的，须经相对人同意。[1] 但本条并未遵循比较法上的一般做法，根据立法机关相关人士的解释，其“公告方式”既可以是在有关机构的公告栏，也可以是在报纸上刊登公告，只要表意人的意思表示能够通过公告为社会公众知悉，就视为已送达。[2]

(三)意思表示的撤回和撤销

意思表示的撤回，是指在意思表示发出后，尚未到达意思表示的受领人之前，表意人将其意思表示撤回。[3] 意思表示的撤回性质上属于意思表示，只是它与被撤回的意思表示的内容正好相反。无相对人的意思表示因于完成时已生效，完成与生效之间并无时间差，故无撤回适用的余地。以对话方式作出的意思表示，因相对人了解意思表示内容

---

〔1〕 参见李适时主编：《中华人民共和国民法总则释义》，法律出版社 2017 年版，第 434 页。

〔2〕 参见李适时主编：《中华人民共和国民法总则释义》，法律出版社 2017 年版，第 434 页。

〔3〕 参见王利明：《民法总论》(第 2 版)，中国人民大学出版社 2015 年版，第 240 ~ 241 页。

具有即时性和同步性,意思表示一经发出即已到达,也无撤回适用的余地。唯有在以非对话方式作出的意思表示的情形下,基于意思表示发出和到达的不同步性和非即时性,有意思表示撤回适用的余地。与此相适应,意思表示的撤回也采到达主义。

《民法总则》第 141 条第 2 句规定,撤回意思表示的通知应当在意思表示到达相对人前或与意思表示同时到达相对人。撤回意思表示的通知比意思表示先行到达相对人的,阻却了意思表示的生效,自不待言。撤回意思表示的通知和意思表示同时到达相对人的,即使相对人先行阅读了被撤回的意思表示,该意思表示也不生效力。例如,甲向乙杂志社发出订购某杂志一个季度的订阅单并将订购单投递,甲随后发现其妻子已订阅过本季杂志,随后立即以特快专递的方式另行向乙杂志社发出取消订单的通知。订购单和取消订单的通知于同一天到达杂志社的邮箱。此时即使杂志社的销售人员首先阅知了订购单,该订购杂志的意思表示依然不能生效。[1]

意思表示的撤销,是指意思表示在作出并生效后,行为人又作出取消其意思表示的表示。[2]《民法总则》没有规定意思表示的撤销。《合同法》第 18 条和第 19 条规定了要约原则上可以撤销,但对要约的撤销作出了限制性规定。此外,意思表示的撤销还适用于意思表示错误或不自由的情形。对意思表示(这里主要指要约)的撤销的不同规定,体现出各国对"意思表示的拘束力"这一问题的不同态度。例如,德国法原则上不承认要约到达后仍可撤销。[3]

(四)意思表示的解释

1. 概述

意思表示的解释,是指阐明并确定意思表示内容的活动。意思表

---

〔1〕 类似案例及分析参见王泽鉴:《民法总则》(修订本),北京大学出版社 2009 年版,第 266 ~ 267 页。

〔2〕 参见李适时主编:《中华人民共和国民法总则释义》,法律出版社 2017 年版,第 437 页。

〔3〕 参见[德]卡尔·拉伦茨:《德国民法通论》,王晓晔等译,法律出版社 2003 年版,第 573 页。

示的解释具有以下特征：

一是意思表示解释的对象是当事人已经表示出来的、确定的意思，而非隐藏于当事人内心的意思。

二是意思表示解释的主体是人民法院或者仲裁机构，其他主体对意思表示的“解释”均不具有法律效力。

三是人民法院或仲裁机构对意思表示的解释不是任意的主观解释，而是必须遵循一定的规则进行解释。

在《民法总则》立法过程中，对于是应该规定意思表示的解释还是规定民事法律行为的解释曾有过争论。一种意见认为，意思表示只是民事法律行为的一部分，规定民事法律行为的解释制度更有意义。另一种意见认为，有的情况下，只有意思表示，但还不一定构成民事法律行为，即使构成了民事法律行为，意思表示仍是民事法律行为的核心内容和真正解释对象，因此规定意思表示的解释涵盖更广。〔1〕《民法总则》采纳了后一种意见，最终形成了第 142 条的规定。

2. 意思表示解释的目的和对象

意思表示解释的目的在于阐明意思表示的含义，厘清特定行为是否为意思表示、其内容如何以及是否有漏洞、如何补充等问题。〔2〕意思表示的构成要素分为内心意思和表示行为，意思表示解释需要阐明的含义究竟是指内心意思的真意还是表示行为所体现的客观意义，是传统学说上至今仍争论不休的问题。“意思主义理论”主张意思表示的解释目的在于探求表意人内心真意；与之相对，“表示主义理论”则主张意思表示的解释目的在于探求表示行为所体现的客观意义。晚近通说认为，意思表示的解释应以表示主义为主，意思主义为辅。

《民法总则》立法过程中对是否应区分有相对人的意思表示和无相对人的意思表示的解释规则的争论，就体现了立法者对以上两种理论的取舍。《民法总则》第 142 条规定：“有相对人的意思表示的解释，

---

〔1〕 参见李适时主编：《中华人民共和国民法总则释义》，法律出版社 2017 年版，第 439 页。

〔2〕 参见王泽鉴：《民法总则》（修订本），北京大学出版社 2009 年版，第 318 ~ 319 页。

应当按照所使用的词句,结合相关条款、行为的性质和目的、习惯以及诚信原则,确定意思表示的含义。无相对人的意思表示的解释,不能完全拘泥于所使用的词句,而应当结合相关条款、行为的性质和目的、习惯以及诚信原则,确定行为人的真实意思。"

从条文措辞的语义上看,对有相对人的意思表示的解释应以词句所表示出来的客观意思为主,以表意人的内心真实意思为辅,理论上采表示主义。无相对人的意思表示以"确定行为人的真实意思"为主,理论上采意思主义。其背后的法理在于,前者有相对人,应顾及相对人的信赖利益和理解的可能性;后者无相对人,探求行为人的真意便成为意思表示解释的主要目的。

行为人的内心意思藏于内心,如需被他人所识别,必须通过表示行为表达于外部,内心意思是无法解释也不具有法律意义的。因此,意思表示解释的对象只能是表示行为,其他一切需要加以考虑的情形都不是解释的对象,而只是解释的辅助手段。[1]

3. 意思表示解释的方法

《合同法》第125条规定:"当事人对合同条款的理解有争议的,应当按照合同所使用的词句、合同的有关条款、合同的目的、交易习惯以及诚实信用原则,确定该条款的真实意思。"《民法总则》第142条在《合同法》的基础上抽象出意思表示解释的一般规定,并根据不同的情况区分了不同的解释目的和方法。

依学理,意思表示的解释方法可分为文义解释、体系解释、目的解释、习惯解释和诚实信用原则解释。《民法总则》第142条体现了上述学理分类。

(1)文义解释。任何意思表示均需表现为一定的语言或文字,明示的意思表示固然如此,默示的意思表示和沉默即便形式上不体现为语言或文字,但其最终势必转变为语言或文字才能被人所感知和识别。

[1] 参见[德]卡尔·拉伦茨:《德国民法通论》,王晓晔等译,法律出版社2003年版,第464页。

语言或文字在不同环境和语境下也常常存在歧义。因此,文义是意思表示解释的首要方法。

(2)体系解释。某一法律行为(如合同)中的条款中所使用的词句并非孤立的,与其他条款之间往往存在一定程度的关联,能够相互印证。因此,在意思表示的解释中,在单纯孤立的词句和条款中无法得到合理解释的情况下,应当借助其他条款作出解释。

(3)目的解释。意思表示的目的体现在效果意思中,并通过表示行为表现于外。但囿于语言文字的模糊性和有限性,基于文义的解释有可能与当事人的目的不相符。此时可以运用目的解释的方法进行意思表示的解释。例如,在德国帝国法院的一个典型案例中,原被告双方在交易中称买卖的是鲨鱼肉,但二人实际上交易的是鲸鱼肉,只是双方均搞错了称谓。帝国法院认为,虽然二人使用的称谓不正确,但表意人欲表示的内容和相对人理解的内容是一致的,学理上将此称为"错误的表示不生影响"原则。[1] 此案中,当事人的目的与文义所表达的含义是不一致的,在二者不一致的情况下,可以以目的解释所阐明的含义为准。

(4)习惯解释。在双方法律行为或多方法律行为中,各方意思表示的目的未必完全一致,此时交易习惯可能有助于确认法律行为的客观意义。[2] 德国学者弗卢梅认为,习惯是在交易中占统治地位的现实惯例,它不是法律规范,而是事实要素,对意思表示的解释起到决定性作用。[3] 我国《合同法司法解释(二)》第 7 条第 1 款也对"交易习惯"作出了定义:"(一)在交易行为当地或者某一领域、某一行业通常采用并为交易对方订立合同时所知道或者应当知道的做法;(二)当事人双方经常使用的习惯做法。"基于此,在运用习惯进行解释时,就应当由当事人对习惯是否存在以及其内容进行举证。此外,习惯解释的运用,

---

〔1〕 参见[德]卡尔·拉伦茨:《德国民法通论》,王晓晔等译,法律出版社 2003 年版,第 459 页。

〔2〕 参见朱庆育:《民法总论》,北京大学出版社 2013 年版,第 224 页。

〔3〕 参见[德]弗卢梅:《法律行为论》,迟颖译,法律出版社 2013 年版,第 365 页。

还需双方同处某一领域或行业，对习惯做法主观上知道或应当知道，或客观上经常使用为条件。例如，一个行外人与行内人进行交易时，如对某一条款产生的争议，即不能用行内通用惯例进行解释。

(5)诚实信用原则解释。诚实信用原则是民事活动的基本原则，其适用贯穿于民事活动的整个过程，包括民事法律行为的成立、生效、履行和解释。法律行为所使用的文字词句有疑义时，应以诚信原则确定其正确意思；法律行为内容有漏洞，不能妥善规定当事人权利义务时，应依诚信原则补充漏洞。[1] 一般而言，只有在前述解释方法均无法得出公平合理的解释时，才能运用诚实信用原则进行解释，否则可能导致自由裁量权的滥用。

---

〔1〕 参见梁慧星：《民法总论》(第4版)，法律出版社2011年版，第195页。

第十八讲　民法法律行为的效力

王　轶*

一、民事法律行为的生效条件

（一）民事法律行为的生效概述

所谓民事法律行为生效，是指已经成立的民事法律行为产生当事人预期的法律效力。这里所说的法律效力，并不是指民事法律行为能够像法律那样产生普遍拘束力，而只是强调民事法律行为对特定当事人具有的拘束力。民事法律行为之所以能够具有法律拘束力，并非当事人自由意志之功，而是民事法律行为符合法律价值取向的结果。即被法律评价为合法的民事法律行为才能够产生当事人预期的法律效果。可见，民事法律行为的效力本身介入了国家意志。如果民事法律行为不符合国家意志，该民事法律行为即不得生效。《合同法》第 8 条第 1 款规定："依法成立的合同，对当事人具有法律约束力。"这实际上揭示了民事法律行为具有法律效力的根源，为正确理解民事法律行为的法律效力提供了依据。

---

* 中国法学会民法学研究会副会长兼秘书长，中国人民大学法学院院长、教授、博士生导师，教育部长江学者特聘教授。

（二）民事法律行为的一般生效要件

依据《民法总则》第 143 条的规定，任何民事法律行为欲生效，皆须符合如下一般有效要件：

1. 行为人具有相应的行为能力

行为人具有相应的行为能力是对自然人提出的要求，法人和非法人组织不存在不具备相应行为能力的问题。这一有效要件在学理上又被称为有行为能力原则或主体合格原则。民事法律行为以当事人的意思表示为基本要素，自然人具有健全的理智，是作出合乎法律要求的意思表示的前提。

在我国现行民事立法中，完全行为能力人可以独立为民事法律行为。8 周岁以上的未成年人作为限制民事行为能力人，可以进行与他的年龄、智力相适应的民事法律行为；不能完全辨认自己行为的成年人作为限制民事行为能力人，可以进行与他的精神健康状况相适应的民事法律行为。判断限制民事行为能力人进行的民事法律行为是否与其年龄、智力、精神健康状况相适应，可以从行为与本人生活相关联的程度，本人的智力或精神状态能否理解其行为并预见相应的行为后果，以及行为标的数额等方面认定。日常生活中的定型化行为，如利用自动售货机，利用公共交通工具，购票进入游园场所等行为，应属限制民事行为能力人可以独立实施的民事法律行为。其他的民事法律行为由限制民事行为能力人的法定代理人代理，或者征得他的法定代理人的同意。如限制民事行为能力人征得其法定代理人同意，可以为独立的营业行为，或支配其自由财产。《民法总则》第 144 条确认，无民事行为能力人实施的民事法律行为无效。因此，无民事行为能力人通常不能独立实施民事法律行为，由他的法定代理人代理进行民事法律行为。

依据《民通意见》第 6 条、《民法总则》第 145 条第 1 款以及《合同法》第 47 条的规定，无民事行为能力人、限制民事行为能力人为纯粹获得利益的民事法律行为，如接受奖励、无负担的赠与、报酬等，民事法律行为的效力不受影响。

具备民事行为能力的自然人在进行民事法律行为时，欠缺必要意思能力的,也会影响民事法律行为的效力。依据《民通意见》第 67 条的规定,间歇性精神病人即使未受无民事行为能力或限制民事行为能力的宣告,其进行的民事法律行为,确能证明是在发病期间实施的,应当认定无效;行为人在神志不清的状态下所实施的民事法律行为,应当认定无效。

2. 当事人的意思表示真实

意思表示真实,包括两个方面的含义:一是指行为人的内心意思与外部的表示行为相一致的状态。二是指当事人是在意志自由的前提下,进行意思表示的状态。与此相对应,行为人意思表示不真实,即意思表示有瑕疵包括两种情形:第一,意思与表示不一致,即行为人的内心意思与外部的表示行为不一致。第二,行为人意思表示不自由。将意思表示真实作为民事法律行为的生效要件,是为了贯彻私法自治原则,保证行为人事实上决定自由的实现。

(1)行为人意思与表示不一致主要有以下几种情形:

①真意保留

真意保留又称心意保留、单独虚伪表示,属有瑕疵的意思表示,指行为人故意隐瞒其真意,而表示其他意思的意思表示。在现实生活中,真意保留较为罕见,我国现行民事立法未就真意保留对民事法律行为效力的影响专设条文,学界通说认为,基于真意保留所为的民事法律行为,效力不受影响。但该真意保留为相对人明知时,民事法律行为应不生效力。

②戏谑表示

戏谑表示又称缺乏真意的表示,指行为人作出的意思表示并非出于真意,并且期待对方会立即了解其表示并非出自真意。与真意保留不同,戏谑表示中缺乏真意的表意人并不想以他所不具备的法律行为意思持续欺骗受领人,而只是想暂时地,如为了开玩笑,或为了让对方吃一惊,或使人陷入窘境,使对方获得他想发出真实的意思表示的印象。我国现行民事立法未就戏谑表示对民事法律行为效力的影响专设条文,学界通说认为,该民事法律行为应不生效力。意思表示的相对人非因过错未了解其为戏谑表示的,行为人应赔偿相对人信赖利益的损失,但赔偿数额不得超过相对人于民事法律行为有效时可以获得利益的数额。

③虚伪表示

虚伪表示又称伪装表示,指行为人与相对人通谋而为虚假的意思表示,实际上并不期待民事法律行为产生效力。隐藏行为也属虚伪表示的一种,指行为人将其真意隐藏在虚假的意思表示中。《民法总则》第 146 条第 1 款确认,行为人与相对人以虚假的意思表示实施的民事法律行为无效。第 2 款确认,以虚假的意思表示隐藏的民事法律行为的效力,依照有关法律规定处理。学界通说主张基于隐藏行为所为的民事法律行为,隐藏真意的虚假意思表示应不生效力,至于被隐藏的真实意思表示,则应依据关于该意思表示的规定来具体判断。

④错误

错误指行为人由于认识错误或欠缺对错误的认识,致使意思与表示不一致。所谓认识错误,又称内容错误,是指行为人错误地认识了其所使用的表达方式的意义。即行为人以为他使用的表达方式具有这样的意义,但相对人对该表达方式的意义作出了另一种理解且其能够合理作出这种理解。所谓欠缺对错误的认识,又称表达错误,是指行为人对内在意思的表达存在错误,即在表示行为中发生的错误,如使用的语词或符号发生了错误或有计算上的错误等。

在传统民法中,严格区分错误和误解及其对法律行为效力的影响。前者指行为人非故意的意思与表示不一致,属于有瑕疵的意思表示,法律行为通常为可撤销行为。后者指相对人对于意思表示产生了错误的理解。在单方法律行为中,受领意思表示的相对人存在误解的,不影响法律行为的效力。在双方法律行为中,受领意思表示的相对人存在误解的,则双方当事人之间不存在一致的意思表示,法律行为不成立。我国现行民事立法中关于重大误解的规定,如《民法总则》第 147 条的规定,在审判实践中发挥相当于传统民法中关于错误的规定的作用。

行为人在意志形成阶段对行为的性质、对方当事人、标的物的品种、质量、规格等产生错误判断,并基于此错误判断为意思表示,并非前述内容错误或表示错误,而是属于所谓的动机错误。动机错误影响的是行为人的决策,在通常情形下不影响民事法律行为的效力。但在传统民法,如德国民法典以及我国台湾地区"民法"中,动机错误在例外的情况下可以被视为内容错误。

⑤误传

误传指因传达人或传达机关的错误导致行为人意思与表示不一致。《民通意见》第 77 条规定:"意思表示由第三人义务转达,而第三人由于过失转达错误或者没有转达,使他人造成损失的,一般可由意思表示人负赔偿责任。但法律另有规定或者双方另有约定的除外"。可见,在行为人撤销民事法律行为的同时,应承担赔偿意思表示相对人信赖利益损失的责任。赔偿数额不得超过相对人于民事法律行为有效时所受利益的数额。

(2)意思表示不自由包括:

①欺诈

所谓欺诈是指故意告知对方虚假情况,或者故意隐瞒真实情况,诱使对方基于错误判断作出意思表示。其中所谓故意,是指行为人实施欺诈行为的目的就在于使对方产生或加重动机错误。所谓故意隐瞒真实情况,当以行为人存在说明义务为前提,若行为人故意未进行必要的说明,导致对方产生或加重动机错误,即构成欺诈。如依据《合同法》第 42 条第 2 项,行为人在订立合同过程中应当遵循诚实信用原则,就与订立合同有关的重要事实履行说明义务。如果行为人不存在说明义务,自然没有故意隐瞒真实情况的问题。行为人故意告知的虚假情况或者故意隐瞒的真实情况,可能是涉及行为的性质,也可能是涉及标的物的价值等,只要是使对方产生错误判断,并基于此错误判断进行了意思表示的,都属此类。行为人实施欺诈行为须导致对方基于错误的判断作出了意思表示。如果对方未陷入错误或作出的错误判断与欺诈行为无关,则不得适用民法有关欺诈的相关规定。欺诈可以由民事法律行为的一方当事人实施,也可以由第三人实施。

《民通意见》第68条规定："一方当事人故意告知对方虚假情况，或者故意隐瞒真实情况，诱使对方当事人作出错误意思表示的，可以认定为欺诈行为。"该规定在表述上不够准确。欺诈的后果是导致被欺诈方基于错误的判断作出意思表示，即欺诈方的欺诈行为影响了行为人的决策，使行为人产生动机错误或加重了行为人的动机错误，通常并非导致行为人作出错误的意思表示。即使行为人由于被欺诈而产生或加重的动机错误，依据前述对于错误的介绍，可以认定为错误的，仍应适用民法关于欺诈的相关规定，而非关于错误的相关规定。在这种意义上，民法关于欺诈的相关规定属于民法关于错误相关规定的特别规则。

②胁迫

所谓胁迫是指以给自然人及其亲友的生命健康、荣誉、名誉、财产等造成损害或者以给法人、非法人组织的名誉、荣誉、财产等造成损害为要挟，迫使对方作出违背真意的意思表示。《民通意见》第69条规定："以给公民及其亲友的生命健康、荣誉、名誉、财产等造成损害或者以给法人的荣誉、名誉、财产等造成损害为要挟，迫使对方作出违背真实的意思表示的，可以认定为胁迫行为。"关于胁迫须注意：第一，胁迫行为必须是非法的。胁迫行为给对方施加了一种强制和威胁，这种强制和威胁必须是非法的。如果一方有合法的根据对另一方施加某种压力，则不构成胁迫。如合同订立以后，一方拒不履行合同义务，另一方以将要提起诉讼等合法手段向对方施加压力，要求其履行合同，就不构成胁迫。第二，胁迫人声称要造成的损害必须是被胁迫人可以相信将要发生的情况，并足以使被胁迫人感到恐怖、害怕。如果胁迫人声称将要造成损害的威胁是毫无根据、根本不可能发生的，被胁迫人根本不会相信，也就不会使被胁迫人感到恐怖，从而不构成胁迫。第三，胁迫行为可以由民事法律行为的当事人作出，也可以由第三人作出。第四，被胁迫人作出的违背真意的意思表示须符合胁迫人的意愿。被胁迫人作出的意思表示尽管违背其意愿，但并不符合胁迫人的意愿，不适用民法关于胁迫的相关规定。

当事人被胁迫作出的意思表示，属于意思表示不自由，民事法律行为的效力会受到影响。这是保护当事人事实上决定自由的需要。

③利用对方处于危困状态、缺乏判断能力等

一方利用对方处于危困状态、缺乏判断能力等，致使对方作出违背真意的意思表示，也属于意思表示不自由的一种具体类型。其中一方利用对方处于危困状态，就是乘人之危。乘人之危是指行为人利用对方当事人的急迫需要或危难处境，迫使其作出违背真意的意思表示。《民通意见》第70条规定："一方当事人乘对方处于危难之机，为牟取不正当利益，迫使对方作出不真实的意思表示，严重损害对方利益的，可以认定为乘人之危。"乘人之危导致对方当事人意思表示不自由，必须以利用对方当事人的急迫需要或危难处境为前提，而且要求对方当事人基于此被迫作出违背真意的意思表示。即乘人之危的一方对相对方急迫需要或危难处境的利用应存在违背诚实信用的情形。如果对方当事人为摆脱急迫需要或危难处境，自愿为特定意思表示的，即使该意思表示的内容违背其通常的意愿，也不得主张乘人之危。被别人利用危难情事作出的意思表示，属于意思表示不自由，民事法律行为的效力会受到影响。这也是保护当事人事实上决定自由的需要。

3. 不违反法律或行政法规的强制性规定，不违背公序良俗

民事法律行为欲生效，即不得违反法律或行政法规的强制性规定，不得违背公序良俗。《民法总则》第143条第3项规定，民事法律行为不得违反法律、行政法规的强制性规定。其中所谓法律、行政法规是指全国人民代表大会及其常务委员会通过，由国家主席签发的立法文件；以及以国务院令的形式颁布，由国务院总理签发的立法文件，即仅限于我国《立法法》规定的法律和行政法规。

作为民事法律行为的生效要件，所谓不违反法律或行政法规，并非指民事法律行为必须符合法律或行政法规的所有规定，而是指民事法律行为不存在违反与其效力相关的法律或行政法规的规定。与民事法律行为效力相关的规定，主要是指禁止当事人采用特定行为模式的强制性规定。最高人民法院《关于适用〈中华人民共和国合同法〉若干问

题的解释(二)》第 14 条确认,“合同法第五十二条第(五)项规定的‘强制性规定’,是指效力性强制性规定”。

法律和行政法规设置强制性规定,意在维护国家利益和社会公共利益。要求民事法律行为不得违反法律和行政法规的强制性规定,意在避免民事法律行为损害国家利益和社会公共利益。但社会生活类型众多,经济往来方式繁杂,法律和行政法规的强制性规定不可能将一切有可能损害国家利益或社会公共利益的情况都罗列无遗。如果民事法律行为存在有其他损害国家利益或社会公共利益情形的,也应归于无效,这就是《民法总则》第 143 条第 3 项所谓“不违背公序良俗”的含义。

在民法总则起草的过程中,就是否应当继续规定民事法律行为的一般生效条件存在争议。有观点主张,我国未来民事立法就民事法律行为效力应采“负面清单式”立法技术,即无需正面列举民事法律行为的一般生效条件,[1]而只需详尽规定民事法律行为效力存在欠缺的情形。当事人所为民事法律行为,只要不存在效力欠缺的情形,该民事法律行为即生效。

本书认同这一观点。理由在于:第一,正面列举民事法律行为一般生效条件,就生效民事法律行为的判断而言,存在未尽周延之处。因为没有满足前述民事法律行为的一般生效条件,并不能得出民事法律行为一定不能生效的结论。以前文提及的真意保留为例,学界通说认为,基于真意保留所为的民事法律行为,效力不因意思表示不真实受到影响,仅在该真意保留为相对人明知时,民事法律行为方不生效力。第二,正面列举民事法律行为一般生效条件,就生效民事法律行为的判断而言,还存在不够准确之处。因为满足了前述民事法律行为的一般生效条件,民事法律行为也未必生效。例如,民事法律行为虽然没有违反法律、行政法规效力性的强制性规定,也没有违背公序良俗,但损害了

---

[1] 2002 年 9 月 16 ~ 25 日,全国人大常委会法制工作委员会在京召开民法典草案专家讨论会,根据笔者当时的记录,中国社会科学院法学研究所张广兴研究员在会上阐述了这一观点。

特定第三人应受法律保护的合法权益,该民事法律行为应属相对该特定第三人无效的民事法律行为,并非无瑕疵的、生效的民事法律行为。第三,正面列举民事法律行为的一般生效条件,将行为人具有相应的民事行为能力作为民事法律行为一般生效条件的第一项,未免失之过宽。因为该项条件仅是对自然人,而非是对所有类型民事主体提出的要求。[1] 就法人和非法人组织而言,不应存在实施法律行为,不具备相应民事行为能力的问题。因为法人或者非法人组织实施了法律或者行政法规禁止或者限制实施的民事法律行为,不能认为法人或者非法人组织此时不具备相应的民事行为能力,而是应当根据法律或者行政法规禁止或者限制规定的规范目的,去妥当判断民事法律行为的效力。至于法人或者非法人组织超越目的范围实施民事法律行为,则应区别而论:依据公法设立的法人或者非法人组织,超越目的范围,属于没有权利能力的问题;依据私法设立的法人或者非法人组织,超越目的范围,属于超越法定代表人或者负责人代表权的问题,也与民事行为能力无关。可见,行为人具有相应的民事行为能力,作为民事法律行为的一般生效要件,仅是对自然人提出的要求,设置为一般规则,失之过宽。第四,正面列举民事法律行为的一般生效条件,从以往的实践来看,可能产生误导作用。以往我国民商事审判实践以及仲裁实践中,不乏裁判者遇到纠纷,即将当事人所为民事法律行为与一般生效条件逐项对照审查,凡有对照不上的,无论是否存在法律明确规定的效力存在欠缺的情形,一律认定无效。这一做法,既浪费了有限的司法资源,又不利于贯彻意思自治的基本原则。因而,民法总则正面规定民事法律行为的一般生效条件,尚有商讨余地。

就立法技术而言,如果不再规定民事法律行为的一般生效条件,可以采用的替代方法是:第一,民事主体实施民事法律行为需要具备相应的民事行为能力,既然仅是对自然人的要求,就可以在自然人民事行为能力部分,详细规定民事行为能力欠缺对民事法律行为效力的影响,或

---

〔1〕 参见崔建远主编:《合同法》(第5版),法律出版社2010年版,第97~98页。

者将自然人民事行为能力制度一并在民事法律行为效力制度中作出规定。第二,设置意思表示不真实影响民事法律行为效力发生的一般规则,然后再设置真意保留虽属意思表示不真实,通常也不影响民事法律行为效力发生的例外规则,同时将意思表示不真实的各种情形,如非诚意表示、虚伪表示、错误、欺诈、胁迫等,根据典型生活形态予以最大限度的类型化,并规定对应的效力形态。第三,民事法律行为不得违反法律、行政法规效力性的强制性规定,不得存在其他损害公共利益的情形,是根据认定民事法律行为绝对无效的规则推导出来的,无须再作重复的规定。

采用“负面清单式”的立法技术,仅在当事人所为民事法律行为,存在法律明文规定的效力有欠缺的情形,才能认定民事法律行为效力存在欠缺,这不但有助于减轻裁判者的思考负担,也有利于避免不当否认民事法律行为的效力。

(三)民事法律行为的特别生效条件

一般情况下,民事法律行为具备一般生效条件,即产生法律效力。但在特殊情况下,基于法律、行政法规的规定或者基于当事人的约定,民事法律行为除具备一般生效条件外,还须具备特别生效条件,才能产生完全的法律效力。如《合同法》第44条第2款规定:“法律、行政法规规定应当办理批准、登记等手续生效的,依照其规定。”这里的批准、登记手续即民事法律行为的特别生效要件。就批准作为民事法律行为的法定特别生效条件而言,依据最高人民法院《关于审理外商投资企业纠纷案件若干问题的规定(一)》第1条的规定:“当事人在外商投资企业设立、变更等过程中订立的合同,依法律、行政法规的规定应当经外商投资企业审批机关批准后才生效的,自批准之日起生效;未经批准的,人民法院应当认定该合同未生效。当事人请求确认该合同无效的,人民法院不予支持。前款所述合同因未经批准而被认定未生效的,不影响合同中当事人履行报批义务条款及因该报批义务而设定的相关条款的效力。”可见,合同中当事人履行报批义务条款及因该报批义务而设定的相关条款得自依法成立时生效,其他条款则自办理批准手续之日起生效,此类合同属于尚未完全生效的合同,属于一种独立的合同行为效力类型。[1] 再如《民通意见》第 78 条规定:“凡是依法或者依双方的约定必须由本人亲自实施的民事行为,本人未亲自实施的,应当认定行为无效。”可见,本人亲自实施民事法律行为也得基于法律的规定或当事人的约定,成为民事法律行为的生效要件。

二、效力存在欠缺的民事法律行为

(一)绝对无效的民事法律行为

1. 绝对无效的民事法律行为的概念

绝对无效的民事法律行为,是指已经成立的民事法律行为,严重欠缺民事法律行为的生效条件,因而自始、绝对、确定、当然、永久不按照行为人设立、变更和终止民事法律关系的意思表示发生法律效力的民事法律行为。

2. 无效的民事法律行为的分类

(1)违反法律、行政法规强制性规定的民事法律行为

《民法总则》第 153 条第 1 款确认,违反法律、行政法规的强制性规定的民事法律行为无效,但是该强制性规定不导致该民事法律行为无效的除外。

法律、行政法规的规定不少仅是事实行为违反的对象,不会成为民事法律行为违反的对象,此类规定可以被称为简单规范,无需作是否强制性规定的类型区分。一旦出现当事人约定排除此类规定适用的情形,应首先考察是否存在法律、行政法规禁止作出此类约定的强制性规定:如果存在,此类约定因违反法律、行政法规的强制性规定而无效;如果不存在,还要进一步考察此类约定是否存在其他损害公共利益,因而应当无效的情形。否则,不应否认此类约定的效力。法律、行政法规中能够被民事法律行为违反的规定,可以被称为复杂规范,需要作是否强

[1] 参见王轶:《合同效力认定的若干问题》,载《国家检察官学院学报》2010 年第 5 期。

制性规定的类型区分。复杂规范中，涉及国家利益、社会公共利益等公共利益的确认、保障和维护的法律规定，为强制性规定。

依据作用和功能的不同，强制性规定可以区分为要求当事人必须采用特定行为模式的强制性规定，以及禁止当事人采用特定行为模式的强制性规定。违反要求当事人必须采用特定行为模式的强制性规定，也就是没有遵循此类强制性规定的要求采用特定的行为模式，典型的例子是没有遵循法律、行政法规的规定办理相应的批准手续，民事法律行为的法定特别生效条件就不具备，此时民事法律行为并非绝对无效，这是《民法总则》第 153 条第 1 款后段“但是该强制性规定不导致该民事法律行为无效的除外”的第一种具体类型。

禁止当事人采用特定行为模式的强制性规定，依据其规范目的的不同，又可进一步区分为管理性的强制性规定与效力性的强制性规定。其中管理性的强制性规定以实现特定管理秩序的维护为规范目的，不以否认民事法律行为的效力为规范目的，违反此类强制性规定，当事人要承受行政法乃至刑法上的不利法律后果，民事法律行为并非绝对无效，这就是《民法总则》第 153 条第 1 款后段“但是该强制性规定不导致该民事法律行为无效的除外”的第二种具体类型。效力性的强制性规定以否认民事法律行为的效力，从而禁绝此类民事法律行为的发生为规范目的，违反效力性的强制性规定，民事法律行为绝对无效。《民法总则》第 153 条第 1 款前段“违反法律、行政法规的强制性规定的民事法律行为无效”，指的就是这种情形。

《民法通则》第 58 条第 1 款第 7 项规定，以合法形式掩盖非法目的的民事行为绝对无效。《合同法》第 52 条第 3 项规定，以合法形式掩盖非法目的的合同绝对无效。前引两项规定中所谓“非法目的”中的“法”也应限定为法律或行政法规的效力性强制性规定。因此，以合法形式掩盖非法目的的民事法律行为，就是《民法总则》第 153 条第 1 款前段“违反法律、行政法规的强制性规定的民事法律行为无效”的具体类型，无须单设规定。

法律、行政法规的强制性规定并不限于民事法律或民事法规中的强制性规定，而是包括所有法律、所有行政法规中的强制性规定。在这种意义上，《民法总则》第 153 条第 1 款的规定属于所谓的“引致规范”，将其他法律或行政法规中的强制性规定引入民事法律行为的效力判断中来。

(2)违背公序良俗的民事法律行为

《民法总则》第 153 条第 2 款确认，违背公序良俗的民事法律行为无效。该款的含义是，民事法律行为虽然没有违反法律、行政法规的效力性强制性规定，但是存在其他损害国家利益、社会公共利益等公共利益的情形，民事法律行为也可能绝对无效。

其中损害国家利益的民事法律行为是指损害国家在整体上具有的政治、经济、安全利益的民事法律行为，如：

①一方以欺诈、胁迫的手段使对方在违背真实意思的情况下为民事法律行为，损害了国家利益。如《合同法》第 52 条第 1 项规定，“一方以欺诈、胁迫的手段订立合同，损害国家利益”，合同绝对无效。与《合同法》的规定不同，《民法通则》第 58 条第 3 项规定，一方以欺诈、胁迫的手段使对方在违背真实意思的情况下所为的民事法律行为绝对无效。该项规定不适当地扩大了民事法律行为绝对无效的范围，应通过目的性限缩的方法进行法律漏洞的填补，确认只有存在损害国家利益的情形，此类民事法律行为方属绝对无效。

②恶意串通损害国家利益的民事法律行为。《民法通则》第 58 条第 4 项规定，恶意串通损害国家利益的民事行为绝对无效。《合同法》第 52 条第 2 项规定，恶意串通损害国家利益的合同绝对无效。在这两项规定中，尚有恶意串通损害集体利益的民事行为无效的内容。学界通说认为，“集体利益”非法律术语，无法在民法中作出妥当界定，建议未来民事立法予以删除。

从立法技术的角度考量，民事立法无须从损害国家利益方式、手段的角度出发，列举民事法律行为绝对无效的类型，仅需概括性地认定损害国家利益的民事法律行为绝对无效即可。至于类型化民事主体损害国家利益的方式和手段，可以交由其他法律或行政法规完成。

损害社会公共利益的民事法律行为,如:

①恶意串通,损害社会公共利益

《民法通则》第58条第4项规定,恶意串通损害第三人利益的民事行为绝对无效。《合同法》第52条第2项规定,恶意串通损害第三人利益的合同绝对无效。这两项规定中所谓"第三人利益"应限定为不特定第三人的利益。如果当事人恶意串通损害特定第三人利益,民事法律行为应为相对于该特定第三人无效的民事法律行为,而非绝对无效的民事法律行为。不特定第三人的利益是社会公共利益最典型的表现。民事法律行为的这一无效情形由主观和客观两个因素构成。主观因素为恶意串通,即当事人具有共同目的,希望通过民事法律行为损害不特定第三人的利益。它可以表现为当事人事先达成协议,也可以是一方当事人作出意思表示,对方当事人明知其目的非法而用默示的方式接受。它可以是当事人相互配合,也可以是共同作为。客观因素为损害不特定第三人应受法律保护的合法权益。

②损害社会公共利益的其他情形

《民法通则》第58条第5项规定,违反社会公共利益的民事行为绝对无效。《合同法》第52条第4项规定,损害社会公共利益的合同绝对无效。

从立法技术的角度考量,前述两种类型可以合并为一种类型,即损害社会公共利益的民事法律行为绝对无效。

3. 绝对无效民事法律行为的效力

《民法总则》第155条确认,无效的民事法律行为自始没有法律约束力。绝对无效的民事法律行为自民事法律行为成立之时起,当然、确定、绝对、永久不能生效,不存在成为生效民事法律行为的可能。在这一点上,绝对无效的民事法律行为与生效条件不齐备的民事法律行为不同。尽管生效条件不齐备的民事法律行为也不能生效,但一旦生效条件齐备,即可生效。

绝对无效的民事法律行为通常都损害了或有可能损害国家利益或社会公共利益。在这一点上,绝对无效的民事法律行为与可撤销的民事法律行为以及效力未定的民事法律行为不同。

由于绝对无效的民事法律行为自成立之时起当然无效,且通常事关国家利益以及社会公共利益的保护,因而法院或者仲裁机构可以在处理民事纠纷的过程中,依职权主动认定民事法律行为绝对无效。诉请法院认定民事法律行为绝对无效,应当属于公益诉讼的一种。一旦民事法律行为被认定为绝对无效,该民事法律行为对于任何人都属无效。在如下三个方面,绝对无效的民事法律行为与相对特定第三人无效的民事法律行为不同:首先,相对特定第三人无效的民事法律行为,仅在特定第三人主张民事法律行为无效时,法院或者仲裁机构才可依职权去审查民事法律行为的效力,而不得依职权直接确认民事法律行为无效。其次,相对特定第三人无效的民事法律行为,只有该特定第三人可以主张民事法律行为无效,其他民事主体不得主张。最后,相对特定第三人无效的民事法律行为,仅在其与特定第三人的关系上,归于无效。

4. 民事法律行为的部分无效

《民法总则》第 156 条规定:“民事法律行为部分无效,不影响其他部分效力的,其他部分仍然有效。”《合同法》第 56 条规定:“合同部分无效,不影响其他部分效力的,其他部分仍然有效。”第 57 条规定,合同无效,不影响合同中独立存在的有关解决争议方法的条款的效力。由此可见,如果民事法律行为表面上是一个行为,实质上由若干部分组成,或在内容上可以分为若干部分,即有效部分和无效部分可以独立存在,一部分无效并不影响另一部分的效力,那么无效部分被确认无效后,有效部分继续有效。但是,如果无效部分与有效部分有牵连关系,确认部分内容无效将影响有效部分的效力,或者从行为的性质、目的、交易的习惯以及强制性规定的目的,民事法律行为部分有效违背当事人的意愿、对于当事人已无意义或无法实现强制性规定目的的,民事法律行为应被确认为全部无效。

(二)可撤销的民事法律行为

1. 可撤销的民事法律行为的概念

可撤销的民事法律行为,是指民事法律行为虽已成立并生效,但因意思表示不真实,可以因行为人撤销权的行使,使其自始不发生效力的民事法律行为。可撤销的民事法律行为在被撤销前,已发生效力,明显不同于绝对无效的民事法律行为。

2. 可撤销的民事法律行为的种类

(1)基于重大误解实施的民事法律行为

《民法总则》第147条规定,基于重大误解实施的民事法律行为,行为人有权请求人民法院或者仲裁机构予以撤销。《合同法》第54条第1款第1项也确认,因重大误解订立的合同,当事人有权请求人民法院或者仲裁机构撤销。这里所谓重大误解,依我国学界通说以及审判实践中的做法,等同于传统民法中的错误。重大误解要求行为人是对民事法律行为的重要事项,如对标的物的品种、质量、规格、数量等存在错误认识或未认识到自己的错误,从而严重背离了自己的真实意愿。并非所有存在重大误解的情况都会影响民事法律行为的效力。如果表示人作出了错误的意思表示,受领人却是在表示人真实意愿的基础上作出了回应,从而使双方在表示人真实意愿的基础上形成了一致的意思表示,则民事法律行为不因重大误解成为可撤销的民事行为。

(2)一方利用对方处于危困状态、缺乏判断能力等情形,致使成立时显失公平的民事法律行为

民事法律行为成立时显失公平,必须是出于非自愿的原因,实施民事法律行为的结果对一方当事人过分有利,对他方当事人过分不利。一方面,显失公平着眼于实施民事法律行为的结果,要求当事人之间的利益关系在民事法律行为成立时明显失衡。另一方面,显失公平要求当事人之间的利益关系严重失衡并非当事人自愿的结果,而是由于一方当事人利用对方处于危困状态、缺乏判断能力等情形。

《民法总则》第151条规定,一方利用对方处于危困状态、缺乏判断能力等情形,致使民事法律行为成立时显失公平的,受损害方有权请求人民法院或者仲裁机关予以撤销。《合同法》第54条第1款第2项规定,在订立合同时显失公平的,当事人一方有权请求人民法院或者仲裁机构撤销。

(3)因一方或者第三人的欺诈、胁迫，当事人在违背真实意思的情况下实施的民事法律行为

《民法总则》第148条确认，一方以欺诈手段，使对方在违背真实意思的情况下实施的民事法律行为，受欺诈方有权请求人民法院或者仲裁机构予以撤销。第149条确认，第三人实施欺诈行为，使一方在违背真实意思的情况下实施的民事法律行为，对方知道或者应当知道该欺诈行为的，受欺诈方有权请求人民法院或者仲裁机构予以撤销。第150条确认，一方或者第三人以胁迫手段，使对方在违背真实意思的情况下实施的民事法律行为，受胁迫方有权请求人民法院或者仲裁机构予以撤销。

因一方或者第三人的欺诈、胁迫，致使当事人违背真实意思为民事法律行为，属于意思表示不自由，民事法律行为的效力因此受到影响，为可撤销的民事法律行为。这是保护当事人事实上决定自由的需要，至于受欺诈方、受胁迫方是否因此遭受财产损害，在所不问。

3. 撤销权

撤销权是享有撤销权的当事人，能通过自己单方面的意思表示使民事法律行为的效力归于消灭的权利。撤销权为形成权。可撤销的民事法律行为不存在对国家利益或社会公共利益的危害，公权力无须直接干预其效力，因而赋予当事人撤销权，意在贯彻私法自治原则。因此，可撤销民事法律行为效力的消灭，必须有行使撤销权的行为，仅有可撤销事由而无行使撤销权的行为，民事法律行为的效力不受影响。

享有撤销权的人包括：因产生重大误解，致自身利益遭受较大损失的行为人；因非自愿的原因导致行为人之间的利益关系严重失衡，处于过分不利地位的行为人；被欺诈、胁迫的行为人。撤销权人行使权利的意思表示，须向法院或仲裁机关作出，而非向相对人作出。因此，撤销权的现实实现，必须借助于法院或仲裁机关的裁断。若法院或仲裁机关承认撤销权人的撤销权，则依《民法总则》第155条"被撤销的民事法律行为自始没有法律约束力"的规定，以及《合同法》第56条关于被撤销的合同自始没有法律约束力的规定，民事法律行为的效力溯及于

其成立之时消灭。

《民法总则》第152条第1款第1项规定:"当事人自知道或者应当知道撤销事由之日起一年内、重大误解的当事人自知道或者应当知道撤销事由之日起三个月内没有行使撤销权,撤销权消灭。"第2项规定:"当事人受胁迫,自胁迫行为终止之日起一年内没有行使撤销权,撤销权消灭。"该一年期限和三个月的期限,为除斥期间。依据《民法总则》第152条第1款第3项的规定,具有撤销权的当事人知道撤销事由后明确表示或者以自己的行为表明放弃撤销权的,撤销权消灭。所谓以行为表明放弃撤销权,如在知道撤销事由以后,仍然自愿向对方作出履行或要求对方继续履行,或在法院起诉要求对方实际履行或者请求对方承担违约责任等,都表明其已经放弃了撤销权。另依据《民法总则》第152条第2款的规定,当事人自民事法律行为发生之日起五年内没有行使撤销权的,撤销权也消灭。撤销权一旦消灭,民事法律行为即成为确定有效的民事法律行为。

撤销权人行使撤销权撤销民事法律行为,与享有解除权的人行使解除权解除合同一样,都会导致民事法律行为的效力终止,但两者存有明显区别:第一,适用范围不同。撤销权既可以针对单方民事法律行为,也可以针对多方民事法律行为等;解除权主要针对双方民事法律行为。第二,产生条件不同。存在有当事人意思表示不真实的民事法律行为,是撤销权产生的必要条件;而解除权则无此前提,只有法律规定的条件成就(如对方根本违约等),或者当事人事先约定的条件具备,方可产生。第三,行使权利产生的法律效果不同。撤销权的行使具有溯及效力,该权利行使后,民事法律行为通常自成立之时起不发生效力;解除权的行使可以有溯及效力,也可以无溯及效力。如《合同法》第97条规定,合同解除后,尚未履行的,终止履行;已经履行的,根据履行情况和合同性质,当事人可以要求恢复原状。

4. 撤销权与变更权

依《民法通则》第59条以及《合同法》第54条的规定,可撤销的民事行为同时也是可变更的民事行为。这就是说,对此类民事行为,撤销权人有权请求予以撤销，也可以不要求撤销而仅要求变更民事行为的内容。所谓变更，是指要求改变民事行为的某些内容，如适当调整民事行为的价格条件，适当减轻一方承担的义务等。通过变更可以使当事人之间的权利、义务趋于公平合理，并使其符合当事人的意愿。这种请求变更民事行为的权利即变更权，也属一种形成权，应向人民法院或者仲裁机构主张。当事人行使变更权的，其撤销权消灭，民事行为确定生效。变更权的规定使权利人取得了调整当事人间利益关系的可能，符合鼓励交易的原则，并缓和了撤销权的僵硬，无疑为妥当的制度设计。因此《合同法》第 54 条第 3 款规定："当事人请求变更的，人民法院或者仲裁机构不得撤销。"这一规定尊重当事人的意愿，妥当贯彻了私法自治原则。《民法总则》未在类似情形下设置变更权，是否妥当，有待进一步讨论。

（三）效力待定的民事法律行为

1. 效力待定的民事法律行为的概念

效力待定的民事法律行为，又称效力未定的民事法律行为，是指民事法律行为虽已成立，但是否生效尚不确定，只有经由特定当事人的行为，才能确定生效或不生效的民事法律行为。效力待定的民事法律行为，既存在转变为确定不生效民事法律行为的可能，也存在转变为确定有效民事法律行为的可能。效力待定的民事法律行为并不存在对国家利益或社会公共利益的危害，因此没有发动公权力对民事法律行为的效力进行干预的必要。允许经由特定当事人的行为最终确定民事法律行为的效力，是贯彻私法自治原则的需要。

2. 效力待定的民事法律行为的类型

（1）限制民事行为能力人所实施的依法不能独立实施的民事法律行为

限制民事行为能力人可以实施纯获利益的民事法律行为，可以实施与其年龄、智力、精神健康状况相适应的民事法律行为，这些民事法律行为，都属于限制民事行为能力人依法可以独立实施的民事法律行为，民事法律行为的效力不因自然人为限制民事行为能力人而受影响。

但依据《民法总则》第145条第1款后段，限制民事行为能力人实施的其他民事法律行为经法定代理人同意或者追认后有效。这些民事法律行为，事先经法定代理人同意的，效力不因自然人为限制民事行为能力人而受影响；未经法定代理人事先同意的，属于效力未定的民事法律行为。

此类效力未定的民事法律行为，其效力得经由如下途径最终确定：

①法定代理人及时追认的，民事法律行为确定有效。法定代理人未及时追认的，民事法律行为确定不发生效力。

《民法总则》第145条第2款第1、2句确认，相对人可以催告法定代理人自收到通知之日起一个月内予以追认。在此期限内法定代理人未作表示的，视为拒绝追认，民事法律行为确定不发生效力。

②善意相对人在法定代理人追认前行使撤销权，撤销其生效意思表示的，民事法律行为确定不发生效力。

《民法总则》第145条第2款第3句确认，民事法律行为被法定代理人追认之前，善意相对人有撤销的权利。这里所谓善意相对人，是指不知道也不应该知道对方为限制民事行为能力人的相对人。所谓有撤销的权利，是指善意相对人可以撤销其向限制民事行为能力人作出的意思表示。善意相对人行使撤销权应在法定代理人追认之前，并应以通知的方式作出。善意相对人行使撤销权的行为属于单方民事法律行为，其撤销权的行使导致民事法律行为确定不发生效力。

（2）无权处分行为

无权处分行为是指当事人在对财产（包括物和权利）没有处分权能的情况下，实施了以引起财产权利变动为目的的民事法律行为。本讲第二节在介绍民事法律行为的类型区分时曾提及，我国现行民事立法没有像《德国民法典》和我国台湾地区“民法典”一样区分负担行为和处分行为，因此我国现行民事立法中无权处分行为的含义与《德国民法典》和我国台湾地区“民法典”存有差异。如出卖他人之物的买卖合同在《德国民法典》和我国台湾地区“民法典”中属于负担行为，并非无权处分行为，但在我国现行民事立法中属于典型的无权处分行为。

我国《合同法》第 51 条规定："无处分权的人处分他人财产，经权利人追认或者无处分权的人订立合同后取得处分权的，该合同有效。"该条将无权处分合同认定为效力待定的合同，这一规定的妥当性备受学说和司法的质疑与挑战。在不认可负担行为和处分行为区分的背景下，出卖他人之物的买卖合同是无权处分合同的典型形态。最高人民法院《关于审理买卖合同纠纷案件适用法律问题的解释》第 3 条规定："当事人一方以出卖人在缔约时对标的物没有所有权或者处分权为由主张合同无效的，人民法院不予支持。出卖人因未取得所有权或者处分权致使标的物所有权不能转移，买受人要求出卖人承担违约责任或者要求解除合同并主张损害赔偿的，人民法院应予支持。"该条将出卖他人之物的买卖合同认定为生效合同。随之也出现了主张认可负担行为与处分行为区分的呼声。

对负担行为与处分行为的区分问题，民法学界争讼已久。立法机关态度坚定，在多次立法研讨会上，明确予以否定。〔1〕裁判者则态度不一，否定者有之，肯定者也不乏其人。其实，即使不认可负担行为与处分行为的区分，无权处分合同也可认定为生效的合同行为。在债权形式主义的物权变动模式、债权意思主义的物权变动模式以及混合主义的物权变动模式之下，作为基于合同行为发生物权变动法律效果的充分条件，当事人享有处分权都是不可或缺的一环。立法者设计调整无权处分合同的法律规则，若不考虑满足善意取得构成要件的例外情形，其核心目的应在于避免受让人从无权处分人处获得相应权利。此时立法者有两种可能的选择：一是让处分权的欠缺直接影响合同行为效力的发生，从而实现欲追求的目的；二是不让处分权的欠缺影响合同行为的效力，而是让处分权的欠缺影响无权处分人履行义务的能力，从

〔1〕 有观点以《物权法》第 15 条为据，认为我国现行民事立法已经认可负担行为与处分行为的区分。这一观点尚有讨论空间，该条仅是区分了设立、变更、转让、消灭不动产物权合同效力的发生条件与物权变动法律效果的发生条件，认为办理物权登记手续就是在履行生效合同的主合同义务，不能将物权登记手续的办理当作合同的法定特别生效条件，这本就是债权形式主义物权变动模式的题中应有之义。如果用历史解释的方法确定该条的含义，没有立法资料显示该条意在认可负担行为与处分行为的区分。

而也可实现欲追求的目的。二者相较,后者价值判断结论妥当性更高,且手段与目的更为相称,更合比例原则的要求。

有一种观点认为,在债权形式主义的物权变动模式之下,若让无权处分合同生效,则以出卖他人动产的买卖合同为例,一旦出卖人将他人之物交付于买受人,买受人即可取得标的物的所有权,标的物的有处分权人即无法保护自己的利益,善意取得制度也会变得无用武之地。这一看法尚有讨论空间,因为合同尽管已经生效,但出卖人负担的主合同义务是交付标的物或者交付提取标的物的单证,并且转移标的物的所有权于买受人。在出卖人并非标的物所有权人或者有处分权人的前提下,出卖人可能能够将标的物或者提取标的物的单证交付于买受人,但在没有满足善意取得构成要件的情况下,出卖人并不能够转移标的物的所有权于买受人,因而不存在损害对标的物有处分权人利益的问题。[1]

(3)无权代理行为

无权代理行为即行为人没有代理权、超越代理权或者在代理权终止后,以代理人的身份所进行的民事法律行为。无权代理行为包括广义的无权代理行为和狭义的无权代理行为。广义的无权代理行为包括表见代理和狭义的无权代理。这里仅讨论狭义的无权代理。依据《民法总则》第 171 条第 1 款以及《合同法》第 48 条第 1 款的规定,狭义的无权代理行为属于效力待定的民事法律行为,其效力得经由如下途径最终确定:

①被代理人及时追认的,民事法律行为确定有效。被代理人未及时追认的,民事法律行为确定不发生效力。

《民法总则》第 171 条第 1 款以及《合同法》第 48 条第 1 款确认,无权代理行为,经被代理人追认后,该民事法律行为有效,对被代理人产生拘束力。被代理人的追认,应向相对人为之,并应在合理期限内进行。《民法总则》第 171 条第 2 款规定,相对人可以催告被代理人自收

〔1〕 参见王轶:《物权变动论》,中国人民大学出版社 2001 年版,第 214 页。

到通知之日起一个月内予以追认。如与无权代理人订立合同的相对人可以通过催告的方式,要求被代理人在催告后的一个月内进行追认。在此期限内被代理人未作表示的,视为拒绝追认,民事法律行为确定不发生效力。

②善意相对人在被代理人追认前行使撤销权,撤销其生效意思表示的,民事法律行为确定不发生效力。

《民法总则》第171条第2款第3句以及《合同法》第48条第2款确认,无权代理行为在被代理人追认之前,善意相对人有撤销其生效意思表示的权利。这里所谓善意相对人,是指不知道也不应该知道对方为无权代理人,又没有举证证明其有理由相信对方有代理权的相对人。这就意味着,相对人的"善意"须同时具备两项条件:一是依据"消极观念说"确定的善意判断标准,相对人为善意,即其不知道也不应该知道对方为无权代理人;二是相对人不符合"积极观念说"确定的善意判断标准,即其没有举证证明有理由相信对方为有权代理人。之所以对善意相对人作如此烦琐的界定,是考虑到该款规定与《民法总则》第172条以及《合同法》第49条的协调问题。依据《民法总则》第172条以及《合同法》第49条的规定,相对人有理由相信无权代理人有代理权的,即相对人符合"积极观念说"确定的善意标准的,构成表见代理,该无权代理行为为有效民事法律行为,而非效力待定的民事法律行为。

善意相对人行使撤销权应在被代理人追认之前,并应以通知的方式作出。善意相对人行使撤销权的行为属于单方民事法律行为,其撤销权的行使导致民事法律行为确定不发生效力。

(4)无权代表行为

无权代表行为是指法人的法定代表人或者非法人组织的负责人超越代表权限进行的民事法律行为。所谓超越代表权限进行的民事法律行为,包括法人的法定代表人或非法人组织的负责人未经法人或非法人组织授权,超越法人或非法人组织章程中规定的经营范围进行的民事法律行为;也包括他们超越法人或非法人组织通过章程或决议对其代表权设定的其他限制进行的民事法律行为。

法人或非法人组织事后通过决议对无权代表行为进行追认的，民事法律行为确定有效。为保护善意相对人的利益，《民法总则》第 61 条第 3 款确认，法人章程或者法人权力机构对法定代表人代表权的限制，不得对抗善意相对人。第 108 条确认，非法人组织除适用第四章外，参照适用第三章第一节法人的一般规定。《合同法》第 50 条也规定，相对人不知道也不应该知道法定代表人、负责人是超越代表权限订立合同的，即相对人为善意的，该无权代表行为有效。

（四）相对特定第三人无效的民事法律行为

民事法律行为所引发的民事主体与民事主体之间的利益关系中，包括实施民事法律行为的当事人与特定第三人之间的利益关系。对此种类型的利益关系进行调整，需要借助授权第三人规范。所谓授权第三人规范，即授予民事法律行为以外特定第三人以权利的规范，该权利的行使可以决定影响该特定第三人利益的民事法律行为的效力。

被授权的特定第三人如果被授予的是请求确认民事法律行为相对其无效的权利，则以合同行为的效力判断为例，特定第三人援引此类授权第三人规范，请求裁判者确认损害自身权益的合同行为相对无效，与合同得被主张绝对无效明显不同。主要区别在于：第一，绝对无效的合同行为是属于对任何人都不得主张其效力的合同行为，即该合同行为不但在合同当事人之间是无效的，而且对于合同关系以外的任何民事主体都是无效的。但相对特定第三人无效的合同行为则有所不同。该合同行为仅仅相对于特定第三人不得主张其效力，但在合同当事人之间，该合同行为仍属有效，仍然具备法律拘束力。而且对于该特定第三人以外的其他任何民事主体，该合同行为也都属于有效的合同行为。第二，绝对无效的合同行为属于自始、当然无效的合同行为。该类合同行为从来没有发生过法律拘束力，而且无须任何有权机关认定，即不得产生任何法律拘束力。但相对特定第三人无效的合同行为自成立之时具有法律拘束力，仅在被授权的特定第三人主张裁判者确认该合同相对无效时，该合同行为方相对该特定第三人自始无法律效力。第三，绝对无效的合同行为属于确定、永久不能发生法律效力的合同行为。绝对无效的合同行为属于损害公共利益，存在严重违法性的合同行为，因此不存在成为生效合同行为的可能。相对特定第三人无效的合同行为则与此不同。该种类型的合同行为仅损害了特定第三人的利益，为贯彻意思自治原则，其命运取决于该特定第三人的意志。

我国《物权法》第 20 条第 1 款第 2 句规定："预告登记后，未经预告登记的权利人同意，处分该不动产的，不发生物权效力。"这里之所以"不发生物权效力"，原因即在于就出卖人或转让人与其他民事主体所实施的处分不动产的合同行为，预告登记的权利人有权主张该行为相对自己无效。《物权法》第 194 条第 1 款第 2 句规定："抵押权人与抵押人可以协议变更抵押权顺位以及被担保的债权数额等内容，但抵押权的变更，未经其他抵押权人书面同意，不得对其他抵押权人产生不利影响。"抵押权人与抵押人变更抵押权顺位以及被担保的债权数额等内容的协议，对其他抵押权人产生不利影响的，其他抵押权人应有权主张该协议相对自己无效。《物权法》第 205 条规定："最高额抵押担保的债权确定前，抵押权人与抵押人可以通过协议变更债权确定的期间、债权范围以及最高债权额，但变更的内容不得对其他抵押权人产生不利影响。"抵押权人与抵押人变更债权确定期间等内容的协议，对其他抵押权人产生不利影响的，其他抵押权人应有权主张该协议相对自己无效。最高人民法院《关于审理商品房买卖合同纠纷案件适用法律若干问题的解释》第 10 条规定："买受人以出卖人与第三人恶意串通，另行订立商品房买卖合同并将房屋交付使用，导致其无法取得房屋为由，请求确认出卖人与第三人订立的商品房买卖合同无效的，应予支持。"这里所谓"无效"，应属相对特定第三人无效。依据最高人民法院《关于适用〈中华人民共和国物权法〉若干问题的解释(一)》第 12 条第 2 款规定，其他按份共有人"以其优先购买权受到侵害为由，仅请求撤销共有份额转让合同或者认定该合同无效"，不予支持。这就意味着，在其他按份共有人不但请求认定按份共有人向共有人之外的人转让其份额的合同无效，而且请求按照同等条件购买该共有份额的，人民法院应予支持。这里的"无效"也应该理解为相对特定第三人无效。

可见,在现行民事立法以及司法解释中,不乏有关相对特定第三人无效合同行为的规定。但值得注意的是,现行民事立法及司法解释,在确立协调合同关系当事人与合同关系以外特定第三人利益冲突的法律规则时,也不乏采用授予该特定第三人撤销权的例证。最典型的,就是《合同法》第74条有关债权人撤销权的规定,此外尚有《物权法》第195条第1款第2句;[1]最高人民法院《关于适用〈中华人民共和国担保法〉若干问题的解释》第69条,[2]最高人民法院《关于适用〈中华人民共和国物权法〉若干问题的解释(一)》第12条第2款[3]等。

从立法论的角度出发,协调合同关系当事人与合同关系以外特定第三人的利益关系,认定合同相对特定第三人无效较授予特定第三人撤销权更具价值判断上的妥当性。原因在于,授予特定第三人撤销权的情形,基于该特定第三人撤销权的行使,合同行为不仅相对于该特定第三人不发生效力,在合同当事人之间也丧失拘束力。但相对特定第三人无效的情形,该特定第三人仅得主张合同行为相对自己无效,在合同当事人之间,合同行为仍然有效。就实现对特定第三人合法权益的保护而言,认定合同相对特定第三人无效,更符合比例原则的要求,也更有利于意思自治原则的实现。

《民法总则》第154条规定:"行为人与相对人恶意串通,损害他人合法权益的民事法律行为无效。"这里的无效当属相对特定第三人无效,即行为人与相对人恶意串通,损害他人合法权益的民事法律行为,相对该合法权益被损害的他人无效。

(五)尚未完全生效的民事法律行为

尚未完全生效的民事法律行为可以基于法律、行政法规的规定产

---

〔1〕 该句确认,"协议损害其他债权人利益的,其他债权人可以在知道或者应当知道撤销事由之日起一年内请求人民法院撤销该协议"。

〔2〕 该条确认,"债务人有多个普通债权人的,在清偿债务时,债务人与其中一个债权人恶意串通,将其全部或者部分财产抵押给该债权人,因此丧失了履行其他债务的能力,损害了其他债权人的合法权益,受损害的其他债权人可以请求人民法院撤销该抵押行为"。

〔3〕 该款确认,按份共有人向共有人之外的人转让其份额,其他按份共有人根据法律司法解释规定请求按照同等条件购买该共有份额的,人民法院应予支持。

生。就现行民事立法而言,《合同法》第 44 条第 2 款的规定:"法律、行政法规规定:应当办理批准、登记等手续才生效的,依照其规定。"这里的批准、登记手续即合同行为的法定特别生效要件。

就批准作为民事法律行为的法定特别生效条件而言,在我国现行法律、行政法规中较为常见。典型者如《中外合资经营企业法》第 3 条第 1 句规定:"合营各方签订的合营协议、合同、章程,应报国家对外经济贸易主管部门(以下称审查批准机关)审查批准。"第 13 条第 3 句规定:"约定合营期限的合营企业,合营各方同意延长合营期限的,应在距合营期满六个月前向审查批准机关提出申请。"再如《中外合作经营企业法》第 5 条第 1 句规定:"申请设立合作企业,应当将中外合作者签订的协议、合同、章程等文件报国务院对外经济贸易主管部门或者国务院授权的部门和地方政府(以下简称审查批准机关)审查批准。"第 7 条前段规定:"中外合作者在合作期限内协商同意对合作企业合同作重大变更的,应当报审查批准机关批准"。第 10 条规定:"中外合作者的一方转让其在合作企业合同中的全部或者部分权利、义务的,必须经他方同意,并报审查批准机关批准。"第 24 条第 1 句规定:"合作企业的合作期限由中外合作者协商并在合作企业合同中订明。中外合作者同意延长合作期限的,应当在距合作期满一百八十天前向审查批准机关提出申请。"[1]

就登记作为民事法律行为的法定特别生效条件,在我国现行法律、行政法规中则难觅其踪。《担保法》第 41 条规定:"当事人以本法第四十二条规定的财产抵押的,应当办理抵押物登记,抵押合同自登记之日起生效。"该条规定自出台之日起就备受诟病,长期被作为立法设计不圆满的典型予以批评。当然,随着《物权法》的颁布施行,《担保法》的该条规定终被《物权法》第 187 条、第 188 条取代。[2] 登记作为民事行为法定特别生效条件,在司法解释中倒可一见,即最高人民法院《关于

[1] 《外国投资法》(草案征求意见稿)将《中外合资经营企业法》以及《中外合作经营企业法》中的"审查批准"制度调整为"准入许可"制度和"国家安全审查"制度。

[2] 《物权法》第 178 条:"担保法与本法的规定不一致的,适用本法。"

适用〈中华人民共和国担保法〉若干问题的解释》第6条第1项和第2项,此两项确认,“未经国家有关主管部门批准或者登记对外担保的”以及“未经国家有关主管部门批准或者登记,为境外机构向境内债权人提供担保的”,“对外担保合同无效”。司法解释虽属民法法律渊源,但既非法律,也非行政法规,作如是规定是否妥当尚值得讨论。

就批准作为民事法律行为的法定特别生效条件而言,未办理批准手续的,民事法律行为效力如何?最高人民法院的司法解释也经历了一个认识不断推进的过程。

依据最高人民法院《关于适用〈中华人民共和国合同法〉若干问题的解释(一)》第9条第1款前段的规定:“依照合同法第四十四条第二款的规定,法律、行政法规规定合同应当办理批准手续,或者办理批准、登记等手续才生效,在一审法庭辩论终结前当事人仍未办理批准手续的,或者仍未办理批准、登记等手续的,人民法院应当认定该合同未生效。”可以看出此类合同当是未生效的合同。

依据最高人民法院《关于适用〈中华人民共和国合同法〉若干问题的解释(二)》第8条的规定:“依照法律、行政法规的规定经批准或者登记才能生效的合同成立后,有义务办理申请批准或者申请登记等手续的一方当事人未按照法律规定或者合同约定办理申请批准或者未申请登记的,属于合同法第四十二条第(三)项规定的‘其他违背诚实信用原则的行为’,人民法院可以根据案件的具体情况和相对人的请求,判决相对人自己办理有关手续;对方当事人对由此产生的费用和给相对人造成的实际损失,应当承担损害赔偿责任。”可以看出,此时合同虽未生效,但当事人须负担办理申请批准或申请登记的先合同义务。

依据最高人民法院《关于审理外商投资企业纠纷案件若干问题的规定(一)》第1条的规定:“当事人在外商投资企业设立、变更等过程中订立的合同,依法律、行政法规的规定应当经外商投资企业审批机关批准后才生效的,自批准之日起生效;未经批准的,人民法院应当认定该合同未生效。当事人请求确认该合同无效的,人民法院不予支持。前款所述合同因未经批准而被认定未生效的,不影响合同中当事人履行报批义务条款及因该报批义务而设定的相关条款的效力。”可见,合同中当事人履行报批义务条款及因该报批义务而设定的相关条款得自依法成立时生效,其他条款则自办理批准手续之日起生效,此时属于尚未完全生效的合同,是一种独立的合同行为效力类型。[1] 该司法解释在第 6 条进一步确认,“外商投资企业股权转让合同成立后,转让方和外商投资企业不履行报批义务,受让方以转让方为被告、以外商投资企业为第三人提起诉讼,请求转让方与外商投资企业在一定期限内共同履行报批义务的,人民法院应予支持。受让方同时请求在转让方和外商投资企业于生效判决确定的期限内不履行报批义务时自行报批的,人民法院应予支持。转让方和外商投资企业拒不根据人民法院生效判决确定的期限履行报批义务,受让方另行起诉,请求解除合同并赔偿损失的,人民法院应予支持。赔偿损失的范围可以包括股权的差价损失、股权收益及其他合理损失”。可见,股权转让合同尚未报批,属于尚未完全生效合同。转让方和外商投资企业在特定情形下不履行报批义务,还要承担如同合同已经获批,从而完全生效,当事人不履行生效合同的主合同义务须承担的违约损害赔偿责任。

尚未完全生效的民事法律行为也可以基于当事人的约定产生。就现行民事立法而言,这在附生效条件的民事法律行为以及附始期的民事法律行为中较为常见。因为附条件或期限的,可以是整个民事法律行为,也可以是民事法律行为的部分条款。就后者而言,未附条件或期限的条款,可以自依法成立之时起生效,附了条件或期限的,条件成就或者期限届至时发生效力。以附所有权保留条款的分期付款买卖为例,以《物权法》作为一般规则确认的债权形式主义的物权变动模式为基础,所有权保留法律构成的具体方式是:在附所有权保留的动产分期付款买卖交易中,分期付款买卖合同中除与动产标的物所有权转移相关的合同条款外,其余条款一旦满足《合同法》第 44 条第 1 款以及《民

---

〔1〕 参见王轶:《合同效力认定的若干问题》,载《国家检察官学院学报》2010 年第 5 期。

法总则》第143条的规定,即自成立之时起生效。与动产标的物所有权转移相关的合同条款,乃为附有《合同法》第45条第1款中的"生效条件"的条款,其在价款支付完毕等条件成就前,尚不发生效力。但服务于买受人提前享用动产标的物的需要,出卖人须在其他合同条款生效的前提下,应买受人的请求交付动产标的物于买受人。由于分期付款买卖合同中与动产标的物所有权转移相关的合同条款尚未生效,买受人尚不享有要求出卖人转移动产标的物所有权的请求权。出卖人此时进行的交付动产标的物的行为,并非在履行其在买卖合同中所负担的主合同义务,即《合同法》第135条所谓"出卖人应当履行向买受人交付标的物或者交付提取标的物的单证,并转移标的物所有权的义务"。出卖人所进行的动产标的物的交付行为,仅是服务于买受人对于标的物的提前享用而已。一旦与动产标的物所有权转移相关的合同条款所附生效条件成就,买受人支付完毕了合同约定的价款或履行了其他合同义务,买受人即得要求出卖人履行转移标的物所有权的合同义务。考虑到"动产物权设立和转让前,权利人已经依法占有该动产"的,"物权自法律行为生效时发生效力"。[1] 保留所有权的分期付款买卖合同中,动产标的物的所有权得依此项关于简易交付的规定,自与动产标的物所有权转移相关的合同条款生效之时,转归买受人所有。[2]

综上所述,尚未完全生效的民事法律行为当为民事法律行为效力的独立类型。

(六)民事法律行为被确认绝对无效、被撤销或确定不发生效力的法律后果

有效的民事法律行为能实现行为人所期望的法律效果,被确认无效、被撤销或确定不发生效力的民事法律行为尽管不能实现行为人预期的法律效果,但并非不发生任何法律效果。被确认绝对无效、被撤销或确定不发生效力的民事法律行为发生如下法律后果:

---

〔1〕 参见《物权法》第25条。

〔2〕 参见王轶:《论所有权保留的法律构成》,载《当代法学》2010年第2期。

1. 返还财产

民事法律行为自成立至被确认绝对无效、被撤销或确定不发生效力期间，当事人可能已根据该民事法律行为取得了对方的财产。民事法律行为被确认绝对无效、被撤销或确定不发生效力后，当事人取得财产的法律根据已丧失，依据《民法总则》第157条第1句，原物仍存在的，交付财产的一方可行使所有物返还请求权，请求受领财产的一方返还财产。不能返还或者没有必要返还的，应当折价补偿。

2. 赔偿损失

依据《民法总则》第157条第2句以及《合同法》第58条的规定，民事法律行为被确认绝对无效、被撤销或确定不发生效力，如系由一方或双方的过错造成，皆发生赔偿损失问题，要由有过错的一方向无过错的一方赔偿因民事法律行为被确认无效、被撤销或确定不发生效力所发生的损失。在双方皆有过错的情况下，各自承担相应的责任。

3. 其他法律后果

依据《民法通则》第61条第2款以及《合同法》第59条的规定，在当事人双方恶意串通，实施民事行为损害国家、集体、第三人利益时，追缴双方所取得的财产，收归国家、集体所有或返还给第三人。依据《民通意见》第74条的规定，所谓“双方取得的财产”，应当包括双方当事人已经取得和约定取得的财产。

第十九讲　民事法律行为的附条件和附期限

陈小君

《民法总则》第六章第四节规定了民事法律行为的附条件和附期限，包括第158条的附条件、第159条的“条件拟制”和第160条的附期限。同时，《合同法》第45条和第46条更为详细地规定了合同效力的附条件和附期限。《民法总则》关于民事法律行为的附条件和附期限，是对《合同法》第45条和第46条合同行为的抽象化，是上升到民事法律行为一般层面的规定。民事法律行为的附条件和附期限，统称为民事法律行为的附款，即为当事人通过条件或者期限的设置控制法律行为生效或者失效时间的手段。之所以存在民事法律行为的附款，在于当事人对特定法律效果的需求。这一需求以某事实的发生或者不发生为前提，但是否发生又具有不确定性，当事人通过法律行为的附款来控制法律行为的生效或者失效时间，从而在一定程度上把控这一不确定性。

一、附条件的民事法律行为

（一）附条件民事法律行为的含义

《民法总则》第158条规定：“民事法律行为可以附

条件，但是按照其性质不得附条件的除外。附生效条件的民事法律行为，自条件成就时生效。附解除条件的民事法律行为，自条件成就时失效。”同时，《民法总则》第 159 条规定：“附条件的民事法律行为，当事人为自己的利益不正当地阻止条件成就的，视为条件已成就；不正当地促成条件成就的，视为条件不成就。”

法律行为的附条件使得法律行为成立与权利产生无需同步，将条件视为法律行为的一项关键要素。当事人为法律行为时，主要基于对现状的认识以及对未来发展的预期，但是在实践中又往往不能准确预见，那么通过对法律行为附条件可以使法律行为的后果与实际因素相适应，从而实现条件的风险管控功能。虽然附条件的民事法律行为具有一般性特征，但是附条件的意义又主要体现在合同领域，通过给合同附加条件，从而调整那些“未来可能、但不确定发生”的因素对合同的影响。

（二）附条件的概念和特征

附条件是附加在法律行为上的约定，该法律行为的效力取决于将来的未知事件。民事法律行为的附条件具有如下特征：

1. 当事人的约定

民事法律行为的附条件是私人自治的具体体现，是将当事人对某一将来未知事件的合意设置于该法律行为中。条件必须是双方当事人合意产生，仅一方当事人的意思表示不足以产生《民法总则》第 158 条意义上的附条件。也即，附条件民事法律行为中的条件，不同于一项法定条件，非所有冠以条件之名的合意条款。

2. 条件具有将来性

民事法律行为所附的条件是将来发生的事件，条件发生与否应当在将来才能确定。如果该条件在法律行为完成时已经发生或者已确定不发生，则是一项既成条件，并非《民法总则》第 158 条意义上的条件。同时，对条件的判断应基于客观性，当事人主观对此不知情也不能成为一项真正的条件。也即，无论是在客观上还是在当事人的主观上，条件都应当具有将来性。

3. 条件具有不确定性

如果条件是将来确定的事件，那么就属于第 160 条意义上的期限，而非《民法总则》第 158 条意义上的条件。不过，当一项条件虽是将来的，但具有确定性时，那么该项条件在视为生效条件时也不应具有“附条件”的意义。比如，约定“明天太阳从东方升起”。

4. 条件具有一定的约束力

附条件限制了该法律行为法律后果的产生或者消灭，但是条件并没有限制法律行为本身的约束力。也即，附条件的民事法律行为并不能任由当事人单方面撤回或撤销。

（三）附条件民事法律行为的类型

1. 附生效条件和解除条件

法律行为所附的条件可以分为附生效条件和附解除条件。

（1）所谓生效条件，是指使民事法律行为效力发生或者不发生的条件。具备生效条件之前，民事法律行为已成立却未生效，其效力处于不确定状态。当条件具备时，民事法律行为才生效；而当条件不具备时，民事法律行为则不生效。

（2）所谓解除条件，即消灭条件，是指对已经生效的民事法律行为附加条件的情形。当条件成就时，已生效的民事法律行为归于消灭；如果条件不成就，该生效的民事法律行为继续有效。在解除条件中，法律行为的存续与将来的事件相关联。也即，即使当事人约定解除条件，该法律行为也已经发生效力，条件所限制的是效力存续的时间。

（3）生效条件和解除条件也可以相互结合，称为联合条件。当某一事件是某一法律后果的生效条件，同时又是另一个法律后果消灭的条件时，存在联合条件的可能。

值得注意的是，虽然性质不同的条件在定义上有明确的区分，但是在具体情形中，关于生效条件抑或解除条件的判断，一般都需要通过对法律行为的解释来阐明。

2. 积极条件和消极条件

以某种事实的发生或不发生作为附款条件的要件，可将条件进一步分为积极条件和消极条件。

(1)积极条件,是指以某种事实的发生为内容的条件。当作为条件的事实未发生,条件也就未成就,法律行为不生效力;作为条件的事实发生了,则视为条件成就,法律行为生效。

(2)消极条件,是指以某种事实的不发生为条件。当作为条件的事实不发生时,条件成就,法律行为生效;作为条件的事实已发生,则视为条件未成就,法律行为不生效力。

3. 纯粹随意条件和非纯粹随意条件

(1)纯粹随意条件,是指法律行为的效力完全依赖于一方当事人以作为或者不作为方式所体现的意志。条件的成就取决于当事人的意志,并且纯粹以当事人的意愿为条件,当事人的作为和不作为与法律行为具有紧密联系。

(2)非纯粹随意条件,是指条件成就除了当事人的意志,还需要其他的积极条件。例如,甲对乙承诺,若乙考上驾照,则将车赠予乙。又或者,当事人的作为或者不作为的内容,与该法律行为无关。比如,我如果出国,那么就将长沙的房子租给你。

(3)偶成条件和混合条件。除了随意条件外,还存在偶成条件和混合条件。偶成条件,指其条件成就与否无关当事人意思。例如,出生、成年、主管机关的核准、某一法律的公布施行等。混合条件则是条件的成就取决于当事人意志与其他事实的结合。不过,混合条件常常与随意条件相混同,两者很难绝对地区分。总体上,非纯粹随意条件、偶成条件、混合条件均具有客观的不确定性,可作为法律行为附款的条件。

4. 不真正条件

(1)法定条件

如果一项法律行为的生效条件或消灭条件由法律直接规定,那么此时的条件称为法定条件,也是一项不真正的“附条件”。例如,限制民事行为能力人所为的民事法律行为处于效力待定状态,此时法律行为生效的条件是法定监护人的同意,这一条件虽然可由当事人约定,但却与当事人的意志无关。也即,即使当事人不加以约定,也存在一项同样的法定要件。此时当事人之间所附的条件,因与法定条件相同而属于一项不真正条件。

又如,政府机关对合同审批的权限源于法律和行政法规的规定,不属于当事人约定的范围。此时,如果当事人将政府机关的审批权约定成附条件合同中的条件附款,则不符合附条件合同的制度预设,相反应视为没有附条件,所附的"条件"不产生限制合同效力的法律效果。

(2)主观不知但客观既成的条件

《民法总则》第 158 条意义上的附条件指的是未来不确定之事件。如果当事人约定的条件在客观上已经发生,此时是已确定之事,不应属于《民法总则》第 158 条意义上的"附条件"。

(3)不法条件

附条件不能将违法行为视为条件,并且条件的内容也不得违反公序良俗。比如,"你若杀了某人"等不法条件。同时,类似于《日本民法典》第 132 条以不为不法行为为条件的,也视为不法条件。例如,"你不杀某人"的约定条件也应无效。

(4)确定条件、必至条件、不能条件和矛盾条件

对于已经确定发生或不能发生的条件,以及对于必然实现的条件,或者是相互矛盾的条件,均不能作为附条件民事法律行为中的"条件",而只能当作一项不真正条件。比如,"太阳从西边出来时,双方当事人之间的租赁合同生效"。此时当事人无法使得法律行为生效,自然当属无效。又如,"如果某租赁合同被撤销,则生效"的矛盾条件,无论是停止条件还是解除条件,均不能使得该法律行为生效。

(四)附条件法律行为的排除类型

附条件法律行为的排除情形主要指的是某些法律行为的性质决定了该法律行为不得附条件。

1. 为保障权利安定性而排除适用的情形

法律行为的完成和条件成就之间存在一种待定状态,这一状态并非对所有法律行为都能适用,毕竟待定状态意味着不安定性。为保障权利的安定性,因此排除部分法律行为的附条件情形。此类情况既包

括单方法律行为,还包括对多数人发生效力的法律行为。其共性在于,法律行为的效力依赖于未来事件,这一事件引起的不安定性会天然地被某些法律行为排除。例如,遗赠就一般不采取附条件法律行为的方式。

2. 违背公序良俗而排除适用的情形

某些法律行为的性质决定了法律行为的附条件有违公序良俗,尤其体现在身份关系和家事法律关系的法律行为中。在此类民事法律行为中,需要明确相关要素,法律关系的设立和终止均不能附条件。

3. 在排除类型中附加条件的法律后果

对不允许附条件的法律行为附加条件,其法律后果仍然存在争议。通常,如果不允许附加的条件是生效条件的,那么整个法律行为无效;如果不允许的条件是解除条件的,法律行为则可能部分无效。

(五)法律行为所附条件的效力

对于附条件的合同而言,虽然所附条件并未达成,但是该法律行为已产生形式上的拘束力,从而在条件的拟制、期待权的保护等方面具有法律效力。

1. 在未决期间对“期待权”的保护

在条件成就或者不成就之前,附条件的法律行为处于效力未决期间。此时虽然法律行为尚未确定生效,但法律行为对当事人仍然具有一定的拘束力。由于条件的成就将不确定的权利变为确定的权利,并给当事人带来利益,因此法律保护当事人的这一“期待权”,禁止他人侵害。我国现行立法并未认可期待利益,《民法总则》对此也未规定,仍旧将“期待权”搁置于学理层面。不过,就“期待权”的保护问题,仍然具有探讨的价值。

对于一方或双方当事人而言,因条件的成就使其享有权利且获得一定的利益。只是这种可能获得的权利或利益,在不同的附条件法律行为中的具体体现各不一样。在附生效条件的法律行为中,一方或双方都希望在条件成就时取得权利;而在附解除条件的法律行为中,因为条件的成就使法律行为失效,权利则复归于原权利人。这两种权利都是对将来的权利或利益的期待,并受到类似于物权的保护。

对期待权的侵害形式,包括以下几种:第一,附条件法律行为的一方当事人对相对人的侵害,侵害的方式可分为通过事实行为和法律行为侵害。第二,第三人对当事人期待权的侵害。第三人侵害当事人的期待权,如符合侵权行为的构成要件,应负损害赔偿责任。在条件成就之前,权利人则可就其侵害行使排除妨害请求权和预防妨害请求权,以保护权利人的“期待权”。

2. 条件成就与否的拟制

附条件法律行为成立以后,在条件未成就之前,当事人负有顺应条件的自然发生而不加以不正当干预的义务,也即不作为义务。此时的不正当行为是指行为人违反法律、道德和诚实信用的原则,以作为或不作为的方式促成或阻止条件的成就。如果当事人违背此项义务,恶意促成或者阻止作为条件的事实发生,法律就应当予以干预。《合同法》第45条第2款规定:“当事人为自己的利益不正当地阻止条件成就的,视为条件已成就;不正当地促成条件成就的,视为条件不成就。”例如,甲乙双方在房屋租赁合同中规定:如果甲的父亲来本地居住,乙应搬出另租房屋。该条件属于解除条件,乙不得采取任何不正当的方式阻止甲的父亲搬入本地居住。

在附条件的民事法律行为中,无论是生效条件还是解除条件,条件的成就与否都具有或然性,并充分体现了民事法律行为当事人的意思自治。当一方当事人为自己的利益,通过不正当手段促成或者阻止条件成就时,在有违意思自治的同时还可能损害对方权益,因此应当予以否定评价。当事人为自己利益所为的不正当行为包括三项要件。第一,主观上有为自己利益故意改变条件的状态。也即,当事人在主观上具有使条件成就或者不成就的故意。第二,当事人实施了改变条件成就状态的行为。当事人为自己利益实施了促成条件成就的行为,使得不确定的条件变为一项确定的“不真正条件”。第三,该行为具有不正当性。也即,当事人的此种行为违反了诚实信用和意思自治,不符合双方当事人的事先约定。

《民法总则》第159条仅适用于真正的条件，对于法定条件、既成条件等非真正条件不适用。例如，法定条件是法律的直接规定，法律行为的效力并不取决于当事人的意思，即使当事人为自己利益不当促成其发生，也不得视为生效要件已经存在。同理，既成条件已经确定了该条件成就或者不成就，不存在当事人不当阻碍或者促成其发生的情况。

3. 条件成就与不成就的效力

（1）条件成就的效力。若为停止条件，法律行为生效；若为解除条件，法律行为效力终止。

（2）条件不成就的效力。若为停止条件，法律行为终局的不生效；若为解除条件，法律行为效力得以维持。

4. 条件的成就与放弃

条件的成就与否，指的是约定成为条件的事实是否成为现实。在生效条件中，条件成就使得法律行为的效力处于待定状态，此法律行为向未来产生效力，同时当事人也可以约定溯及既往，但条件的成就与否并不需要当事人作出任何意思表示或行为。

从条件的成就获得利益的一方当事人，可以单方面放弃条件，无须对方当事人表示接受。但是，当法律行为所附的条件是为了保障双方的利益，此时就不允许一方当事人单方面放弃。

二、附期限的民事法律行为

（一）附期限民事法律行为的含义

《民法总则》第160条规定："民事法律行为可以附期限，但是按照其性质不得附期限的除外。附生效期限的民事法律行为，自期限届至时生效；附终止期限的民事法律行为，自期限届满时失效。"与附条件的法律行为相同，附期限的法律行为也是私人自治的具体体现，即法律行为效力的始期或终期与当事人约定的期限相关。通过约定生效期限，当事人可以将法律行为的生效时间推迟至约定的时间点；通过约定解除期限，当事人可以约定已生效法律行为的存续时间。

(二)附期限的界定及与相关概念的区分

1. 附期限的概念

附条件和附期限都是对法律行为的一种约束,如果法律行为的效力依赖于未来确定发生的时间,那么该法律行为属于附期限的法律行为。法律行为的期限通常存在具体的日期,或者是一个具体的时间段,也可以是在将来确定发生的时间点。比如,人的死亡时间虽然在发生时间上不确定,但是在将来一定会发生,此时也可以作为附期限的法律行为。事实上,附期限的法律行为与附条件的法律行为,都是为了防控风险而采取的限制法律行为效力的手段,所附的条件和期限都是对法律行为特别生效要件的一种约定。

一般而言,期限指当事人以将来客观确定到来的事实,作为决定法律行为效力的附款。第一,期限是法律行为的附款,是表意人附加于意思表示的限制。第二,期限为限制法律行为效力的附款。第三,期限具有确定性,也即将来、客观、确定的事实。

2. 法律行为所附期限的特征

(1)期限具有将来性。法律行为在客观上必须发生在将来,如果当事人之间约定的时间实际已经发生,只是当事人主观不知情,此时不是《民法总则》第160条意义上的期限。从法律逻辑上来看,此时如果该时间是始期,则法律行为视为没有附期限;如果是终期,则该法律行为无效。

(2)期限具有确定性。所附期限是否确定,是区别期限和条件的关键。在实践中,当事人之间的具体约定需要通过解释来加以确定,期限和条件有时会相互混淆,须视语境而断。通常,期限和条件都是法律行为的附属条款,但期限以确定性为核心。也即,虽然法律行为中所附的期限与所附的条件都能直接限制法律行为效力的发生或消失,但两者具有根本性区别,通常以将来的事实是否确定作为判断的标准。可以说,当事人在从事法律行为时,对于确定的事实只需在法律行为中附期限,而不是附以条件。

3. 附期限与附条件的共性与区分

附期限和附条件均作为法律行为的附款，具有很多的共性。第一，在事实性上，均作为一项附款，均为法律事实。第二，在实现的将来性上，均为将来社会中存在或不存在的法律事实。第三，在意定性上，均为当事人基于意思自治而使该事实成为法律行为的特别生效要件。第四，在目的性上，均影响了法律行为的效力，同为控制法律行为效力的附款。

《民法总则》第 160 条第 1 句增设但书条款，可以容纳法律为特别规定的情形。事实上，何种法律行为依其性质不得附期限，须根据个案观察。同时，不得附条件的法律行为，并非当然不得附期限。条件是不确定的事实，而期限必为确定，在可否附条件和附期限问题上也当然有所差异。也即，条件的成就与不成就是当事人所不可预知的，条件可能成就，也可能不成就，因此条件是不可确定的事实。但是，期限的到来是必然发生的，能够为当事人所预知，所以期限是确定的事实。期限以一定时间或期限的到来对法律行为的效力起限制作用，只有尚未到来且必然到来的时间和期限才能作为《民法总则》第 160 条中所规定的期限。

通常，期限与条件的根本区别在于期限是确定到来，而条件的发生与否不能确定。不过，细分期限中“时期是否确定”和“到来的时日”之后，还有助于进一步区分附条件和附期限。

(1)时期不确定，到来也不确定，应为条件。比如，“您 100 岁大寿时送宝马 X1 汽车一辆”，此时虽然 100 岁可以确定，但是生命具有不可预测性，存在极大的偶然性，此时认定为条件为妥。

(2)时期确定，但到来不确定，也应为条件。比如，“通过法律资格考试之日”双方买卖合同生效，但是否可以考上并不能确定，何时考上也不能确定，因此属于条件而非期限。

(3)时期不确定，到来确定，应为期限。比如，“等某人去世之时将该画赠送给你”即为期限而非条件。

(4)时期确定，到来也确定，应为期限。比如，“明年十月一日”就是可以确定的期限。

综上可知,当事人之间的某些约定到底是期限还是条件,并不以当事人所表达的语词是条件还是期限为标准,而是需要对约定的附款内容进行具体解释。对某一民事法律行为的附款作出解释后,如果对这一附款是否发生存在可能,则一般认定为条件;约定的期限必然发生,且“只是时间上的问题”,那么约定的附款一般是期限。例如,A 公司与 B 公司进行矿产开采合作,A 公司向 B 公司账户转账 100 万元。B 公司向 A 公司出具《借款条》一张,同时约定两公司如果合作成功,则该借款可转为应付款;若合作不成功,B 公司同意 A 公司在“矿山出矿见效益”后及时偿还借款。那么对“矿山出山见效益”进行解释必须依附合同全部条款、合同转让的文本、合同的根本目的以及缔约时真实意思表示,才可以探寻得出该案中“矿山出山见效益”的意义,从而确定是否为一项附期限的约定。

同时需要注意的是,附期限还可以参照《民法总则》第 159 条附条件民事法律行为的规定进行类推适用。例如,以人的死亡为某一法律行为的生效期限,此时死亡的具体日期并不确定,为了使期限尽快到来,受益人可能为了自己的利益通过违反诚实信用的行为促成死亡提前发生,此时可视为不正当地促成期限的实现。

4. 期限与履行期相区别

在法律行为附生效期限的情况下,法律行为在期限到来前尚未取得法律效力;而对于附履行期的债权而言,双方当事人之间的债已生效,只是尚未到达履行期。当事人之间约定的日期是法律行为所附的期限还是一项债的履行期,也需要对双方当事人的约定进行解释。在债的履行过程中,履行期限是当事人对已生效民事法律行为的履行义务所施加的一项限制,履行期限未至时当事人所负义务没有强制履行的效力。相反,对于一项附生效期限的民事法律行为,在期限到来前,民事法律行为并未生效,权利义务尚未生成,当事人当然不存在义务履行的问题。

与履行期最为相似的是期限中的“始期”,如“甲乙签订买卖合同,约定下次下雪时甲送货”。就附履行期而言，法律行为已经生效，仅仅在于一方当事人的义务没有到履行期而已；但是对于附始期的法律行为，法律行为尚未生效，当事人只是享有一项期待权而已。

5. 期限对期待利益的保护

除附条件民事法律行为可以对期待利益予以保护外，附期限民事法律行为也能产生同样的保护效果。通常，在附生效期限的民事法律行为中，期限成就前，一方当事人损害另一方当事人期待利益时，传统大陆法系民事立法一般都会对当事人的期待利益予以保护。[1] 事实上，有必要进一步细化所附期限成就之前当事人所为的民事法律行为，并进一步确定侵害期待利益时的救济手段。即使当事人之间有实施侵害行为的约定，但此时并不因侵害对方当事人的期待利益而承担违约责任，而应当是因为违反当事人之间的禁止行为约定而承担违约责任。若当事人之间不存在禁止行为的约定，一方当事人侵害对方期待利益时，可适用《侵权责任法》第 2 条。也即“期待利益”可界定在《侵权责任法》第 2 条规定的“民事权益”的范畴之内，行为人实施的侵害“期待利益”的行为可被《侵权责任法》救济，那么期待利益的保护可与侵权责任相结合，并规定在未来的中国民法典之中。[2]

（三）附期限的分类

1. 附生效期限。法律行为附生效期限又称为附延缓期限或附始期的民事法律行为，也即决定法律行为发生效力的期限。我国《合同法》第 46 条规定了附生效期限的法律行为，指的是该法律行为在期限到来以前已经成立，但处于未生效状态，直到期限到来时才发生效力。例如，当事人在合同中约定“本合同自某时间点生效”即为附始期的民事法律行为。该期限到来后，当事人才能实际享有合同中的权利和承担相应的义务。

2. 附终止期限。法律行为附终止期限也称为附结束期限或终期的

---

〔1〕 参见《德国民法典》第 160 条。

〔2〕 参见陈小君：《民事法律行为效力之立法研究》，载《法学家》2016 年第 5 期。

民事法律行为，也即决定法律行为效力消灭的期限。我国《合同法》第46条所称的“自期限届满时失效”的民事法律行为，即为附终止期限的法律行为。民事法律行为在期限到来以前处于有效状态，在期限到来时其效力归于消灭。

3. 期限还可以区分为“确定期限”与“不确定期限”。事实上，期限是确定发生的，只是期限的到来日期并不一定确定。由此期限才可以区分为“确定期限”与“不确定期限”，比如以某人死亡为附期限条款。

（四）法律行为附期限的除外情形

1. 具有公序良俗目的的登记行为

以登记为成立或生效要件的法律行为，不得附期限。例如，结婚、收养、协议离婚等法律行为，均以登记为成立要件或生效要件，但是此项登记行为并非附期限的法律行为。上述身份行为的登记、法人或非法人组织登记制度均含有公序良俗内涵，如果允许附期限从而提前或推迟法律行为的生效时间，那么有违登记制度的设立目的。

2. 除外情形产生的法律效果

《民法总则》规定某些法律行为不得附期限，但未规定附期限的法律后果的实现。同时，《民法总则》第153条规定：“违反法律、行政法规的强制性规定的民事法律行为无效，但是该强制性规定不导致该民事法律行为无效的除外。违背公序良俗的民事法律行为无效。”也即对某一法律行为附期限如违反法律规定，并不必然无效。只有在违背公序良俗时，所附期限才是绝对的无效。那么，法律行为所附期限，属于法律行为的一部分，其无效并不影响法律行为其他部分的效力。当然，依其性质不得附期限的法律行为而附期限的，须依该法律行为的性质及相关法律规定予以解释和适用，借此判定属于部分无效还是完全无效。

（五）附期限法律行为的法效

期限的效力应区分为期限成就前和成就后来考察。

1. 期限未届时的效力。附始期的法律行为在期限届至前不生效力；附终期的法律行为在期满前已生法律效力，期限未届满前效力不终止。

2. “期待利益”的保护。因期限届至而享有利益的当事人取得“期待权”，该权利可作为处分行为和继承的标的，并受侵权责任法的保护。也即期限未到而享有的“期限利益”，受法律的保护。

3. 期限到来后的效力。附始期的民事法律行为，在始期届至时，发生效力；而附终期的民事法律行为，在终期届满时，其效力终止。

第二十讲　代理

马新彦*

代理是民事法律行为实施主体的特殊规定，特殊之处在于行为人不是为了自己的利益，而是为了被代理人利益实施法律行为，且法律行为的后果归属于被代理人。经济的发展、社会的进步导致社会分工的细化，民事主体要么由于自身经验的不足、领域或时间的限制，要么由于自身没有达到法律规定的实施交易行为的年龄或不具备相应意思能力，而不能亲自实施法律行为，代理制度具有越来越广的适用空间。代理制度的价值不仅在于以代理人的意思能力弥补被代理人行为能力的欠缺，以代理人的专业技能、时间、精力弥补被代理人经验与精力的不足，以辅助被代理人实现交易利益，更在于为民事法律行为的有效与安全、交易的效率与便捷提供制度上的保障。

《民法总则》第七章“代理”共有 15 个条文，分为三节。在第一节代理制度的一般规定之后，于第二节、第三节对委托代理、代理终止分别进行了详细规定，就条文的数量而言居于各章之中。“经典的大陆法系民

* 中国法学会民法学研究会副会长，吉林大学法学院教授、博士生导师。

法典通常将代理制度规定在‘法律行为’一章中，在法律逻辑上认为代理即为代理人代理他人为法律行为”。[1] 我国有学者认为，有关“附期限与附条件民事法律行为”的规范因属性为民事法律行为生效时间的特殊规则而置于民事法律行为一章中，“代理”作为民事法律行为实施主体的特殊规则也没有必要独立于民事法律行为而单独成章。[2] 但是，自我国颁布《民法通则》以来，代理与民事法律行为在体例上就是独立的，《民法通则》虽然将民事法律行为与代理置于同一章之中，但在节的编排上，代理独立于民事法律行为；《民法总则》则以独立成章的体例安排将代理制度彻底独立于民事法律行为。本讲将对代理的概念、代理事项的范围、代理的种类、代理权行使、无权代理与表见代理，以及代理权的终止等内容进行详细介绍。

一、代理的概念和代理事项的范围

（一）代理的概念

代理有广义代理和狭义代理之分。狭义代理也称显名代理，是指代理人以被代理人的名义与相对人实施的，法律效果直接归属于被代理人的代理，是最严格意义上的代理。在狭义的代理关系中，被代理人尽管没有参与实施法律行为，但是，因法律行为以被代理人名义实施，法律行为的效果直接由被代理人承受。这无论在哪一个立法体制下都是最原始意义上的代理，广义代理中的其他两种代理，都是对狭义代理的突破与发展。

所谓广义代理，泛指代理人在代理权限内为被代理人利益实施的，且法律效果最终归属于被代理人的代理。广义的代理有三种类型：(1)代理人在代理权限内以被代理人的名义实施代理行为，行为的后果直接归属于被代理人，即狭义代理；(2)代理人在代理权限内公开被代理人的存在，但以自己的名义实施代理行为，相对人知道代理人与被

---

〔1〕 张新宝：《〈中华人民共和国民法总则〉释义》，中国人民大学出版社2017年版，第345页。

〔2〕 参见马新彦：《民法总则代理立法研究》，载《法学家》2016年第5期。

代理人之间的代理关系，行为的后果直接归属于被代理人；(3)代理人在代理权限内未公开被代理人的存在，以自己的名义实施的代理行为，相对人不知道代理人与被代理人之间的代理关系，行为的后果间接归属于被代理人。在广义代理的三种类型中，若以是否以被代理人的名义为标准进行分类，(2)、(3)可以归为一类，可称为隐名代理，相较于隐名代理，(1)可称为显名代理；若以代理人与第三人实施代理行为的法律后果是否直接归属于被代理人为根据，则(1)与(2)可以归为一类，称为直接代理，与此对应，(3)可以称为间接代理。将(3)称为间接代理，基于两个原因：其一，常态下法律行为的后果不直接由被代理人承受，经由代理人，转而由被代理人承受；其二，因被代理人或相对人的原因合同发生不履行或不适当履行情形时，经被代理人的介入权及相对人的选择权，被代理人方可取代代理人成为法律关系的主体。不乏学者将代理人以被代理人名义实施的代理称为直接代理，而将以自己名义实施的代理称为间接代理，按此学说，显名代理，同时为直接代理；而(2)与(3)以自己名义实施的代理为间接代理。[1] 也有学者将(1)称为显名代理和直接代理，将(2)称为隐名代理，将(3)称为间接代理。[2]

代理制度的核心内容是解决代理人与相对人实施法律行为的法律效果的归属问题。早期的罗马法因为社会经济生活相对简单，以及严格的合同相对性的限制并不承认代理，[3]代理制度被法律正式确认是近代民法的功绩。1804年的《法国民法典》以"委任契约"的规范方式奠定了代理制度的基础："委任人对受任人依授权的权限所缔结的契约，负履行的义务。"尽管《法国民法典》没有使用"代理"一词，但关于委任契约法律效果负担的规定已经蕴含了代理的概念。《德国民法

---

〔1〕 参见耿林、崔建远：《未来民法总则如何对待间接代理》，载《吉林大学社会科学学报》2016年第3期；梁慧星：《民法总论》(第5版)，法律出版社2017年版，第226页。

〔2〕 参见李适时主编：《中华人民共和国民法总则释义》，法律出版社2017年版，第508页。

〔3〕 参见陈甦主编：《民法总则评注》，法律出版社2017年版，第1131～1132页。

典》正式确立了独立的代理制度,其第 164 条规定:“代理人于代理权限范围内,以被代理人的名义为之意思表示,直接对被代理人发生效力。”之后,大陆法系民法受《德国民法典》的影响,均将代理人与相对人实施行为时“以被代理人名义”作为代理的重要的本质特征,其中的逻辑无非是,在被代理人与相对人之间存在真正“合意”的前提下,被代理人承受法律行为的后果才具有正当性。而真正的“合意”,不仅取决于被代理人对代理行为的授权,更取决于被代理人为相对人所知。这就要求代理人必须“以被代理人的名义”实施行为,“以被代理人的名义”与效果直接归属于被代理人几乎成为代理制度的本质属性,于是“以被代理人名义”实施的代理行为被称为直接代理。同时,在大陆法系民商分立的立法体例上,商法中又确立了行纪人制度。行纪人经委托人授权,为了委托人的利益,“以自己名义”与相对人实施法律行为,法律效果首先在行纪人与相对人之间发生,继而转由委托人承受。因行纪人制度与代理制度有诸多相似之处,仅因“以自己名义”实施法律行为,而效果间接由被代理人(委托人)承受,而被称为间接代理。〔1〕

与大陆法系不同,英美法系的代理制度没有直接代理与间接代理之分,但具有三种不同的类型。第一,代理人与相对人实施法律行为时向相对人明示被代理人的姓名;第二,代理人告知相对人代理关系的存在,但未明示被代理人的姓名;第三,代理人经被代理人的授权,但不公开代理关系的存在,也不透露被代理人的姓名。前两种,法律行为的后果直接在被代理人与相对人之间发生;第三种,法律行为的效果不当然在被代理人与相对人之间发生,仅于被代理人行使介入权、相对人行使选择权时在二人之间发生法律效力。〔2〕

总之,无论是在大陆法系,还是在英美法系,随着社会经济生活的日益繁荣,代理制度的内容也越趋丰富。我国的民事立法也因适应社会经济发展的需要,借鉴先进的立法经验,在不同的历史时期对代理进

〔1〕 参见[德]C. W. 卡纳里斯:《德国商法》,杨继译,法律出版社 2006 年版,第 704 页。

〔2〕 参见耿林、崔建远:《未来民法总则如何对待间接代理》,载《吉林大学社会科学学报》2016 年第 3 期。

行了多元化的规定。最早规定代理制度的《民法通则》采显名主义的立法态度，于第 63 条第 2 款规定："代理人在代理权限内，以被代理人的名义实施民事法律行为。被代理人对代理人的代理行为，承担民事责任。""承担民事责任"的表述虽然不精准，但蕴含了以被代理人名义实施法律行为的效果直接归属于被代理人的意义，以至于在很长的时期内"以被代理人名义"被理论界认作代理制度的本质特征。但是，这样严格的显名主义的立法态度被 1999 年《合同法》突破，《合同法》第 402 条规定，"受托人以自己的名义，在委托人的授权范围内与第三人订立的合同，第三人在订立合同时知道受托人与委托人之间的代理关系的，该合同直接约束委托人和第三人"，即隐名代理的法律后果也可直接归属于被代理人。实际上，采取显名主义的《德国民法典》对以何种方式表达"以被代理人名义"并没有严格限制，第 164 条第 2 句规定"无论是明确表示以被代理人名义所作的意思表示，还是根据情况可以断定是以被代理人名义所作的意思表示，均无区别"。就是说，尽管代理人未明示被代理人名义，但根据客观情况可以推断以被代理人名义的，可以扩张认定为"以被代理人名义"。这也是我们将此类代理称为直接代理的又一个正当性理由。《合同法》第 403 条又有更进一步的突破，代理人以自己名义与相对人实施法律行为，且相对人无从得知被代理人的存在，只要经代理人披露后，被代理人行使介入权，或者相对人行使选择权，被代理人便可以承受法律行为的后果。〔1〕《合同法》之所以大胆作此突破，直接起因是为了解决立法当时外贸代理的需要，其内容与《国际货物销售代理公约》和《欧洲合同法原则》基本一致。〔2〕

对于我国民法究竟应否承认广义的代理，很多学者都认为应当突

---

〔1〕《合同法》第 403 条第 1～2 款规定："受托人以自己的名义与第三人订立合同时，第三人不知道受托人与委托人之间的代理关系的，受托人因第三人的原因对委托人不履行义务，受托人应当向委托人披露第三人，委托人因此可以行使受托人对第三人的权利，但第三人与受托人订立合同时如果知道该委托人就不会订立合同的除外。受托人因委托人的原因对第三人不履行义务，受托人应当向第三人披露委托人，第三人因此可以选择受托人或者委托人作为相对人主张其权利，但第三人不得变更选定的相对人。"

〔2〕参见尹田：《民事代理之显名主义及其发展》，载《清华法学》2010 年第 4 期。

破显名主义的局限，在立法上承认并规定广义的代理。理由是，显名主义的价值目标是保护与代理人实施交易行为的相对人的利益，"以被代理人名义"扩张解释至代理人仅披露代理关系的存在，未告知被代理人的姓名的情形，并不妨碍意思自治原则下显名主义价值目标的实现。因此，《合同法》第 402 条规定的代理，从条文的表述上看似乎是对英美法以及相关国际条约的移植或借鉴，但实质上是对大陆法系"显名主义"扩张解释的复制。而第 403 条规定的不同于行纪的间接代理，是对既有代理制度的补充和完善，不仅没有破坏既有代理制度的规则体系和基本法理，还有助于交易秩序的维护。〔1〕另有学者主张对广义代理应当予以民法典认可，但因为各种代理制度规范衔接不佳，应当将之改造、充实并完善。〔2〕

关于《民法总则》是否应采用严格的显名主义态度，仅规定狭义的直接代理，在学界，甚至在《民法总则》的制定过程中均有争论。有学者主张我国《民法总则》应当采用严格的显名主义，仅规定显名代理，代理人以自己名义与相对人实施的代理行为，无论是否宣示代理关系的存在，均不宜规定在《民法总则》中，〔3〕可以由民法分则规定。另有学者主张《民法总则》应当突破显名主义的局限，规定广义的代理。不否认《合同法》规定"非以被代理人名义"代理的立法初衷是为满足当时外贸代理所涉各方利益平衡的需要，今天外贸体制的变化并不意味着该种代理失去了存在的价值，无论是民事交易，还是商事交易，很多情况下，相对人更关注的不是交易的对方，而是交易的结果。尤其是网络技术的运用，"非以被代理人名义"的代理在相当广阔的领域中具有其独特的价值，而且，《民法总则》中规定此种代理，还可以解决《合同法》委托合同与行纪合同的规范编排的冲突，合理处理总则与分则的

---

〔1〕 参见尹田：《民事代理之显名主义及其发展》，载《清华法学》2010 年第 4 期。

〔2〕 参见耿林、崔建远：《未来民法总则如何对待间接代理》，载《吉林大学社会科学学报》2016 年第 3 期。

〔3〕 参见耿林、崔建远：《未来民法总则如何对待间接代理》，载《吉林大学社会科学学报》2016 年第 3 期。

关系。[1]

2016年6月发布的《民法总则(草案)》第141条规定:“代理人在代理权限内,以被代理人的名义实施的民事法律行为,对被代理人发生效力。”在接下来的第142条又规定:“代理人在代理权限内以自己的名义与第三人实施民事法律行为,第三人知道代理人与被代理人之间的代理关系的,该民事法律行为直接约束被代理人和第三人,但是有确切证据证明该民事法律行为只约束代理人和第三人的除外。”显然,《民法总则(草案)》改造了《民法通则》第63条第2款,全面吸收了《合同法》第402条的隐名代理,没有吸收《合同法》第403条的间接代理。理由是,“间接代理不是真正意义上的代理,只有在特殊情况下基于法律的特别规定才发生代理的部分效力,在合同法分则中作出规定即可,《民法总则》没有必要专门作规定”。[2] 如果按照《德国民法典》第164条的逻辑,将“相对人知道代理人与被代理人关系”视为“根据情况断定以被代理人名义所作的意思表示”,那么,《民法总则(草案)》第142条的隐名代理可以被认为是第141条“以被代理人名义”的扩张解释,采取的是缓和的显名主义立法态度。这种缓和的显名主义立法态度一直坚持至《民法总则(草案)》(三次审议稿)。但是,在第十二届全国人民代表大会第五次会议审议《民法总则》时,有人建议将隐名代理规定在合同编,不必规定在总则中,[3]最终通过的《民法总则》还是继受了《民法通则》的传统,坚持了严格的显名主义,取消了隐名代理的规定。

在《民法总则》坚持的严格显名主义的立法态度之下,对代理概念的理解需掌握三个核心环节:第一,代理人代理实施的是民事法律行为。因为《民法总则》对《民法通则》关于民事法律行为定义的矫正,民事法律行为不再限于合法行为,凡民事主体通过意思表示设立、变更、

---

[1] 参见马新彦:《民法总则代理立法研究》,载《法学家》2016年第5期。

[2] 李适时主编:《中华人民共和国民法总则释义》,法律出版社2017年版,第508页。

[3] 参见李适时主编:《中华人民共和国民法总则释义》,法律出版社2017年版,第508页。

终止民事法律关系的行为均为民事法律行为，既包括合法有效的法律行为，也包括因违反法律、损害国家利益等原因认定无效的法律行为和因欺诈、胁迫等原因被撤销的法律行为。第二，代理人实施法律行为的效果直接归属于被代理人，即设立、变更或终止的民事法律关系的主体双方为被代理人和相对人，而不是代理人与相对人。《民法通则》第63条第2款将代理的后果归结为被代理人对代理人的代理行为承担民事责任。从字面上看代理行为的民事责任归属于被代理人，若不存在因履行不当、拒绝履行而生民事责任的问题，代理行为的后果归属于何人，无法从该款字面上得到解答。《民法总则》的代理行为“对被代理人发生效力”较之《民法通则》的“被代理人承担民事责任”有重大进步。第三，代理人有代理权，并以被代理人名义实施代理行为是其效果归属于被代理人的重要前提。代理权限的范围取决于代理权的根据，代理权基于被代理人授权产生，代理的权限取决于被代理人授权范围；代理权基于法律规定产生的，则在有利于被代理人利益的范围内代理人享有代理权。关于“以被代理人的名义”，一般认为若为口头合同，代理人应当告知被代理人的姓名；若为书面合同，则被代理人应当是书面合同的主体一方。[1]

（二）代理事项的范围

《民法总则》代理一章的第一个条文，也就是第161条以“概括+排除”的方式对代理事项的范围进行了规定：“民事主体可以通过代理人实施民事法律行为。依照法律规定、当事人约定或者民事法律行为的性质，应当由本人亲自实施的民事法律行为，不得代理。”

1.《民法总则》规定的代理事项范围

概括地说，代理事项是代理实施民事法律行为，由此，事实行为不在代理事项范围之内。所谓事实行为，是指行为人实施行为时内心没

---

〔1〕 但有学者认为，代理人与相对人实施法律行为时表明自己的代理人身份，未告知被代理人的姓名，“如果相对人嗣后不要求代理人披露被代理人姓名，该法律行为的后果归属于隐名的被代理人”。参见陈甦主编：《民法总则评注》，法律出版社2017年版，第1146页。

有产生、变更、终止一定的民事法律关系的意思，更无需表示内心意思，仅因满足法律规定的要件，即在民事主体之间发生一定的民事法律后果的行为。事实行为有合法的事实行为和违法的事实行为。创造性劳动、遗失物拾得等为合法的事实行为，侵权行为属于违法的事实行为。事实行为不适用代理的规则。例如，接受他人的雇佣完成一定的加工工作，尽管加工成果的所有权归雇主，非加工人所有，但加工行为本身无需意思表示，故为事实行为，不适用代理规则；接受他人的雇佣将受害人的人身或财产损害，尽管幕后的雇佣者难逃责任的追究，但不会因为幕后雇佣者承担责任而免除实施侵权行为的行为人责任。

值得研究的问题是，代为办理所有权过户登记、代为交付动产等行为是法律行为，还是事实行为。这些行为是否为民事法律行为取决于立法对物权行为的认可。如果立法承认物权行为，则上述行为无疑属于法律行为，否则为事实行为。

有学者认为民事诉讼代理具有明确的代理权授予，审判机关虽不同于民事代理中的相对人，但其判决能够产生特定的民事法律效果，因此主张诉讼代理具有一定的民法上代理的属性，可以适用民法上的代理规则。[1] 严格地说，民事诉讼代理不属于民事代理，尽管代理权产生的根据同于民事代理，但是代理人是站在被代理人的立场上为被代理人的利益阐述事实、进行辩论，而不是通过代为表达设立、变更、终止民事法律关系的内心意思实施民事法律行为。尤其是我国《民事诉讼法》已经在“诉讼参加人”一章的第二节对诉讼代理人及其权利义务专门进行了规定。因此，诉讼代理适用《民事诉讼法》关于诉讼代理人的规定，而不应适用《民法总则》的代理规则。但是，诉讼代理人在被代理人授权的范围内与对方当事人达成和解协议，或者经人民法院调解与对方当事人达成调解协议的，属于以被代理人的名义与对方当事人实施法律行为，性质则可以解释为民事代理，适用《民法总则》的代理规则。

---

〔1〕 参见陈甦主编：《民法总则评注》，法律出版社2017年版，第1134～1135页。

2.《民法总则》禁止代理的事项范围

《民法总则》没有明确禁止代理的事项，采取除外条款的模式，将不得代理事项的认定指向其他法律的规定、当事人的约定，以及学理对民事法律行为性质的界定。

(1)依照法律规定应当由本人亲自实施的民事法律行为

此处所指法律规定应当包括现行民事立法以及特别法的规定。[1]民法典颁布之后，应当主要指民法典分则编的规定。按照现行法律的规定，不得代理的事项包括：第一，结婚、离婚。我国《婚姻法》第 8 条规定："要求结婚的男女双方必须亲自到婚姻登记机关进行结婚登记。"第 31 条："男女双方自愿离婚的，准予离婚。双方必须到婚姻登记机关申请离婚。婚姻登记机关查明双方确实是自愿并对子女和财产问题已有适当处理时，发给离婚证。"第二，收养。收养行为与结婚行为一样是具有身份性质的法律行为，自收养关系成立之日起，在收养人与被收养人之间发生父母与子女之间的权利义务关系，被收养人与生父母之间的权利义务关系因此而消灭。我国《收养法》第 15 条规定："收养关系自登记之日起成立。"《中国公民收养子女登记办法》第 4 条规定："收养关系当事人应当亲自到收养登记机关办理成立收养关系的登记手续。"第三，对被监护人有能力处理的事项。《民法总则》第 35 条第 3 款规定："成年人的监护人履行监护职责，应当最大程度地尊重被监护人的真实意愿，保障并协助被监护人实施与其智力、精神健康状况相适应的民事法律行为。对被监护人有能力独立处理的事务，监护人不得干涉。"依此规定，被监护人有能力独立处理的事项应当由其本人实施，法定代理人不得实施代理行为。对于与被监护人智力、精神健康状况相适应的民事法律行为，代理人应当协助被代理人实施，不得违背被监护人的意愿独自代理。当然，就被监护人有能力独立处理的事

[1] 有学者认为包括"法律和行政法规，而不应当限定为狭义的法律，也不应当拓展到其他规范性文件"。(张新宝：《〈中华人民共和国民法总则〉释义》，中国人民大学出版社 2017 年版，第 347 页。)另有学者认为"不但包括私法规范，而且也包括公法规范"。(陈甦主编：《民法总则评注》，法律出版社 2017 年版，第 1135 页。)

项，代理人受被监护人委托实施代理的，代理对被监护人有效，但代理的性质为委托代理，适用委托代理的规定。

有学者主张遗嘱也属于现行法规定不得代理的事项，认为《继承法》关于自书遗嘱的规定表明遗嘱只能自己所为，而不可以由他人代理，代书遗嘱不是代理，仅仅是代笔。[1] 但是，现行《继承法》并没有文字明确表达遗嘱须遗嘱人本人为之，自书遗嘱的规定以规范遗嘱形式为目的，非以限制代理为目的。尤其是《继承法》第22条规定，“无行为能力人或者限制行为能力人所立的遗嘱无效”，这样一来，依据《民法总则》第19条至第22条的规定，无行为能力人或限制行为能力人设立遗嘱的，应由其法定代理人代理。可见，至少对于行为能力欠缺者的遗嘱可以适用代理。

(2)依据当事人的约定应当由本人亲自实施的民事法律行为

被代理人委托他人代理实施法律行为，仍可以保留一定的事项由自己亲自实施，该约定由自己亲自实施的事项，代理人不得实施代理行为。作出约定的授权人通常为有行为能力人，但限制行为能力的成年人就某一事项具有独立的处理能力和认知能力的，也可以向其法定代理人约定不得由其代理。

(3)根据法律行为的性质应当由本人亲自实施的民事法律行为

此项禁止代理的事项较之《民法通则》属于新增事项。此项规定实际上是“兜底性”条款，在法律没有禁止性规定，当事人又没有特别限定性约定，但依法律行为的性质，不宜由代理人代理的，可依性质限制代理人实施代理。但是，初衷良好的“兜底性”条款，可能会导致审判实践中同案不同判的现象，因为尽管理论上对“法律行为性质”似乎已经形成共识，即具有高度人身性质的法律行为，但究竟哪一些法律行为属于高度人身性质的法律行为却尚未形成统一认识。有学者主张“民法中的身份行为，例如，结婚、离婚、立遗嘱、收养、监护等，其中一些行为由法律、行政法规规定不得代理，有一些尚未进行规定，但依其

---

[1] 参见陈甦主编：《民法总则评注》，法律出版社2017年版，第1136页。

性质也不得代理”。[1] 另有学者认为，与人格权和人格利益相关的民事法律行为(如人体器官捐赠、隐私权、肖像权、姓名权的许可使用)，以及具有高度人身信任因素的法律行为，均属于依性质不得代理的行为。[2] 甚至还有学者认为“具有严格人身性质的债务，如约稿、预约绘画、预约演出等，被预约一方的履行行为不得代理”。[3] 为了避免同案不同判的现象，尚需借助最高人民法院的司法解释对依性质不得代理的事项进行认定。

二、代理的种类

(一)法定代理与委托代理

代理的分类取决于分类标准的认定，以代理权产生的根据为标准，《民法总则》将代理分为法定代理和委托代理。

1. 法定代理

《民法总则》第163条第2款规定：“法定代理人依照法律的规定行使代理权。”法定代理，是指依据法律规定对行为能力欠缺者具有监护资格的人或者对特定人的财产有管理资格的人在法律规定的权限内，以被代理人的名义实施法律行为的代理，法定代理的代理权基于法律规定产生。由此，法定代理具有如下特点：第一，法定代理的代理权无需被代理人的授权，只需依据法律的规定。此处的“法律规定”包括《民法总则》中关于监护人的规定、《民法总则》中关于失踪人财产代管人的规定、《破产法》中关于破产管理人的规定、《公司法》中关于清算人的规定，以及《继承法》中关于遗产管理人、遗嘱执行人的规定等。第二，法定代理的被代理人通常是行为能力欠缺者、行为能力受限者或行为能力丧失者。但是，以上述民事主体为被代理人实施代理行为的人未必是法定代理人，因为委托代理人可以接受法定代理人委托代理

---

〔1〕 张新宝：《〈中华人民共和国民法总则〉释义》，中国人民大学出版社2017年版，第348页。

〔2〕 参见陈甦主编：《民法总则评注》，法律出版社2017年版，第1137页。

〔3〕 马俊驹、余延满：《民法原论》，法律出版社1998年版，第287页。

实施法律行为。第三,法定代理人须具有法律规定的资格,具体为法律规定的监护人资格、财产代管人资格、破产管理人资格、遗产管理人资格以及清算人资格等,分别由民法典的总则编、继承编,以及破产法、公司法予以规定。

关于无行为能力人或限制行为能力人的法定代理人的资格,《民法总则》在自然人章监护节中进行了详细规定:未成年人的法定代理人顺序依次为父母、祖父母(外祖父母)、兄姐,以及经未成年人住所地的居民委员会、村民委员会或民政部门同意的其他愿意担任监护人的个人或者组织。成年人的法定代理人顺序依次为有监护能力的配偶、父母、子女、其他近亲属,以及经被监护人住所地的居民委员会、村民委员会或者民政部门同意的其他愿意担任监护人的个人或者组织。此外,《民法总则》第 32 条还作了兜底性规定,即"没有依法具有监护资格的人的,监护人由民政部门担任,也可以由具备履行监护职责条件的被监护人住所地的居民委员会、村民委员会担任"。例如,未成年人的承包地的出租、转让等流转合同,村民委员会可以作为法定代理人。《民法总则》对法定代理人资格的规定可能带来一些问题:第一,同一顺序多个具有监护能力的人相互推诿职责,或者积极主张自己的监护资格而发生冲突。为此,《民法总则》第 31 条第 2 款的规定:"居民委员会、村民委员会、民政部门或者人民法院应当尊重被监护人的真实意愿,按照最有利于被监护人的原则在依法具有监护资格的人中指定监护人。"第二,同一顺序的具有监护人资格的人为二人以上,并具有共同履行监护人职责的意愿的,他们均可以作为法定代理人,构成共同代理。代理人之一未经另一代理人同意独自实施代理行为,效力如何?例如,父母对于未成年子女拍广告、电影挣得的钱款有共同的投资、处分的代理权。母亲未与父亲商量,擅自做主将 1000 万元片酬以股权众筹的方式投资,有潜在的巨大风险。《民法总则》对此类问题没有明文规定,从理论上说,法定代理无需被代理人授权,也无需被代理人就代理实施的法律行为的内容作出意思表示,法定代理人享有如同处理自己的事务一样处理被代理人的事务的权限,作为共同代理人的夫妻对未成年人子女事务的共同代理如同夫妻共同处分夫妻共有财产一样的权利。因此,代理人未经另一代理人同意擅自实施代理行为的,应当以无权代理定论,效果不归属于被代理人。

2. 委托代理

《民法总则》第163条第2款规定:“委托代理人按照被代理人的委托行使代理权。”委托代理,是指依据被代理人或被代理人的法定代理人的委托,并在授予的权限内,以被代理人的名义与相对人实施法律行为的一种代理,代理权基于委托人的授权产生。委托代理具有与法定代理不同的特点:第一,委托代理基于委托人的委托、授权而产生,在代理人与委托人之间存在的委托合同是委托代理的逻辑前提,或称基础法律关系。委托合同无效,则委托代理人的代理权没有合法根据,代理行为对被代理人不生效力。有学者认为,委托合同是最常见的委托代理的发生根据和基础关系,但不是唯一的基础关系,在实践中,合伙合同、雇佣合同、劳动合同等都可以是委托代理的基础关系。[1] 但从根本上说,决定代理权产生的仍然是这类合同中委托授权的内容,只是合同的名称不同而已。第二,委托人通常是被代理人,但也可以是被代理人的法定代理人,委托代理人接受法定代理人的委托代理实施法律行为,应当以被代理人名义实施,而非以委托人的名义实施。

委托代理的授权既可以采用书面形式,也可以采用口头形式,有学者主张凡法律规定应当采用书面形式的法律行为,委托代理人实施的,应当有书面的授权。[2] 《民法总则》对授权的形式没有严格规定,仅于第165条中规定:“委托代理授权采用书面形式的,授权委托书应当载明代理人的姓名或者名称、代理事项、权限和期间,并由被代理人签名或者盖章。”

法人或非法人组织的工作人员,就其职权范围内的事项,以法人或者非法人组织的名义实施民事法律行为,被称为职务代理。《民法总

〔1〕 参见王利明:《民法总则研究》,中国人民大学出版社2012年版,第629页。

〔2〕 参见马新彦:《民法总则代理立法研究》,载《法学家》2016年第5期。

则》第 170 条对此有明确规定。就职务代理的性质,学界却存在争论,有法定代理说、委托代理说,以及独立代理说。法定代理说认为,法人及非法人组织的工作人员的代理权并非来自于授权,而是源自法律的规定;〔1〕而委托代理说则认为,职务代理尽管不需要被代理人的特别授权,但是,法人或非法人组织的工作人员,获得一定的职位,并取得该职位应有的代理权,仍然来自于被代理人的意志,因此,应当属于委托代理。〔2〕 独立代理说主张,职务代理既有不同于法定代理的特质,又有不同于委托代理的特质,应当将职务代理作为与法定代理、委托代理并列的一种独立的代理类型。《民法总则》最终将职务代理认定为委托代理,将职务代理的规定置于委托代理一节中。理由是,被代理人的委托的意思可以表现于委托授权,也可以体现在劳动合同、职务任命当中,将职务代理纳入委托代理范畴,不仅理论上可行,也符合实践需要。〔3〕 值得重申的是,职务代理人只有对职权范围内的事项以被代理人的名义实施法律行为,方对被代理人发生效力。既然职务代理的授权是通过劳动合同、职务任命体现的,通常没有委托授权书载明代理事项、权限和期间。甚至内部规章或法人章程对于其代理权限会有一定的限制,代理人的权限及期间很难被相对人所知,如果代理人超越其职权范围,以被代理人的名义实施法律行为,从被代理人立场上说,对被代理人不生效力。但是,为了保护与代理人实施交易行为的相对人的合理信赖,借以保护整个社会的交易安全,被代理人的无效主张不对抗善意的相对人。为此,《民法总则》第 170 条第 2 款规定:"法人或者非法人组织对执行其工作任务的人员职权范围的限制,不得对抗善意相对人。"

《民法通则》曾将代理分为法定代理、指定代理和委托代理三种,

---

〔1〕 参见李适时主编:《中华人民共和国民法总则释义》,法律出版社 2017 年版,第 527 页。

〔2〕 参见王利明:《民法总则研究》,中国人民大学出版社 2012 年版,第 629 页。

〔3〕 参见李适时主编:《中华人民共和国民法总则释义》,法律出版社 2017 年版,第 527 ~ 528 页。

在《民法通则》实施前后的相当一段时间,“三分说”几乎是占统治地位的观点,但“在传统大陆法系,代理一直被区分为委托代理和法定代理两个类别”,[1]在我国理论界一直存在“二分说”的呼声,[2]于是,民法总则应采“二分说”抑或“三分说”,在立法过程中有较大争论,其焦点在于指定代理究竟应否成为独立的代理形态。“二分说”主张居民委员会、村民委员会、民政部门或者人民法院在依法具有监护资格的人中指定监护人,被指定的监护人作为无行为能力人或限制行为能力人的代理人,本质上仍然是法定代理人,代理权限的范围、代理人的资格等均适用法定代理的规定,没有必要将指定代理单独认定为一种特有的代理。“三分说”却主张,尽管如此,指定代理毕竟是通过人民法院或其他有关部门的指定产生的,而且,在指定过程中要尊重被监护人的真实意愿。尤其是指定代理中的财产代管人、遗产管理人及破产管理人等,代理的事务都是特别限定的,这些与法定代理的诸多实质性区别决定指定代理应当作为独立的代理形态。全国人大法工委民法室 2015 年 8 月 28 日发布的《民法总则民法室室内稿》承袭《民法通则》第 64 条的规定,采三分说,后经研究认为,指定代理及法定代理的代理权都来源于法律的规定,在法律上和实务中区分两种代理的意义不大。[3]因此,《民法总则(草案)》(征求意见稿),以及《民法总则(草案)》(三次审议稿)没有再坚持“三分说”,直至《民法总则》公布。

(二)显名代理与隐名代理

根据代理人是否以被代理人的名义与相对人实施法律行为,可以将代理分为显名代理和隐名代理。

显名代理是指代理人在代理权限内以被代理人的名义与相对人实施法律行为的代理。隐名代理是指代理人在代理权限内以自己的名义与相对人实施代理行为,相对人知其代理人身份,只是不知被代理人的

---

〔1〕 陈甦主编:《民法总则评注》,法律出版社 2017 年版,第 1152 页。

〔2〕 参见张俊浩:《民法学原理》,中国政法大学出版社 1991 年版,第 277 页。

〔3〕 参见李适时主编:《中华人民共和国民法总则释义》,法律出版社 2017 年版,第 510 页。

姓名。或者说,代理人与相对人是法律关系的主体双方,但相对人知道代理人是被代理人名义上的替代者。无论是显名代理,还是隐名代理,代理行为的法律后果均直接归属于被代理人。对此,《民法总则》第162条和《合同法》第402条有明确的表述,[1]《德国民法典》和《日本民法典》也有相同的表述。《德国民法典》第164条第1款规定:"代理人在代理权限内以被代理人的名义作出的意思表示,直接为被代理人和对被代理人发生效力,该意思表示无论是明示以被代理人名义作出,还是按照情况可以断定是以被代理人的名义作出的,均无区别。"《日本民法典》第99条第1款、第100条规定:"代理人在其权限内表示为被代理人而为的意思表示,直接对被代理人发生效力""代理人没有表示为被代理人而为的意思表示,视为自己所为,但是相对人已经知道或应当知道其为被代理人而为时,准用前条第一款的规定"。鉴于显名代理与隐名代理的这一共同特征,可以将隐名代理与显名代理统称为直接代理。

(三)直接代理与间接代理

根据代理行为的法律后果是否直接归属于被代理人,可以将代理区分为直接代理和间接代理。

直接代理是指代理人在代理权限内与相对人实施法律行为的效果直接归属于被代理人的代理。最典型的直接代理是代理人以被代理人的名义在代理权限内与相对人实施法律行为,《民法总则》第162条对这种典型的直接代理进行了规定。除此之外,代理人虽以自己的名义与相对人实施法律行为,但代理人向相对人解释代理关系的存在,无论相对人是否知道被代理人为何人,只要知道被代理人的存在,法律行为的效果即直接归属于被代理人。《民法总则》出于立法技术上的原因

---

[1] 《民法总则》第162条规定:"代理人在代理权限内,以被代理人名义实施的民事法律行为,对被代理人发生效力。"《合同法》第402条规定:"受托人以自己的名义,在委托人的授权范围内与第三人订立的合同,第三人在订立合同时知道受托人与委托人之间的代理关系的,该合同直接约束委托人和第三人,但有确切证据证明该合同只约束受托人和第三人的除外。"

没有规定此种直接代理,将会在未来民法典合同编进行规定。所谓间接代理,是指代理人在代理权限内以自己的名义与相对人实施法律行为,相对人不知道代理人与被代理人之间的代理关系,法律行为的后果经由代理人转归被代理人的一种代理。

无论代理人是否以被代理人的名义,都必须在被代理人授予的代理权限内与相对人实施法律行为,且代理行为的法律后果最终一定归属于被代理人,这是直接代理与间接代理的共性所在。但间接代理有不同于直接代理的特质:第一,相对人完全不知道代理人的代理身份,因被代理人的原因,代理人不能履行义务或不适当履行义务时,经代理人披露,相对人方知道被代理人的存在。第二,相对人得知被代理人之后,是向被代理人行使履行义务的请求权,还是向代理人主张履行义务的请求权,相对人享有选择权,若相对人选择向被代理人主张履行义务的请求权,表明相对人对代理关系的认可,代理行为的法律后果始归属于被代理人。若相对人选择向代理人主张履行义务的请求权,则法律行为的效果首先归属于代理人,后经由代理人转归被代理人。第三,因相对人的原因,代理人不能向被代理人履行义务的,代理人应当向被代理人披露相对人,被代理人可以行使介入权,向相对人主张合同的权利和义务。

(四)单独代理与共同代理

根据代理权由代理人单独行使,还是由数人共同行使,可以将代理分为单独代理和共同代理。

单独代理,是指代理权由代理人独自行使的代理。共同代理,是指代理权由二人以上多数人共同行使的代理。共同代理既可以是法定代理,也可以是委托代理。父母对未成年人子女事务的代理、祖父母或外祖父母对未成年孙子女事务的代理等均为法定代理中的共同代理。在现实生活中,委托人常常委托多数人就某一代理事项共同行使代理权,构成委托代理中的共同代理。

共同代理的本质特征是多数人共同行使代理权,如果一人或数人未经其他代理人同意独自实施代理行为,将构成无权代理,经本人或其他共同代理人的追认，发生有权代理的效果。本人追认的，性质为更正自己曾经为多数人所做的授权行为，其他代理人追认的，性质是对代理人代理行为的认可和同意；未经被代理人或其他共同代理人追认的，相对人不知道或不应当知道代理人为无权代理，则被代理人不得以无权代理对抗善意相对人，被代理人对自己遭受的损失，有权要求实施行为的委托代理人承担赔偿责任。《民通意见》第79条第1款规定："数个委托代理人共同行使代理权的，如果其中一人或者数人未与其他委托代理人协商，所实施的行为侵害被代理人权益的，由实施行为的委托代理人承担民事责任。"

共同代理的本质特征是数人共同行使代理权，委托人委托数人为同一事项的代理人，是否认定为共同代理取决于代理人是否必须共同行使代理权。如果数人可就代理事项单独实施代理行为，则不构成共同代理。而数人应否共同行使代理权又取决于委托人授权的意思表示，委托人在授予代理权时未作表示，或者表示不清的，应当由法律予以推定。一种立法例推定为单独代理，例如，《意大利民法典》第1716条第2款规定："如果在委任没有申明诸受任人共同进行活动的情况下，他们的每一个人均得完成该事项，在这种情况下，被告知结果的委任人应当立即通知其他受任人，在没有立即通知的情况下，委任人要承担因疏忽或迟延而导致的损害赔偿责任。"[1]另一种立法例推定为共同代理，例如，我国台湾地区"民法典"第168条规定："代理人有数人者，其代理行为应当共同为之，但法律另有规定或本人另有意思表示者，不在此限。"《民法总则》第166条规定："数人为同一代理事项的代理人的，应当共同行使代理权，但是当事人另有约定的除外。"显然，《民法总则》的态度是推定为共同代理。

《民通意见》第79条第2款规定："被代理人为数人时，其中一人或者数人未经其他被代理人同意而提出解除代理关系，因此造成损害的，由提出解除代理关系的被代理人承担。"这是最高人民法院对共同

---

〔1〕《意大利民法典》，费安玲、丁玫译，中国政法大学出版社1997年版，第442页。

委托中委托人责任的规定，财产共有关系的存在以及法定代理中共同代理关系的存在决定共同委托在现实生活中的可能性。在共同委托中，其中之一委托人未经其他委托人的同意擅自变更授权内容，或者擅自解除代理关系，是否发生变更或解除的后果，或者后果由谁来承担等问题是法律不应回避的。而《民法总则》规定了共同代理，却没有规定共同委托，为此，有学者主张既然共同委托是现实生活中常有的现象，其中的法律问题的复杂性又不亚于共同代理，尤其又经过最高人民法院司法解释及几十年司法实践的验证，《民法总则》应当继共同代理的条款之后，规定共同委托。〔1〕

(五)本代理与复代理

在委托代理中，根据代理权是否直接源于被代理人的授权，可以将代理区分为本代理与复代理。

本代理是指代理人的代理权由被代理人直接授权的代理。复代理，又称再代理或转委托代理，是指接受委托代理人的委托授权以被代理人名义实施的代理，接受委托代理人授权的代理人称为复代理人，或转委托代理人。值得说明的是，代理人接受法定代理人的委托，以被代理人名义实施法律行为，性质上属于本代理，而非复代理，不适用复代理的规则。因此，对代理人直接授权的被代理人应作广义解释，既包括有行为能力的被代理人本人，也包括行为能力欠缺者的法定代理人。易言之，只要代理人的代理权不是经由委托代理人授予的，即可认定为本代理。

复代理须从以下几个方面理解：第一，代理人以自己的名义为被代理人选定复代理人。如果代理人以被代理人的名义选定新的代理人，则不属于复代理，而是在新的代理人与被代理人之间产生新的代理关系。第二，代理人选定复代理人之后，代理人的代理权不因此而丧失，对复代理人的代理行为负有监督和指示的责任。如果代理人完全退出代理关系，则不构成复代理，而是产生了新的本代理。第三，代理人尽

〔1〕 参见马新彦：《民法总则代理立法研究》，载《法学家》2016年第5期。

管并不退出代理关系，但并不形成共同代理，代理事项由复代理人完成，且无需与代理人协商。第四，复代理人是被代理人的代理人，而不是原代理人的代理人，复代理人与相对人实施法律行为，须以被代理人名义实施，法律行为的后果直接归属于被代理人。

委托代理是建立在被代理人与代理人之间的信任关系基础之上的，为了保护被代理人的利益，委托代理人没有正当理由不得随意选任复代理人。但是，在特殊情况下，选任复代理人能避免被代理人利益损失，或更好地实现被代理人利益，大陆法系很多国家都有条件地允许委托代理人选任复代理人。例如，《瑞士债法典》第398条第3款规定："受托人应当自己完成委托事务，但其被授权或者由于客观情况不得已由第三人执行的，或者劳务关系依习惯可以由第三人替代履行的除外。"《日本民法典》第104条第1款规定："委托代理人非经本人同意或有不得已的事由，不得选任复代理人。"在我国，《民法通则》以及《合同法》都对复代理及其条件进行了规定，[1]《民法总则》基本上沿袭了《民法通则》与《合同法》的规定。依据《民法总则》第169条的规定，代理人选任复代理人需具备两个条件：第一，需要选任复代理人，并经被代理人允许。代理人接受被代理人的委托之后，因为诸多情况（如代理人时间上、经验上或者身体上的原因等）导致代理人自己实施代理行为的效果不如选任其他代理人实施更好，选任复代理人可以更好地实现被代理人的利益，而不是代理人自己的利益，视为需要选任复代理人。被代理人允许选任复代理人，可以在复代理人确认前同意，也可以在复代理人确认后追认。第二，紧急情况发生。所谓紧急情况，是指由

---

[1] 《民法通则》第68条规定："委托代理人为被代理人的利益需要转托他人代理的，应当事先取得被代理人的同意。事先没有取得被代理人同意的，应当在事后及时告诉被代理人，如果被代理人不同意，由代理人对自己所转托的人的行为负民事责任，但在紧急情况下，为了保护被代理人的利益而转托他人代理的除外。"《合同法》第400条规定："受托人应当亲自处理委托事务。经委托人同意，受托人可以转委托。转委托经同意的，委托人可以就委托事务直接指示转委托的第三人，受托人仅就第三人的选任及其对第三人的指示承担责任。转委托未经同意的，受托人应当对转委托的第三人的行为承担责任，但在紧急情况下受托人为维护委托人的利益需要转委托的除外。"

于急病、通信联络中断等特殊原因，委托代理人自己不能办理代理事项，又不能与被代理人及时取得联系，如不及时选任复代理人，会给被代理人的利益造成损失或者扩大损失。

具备上述两个条件之一的，复代理成立，被代理人就代理事项可以直接指示复代理人，复代理人应当以被代理人名义与相对人实施法律行为，其法律行为的后果直接归属于被代理人。被代理人对复代理人就代理事项的指示，性质上是被代理人的权利，而非义务，就指示的内容、指示的方式等取决于被代理人的选择与决定。被代理人可以自己直接向复代理人指示，也可以向代理人指示，经由代理人向复代理人指示。复代理成立，代理人就代理事项对复代理人负有指示的义务，并对复代理人的代理行为负有监督的义务。复代理人的代理行为给被代理人造成损失，有可归责于代理人的选任及监督的原因的，代理人应当向被代理人承担责任。代理人与被代理人对复代理人的指示有冲突的，复代理人应当按照被代理人的指示实施代理行为。

未具备法律规定的条件，代理人选任的复代理人以被代理人名义与相对人实施法律行为，对被代理人不生效力，代理人对复代理人的行为向相对人承担责任。

三、代理权

（一）代理权的本质属性

从文字上看，代理权似乎是一种权利，享有代理权的人可以代理被代理人实施法律行为，并将发生后果归属于被代理人的效力。但是，认真分析，将代理权界定为一种权利却似乎不妥。权利是一个内容丰富的概念，是“规定或隐含在法律规范中、实现于法律关系中、主体以相对自由的作为或不作为的方式获得利益的一种手段”。[1] 如果将代理权界定为一种权利，那么，至少在以下几个方面是很难自圆其说的。第一，权利对于权利主体而言首先是一种自由，这种自由尽管有法律上的

〔1〕 张文显主编：《法理学》，高等教育出版社、北京大学出版社1999年版，第86页。

必要限制,但也受到法律的保护,意味着在法律规定的范围内,权利主体有享受权利和放弃权利的自由,有行使权利和不行使权利的自由,有依自己意愿的方式、期间行使权利的自由。然而,代理人却不具备这些自由,一旦接受被代理人的授权,是否行使、何时行使、以怎样的方式行使均取决于被代理人的意愿,而不是代理人的意愿。滥用代理权给被代理人造成损失的,要承担损害赔偿责任。第二,权利对于权利主体而言是其获得利益的手段或途径,权利人通过行使权利,甚至放弃权利可以获得其预期得到的利益。而代理权不同,通过代理人行使代理权,获得利益的不是代理人,而是被代理人,因为代理人与一个有效的代理行为的法律后果没有归属关系。第三,权利本身是法律所承认和保障的利益,对于权利主体而言绝不是负担和不利。〔1〕 而代理权对于代理人而言更多的是义务、负担,甚至是责任。代理人须以"善良家父"的注意义务,最大化地实现被代理人的利益,不仅要遵循被代理人的指示,且要在法律允许的限度内实施代理行为,因代理中的过失给被代理人造成的损失,需承担赔偿责任。《民法总则》第 164 条规定:"代理人不履行或者不完全履行职责,造成被代理人损害的,应当承担民事责任。"

代理权本质属性应当界定为一种资格,享有代理权的人获得的不是利益和自由,而是代理被代理人实施法律行为的资格,有了代理权,就有了代理人的资格,他以被代理人名义实施的法律行为,对被代理人发生效力,没有这种资格,对被代理人不生效力。代理权本身作为一种资格不得擅自转让,也不得继承。在许多情况下,特别是在法定代理的情况下,代理人不得抛弃其代理权。〔2〕

鉴于代理权的非权利属性,法国学者认为代理不过是特定法律关系的外部效力,无所谓代理权,《法国民法典》甚至只规定委任制度,而

〔1〕 参见张文显主编:《法理学》,高等教育出版社、北京大学出版社 1999 年版,第 85 页。

〔2〕 参见王利明:《民法总则研究》,中国人民大学出版社 2012 年版,第 643 页。

不规定代理制度,不存在独立于委任关系的代理权。[1] 另有学者主张能力说、地位说等。能力说主张代理权在性质上是与权利能力、行为能力相同的一种法律上的能力。[2] 地位说则主张代理权在性质上不是权利,也不是能力,而是法律上的地位,依此地位所为的代理行为效果归属于被代理人。[3]

(二)代理权的行使

代理权本质上是一种资格,不过是以权利的称谓表达而已,其意义在于可以排除其他人实施代理的可能性,更排除他人实施行为对被代理人的拘束力。所谓代理权的行使就是享有代理资格的代理人完成被代理人指示完成的事项,即为了被代理人的利益与相对人实施法律行为。既然代理权是一种资格,代理权的行使最核心的问题是如何保证被代理人利益的最大化。因此,对代理权的行使须予以必要的规制。

1. 代理人须在被代理人授予的权限内和法律规定的限度内实施法律行为。委托代理人必须严格按照被代理人的指示完成代理事项,超过被代理人的授权,代理行为的后果对被代理人不生效力。法定代理人尽管没有被代理人的授权,但按照《民法总则》第35条规定,法定代理人实施代理行为应当根据被代理人的年龄、智力状况,尊重其真实意愿;被代理人有能力自己独立处理的事务,代理人不得强行干预;除为了保护被代理人的利益以外,不得处分被代理人的财产[4]。

2. 代理人实施代理行为须尽勤勉、谨慎义务及"善良家父"的注意义务。具体表现为,被代理人作出明示或默示意思表示的,代理人不得

---

〔1〕 参见梁慧星:《民法总论》(第5版),法律出版社2017年版,第232页。

〔2〕 参见胡长清:《中国民法总论》,中国政法大学出版社1997年版,第308页。

〔3〕 参见王泽鉴:《民法总论》,台北2000年版,第481页。转引自梁慧星:《民法总论》,法律出版社2017年版,第234页。

〔4〕《民法总则》第35条规定:"监护人应当按照最有利于被监护人的原则履行监护职责。监护人除为维护被监护人利益外,不得处分被监护人的财产。未成年人的监护人履行监护职责,在作出与被监护人利益有关的决定时,应当根据被监护人的年龄和智力状况,尊重被监护人的真实意愿。成年人的监护人履行监护职责,应当最大程度地尊重被监护人的真实意愿,保障并协助被监护人实施与其智力、精神健康状况相适应的民事法律行为。对被监护人有能力独立处理的事务,监护人不得干涉。"

故意违背,或因重大过失而作出相反的意思表示;代理人应当合理地向被代理人报告代理行为的进展情况;有特殊情况发生的,代理人应当及时报告被代理人;[1]对相对人的人品、相对人的履约能力等应当认真了解,以便对相对人的选择作出正确的判断;对于其占有的被代理人的财产,应当妥善保管、合理利用和改良;代理关系终结时应当及时结算、及时交还授权证书、相关资料,并尽保密义务[2]等。

3. 代理权的行使须遵守法律规定的正当行使规则。《民法通则》具有对代理人如何正当行使代理权进行规定的传统,《民法总则》基本上承袭了《民法通则》的规定:限制代理人与第三人恶意串通损害被代理人利益,限制代理人以被代理人名义与自己实施法律行为,限制代理人代理双方当事人实施法律行为,限制代理人擅自委托他人代理以摆脱自己的代理责任。代理人应当在这样的限制内正当行使代理权,超越这些限制,给被代理人造成损失的,应当承担赔偿责任。

(三)代理权滥用及其责任

1. 与相对人恶意串通损害被代理人利益

"恶意串通"是多方主体共同意思联络故意实施有害于他人的行为。代理人与相对人恶意串通,是指代理人与相对人共同意思联络,故意设计不利于被代理人的结果,并依其设计实施法律行为。恶意串通的结果必定损害被代理人的利益,或者使被代理人付出更高的代价,或者使被代理人以同样代价获得劣质的标的物或劣质的服务,或者在履行的时间、地点等方面不利于被代理人等。例如,代理人为被代理人购买二手房,故意在合同中将价款抬高,代理人与相对人就差价部分分享利益。《民法总则》第164条第2款规定:"代理人和相对人恶意串通,损害被代理人合法权益的,代理人和相对人应当承担连带责任。"

2. 自己代理

自己代理,是指代理人以被代理人名义与自己实施法律行为。自

---

[1] 参见张新宝:《〈中华人民共和国民法总则〉释义》,中国人民大学出版社2017年版,第351~352页。

[2] 参见王利明:《民法总则研究》,中国人民大学出版社2012年版,第660页。

己代理的结果,要么代理人自己与被代理人产生一定的法律关系,成为该法律关系的主体双方;要么代理人与被代理人之间曾经存在的法律关系变更或消灭。双方当事人实施法律行为的过程实际上是利益博弈的过程,双方均站在各自的立场上进行协商、讨价还价,最终形成一个双方权利义务趋于平等的结果。而自己代理,代理人若以自己的内心意思站在被代理人的立场上表达,因缺乏利益相对的双方,使法律行为的实施缺乏利益博弈的过程,在其中受到损害的一定是没有机会参与利益博弈的被代理人。因此,正当的代理权行使是代理人必须以被代理人名义与自己以外的他人实施法律行为。《民法总则》第 168 条规定:"代理人不得以被代理人的名义与自己实施民事法律行为。"一旦代理人以被代理人的名义与自己实施法律行为,属于代理权的滥用,被代理人有权主张代理行为对自己不生效力,因此给被代理人造成损失的(如使被代理人丧失更好的定约机会,货物因没有及时出手而贬值等),代理人应当向被代理人承担赔偿责任。

当然,被代理人事先同意或事后追认的,自己代理不属于代理权的滥用,代理行为的后果归属于被代理人。如果自己代理的结果并没有损害被代理人利益,而且有证据证明反而提高了交易的效率,降低了交易成本,有利于被代理人,若被代理人主张代理行为对其不生效力,应当如何认定?例如,被代理人出国前委托代理人以不低于 100 万元的价格将自己的房屋卖掉,代理人以 100 万元的价格自己买下来,将钱汇到被代理人的银行账户上。而且,代理人替被代理人偿还了欠缴的物业费、电费、水费等,此费用原来约定可以在价款中扣除。半年后房产涨价,被代理人以自己代理为由主张代理行为对自己不生效力。这种情况下,应当认定为代理行为有效,因为被代理人授予的价格限度相当于被代理人参与了法律行为实施过程中的利益博弈,结果不仅没有损害被代理人的利益,还有利于被代理人。之后因房价的高涨,致使被代理人有差价的损失,属于正常的经营风险,不属于因自己代理给被代理人造成的损失。

3. 双方代理

双方代理,是指代理人以被代理人的名义与自己代理的另一被代理人实施法律行为。双方代理与自己代理不同,法律关系的主体双方不是代理人与被代理人,而是被代理人与另一个被代理人,两个被代理人均有自己的授权和与对方相对的立场,但毕竟两个被代理人通过一个代理人为意思表示,代理人在立场上有些许的偏离都会有与某一被代理人串通,或为某一被代理人的利益损害另一被代理人利益之嫌,因此,正当的代理权行使是代理人必须以被代理人名义与自己代理的其他被代理人以外的他人实施法律行为。《民法总则》第 168 条第 2 款规定:“代理人不得以被代理人的名义与自己同时代理的其他人实施民事法律行为。”在代理实施的法律行为中处于不利地位的一方可以主张法律行为对其不生效力;因代理行为无效使被代理人遭受损失,可以请求代理人赔偿损失。如果有证据证明另一被代理人与代理人有恶意串通行为,遭受损失的被代理人还可以要求另一被代理人承担连带责任。

与自己代理一样,双方代理经被代理人同意或追认的,代理行为的后果归属于被代理人,任何人均不得以双方代理为由主张法律行为对其不生效力。所不同的是,双方代理须经两个被代理人均表示同意或追认,代理行为对未同意或未追认的被代理人不生效力。

四、无权代理与表见代理

(一)无权代理

1. 无权代理的概念

无权代理,是指行为人没有代理权、超越代理权,或者代理权终止后以声称的被代理人名义与相对人实施法律行为。由此分析,无权代理有三种不同的类型:

(1)没有代理权的无权代理

行为人根本没有获得被代理人授予的代理权,或者因为不具备法律规定的法定代理人的身份而没有法律规定的代理权,即以声称的被代理人名义实施代理行为。例如,行为人持有伪造的他人公章及代理的授权委托书,或者以伪造的法定代理人身份,以声称的被代理人名义与相对人实施法律行为。

(2)超越代理权的无权代理

被代理人对代理人有代理的授权,代理人基于代理权有资格实施代理行为,但是,代理人不是在代理权限内,而是在代理权限外以被代理人的名义实施代理行为。例如,被代理人委托代理人以一定的价位售出标的物,或者以一定的价位购置某品牌的商品,但代理人以低于被代理人指示的价位出售标的物,或者以同样的价位购置了另一品牌的商品,均属于超越代理权实施的代理行为。

(3)代理权终止后的无权代理

被代理人授予的代理权因为代理事项完成、代理期限届满等原因而终止,法定代理人的代理权因为被代理人有行为能力等原因而终止,代理人明知或因过失不知道其代理权已经终止,仍以被代理人名义实施代理行为的,构成无权代理。

值得探讨的问题是,法定代理人的代理权限依法律规定产生,同时,法律对代理权的限度以及代理权的行使予以必要的限制。依《民法总则》第35条的规定,法定代理人除为维护被监护人利益外,不得处分被监护人的财产;在代理未成年人实施法律行为时,应当根据被监护人的年龄和智力状况,尊重被监护人的真实意愿;为成年人履行监护职责,应当最大程度地尊重被代理人的真实意愿,协助被监护人实施与其智力、精神健康状况相适应的民事法律行为;对被监护人有能力独立处理的事务,监护人不得干涉。《民法总则》虽然并未明确规定超出法律规定的限制实施代理行为是否属于无权代理。但我们认为,至少在两个方面存在无权代理。第一,依《民法总则》的规定,法定代理人对被代理人的财产没有实施处分行为的代理权,如果法定代理人非为被代理人的利益以被代理人的名义处分了被代理人的财产,应当属于超越代理权的无权代理。第二,对于行为能力欠缺的成年人有能力独立处理的事务以及与其智力、精神健康状态相适应的法律行为,法定代理人没有法定代理权,法定代理人应当协助被监护人实施法律行为。在此范围内,法定代理人未经过被代理人的授权或者同意以被代理人名义实施法律行为,属于超越代理权的无权代理。

2. 无权代理的法律效力

无权代理的法律效力应当从两个方面理解:

(1)相对于被代理人而言的效力

无权代理是否对被代理人有效取决于被代理人是否追认:经被代理人追认的,对被代理人发生效力;被代理人不予追认的,对被代理人不生效力,法律行为后果对被代理人没有拘束力。

(2)对于相对人而言的效力

被代理人没有追认的,法律行为对被代理人不生效力,不意味着对行为与相对人不生效力,法律行为是否有效,取决于相对人的选择。相对人对法律行为主体对方没有严格预期的,可选择法律行为有效,法律行为的后果由行为人与相对人承受,善意相对人可以向行为人主张履行义务;相对人对法律行为主体对方有严格预期,非被代理人不发生法律关系的,则行为人与相对人实施的法律行为无效,善意的相对人有权要求行为人承担损害赔偿责任。但依据《民法总则》第 171 条第 3 款的规定,赔偿的范围不得超过被代理人追认时相对人能够获得的利益。

关于相对人知道行为人无代理权,可否要求行为人赔偿损失的问题,很多国家民法都作了否定性规定。例如,《日本民法典》第 117 条第 2 款规定,在相对人明知或因过失不知其没有代理权时,无权代理人不承担责任。《德国民法典》第 179 条第 3 款规定,合同另一方当事人明知或可知代理人无代理权的,代理人不负责任。《民法总则》采不同于《日本民法典》《德国民法典》的表述,规定:"相对人知道或者应当知道行为人无权代理的,相对人和行为人按照各自的过错承担责任。"

3. 被代理人的追认权与拒绝权

被代理人的追认使无权代理转为有权代理,追认对于被代理人而言是权利。所谓追认权,是指被代理人对代理人实施的无权代理行为事后单方予以认可的权利。与追认权相对的权利是拒绝权,即被代理人对代理人实施的无权代理行为事后予以单方否认的权利。无权代理行为因为没有经过被代理人的授权,代理行为的结果可能不是被代理人需要的,或者对于被代理人可能是不利的,但不排除无权代理行为的后果恰巧是被代理人需要的,而且是有利的情况。而对被代理人是否需要或有利,只能由被代理人自己判断,赋予被代理人追认权实际上是给予被代理人对于对自己有利、有益的法律行为选择有效的机会,这样不仅有利于交易安全,且可提高交易的效率、降低交易的成本;而赋予被代理人拒绝权是给予被代理人从无利、无需的法律行为中解脱的机会,有利于尊重被代理人的真实意愿,并避免其利益受损。

追认权与拒绝权从性质上说均为形成权,仅需要被代理人单方的意思表示即可以决定被代理人与相对人之间的法律关系是否发生预期的产生、变更或终止的效果。追认的意思表示无论向代理人作出,还是向相对人作出,都发生追认权行使的效力。关于权利行使的方式,追认权必须以明示的方式行使,口头方式或书面方式均无不可,按照《民法总则》第 171 条第 2 款的规定,被代理人自接到相对人催告通知之日起一个月内没有行使追认权的,视为拒绝追认。拒绝权行使的方式《民法总则》未有严格规定,在知道无权代理之后被代理人可以通过明示的方式向相对人表示拒绝追认,在接到相对人的催告通知后,也可以通过默示的方式表示拒绝,只要被代理人在一个月内保持沉默,即视为拒绝。

值得说明的是,被代理人追认的意思表示到达相对人的时间,对于能否发生追认权行使的效果至关重要。鉴于《民法总则》对催告期间的规定和善意相对人撤销权的规定,追认的意思表示在催告期间内,即接到相对人的催告通知之日起一个月内,善意相对人撤销权行使之前到达相对人的,始发生追认的效力。追认的意思表示尽管在催告期间到达相对人,但相对人在收到意思表示之前已经行使撤销权,或者催告期间届满后,追认的意思表示方到达相对人,即便追认的意思表示是届满前作出的,[1] 均不发生追认的效力。

---

〔1〕 参见张新宝:《〈中华人民共和国民法总则〉释义》,中国人民大学出版社 2017 年版,第 371 页。

4. 相对人的催告权与撤销权

为了平衡各方当事人在代理关系中的利益，法律在赋予被代理人追认权与拒绝权的同时，也赋予相对人以催告权与撤销权。

（1）相对人的催告权

催告权，是指相对人以通知的方式告知代理行为发生的情形，并催促被代理人及时表示追认与否的权利。催告权对相对人的主观善意没有严格要求，即便实施法律行为时相对人知道行为人没有代理权，也不影响催告权的拥有。催告权的意义是使无权代理行为所引起的法律关系的不确定状态在尽可能短的时间内确定下来，以维护交易秩序的稳定。“催告”之所以是相对人的权利，而不是相对人的义务，就在于催告发生一定的法律后果，即确认被代理人追认权的除斥期间，被代理人必须在法律规定的时间内为追认与否的意思表示。在规定期间内被代理人未予追认的，视为拒绝追认，催告期间经过之后，被代理人表示追认的，该追认不再是形成权意义上的追认权的行使，无权代理行为是否在被代理人与相对人之间发生效力取决于相对人的同意，被代理人的追认视为新的要约，相对人的同意视为承诺。

（2）相对人的撤销权

撤销权，是指相对人对无权代理人以被代理人名义与自己实施的法律行为予以撤销的权利，相对人撤销的意思表示既可以向代理人，也可以向被代理人为之。撤销权的性质无疑是形成权，撤销的意思表示一经到达无权代理人或被代理人，法律行为自始不生效力。撤销权须具备一定的条件：第一，撤销权只能由善意相对人行使，相对人的善意是指相对人在实施法律行为时有理由相信行为人有代理权，法律行为实施后得知行为人没有代理权；第二，撤销应当以通知的方式向无权代理人或被代理人作出，不可以以行为、公告等其他方式作出；第三，撤销的意思表示应于被代理人追认的意思表示到达相对人之前到达无权代理人或被代理人。

对于撤销的意思表示是否须在催告期间内到达无权代理人或被代理人，《民法总则》没有规定。有学者认为被代理人未予追认无权代理行为,并不意味着该法律行为完全无效,可能在无权代理人与相对人之间形成民事法律关系,若催告期间届满后仍允许相对人行使撤销权,则对无权代理人不公平,因此,撤销的意思表示应当在催告期间内到达无权代理人或被代理人。我们认为,撤销的意思表示无需在催告期间内到达无权代理人或被代理人。理由是,第一,如果必须在催告期间内到达,将意味着撤销权的行使必须以催告权的行使为前提,这在逻辑上是有问题的:一面催促被代理人追认,一面自己先行使撤销权。实际上,撤销权自善意相对人知道无权代理时起即可以行使,无需经过催告。第二,《民法总则》第 171 条第 3 款规定:"行为人实施的行为未被追认的,善意相对人有权请求行为人履行债务或者就其受到的损害请求行为人赔偿",而"请求行为人赔偿"相当于相对人撤销了法律行为,如果因催告期间届满而不准许相对人撤销,则相对人只能请求无权代理人履行义务。

关于相对人行使撤销权之后是否可以请求无权代理人承担损害赔偿责任,《民法总则》没有明文规定。日本学者认为,既然相对人行使撤销权,没有必要给予替代履行的损害赔偿。〔1〕 但是,撤销权的行使是使法律行为归于无效,不应当影响无权代理人缔约过失责任的承担,〔2〕尤其是从《民法总则》第 171 条第 3 款的规定来看,在被代理人拒绝追认后,相对人向无权代理人主张赔偿损失实际上是以撤销法律行为为前提的,只是这种撤销无需明确表示而已。既然拒绝追认后的撤销,相对人可以主张赔偿损失,那么追认前的撤销,也应当有赔偿请求权。

(二)表见代理

1. 表见代理的概念

表见代理,是指无权代理人因其有权代理的外观使相对人合理相信其有代理权,并以被代理人的名义与相对人实施法律行为,法律赋予与有权代理同样法律效果的一种代理。严格地说,表见代理是无权代理,

---

〔1〕 参见[日]山本敬三:《民法讲义Ⅰ:总则》,解亘译,北京大学出版社 2012 年版,第 307 页。

〔2〕 参见陈甦主编:《民法总则评注》,法律出版社 2017 年版,第 1218 页。

因此,学理上将无权代理与表见代理统称为广义的无权代理,将无权代理称为狭义的无权代理。表见代理尽管本质上是无权代理,但对被代理人发生有权代理的效力,被代理人对无权代理行为的拒绝权失效。

“代理制度是私法自治之扩张或补充”,[1]尊重被代理人的意志是代理制度的根本要求,无权代理人以被代理人名义实施代理行为,法律行为是否对被代理人有效,一定要尊重被代理人的真实意愿,代理制度中的追认权与拒绝权即以此为目的而设。被代理人行使追认权,实现其预料之外的利益,并有提高交易效率、降低交易成本之意义;被代理人行使拒绝权可防范其利益遭受不测之损害。然而,代理制度还牵涉相对人的利益,被代理人的拒绝权会导致相对人信赖利益的损失。表见代理制度是法律对无权代理中被代理人与相对人利益冲突优先选择相对人利益的结果,但是,优先选择相对人利益,绝非仅为了保护其个人的利益,还在于或者更在于借助相对人的利益保护整个社会的交易安全与交易效率。因为,自善意取得制度产生时起,保护善意当事人的信赖利益就已经被贴上保护社会利益的标签,与其说表见代理是两个当事人之间利益冲突的抉择,不如说是个人的静态安全与社会的动态安全的抉择。

表见代理是大陆法系权利外观理论之下因保护信赖而形成的规则群之一事例,《德国民法典》背离已经继受的罗马法的原则,作出以牺牲原所有人利益为代价,保护对占有人的占有所表现的权利外观赋予信赖的买受人利益的价值选择,是权利外观理论产生的历史源头,在大陆法系各国,权利外观责任或称表见责任在私法领域的广泛展开,为权利外观理论构筑了坚实的制度基础,而权利外观理论又由此成为保护信赖的规则体系形成的理论基石。[2]

2. 表见代理的构成要件

表见代理成立,使原本对被代理人不生效力的法律行为转而对被

---

[1] 梁慧星:《民法总论》(第5版),法律出版社2017年版,第244页。

[2] 参见马新彦:《现代私法上的信赖法则》,社会科学文献出版社2010年版,第106~107页。

代理人发生效力,而且不以被代理人的意志为转移,因此,必须具备法律规定的要件。

(1)行为人的代理行为须为无权代理

这是表见代理的前提要件,无权代理包括没有代理权、超越代理权或代理权终止三种情形,在此三种情形下均可形成无权代理。代理人在代理权限内实施代理行为的,则不构成表见代理。有学者认为,表见代理的另一前提要件是无权代理人实施的代理行为本身不存在无效或可撤销的因素,否则,法律行为因这些因素被认定为无效或可撤销,不可能发生表见代理。[1]

(2)须无权代理人承载有权代理的外观

这是表见代理的最基础要件。代理权的外观,是指本无代理权,但外部事实形成了有代理权的假象。现实生活中很多情况会导致代理权的外观。例如,无权代理人于代理权终止后持有被代理人的授权委托书与相对人实施代理行为;无权代理人持有被代理人的印章、介绍信、盖有公章空白合同书等资料与相对人实施代理行为;无权代理人在被代理人的经营场所与相对人实施被代理人经营范围内的代理行为;无权代理人是被代理人的工作人员,以被代理人的名义为自己的利益与相对人实施法律行为;无权代理人以与被代理人之间曾经存在的众人皆知的代理关系与相对人实施代理行为;无权代理人以被代理人监护人的身份与相对人实施被代理人有能力独立实施的法律行为等。上述事例表明代理权的授权委托书、盖有公章的空白合同书等文字资料、表明代理人身份的经营场所、表明代理权的被代理人工作人员的身份及法定代理人身份等都会形成代理权的外观假象。

(3)须相对人的信赖合理

表见代理制度的意义在于借由保护善意相对人的合理信赖保护整个社会的交易安全和交易秩序,因此,相对人的合理信赖是表见代理最核心的要件。所谓信赖合理,是指相对人有正当理由相信行为人有代

---

〔1〕 参见王利明:《民法总则研究》,中国人民大学出版社2012年版,第680页。

理权,任何人站在相对人的立场上都会对代理权的外观予以信赖。易言之,相对人不知道行为人没有代理权,而且对于"不知道"没有过失。如果对于无权代理人的代理权外观,一般人站在相对人的立场上都会产生怀疑,而相对人却因疏忽大意或懈怠轻信无权代理人有代理权,属于相对人对"不知道"有过失,不构成表见代理。

(4)须有可归责于被代理人的原因

表见代理实际上剥夺了被代理人对无权代理的拒绝权,若代理行为的后果对被代理人不利,将意味着被代理人必须要承受该不利的结果。为了在保护相对人及交易安全的同时,又不至于过分地伤害被代理人,被代理人对无权代理人的代理权外观的形成须有可归责的原因。所谓可归责的原因,是指被代理人与权利外观的形成有一定的关联,"只要本人的行为与权利外观的形成有一定的牵连性,本人就应当承受表见代理的后果"。〔1〕 例如,被代理人在代理事项完成后没有及时地索回授权委托书;被代理人将盖有公章的空白合同甚至财务专用章等交予无权代理人等。于是,以下两种情况即可排除表见代理的适用:第一,行为人伪造被代理人的公章、合同书或者授权委托书。假冒代理人身份以被代理人名义与相对人实施代理行为。第二,行为人盗用被代理人的公章、空白合同书,以被代理人的名义与相对人实施代理行为。但是,公章被盗或遗失,被代理人应当以合理的方式及时发布公告通知被盗或遗失的情况,在公告之后,无权代理人以被代理人名义与相对人实施代理行为,无论相对人是否看到公告,应当推定其已知,不构成表见代理,而未以合理方式及时公告的,应当认定为表见代理。〔2〕 相当于强加于被代理人公示告知的义务,未尽此义务,为有可归责的原因。当然,被代理人尚未发现被盗或遗失,无法实施公示告知的,对权利外观的形成没有可归责的原因,无权代理人实施代理行为的,不应构成表见代理。

---

〔1〕 王利明:《民法总则研究》,中国人民大学出版社 2012 年版,第 690 页。

〔2〕 参见张新宝:《〈中华人民共和国民法总则〉释义》,中国人民大学出版社 2017 年版,第 374 ~ 375 页。

依《民法总则》的规定，表见代理不以被代理人的过错为要件，[1]可归责的原因不同于过错，可归责的原因既可能是过错导致的，也有可能不是过错导致的。例如，在银行大堂穿制服的银行工作人员，为了完成工作业绩，介绍贷款公司替借款人偿还银行的贷款，并签订保证合同，保证银行给借款人发放新贷款，以偿还贷款公司。保证合同属于无权代理，银行对此代理权的外观形成没有过错，但有可归责的原因，故构成表见代理。

3. 表见代理的法律效力

《民法总则》第172条规定："行为人没有代理权、超越代理权或者代理权终止后，仍然实施代理行为，相对人有理由相信行为人有代理权的，代理行为有效。"这是《民法总则》对表见代理法律效力的规定，基本上沿袭了《合同法》的规定。表见代理的法律效力是一个极其复杂的问题，需要认真予以分析。

(1) 关于代理行为有效

所谓代理行为有效，是指无权代理人实施的代理行为的后果直接归属于被代理人，即被代理人受无权代理人与相对人签订合同的约束，享有合同约定的权利，并向相对人承担合同约定的义务。易言之，表见代理发生有权代理一样的法律效果。但在无权代理人与被代理人之间并不发生委托授权的关系，除非被代理人追认。

(2) 关于被代理人的追认权、拒绝权

表见代理原本为无权代理，既然是无权代理，法律没有理由剥夺被代理人的追认权，而且，追认权的存在还具有其不凡的意义。表见代理

---

〔1〕 在《民法总则》制定过程中，关于是否要求被代理人对代理权外观形成有过错，有两种不同的观点，一种观点认为应当以被代理人的过错为要件，否则，对被代理人不公平；另一种观点则认为，表见代理最重要的特征是相对人的合理信赖，而不应当考虑被代理人是否有过错，《民法总则》采纳了第二种观点（参见李适时主编：《中华人民共和国民法总则释义》，法律出版社2017年版，第538页）。

成立，似乎无需经被代理人追认，即可发生有权代理的效果，[1]因为被代理人的追认与表见代理成立的目标是一致的，但是追认权行使的后果仍不同于表见代理成立，经被代理人追认后，性质转变为真正意义上的有权代理，不仅表现为代理行为的后果可以归属于被代理人，还表现为代理人与被代理人之间的代理关系有效。

无权代理人实施代理行为，构成表见代理的，代理行为的后果直接归属于被代理人，表见代理不成立的，代理行为的后果是否归属于被代理人取决于被代理人是否拒绝。表见代理成立，意味着被代理人不再享有拒绝权，形同表见代理是对被代理人拒绝权的剥夺，或者表见代理以剥夺被代理人拒绝权为前提。因此，表见代理要件成就的，被代理人不得以拒绝权行使为由否定表见代理的成立。

（3）表见代理与相对人的催告权、撤销权

表见代理规则是法律赋予对代理权的外观合理信赖的相对人的优惠，催告权，尤其是撤销权也是在无权代理情况下给相对人的优惠，只是优惠的结果不同而已。无权代理在被认定为表见代理之前就是无权代理，表见代理要件成就的，相对人应当享有行使撤销权及主张表见代理的选择权。行使撤销权，无权代理行为归于消灭，主张表见代理的，法律行为的效果归属于被代理人。这里值得讨论的问题是，在相对人已经主张了表见代理之后，发现对自己不利，继而又主张撤销的，是否允许？或者，主张撤销后，可否再主张表见代理？回答应当是否定的，从理论上说，相对人一经选择表见代理，无权代理的性质就转变为有权代理，法律行为自成立时起在被代理人与相对人之间发生效力，没有其他的可撤销事由，相对人不可以撤销；同理，相对人一经行使撤销权，法律行为自始不生效力，即便主张表见代理，也不会发生表见代理的效力，性质应形同于提出新的要约，是否承诺取决于被

---

〔1〕 有学者认为，表见代理成立，没有必要通过被代理人的追认权达到代理行为有效的后果，故被代理人不再享有追认权（参见王利明：《民法总则研究》，中国人民大学出版社2012年版，第694页）。

代理人的决定。[1]

(4)关于无权代理人对被代理人的责任

表见代理成立的结果通常给被代理人造成损害,因为行为人无权代理的目的是为自己谋利益,为了避免相对人的信赖损害,只能让对合理信赖有可归责原因的被代理人承担不利后果。被代理人就其遭受的损失有权请求无权代理人赔偿,损害赔偿责任的性质应当为侵权责任。一方面,表见代理只能决定法律行为在被代理人与相对人之间有效,不能决定代理关系在无权代理人与被代理人之间有效,没有合同关系当然不可能有违约责任。另一方面,被代理人所遭受的损失,是无权代理行为所致,损失与无权代理行为之间有因果关系,无权代理人主观上有过错,完全具备侵权责任的构成要件。

五、代理的终止

代理的终止,是指代理人与被代理人之间代理关系的消灭。代理关系消灭,代理权将不复存在,故代理终止又称为代理权的终止或代理权的消灭。代理终止的原因与代理权产生的根据息息相关,这是《民法总则》从委托代理的终止和法定代理的终止两个方面分别进行规定的原因。

(一)委托代理的终止

《民法总则》第173条对委托代理终止的原因进行了规定。

1. 代理期间届满或者代理事务完成

被代理人授予代理权时若在表明代理权限的同时,确定了该代理权限的存续期间的,该代理权的存续期间,为代理期限。代理人不仅要在代理权限内,而且要在代理期间内实施代理事项,期间届满,代理关系终止。被代理人授予代理权时没有确定代理权的存续期间,只确定

[1] 有学者认为主张表见代理后,又行使撤销权,表明相对人放弃信赖利益的保护,而且没有损害到被代理人,因为被代理人在根本上不愿意承受合同效力的拘束。因此,相对人主张表见代理后,可以行使撤销权(参见王利明:《民法总则研究》,中国人民大学出版社2012年版,第695页)。

代理人须代理完成的事项,该代理事项完成,代理关系终止。

2. 被代理人取消委托或者代理人辞去委托

代理人与被代理人之间是委托合同关系,建立在代理人与被代理人相互信任的基础之上。而且,代理人以行为,而不是以物履行委托合同约定的义务。因此,合同对双方当事人都不可以强行束缚,任何一方均享有任意解除权。《合同法》第410条规定,"委托人或者受托人可以随时解除委托合同"。"无论是有偿委托合同还是无偿委托合同,无论是定有期限的委托合同还是未确定期限的委托合同,也无论委托事务的处理进行到何种程度"。[1] 对于被代理人而言,随时解除合同意味着可以随时取消委托,对于代理人而言则意味着随时可以辞去委托。被代理人一经取消委托,代理人一经辞去委托,代理人与被代理人之间的代理关系即告终止。但是,因代理人辞去委托给被代理人造成损失的,应当向被代理人赔偿损失,同理,因被代理人取消委托给代理人造成损失的,应当向代理人赔偿损失。当然,有可归责于对方当事人事由的,有权拒绝赔偿损失。例如,因被代理人对代理人的指示反复发生变化,致使代理人无所适从,而辞去委托的,即便被代理人有损失发生,代理人也可以不必赔偿损失。

3. 代理人丧失民事行为能力

代理是为被代理人的利益实施法律行为,须以代理人有相应的行为能力为必要,行为能力丧失,无法实施法律行为,致使代理事项无法完成的,代理关系终止。《民法总则》第22条规定,限制行为能力人可以独立实施纯获利益的民事法律行为或者与其智力、精神健康状况相适应的民事法律行为。如果代理人并未完全丧失行为能力,按照其智力、精神健康状况仍然可以独立完成被代理人委托的代理事项,则代理关系并不消灭。因此,丧失行为能力至何等程度能够导致代理终止,取决于代理事项对行为能力的要求。代理事项要求代理人有完全行为能力,尽管代理人依其智力、精神健康状况尚有独立处理一般事务的能

---

[1] 郭明瑞主编:《民法》(第2版),高等教育出版社2007年版,第512页。

力,代理关系仍然终止;如果代理事项对代理人的行为能力的要求并不严格,限制行为能力状态仍然可以独立实施代理行为,则代理关系并不消灭。因此,代理因丧失行为能力而终止,是指代理人丧失了处理代理事务相应的民事行为能力。

4. 代理人或者被代理人死亡

代理关系是在被代理人对于代理人充分信任的基础上建立的,代理人本人实施代理行为是代理权行使的必要限制,代理权既不可以转让,也不可以继承。所以,代理人一经死亡,代理关系终止。但《德国民法典》有例外规定:第 673 条第 2 句规定,受托人死亡,迟延可能带来危险的情况下,受托人的继承人必须继续处理委托事务,此时代理权也暂时转移给代理人的继承人。

《民法通则》第 69 条仅规定代理人死亡是代理终止的原因之一,《民法总则》在吸收《民法通则》第 69 条规定的同时,基于同样的理由,吸收了《民通意见》的观点,规定被代理人死亡也导致代理关系终止。但是,被代理人在代理关系中,没有代理人那样严格的身份性,而且,被代理人死亡,要求代理人停止代理行为,不是在任何情况下都具有可行性,或者可能损害被代理人的继承人的利益,鉴于此,《民法总则》在规定了被代理人死亡导致代理关系终止的同时,又在第 174 条第 1 款规定了例外情况:第一,代理人不知道并且不应当知道被代理人死亡。从理论上说,被代理人死亡,代理权终止,代理人之后实施的代理行为应当属于无权代理。但是,代理人不知自己的代理行为为无权代理,且对不知无过失,令代理人承担无权代理的责任对代理人不公平,故此时代理关系并不终止,代理行为对被代理人的继承人有效。第二,被代理人的继承人予以承认。代理人于被代理人死亡后实施代理行为的后果具有财产性,不再具有人身性,就财产性的权利义务,被代理人的继承人有继承权,于是,继承人可以取代被代理人的地位,对代理人于被代理人死亡后实施的无权代理行为享有追认权,一经继承人追认,无权代理发生有权代理的效力。第三,授权中明确代理权在代理事务完成时终止。法律规定通常可以由当事人的特别约定修正或排除。被代理人在授权时确定代理权于代理事项完成后终止，形同于被代理人的特别授权已经排除了代理因被代理人死亡而终止的情形。被代理人死亡后，代理事项尚未完成的，代理人可以继续实施代理行为，直至代理事项完成。第四，被代理人死亡前已经实施，为了被代理人的继承人的利益继续代理。被代理人死亡前代理行为已经开始实施，但尚未完成，如果法律规定代理终止，会破坏法律行为实施活动的连贯性，导致交易成本的无益浪费，甚至可能使被代理人继承人的利益受损。因此，代理并不因为被代理人死亡而终止。“被代理人死亡前已经开始实施”不是代理关系继续存在的唯一要素，还需要具有“为了被代理人的继承人的利益”的要素。如果继续实施代理，并不能使被代理人继承人的利益最大化，由其他人代理，或者继承人自己实施法律行为反而好于代理人实施代理行为，则代理关系终止。

《民法总则》第 174 条第 2 款规定：“作为被代理人的法人、非法人组织终止的，参照适用前款规定。”即法人、非法人组织终止后，具有类似前述情形的，代理关系继续有效。法人通常因解散、被宣告破产而终止，非法人组织因解散而终止。依照《民法总则》第 68 条，“依法完成清算、注销登记的，法人终止”。鉴于《民法总则》的上述规定，对于第 174 条第 2 款可以作如下理解：第一，此处的法人或非法人的终止不应当理解为清算或注销登记的完成，而应当理解为决定解散和宣告破产。因为除法人合并或者分立需要解散的以外，清算和注销登记完成后，民事主体已经不存在了，仍然实施代理行为，没有民事主体可作为被代理人承受代理行为的权利义务。实际上，《民法总则》第 174 条第 2 款应当表述为“作为被代理人的法人、非法人组织解散或法人被宣告破产的，参照适用前款规定”。第二，第 174 条第 1 款中的第 1 项“代理人不知道并且不应当知道被代理人死亡”和第 3 项“授权中明确代理权在代理事务完成时终止”可以直接类推适用于法人和非法人组织的终止。第三，第 174 条第 1 款中的第 2 项“被代理人的继承人予以承认”和第 4 项“被代理人死亡前已经实施，为了被代理人的继承人的利益继续代理”中的“继承人”可解释为法人合并或分立后权利义务的承受者，破产法人的管理人或债权人会议、非法人组织终止后的权利义务承受者。[1]

(二)法定代理的终止

《民法总则》第175条对法定代理终止的原因进行了规定。

1. 被代理人取得或者恢复完全民事行为能力

法定代理是为无行为能力或限制行为能力人设定的代理,旨在保护行为能力欠缺者的利益,并保护交易秩序的安全。未成年人因成年取得民事行为能力,无行为能力或限制行为能力的成年人因健康状况恢复取得行为能力的,法定代理的意义已经不复存在,因此而终止。

2. 代理人丧失民事行为能力

法定代理的代理权不仅取决于法律规定的监护人资格,还取决于其行为能力状况。代理人丧失行为能力,失去代理被代理人实施法律行为的资格,代理关系终止。

3. 代理人或者被代理人死亡

法定代理虽非建立在代理人与被代理人相互信任的基础上,但须具有法律规定的监护人资格,其代理权同样不可转让,也不可继承,代理人一经死亡,代理终止。如果另一个具有监护资格的人继续作为被代理人的监护人,属于新的代理关系的产生,而不是原代理关系的继续。

被代理人之所以需要代理,是弥补其行为能力的欠缺,被代理人死亡权利能力丧失,没有必要弥补其行为能力的欠缺。故被代理人一经死亡,代理关系终止。

4. 法律规定的其他情形

法定代理基于法律规定,非基于被代理人授权。同样地,也可以依据法律的规定失去代理权。遇有法律规定的情形,法定代理人资格消灭时,法定代理终止。所谓法律规定的其他情形主要包括:第一,依据法律规定撤销监护人资格的,法定代理终止。第二,因离婚而使监护人

〔1〕 参见张新宝:《〈中华人民共和国民法总则〉释义》,中国人民大学出版社2017年版,第380页。

资格消灭的,法定代理终止。例如,离婚前配偶一方为精神健康状况差的另一方的法定代理人,代理关系因离婚消灭。继父因法律规定与继子女有父、子女的权利义务关系,继父与继子女的母亲离婚导致继父与继子女的近亲属权利义务关系消灭,法定代理终止。第三,破产管理人、遗嘱执行人、失踪人财产代管人的资格因为法律规定的事由消灭的,代理终止。

第二十一讲　民事责任

张新宝*

一、民事责任概述

（一）《民法总则》的规定与理解

《民法总则》第八章从第176条到第187条共计12个条文专门规定民事责任。《民法通则》也是以专章规定民事责任，其主要内容是关于民事责任的一般规定、违反合同的民事责任和侵权的民事责任。《民法总则》基本上延续了《民法通则》关于民事责任的立法体例，对于民事责任的一般规则作出了规定，但是没有对违反合同的违约责任和侵权的民事责任作出具体规定。这主要是考虑到这两类民事责任都已经分别规定在《合同法》和《侵权责任法》中，在未来的民法典分则中也将有专门和具体的规定。由于我国民法典在整体设计上没有关于债法总则的章节，本章的部分规定实际上也能够起到债法总则的作用。

《民法总则》第176条对民事责任的发生依据、民事义务与民事责任的关系作出了规定。第177条和第178条分别对按份责任和连带责任作出了规定。第

* 中国法学会期刊法学研究会会长，中国法学杂志总编辑，中国人民大学法学院教授、博士生导师，教育部长江学者特聘教授。

179 条对承担民事责任的各种方式及其适用作出了规定。第 180 条及以下的两个条文对不承担民事责任或者减轻民事责任的事由作出了规定。第 183 条和第 184 条分别对见义勇为人自身受到损害的后果承担,以及紧急情况下自愿实施救助行为造成损害的后果承担(包括民事责任、补偿和不承担责任)作出了规定。第 185 条对侵害英雄烈士人格权益的民事责任作出了特别规定。第 186 条和第 187 条分别对民事责任的竞合规则以及民事责任与刑事责任、行政责任的适用作出了规定。这些规定构成了我国民法中民事责任制度的基本框架,与《合同法》中的违约责任规定、《侵权责任法》中的侵权责任规定等一起构成我国民事责任制度的完整体系。

《民法总则》第 176 条的规定有两层含义:(1)民事主体(义务人)的民事义务或者依据法律规定产生,或者依照当事人的约定产生。前者称为法定义务,如在所有权关系中,义务主体的不作为义务就是法律直接加以规定的;后者称为约定义务,如在合同关系中,当事人的义务就是由双方当事人约定产生的。(2)无论是法定义务,还是约定义务,当事人都应当依法或者依照约定履行,义务具有法律上的强制力。违反民事义务有两种形式,即民事主体不履行民事义务和不完全履行民事义务。无论是不履行民事义务,还是不完全履行民事义务,都应当依法承担民事责任。

(二)民事责任的概念与分类

民事责任是指义务人不履行或者不完全履行(不适当履行)民事义务,依照法律规定或者当事人的约定,应当承担的不利后果。民事责任基于不履行或者不完全履行法定或者约定的民事义务而产生,具有法律上的强制力,对于责任人而言具有财产或者人身方面的不利性。除了民事责任,刑法规定刑事责任,行政法规定行政责任。在特殊情形下,这些法律责任可能发生聚合。(《民法总则》第 187 条)

民事责任的方式及有关的具体内容(如赔偿数额)等,由义务人不履行民事义务或不完全履行民事义务的情形、法定或者约定的内容而确定。民事责任在民法理论上可以分为:预防损害的责任与填补损害的责任;违约责任与侵权责任;人身性质的责任与财产性质的责任等。

(三)民事责任基于不履行或者不适当履行民事义务而产生

民法是规定民事权利的法律,同时也是规定民事义务的法律,因为民事权利总是与民事义务相对应:一定的民事权利主体对应相应的民事义务主体;一定的民事权利内容对应相应的民事义务内容;在具体的民事法律关系中,民事权利和民事义务指向共同的客体——标的物或者行为。如果说民事权利是权利人的一种利益,即人身或者财产方面的某种利益,则民事义务是义务人为了满足权利人的利益而需要做出的不利于自己的行为或者不作为。民事义务具有法律约束力,义务人不得抛弃,也不得不履行或者不完全履行;否则,义务人应当依法承担民事责任。

不履行民事义务,是指义务主体完全不履行民事义务,不为任何履行行为,或者不遵守不作为的要求而实施违反义务的行为,导致权利人的民事权利完全不能实现的情况。

不完全履行民事义务也称为不适当履行民事义务,是指义务人虽然有履行民事义务的行为(或者不作为),但是在数量上、质量上或者其他方面不符合民事义务内容的要求,导致权利人的民事权利不能完全实现的情况。履行民事义务的时间、地点、方式等不符合民事义务内容的要求,也属于不完全履行民事义务;如果此等履行行为完全不能或者基本不能满足义务内容的要求,无法实现权利人的权利,也可能构成"不履行民事义务"。

二、按份责任和连带责任

(一)按份责任和连带责任的产生与适用

多数情况下,单个的民事主体不履行或者不适当履行其法定或者约定的义务产生的民事责任由该主体独立承担。但是,若二人以上的民事主体违反其共同的法定或者约定的义务,产生的民事责任则应当由该二人以上的民事主体承担,这就产生了按份责任和连带责任。

近代以来,民法强调人格独立,故民事责任的承担以"自己责任"

为原则,以共同责任为例外。一般情况下,单个的民事主体仅对自己不履行或者不适当履行法定或约定义务所产生的后果承担责任。只有在法律有规定或者当事人有约定的情况下,二人以上的民事主体才对同一后果承担共同的民事责任。

共同的民事责任主要包括按份责任和连带责任。《民法总则》第177条和第178条分别对按份责任和连带责任的构成要件和适用作出了规定。相较于连带责任,按份责任体现出较强的“自己责任”的性质。

(二)按份责任

1.《民法总则》的规定及其理解

《民法总则》第177条规定:“二人以上依法承担按份责任,能够确定责任大小的,各自承担相应的责任;难以确定责任大小的,平均承担责任。”

按份责任是指二人以上的民事主体对于民事责任按照一定的份额或者说一定的比例进行承担。在按份责任的情形下,权利人只能对数个责任主体分别就其应当承担的责任份额提出请求,不能对任何一个责任主体提出超过其责任份额的请求。任何一个责任主体对于其责任份额内的责任之承担,不代替其他责任主体应当承担的责任份额。

2. 按份责任的构成要件与效果

按份责任的构成要件和法律效果是:(1)承担责任的民事主体为二人以上;(2)二人以上对同一后果的民事责任进行分担,如数个侵权人对侵权案件中的同一损害后果承担按份的赔偿责任,数个债务人对同一不履行合同的行为承担按份的违约责任;(3)承担责任的民事主体,各自对其应当承担的责任份额负责,互不牵连、互不替代、互不追偿;(4)权利人免除部分责任人的民事责任,对其他责任人不发生效力。

3. 按份责任的份额确定

对于如何确定各责任承担主体的责任份额,《民法总则》规定了两种情况:(1)能够确定责任大小的,各自承担相应的责任;(2)难以确定责任大小的，平均承担责任。《侵权责任法》第12条有类似规定："二人以上分别实施侵权行为造成同一损害，能够确定责任大小的，各自承担相应的责任；难以确定责任大小的，平均承担赔偿责任。"有人认为"可以综合各个行为人的过错程度、各个侵权行为与损害后果因果关系的紧密程度、公平原则以及政策考量等因素"[1]来确定各自应当承担的责任。有的学者将这种紧密程度称为"原因力"，指在构成损害结果的数个共同原因中，每一个原因对于损害结果的发生或者扩大所发挥的作用力，根据作用力的大小确定各自应当承担的责任。[2] 我们认为，主要应当考虑过错（包括过错的种类和程度）和原因力来确定各责任承担主体的责任份额。如果无法通过比较过错和原因力来确定责任大小，则依据《民法总则》第177条后段处理："难以确定责任大小的，平均承担责任。"

（三）连带责任

1.《民法总则》的规定及其理解

《民法总则》第178条规定："二人以上依法承担连带责任的，权利人有权请求部分或者全部连带责任人承担责任。连带责任人的责任份额根据各自责任大小确定；难以确定责任大小的，平均承担责任。实际承担责任超过自己责任份额的连带责任人，有权向其他连带责任人追偿。连带责任，由法律规定或者当事人约定。"本条有3款：第1款是关于在连带责任情况下，权利人如何行使权利的规定；第2款是关于如何确定连带责任人内部的各自责任份额，以及追偿权的规定；第3款则强调连带责任之承担必须要有法律的规定或者当事人的约定，如果没有法律的规定或者当事人的约定，则权利人不能主张连带责任，裁判机关也不能判决承担连带责任。

连带责任也称为共同的和分别的全部责任，是指二人以上的责任人作为一个整体对权利人共同承担全部民事责任，而且其中任何一个

〔1〕 王胜明主编：《〈中华人民共和国侵权责任法〉解读》，中国法制出版社2010年版，第56页。

〔2〕 参见张新宝、明俊：《侵权法上的原因力理论研究》，载《中国法学》2005年第2期。

责任人对权利人承担全部民事责任。部分责任人向权利人承担的责任,都属于全部责任人承担的责任;权利人对部分责任人的责任免除,都是对全部责任人的责任免除。在承担了对权利人的责任之后,各责任人之间对于自己应当承担的责任份额进行分配,实际承担责任超出自己应当承担份额的,有权向其他责任人追偿。连带责任包括两层关系:(1)外部关系。权利人与责任人之间的关系,二人以上的责任人作为一个整体对权利人承担全部责任,同时每一个责任人也对权利人承担全部责任。(2)内部关系。责任人相互之间的关系,二人以上的责任人之间的责任份额划分和可能的追偿权之行使。

2. 对承担连带责任的法律规定和约定

民法规定在某些情况下二人以上的责任人承担连带责任,从利益衡量的角度看,无疑是有利于权利人的权利(如损害赔偿请求权)得以实现,同时加重了责任人一方的负担:有的责任人可能要超出自己应当承担的份额向权利人承担责任,乃至承担全部责任。尽管法律规定了此种情况下的追偿权,但是如果被追偿的其他责任人无力偿还,则该追偿权人将处于"追偿不能"或者"追偿困难"的风险之下。这样的制度安排,是将利益保护的天平向权利人一方作出了一定的倾斜。

正是由于连带责任可能使得部分责任人处于超出应当承担的份额承担责任之不利境地,加重了此等责任人的负担,所以法律对连带责任的适用范围有严格限定。本条规定:只有在法律有规定或者当事人有约定的情况下,权利人才有权请求部分或者全部连带责任人承担责任。

法律规定承担连带责任和当事人约定承担连带责任,主要包括以下几种情况:(1)法律对承担连带责任的具体情形作出了明确规定(如《广告法》第56条,《证券法》第47条、第69条和第173条,《产品质量法》第57、58条);(2)二人以上共同实施侵权行为,造成他人损害的,应当承担连带责任(《侵权责任法》第8条);(3)教唆、帮助他人实施侵权行为的,应当与行为人承担连带责任(《侵权责任法》第9条);(4)共同危险行为人承担连带责任(《侵权责任法》第10条);(5)二人以上分别实施侵权行为造成同一损害,每个人的侵权行为都足以造成全部损害的,行为人承担连带责任(《侵权责任法》第11条);(6)保证合同中的保证人依法应当承担的连带责任(《担保法》第12、18条);(7)当事人约定承担连带责任的情形。在法律没有规定二人以上责任人承担连带责任,而且也没有当事人约定承担连带责任的情形下,权利人不得主张本条规定的连带责任,法官也不得依自由裁量权作出承担连带责任的判决。

3. 连带责任的适用:外部关系的连带性

在连带责任中,外部关系即权利人与作为整体的二人以上的连带责任人之间的关系是主要的,具有决定意义。法律规定连带责任的制度目的,主要是为了保护权利人,使其权利更容易实现。而内部关系即数个连带责任人之间的份额确定以及追偿权等,不影响外部关系的处理,即不影响权利人"有权请求部分或者全部连带责任人承担责任",任何被请求承担连带责任的主体,都有义务承担该全部民事责任。

权利人可否明确放弃对部分责任人的请求权,或者免除部分责任人的责任?对此,民法理论认为,权利人不得放弃对部分责任人的请求权,也不得免除部分责任人的责任。但是司法解释有不同规定。[1] 基于连带责任的立法旨趣,我们认为权利人虽然可以仅对部分责任人请求承担全部民事责任,但是不得明确放弃对部分责任人的请求权,也不得免除部分责任人的责任;否则,将导致连带责任的解体。

4. 连带责任的适用:内部的份额确定与追偿权

法律对于连带责任中各责任人之间内部责任份额的确定作出了规定:连带责任人的责任份额根据各自责任大小确定;难以确定责任大小的,平均承担责任。实际承担责任超过自己责任份额的连带责任人,有权向其他连带责任人追偿。

在案件的具体处理中,如果权利人向部分责任人请求承担全部责任,被请求的责任人则应依法就被请求的数额进行清偿。这就会出现

---

〔1〕 最高人民法院《关于审理人身损害赔偿案件适用法律若干问题的解释》(法释〔2003〕20号)第5条。

部分责任人实际承担责任超过自己责任份额的情况。实际承担责任超过自己责任份额的连带责任人,有权向其他责任人追偿。该追偿权为一般债权请求权,适用民法关于债权和诉讼时效的规定。

三、承担民事责任的方式

(一)《民法总则》的规定及其理解

《民法总则》第 179 条规定:"承担民事责任的方式主要有:(一)停止侵害;(二)排除妨碍;(三)消除危险;(四)返还财产;(五)恢复原状;(六)修理、重作、更换;(七)继续履行;(八)赔偿损失;(九)支付违约金;(十)消除影响、恢复名誉;(十一)赔礼道歉。法律规定惩罚性赔偿的,依照其规定。本条规定的承担民事责任的方式,可以单独适用,也可以合并适用。"

该条第 1 款是关于承担民事责任方式的规定,共列举了十一种民事责任方式;第 2 款是关于惩罚性赔偿的指引性条款;第 3 款是关于各种民事责任方式可以单独适用也可以合并适用的规定。

西方国家的民事责任方式往往比较单一,如仅规定赔偿损失的民事责任方式。我国民法规定了多种民事责任方式,而且在《民法总则》中集中规定了多种民事责任方式,这是我国民事立法的一个重要特点。

法律规定的十一种民事责任方式,有的适用于所有责任类型(如赔偿损失),有的仅适用于特定的责任类型(如继续履行、支付违约金一般只适用于违约责任)。有的属于救济已经发生的损害之责任方式(如赔偿损失、支付违约金、恢复原状等),有的则是适用于防止损害之发生或者防止损害之扩大的情形(如停止侵害、排除妨碍、消除危险)。此外,停止侵害、排除妨碍、消除危险等责任方式还被认为是基于绝对权利(如所有权)所产生的请求权。

(二)十一种民事责任方式的具体理解与适用

1. 停止侵害

停止侵害是预防损害发生或防止损害扩大的民事责任方式之一。权利人(主要指绝对权人)得请求侵害人(或者请求法院判令侵害人)

停止正在实施的侵害行为。被请求人依权利人的请求或者法院的判决,应当停止正在实施的侵害行为。

2. 排除妨碍

排除妨碍,也称为“排除妨害”,是预防损害发生或防止损害扩大的民事责任方式之一。权利人得请求妨碍实施者(或者请求法院判令妨碍实施者)以积极行为除去构成妨碍的物件或者其他事项,以确保权利人行使权利不受妨碍。被请求人依权利人的请求或者法院的判决,应当以积极行为排除妨碍。

3. 消除危险

消除危险,是预防损害发生或防止损害扩大的民事责任方式之一。在权利人的人身或者财产受到现实威胁的情况下,权利人得请求造成此等危险者(或者请求法院判令造成此等危险者)消除危险状况。被请求人依权利人的请求或者法院的判决,应当以积极行为消除此等危险。

4. 返还财产

返还财产,是使不当变动的财产关系恢复到变动前的状况的一种民事责任方式。在侵占他人财产或者没有合法理由占有他人财产的情况下(均为不法占有),该财产的权利人得请求不法占有者(或者请求法院判令不法占有者)返还该项财产。不法占有者依权利人的请求或者法院的判决,应当返还财产,使其回归权利人的支配之下。于物权法,返还财产为返还原物;于合同法或者侵权责任法,返还财产可能是返还原物,也可能是返还价值相当的种类物或者金钱。

5. 恢复原状

恢复原状,是使受到毁损的财产等在物理性能或价值等方面恢复到受损害前状态的一种民事责任方式。财产受到损害的权利人得请求侵害人(或者请求法院判令侵害人)将其损害的财产恢复到损害前的状态,侵害人依权利人的请求或者法院的判决,应当恢复财产的原状。狭义的“恢复原状”,仅指财产损害情况下的恢复原状,广义的“恢复原状”,还包括救济人格权的民事责任方式,如赔礼道歉、消除影响、恢复名誉等。

6. 修理、重作、更换

狭义的修理是指对交付的标的物进行修理去除瑕疵，以使其达到约定的质量要求；广义的修理还包括对侵权致损物的修理。重作通常是指在承揽合同中，承揽人重新制作标的物，以达到约定的要求。更换则发生在买卖合同等交付标的物的合同关系中，出卖人提供新的标的物替换已经交付但是存在或者可能存在瑕疵的标的物。修理、重作和更换，通常属于违反合同的当事人应当承担的违约责任方式。

7. 继续履行

继续履行，也称为"强制的继续履行"或者"强制的实际履行"，是违反合同的民事责任方式之一。在合同关系中，一方当事人不履行或者不完全履行合同义务，权利人得请求违约方（或者请求法院判令违约方）继续履行合同项下的全部义务或者合同项下剩余的义务，谓之"继续履行"的民事责任。依据法律的规定或者当事人的约定，赔偿损失等民事责任方式与继续履行互不排斥。

8. 赔偿损失

赔偿损失，填补损害的民事责任方式之一，是指责任人支付一定数额的金钱以救济权利人损害的一种民事责任方式。对于财产损失、人身损害和精神损害，均适用赔偿损失的民事责任方式。无论是违反合同，还是因侵权行为造成损害，赔偿损失的民事责任方式都可适用。用金钱赔偿的方式来填补损害，是民法上最常见和最有效的民事责任方式。

9. 支付违约金

支付违约金是违反合同的民事责任方式之一。合同双方可以在订立合同时对违约金的数额、计算方式和支付条件等作出约定。出现违约情况时，违约方应当按照约定支付违约金。支付违约金责任方式的适用，以当事人之间存在有效的合同关系为前提，以一方不履行或者不适当履行合同构成违约为事实要件。违约金与违约损害赔偿往往并不排斥。在违约金不足以赔偿损失时，权利人还可以请求赔偿损失。当事人对违约金的数额约定过高时，法院得依据《合同法》的有关规定，予以必要调整。[1] 但是依据《合同法》第116条的规定，违约金和定金条款不能同时适用。

10. 消除影响、恢复名誉

消除影响、恢复名誉，是指权利人请求侵权人（或者请求法院判令侵权人）在一定范围内采取适当方式消除对权利人名誉等的不利影响，使其名誉特别是社会评价得到恢复的一种民事责任方式。

11. 赔礼道歉

赔礼道歉，是指权利人请求侵权人（或者请求法院判令侵权人）通过口头或者书面等方式向权利人道歉，以取得权利人谅解的一种民事责任方式。

（三）惩罚性赔偿

惩罚性赔偿，是指超过受害人人身损害、财产损失和精神损害范围的金钱赔偿，其制度意义在于惩罚责任人而不是救济受到损害的一方。[2] 承担惩罚性赔偿的民事责任，一般要求有法律的专门规定。法律规定承担惩罚性赔偿责任，一般要求责任人主观方面的要件，如故意（欺诈）、重大过失、明知等；同时要求受害人客观方面的要件，如损害的严重程度等。

本条第2款是对惩罚性赔偿的指引性规定："法律规定惩罚性赔偿的，依照其规定。"《民法总则》没有对惩罚性赔偿作出具体的规定，目前其他法律对惩罚性赔偿的具体规定有：（1）《侵权责任法》第47条；（2）《消费者权益保护法》第55条；（3）《食品安全法》第148条。

此外，最高人民法院的司法解释也规定了几种惩罚性赔偿。例如，最高人民法院《关于审理商品房买卖合同纠纷案件适用法律若干问题

[1] 参见《合同法》第114条；最高人民法院《关于适用〈中华人民共和国合同法〉若干问题的解释（二）》（法释〔2009〕5号）第27、28、29条。

[2] 参见张新宝：《侵权责任法》（第4版），中国人民大学出版社2016年版，第89～90页。关于惩罚性赔偿的详细讨论，参见张新宝、李倩：《惩罚性赔偿的立法选择》，载《清华法学》2009年第4期。

的解释》(法释〔2003〕7号)第8条、第9条。

(四)民事责任方式的单独适用和合并适用

《民法总则》规定的以上十一种民事责任方式可以单独适用,也可以合并适用。在具体案件中是单独适用还是合并适用,以及如何合并适用,由《合同法》《侵权责任法》等作出具体规定。

四、不承担民事责任和减轻民事责任的事由

(一)抗辩事由的概念与一般理论

当事人承担特定种类的民事责任,需要符合法律规定的条件,只有这些条件得到满足,才依法承担民事责任。如果条件欠缺,则不承担民事责任。然而在有些情形中,尽管承担责任的条件是具备的,但是存在不承担责任或者减轻责任的事由,当事人也应依法不承担或者减轻其所承担的民事责任。

法律对不承担责任和减轻责任的事由作出了规定。在具体案件中,如果当事人(通常是被告或者第三人)能够举证证明存在法律规定的不承担或者减轻民事责任的事由,就可以对抗另一方(原告)要求其承担民事责任的请求。因此,法律规定的这类事由是"抗辩事由",是抗辩原告请求其承担民事责任的事由。

违约责任和侵权责任有各自的抗辩事由,有些抗辩事由是相通的,既在违约责任中发挥作用也在侵权责任中发挥作用。《民法总则》对这些具有共性的抗辩事由作出了规定。《民法总则》第180条至第182条分别对不可抗力、正当防卫、紧急避险等抗辩事由作出了规定。

关于抗辩事由,还需要指出两点:其一,《民法总则》规定的抗辩事由并非抗辩事由之全部,也就是说在《民法总则》之外还存在其他特别法规定的抗辩事由(如受害人的故意),也存在一些非法定的抗辩事由(如依法执行职务、受害人同意等);其二,不应该将抗辩事由与责任构成要件理论对立起来,二者是分别从不同的方向论证责任的构成或者不构成,一般说来抗辩事由的成立往往会导致构成要件的不成立,即抗辩事由的出现往往导致责任构成要件中某一方面的缺乏。

(二)不可抗力

1.《民法总则》的规定及其理解

《民法总则》第180条关于不可抗力有两款规定:“因不可抗力不能履行民事义务的,不承担民事责任。法律另有规定的,依照其规定。不可抗力是指不能预见、不能避免且不能克服的客观情况。”

不可抗力是指不能预见、不能避免并不能克服的客观情况。自《民法通则》(第153条)以来,我国法律对不可抗力的立法界定是一致的,如《合同法》第117条第2款对不可抗力概念的立法界定采用了“折衷说”,既承认不可抗力是一种客观的外在力量,也强调这种客观外在力量对于一般人(民法上的“理性人”)的不可预见性、不可避免性与不可克服性。

2.不可抗力作为抗辩事由的效果

因不可抗力导致义务人不能履行或者不能完全履行民事义务的,法律规定不承担民事责任。不可抗力作为不承担民事责任的法定事由得到法律的确认。但是法律另有规定的,依照其规定。从法律用语上解释,“法律另有规定”至少包含两种情况:(1)特别法律规定,即使是因不可抗力不能履行民事义务,义务主体也应当承担民事责任。(2)特别法律对不可抗力的类型、强度等作出了具体规定的,应当依照其规定,确定是否应当承担民事责任以及承担何种程度的民事责任。比如,对于某些不可抗力(自然灾害)的保险,保险人在出现相关的损害时自然应当依法承担赔付责任。在民用核设施发生核事故造成损害的情形下,经营者只有证明损害是因战争等情形所引起,或者是因受害人的故意造成的,才能主张免责。因不可抗力中的自然灾害等造成损害的,经营者不能免责。[1]

3.关于不可抗力的三种学说

在学理和立法例上,对不可抗力概念的界定有三种学说,即主观

〔1〕 参见王胜明主编:《〈中华人民共和国侵权责任法〉解读》,中国法制出版社2010年版,第137~138页。

说、客观说和折衷(折中)说。主观说以义务人的预见能力和抗御能力作为判断标准,义务人如果尽到了自己的最大注意义务仍然不能防止损害后果的发生,即认定为不可抗力。客观说主张以客观事件的性质及其外部特征为标准,凡属于一般人无法抗御的重大外来力量即为不可抗力。我国民法理论采用如上所述的"折衷说"界定不可抗力,使作为不承担民事责任之法定事由的不可抗力的概念更加准确。

4. 不可抗力的分类

学理上有人认为,不可抗力可以分为"自然原因的不可抗力"、"社会原因的不可抗力"和"国家原因的不可抗力"。[1] 对于将某些具有较高强度的自然灾害作为不可抗力,学说上和立法例上没有争议。但是,对于社会原因(如罢工)、国家原因(如战争、国家城市规划的重大变化)所导致的客观情况,是否属于"不可抗力",则存在不同看法。有人认为,《海洋环境保护法》第91条规定战争和不可抗拒的自然灾害作为不承担责任的事由,表明"战争"是不承担民事责任的事由,但是战争不是不可抗力。[2] 这种观点似可商榷:它将"不可抗拒的自然灾害"与"不可抗力"画等号,然后将"战争"置于这个等号之外。而我们对《海洋环境保护法》第91条的解释是,本条没有使用不可抗力的概念,或者是不从不可抗力的角度规定不承担民事责任的事由,或者是将不可抗力具体化为两种形态:不可抗拒的自然灾害和战争。但是上述任何文意解释都无法得出自然灾害等于不可抗力的结论。

5. 不可抗力作为"外来原因"的抗辩事由

不可抗力作为不承担民事责任的免责事由,属于"外来原因的抗辩",即不能履行义务是由于外来的原因所造成。法律规定"因不可抗力不能履行民事义务的,不承担民事责任",在规则的适用上需要特别注意一个"因"字,即因果关系:只有在不可抗力是导致不能履行民事义务的原因时,义务人才能以不可抗力作为抗辩事由主张不承担民事

[1] 参见张新宝:《侵权责任法》(第4版),中国人民大学出版社2016年版,第71页。

[2] 参见王胜明主编:《〈中华人民共和国侵权责任法〉解读》,中国法制出版社2010年版,第137页。

责任;即使在履行义务的期间发生了不可抗力,如果“不能履行民事义务”并不是由于不可抗力所致,则义务人仍然应当承担民事责任。同样的道理,如果不可抗力只是“不能履行民事义务”的部分原因,则义务人只能部分免除责任。

6. 不可抗力作为抗辩事由与避免损害扩大的义务

在合同关系中,发生不可抗力导致义务人不能履行义务的,义务人应当及时通知权利人。尽管不可抗力导致义务人不能履行民事义务后,义务人不承担相应的民事责任,但是义务人仍然有尽量避免损害扩大的义务。如果没有尽到尽量避免损害扩大的义务,义务人仍然要对扩大的损害部分承担民事责任。[1] 此外,合同的当事人可以对不可抗力的种类、强度要求以及免除履行义务的范围等作出约定。当事人的约定不得违反本条以及涉及不可抗力的其他法律的规定,因为一般认为不可抗力的法律规范属于民法中的强制性规范。

(三)正当防卫

1.《民法总则》的规定及其理解

《民法总则》第 181 条对正当防卫有两款规定:“因正当防卫造成损害的,不承担民事责任。”“正当防卫超过必要的限度,造成不应有的损害的,正当防卫人应当承担适当的民事责任。”正当防卫是自《民法通则》(第 128 条)以来为我国民法所一直确认的一项“正当理由的抗辩事由”。《侵权责任法》第 30 条也对正当防卫作为抗辩事由作出了规定。基于正当防卫造成损害的,正当防卫人不承担民事责任;正当防卫超过必要限度造成不应有损害的,防卫人应当承担适当的民事责任。如果行为人的行为不构成正当防卫,也应当依法承担民事责任。

正当防卫作为传统民法所认可的“正当理由的抗辩事由”,其学理依据在于防卫行为的正当性。这个正当性从两个方面体现出来:一是

---

〔1〕《合同法》第 118 条规定:“当事人一方因不可抗力不能履行合同的,应当及时通知对方,以减轻可能给对方造成的损失,并应当在合理期限内提供证明。”第 119 条规定:“当事人一方违约后,对方应当采取适当措施防止损失的扩大;没有采取适当措施致使损失扩大的,不得就扩大的损失要求赔偿。”

防卫行为所针对的是不法侵害行为，二是防卫行为所保护的是合法权益。这个“正当性”使得防卫行为不具有违法性，构成所谓的“违法性阻却”，进而导致正当防卫人对由此造成的损害不承担民事责任，尽管防卫行为与被防卫人遭受的损害之间存在因果关系。在大陆法系民法中，正当防卫一般只适用于侵权责任，是侵权责任法所确认的不承担民事责任的抗辩事由之一。

在我国，正当防卫也是刑法上的不承担刑事责任的抗辩事由。其构成要件和适用，与民法基本相同。〔1〕刑法上的正当防卫需要满足以下要件：必须有实际的不法侵害存在；不法侵害正在进行；防卫行为必须针对不法侵害人进行；必须是为了使国家、公共利益、本人或者他人的人身、财产和其他权利免受不法侵害，即有正当的防卫意图；防卫行为没有明显超过必要限度、造成重大损害。〔2〕

2. 正当防卫的构成要件

正当防卫的构成要件包括对象条件、目的条件、时间条件和限度条件：(1)正当防卫的对象条件是指正当防卫行为所针对的是不法侵害防卫人本人或他人的合法权益或者侵害社会公共利益的侵害行为，是对不法行为的实施者进行的防卫。(2)正当防卫的目的条件是指正当防卫行为的目的是保护正当防卫人本人、他人的合法权益或者社会公共利益。(3)正当防卫的时间条件是指正当防卫行为必须在正确的时间进行，即对正在实施不法行为的加害人进行防卫，不是“事先防卫”，也不是“事后防卫”。(4)正当防卫的限度条件是指正当防卫的方式和程度的适当性。只有同时符合这四个构成要件，防卫人的防卫行为才

〔1〕《刑法》第20条规定：“为了使国家、公共利益、本人或者他人的人身、财产和其他权利免受正在进行的不法侵害，而采取的制止不法侵害的行为，对不法侵害人造成损害的，属于正当防卫，不负刑事责任。正当防卫明显超过必要限度造成重大损害的，应当负刑事责任，但是应当减轻或者免除处罚。对正在进行行凶、杀人、抢劫、强奸、绑架以及其他严重危及人身安全的暴力犯罪，采取防卫行为，造成不法侵害人伤亡的，不属于防卫过当，不负刑事责任。”

〔2〕参见王作富主编：《刑法》(第5版)，中国人民大学出版社2011年版，第96～97页。

能被认定为正当防卫。[1] 不符合四个要件之一的，则不构成正当防卫。正当防卫超过必要限度造成不应有的损害的，正当防卫人也应当依法承担适当的民事责任。

3. 正当防卫超过必要限度造成不应有损害的“适当的民事责任”

在必要限度内进行正当防卫，即使给被防卫人造成损害，正当防卫人也依法不承担民事责任。如果防卫行为超过必要限度，造成不应有的损害，则正当防卫人应当承担适当的民事责任。正当防卫超过必要限度，也称为“防卫过当”，是指正当防卫人实施的防卫行为虽然符合正当防卫的对象条件、目的条件和时间条件，但是不完全符合正当防卫的限度条件，或者是选择的防卫方式不正确，或者是防卫使用的力量过度，造成被防卫人过重或者其他不应有的人身损害或者财产损失。“符合必要限度”与“超过必要限度”的界限是，足以制止被防卫人正在实施的加害行为。达到足以制止被防卫人正在实施加害行为的防卫强度的，就是符合必要限度的，超过这一强度的就是超过必要限度的正当防卫。

本条规定正当防卫超过必要限度造成不应有损害的，正当防卫人应当承担适当的民事责任。之所以规定此等“适当责任”，是因为超过必要的限度意味着正当防卫人有一定的过错，存在疏忽大意或者轻信某些主客观条件的过失，对于防卫行为可能造成的不应有的损害后果，或者没有预估到，或者预估到了但是轻信可以避免。

这里的“不应有的损害”，既包括被防卫人遭受的损害，也包括任何第三人因防卫行为所遭受的损害。损害是“应有”或者“不应有”，取决于正当防卫是否符合必要的限度。正当防卫人应当承担“适当的民事责任”，应当理解为一种减轻或者从轻的民事责任。在轻重两种责任都可以选择适用时，选择适用轻者；在承担赔偿损失等财产责任时，应当扣除正当防卫在必要限度内可能造成的损失部分，然后确认“适

---

〔1〕 参见张新宝：《侵权责任法》（第4版），中国人民大学出版社2016年版，第65～66页。另参见陈聪富：《民法总则》，元照出版有限公司2014年版，第444页。

当”的赔偿数额。[1]

(四)紧急避险

1.《民法总则》的规定及其理解

《民法总则》第182条对紧急避险有三款规定:“因紧急避险造成损害的,由引起险情发生的人承担民事责任”“危险由自然原因引起的,紧急避险人不承担民事责任,可以给予适当补偿”“紧急避险采取措施不当或者超过必要的限度,造成不应有的损害的,紧急避险人应当承担适当的民事责任”。

紧急避险,是指紧急避险人为了使本人或者第三人的人身、财产权益或者公共利益免受正在发生的、实际存在的危险而不得已采取的一种加害于他人人身或财产的行为。紧急避险属于“有正当理由”的不承担民事责任的抗辩事由。自《民法通则》(第129条)以来,我国民事立法均确认紧急避险作为抗辩事由之一(如《侵权责任法》第31条)。

紧急避险之所以被法律确认为不承担民事责任的抗辩事由,其理由在于行为的正当性:紧急避险人的避险行为虽然造成他人的人身或者财产损害(二者之间存在因果关系),但是它是以牺牲一个较小的利益保护一个较大的利益,从利益衡量的角度来看是合理的和“经济的”。同时,紧急避险的正当性还表现在“情势紧急”,相关的加害行为是不得已而为之。这表明紧急避险人在主观上没有过错,不应承担民事责任。紧急避险行为在客观上的正当性和紧急避险人在主观上的“没有过错”,构成大陆法系民法上的“违法性阻却”,因而紧急避险人无需承担民事责任。同样的道理,如果紧急避险采取措施不当或者超过必要的限度造成不应有的损害,这个“不应有的损害”部分就是不合理、不经济的,因此需要有人对此承担责任。而“采取措施不当或者超过必要限度”,往往也是由于紧急避险人没有尽到应有的注意义务,因而此情形下紧急避险人往往具有过错,需要对因其过错造成的损害部分承担责任。

---

[1] 参见张新宝:《侵权责任法》(第4版),中国人民大学出版社2016年版,第66页。

2. 紧急避险的构成要件

紧急避险构成不承担民事责任的“正当理由”抗辩事由，需要符合如下要件：(1) 目的条件。紧急避险的目的是使紧急避险人本人或者第三人的人身、财产权益或者公共利益免受紧迫的危险。(2) 情势条件。紧急避险是在情势紧急的情况下实施的避险行为，所谓情势紧急是指“危险”具有紧迫性和现实性，是正在发生的危险，是紧迫危险。[1]紧急避险行为所要保护的往往是生命、健康、身体等物质性人格权益和财产权益，而不包括名誉、隐私等非物质性人格权益。(3) 方法和限度条件。紧急避险人应当采用适当的方法在必要限度内实施避险行为，而不是选用不当的方法或者超过必要限度导致不应有的损害。

3. 紧急避险行为造成损害的处理

紧急避险行为造成损害，按照以下三种情形处理。

第一种情况，险情是由人的行为（或引起险情发生的人负有责任的物）所引起的，则因紧急避险造成的损害，由引起险情发生的人承担民事责任。引起险情发生的人包括以下两类：一类是险情是由其自己的故意或者过失实施的某种行为所引起，另一类是险情是由该人负有责任的物（动物、建筑物等）或其法定被监护人所引起的。

第二种情况，危险是由于自然原因引起的，紧急避险人不承担责任，但是可以予以适当补偿。引起险情的自然原因包括雷电、风暴、洪水、地震、海啸等。在这种情况下，紧急避险人不承担民事责任，但是可能发生补偿。到底由谁补偿，法律没有予以明确规定。我们认为应当由受益人（因为紧急避险行为而使其免于遭受损害的人）予以补偿。受益人既可能是紧急避险行为人，也可能是第三人。“适当补偿”，意味着对于受害人的财产损失，一般以受益人的受益为限；如果受害人遭受的是人身损害或者受益人的受益是在生命健康方面的，则应当按照一般理性人的价值标准和当地的经济发展状况、当事人之间的经济情况等作出判断。“补偿”包括“适当补偿”，不是民事责任，而是损害后

---

〔1〕 参见陈聪富：《民法总则》，元照出版有限公司 2014 年版，第 445 页。

果的公平分担,是一种由法律明确规定的支付一定数额金钱的法定义务,可以理解为“道义义务的法律化”。[1]

第三种情况,紧急避险采取措施不当或者超过必要限度,造成不应有的损害的,紧急避险人应当承担适当的民事责任。造成不应有的损害,或者是因为采取的紧急避险措施不当,或者是采取的措施虽然适当但是超过了必要限度。“不应有的损害”是指:(1)造成的损害大于紧急避险行为所保护的利益;(2)一般理性人所认为不应当发生或者不应当扩大的损害。依据本条规定,紧急避险人对不应有的损害部分承担适当的民事责任。

五、救助人自身受到损害的责任归属

(一)《民法总则》的规定及其理解

《民法总则》第183条规定:“因保护他人民事权益使自己受到损害的,由侵权人承担民事责任,受益人可以给予适当补偿。没有侵权人、侵权人逃逸或者无力承担民事责任,受害人请求补偿的,受益人应当给予适当补偿。”

本条是关于对见义勇为人受到损害的赔偿、补偿的规定。见义勇为行为,是指不负有法定职责和特定义务的公民,为保护国家利益、社会公共利益或他人人身、财产安全,制止正在发生的违法犯罪或抢险、救灾、救人,表现突出的行为。[2]

(二)见义勇为的构成要件

我国许多省、自治区和直辖市都制定了“鼓励公民见义勇为条例”,这些条例对见义勇为行为进行了界定。从这些条例的规定来看,构成“见义勇为”需要符合如下要件:(1)见义勇为人不负有法定职责和特定义务(如约定的义务)而实施见义勇为行为。消防队员的救火行为虽然很英勇,但是由于其负有法定职责,不能归入见义勇为的范

[1] 参见张新宝:《侵权责任法》(第4版),中国人民大学出版社2016年版,第79页。

[2] 参见《重庆市鼓励公民见义勇为条例》(修订)第4条。其他省、自治区、直辖市的见义勇为条例对“见义勇为”作出的界定与此基本相同。

围。(2)见义勇为人实施见义勇为行为是为了保护他人的合法权益、社会公共利益或者国家利益,而不是为了保护自己的合法权益。保护自己近亲属的合法权益所为的勇敢行为,一般也不宜认定为见义勇为行为,因为近亲属与行为人之间存在共同的利益,对其予以保护,也是直接或间接保护行为人自己的利益。(3)见义勇为行为的表现形式通常是制止正在发生的违法犯罪行为或者抢险、救灾、救人等行为。(4)见义勇为行为在"义"和"勇"的性质上应当是表现突出的行为,往往是一般人不敢、不愿或者不能实施的善良高尚的利他行为。不需要特别的勇气、特别的利他精神,举手之劳即可完成的轻微的或者一般助人为乐的行为,不宜界定为见义勇为行为。

(三)存在侵权人情况下的民事责任承担与补偿

见义勇为人为了保护他人的合法权益、社会公共利益或者国家利益而使自己受到损害,应当获得法律上的救济,包括侵权人的赔偿和受益人的补偿。在有侵权人的情况下,侵权人应当承担民事责任,受益人可以予以适当补偿。这里的"可以予以适当补偿"是新增加的规范,对见义勇为人予以更充分的保护。鉴于侵权人的赔偿已经到位或者基本到位,见义勇为人的损害填补将不再依赖于受益人的补偿。在此等情况下,法官得酌定是否补偿以及补偿的数额,以正确适用"可以予以适当补偿"的规定。

(四)在无法得到赔偿情况下受益人应当予以适当补偿

在没有侵权人、侵权人逃逸或者无力承担民事责任的情况下,遭受损害的见义勇为人有权请求受益人补偿,受益人应当依法予以"适当补偿"。此等情况下的"适当补偿"是法定的、强制性的,"适当补偿"的数额应当综合考虑见义勇为人遭受的损失大小、受益人的受益大小以及补偿能力、侵权人(如果存在)承担民事责任的能力等因素确定。

此外,见义勇为人还可以依据有关"鼓励公民见义勇为条例"(或者"公民见义勇为奖励条例"等)获得政府奖励和补助等,也可以依法获得社会捐助。如果见义勇为行为所保护的是社会公共利益或者国家利益,见义勇为者遭受损害的,也应当通过政府奖励、补助等获得救济。

六、"好人法"规则:自愿救助者造成损害不承担责任

(一)《民法总则》的规定及其理解

《民法总则》第184条规定:"因自愿实施紧急救助行为造成受助人损害的,救助人不承担民事责任。"该条在草案中曾经规定紧急救助人因重大过失造成受助人不应有损害的应当承担适当的赔偿责任,但是在大会讨论期间这一责任被删除。这表明立法者对见义勇为行为予以了坚决的支持,在立法政策导向上引导社会公众见义勇为。本条是中国版的"好人法",其基本含义是:一个行为人(救助者)出于高尚善良的目的对处于危难中的他人实施紧急救助行为,即使给被救助者造成一定损害也要豁免其责任。[1]

(二)"自愿实施紧急救助行为"的构成要件

本条规定的"自愿实施紧急救助行为",需要符合以下构成要件:(1)被救助人处于危难状态,这种危难通常是比较重大、常人难以自我克服而需要他人帮助的情形。如果是一般的困难情形,在一般社会观念下由受困人自己就可以克服,则往往不需要救助人的救助,即使救助人采取了帮助行为,一般也不构成本条的"紧急救助"。(2)救助此等处于危难状态的人具有急迫性,如救助正在被抢劫的被害人、救助正在遭受暴力侵害的受害人等。如果救助行为并不急迫,则一般也不构成本条规定的"紧急救助",而应该优先考虑寻求国家等公权力的救济。(3)救助者实施救助行为,是出于自愿,而不是因职务行为或者基于法定、约定的义务而实施该紧急救助行为。负有职务义务、其他法定救助义务或者约定救助义务的行为人实施救助行为,是出于法律的规定或当事人的约定,而非完全出于纯粹的"自愿",因此不属于本条适用的范围。(4)救助者是出于善意,救助的目的是保护被救助者的合法人

---

〔1〕"好人法"也称为"好撒马利亚人法"(Good Samaritan Law)。在美国和加拿大,它是给伤者、病人的自愿救助者免除责任的法律,目的在于使人做好事时无后顾之忧,不用担心因过失造成损害而遭到追究,从而鼓励旁观者对伤病人士施以帮助。该法律的名称来源于《圣经》中耶稣所作的好撒马利亚人的比喻。

身或财产权益。救助者是否出于善意而采取救助行为,应当结合所采取的救助行为的方式、危难的具体情形、救助的程度、救助者自身的知识水平等方面综合加以判断。

（三）“自愿实施紧急救助行为”不承担民事责任的法理依据

因自愿实施紧急救助行为,即使造成受助人损害的,救助人也不承担民事责任。这一“好人法”规则的法理依据主要有以下几方面。第一,如上文所述,对于一个出于高尚善良之目的而实施紧急救助的人豁免其民事责任,有利于免除救助人的后顾之忧。进而可以鼓励全社会形成“敢于救助、愿意救助”的良好氛围,提高整个社会的道德水准。第二,“好人法”规则主要的适用情形是在他人的生命、健康、身体正遭受紧迫的危难状态而对其采取紧急的救助。如果不采取紧急的救助,则受困人的生命安全、健康、身体等将极有可能受到严重损害。“好人法”规则鼓励救助人在此情形下予以救助体现了对于人的生命、健康、身体的高度尊重与关怀,是人道主义精神在民事领域的鲜明体现。第三,“好人法”规则的适用是具有紧迫性的情形,在紧迫的情形之下,救助人往往没有时间、精力去权衡利弊或者找出最好的救助方案。寻常情况下理性人的注意义务标准,在如此紧急的情况下往往并不适用。如果法律一味苛求紧急救助行为要达到一般的注意义务,很有可能导致救助行为的延误,进而导致受助人失去最佳的救助时机,造成难以挽回的损失。因此,“好人法”规则降低了在紧急救助情况下的注意义务标准,对于救助人豁免其民事责任。第四,在紧急救助的情况下,受助人最后遭受损害的原因往往并不是救助行为本身或者说主要不是救助行为本身。如果在这一危急情况下不采取任何救助措施,受困人可能或极有可能遭受更为严重的损害。因此救助行为具有正当性,豁免救助人的责任也具有正当性。

（四）对“救助人不承担民事责任”的正确理解与适用

《民法总则》第184条虽然规定“救助人不承担民事责任”,但是对此理解不能机械化、“一刀切”。第一,如果相关的危难情形并非十分严重、或受困人自己有能力克服这一困难、或并不具有紧迫性、或并不会对于受困人的生命、健康、身体等造成现实的不可挽回的损失，则一般无须他人采取紧急救助行为。在这些情况下，应当尊重受困人自己的意思，而不应当由救助人去代为选择救助的方案。第二，救助人的救助行为应当与其救助水平相适应。在紧急情况下鼓励采取救助行为的目的不是为了彰显救助人的英勇，而是为了尽量挽救受助人的利益。因此，救助人的救助行为原则上应当有助于挽救受助人的利益。如果救助人不顾自身的救助水平而“乱救一气”，则不仅无助于挽救受助人的利益，还有可能使受助人陷入更大的困境。例如，如果受助人的生命处于危难状态，但是救助人并不具备任何救助知识，则该救助人不应该随意采取救助措施，而应该采取通知医务人员前来救助等必要的救助行为。第三，具有一定的救助水平的救助人，对于处于危急状态的受困人采取紧急救助措施，原则上不承担民事责任。这意味着法律不要求救助人在这样的危急状态下采取最完美的救助方案。这是法律在“很有可能实现不了的最好”与“有可能实现的次好”之间的立法选择。

七、“英烈条款”：侵害英雄烈士人格权益应当承担民事责任

（一）《民法总则》的规定及其理解

《民法总则》第 185 条规定：“侵害英雄烈士等的姓名、肖像、名誉、荣誉，损害社会公共利益的，应当承担民事责任。”这是《民法总则（草案）》在大会讨论期间增加的一个条文，具有鲜明的政治和社会意义。

本条中的“英雄”应该理解为是形容词，用以修饰“烈士”。烈士，是指在保卫祖国和社会主义建设事业中因特定情形牺牲的，依照《烈士褒扬条例》与《军人抚恤条例》被依法认定为烈士的公民。一般公民牺牲符合下列情形之一的，评定为烈士：在依法查处违法犯罪行为、执行国家安全工作任务、执行反恐怖任务和处置突发事件中牺牲的；抢险救灾或者其他为了抢救、保护国家财产、集体财产、公民生命财产牺牲的；在执行外交任务或者国家派遣的对外援助、维持国际和平任务中牺牲的；在执行武器装备科研试验任务中牺牲的；其他牺牲情节特别突出，堪为楷模的。现役军人牺牲，符合下列情形之一的，批准为烈士：对

敌作战死亡,或者对敌作战负伤在医疗终结前因伤死亡的;因执行任务遭敌人或者犯罪分子杀害,或者被俘、被捕后不屈遭敌人杀害或者被折磨致死的;为抢救和保护国家财产、人民生命财产或者参加处置突发事件死亡的;因执行军事演习、战备航行飞行、空降和导弹发射训练、试航试飞任务以及参加武器装备科研实验死亡的;其他死难情节特别突出,堪为后人楷模的。现役军人在执行对敌作战、边海防执勤或者抢险救灾任务中失踪,经法定程序宣告死亡的,按照烈士对待。因参战牺牲的民兵、民工,因参加军事演习、军事训练和执行军事勤务牺牲的预备役人员、民兵、民工以及其他人员,参照现役军人的情形评定为烈士。

"英雄烈士等"原则上指已经牺牲的"英雄烈士等"。原因在于,如果该英雄人物尚在人世,则在其人格权益被侵害但尚未达到损害社会公共利益的程度时,应当由其自主决定是否要求侵权人承担民事责任,这是民法尊重意思自治的基本要求。只有在英雄烈士已经牺牲,其在事实上已经无法要求侵权人承担民事责任时,才有必要由本条特别规定该侵权人仍然需要承担民事责任。"英雄烈士等"中的"等"具有特定指向,是指在我国近现代历史上,为争取民族独立和人民自由幸福、国家繁荣富强作出了突出贡献的楷模,例如我国近现代史上的伟人、革命领袖等。只要是能够作为民族精神的代表、民族文化旗帜的人,都可以纳入本条保护的主体范围。

(二)对英雄烈士等的人格权益进行特别保护的意义

第一,对于英雄烈士等的人格权益进行特别保护具有鲜明的政治意义。本条是在大会审议阶段新增加的一个条文,体现了《民法总则》鲜明的政治导向,也是弘扬社会主义核心价值观的具体体现。《民法总则》在本条特别规定英雄烈士人格权益的保护,有利于弘扬烈士精神,缅怀烈士功绩,培养公民的爱国主义、集体主义精神和社会主义道德风尚,培育和践行社会主义核心价值观,增强中华民族的凝聚力,激发实现中华民族伟大复兴中国梦的强大精神力量。而且,近一个时期以来,侵害英雄烈士人格权益的案件时有发生,诋毁革命领袖的思潮有所抬头,在全社会造成了极为恶劣的影响。在此社会现实下,对于英雄烈士等的人格权益予以特别保护尤具现实意义。

第二，目前现行法及司法解释的规定具有一定不足。最高人民法院《关于确定民事侵权精神损害赔偿责任若干问题的解释》（法释〔2001〕7号）第3条规定，“自然人死亡后，其近亲属因下列侵权行为遭受精神痛苦，向人民法院起诉请求赔偿精神损害的，人民法院应当依法予以受理：（一）以侮辱、诽谤、贬损、丑化或者违反社会公共利益、社会公德的其他方式，侵害死者姓名、肖像、名誉、荣誉；（二）非法披露、利用死者隐私，或者以违反社会公共利益、社会公德的其他方式侵害死者隐私；（三）非法利用、损害遗体、遗骨，或者以违反社会公共利益、社会公德的其他方式侵害遗体、遗骨”。

这一司法解释对于保护英雄烈士的人格权益起到了一定的积极作用，但也具有一定不足。因为该条规定中将起诉的主体限定为死者的近亲属。而对于英雄烈士而言，首先由于年代较为久远，可能已经没有近亲属在世。其次英雄烈士不同于一般的自然人，其已经成为民族精神的重要组成部分，对于每一个我国公民而言都具有极强的情感价值，因此对于其人格权益的侵害所导致的受害主体已经不再局限于近亲属的范围。最后对于英雄烈士等的人格权益的侵害往往会构成对于社会公共利益的损害。因此，本条的规定有利于为人民法院审判此类案件提供更为直接、有力、明确的裁判依据，更为有效地维护英雄烈士的人格权益，更好地维护社会公共利益。

（三）侵害英雄烈士等的人格权益的民事责任的构成

第一，只要是侵害了英雄烈士等的姓名、肖像、名誉、荣誉的，即应承担民事责任。是否构成对于姓名、肖像、名誉、荣誉的损害，依据侵权责任法的规定判断。在判断加害人的侵权行为是否侵害了英雄烈士等的姓名、肖像、名誉、荣誉时，判断标准与一般自然人相同，都应该按照侵权责任法的规定予以判断。法律对于所有民事主体（包括已经去世的英雄烈士等）的人格权益的保护标准，都是相同的。这是民法平等原则的体现。承担何种民事责任应当依据具体案件情形予以判断。

第二，侵害英雄烈士等的姓名、肖像、名誉、荣誉，损害社会公共利益的，国家公权机关可以介入提起民事公益诉讼，要求加害人承担民事责任。当侵害英雄烈士等的人格权益已经严重到损害社会公共利益时，国家公权机关为了维护社会公共利益，可以也应当提起民事公益诉讼。尤其是在没有民事主体对此依法提起诉讼时，公权机关更应该主动介入。目前，有权提起民事公益诉讼的公权机关主要是人民检察院，提起公益诉讼的范围主要是生态环境和资源保护、国有资产保护、国有土地使用权出让、食品药品安全等领域。[1] 应当将本条规定的损害社会公共利益的情形解释到"等领域"之中。

八、民事责任的竞合

（一）《民法总则》的规定及其理解

《民法总则》第186条规定："因当事人一方的违约行为，损害对方人身权益、财产权益的，受损害方有权选择请求其承担违约责任或者侵权责任。"本条是关于违约责任与侵权责任竞合情况下，请求权选择的规定。行为人实施某一行为符合多种民事责任的构成要件，从而在法律上导致构成多个民事责任，这是民事法律规范相互之间交叉及效力边缘不清晰所致。对于这种现象，有的国家法律允许受到损害的一方将所有请求都提交给法院（如美国），由法院最终判决其中之一胜诉；有的只许可受到损害的一方将其中的一个特定请求（如违约的损害赔偿请求）提交到法院（如法国），不允许选择请求权，更不允许将多个相互排斥的请求提交给法院；有的则允许受到损害的一方在几个请求之间进行选择，将其中一个请求提交到法院（如德国）。这种允许受害一方在几个请求之间进行选择并只能将其中之一提交到法院的制度，即"民事责任竞合"或"责任竞合"制度。

在具有合同关系的双方当事人之间，一方的违约行为既构成违约责任又构成侵权责任，对方当事人在法律规范上具有违约责任请求权

---

〔1〕 参见《全国人大常委会关于授权最高人民检察院在部分地区开展公益诉讼试点工作的决定》（2015年7月1日第十二届全国人民代表大会常务委员会第十五次会议通过）；《人民检察院提起公益诉讼试点工作实施办法》（高检发释字[2015]6号）。

和侵权责任请求权。对此,我国民事法律规定了责任竞合制度(《合同法》第122条及本条):受害方有权选择其中一个请求权,或者是请求违约方承担违约责任,或者是请求其承担侵权责任,但是只能将选中的一个请求提交给法院。

(二)民事责任竞合规则的具体适用

一般认为,基于合同产生的权利为约定的权利(如请求出卖人交付标的物的权利,请求运输合同的运送人将货物按时运输到指定地点的权利),基于法律规定产生的权利为法定权利(如生命权、健康权),在多数情况下二者的区别是明显的。但是,履行诸如旅客运送合同、货物运送合同、美容合同、诊疗合同等涉及权利人一方的法定权利的合同时,如果义务人不适当履行约定义务,则不仅构成违约责任,也往往构成侵害对方人身、财产权益的侵权责任。

民事责任之竞合,多发生在合同关系中一方的"加害给付":履行合同的行为不适当,构成违约责任;同时,该行为又侵害了对方的人身或者财产权益,构成侵权责任。民事责任的竞合需要符合以下构成要件:(1)行为人实施了一个不法行为,而不是实施了多个不法行为;(2)同一不法行为违反两个或两个以上的民事法律规范,构成两个或两个以上的民事责任;(3)两个或者两个以上的民事责任相互冲突,如果其中之一得以实现,另一个就不能存在。数个民事责任相互排斥的性质,将民事责任竞合与责任聚合(《民法总则》第187条)区别开来。

我国法律对上述一方当事人的数个民事责任并存,或者说对方(受害人一方)数个请求权并存但是又相互排斥的情况,规定了请求权竞合规则:受害人一方有权在数个请求权之间选择一个提起诉讼,也只能选择其中之一提起诉讼。

现有的司法解释甚至对受害人一方选择请求权的时间作出了规定:"债权人依照合同法第一百二十二条的规定向人民法院起诉时作出选择后,在一审开庭以前又变更诉讼请求的,人民法院应当准许。对方当事人提出管辖异议,经审查异议成立的,人民法院应当驳回起诉。”[1]

在本条的适用中,还有两个问题需要注意:(1)法院是否可以对当事人一方有选择权以及如何行使选择权进行释明。(2)法律已经对某些案件的请求权行使作出了规定的,可否仍由受害方行使选择权。对于第一个问题,我们认为法院可以释明当事人的选择权以及选择权的行使方式,但是不宜预判选择某一选择权可能的审判结果。对于第二个问题,我们认为如果法律对某些情形规定了唯一的选择权,受害人就不再有选择权。以医疗损害为例,对于患者一方遭受的人身损害,既然法律规定了受到损害的患者一方侵权责任方面的请求权,就不宜再享有基于诊疗合同的违约责任请求权。

九、法律责任聚合与民事责任优先规则

(一)《民法总则》的规定及其理解

《民法总则》第187条规定:“民事主体因同一行为应当承担民事责任、行政责任和刑事责任的,承担行政责任或者刑事责任不影响承担民事责任;民事主体的财产不足以支付的,优先用于承担民事责任。”这条法律规定有两项基本内容,一是法律责任聚合规则,二是民事责任优先规则。

责任聚合,也称为法律责任聚合,是指责任人的同一行为违反两个或者两个以上不同性质的法律规范,符合两个或者两个以上的法律责任之构成要件,依法应当承担多种性质的法律责任的情况。责任聚合主要是由于近代以来法律部门划分导致法律责任分别规定在不同法律文件中这一原因造成的。在责任聚合的情况下,责任主体要承担全部种类的法律责任,各种责任(民事责任、行政责任和刑事责任)不相互替代,也不相互影响。自《民法通则》(第110条)以来,我国民事立法一直确认法律责任聚合的规则(如《侵权责任法》第4条第1款)。在

---

〔1〕 最高人民法院《关于适用〈中华人民共和国合同法〉若干问题的解释(一)》第30条。

《民法总则》中规定法律责任聚合的规则,对于纠正实践中“以刑代民”“罚(刑罚)了不赔(民事赔偿)”的不当做法具有重要意义。

民事责任优先,是指在上述责任聚合的情况下,民事主体(责任人)依法既要承担财产性质的民事责任(赔偿损失等),也要承担行政法上的财产性质的责任(如罚款、罚金)、刑法上财产性质的责任(如罚金、没收非法所得、没收个人财产)等,如果其财产不足以同时支付以上各种财产责任,则以其个人财产优先承担赔偿损失等民事责任。

(二)法律责任聚合规则

本条前半段是关于法律责任聚合规则的规定。这里的“民事主体”,是指其行为构成多重法律责任的责任人。这里的民事责任主要指财产性质的民事责任,如赔偿损失。民事责任与行政责任、刑事责任聚合,具有以下特征:(1)责任人只实施了一个行为;(2)该行为具有多重违法性;(3)该违法行为符合多个法律责任的构成要件;(4)该行为的实施者应当依法承担多个法律责任,如民事责任、行政责任和刑事责任,承担行政责任和刑事责任不影响民事责任的承担。在实践中,某些做法如在刑事附带民事的案件中拒绝非物质性损害(如精神损害)的赔偿,限制人身损害(如死亡赔偿金、残疾赔偿金)的赔偿,与本条规定的精神不相符。[1] 法律规定民事主体因同一行为应当承担民事责任、行政责任和刑事责任的,承担行政责任、刑事责任不影响承担民事责任,是因为各部门法律所保护的客体是不相同的。比如,责任人承担罚款的行政责任和罚金的刑事责任,无法救济被害人的财产损失,所以该责任人还需要依法承担损害赔偿等民事责任。侵害他人生命的犯罪人,被判处刑罚(死刑、无期徒刑等),对于救济被害人的近亲属并无实

---

〔1〕 最高人民法院《关于适用〈中华人民共和国刑事诉讼法〉的解释》(法释〔2012〕21号)第138条第2款规定:“因受到犯罪侵犯,提起附带民事诉讼或者单独提起民事诉讼要求赔偿精神损失的,人民法院不予受理”;第155条第2款规定:“犯罪行为造成被害人人身损害的,应当赔偿医疗费、护理费、交通费等为治疗和康复支付的合理费用,以及因误工减少的收入。造成被害人残疾的,还应当赔偿残疾生活辅助具费等费用;造成被害人死亡的,还应当赔偿丧葬费等费用。”详细的讨论可参见张新宝、郭明龙:《论侵权死亡的精神损害赔偿》,载《法学杂志》2009年第1期。

质意义,被扶养人的生活费等仍然需要民事责任(如死亡赔偿金)来解决。

(三)民事责任优先规则

本条后半段是关于民事责任优先的规定。这里的“财产不足以支付”,是指责任人的个人全部财产不足以支付承担各种法律责任所要求的金钱数额之总和。法律之所以规定民事责任优先,是因为相应数额的金钱赔偿对于民事上的被侵权人(或相关权利人)具有重大利益,是对其损害的填补;但是行政罚款或者刑法罚金对于国库收入而言则意义甚微。将有限的资源(责任人可以用于承担法律责任的财产)配置到最需要的地方,体现了国家法律保护人权和公民个人财产权,立法和司法为民,构建和谐社会的理念。

第二十二讲　诉讼时效

尹　田*

民事权利的强制力，表现为权利受到他人不法侵害时，权利人有权请求人民法院保护其权利。在债权或者其他请求权因义务人不履行义务而遭受侵害的情况下，权利人有权提起诉讼，请求人民法院强制义务人履行义务。为了稳定财产秩序和法律秩序，当权利人的权利遭受侵害时，法律对权利人以诉讼方式请求保护其权利的期间设置了限制，如果权利人在法定期间内不行使权利，其权利即不再受到诉讼保护。这一制度，在民法上称之为“诉讼时效”。

我国《民法总则》第九章规定了诉讼时效制度，该章共十二条。

一、诉讼时效的概念和特征

（一）时效与诉讼时效

诉讼时效是债权或其他请求权在遭受不法侵害后，权利人在法定期间内不行使权利，其权利即丧失法律强制力的法律制度。

---

* 中国法学会保险法研究会会长，北京大学法学院民法研究中心主任、教授、博士生导师，中国法学会理事。

在传统民法理论上,不行使权利的状态持续一定期间,即产生权利取得或者权利消灭的法律效果,这项制度称为“时效”。其中,财产的无权占有人以自主、和平、公开的方式持续占有财产至一定期间,即取得占有物的所有权,这种时效称为“取得时效”;请求权人不行使权利达到一定期间,其权利即归于消灭或者不受诉讼保护,这种时效称为“消灭时效”。

依照通说,时效制度起源于罗马法,而取得时效的出现早于消灭时效。取得时效最先为罗马法之《十二铜表法》所规定,消灭时效则是由罗马裁判官法所创设。〔1〕 近代民法承继了这一制度,包括法国、德国、日本以及其他大陆法系国家均以不同方式规定了时效制度。

“诉讼时效”是对消灭时效的另一种称谓,最早见于 1922 年《苏俄民法典》。该法典第 11 条规定:“超过法律规定的期限,不能提起诉讼。”其后,“诉讼时效”这一词语被原社会主义法系国家如波兰、捷克斯洛伐克、匈牙利、蒙古、越南所沿用。现在这些国家的经济体制乃至政治体制已发生变化,但作为法文化和法传统,其民事立法仍在使用“诉讼时效”概念。我国 1986 年《民法通则》延续了苏联民法制度,采用了“诉讼时效”的用语。

《民法通则》仅在其第七章规定了诉讼时效而没有规定取得时效。就我国民法在规定诉讼时效制度的同时,应否同时规定取得时效的问题,我国民法理论界展开过长期的讨论,多数人认为应将取得时效规定于物权制度,也有人认为应当在民法典总则中同时规定诉讼时效和取得时效。我国于 2007 年颁布的《物权法》没有规定取得时效制度,《民法总则》也未对之作出规定。取得时效制度是否应当在未来的民法典物权编中予以规定,尚待讨论。

(二)时效制度的正当性

作为一项最为古老的民法制度,时效制度与民法上的其他制度极

---

〔1〕 参见[意]彼德罗·彭梵得:《罗马法教科书》,黄风译,中国政法大学出版社 1992 年版,第 107 页。

为不同之处,在于其他制度的目标均是对合法利益进行保护或者在不同利益发生冲突时予以平衡和协调,而时效制度的目标却是背离权利人的意志而强行消灭其享有的权利,同时使不法占有他人财产的人取得占有物的权利或者使承担债务的债务人不再被强制履行其义务。因此,充分认识时效制度的正当性,对于正确适用《民法总则》所规定的诉讼时效制度具有极为重要的意义。

在此应当强调的是,民法上的时效制度并非一般意义上的对于某些权利的法定保护期间,作为时效成立的事实基础的"权利人有权利不行使",也不是指一般意义上的不行使权利。这是因为,除知识产权和其他非实体性权利(如形成权、抗辩权等程序性权利以及监护权、代理权等资格性权利)之外,物权、债权、身份权等实体性权利本身根本不存在法定存续期间,而权利人"有权利不行使"则是一种常见现象(如享有财产使用权的人不实施对财产的使用行为等),但不行使实体性权利如不构成权利的滥用,则不发生任何法律上的不利后果。据此,时效制度所称"权利人有权利不行使",是特指在权利受到不法侵害的条件下,权利人所持有的一种消极的不作为状态。例如,所有人的所有物被他人不法占有而不请求其返还;债权人在债务人不按期履行债务时不请求债务人为清偿行为,等等。总而言之,无论何种权利,只要其处于未受不法侵害的正常状态,则绝对不发生时效制度的介入。

时效制度的正当性理由,在于维护了代表整体利益的法律秩序,并由此而不得不以牺牲对权利人的法律保护为代价。

民法的基本作用在于利益衡量,而利益衡量的必要性及其原因,则是由不同利益之间发生冲突的必然性所决定的。至关重要的是,时效制度所要解决的利益冲突,并非权利人与义务人之间的利益冲突,而是应受法律保护的权利与因权利人长期怠于行使权利而形成的生活秩序之间所发生的冲突。

在财产被他人长期无权占有的情形下,权利人不行使返还财产请求权所导致的结果,是使他人对财产的自主、公开、和平及持续的占有形成权利外观,而占有事实状态越持久,对外界所形成的占有人为真正权利人的表象就越牢固,由此产生第三人的信赖并在此基础上建立各种法律关系,从而形成不宜被破坏的生活秩序。与此相同,在债权人长期不行使请求权的情况下,债务人的财产应当减少而未能减少,由此也会形成债务人虚假的财产状况外观,对外界产生一种可值信赖的财产信用,并在此基础上建立各种法律关系和生活秩序。上述秩序一旦予以破坏,就有可能造成无辜的第三人的损害及财产秩序的不稳定。由此,权利保护与秩序保护之间发生了冲突:如保护权利,则秩序遭受破坏;如保护秩序,则必须牺牲权利人的利益。为此,立法者只能选择对秩序的保护而不得不牺牲权利人的利益。

由此可见,时效制度在表面上是直接使义务人获得不正当的利益,但其实质作用是对有可能遭受破坏的生活秩序及第三人利益的保护,故其既不是对不履行义务行为的奖励,也不是对“有权利不行使”的惩罚,而是对既有秩序的维护。因此,就取得时效而言,无权占有人不应仅因权利人的懈怠或者疏忽而取得权利,其权利的取得只能是因他人占有财产的事实的旷日持久,以至于对外界有可能形成该占有人真正享有权利的牢固表象;就消灭时效而言,权利人不应仅因怠于、疏于乃至羞于行使权利而丧失其请求权,其权利的丧失只能因其长期不行使权利而于外界有可能形成了义务人可值信赖的财产状况的虚假外观。所以,取得时效和消灭时效的期限都不能规定得太短,否则,权利人的利益就会遭受过分损害。

(三)诉讼时效与除斥期间的区别

《民法总则》第199条规定:“法律规定或者当事人约定的撤销权、解除权等权利的存续期间,除法律另有规定外,自权利人知道或者应当知道权利产生之日起计算,不适用有关诉讼时效中止、中断和延长的规定。存续期间届满,撤销权、解除权等权利消灭。”这一规定所涉及的期间,不适用诉讼时效的规定,此种期间在学理上被称为“除斥期间”。

除斥期间亦称预定期间,是指法律预定某种权利在存续期间届满时当然归于消灭的期间。在理论上,除斥期间是形成权的存续期间。法律对形成权没有统一的存续期间的规定,有关形成权的具体存续期间的规定散见于各种民事法律之中。如《合同法》第 55 条第 1 项对撤销权行使期间的规定、《继承法》第 25 条第 2 款对受遗赠表示接受的期间的规定，均属于除斥期间。

诉讼时效与除斥期间，都会由于一定期间内权利不行使而导致权利失效，都属于期间对权利行使的限制。但二者存在诸多区别：

1. 规范功能不同

除斥期间的规范功能旨在维持原事实状态，除斥期间届满，原事实状态的法律关系就得以维持；诉讼时效的规范功能在于维护新的事实状态，诉讼时效期间届满，新事实状态即获得保护。例如，甲因重大误解而与乙签订买卖合同，甲的撤销权因除斥期间经过而消灭时，甲与乙之间原有的合同关系就继续存在；又如，丙和丁订立买卖合同之后，如债权人丙在诉讼时效期间内不行使债权，一旦债务人丁拒绝履行其债务，则丙和丁之间的债权债务关系不再受人民法院保护，亦即债务人丁不履行债务的新的事实状态获得法律保护。

2. 适用客体不同

诉讼时效的客体是遭受侵害的债权或其他请求权，除斥期间的客体为形成权，如撤销权、解除权、追认权等。形成权不能成为诉讼时效的客体。

3. 期间计算不同

除斥期间是不变期间，除斥期间的经过不能发生中断、中止、延长；而诉讼时效是可变期间，诉讼时效期间可因中止、中断或延长而在客观上得到延展。

4. 法律效力不同

形成权因除斥期间届满而归于消灭。而诉讼时效期间届满后，权利人的请求权仅因丧失其法律强制力而成为“自然权利”。

（四）诉讼时效规范的强制性

1. 一般规定

各国民法学说尽管对于时效制度目的的阐述存在各种各样的观点，但对于这一制度最为基本的功能在于维护社会生活秩序稳定的结论上,并无相反意见。由此,在论及时效规范的性质时,通说认为,时效制度的目的是对公共利益的保护,所以,民法有关时效的规定属于强制性规范,不得因当事人的约定而加以改变或者排除其适用,其中包括时效适用范围(如法律规定不适用诉讼时效的请求权,不得因当事人的约定而适用诉讼时时效的规定)、时效成立条件(如当事人不得约定秘密占有也可以成立取得时效)、时效期间的计算方法(如当事人不得约定改变时效期间的起算原则,也不得扩大或者缩减时效中止以及中断的法定事由范围)等。

不过,就时效期间能否为当事人约定或者法院所改变(加长或者缩短),存在不同立法例。有的国家允许当事人减短但不得加长(如《德国民法典》第 225 条);有的国家允许法院加长(如《苏俄民法典》第 46 条),有的国家不允许当事人改变时效期间(如《瑞士债法典》第 129 条、我国台湾地区"民法典"第 147 条)。

很显然,诉讼时效期间是衡量一定的事实状态是否有可能形成不宜破坏的生活秩序的法定标准,故当然不得由当事人约定予以加长。而当事人以约定减短时效期间,其实质同样是改变了上述法定标准,使值得法律加以保护的秩序在尚不可能形成之前,即发生权利取得或者消灭的法定效果。据此,对时效期间的加长固然通过损害义务人的利益而损害了秩序,但对于时效期间的减短则会使义务人获得不当利益,虽为权利人所同意,但与时效制度的宗旨相悖,故不宜支持。

事实上,如果义务人愿意在权利保护之诉讼时效期间届满后履行义务,自可主动履行,不必采用约定延长时效期间的方法。而如果权利人愿意在时效期间届满前放弃权利,则自可主动免除债务人的债务,而不必采用约定减短时效期间的方法。

我国 1986 年《民法通则》对于是否允许当事人通过约定改变诉讼期间没有作出规定,只是在其第 137 条对诉讼时效期间的延长作出如下规定:"诉讼时效期间从知道或者应当知道权利被侵害时起计算。但是,从权利被侵害之日起超过二十年的,人民法院不予保护。有特殊情况的,人民法院可以延长诉讼时效期间。"由于这一规定在行文上的特点,使诉讼时效期间延长的适用范围在理解上产生歧义,有人认为其可适用于任何诉讼时效期间,也有人认为此项规定是针对立法时中国大陆与台湾地区人民长期中断联系的特殊状态,故其仅适用于20年最长诉讼时效期间。[1] 实际上,从诉讼时效稳定法律秩序及其规范的强制性特征来看,法院不应对时效期间的延长享有任何自由裁量权,故此项规定仅应适用于20年最长诉讼时效期间,且应有特别严格的限制。

对此,《民法总则》弥补了《民法通则》的相关缺陷,在其第197条明确规定:“诉讼时效的期间、计算方法以及中止、中断的事由由法律规定,当事人约定无效。”与此同时,《民法总则》纠正了前述《民法通则》有关诉讼时效期间延长的规定所存在的表述缺陷,在其第188条第2款中明确规定:“诉讼时效期间自权利人知道或者应当知道权利受到损害以及义务人之日起计算。法律另有规定的,依照其规定。但是自权利受到损害之日起超过二十年的,人民法院不予保护;有特殊情况的,人民法院可以根据权利人的申请决定延长。”这一规定将20年最长诉讼时效期间与诉讼时效期间的延长规定于同一完整句子之中,指明了诉讼时效期间的延长仅仅适用于20年最长诉讼时效期间。

2. 特别规定

我国《民法总则》第198条规定:“法律对仲裁时效有规定的,依照其规定;没有规定的,适用诉讼时效的规定。”

仲裁时效,是指权利人向仲裁机构申请保护其民事权利的法定期间。当事人可以在合同中约定争议解决的方式,如果约定在合同纠纷发生时应交由仲裁机构仲裁,则在纠纷发生时,当事人可以申请仲裁。在有关法律对仲裁时效作出特别规定时,仲裁纠纷应适用其规定。例如,《合同法》第129条规定,因国际货物买卖合同和技术进出口合同争议申请仲裁的期限为四年;又如,我国《劳动争议调解仲裁法》第27条规定,劳动争议申请仲裁的时效期间为一年。

---

[1] 参见梁慧星:《民法总论》,法律出版社1996年版,第249页。

合同当事人可以约定解决合同纠纷的仲裁条款，但不能对仲裁时效的期间、适用范围等作出任何约定。

二、诉讼时效期间届满的法律效果

（一）诉讼时效效力的理论学说

诉讼时效的效力，即诉讼时效期间届满所导致的法律效果。对于权利人在诉讼时效期间届满后所丧失的究竟是何种权利的问题，传统民法上主要存在“实体权消灭说”、“诉权消灭说”及“抗辩权发生说”等理论主张和立法模式。

“实体权消灭说”认为，诉讼时效的效力体现为直接消灭实体权利，例如，《日本民法典》第167条规定，债权，因10年间不行使而消灭；债权或所有权以外的财产权，因20年间不行使而消灭。

“诉权消灭说”主张，诉讼时效完成后，其权利本身仍然存在，仅诉权归于消灭。例如，《法国民法典》第2262条规定，物权或债权的诉权均经30年的时效而消灭。

“抗辩权发生说”认为，时效完成后，义务人因而取得拒绝履行的抗辩权。如义务人自动履行的，视为抛弃其抗辩权，该履行应为有效。例如，《德国民法典》第222条规定，消灭时效完成后，义务人有拒绝给付的权利。

我国1986年《民法通则》第135条规定：“向人民法院请求保护民事权利的诉讼时效期间为二年，法律另有规定的除外。”第138条规定：“超过诉讼时效期间，当事人自愿履行的，不受诉讼时效限制。”据此，理论上认为《民法通则》采用的是诉权消灭主义，即诉讼时效期间届满，权利人丧失的是请求人民法院保护民事权利的权利，即“胜诉权”。

对此，《民法总则》第192条规定：“诉讼时效期间届满的，义务人可以提出不履行义务的抗辩。”（第1款）“诉讼时效期间届满后，义务人同意履行的，不得以诉讼时效期间届满为由抗辩；义务人已自愿履行的，不得请求返还。”（第2款）这一规定强调诉讼时效期间届满的法律效果导致产生义务人拒绝履行其义务的抗辩权，似乎采用的是“抗辩权发生说”。

但实际上,上述有关诉讼时效(消灭时效)的各种学说之间,并不存在本质差异。这是因为,诉讼时效期间届满后,只有当义务人在诉讼中对权利人的请求予以拒绝(提出时效抗辩)时,才能导致原告(权利人)所主张的权利因丧失强制力而败诉,因此,义务人的抗辩权的产生和行使,是诉讼时效效果发生的必要条件。而权利人的权利因诉讼时效期间届满而丧失诉讼保护(胜诉权消灭),则是义务人行使其抗辩权产生的必然结果。与此同时,权利人的权利因义务人行使抗辩权而丧失法律强制力后,虽然该种“权利”依然存在,但作为一种不具有法律强制力的“权利”,与权利人原来享有的具有强制力的权利已发生了本质区别,从这个意义上讲,权利人的具有强制力的实体权利已因诉讼时效期间届满而归于消灭。

因此,诉讼时效期间届满后,对义务人产生抗辩权,如义务人在诉讼中行使其抗辩权,则权利人将在诉讼中败诉,即其胜诉权归于消灭,而权利人原享有的权利即成为不具有强制力的“权利”。

(二)诉讼时效届满的具体效果

1.抗辩权发生

《民法总则》第192条规定:“诉讼时效期间届满的,义务人可以提出不履行义务的抗辩。”诉讼时效期间届满时,即对义务人产生不履行其义务的抗辩权,亦即在诉讼中,针对原告(权利人)行使其权利的诉讼请求,被告(义务人)有权以诉讼时效期间届满为由,对抗权利人的权利主张。

(1)抗辩权行使的条件

我国最高人民法院《关于审理民事案件适用诉讼时效制度若干问题的规定》第4条规定:“当事人在一审期间未提出诉讼时效抗辩,在二审期间提出的,人民法院不予支持,但其基于新的证据能够证明对方当事人的请求权已过诉讼时效期间的情形除外。”(第1款)“当事人未按照前款规定提出诉讼时效抗辩,以诉讼时效期间届满为由申请再审或者提出再审抗辩的,人民法院不予支持。”(第2款)

(2)法官不得主动援用诉讼时效

依照民法上的意思自治原则,义务人对其因诉讼时效期间届满而取得的抗辩权,可以行使,也可以不行使。如果义务人在诉讼中不行使其抗辩权,法院不可主动援用诉讼时效判令权利人败诉。

对于法院可否主动援用诉讼时效规范的问题,各国民法有不同规定。1964 年《苏俄民法典》第 82 条规定,不论双方当事人申请与否,均应适用诉讼时效。而《日本民法典》第 145 条则规定,时效非当事人援用之,法院不得依此作出裁判。我国 1986 年《民法通则》未规定法院可否主动援用诉讼时效。学界一般认为,诉讼时效届满对权利人而言丧失胜诉权,而对义务人而言取得时效抗辩权。时效抗辩权既然是一种民事权利,当事人可以行使,亦可以放弃,在义务人选择放弃时效抗辩权的情况下,法院主动援用诉讼时效,有违民法的意思自治原则,亦与《民法通则》第 138 条关于超过诉讼时效期间当事人自愿履行的,不受诉讼时效的限制的规定相悖。因此,法院不能主动援用诉讼时效。此通说被司法解释所采纳。最高人民法院《关于审理民事案件适用诉讼时效制度若干问题的规定》第 3 条规定:“当事人未提出诉讼时效抗辩,人民法院不应对诉讼时效问题进行释明及主动适用诉讼时效的规定进行裁判。”

我国《民法总则》采纳了学者意见和相关司法解释,在其第 193 条明确规定:“人民法院不得主动适用诉讼时效的规定。”

2. 胜诉权因义务人行使时效抗辩权而归于消灭

权利人在其权利的诉讼时效期间届满后提起诉讼,如义务人行使时效抗辩权,权利人即应败诉,即权利人的胜诉权归于消灭。

一般理论认为,诉权分为实体意义上的诉权和程序意义上的诉权,前者为起诉权,后者为胜诉权。胜诉权消灭意味着权利人的诉讼请求不能得到人民法院的判决支持,亦即其实体权利丧失强制力。

应当指出的是:

(1)诉讼时效期间的届满本身并不能直接导致权利人的胜诉权归于消灭。在诉讼时效届满后,如果在权利人提起的诉讼中,义务人不行使时效抗辩权,则权利人的权利仍然受到法律强制力的保护。法院作出权利保护的判决之后,如果义务人以自己不知道关于诉讼时效的规定为由,向人民法院起诉要求返还的,人民法院不予支持。

(2)诉讼时效届满后,权利人的起诉权并未消灭,权利人向人民法院起诉的,只要符合《民事诉讼法》关于起诉的规定,人民法院就应当立案审理。这样在义务人提出时效抗辩时,才能查明时效期间是否届满、是否存在能够引起诉讼时效中止、中断的法定事由,是否存在可以延长时效期间的正当理由。事实上,即使权利人的权利明显超过诉讼时效期间,鉴于在诉讼中义务人有可能提出时效抗辩,也有可能不提出时效抗辩,故对于这些纠纷案件,只要符合起诉条件的,人民法院应当受理,而不能裁定驳回起诉。

3. 实体权利因债务人的时效抗辩而丧失强制力从而成为自然债权

我国理论一般认为,债权因诉讼时效期间届满后,因丧失胜诉权而不再受诉讼保护,从而丧失其强制力,但权利本身并不因此而消灭,仅变成所谓"自然债权",债务人的债务也变成所谓"自然债务",如果债务人在诉讼时效期间届满后主动履行债务,债权人基于"自然债权"仍有权接受并受法律保护,债务人不得将之作为不当得利请求返还。但更为正确的看法是,债权在诉讼时效期间届满后,并不当然丧失其强制力,如果债务人不提出时效抗辩,则债权仍受诉讼保护,只有当债务人提出时效抗辩时,债权才丧失其强制力,此时的债务因不具有强制执行力而具有"道德义务"的性质,债务人一旦主动履行其债务,不得请求返还。

对此,我国《民法总则》第 192 条第 2 款规定:"诉讼时效期间届满后,……义务人已自愿履行的,不得请求返还。"此项规定应适用于两种情形:(1)诉讼时效届满后,权利人未提起诉讼,但义务人主动履行了义务;(2)诉讼时效届满后,权利人提起了诉讼,因义务人在诉讼中行使其时效抗辩权,权利人败诉。此后,义务人主动履行了义务。前述两种情形中,第一种情形下的债权因义务人并未行使时效抗辩权而仍然具有强制力,故义务人主动履行义务后不得请求返还;第二种情形下的债权因义务人行使了时效抗辩权而丧失强制力，成为“自然债权”，但义务人主动履行了义务，同样不得请求返还。

4. 诉讼时效届满后如义务人同意履行义务，权利仍然具有强制力

（1）义务人同意履行义务，是其放弃时效利益的意思表示

在债务已超过诉讼时效期间的情况下，如果债务人又通过和债权人签订还款协议等予以承认，债权应否予以保护？对此，最高人民法院在相关批复中规定：“超过诉讼时效期间，当事人双方就原债务达成还款协议的，应当依法予以保护。”[1]依照这一规定，诉讼时效届满后，当事人就原债务达成还款协议的，可视为债务人对时效利益的自愿放弃，对此法律应加以承认和保护。很显然，这一规定对债务人承认债务的条件进行了限制，即导致时效抗辩权消灭的债务承认，除承认债权关系的存在之外，必须含有同意履行的意思。在我国司法实务中，曾就诉讼时效期间届满后，债务人在债权人发出的催款通知单上签字或者盖章的行为的效果，出现过争议。对此，我国最高人民法院1999年的有关批复将之“视为对原债务的重新确认”，从而对该债权债务关系进行保护，[2]但于2004年在对四川省高级人民法院有关案件请示的答复函中指出：“根据《担保法》的规定，保证期间届满债权人未依法向保证人主张保证责任的，保证责任消灭。保证责任消灭后，债权人书面通知保证人要求承担保证责任或者清偿债务，保证人在催款通知书上签字的，人民法院不得认定保证人继续承担保证责任。但是，该催款通知书内容符合合同法和担保法有关担保合同成立的规定，并经保证人签字认可，能够认定成立新的保证合同的，人民法院应当认定保证人按照新保证合同承担责任。”[3]这一司法解释虽然针对的是保证义务，但其却否认了义务人在存款通知上的签章行为本身即无条件构成债务承认的做法。

---

〔1〕 最高人民法院《关于超过诉讼时效期间当事人达成的还款协议是否应当受法律保护问题的批复》（法复[1997]4号）。

〔2〕 参见最高人民法院《关于超过诉讼时效期间借款人在催款通知单上签字或者盖章的法律效力问题的批复》（法释[1997]7号）。

〔3〕 转引自马俊驹、余延满：《民法原论》，法律出版社2007年版，第251页。

我国《民法总则》第 192 条第 2 款规定："诉讼时效期间届满后，义务人同意履行的，不得以诉讼时效期间届满为由抗辩；……"这一规定显然扩张了最高人民法院相关司法解释中对于债务人导致时效抗辩权消灭的"同意履行义务"的适用范围，即除了当事人双方签订还款协议之外，债务人用其他明示方法同意履行债务的（如债务人向债权人发出同意履行债务的函件、在债务核对清单上签章确认等），也构成其"同意履行义务"。此外，债务人为其债务提供担保、主张债务抵销等，根据其行为的目的，应认定为"同意履行义务"。但债务人主动履行部分债务（包括履行支付本金的利息或者违约金等从债务）的行为，因并不包含其同意履行全部债务的意思，故不应推定为债务人同意履行全部债务。

超过诉讼时效期间的债务经债务人同意履行后，该债务具有强制力，其诉讼时效期间重新开始计算。

（2）债务人不得预先放弃时效利益

时效利益的预先放弃，是指债务人在诉讼时效期间尚未届满、时效抗辩权尚未产生之前，以意思表示的方式放弃将来有可能取得的时效抗辩权。例如，双方当事人在合同中约定，合同权利的诉讼时效期间届满时，债权人仍然有权请求债务人履行债务；或者约定在将来双方就债务履行发生纠纷时，债务人不得在诉讼中行使时效抗辩权。

依照一般原则，当事人有权放弃权利或者利益，但就法定权利或者法定利益，原则上不允许当事人预先放弃，其原因在于法定权利或者法定利益依法律直接规定而产生，法律赋予特定当事人以某种权利或者利益，均有对特定当事人或者公共利益予以某种特殊保护的目的，故原则上不允许其预先放弃。比如，侵权损害赔偿请求权为法律为保护受害人所赋予的权利，受害人不得在损害事实尚未发生之前，以意思表示而预先放弃。

诉讼时效利益为时效期间届满时义务人所获的利益，即债务人可以不再履行债务所获得的利益。义务人同意履行超过诉讼时效期间的义务、义务人在诉讼中不提出时效抗辩或提出时效抗辩经法院判决胜诉后向权利人主动履行义务等,均为对时效利益的放弃。

法律赋予义务人以时效利益的根本目的在于保护社会生活秩序的稳定,如允许义务人预先放弃此项利益,则使时效制度形同虚设,不能发挥维护社会生活秩序的作用。此外,理论上还认为,如果允许当事人预先放弃时效利益,则由于债务人通常处于弱势地位,债权人有可能迫使债务人在设立债的关系时放弃时效利益,这对于债务人有失公允。据此,很多国家和地区的民法典均明文规定时效利益不得预先放弃(如《日本民法典》第 146 条、我国台湾地区"民法典"第 147 条)。

我国《民法总则》第 197 条第 2 款明确规定:"当事人对诉讼时效利益的预先放弃无效。"

5. 诉讼时效的效力及于从权利

根据从权利和主权利之间的依附关系,债权有从权利的,主债权的诉讼时效期间届满后,主债权不再受法律的保护,其从债权也随之失去法律的保护。即使从债权有独立的诉讼时效,主债权已因诉讼时效期间届满而丧失强制力的,即使从债权诉讼时效期间尚未届满,从权利也应丧失强制力(如债权诉讼时效期间届满,违约金请求权也丧失诉讼保护)。

但如果从权利是担保物权,其是否也随主债权的诉讼时效期间的届满而丧失法律保护?对此,我国民法学界一直存有争议。"否定说"认为,主债权的诉讼时效期间届满后,主债权并没有消灭,而只是丧失了胜诉权,由于主债权的存在,作为从权利的担保物权也附随存在。"肯定说"认为,担保权人应当在主债权诉讼时效期间行使担保物权;未行使的,人民法院不予保护。最高人民法院 2000 年颁布的《关于适用〈中华人民共和国担保法〉若干问题的解释》第 12 条规定:"担保物权所担保的债权的诉讼时效结束后,担保权人在诉讼时效结束后的二年内行使担保物权的,人民法院应当予以支持。"该司法解释所持"否定说"被 2007 年《物权法》所修正。《物权法》第 202 条规定:"抵押权人应当在主债权诉讼时效期间行使抵押权;未行使的,人民法院不予保护。"依照这一规定,诉讼时效的效力及于作为从权利的抵押权和其他担保物权。

三、诉讼时效的适用范围

(一)诉讼时效仅适用于请求权

在我国,由于1986年《民法通则》第135条并未限定“向人民法院请求诉讼保护”的“民事权利”的具体范围,故较长时期中,诉讼时效被认为可以适用于一切民事权利。但此种认识在司法实践中很快遭到质疑。在处理请求返还被他人长期不法占有的房屋的诉讼纠纷中,法官在援用诉讼时效驳回原告的诉讼请求的同时,发现存在两个在观念上无法接受的事实:一是房屋所有人虽然仍享有房屋所有权,但除非不法占有人主动向其返还房屋,否则有可能永远无法行使其权利;二是房屋占有人可以永远占有房屋,但除非房屋所有人放弃其所有权,否则其有可能永远无法取得房屋所有权。于是,人们渐渐知道诉讼时效并不能适用于一切民事权利的保护,取得时效和诉讼时效是两根缺一不可的拐杖,失却一端,时效便成为跛脚的制度。而有关诉讼时效的适用范围仅限于所谓“请求权”的观点,也就逐渐成为理论的主流。[1]

我国《民法总则》没有明文规定诉讼时效的适用范围,但其有关诉讼时效的全部规定均指向当事人享有的“请求权”,包括合同债权、损害赔偿请求权等。同时,《民法总则》设专条对不适用诉讼时效的请求权作出了列举规定。据此,在我国民法上,诉讼时效范围依法仅适用于以债权为代表的请求权。

(二)不适用诉讼时效的请求权

依照《民法总则》第196条的规定,下列请求权不适用诉讼时效的规定。

1. 请求停止侵害、排除妨碍、消除危险

当物权(所有权和他物权)遭受不法侵害时,物权人为回复被侵害

---

〔1〕 参见魏振瀛主编:《民法》,北京大学出版社、高等教育出版社2000年版,第195页;王利明:《民法总则研究》,中国人民大学出版社2003年版,第715页;梁慧星:《民法总论》,法律出版社1996年版,第241~243页;马俊驹、余延满:《民法原论》,法律出版社2007年版,第253页。

的物权的圆满状态，可以请求侵害人排除妨碍、消除危险、返还原物。物权人享有的这些请求权，称为"物权请求权"。理论上认为，物权请求权虽为请求权的一种，但不适用诉讼时效。

停止侵害请求权，是指当物权被他人持续侵害时，物权人依法享有的请求侵害人停止其侵害行为的权利。侵害行为只要继续存在，物权遭受侵害的事实便持续发生，物权人就一直有权请求侵害人停止侵害行为，这种请求权不能因时间的经过而丧失其强制力，侵害人的侵害行为也不能因时间的经过而可以合法实施。例如，侵害人长期向邻人的房屋排放污水，导致其房屋损害，无论经过多长时间，邻人均有权请求侵害人停止排放污水。因此，停止侵害请求权不适用诉讼时效。

排除妨碍请求权，是指当他人的不法行为造成物权人正常行使其权利的障碍时，物权人依法享有的请求侵害人将其妨碍予以排除的权利。例如，在他人房屋的通道堆放物资而影响他人通行等，房屋所有人有权请求其将障碍物搬走。由于妨碍他人正常行使权利的不法行为具有持续性，故排除妨碍请求权不适用诉讼时效。

消除危险请求权，是指他人的不法行为有可能造成物权人的损害时，物权人依法享有的请求侵害人将有可能造成损害的危险予以消除的权利。例如，侵害人在他人建筑物附近放置汽油等易燃物品，有可能引起火灾而造成建筑物的毁损，物权人有权请求其将易燃物品移走，以消除发生火灾的风险。有可能导致物权损害的危险具有持续性，故不适用诉讼时效。

2. 不动产物权和登记的动产物权的权利人请求返还财产

当物权人的财产被他人不法占有时，物权人有权请求不法占有人返还原物，此种返还原物请求权属于物权请求权的一种。我国民法主流理论认为，在规定取得时效的情况下，返还原物请求权不适用诉讼时效，其原因在于，依照取得时效制度，在财产被他人不法占有时，如果物权人怠于行使其请求占有人返还原物的权利，当占有人以所有人的名义，公开、非暴力地占有财产达到法定期间时，占有人即依法取得占有物的所有权，原所有人的所有权即归于消灭。因此，当占有人依照取得时效的规定依法取得占有物的所有权时,原所有人请求其返还原物的权利当然随着其所有权的消灭而不复存在,而在不法占有人未能根据取得时效的规定取得占有物的所有权的情况下,权利人应当一直有权请求其返还原物。因此,返还原物请求权不适用诉讼时效。

但有所例外的是,取得时效不适用于经过登记的不动产和动产,其理由是,不动产和机动车、船舶、航空器等特殊动产依法以登记为其物权的公示方法,故不法占有他人经过登记的不动产或者动产(机动车、船舶、航空器等),不能产生虚假的权利外观,在交易中,他人系根据所有权登记判断这些财产的权利归属,而不是根据对财产的占有判断这些财产的权利归属,故不法占有他人经过登记的不动产和动产的人,不会被第三人误认为是权利人。因此,不法占有他人经过登记的不动产和动产,不得因时间的经过而取得占有物的所有权。这也就意味着,在所有人经过登记的房屋被他人不法占有时,无论经过多长时间,所有人都有权请求不法占有人返还房屋。但对于未经登记的不动产的不法占有,可以适用取得时效。不过,无论不动产或者特殊动产是否登记,均不能适用诉讼时效。

据此,我国《民法总则》第 196 条第 2 项规定,不动产物权和登记的动产物权的权利人请求返还财产的权利,不适用诉讼时效的规定。

对于一般动产被他人不法占有时,物权人请求其返还原物的权利是否适用诉讼时效的问题,《民法总则》未作规定。其原因在于,就取得时效制度是否应当在我国民法典中予以规定的问题,我国理论上一直未能达成共识,有两种观点:一种观点认为,我国民法典应当规定取得时效制度,否则,当一般动产被不法占有时,如果将动产的返还请求权规定适用诉讼时效,则当动产返还请求权因超过诉讼时效期间而丧失强制保护之时,一方面,所有人不得请求不法占有人返还财产;另一方面,财产的不法占有人一直无法取得所有权,这样就会造成财产秩序上的混乱。另一种观点认为,在现代社会,一般动产的使用年限较短,规定取得时效没有必要,与此同时,如果规定一般动产的返还请求权适用诉讼时效,在权利人的返还请求权因诉讼时效期间的届满而丧失强制力的情况下，占有物的支配和流转在事实上和法律上都不会出现问题：如果占有人自行支配财产，其支配权可以受法律保护；如果占有人转让占有物，则其返还请求权已丧失强制力的权利人不可能提出异议，而归根结蒂，受让人可依动产善意取得的规定而依法取得对财产的所有权。因此，应否在诉讼时效制度中规定一般动产的返还请求权不适用诉讼时效的问题，取决于我国民法典最终是否规定取得时效制度：如果规定取得时效，则应规定一般动产返还请求权不适用诉讼时效；如果不规定取得时效，则该种请求权应适用诉讼时效。

（三）请求支付抚养费、赡养费或者扶养费

身份权是基于婚姻亲属关系产生的权利，请求支付抚养费、赡养费或者扶养费的权利属于身份权上的请求权。从权利性质上讲，这些请求权具有债权性质，应适用诉讼时效。但因这些身份权与公序良俗有关，故我国台湾地区学者认为，这些权利的"基本债权"不因时效而消灭，只是过去已经发生的部分，如各期给付请求权，不妨因时效而消灭。〔1〕 在这里，所谓"基本债权"是指当事人基于某种法律地位而享有请求他人为财产给付的权利，如妻子基于配偶地位而对丈夫享有扶养费请求权等，只要此种法律地位不消灭及相关条件不改变，则当事人的该种请求权即一直存在。

但我国《民法总则》的立法者考虑到请求支付抚养费、赡养费或者扶养费的权利具有伦理属性，关涉家庭成员的基本生活保障，故规定这些基于婚姻亲属关系而产生的请求权不适用诉讼时效。例如，夫妻离婚后，未与其未成年子女共同生活的一方未按约定或者法院判决支付其子女的扶养费，无论经过多长时间，其支付抚养费的义务也不会丧失强制力。

（四）依法不适用诉讼时效的其他请求权

《民法总则》的此项规定属于"兜底条款"，不仅指向其他现行法律、行政法规规定不得适用诉讼时效的请求权，而且指向以后新颁布的

---

〔1〕 参见史尚宽：《民法总论》，中国政法大学出版社2000年版，第633页。

法律、行政法规规定不得适用诉讼时效的请求权。例如，国务院2011年1月8日修订发布的《储蓄存款条例》第25条规定："逾期支取的定期储蓄存款，其超过原定存期的部分，除约定自动转存的外，按支取日挂牌公告的活期储蓄存款利率计付利息。"依照这一规定，定期储蓄存款债权不适用诉讼时效。

四、诉讼时效的期间

（一）普通诉讼时效期间

普通诉讼时效期间，是指由民法典规定的，适用于一般民事权利的诉讼时效期间。民法典和其他民事法律规范对诉讼时效期间没有特别规定的，均适用普通诉讼时效期间。

普通诉讼时效期间包括一般诉讼时效期间和最长诉讼时效期间两种。

1. 一般诉讼时效期间

《民法通则》第135条规定："向人民法院请求保护民事权利的诉讼时效期间为二年，法律另有规定的除外。"依照这一规定，一般诉讼时效期间为两年。对于《民法通则》的这一规定，我国民法理论界历来持批评态度，认为其规定的期间过短，不利于对债权人的保护。一些学者立足于诉讼时效维护财产秩序的宗旨，参考各国立法例及现代发展趋势，建议将一般诉讼时效期间予以加长。例如，由梁慧星教授主持编写的《民法典草案建议稿》将普通诉讼时效期间规定为三年，同时就人身伤害、所有权返还、借款本金和利息、工资报酬、房屋买卖、土地使用权转让等产生的请求权的诉讼时效期间，规定为十年。[1]

我国《民法总则》采纳了学者的建议，在其第188条规定："向人民法院请求保护民事权利的诉讼时效期间为三年。法律另有规定的，依照其规定。"由此，一般诉讼时效的期间从《民法通则》规定的两年被加长为三年。

---

〔1〕 参见梁慧星：《中国民法典草案建议稿》，法律出版社2003年版。

2. 最长诉讼时效期间

《民法总则》第 188 条第 2 款规定:“诉讼时效期间自权利人知道或者应当知道权利受到损害以及义务人之日起计算。法律另有规定的,依照其规定。但是自权利受到损害之日起超过二十年的,人民法院不予保护;有特殊情况的,人民法院可以根据权利人的申请决定延长。”此条款所规定的即为最长诉讼时效期间。

与一般诉讼时效期间的起算点不同,一般诉讼时效期间应自权利人知道或者应当知道其权利受到侵害时开始计算,而最长诉讼时效期间自权利遭受侵害时开始计算。与此同时,最长诉讼时效期间不适用法律有关诉讼时效中止和中断的规定。

法律设置最长诉讼时效期间的原因在于,权利受到侵害后,如果权利人一直不知道也不应当知道其权利遭受侵害,如其诉讼时效期间一直不能开始计算,则历时过久而权利人的权利仍受到保护,与诉讼时效的立法宗旨不相吻合。因此,需要设置受到侵害的权利的最长保护期间,在权利受到侵害后,即使权利人不知道也不应当知道其权利遭受侵害,从权利受到侵害时起超过法定期间的,其权利即丧失强制力。

(二)特别诉讼时效期间

特别诉讼时效期间是指由民法典之外的特别法对某些特定权利所规定的诉讼时效期间。

我国《民法总则》第 188 条规定:“向人民法院请求保护民事权利的诉讼时效期间为三年。法律另有规定的,依照其规定。”在这里,“法律另有规定”的诉讼时效期间,是指由单行法规等特别法规定的“特别诉讼时效期间”。根据“特别法优先于普通法”原则,在有特别规定时,民事权利的保护适用特别诉讼时效期间。

与《民法总则》所规定的一般诉讼时效期间不同,特别诉讼时效期间具有两个特征:

1. 时效期间长度的差异性

(1)特别诉讼时效期间有可能长于一般诉讼时效期间。例如,《合同法》第 129 条规定:“因国际货物买卖合同和技术进出口合同争议提起诉讼或者申请仲裁的期限为四年,自当事人知道或者应当知道其权利受到侵害之日起计算。"《保险法》第 26 条规定,人寿保险给付保险金赔偿请求权的诉讼时效期限为 5 年。

(2)特别诉讼时效期间有可能短于一般诉讼时效期间。例如,《海商法》第 257 条规定,就海上货物运输向承运人要求赔偿的请求权,时效期间为 1 年;在时效期间内或者时效期间届满后,责任主体向第三人提起追偿请求的,时效期间为 90 日。

2. 时效期间起算点不同

一般诉讼时效期间自权利人知道或者应当知道权利受侵害开始计算,特别诉讼时效期间的起算则有可能采用其他方法。如《海商法》第 257 条规定,海上货物运输赔偿请求权的诉讼时效自承运人交付或者应当交付货物之日起计算;《海商法》第 258 条规定,海上旅客运输人身损害赔偿请求权的诉讼时效,自旅客离船或应当离船之日起计算;《民用航空法》第 171 条规定,地面第三人损害赔偿请求权诉讼时效,自损害发生之日起计算。

应当指出,1986 年《民法通则》第 136 条规定对某些请求权的诉讼时效期间作出了特别规定,根据其规定,下列请求权的诉讼时效期间为 1 年:(1)身体受到伤害要求赔偿的;(2)出售质量不合格的商品未声明的;(3)延付或者拒付租金的;(4)寄存财物被丢失或者损毁的。

后来,《民法通则》所规定的四种特殊的诉讼时效期间被后公布的单行法所部分修正。例如,《环境保护法》第 66 条规定,环境污染损害赔偿提起诉讼的时效期间为 3 年;《产品质量法》第 45 条规定,产品缺陷损害赔偿提起诉讼的时效期间为 2 年。

事实上,上述《民法通则》的规定是不合理的:基于对人身权利的特别保护,身体受到伤害产生的损害赔偿请求权的诉讼时效期间不应缩短,而基于买卖合同、租赁合同以及保管合同等产生的违约责任请求权,也没有任何理由应予缩短。据此,《民法总则》取消了《民法通则》的前述规定。

五、诉讼时效的起算

（一）起算原则

《民法总则》第188条第2款规定："诉讼时效期间自权利人知道或者应当知道权利受到损害以及义务人之日起开始计算。法律另有规定的，依照其规定。"此项规定确定了诉讼时效期间起算的一般原则，弥补了1986年《民法通则》相关规定的缺陷。

我国1986年《民法通则》第137条第1句规定："诉讼时效期间从知道或者应当知道权利被侵害时起计算。"这一规定存在明显不合理的缺陷。

诉讼时效的设置基础是其权利受到侵害的权利人怠于行使权利的事实，故诉讼时效期间应从权利人知道或者应当知道其权利受侵害时起开始计算，或者更准确地说，应当从权利人客观上能够行使其请求权时开始计算。而影响权利人行使权利的障碍有两种：一是事实上的障碍，即阻碍权利人行使权利的个人原因，如疾病、权利人误认为债权不存以及债务人下落不明，等等。二是法律上的障碍，即阻碍权利人行使权利的法律上的原因，如权利人不知且不可能知道其权利受侵害的事实，又如侵权损害中，权利人虽知道损害事实，但因加害人不明或者损害后果尚未显现等，权利人无法提起诉讼。法律上的障碍阻碍诉讼时效期间的起算，但事实上的障碍不影响诉讼时效期间的起算。

据此，因合同所生的债权（包括违约金或者损害赔偿请求权），应从债务履行期限届满时开始计算；因侵权损害赔偿所生的债权，应从权利人知道或者应当知道损害事实以及加害人时开始计算；因不当得利所生的债权，应从受损方知道或者应当知道不当得利事实之发生以及不当得利人时开始计算；因无因管理所生的债权，应从管理人能够向本人行使请求权时开始计算。

此外，因合同解除所生的赔偿请求权，应从约定的解除事由成立或者法定解除权行使之时开始计算；因法律行为无效或者被撤销所生的赔偿请求权，应从法律行为被确认无效或者被撤销时开始计算。

由此可见,《民法通则》第 137 条仅规定诉讼时效期间从权利人知道或者应当知道权利被侵害时开始计算,但对因侵权行为等产生的请求权的诉讼时效期间的起算,遗漏了“权利人知道侵害人(义务人)”这一重要条件,对此,《民法总则》的规定进行了弥补。

(二)特别规定

在规定诉讼时效期间起算的一般原则的同时,《民法总则》第 188 条第 2 款还规定,“法律另有规定的,依照其规定”。这就是说,在《民法总则》或者其他法律对于诉讼时效期间的起算作出特别规定的情况下,应当适用特别规定而不适用一般原则。

1.《民法总则》的特别规定

(1)分期履行的债务

依照当事人的约定分期履行的债务(如买卖合同约定分期支付货款等),其诉讼时效期间的起算时间应如何确定的问题,理论上历来存在争议。一种意见认为,分期履行实际上是将同一债务分割成不同的部分,每部分债务有其独立性,债务人到期不履行部分债务,债权即受到侵害,故该部分债务的诉讼时效期间即应开始计算;另一种意见认为,同一债务的分期履行并不影响该项债务作为整体存在,考虑到社会生活的实际情况和有利于对债权人的保护,分期履行的债务的诉讼时效期间应从最后一期债务到期时开始计算。

对此,有关司法解释采纳了上述第二种意见,最高人民法院《关于审理民事案件适用诉讼时效制度若干问题的规定》第 5 条规定:“当事人约定同一债务分期履行的,诉讼时效期间从最后一期履行期限届满之日起计算。”

上述司法解释的规定为我国《民法总则》采纳,其第 189 条规定:“当事人约定同一债务分期履行的,诉讼时效期间自最后一期履行期限届满之日起计算。”

(2)对法定代理人的请求权

《民法总则》第 190 条规定:“无民事行为能力人或者限制民事行为能力人对其法定代理人的请求权的诉讼时效期间,自该法定代理终止之日起计算。"

依照《民法总则》第 34 条的规定,监护人是被监护人的法定代理人。监护人不履行监护职责或者侵害被监护人合法权益的,应当承担法律责任,即作为被监护人的无民事行为能力人或者限制民事行为能力人有权请求监护人承担损害赔偿责任及其他民事责任。但是,由于欠缺民事行为能力的人缺乏判断能力,且监护人对其具有控制力,故在其取得或者恢复完全民事行为能力之前,欠缺民事行为能力的人不可能对其监护人主张任何权利。为此,应当将欠缺民事行为能力人对其法定代理人的请求权的诉讼时效期间的起算时间,确定于法定代理终止(即监护关系因未成年人成年、精神病人恢复健康等)之日,这样有利于保护未成年人和其他欠缺民事行为能力人的合法利益。

(3)未成年人遭受性侵害的请求权

《民法总则》第 191 条规定:"未成年人遭受性侵害的损害赔偿请求权的诉讼时效期间,自受害人年满十八周岁之日起计算。"

我国社会生活中,未成年人遭受性侵害的现象比较严重,引起公众普遍关注,为此,在《民法总则(草案)》提交全国人大代表审议的过程中,由有关人大代表提议,在《民法总则》中增设了上述保护遭受性侵害的未成年人的条款。事实上,在未成年人遭受性侵害时,由于未成年人缺乏判断能力和自我保护能力,处于弱势地位,故其不可能自己主张权利,而由于性侵害的特殊性,遭受性侵害的未成人往往难以将该种事实告诉父母或其他监护人。为此,规定未成年人因遭受性侵害而产生的损害赔偿请求权的诉讼时效期间,自受害人成年之日开始计算,有利于保护未成年人的合法利益。

2. 其他法律的特别规定

在《民法总则》之外的其他法律对某些特定债权的诉讼时效期间的起算时点作出特别规定时,应适用该种特别规定。例如,我国《海商法》第 257 条规定,海上货物运输赔偿请求权的诉讼时效自承运人交付或者应当交付货物之日起计算;又如,该法第 258 条规定,海上旅客运输人身损害赔偿请求权的诉讼时效,自旅客离船或应当离船之日起计算;再如,《民用航空法》第171条规定,地面第三人损害赔偿请求权诉讼时效自损害发生之日起计算。

3. 司法解释的特别规定

(1)未定履行期限的合同债权

对于未定履行期限的合同债权的诉讼时效期间的起算,理论上历来存在两种不同观点:一是认为应从债权成立之时开始计算,此为我国台湾地区判例及日本某些判例所采用;[1]二是认为应从债务人经债权人催告后的合理期间(宽限期)届满时开始计算,此为《德国民法典》第199条所规定所采用。[2] 实际上,前述两种方法均有其缺陷。第二种方法虽然符合诉讼时效期间的起算原则,即在未定履行期限的债权成立时,债权人的权利并未受到侵害,只有当债权人依照我国《合同法》第62条的规定"随时"请求债务人履行债务,且所给予债务人的履行债务的合理准备时间届满之时,方可发生债权受侵害的事实,但其缺陷在于,如果债权人长期不对债务人提出履行请求,则其权利的诉讼时效期间即一直不能开始计算,亦即债权诉讼时效期间的起算完全为债权人的意志所操控,难免有违诉讼时效制度的本旨;第一种方法虽然避免了此种缺陷,但债权成立即开始计算诉讼时效期间,不仅有违诉讼时效期间起算的基本原则,而且有违当事人设立债权关系的目的(如未约定还款期限的借贷关系,当事人通常并无"即借即还"的意思),故在时效期间较短的情况下,会使债权人"猝不及防"地丧失权利保护,对之显失公允。

对此,最高人民法院《关于审理民事案件适用诉讼时效制度若干问题的规定》基本采纳了上述第二种意见,在其第6条规定:"未约定履行期限的合同,依照合同法第六十一条、第六十二条的规定,可以确定履行期限的,诉讼时效期间从履行期限届满之日起计算;不能确定履

---

〔1〕 参见史尚宽:《民法总论》,中国政法大学出版社2000年版,第637页;[日]山本敬三:《民法讲义Ⅰ:总则》,解亘译,北京大学出版社2004年版,第362~363页。

〔2〕 参见[日]山本敬三:《民法讲义Ⅰ:总则》,解亘译,北京大学出版社2004年版,第362~363页。

行期限的,诉讼时效期间从债权人要求债务人履行义务的宽限期届满之日起计算,但债务人在债权人第一次向其主张权利之时明确表示不履行义务的,诉讼时效期间从债务人明确表示不履行义务之日起计算。”鉴于这一规定无法解决债权人一直不要求债务人履行债务的情形所导致的问题,有学者提出的处理方案是:对于未约定履行期限的债权,其诉讼时效期间应从债务人经债权人催告后的合理期间(宽限期)届满时开始计算,但债权人从债权成立时起,一年之内未为催告的,其诉讼时效期间应从自债权成立后一年期间届满时开始计算。[1]

(2)人身伤害所产生的债权

侵权损害赔偿中,因人身伤害所产生的赔偿请求权的特点是,伤害行为与伤害结果有可能不是同时出现,故《民通意见》第168条规定:“人身损害赔偿的诉讼时效期间,伤害明显的,从受伤害之日起算;伤害当时未曾发现,后经检查确诊并能证明是由侵害引起的,从伤势确诊之日起算。”但学者认为这一规定有所不当。这是因为,人身损害赔偿中,作为赔偿请求权据以产生的“损害事实”并非身体伤害本身,而是当事人因身体伤害所遭受的财产损失,此种财产损失主要表现为其支付的医疗费用等。这表现为人身伤害发生后,如果受害人应当支付的医疗费用等尚未确定,其无法行使损害赔偿请求权。因此,此种损害赔偿请求权的诉讼时效期间,应当从财产损害发生之时(医疗费用等已经确定或者能够确定之时)起开始计算,而不应从人身遭受伤害时或者伤势确诊之时起开始计算。[2]

(3)继续性侵权所产生的债权

继续性侵权是指针对同一客体连续实施的侵害行为。如对专利权、商标权等知识产权的继续性侵权等。对此种侵权所生的损害赔偿请求权诉讼时效期间的起算,存在不同观点,有人认为应从第一次侵权行为发生时开始计算,有人则认为应从侵权行为终结时开始计算。[3]

---

〔1〕 参见尹田:《民法典总则之理论与立法研究》,法律出版社2010年版,第361页。
〔2〕 参见尹田:《民法典总则之理论与立法研究》,法律出版社2010年版,第362页。
〔3〕 参见王利明:《民法总则研究》,中国人民大学出版社2003年版,第731~732页。

而根据我国最高人民法院2002年10月15日施行的《关于审理著作权民事纠纷案件具体适用法律若干问题的解释》第28条的规定:"……权利人超过二年起诉的,如果侵权行为在起诉时所仍在持续,在该著作权保护期内,人民法院应当判决被告停止侵权行为;侵权损害赔偿数额应当自权利人向人民法院起诉之日起向前推算二年计算。"

很显然,以一般方式确定继续性侵权所生债权的诉讼时效期间的起算点,客观上似乎存在难以克服的困难。因该种损害系连续不断地发生,故权利人的请求权也当不断产生。如将诉讼时效期间起算点确定为权利人第一次知道或者应当知道侵权事实之时,则权利人对于此后继续发生的侵权损害无法寻求法律保护,这样对权利人明显不公;但如将诉讼时效期间的起算点确定为侵权行为终结之时,则在侵权行为一直持续进行的情况下,无异于承认权利人即使有权利不行使也不受诉讼时效期间的约束,此举明显违背时效制度的宗旨。由此可见,相关司法解释所采用的做法是合理可行的。

六、诉讼时效的中止

(一)诉讼时效中止的概念

诉讼时效建立于权利人有权利不行使的基础之上,即权利人能够行使权利而未行使。如诉讼时效进行期间,因某种情况的发生,使权利人客观上不可能采用任何一种方法行使其权利,诉讼时效即暂停计算,待妨碍诉讼时效进行的客观情况消除时,时效期间继续计算,此为诉讼时效的中止。

诉讼时效的中止制度为各国民法所规定,但其规定方式有所区别。在不同的立法模式中,时效的中止被分为两种:一种是"时效之停止",即时效期间因中止事由而暂停计算,待阻碍时效进行的事由消除之后,时效期间继续计算,将中止前经过的期间与继续进行的期间相加,以确定时效期间是否完成;另一种是"时效不完成",即阻碍权利人行使权利的事由发生后,时效期间仍然继续进行,但即使时效期间已经届满,也只有在阻碍事由消灭之后并经过一定期间(如6个月),时效期间方可完成。例如,《日本民法典》第 159 条增加之第 2 条规定:“夫妻一方对他方所有的权利,自婚姻解除之时起 6 个月内,时效不完成。”一些国家(如法国、瑞士)民法仅规定时效之停止,而《德国民法典》则同时规定了“时效之停止”(第 202 条至第 204 条)与“时效不完成”(第 206 条至第 207 条)。但日本和我国台湾地区“民法典”则仅规定“时效不完成”。

比较有关时效中止的两种立法模式,其各有特点。“时效之停止”仅考虑在权利行使受到客观障碍时,令时效期间暂停计算,但原则上法定时效期间的长短并不因此而发生变化,亦即并不因此而给予不行使权利的权利人以更多的优惠,这样处理比较符合时效的宗旨;“时效不完成”则更加注重在阻碍时效正常进行的中止事由消除之后,给予权利人以充分的行使权利的时间,这样处理,对于因婚姻亲属关系上的原因(如继承人不确定、欠缺行为能力的人没有法定代理人等)而发生的时效中止,更加符合生活实际(如欠缺行为能力的权利人因法定代理人死亡而无法行使权利,时效发生中止,而在新的法定代理人确定之后,其常常不能立即进入角色并及时代为行使权利),有利于对权利人利益的正当维护。

我国民法理论上,诉讼时效的中止历来仅指“时效之停止”,1986 年《民法通则》也采用了这种规定方法,在其第 139 条规定:“在诉讼时效期间的最后六个月内,因不可抗力或者其他障碍不能行使请求权的,诉讼时效中止。从中止时效的原因消除之日起,诉讼时效期间继续计算。”

《民法总则》改变了《民法通则》的做法,采用了“时效不完成”的规定模式,在其第 194 条第 2 款规定:“自中止时效的原因消除之日起满六个月,诉讼时效期间届满。”在我国民法诉讼时效期间规定较短的情况下,此种做法有利于对债权人的保护。

(二)中止的条件和效力

诉讼时效的中止应同时具备以下条件。

1. 须存在法定中止事由

诉讼时效中止事由为阻碍权利人行使权利的客观情况,与权利人主观上是否有行使权利的意思毫无关系。

从各国民法的规定来看,构成诉讼时效中止事由的主要有两种情形。

一是不可抗力,即自然灾害、战争、瘟疫等无法预见以及无法避免的客观情况。凡属权利人主观原因而造成的阻碍其行使权利的情形,如不知其权利存在或误认为权利不存在、下落不明等,不构成中止事由。权利人患病虽为客观原因造成,但与其本人有关,也不构成中止事由。依照日本判例,债权被扣押,虽债权人无法对债务人行使权利,但因债权人仍可提起债权确认之诉,故也不构成中止事由。[1]

二是其他障碍,包括:(1)欠缺行为能力的债权人因故没有法定代理人。(2)继承开始后,债权人或者债务人的继承人或者遗产管理人尚未确定。此种情形下,债权人的继承人无法行使权利,而债权人也无法对债务的继承人行使权利。[2] (3)法定代理关系的存在。很多国家的民法规定,欠缺行为能力的债权人如与债务人之间存在法定代理关系的,于代理关系消灭后1年内,其时效不完成。[3] 其理由是,欠缺行为能力的人享有的债权须由其法定代理人代为行使,在债务人为法定代理人的情形下,其权利难以行使。德国、意大利等国民法还规定,监护关系存续期间,监护人与被监护人相互之间存在债权债务关系的,均得发生中止。[4] (4)夫妻关系的存在。各国民法均规定,夫妻相互之间存在债权债务关系的,于婚姻关系消灭后1年内,其时效不完成。[5] 鉴于夫妻为生活共同体,应相互信赖,其婚前发生的债权债务虽不因缔结婚姻而消灭,但于婚姻存续期间相互行使债权乃至诉诸法庭,有违生

---

〔1〕 参见史尚宽:《民法总论》,中国政法大学出版社2000年版,第689页。

〔2〕 参见《法国民法典》第2258~2259条;《德国民法典》第207条;《日本民法典》第160条。

〔3〕 参见《德国民法典》第204条;《日本民法典》第159条;《瑞士债法典》第134条第1项。

〔4〕 参见《德国民法典》第204条;《意大利民法典》第2941条第2~4款。

〔5〕 参见《法国民法典》第2253条;《德国民法典》第204条;《日本民法典》第159条;《瑞士债法典》第134条第1项。

活习惯和婚姻伦理,故其诉讼时效期间应当发生中止。

对此,除不可抗力之外,我国《民通意见》第 172 条作出了具体规定:“在诉讼时效期间的最后六个月内,权利被侵害的无民事行为能力人、限制民事行为能力人没有法定代理人,或者法定代理人死亡、丧失代理权,或者法定代理人本人丧失行为能力的,可以认定为因其他障碍不能行使请求权,适用诉讼时效中止。”

在充分借鉴上述司法解释的基础上,我国《民法总则》第 194 条第 1 款规定:“在诉讼时效期间的最后六个月内,因下列障碍,不能行使请求权的,诉讼时效中止:(一)不可抗力;(二)无民事行为能力人或者限制民事行为能力人没有法定代理人,或者法定代理人死亡、丧失民事行为能力、丧失代理权;(三)继承开始后未确定继承人或者遗产管理人;(四)权利人被义务人或者其他人控制;(五)其他导致权利人不能行使请求权的障碍。”

2. 须中止事由存在于时效期间届满之前 6 个月

法律规定诉讼时效中止制度的目的,在于使权利人有充分的时间行使其权利。因此,当妨碍权利人行使权利的客观情况发生并结束于诉讼时效期间届满前 6 个月之前时,因权利人仍有 6 个月以上的时间行使其权利,故很多国家的民法均规定,中止事由须发生或者延续至诉讼时效期间起算之后、届满之前最后 6 个月之内,才能引起中止的效果。我国《民法总则》第 194 条采取了同样的规定方法。

依照《民法总则》的规定,中止事由如发生于时效期间届满前 6 个月之内,则从中止事由出现之日起,时效期间停止计算,待事由消灭后,时效期间继续计算 6 个月,直至届满;中止事由如发生于前述 6 个月之前并延续至该 6 个月之内,则时效期间从该第 6 个月起停止计算,待中止事由消灭后,时效期间继续计算 6 个月,直至届满。

七、诉讼时效的中断

(一)中断的概念和事由

诉讼时效进行期间,如果权利人以某种方式行使了权利,则诉讼时效得以建立的基础(权利人有权利不行使)即不复存在,双方的法律关系得以清晰和稳定,因此,已经经过的诉讼时效期间应当归于无效。此种情形,称为诉讼时效的中断。例如,甲对乙享有的债权到期之后,其债权的诉讼时效期间开始计算,两个月之后,甲催告乙履行债务,其催告行为导致诉讼时效的中断,如乙仍不履行其债务,诉讼时效期间从甲的催告之次日起,重新开始计算,已经经过的两个月的期间,不再计入已进行的诉讼时效期间之内。

诉讼时效的中断制度为各国民法所规定。我国《民法通则》第140条规定:"诉讼时效因提起诉讼、当事人一方提出要求或者同意履行义务而中断。从中断时起,诉讼时效期间重新计算。"在此基础上,我国《民法总则》第195条规定,"有下列情形之一的,诉讼时效中断,从中断、有关程序终结时起,诉讼时效期间重新计算:(一)权利人向义务人提出履行请求;(二)义务人同意履行义务;(三)权利人提起诉讼或者申请仲裁;(四)与提起诉讼或者申请仲裁具有同等效力的其他情形"。

1. 权利人向义务人提出履行请求

(1)"请求"的含义

法国、德国、瑞士等国家的民法典规定,仅裁判上的请求(起诉)才能引起时效的中断。[1] 但日本和我国台湾地区"民法典"规定,债权人诉讼外的催告,也能引起时效的中断,但其条件是债权人为催告后须于其后6个月之内为裁判上的请求。[2] 其立法理由是,经债权人请求后,"若债务人否认其请求权或无诚意履行,如请求人经过相当时间并不起诉,则可认为无行使权利之觉醒,故应视为不中断,而自视不发生中断之效力"。[3] 我国民法理论历来认为诉讼外请求应当无条件引起诉讼时效的中断,且此种中断时效的方法,债权人得反复运用,只不过其诉讼时效的最长期间不得超过20年。但也有学者认为我国民法应

---

〔1〕 参见《法国民法典》第2244条;《德国民法典》第209条;《瑞士债法典》第135条第2款。

〔2〕 参见《日本民法典》第147条;我国台湾地区"民法典"第130条。

〔3〕 史尚宽:《民法总论》,中国政法大学出版社2000年版,第653页。

仿效日本立法例，对诉讼外请求之中断时效，设置限制性条件。[1]

比较正确的观点是，债权人请求债务人履行债务，是债权人以诉讼外方式行使其权利的典型方法，故其应当构成时效中断的法定事由。无论采用否认诉讼外请求得中断时效的立法模式，还是采用强令债权人为催告后一定期间内必须提起诉讼方可中断时效的立法模式，其实质性效果均在逼迫债权人尽快采用诉讼方式行使其权利，此种促使当事人以争讼的极端方式解决利益纷争的做法，不符合我国传统道德观念和生活习惯，也不适应我国经济生活的现状，不仅会造成人际关系的紧张，且成本巨大。据此，我国《民法总则》仅规定债权人请求债务人履行债务得引起诉讼时效的中断，但未作其他限制。

(2)请求的成立条件

请求即债权人催告债务人履行债务的行为，债权人的催告须到达债务人方可发生中断时效的效力。关于请求的对象，《民通意见》第173条规定："权利人向债务保证人、债务人的代理人或者财产代管人主张权利的，可以认定诉讼时效中断。"

理论上认为，对于债权人的请求应采宽泛解释，只要债权人对债务人以某种方式表达了行使权利的意思，即可构成请求，包括债权人主张债务抵销、行使同时履行抗辩权、拒绝返还担保物等。至于债权人为部分债权之请求是否具有中断全部债权的时效的效果，学者有不同看法，[2]比较正确的观点是，鉴于债权之整体与部分、从权利与主债权之间的密切关系，如果债权人为部分债权或者从权利(如违约金请求权)的请求时，并无放弃其余部分债权或者主债权的表示，则其当然包含有确认其全部债权或者主债权的意思，故应引起全部债权或者主债权的时效的中断。但债权人请求保证人履行保证义务时，因保证人与债务人为不同主体，其行使权利的意思并未到达债务人，故不应对主债权的时效发生中断。

对于权利人提出请求的方式，最高人民法院《关于审理民事案件

---

〔1〕 参见马俊驹、余延满：《民法原论》，法律出版社2007年版，第260页。

〔2〕 参见史尚宽：《民法总论》，中国政法大学出版社2000年版，第652页。

适用诉讼时效制度若干问题的规定》第 10 条规定，下列情形构成“权利人向义务人提出履行请求”，产生诉讼时效中断的效力：

①当事人一方直接向对方当事人送交主张权利文书，对方当事人在文书上签字、盖章或者虽未签字、盖章但能够以其他方式证明该文书到达对方当事人的。

对方当事人为法人或者其他组织的，签收人可以是其法定代表人、主要负责人、负责收发信件的部门或者被授权主体；对方当事人为自然人的，签收人可以是自然人本人、同住的具有完全行为能力的亲属或者被授权主体。

②当事人一方以发送信件或者数据电文方式主张权利，信件或者数据电文到达或者应当到达对方当事人的。

③当事人一方为金融机构，依照法律规定或者当事人约定从对方当事人账户中扣收欠款本息的。

④当事人一方下落不明，对方当事人在国家级或者下落不明的当事人一方住所地的省级有影响的媒体上刊登具有主张权利内容的公告的，但法律和司法解释另有特别规定的，适用其规定。

与此同时，前述司法解释第 11 条还规定：“权利人对同一债权中的部分债权主张权利，诉讼时效中断的效力及于剩余债权，但权利人明确表示放弃剩余债权的情形除外。”

此外，理论上还认为，由于请求只是债权人行使权利的意思表示，故即使债务人对其请求享有某种抗辩权，或者其主张的债务抵销因不具备法定条件而不能成立等，也不影响该请求发生中断时效的效力。例如，合同约定出卖人甲应于 3 月 1 日交货，买受人乙应于 3 月 2 日付款，如果甲在到期并未交货的情况下请求乙支付货款，虽乙得行使先履行抗辩权，但甲的请求仍可引起其债权诉讼时效的中断。又如，甲就其与乙之间的对待债务主张法定抵销，虽因乙对其享有的债权尚未到履行期而不能成立，但甲对乙的债权之诉讼时效仍发生中断。

2. 义务人同意履行义务

各国民法均规定债务人的“承认”即产生中断时效的效力，但对此种“承认”的立法表达有所不同：有的将之概括表达为义务人对权利的“承认”(《法国民法典》第2248条、《日本民法典》第147条)；有的则将之作列举规定(《德国民法典》第208条规定：“债务人以分期付款、清偿利息、给付担保或其他方式承认债权人的请求权者，消灭时效中断。”《瑞士债法典》第135条第1项也有相似规定)；我国《民法总则》第195条则将之明确限定为债务人“同意履行义务”。

我国最高法院《关于审理民事案件适用诉讼时效制度若干问题的规定》第16条规定，义务人作出分期履行、部分履行、提供担保、请求延期履行、制订清偿债务计划等承诺或者行为的，应当认定为当事人一方“同意履行义务”。

应当指出，债务人同意履行义务，应采用意思表示的方式并到达债权人，方可中断时效。

3. 权利人提起诉讼或者申请仲裁

(1)“起诉”的含义

起诉为权利人行使权利之最为极端的方式，故各国民法均规定其能够引起诉讼时效的中断。对于“起诉”的含义，各国民法作出了宽泛的解释。如《法国民法典》第2244条至第2246条规定，送达法院传票、支付命令或扣押命令、为和解而传唤被告等，均可引起时效中断；《德国民法典》第209条至第210条规定，除提起给付之诉或者确认请求权之诉以及请求强制执行之外，送达支付命令、申请和解、在破产程序中申报破产债权、申请先决判决等，均与起诉有中断时效之同等效力。《日本民法典》第149条至第152条也有相似规定。我国理论上也认为，权利人所提起的诉讼的种类不受限制(包括民事诉讼、刑事附带民事诉讼、民事诉讼中的本诉或者反诉等)，而权利人依仲裁条款申请仲裁、向法院申请强制执行等，均具有与起诉同等的中断时效的效力。

就起诉是否为诉讼时效中断的事由，我国有学者赞同苏联学者的观点，认为根据民事诉讼“一事不再理”原则，当事人一旦起诉并经法院判决，即仅存在申请强制执行期间的问题而不存在诉讼时效期间重新起算的问题,故并无必要认定起诉为时效中断的事由。[1] 很显然,鉴于诉讼时效中断的意义在于时效期间的重新起算,故在我国民事诉讼体制之下,如债权人提起给付之诉或者直接申请强制执行,则当然不能发生时效的中断而只能发生其"终结"。但是,在权利人提起单纯的债权确认之诉或者就部分债权提起给付之诉等情形,法院判决并不能导致部分或者全部债权得以强制执行的效果,此种情形下,债权或者部分债权的诉讼时效期间仍有重新起算的必要和可能。此外,在权利人起诉后又撤诉的情形下,如果认定在一定条件下,其起诉能够引起诉讼时效的中断,则仍有必要重新计算时效期间。因此,立法上仍应将起诉列为诉讼时效中断的法定事由,只不过权利人的某些诉讼请求一经法院判决,即不存在相关权利的诉讼时效期间重新起算的问题。

(2)起诉被驳回或者撤回的效果

有关权利人起诉后因其起诉不符合法律要求而被裁定驳回得否引起时效中断的问题,各国或地区立法均规定其不发生时效的中断。[2] 但日本和我国台湾地区有学者认为,即使起诉被驳回,只要诉状已送达债务人,则仍应发生因请求或者催告而中断时效的效力。[3] 因我国司法实践中,起诉被驳回通常不发生向被告送达诉状的问题,故其应视同为未起诉,不能引起诉讼时效的中断。

就当事人起诉后又撤诉得否引起时效中断的问题,在我国大陆理论界存在很大争议。对此种情形,我国大陆学者中有人认为应当中断时效,有人认为不应当中断时效,也有人认为应区别不同情况予以不同对待:如当事人撤诉时其诉状副本已送达被告,则应引起中断,否则不能引起时效中断。[4] 而对这一问题,其他国家或地区则存在不同规定:《法国民法典》第2247条规定,"原告撤回起诉时""不认为时效中

---

〔1〕 参见马俊驹、余延满:《民法原论》,中国政法大学出版社2000年版,第261页。

〔2〕 参见《法国民法典》第2247条;《日本民法典》第149条以及《德国民法典》第212条第1项。

〔3〕 参见[日]我妻荣:《新订民法总则》,于敏译,中国法制出版社2008年版,第428页;史尚宽:《民法总论》,中国政法大学出版社2000年版,第658~659页。

〔4〕 参见马俊驹、余延满:《民法原论》,中国政法大学出版社2000年版,第259页。

断”;《德国民法典》第 212 条规定,当事人撤回诉讼,视为不中断,但“如权利人在 6 个月之内再行起诉,消灭时效由前次起诉时起视为中断”;《日本民法典》第 149 条规定:“裁判上的请求,于诉被驳回或撤回时,不发生时效中断的效力。”但按照日本判例,在债权人撤回破产申请之前,可以认为其一直在催告债务人履行债务,故可比照催告,债权人如在破产申请撤回后 6 个月内起诉,则时效中断的效力将得到维持。[1] 我国台湾地区判例也承认,如诉状已送达债务人,则债权人的起诉纵经撤回,也应适用其民法有关时效因请求而中断的规定。[2] 对此,有学者认为,权利人行使权利而中断时效,不仅要求权利人有行使权利的意思和行为,而且其行使权利的意思必须到达债务人,方可引起时效的中断。在权利人起诉又撤诉的情形下,如其诉状未送达债务人,则应视同为未起诉。但如起诉状已经到达债务人,则双方之间的法律关系并非因此而未产生任何影响,故应将之视为债权人请求债务人履行义务的一种方式,应当引起时效的中断。由此推而论之,无论债权人行使权利的方式如何,尤其是在诉讼的环境中,无论债权人在诉讼中基于何种地位、基于何种原因或采用何种形式,只要债权人对债务人有行使债权的意思并到达债务人,则均应发生时效中断的效果。

对此,我国最高人民法院《关于审理民事案件适用诉讼时效制度若干问题的规定》第 12 条规定:“当事人一方向人民法院提交起诉状或者口头起诉的,诉讼时效从提交起诉状或者口头起诉之日起中断。”但其未对当事人起诉后又撤诉是否引起诉讼时效的中断作出规定。

4. 与提起诉讼或者申请仲裁具有同等效力的其他情形

法律为民事权利保护设置了多样化的救助途径,除提起诉讼、申请仲裁之外,当事人有可能选择其他由公权力或者社会公共资源提供的救助机制主张其权利,由于权利人行使权利是诉讼时效中断的原因,故除起诉和申请仲裁之外,权利人行使其权利的其他方式,也应具有与起

---

〔1〕 参见[日]山本敬三:《民法讲义Ⅰ:总则》,解亘译,北京大学出版社 2004 年版,第 372 页。

〔2〕 参见史尚宽:《民法总论》,中国政法大学出版社 2000 年版,第 658 ~ 659 页。

诉和申请仲裁同等的中断时效的效果。对此,我国最高人民法院《关于审理民事案件适用诉讼时效制度若干问题的规定》第 13 条、第 14 条、第 15 条规定了与起诉具有同等诉讼时效中断的效力的具体情形,除申请仲裁之外,还包括:

(1)申请支付令;申请破产、申报破产债权;为主张权利而申请宣告义务人失踪或死亡;申请诉前财产保全、诉前临时禁令等诉前措施;申请强制执行;申请追加当事人或者被通知参加诉讼;在诉讼中主张抵销,等等。

(2)权利人向人民调解委员会以及其他依法有权解决相关民事纠纷的国家机关、事业单位、社会团体等社会组织提出保护相应民事权利的请求,诉讼时效从提出请求之日起中断。

(3)权利人向公安机关、人民检察院、人民法院报案或者控告,请求保护其民事权利的,诉讼时效从其报案或者控告之日起中断。

上述机关决定不立案、撤销案件、不起诉的,诉讼时效期间从权利人知道或者应当知道不立案、撤销案件或者不起诉之日起重新计算;刑事案件进入审理阶段,诉讼时效期间从刑事裁判文书生效之日起重新计算。

(二)中断的效力

就诉讼时效中断所涉及的权利或者当事人的范围,各国民法有不同规定。我国《民法总则》对以下问题作出了规定。

1. 连带债权人和连带债务人

如债的关系中债权人一方为多人,且多个债权人之间依照约定或者法律规定享有连带债权,则该多个债权人为连带债权人。当连带债权人中的一人向债务人提出履行请求或者提起诉讼,或者债务人向连带债权人中的一人作出同意履行义务的意思表示时,其他连带债权人的债权的诉讼时效是否也应发生中断?对此,最高人民法院《关于审理民事案件适用诉讼时效制度若干问题的规定》第 17 条第 1 款规定:"对于连带债权人中的一人发生诉讼时效中断效力的事由,应当认定对其他连带债权人也发生诉讼时效中断的效力。"

如债的关系中债务人一方为多人，且多个债务人之间依照约定或者法律规定共同承担连带债务，则该多个债务人为连带债务人。当债权人向连带债务人中的一人提出履行请求或者提起诉讼、或者连带债务人中的一人向债权人作出同意履行义务的意思表示时，其引起的诉讼时效中断的效果是否对其他连带债务人发生同样的作用？对此，最高人民法院《关于审理民事案件适用诉讼时效制度若干问题的规定》第 17 条第 2 款规定："对于连带债务人中的一人发生诉讼时效中断效力的事由，应当认定对其他连带债务人也发生诉讼时效中断的效力。"

2. 代位权诉讼涉及的债权

根据《合同法》第 73 条的规定，因债务人怠于行使其到期债权，对债权人造成损害的，债权人可以向人民法院请求以自己的名义代位行使债务人的债权。债权人所提起的代位权诉讼涉及债权人自己对债务人享有的债权和债务人对次债务人享有的债权。此时，债权人因提起诉讼而引起的诉讼时效的中断是否对该两项债权均发生效果？对此，我国最高人民法院《关于审理民事案件适用诉讼时效制度若干问题的规定》第 18 条规定，"债权人提起代位权诉讼的，应当认定对债权人的债权和债务人的债权均发生诉讼时效中断的效力"。

第二十三讲　期间的计算

刘士国*

一、期间的概念与意义

期间是由某一日期到另一日期或者某一时刻到另一时刻的时间过程。期间与期日不同,期日是某一时间点。期间与期日在民法学中统称为期限,它们都是引起民事法律关系发生、变更、消灭的法律事实。由于期日是一个固定的时间点,容易认定,不需法律再作如何认定的规定。然而期间却不同,由于期间是一个时间过程,起点的开始一日是否计算在内,期间的最后一日在该日何时结束,如遇节假日,期间最后一日该如何认定,以时、分计算期间的该如何计算,需要法律作出明确规定。

期间有法律规定、人民法院或者其他有关机关指定、当事人民事法律行为约定或者明确三种。法律规定的期间,分为强制性规定与任意性规定两种。强制性规定的期间,不允许当事人另行约定,如时效期间。任意性规定的期间,允许当事人另行约定计算方式,充分尊重当事人的意思。这种情况限于法律允许通过民事法律行为设定期间和期间的计算方式的情况。如借

---

* 中国法学会民法学研究会副会长,复旦大学法学院教授。

款，当事人可以约定借款期限为一年，可以约定从借款当日起算。人民法院或者有关机关指定的期限，如判决书或者仲裁决定书中指定的偿还债务的期间。约定期间又称意定期间，是由当事人自行约定的期限，如当事人双方协议确定的合同履行期限、商品的保修期限、债务的履行期限等。

中华人民共和国成立后，我国废除了国号纪年，采用单独的公历纪年法。[1] 我国民法没有采用农历纪年法，《民法总则》第200条规定："民法所称的期间，按照公历年、月、日、小时计算。"当然，允许意思自治的领域除外。

民法对期间的计算作出规定的法律意义在于：

1. 期间是民事法律关系存在的时间，也是当事人的相关权利或者义务、责任产生或者灭失的时间。如房屋保修期是五年，如果超过五年后第一天房屋漏水，承担保修责任的开发商即不再承担保修责任。因此，必须确切计算才能准确保护当事人的权利，恰当约束当事人的义务和责任。还有如一般诉讼时效法律规定为三年，当事人约定房屋租期而没约定如何计算，法律必须统一规定起算日和结束日，才能避免当事人因理解不同而发生的争议。这既是当事人统一遵循的标准，也是法院裁判统一的计算标准。

2. 期间是附期限民事法律行为效力发生与否的时间阶段。附延缓期限的民事法律行为，期间届满民事法律行为才生效，附解除条件的民事法律行为，期间届满民事法律行为便失去效力。因此，必须确切计算期间。

3. 期间也涉及程序意义的期间计算。比如寻找失踪人公告，何时为公告期满，承揽人在完成任务后催告定做人取货，何时为催告期满，均需确切计算。

4. 期间也是知识产权的存续期间。例如，著作权保护期、专利权和商标权的有效期。过了法律规定的知识产权存在期间，知识产权就不

---

〔1〕 参见陈甦主编：《民法总则评注》（下册），法律出版社2017年版，第1444页。

复存在,当然著作权的署名权等永久性保护的权利除外。这显然不同于债权、物权,债权过了诉讼时效只是消灭了胜诉权,向债务人请求的权利依然存在,债权没有完全消灭。而物权多与物的存在相始终,典型的是所有权,只要物存在,就有物的所有权存在。对于知识产权而言,一般情况是过了保护期因进入公共领域而不复存在,其确切计算的意义关乎知识产权存在与否。

二、始期与终期

(一)始期

始期,是指期限从什么时候开始计算,也就是开始计算的时间。

始期主要涉及的是以年、月、日计算期间,是从当日开始计算还是从次日开始计算。因为从当日开始计算,法律关系在当日零时发生的情况极少,多为在当日零时后某一时间发生,因此如果从当日起算,很多情况下不足24小时,对法律关系的保护是不充分的。鉴于当日零时法律关系成立或者生效的情况甚少,我国民法一律规定当日不计入,自下一日开始计算。我国《民法总则》第201条第1款规定:"按照年、月、日计算期间的,开始的当日不计入,自下一日开始计算。"

国外也有国家规定,期限的初日不计算,但是,其期间从午前零时开始的,不在此限,如《日本民法典》第140条。[1] 我国《民法总则》虽未作期间从午前零时开始的特别规定,但这不影响在法律允许自治的领域,当事人自行约定从午前零时开始计算的效力。

期间也涉及按小时计算如何确定开始的时间。我国《民法总则》第201条第2款规定:"按照小时计算期间的,自法律规定或者当事人约定的时间开始计算。"

在我国,法律规定按小时计算的起算时间有最高人民法院《关于适用〈中华人民共和国民事诉讼法〉的解释》第125条的规定。该条规

---

〔1〕《日本民法典》规定,"规定以日、周、月或者年作为期间的,期间的初日,不算入,但是其期间从午前零时开始的,不在此限"。参见[日]大道干熊兼修:《平成29年大修改——新民法条文全集》,早稻田经营出版,2017年6月,第27页。

定民事诉讼中以时起算的,期间从次时起算。当事人也可以约定以时计算期间的,从该时的某分钟开始计算。

(二)终期

终期是指期限结束的时间。我国《民法总则》第 202 条规定:“按照年、月计算期间的,到期月的对应日为期间的最后一日;没有对应日的,月末日为期间的最后一日。”所谓到期月的对应日,即与开始日对应的那个月份日期。如《民法总则》规定,自然人离开最后的住所满两年没有音信,利害关系人可以向人民法院申请宣告该人失踪,如该人是 2017 年 10 月 1 日失踪,满两年的时间应该是 2019 年 10 月 1 日结束之时。但是,由于公历月份有大小月,大月 31 日,小月 30 日,还有 2 月每年的天数不同,有 28 日、29 日的区别,因此就有可能出现没有对应日的情况。对此,法律规定以月末日为期间的最后一日。如一年的特殊诉讼时效从 2 月 29 日开始,一年后的 2 月没有 29 日,那就以该月末日即 28 日为诉讼时效的终结时间。

实践中也有非连续期间期限如何计算的问题。如不定期劳务关系中,当事人约定工作满一个月即支付工资。提供劳务者,一个季度中完成这一个月的劳务,那么这一个月,是按 30 日还是按 31 日计算?根据《民法通则》的规定,一个月为 30 日,相应的一年为 365 日。

三、期间最后一日的终止时间

期间最后一日的终止时间,涉及两个方面的问题:一是期间的最后一日赶上节假日怎么办,二是最后一日终止于该日何时。对此,我国《民法总则》第 203 条分两款规定:“期间的最后一日是法定休假日的,以法定休假日结束的次日为期间的最后一日。”“期间的最后一日的截止时间为二十四时;有业务时间的,停止业务活动的时间为截止时间。”

法定休假日包括:每周周六、周日两日;新年、春节、清明节、劳动节、端午节、国庆节、中秋节等全民节假日;妇女节、青年节、儿童节、建军节等部分公民的节假日;少数民族地区,政府规定的各民族节假日。

因为在节假日期间,民事主体不便行使权利、履行义务,为了充分保护当事人的期限利益,法律规定期限最后一日为法定休假日的,顺延至休假日结束的次日为期限的最后一天。

期间的最后一日,原则上截止于该日的24时。但考虑到企事业单位一般都有固定的业务停止时间,当事人对这一时间应该是清楚的,应该在业务停止时间前进行民事活动,这也是一种商业习惯,故法律规定企事业单位有业务时间的,停止业务活动的时间为截止时间。

四、期间计算方法的其他规定

《民法总则》第204条规定:"期间的计算方法依照本法的规定,但是法律另有规定或者当事人另有约定的除外。"这是一条灵活性规定,为法律的特别规定和当事人在意思自治领域作出特别约定预留了空间。法律只是规定一般情况下的年、月、日、小时等情况,当事人可以约定以半年、季度、周、十日等各种期间,也可以约定期间从何时开始计算到何时为止。

另外,民法中有些条文还涉及"以上""以下""以内""届满"等术语。《民法总则》第205条规定:"民法所称的'以上''以下''以内''届满',包括本数;所称的'不满''超过''以外',不包括本数。"如《民法总则》第19条规定"八周岁以上的未成年人为限制民事行为能力人",包括八周岁生日之日;第20条规定"不满八周岁的未成年人为无民事行为能力人",不包括八周岁生日之日。

《民法总则》第206条规定:"本法自2017年10月1日起施行。"这是指从2017年10月1日零时起施行。

图书在版编目(CIP)数据

民法总则专题讲义／《民法总则专题讲义》编审组编著；张鸣起主编. -- 北京 ：法律出版社，2019
ISBN 978 -7 -5197 -2961 -5

Ⅰ. ①民… Ⅱ. ①民… ②张… Ⅲ. ①民法－总则－研究－中国 Ⅳ. ①D923.14

中国版本图书馆 CIP 数据核字(2018)第 280821 号

民法总则专题讲义
MINFA ZONGZE ZHUANTI JIANGYI

《民法总则专题讲义》编审组 编著
张鸣起 主　编
王利明 副主编

策划编辑 孙东育
责任编辑 孙东育　王　珊
营销编辑 张心萌
装帧设计 鲍龙卉

出版 法律出版社
总发行 中国法律图书有限公司
经销 新华书店
印刷 三河市龙大印装有限公司
责任校对 杨锦华
责任印制 陶　松

编辑统筹 学术·对外出版分社
开本 720 毫米×960 毫米　1/16
印张 38
字数 520 千
版本 2019 年 2 月第 1 版
印次 2019 年 2 月第 1 次印刷

法律出版社／北京市丰台区莲花池西里 7 号(100073)
网址／www.lawpress.com.cn
投稿邮箱／info@lawpress.com.cn
举报维权邮箱／jbwq@lawpress.com.cn
销售热线／010 - 83938336
咨询电话／010 - 63939796

中国法律图书有限公司／北京市丰台区莲花池西里 7 号(100073)
全国各地中法图分、子公司销售电话：
统一销售客服／400 - 660 - 6393
第一法律书店／010 - 83938334/8335　西安分公司／029 - 85330678　重庆分公司／023 - 67453036
上海分公司／021 - 62071639/1636　深圳分公司／0755 - 83072995

书号：ISBN 978 - 7 - 5197 - 2961 - 5　　**定价**：128.00 元
(如有缺页或倒装，中国法律图书有限公司负责退换)